In der europäischen Rezeption ist die Frage gestellt worden, ob der Buddhismus eine Wissenschaft, eine Philosophie, eine Religion oder eher ein praktisches Meditationssystem sei. Michael von Brück zeigt in seiner Einführung, daß der Buddhismus dies alles zugleich ist, und mehr: Er ist eine Wissenschaft von den psychischen Prozessen und Faktoren, die Wahrnehmung und Denken beeinflussen. Er ist eine Philosophie, die eine konsistente Erkenntnistheorie, Kosmologie und Anthropologie entwickelt hat. Er ist eine Religion, die durch ethische Anweisungen und kultische Praxis Werte für großflächige kulturelle Räume geschaffen hat. Er ist ein praktisches Meditationssystem, das durch unterschiedliche Methoden die bewußte Achtsamkeit im alltäglichen Leben, die Kontrolle der Emotionen und Gedanken sowie die Integration körperlicher und mentaler Vorgänge ermöglicht.

Der Buddhismus ist aber vor allem ein spiritueller Weg, der alle Lebensbereiche erfassen, durchdringen und transformieren will. Er lehrt keine weltabgewandte Jenseitigkeit, sondern will mittels innerer Erfahrung und rationaler Argumente das Leben des einzelnen wie die gesamte Gesellschaft positiv beeinflussen, mit dem Ziel der Kultivierung des Mitgefühls und der Befreiung vom Leid.

Nach einer Darstellung der Grundlagen des Buddhismus, seiner Voraussetzungen und Ziele sowie des Schriftenkanons erörtert von Brück detailliert die unterschiedlichen Schulrichtungen: Theravāda und Mahāyāna, den Tantrismus (Tibetischen Buddhismus) ebenso wie den chinesisch-japanischen Zen-Buddhismus. Darüber hinaus beschreibt von Brück die Grundzüge der Entwicklung des Buddhismus im Westen in Interaktion mit den europäisch-amerikanischen Kulturen, besonders des Christentums.

Prof. Dr. Michael von Brück, geb. 1949, Dr. theol., Professor für Religionswissenschaft und Leiter des interfakultären Studiengangs Religionswissenschaft an der Ludwig-Maximilians-Universität München. Dozentur und Studium in Indien, Mitglied mehrerer wissenschaftlicher Gremien weltweit. Forschungsschwerpunkte: Hinduismus, Buddhismus, interreligiöser Dialog. Von Brück leitet Zen- und Yogakurse im In- und Ausland.

VDWR

MICHAEL VON BRÜCK
EINFÜHRUNG IN DEN BUDDHISMUS

VERLAG DER WELTRELIGIONEN

Gefördert durch die
Udo Keller Stiftung Forum Humanum

Bibliographische Information der Deutschen Nationalbibliothek
Die Deutsche Nationalbibliothek verzeichnet diese Publikation
in der Deutschen Nationalbibliographie; detaillierte bibliographische
Daten sind im Internet abrufbar.
http://dnb.d-nb.de

Umschlag: Hermann Michels und Regina Göllner
Satz: Hümmer GmbH, Waldbüttelbrunn
Druck: Druckhaus Nomos, Sinzheim
Printed in Germany
Erste Auflage 2007
ISBN 978-3-458-71001-1

3 4 5 6 7 8 – 16 15 14 13 12 11

EINFÜHRUNG IN DEN BUDDHISMUS

INHALT

1
EINFÜHRUNG

> Die Lehre des Buddha ist nicht dazu gedacht, als bloßes Wissen bewahrt zu werden, nein, sie soll zur Entwicklung unseres Geistes benutzt werden.
> *Tenzin Gyatso, XIV. Dalai Lama*

Seit Europa im 19. Jahrhundert mit dem Buddhismus näher vertraut wurde, ist die Frage nicht verstummt, ob der Buddhismus überhaupt eine Religion sei und nicht vielmehr eine Philosophie im Sinne des Wissens vom Bewußtsein und seiner Funktionen oder eine psychologische Methode zur Entwicklung des Geistes, eine Kultur also, die kaum Merkmale dessen erkennen läßt, was im europäischen Kontext als Religion bezeichnet wird. Die Antwort hängt davon ab, was man unter Religion versteht. Ohne auf die höchst verwickelte Geschichte des Religionsbegriffs eingehen zu können, genügt es festzuhalten, daß der Begriff ›Religion‹ im modernen Sinne überhaupt erst ein Produkt der mit dem Streit der Konfessionen verbundenen Entwicklungen in der europäischen Christentumsgeschichte ist, insofern man nach einem Begriff suchte, der das Verschiedene abstrahierend zusammenfassen konnte. Auch der Buddhismus ist zwar einerseits eine allgemeine Lehre über die Ursachen für das Leiden in der Welt und die Möglichkeiten zur Überwindung desselben durch Bewußtseinsschulung und Einsicht, andererseits aber ein höchst differenziertes kulturelles Gebilde, das rituelle Systeme entwickelt hat und in politischen Antagonismen, in Machtkämpfen von Funktionsträgern und Identitätsverschiebungen entstanden ist. Nur wenn man die europäischen Besonderheiten zur Norm macht, wird der Buddhismus nicht als Religion interpretiert, weil Buddhisten z. B. nicht an einen Schöpfergott glauben, aber das Eigene kann nicht zur Norm für die Kategorisierung des Fremden dienen, wenn dieses als solches wahrgenommen werden soll.

Die gegenwärtige Religionswissenschaft versucht, von einem Religionsbegriff auszugehen, der die europäische Begriffsbildung nicht zur Norm erhebt, sie bestimmt ›Religion‹ als kulturellen Diskurs, der sich von anderen Diskursen unterscheidet, nicht indem er einen besonderen Gegenstand zum Thema hat, sondern indem er die Gesamtheit menschlicher Kulturleistungen in einen Erwartungsrahmen des Letztgültigen stellt.[1] Allerdings ist auch der Kulturbegriff strittig, und wir müssen bestimmen, in welchen Rahmen der Begriff ›Buddhismus‹ hier gestellt wird, um kulturelle Entwicklungen stringent beschreiben zu können. Wir gehen also nicht von einem ›Gegenstand‹ Buddhismus aus (den es so nicht gibt), sondern von dem Begriff ›Buddhismus‹, der als Rahmen fungiert, in dem kulturelle Parameter in ihren geschichtlichen Entwicklungen erscheinen, geordnet und somit verstehbar gemacht werden können. Denn das Verstehen kultureller Erscheinungen hängt von der Einordnung in größere Zusammenhänge ab, in denen dem jeweils Gegebenen seine Deutung zukommt. Diese Deutungen unterliegen allerdings dem historischen Prozeß der Neuaneignung und Neugestaltung, das heißt, die Identität kultureller Phänomene ist nichts Gegebenes, sondern sie ist im Werden, ja, Kultur *ist* das Werden von Deutungen und Bedeutungen in symbolischen Formen.

Diese These bedarf einer kurzen Erläuterung. Kulturen sind die Gesamtheit von Wertemustern, Verhaltensweisen und impliziten wie expliziten Kodierungen, nach denen das Zusammenspiel von Individuen und Gesellschaft, Gruppen und Gesellschaften gesteuert wird. Kulturelle Muster sind

---

1 Dazu ausführlich: Michael von Brück, *Religionswissenschaft als Kulturwissenschaft*, in: *Watchtower Religionswissenschaft. Standortbestimmungen im wissenschaftlichen Feld*, hg. v. Anne Koch, Marburg 2007, S. 73-93.

abhängig von Wertestrukturen und Erziehungsmodellen, die sich aus jenen ableiten und traditionsgesicherte Kohärenz ergeben. Kulturen streben nach Identität und Kohärenz, die ihre Selbstverständigung ermöglicht. Kulturen sind aber nie nach innen oder außen abgeschlossen, sondern Kommunikationsprozesse, die in konzentrischen Kreisen zu einem in der Gesellschaft je neu zu verhandelnden Kern stehen. Im Austausch, der sich durch unablässiges kognitives, emotional gesteuertes oder auch vorbewußt ablaufendes Vergleichen vollzieht, entwickeln Kulturen einen Sinn für das Eigene und das Fremde, woraus sich ihre Identitätsmuster ableiten. Identität ist ein Prozeß, bei dem sich die Inhalte ständig verschieben, weil die historische Entwicklung die kulturellen Kodierungen laufend überholt.

Explizite und implizite Werte verbürgen eine zeitliche (diachronische) und räumliche (diatopische) Kohärenz von Kulturen. Solche Werte sind in Deutungs- und Orientierungssystemen tradiert, die in der europäischen Entwicklung ›Religion‹ genannt werden. In anderen Kulturen ist diese Kohärenz ebenfalls gegeben, wenngleich die kulturellen Varianten bei der Institutionalisierung, Symbolisierung, Verbalisierung, Tradierung und Kodierung dessen, was Grundwerte ausmacht, durchaus verschieden sind. Vergleichende kulturanthropologische Studien weisen darauf hin, daß nicht nur die Inhalte, sondern auch die Strukturen kultureller Muster kulturvariant sind. Es geht also keinesfalls darum, einen essentialistischen Religionsbegriff zu konstruieren, sondern es wird danach gefragt, welche Systeme, Institutionen, Diskurse, Symbole und Begriffe funktional dem entsprechen, was sich in europäischen diskursiven Traditionen als ›Religion‹ etabliert hat und ständig neu etabliert – unter je sich verändernden Merkmalen und Bedingungen.

›Religion‹ bezeichnet also keinen festgelegten Gegenstand, wohl aber ein Feld von Erscheinungen, Akteuren und sozialen Bezügen, das als heuristische Bestimmung zunächst von anderen Feldern wie der Kunst oder der Politik durchaus unterscheidbar ist. Zumindest ist dies im heutigen internationalen und interkulturellen Diskurs selbstverständlich – ›Religion‹ im Singular und Plural ist eine Referenzgröße der gesellschaftlichen Diskurse, die sich in vermutlich allen Sprachen widerspiegelt; in den Sprachen, von denen der Buddhismus geprägt wurde und die der Buddhismus geprägt hat, handelt es sich um den Begriff *dharma* und seine Übersetzungen ins Chinesische, Tibetische, Japanische usw. Ob der Buddhismus innerhalb der indischen Institutionen- und Geistesgeschichte als eigenständige Religion zu behandeln ist, hängt demnach von der Perspektive ab, und es gibt gute Gründe, genau dies zu tun, und andere gute Gründe, den Buddhismus im Kontext der indischen Geschichte als eine Variante ein und derselben Religionstradition zu betrachten. Ähnliches gilt für Neubildungen in China, wo buddhistische Ideen und Institutionen mit taoistischen und konfuzianischen Traditionen verschmolzen, so daß es zu kreativen Neubildungen kam, die sich vom ›ursprünglichen Buddhismus‹ erheblich unterschieden. Was also ist ›Buddhismus‹?

Der Buddhismus kann, wie andere Religionen auch, nicht als feststehender ›Gegenstand‹ betrachtet werden, der, einmal gegeben, gleichbleibend, unabhängig von Raum und Zeit des Beobachters, beschrieben werden könnte. Durch unsere Beschreibung gestalten wir den Gegenstand mit. Wir stehen der Geschichte nicht unabhängig und von außen her deutend gegenüber, sondern Geschichte *ist* unsere Deutung, zwar nicht völlig subjektiv, aber in einer Gemeinschaft von Interpreten *intersubjektiv*. Die Hermeneutik von Friedrich Schleiermacher (1768-1834) über Ernst Troeltsch (1865-1923)[2] bis hin zu Hans-

---

2 Michael Pye hat die hermeneutischen Erwägungen Ernst Troeltschs für die komparative Hermeneutik der Religionen (und Religionsbegegnung) fruchtbar gemacht: M. Pye, *Comparative Hermeneutics in Religion*, in: *The Cardinal Meaning. Essays in Comparative Hermeneutics. Buddhism and Christianity*, hg. v. Michael Pye, Robert Morgan, Religion and Reason 6, Den Haag und Paris 1973: Mouton, S. 1-58. Viele Bemerkungen in diesem Abschnitt verdanken sich den Beobachtungen Pyes. Für Troeltsch war wichtig, daß die Frage nach dem ›Wesen‹ einer Religion nicht nur die Abstraktion

Georg Gadamer (1900-2002) hat diese Dynamik des Interpretationsgeschehens zwischen ›Objektivität‹ und ›Subjektivität‹ bewußtgemacht und gezeigt, daß wir die Dinge bzw. Begriffe (und die Religionen) nie nur *deskriptiv* betrachten können, sondern einen *Begriff* von diesem ›Gegenstand‹ abstrahieren, der *normativ* wirkt, weil wir durch ihn hindurch die Geschichte, wie durch eine Brille, wahrnehmen. Eine völlig ›objektive‹ Beschreibungsweise kann es wegen der Strukturen der Wahrnehmung und Interpretation nicht geben, und die Geschichte der Religionen, auch der Religionsbegegnung, ist dafür ein Beleg. Wohl aber kann es eine *selbstkritische Hermeneutik* geben, die die Methoden ihrer Verstehensprozesse als gegenseitig abhängige Faktoren im Prozeß der Geschichtsbildung der Religion(en) selbst begreift, und diese Methode nenne ich *historische Hermeneutik*. Was dies bedeutet, ist bei der europäischen Interpretation des Buddhismus gut nachzuzeichnen, und die Buddhismuskunde, wie sie sich in den verschiedenen europäischen Kulturen durchaus unterschiedlich entwickelt hat, ist hervorgegangen aus der Auseinandersetzung des euro-

---

von geschichtlichen Daten beinhalte, mittels derer diese Daten dann selbst wieder gesammelt, synthetisiert und interpretiert würden, sondern ein kreativer Akt der intersubjektiven Selbstvergewisserung einer religiösen Gemeinschaft sei, weshalb das ›Wesen‹ nie ein ›objektiv Gegebenes‹ sei, sondern eine spirituell treibende Kraft, die jedes ›Gegebene‹ immer wieder umforme und so in geschichtlicher Dynamik (mit Kontinuität und Diskontinuität) Religion(en) *entstehen* lasse (Pye, a. a. O., S. 13-17, mit Bezug auf E. Troeltsch, *Was heißt ›Wesen des Christentums?‹* [1903], in: E. Troeltsch, *Gesammelte Schriften*, Bd. 2, Tübingen 1913, S. 386-451). Troeltsch hatte diese hermeneutischen Erwägungen in der Auseinandersetzung mit Adolf von Harnacks Schrift *Das Wesen des Christentums* (1900) entwickelt, in der Harnack allein die Lehren Jesu als normativ für die Tradition und das ›Wesen‹ des Christentums betrachtet hatte, wobei der Inhalt dieser Lehren durch die Rückfrage nach dem historischen Jesus bestimmt werden müsse. Analog dazu kann das ›Wesen des Buddhismus‹ problematisiert werden.

päischen Christentums mit der zunächst als fern und kurios wahrgenommenen, dann als Konkurrenz erlebten Religion aus Asien. Die philologisch orientierte Buddhologie des ausgehenden 19. und 20. Jahrhunderts glaubte dann, objektivere Maßstäbe der Deutung anlegen zu können, aber auch sie behandelt eben nur die Texte, nicht die gesamte kulturelle Dynamik des Buddhismus. Die Übersetzungen dieser Texte, die Wörterbücher, die zum Standard geworden sind, spiegeln die Mentalität und geistige Lage des mittleren und späten 19. Jahrhunderts in Europa wider, und kritische Neuübersetzungen sind jeweils Neuschöpfungen im Horizont der Zeitgeschichte. Außerdem spielten und spielen soziologische, kulturanthropologische, ästhetische, religionsgeschichtliche, politische und wirtschaftliche Faktoren bei der Interpretation des Buddhismus bzw. dessen, was mit diesem Begriff gemeint sein soll, eine erhebliche Rolle und produzieren eine komplexe Gemengelage. Diese Wahrnehmungen des Buddhismus wurden sodann nach Asien zurückgespiegelt und von den dortigen Buddhisten aufgegriffen, das heißt, sie trugen dazu bei, das zu produzieren, was als Buddhismus der Gegenwart firmiert. Am Beispiel Sri Lankas läßt sich gut zeigen, wie gegen Ende des 19. Jahrhunderts der westlich-christliche Kolonialismus ein neues buddhistisches Selbstbewußtsein geformt hat, das – unter Mithilfe der vom Buddhismus begeisterten Theosophen – eine neue buddhistische Identität geschaffen hat, die das traditionelle Zusammenspiel von buddhistischen Funktionsträgern (vornehmlich Mönchen) und Laien ganz neu justierte, die buddhistische Traditionsformung (Bildungssystem) veränderte und auch die Eigendefinitionen des Buddhismus erheblich veränderte. Insofern heute der Buddhismus weltweit als ›Alternativreligion‹ oder – im Westen – als modisch interessante Lebenshaltung von Mittel- und Oberschichten auftritt, ist auch dieses Interesse aus den Diskursen um ›Buddhismus heute‹ kaum herauszuhalten.

Aufgrund des selbstkritischen Aspektes, der dem Verstehen innewohnt, kann und muß sehr wohl zwischen einem ›Hineinlesen‹ und einem ›Herauslesen‹ aus dem Text unterschieden werden. Aber die hermeneutische Kritik von Paul Ricœur (1913-2005), Jacques Derrida (1930-2004), Jean-François Lyotard (1924-1998) und die moderne Semiotik und Interpretationswissenschaft haben gezeigt, daß es ein reines ›Herauslesen‹ nicht geben kann: Die Kategorien unseres Bewußtseins sind ein Lichtkegel, ohne den wir nichts sehen würden. Der Lichtkegel wirft sein eigenes Licht, das am ›Gegenstand‹ gebrochen wird und entsprechend modifiziert zurückstrahlt. Dadurch sehen wir etwas als Resultat der Interaktion, also des Interpretationsprozesses, von ›Beobachter‹ und ›Gegenstand‹. Die Geschichte der interreligiösen Begegnung zwischen Buddhismus und Christentum, aber auch der Buddhismusinterpretationen im akademischen Diskurs, ist dafür ein sprechendes Beispiel.[3] Hinter diese wechselseitige Interpretationsdynamik, die Vergangenes im gegenwärtigen Wahrnehmungshorizont als normative Grundlage für zukünftig Programmatisches zusammenschaut, können wir nicht zurückgehen. Dieser Sachverhalt bedeutet jedoch keineswegs, daß sich alles im Nebel der Beliebigkeit auflösen würde.

Wir können von einem *hermeneutischen Feld* der Deutung sprechen, in dem drei Elemente zusammenkommen: *erstens* das historische Ereignis, *zweitens* die subjektiv und sozial interne Erfahrung und *drittens* die jeweilige externe Interpretation durch den distanzierteren Blick des Außenstehenden. Diese drei durchdringen einander und begründen dadurch religiöses Bewußtsein bzw. das Bewußtsein von Religion. Faktisch sind die Dinge noch komplexer, weil Außen- und Innenperspektive von ein und demselben Individuum simuliert und eingenommen werden können, was unendliche Facetten von Perspektiven ermöglicht.

Die Entwicklung von Religionen und damit auch die Inter-

3 Details und für die einzelnen Länder spezifisch dargestellt finden sich in: Michael von Brück, Whalen Lai, *Buddhismus und Christentum. Geschichte, Konfrontation, Dialog*, München ²2000 (zuerst 1997).

pretation, was die Identität einer bestimmten Religion sei, ist ein Prozeß, der nie zum Stillstand kommt.[4] Das trifft auf jede Religionsgeschichte zu, weil der zweite und dritte der oben genannten Aspekte Variablen, also beweglich sind und dadurch auch der erste – das jeweilig historisch als ›Faktisches‹ wahrgenommene – in immer neuer Deutung, mithin ebenfalls beweglich, erscheint. Alle drei Aspekte wirken aufeinander ein und modifizieren einander. Jeder entfaltet sich aber auch nach eigenen, ihm entsprechenden Kriterien. Keiner der drei Aspekte allein kann Religion legitimieren, sondern Religion konstituiert sich *im* andauernden und historisch bedingten Interpretations*prozeß* der jeweiligen sozial-religiösen Gruppe.

Wenn man diese Vorbemerkungen als Skizze einer *historischen Hermeneutik* versteht, ergibt sich für die Frage nach dem, was Buddhismus ist, aus heutiger Perspektive ein vielschichtiges und prozessuales Bild. ›Buddhismus‹ läßt sich ganz unterschiedlich beschreiben, doch einige Markierungen, die den Rahmen abstecken, seien genannt:

– Er ist eine *Wissenschaft* von den psychischen Prozessen und Faktoren, die die Wahrnehmung und das Denken sowie andere mentale Vorgänge beeinflussen.

– Er ist eine *Philosophie*, die eine in sich konsistente Erkenntnistheorie, Kosmologie und Anthropologie entwickelt hat.

– Er ist eine *Religion*, die durch Ethik und kultische Praxis – vor allem Verehrung des Buddha und der Gestalten seiner Ausstrahlungen – Werte für großflächige kulturelle Räume geschaffen hat.

– Er ist ein *praktisches Meditationssystem*, das durch unterschiedliche Methoden die bewußte Achtsamkeit im alltäglichen Leben, die Kontrolle der Emotionen und Gedanken sowie die Integration körperlicher und mentaler Vorgänge ermöglicht.

4 Vgl. dazu *The Cardinal Meaning* (S. 14, Anm. 2), wo diese These hinreichend belegt wird.

– Der Buddhismus ist aber vor allem ein *Lebensweg*, der, wenn er praktiziert wird, alle Lebensbereiche erfassen, durchdringen und transformieren will.

Der Buddhismus beansprucht, ein umfassendes praktisches System für den Reifungsprozeß des Menschen anzubieten. Er predigt keine weltabgewandte Jenseitigkeit, sondern will mittels Erfahrung und rationaler Argumente das Leben des Einzelnen wie die gesamte Gesellschaft, das Bewußtseinstraining und die Politik positiv beeinflussen.

DAS WESTLICHE INTERESSE AM BUDDHISMUS

Der Buddhismus ist in seiner geschichtlichen Pluriformität und sprachlich-kulturellen Vielschichtigkeit kein Gebilde ›aus einem Guß‹. Er hat aus seinen indischen Wurzeln sri-lankische, birmanische, thailändische, vietnamesische, chinesische, koreanische, japanische, tibetische, mongolische und noch andere Prägungen erfahren. Indem er von Europäern und später Amerikanern interpretiert wurde, haben diese Deutungen auf Asien zurückgewirkt und den Buddhismus dort beeinflußt, ganz abgesehen von der Etablierung und Neuformierung des Buddhismus auf amerikanischem und europäischem Boden – einerseits durch Migranten aus asiatischen Ländern, andererseits durch vormals christliche oder jüdische und auch säkulare Konvertiten, die ihre jeweiligen Vorverständnisse und Abgrenzungsbedürfnisse mitbrachten. Je nach kulturellem Interesse in Europa waren unterschiedliche asiatische Kulturen im Fokus: Die Aufklärung projizierte ihre Sehnsucht nach einer rational organisierten und von Glaubenskämpfen freien Kultur auf China, die Romantik fand ihr Ideal einer ganzheitlichen und gemütsbetonten Religion in Indien, die Quellenkritik Ende des 19. Jahrhunderts war am ursprünglichen Buddhismus interessiert, den man in den Pāli-Schriften vermutete, während das wundergläubige und von Bodhisattvas und Gottheiten bevölkerte Mahāyāna als Dekadenzerscheinung galt. Jede Epoche suchte sich eine Leinwand für ihre Projektionen, und der Buddhismus wurde zu einer Alternativreligion stilisiert, die von der Rationalität des nüchternen Bewußtseinstrainings über den ›Mythos Tibet‹ mit seinen Geheimlehren bis zum schweigenden Zen, das einer geräuschvollen modernen Welt vornehm erschien, fast alles anbot, was man lesen oder sehen wollte.

Aufgrund solcher europäischer Projektionen auf die ›fremde Welt‹ hat sich das Bild des Buddhismus in der europäischen Wahrnehmung entsprechend den geistesgeschichtlichen Veränderungen in Europa und Amerika während der letzten 150 Jahre stark gewandelt. Die markantesten Etappen lassen sich wie folgt beschreiben:

Das Überlegenheitsgefühl Europas und Amerikas hat die Sicht auf die buddhistischen Kulturen Asiens wesentlich geprägt und teilweise verstellt. Die Geschichtsphilosophie Georg Wilhelm Friedrich Hegels (1770-1831) ist dafür ein Beispiel: Hegel glaubte, Europa, das er auf der absoluten Religion der Vernunft gegründet sah, könne die *Vorstufen* der geistigen Entfaltung in Indien und Ostasien als *Relikte des Vergangenen* studieren, habe aber in der geistigen Evolution bereits eine höhere Stufe erreicht. Anders urteilte Arthur Schopenhauer (1788-1860): Für ihn war der Buddhismus das System, das die menschliche Situation rational und widerspruchsfrei beschrieb, Wege zum geistigen Frieden zeigte und die ersehnte Alternative zum Christentum anbot. Besonders die Ratlosigkeit angesichts des Zusammenbruchs der bürgerlichen Kultur im Ersten Weltkrieg führte westliche Intellektuelle ins geistige Exil nach Asien, wohin sie eigene Hoffnungen und Wünsche projizierten. Die Wahrnehmung des Buddhismus (und Indiens überhaupt) blieb auf diese Weise romantisierend-verklärt, und das ist teilweise bis heute so.[5]

Auch die Forschung war von solchen Urteilen und Vorurteilen beeinflußt: Während sich die *deutsche Forschung* vornehmlich auf die meist rationalistisch interpretierten Texte

5 Vgl. dazu Wilhelm Halbfass, *Indien und Europa. Perspektiven ihrer geistigen Begegnung*, Basel und Stuttgart 1981.

des Theravāda-Buddhismus konzentrierte[6] und diesen Rationalismus einer als irrational empfundenen christlichen Theologie gegenüberstellte, versuchte die *belgisch-französische Schule* der Buddhologie, weltanschaulich neutral zu bleiben: Die katholischen Gelehrten (z. B. Étienne Lamotte [1903-1983]) hielten christlichen Glauben und akademisches Interesse am Buddhismus auseinander. Die *Leningrader Schule*, vor allem Theodor Stcherbatsky (1866-1942), verband das marxistische Interesse am buddhistischen ›Materialismus‹ mit Textstudien. Stcherbatsky konzentrierte sich auf die Dialektik und Logik der Buddhisten und klammerte die mystischen, trans-rationalen und magisch-okkulten Elemente aus. Erst Edward Conze (1904-1979) in England erforschte den Mahāyāna-Buddhismus als eigenständige und authentische Tradition und erzielte damit einen Durchbruch in der *anglo-amerikanischen Diskussion*. Conze beeinflußte die neuere Buddhologie in den Vereinigten Staaten, die heute von Gelehrten bestimmt wird, die oft selbst zum Buddhismus konvertierten (Richard Robinson, Jeffrey Hopkins, Robert Thurman, Luís Gómez, Francis H. Cook, Rita M. Gross, Reginald Ray). Der Buddhismus fasziniert seit etwa 100 Jahren immer mehr Europäer und Amerikaner, und an dieser Vermittlung haben auch Gelehrte und Meditationsmeister aus Asien (wie z. B. Suzuki Daisetsu Teitaro, der Dalai Lama und Thich Nhat Hanh) einen wesentlichen Anteil. Auch dabei spielten und spielen wechselseitige Projektionen, die die Buddhismus-Deutungen beeinflussen, eine erhebliche Rolle: Die Zen-Interpretation Suzukis (1869-1960) prägte die Deu-

6 Mit den bemerkenswerten Ausnahmen von Friedrich Heiler (1892-1967) und Rudolf Otto. Heiler (*Die buddhistische Versenkung. Eine religionsgeschichtliche Untersuchung*, München 1918 [²1922]) verlegte das Zentrum des Buddhismus in die trans-rationale Meditationserfahrung, Otto brachte in mehreren Schriften das Element des Mysteriums, des »Heiligen« oder »Numinosen«, im Buddhismus zur Geltung. F. Max Müllers (1823-1900) Editionen buddhistischer Sanskrit-Texte in England am Ende des 19. Jahrhunderts hatten die deutsche philosophisch-theologische Diskussion zunächst weniger beeinflußt.

tung dieser Schulrichtung des ostasiatischen Buddhismus, von dem deutschen Theologen Rudolf Otto (1869-1937) über die europäischen und amerikanischen Psychologen (C. G. Jung, Erich Fromm, Richard J. DeMartino, Erik H. Erikson) bis zu den Zen-Adepten der Achtundsechziger-Generation in den USA. Suzuki seinerseits interpretierte das Zen durch die Brille des amerikanischen Psychologen und Religionswissenschaftlers William James (1842-1910), der, wie auch Otto, das religiöse Erleben in der Nachfolge Schleiermachers interpretierte, und des Deutsch-Amerikaners Paul Carus (1852-1919), der als Freidenker und Philosoph den Buddhismus in Amerika durch Zeitschriften und Buchpublikationen förderte. Das Suzuki-Zen war also durch europäische Interpretationen beeinflußt, die dann wiederum die Zen-Rezeption prägten und auch auf Japan wirkten, wo sich nun Zen – in der westlichen Deutung und in Selbstverteidigung angesichts der Modernisierung in Japan gegen Ende des 19. Jahrhunderts – als wissenschaftskompatibel und psychologisch-ästhetische ›Religion der Religion‹ bzw. ›Mystik jenseits von Religion‹ präsentieren konnte.[7]

Die Hinwendung vieler Menschen zum Buddhismus hat ein Gegengewicht gegen die von den Missionaren vollzogene Abwertung des Buddhismus geschaffen. Der ›Osten‹ diente, wie wir schon erwähnten, als Projektionsfläche für westliche Kritik an der eigenen Kultur, die den Rationalismus der Aufklärung überwinden wollte. Man nahm demzufolge Hinduismus und Buddhismus als Religionen der ›Mystik‹ oder der ›Weisheit‹ wahr, ohne sich mit den sozialen und politischen Realitäten dieser Religionen auseinanderzusetzen.

Diese Deutung des Buddhismus beruht jedoch auf einer selektiven Wahrnehmung dessen, was ›Religion‹ ist. Sie wählt vor allem anderen den *dharma* aus, d. h. den Bereich (so meint man) der Ideen. Von den östlichen Traditionen, die den Leser

7 Dazu instruktiv: Jürgen Offermanns, *Der lange Weg des Zen-Buddhismus nach Deutschland. Vom 16. Jahrhundert bis Rudolf Otto*, Lund Studies in History of Religions 16, Stockholm 2002, bes. S. 211-291.

im Westen ansprechen (man unterstreiche das Wort ›Leser‹), sind ja vor allem diejenigen Gegenstand des Interesses geworden, die ohne weiteres in Begriffe und Ideen gefaßt werden können. Wenn man aber den ›Kern‹ der Religionen vor allem in ihrem Schrifttum zu finden glaubt, besteht das Studium anderer Religionen vor allem darin, Schriften zu sammeln und zu interpretieren – sei es die Bibel, die *Sacred Books of the East* oder den Sūtren-Kanon. Dies ist zweifellos ein wichtiger Zugang zur Religion, aber nicht der einzige. Ebenso wichtig wie die Texte sind die Quellen, die uns die Archäologie zur Verfügung stellt: Einblicke in die Anordnung von Grabanlagen, Ausstattung der Kultnischen in Wohnhäusern, Votivtafeln, die über die Spendenpraxis und damit Mentalitäten Auskunft geben usw.[8] In mancher Hinsicht müssen wir unser Bild des frühen Buddhismus korrigieren, wenn wir diese Quellen mit heranziehen und uns nicht allein auf die (von Mönchen verfaßten) Texte stützen. Aber auch die lebendige Begegnung mit den Buddhisten in ihren Heimatländern und im Exil (bzw. in der Diaspora) ist eine Quelle des Wissens. Kinofilme haben darüber hinaus in den letzten Jahren *standardisierte* Bilder des Buddhismus erzeugt, die nicht immer zum Verständnis des Fremden beitragen, sondern eher Sensationsbedürfnisse befriedigen oder verdrängte Träume auf die Leinwand bringen. Genaue Studien müssen solche (oft verborgene) Wahrnehmungen aufdecken. Das vorliegende Buch will durch Einführung in Geschichte und Gedankenwelt des Buddhismus Zusammenhänge sichtbar machen, deren Erkenntnis notwendig für ein genaueres Verstehen und damit für die Praxis ist. Es handelt sich hier also nicht um eine Anleitung zur Meditation oder zur Interpretation der buddhistischen Kunst, sondern um die Aufarbeitung von geschichtlichen Voraussetzungen solcher Anleitungen und Interpretationen.

8 Gregory Schopen, *Burial »ad sanctos« and the Physical Presence of the Buddha in Early Indian Buddhism. A Study in the Archeology of Religions*, in: Religion 17 (1987), S. 193-225.

GEISTIGE GRUNDLAGEN DES BUDDHISMUS

Der Buddhismus ist eine von Siddhārtha Gautama Śākyamuni ›gestiftete‹ Religion, historisch bedingt und wesentlich von der Geschichte seines Ursprungs, der Lebenswelt Indiens im 5. bzw. 4. Jahrhundert v. Chr., geprägt. Er hat im Laufe seiner Geschichte ganz Asien erfaßt und diese Gesellschaften in allen politisch-kulturellen Dimensionen äußerst kreativ gestaltet. Er ist seit über einhundert Jahren auch in Amerika, Europa und Australien heimisch geworden. Dabei ist er einem vielfachen Gestaltwandel ausgesetzt gewesen und hat in der Ethik, der Philosophie, der Kunst und der politischen Organisation äußerst unterschiedliche Formen angenommen, die in jüngster Zeit zusammenkommen und in höchst divergierender, teils auch widersprüchlicher Weise direkt und indirekt die moderne Welt durchdringen.

Um die geschichtliche Bedingtheit einerseits und die universale Wirkkraft des Buddhismus andererseits verstehen zu können, ist es unerläßlich, seine Geschichte in der Einheit von ideen- und sozialgeschichtlichen Aspekten nachzuzeichnen. Damit soll deutlich werden, was das unverwechselbar Einzigartige und das in der geschichtlichen Dynamik sich wandelnde kulturelle Umfeld der buddhistischen Überlieferung ist.

Alle buddhistischen Schulrichtungen haben, beginnend mit den frühesten uns bekannten Formen des Buddhismus, die Tradition in drei Kategorien eingeteilt: Wer sich zum Buddhismus bekennt, nimmt Zuflucht beim *Buddha*, beim *dharma* und beim *saṃgha* (*śaraṇā-gamana*). Die Zufluchtsformel tönt einheitlich durch die gesamte buddhistische Welt, sie wird von jedem Menschen nachgesprochen, der sich zum Buddhismus bekehrt, von Männern wie Frauen, heute ebenso wie vor Hunderten von Jahren: Ich nehme Zuflucht beim Buddha, Dharma, Saṃgha: »Buddhaṃ śaraṇam gacchami, | dharmam śaraṇam gacchami, | saṃgham śaraṇam gacchami.«

– Der *Buddha* als Lehrer und Stifter ist verehrungswürdig,

ihm gebührt vorbehaltloses Vertrauen, und er gewährt in seiner geistigen Präsenz Hilfe allen, die ihn vertrauensvoll verehren.

– Der *dharma* ist die Gesetzmäßigkeit der Welt, die vom Buddha und allen anderen zur Wahrheit Erwachten erkannt worden ist, die als Richtschnur des Lebens dienen soll, damit man selbst erwachen, d. h. *Buddha* werden kann.

– Der *saṃgha* ist die Gemeinschaft derer, die der buddhistischen Tradition gemäß leben und die Genauigkeit der Überlieferung hüten sowie das Erkannte in die Tat umsetzen.

Das, was es zu erkennen und zu praktizieren gilt, ist wiederum unter drei Aspekten zusammengefaßt worden:

– Lebenspraxis (*śīla*),
– Bewußtseinsschulung (*samādhi*) und
– Erkenntnis (*prajñā*).

Alle drei Aspekte bedingen einander und sind voneinander abhängig, wobei aber in der Praxis meistens eine Stufenfolge eingehalten wird:

– Unerläßliche Voraussetzung für jede Meditation, die den Namen verdient, ist ein angemessenes sittliches Verhalten (*śīla*), durch das die Gefühle und Gedanken überhaupt erst geordnet und in der Meditation kontrollierbar werden.

– Die Meditation (*samādhi*) als unablässige Achtsamkeit und einsichtsvolle geistige Durchdringung, in der sich das Bewußtsein seiner eigenen Dynamik und Funktionsweisen bewußt wird, ist wiederum die Voraussetzung für

– tiefere Erkenntnis (*prajñā*), die den Menschen von Verstrickungen in die eigenen psycho-physischen Reaktionsmuster (Anhaften), von Angst und Ungewißheit befreit, so daß eine geistige Haltung entsteht, die der Buddha *nirvāṇa*, die Freiheit von jedweden ich-haften Projektionen bzw. die vollkommen geeinte Bewußtheit, genannt hat.

Die Praxis des Buddhismus ist also dreifach: Sie ist ein bestimmtes Handeln, bewußte Meditation und ein System klar formulierter Anschauungen.

1. Das *Handeln* ist gekennzeichnet durch *karuṇā*, die heilende Hinwendung zu allen Wesen. Da sich menschliche Hand-

lungsabläufe körperlich, sprachlich und mental vollziehen, muß diese Grundtugend, wie alle daraus abgeleiteten ethischen Normen, in der Dreiheit von Körper, Rede und Geist geübt werden. *Karuṇā*, oft auch mit »Barmherzigkeit« oder »Mitgefühl mit allen Wesen« übersetzt, drückt sich praktisch vor allem durch Gewaltfreiheit (*ahiṃsā*) aus. Das bedeutet: Leibliches Handeln, Rede und Denken müssen so geschult werden, daß kein anderes Lebewesen verletzt wird. Gewaltfreiheit ist aber mehr als die bloße Abwesenheit von Gewalt. Sie ist eine *positive* Grundhaltung, die Werte setzt. Gewaltfreiheit bzw. Barmherzigkeit ist für den Buddhismus nicht eine passive emotionale Reaktion auf das Leid in der Welt, sondern ein aktiver Impuls zum Handeln, der in direkter meditativer Erfahrung und rationaler Analyse zugleich begründet ist. Das heißt, daß *karuṇā* auf einer Erfahrung der Einheit mit allen anderen Lebewesen beruht, verbunden mit dem Wunsch, Verantwortung für das Wohlergehen von allen Menschen, Tieren, anderen Lebewesen und ihrer Lebensgrundlage (der gesamten Welt) zu übernehmen.

2. Die *Meditation* besteht vor allem in der Übung der Achtsamkeit (*satipaṭṭhāna*) bei allem, was der Mensch denkt, redet und handelt. Die grundlegende Übung besteht in der angemessenen Haltung des Körpers und der Konzentration auf den Atem. Dadurch wird das Bewußtsein stabilisiert und zur Ruhe gebracht. Es entsteht ein geistiger Frieden, der Freiheit von Angst und Ich-Behauptung bewirkt, was wiederum die unabdingbare Voraussetzung für Gewaltfreiheit im oben genannten Sinne ist. So bedingen rechtes Handeln (*śīla*) und Meditation (*samādhi*) einander. Eins setzt das andere voraus und verstärkt es. Fehlt die Meditation, wird das Handeln trotz guter Vorsätze bald egozentrisch, und alle ›Werke der Barmherzigkeit‹ verderben zu einer egozentrischen Selbstbehauptungsstrategie. Fehlt das Handeln, wird die Meditation selbstbezogen, ich-haft und kraftlos. Wenn aber das Bewußtsein durch Meditation ruhig und klar geworden ist, kann außerdem die natürliche Intelligenz voll ausgeschöpft werden, so daß wiederum andere kreative Potentiale freigelegt werden und der Mensch zu einer integrierten Persönlichkeit reift.

3. Das *System klar formulierter Anschauungen* (Philosophie) dient der rational begründeten und kontrollierbaren Übungspraxis in der Meditation und dem sittlichen Verhalten. Die Lehrsätze des Buddhismus sind kein Selbstzweck, sondern sie dienen der ›Fahrkunst‹, d. h. der Praxis im beschriebenen Sinn. Aus diesem Grunde hat sich in der buddhistischen Geschichte eine bemerkenswerte Fülle unterschiedlicher Anschauungen herausbilden können, ohne daß damit die buddhistische Tradition verlassen und die betreffenden Denker als ›Häretiker‹ ausgeschlossen worden wären. Daß es dabei allerdings auch Grenzen gibt, die bereits im frühen Buddhismus klar gezogen wurden, werden wir später darzustellen haben.

Die Grundanschauungen des Buddhismus sind in den »Vier Edlen Wahrheiten« dargelegt. Wir fassen hier den Gedankengang kurz so zusammen: Alles Gewordene ist vergänglich. Wer sich an das Vergängliche hängt, unterliegt einer leidvollen Frustration (*duḥkha*), die im Selbstlauf einen immer wieder sich selbst stabilisierenden falschen Mechanismus der Wahrnehmung, des Fühlens und des Denkens erzeugt, also die grundlegende Unwissenheit des Menschen darstellt. Dieser Mechanismus kann durchbrochen werden. Die Methode zu diesem Durchbruch ist der »Edle Achtfache Pfad«, den wir später detailliert darstellen werden.

Aus dieser Analyse folgt eine weitere Grundeinsicht, die für das Selbstverständnis des Menschen und die angemessene Lebenspraxis von größter Bedeutung ist: die gegenseitige Abhängigkeit aller Dinge und Erscheinungen (*pratītyasamutpāda*). Alle buddhistischen Schulsysteme lehnen die Vorstellung und den Begriff einer unabhängigen Existenz von Dingen und Lebewesen ab. Nichts existiert getrennt von anderem, sondern alles ist verbunden mit und abhängig von etwas anderem. Demnach gibt es auch kein unabhängiges, aus sich selbst existierendes menschliches Ich bzw. eine Seele, was der Buddhismus mit seiner berühmten *anattā*-Lehre (»Nicht-Ich«) ausgedrückt hat. Eine solche Einsicht führt wiederum zu der existentiellen Grundhaltung, die Buddhisten anstreben: dem

Eindämmen der Gier, durch die sich das Ich stabilisieren möchte. Dies wiederum ermöglicht Gewaltfreiheit und eine Haltung der Ehrfurcht gegenüber allen Mitwesen, die in gegenseitiger Abhängigkeit untereinander und zu einem selbst stehen. Damit ist die Angst, getrennt und bedroht zu sein, überwunden, und der ersehnte Frieden des Geistes kann sich einstellen. Erst auf dieser Grundlage, so argumentierte der Buddha, ist ein Leben und Handeln in echter *Freiheit* möglich. Ziel des Buddhismus ist also: Befreiung aus den Fesseln der selbstverursachten körperlichen, psychischen und mental wirksamen Verstrickungen (*karman*).

2
DAS STUDIUM DES BUDDHISMUS

Gegenwärtig erscheinen jährlich Hunderte von neuen Büchern zum Buddhismus, die die Quellen neu erschließen oder Einzelaspekte interpretieren. So ist es unerläßlich, eine knappe Auswahl von Arbeiten in den Blick zu nehmen, die epochemachend waren oder besonders wichtig für die Deutung einzelner religiöser Phänomene sind. Dabei müssen wir im Auge behalten, daß das Kennenlernen einer Religion nicht nur in der Lektüre von Büchern bestehen kann. Zum Studium des Buddhismus empfiehlt es sich,

- die intellektuelle Auseinandersetzung mit
- der meditativen Übung sowie
- der ästhetischen Wahrnehmung und
- der lebendigen Begegnung zu verbinden.

INTELLEKTUELLE AUSEINANDERSETZUNG

Die intellektuelle Auseinandersetzung muß mit dem Studium der Quellen beginnen und gleichzeitig die historisch-kritischen Studien zum gesamten Buddhismus und den einzelnen Schulen einbeziehen, weil sonst die Quellen kaum sachgemäß interpretiert werden können. Denn die Quellen (der ›Kanon‹) und ihre Interpretationen haben beständig wesentliche Kriterien für die Auseinandersetzung um die Entwicklungen in der Geschichte des Buddhismus geliefert, ja, die Geschichte des Buddhismus *ist* in weiten Teilen genau diese Auseinandersetzung. In jüngster Zeit ist der rein philologische Zugang zum Buddhismus kritisiert worden, und das zu Recht, denn Riten, Praxisformen der Laien, Meditationsübungen, Kunstwerke sind ebenso Bestandteil des religiösen Erbes wie die normativen Schriften, die zum ›Kanon‹ stilisiert worden sind und/oder diesen interpretieren. Eine Tradition verständigt sich allerdings über Kanonbildung und deren kritische Interpretation mit sich selbst und schafft ihre Identität durch genau diesen Diskurs in jeder Zeit neu. Aus dem Verständnis und der Neuinterpretation der jeweiligen Normen gestaltet sich Überlieferung, die zeitliche und räumliche Identifikation ermöglicht. Deshalb ist und bleibt es unerläßlich, durch Neuübersetzung und Neuinterpretation, d. h. durch den Bezug auf das, was man als ›Ursprung‹ gelten lassen will, ein Verständnis des Buddhismus zu gewinnen, das geeignet ist, die ebenso relevanten Riten, Kunstwerke und Praxisformen im Kontext der Gesamtüberlieferung zu interpretieren.[1] Einen Überblick über die uferlose Buddhismus-Literatur (mehr als 15 000 Titel bis 1960) gibt die Bibliographie der Bibliographien:

Yasuhiro Sueki, *Bibliographical Sources for Buddhist Studies from the Viewpoint of Buddhist Philology*, 4 Bde., Tokyo 1998-2001: International Institute for Buddhist Studies of the International College for Advanced Buddhist Studies.

Weitere wichtige gedruckte Bibliographien sind (neben den Internet-Darstellungen zum Pāli-Kanon, den Mahāyāna-Sūtras und Śāstras in der Wikipedia usw.):

Shinsho Hanayama, *Bibliography on Buddhism*, Tokyo 1961: Hokuseido.
Stefan Winter, *Zen. Bibliographie nach Sachgebieten*, Frankfurt/Main u. a. 2003: Lang.

1 Zur gegenwärtigen Debatte bietet einen knappen Überblick und gute Argumente für die Beibehaltung philologisch-historischer Methoden, die durch andere zu ergänzen sind: Oliver Freiberger, *The Buddhist Canon and the Canon of Buddhist Studies*, in: Journal of the International Association of Buddhist Studies 27 (2004), H. 2, S. 261-283. Vgl. auch Max Deeg, Oliver Freiberger und Christoph Kleine, *Vorwort*, in: P. Schalk, M. Deeg (Hg.), *Im Dickicht der Gebote. Studien zur Dialektik von Norm und Praxis in der Buddhismusgeschichte Asiens*, Uppsala 2005, S. 5-10.

Seit 1960 haben die Publikationen zum Buddhismus (vor allem in den Vereinigten Staaten und Japan) so sehr zugenommen, daß es kaum einen vollständigen Überblick geben kann. Allein zum Zen-Buddhismus werden in der Bibliographie von James Gardner fast 3000 Titel verzeichnet:

James Gardner, *Zen-Buddhism. A Classified Bibliography of Western-Language Publications Through 1990*, Salt Lake City 1991: Wings of Fire Press.

Einführende Literatur zu den einzelnen Themenbereichen ist in den Buddhismus-Artikeln der *Encyclopedia of Religion* (hg. v. Mircea Eliade) angegeben, erschienen bei Macmillan. Gut gegliederte Angaben finden sich auch bei Heinz Bechert, Richard Gombrich (Hg.), *Die Welt des Buddhismus* (^{2}2002), Hans Wolfgang Schumann, *Buddhismus. Stifter, Schulen und Systeme* (^{2}1978; Neuausgabe 1993), Hans Wolfgang Schumann, *Der historische Buddha* (Neuausgabe 1988) sowie Hans-Joachim Klimkeit, *Der Buddha* (1990).

Zum Quellenstudium im Detail unten (S. 40-64) mehr, hier nur einige Literaturangaben:

Die meisten frühbuddhistischen Pāli-Texte sind in englischer Übersetzung durch die »Pāli Text Society« herausgegeben worden. Bibliographische Angaben zu den deutschen Übersetzungen aus dem Pāli-Kanon gibt:

Hellmuth Hecker, *Der Pāli-Kanon. Ein Wegweiser durch Aufbau und deutsche Übersetzungen der heiligen Schriften des Buddhismus*, horae subsicivae philosophiae 1, Hamburg 1965: Stoll in Komm. (Nachdruck München 1991: Deutsche Buddhistische Union).

Kenneth R. Norman, *Pāli Literature. Including the Canonical Literature in Prakrit and Sanskrit of All the Hīnayāna Schools of Buddhism*, A History of Indian Literature 7/2, Wiesbaden 1983: Harrassowitz.

Klaus Mylius, *Geschichte der altindischen Literatur. Die 3000jährige Entwicklung der religiös-philosophischen, belletristischen und wissenschaftlichen Literatur Indiens von den Veden bis zur Etablierung des Islam*, Bern, München und Wien 1988: Scherz (2., überarbeitete Auflage Wiesbaden 2003: Harrassowitz).

Oskar von Hinüber, *A Handbook of Pāli Literature*, Berlin und New York 1996: Walter de Gruyter.

Außerdem sind in Asien zwei Einführungsbücher in den Pāli-Kanon erschienen, in denen die einzelnen Textabschnitte systematisiert, eingeführt und zusammengefaßt werden:

U Ko Lay, *Guide to Tipiṭaka*, Bibliotheca Indo-Buddhica 71, Delhi 1990: Sri Satguru Publications.

Guide to the Tipiṭaka. An Introduction to the Buddhist Canon, Bangkok 1993: White Lotos Co.

Für eine vergleichende Auflistung der Texte in den Pāli-Nikāyas und den chinesischen Übersetzungen derselben (chinesische *Āgamas*) ist nützlich:

Chizen Akanuma, *The Comparative Catalogue of Chinese Āgamas & Pāli Nikāyas*, Bibliotheca Indo-Buddhica 74, Delhi 1990: Sri Satguru Publications (zuerst Nagoya 1929).

Einige wenige Anthologien, die eine Auswahl von Pāli-Texten in deutscher Übersetzung bringen, seien hier genannt:

Nyanatiloka, *Das Wort des Buddha. Eine systematische Übersicht der Lehre des Buddha in seinen eigenen Worten*, Konstanz [5]1989: Christiani (zuerst 1906).

Paul Dahlke, *Buddha. Die Lehre des Erhabenen.* Aus dem Palikanon ausgewählt und übertragen, München 1986: Goldmann (zuerst 1920).

Edward Conze (Hg.), *Im Zeichen Buddhas. Buddhistische Texte*, übersetzt von Marianne Winder, Frankfurt/Main 1957: Fischer (engl. Original 1954).

Gustav Mensching (Hg.), *Buddhistische Geisteswelt*, Darmstadt 1955: Wissenschaftliche Buchgesellschaft (Nachdruck 1975).

Erich Frauwallner, *Die Philosophie des Buddhismus*, Philosophische Studientexte 2, Berlin [4]1994: Akademie Verlag (zuerst 1956).

Helmuth von Glasenapp, *Der Pfad zur Erleuchtung. Ein buddhistisches Lesebuch*, Diederichs gelbe Reihe 8, München [6]1979: Diederichs (zuerst 1956).

Klaus Mylius, *Die Vier Edlen Wahrheiten. Texte des ursprünglichen Buddhismus*, München [5]1994: dtv (zuerst Leipzig 1985: Reclam).

Johannes Mehlig (Hg.), *Weisheit des alten Indien*, Bd. 2: *Buddhistische Texte*, Leipzig 1987: Kiepenheuer (München 1987: Deutscher Taschenbuch Verlag).

Hilfsmittel zur ersten Orientierung über buddhistische Grundbegriffe sind:

Damien Keown, *A Dictionary of Buddhism*, Oxford 2003: Oxford University Press; deutsch: *Lexikon des Buddhismus*, übersetzt und bearbeitet von Karl-Heinz Golzio, Düsseldorf 2005: Patmos.

Donald S. Lopez (Hg.), *Critical Terms for the Study of Buddhism*, Chicago und London 2005: The University of Chicago Press.

Hans Wolfgang Schumann, *Siebzig Schlüsselbegriffe des Pāli-Buddhismus, definiert und kommentiert – mit Seitenblicken auf ihre Sanskrit-Entsprechungen im Mahāyāna-Buddhismus*, Heidelberg 2006: Kristkeitz.

Für das Mahāyāna-Schrifttum insgesamt gibt es keine einheitliche Übersicht, wohl aber (teilweise) für die Sanskrit-Literatur:

Akira Yuyama, *Systematische Übersicht über die buddhistische Sanskrit-Literatur*, 1. Teil: *Vinaya-Texte*, Wiesbaden 1979: Steiner.

Eine nützliche, wenngleich heute veraltete Hilfe bei der Auffindung von Übersetzungen in europäische Sprachen ist:

Peter Pfandt, *Mahāyāna-Texts translated into Western Languages. A Bibliographical Guide*, Köln ^{2}1986: Brill (zuerst 1983).

Von den neueren Gesamtstudien, die empfohlen werden können, seien hier nur wenige (alphabetisch) aufgezählt:

Heinz Bechert, Richard Gombrich (Hg.), *Die Welt des Buddhismus. Geschichte und Gegenwart*, München ^{2}2002: C. H. Beck (zuerst 1984).

Hermann Beckh, *Buddha und seine Lehre*, Stuttgart ^{6}1998: Verlag Freies Geistesleben (zuerst 2 Bde., Berlin und Leipzig 1916).

Edward Conze, *Der Buddhismus. Wesen und Entwicklung*, Urban-Bücher 5, Stuttgart ^{10}1995: Kohlhammer (zuerst 1953).

Erich Frauwallner, *Die Philosophie des Buddhismus*, Berlin ^{4}1994: Akademie Verlag (zuerst 1956).

Helmuth von Glasenapp, *Der Buddhismus – eine atheistische Religion*, München 1966: Szczesny.

Richard F. Gombrich, *Theravāda Buddhism. A Social History from Ancient Benares to Modern Colombo*, London 1988: Routledge & Kegan Paul; deutsch: *Der Theravada-Buddhismus. Vom alten Indien bis zum modernen Sri Lanka*, übersetzt von Friedrich Wilhelm, Stuttgart 1997: Kohlhammer.

Ursula Gräfe, *Buddha*, Suhrkamp-BasisBiographie 5, Frankfurt/Main 2005: Suhrkamp.

Hans-Jürgen Greschat, *Die Religion der Buddhisten*, München 1980: Reinhardt.

Akira Hirakawa, *A History of Indian Buddhism. From Śākyamuni to Early Mahāyāna*, übersetzt und hg. v. Paul Groner, Honolulu 1990: University of Hawaii Press (jap. 1974).

Toshihiko Izutsu, *Philosophie des Zen-Buddhismus*, Reinbek 1991: Rowohlt.

David Kalupahana, *A History of Buddhist Philosophy*, Honolulu 1992: University of Hawaii Press.

David Kalupahana, *Ethics in Early Buddhism*, Honolulu 1995: University of Hawaii Press.

Hans-Joachim Klimkeit, *Der Buddha. Leben und Lehre*, Kohlhammer-Taschenbücher 438, Stuttgart u. a. 1990: Kohlhammer.

Étienne Lamotte, *Histoire du Bouddhisme indien. Des origines à l'ère Śaka*, Louvain 1958: Publications Universitaires Institut orientaliste (engl.: *History of Indian Buddhism. From the origins to the Saka era*, Louvain 1988: Université Catholique de Louvain).

Donald S. Lopez (Hg.), *Buddhism in Practice*, Princeton 1995: Princeton University Press.

Hajime Nakamura, *Ways of Thinking of Eastern Peoples*, Honolulu 1964: East-West Centre Press.

Bruno Petzold, *The Classification of Buddhism Bukkyō Kyōhan. Comprising the Classification of Buddhist Doctrines in India, China and Japan*, Wiesbaden 1995: Harrassowitz.

Sangharakshita, *A Survey of Buddhism*, Boulder 1980: Shambhala.

Dieter Schlingloff, *Die Religion des Buddhismus*, 2 Bde., Sammlung Göschen 174.770, Berlin 1962-63: de Gruyter.

Ulrich Schneider, *Einführung in den Buddhismus*, Darmstadt 1987: Wissenschaftliche Buchgesellschaft.

Hans Wolfgang Schumann, *Buddhismus. Stifter, Schulen und Systeme*, Olten ²1978 (zuerst 1976): Walter (Neuausgabe München 1993: Diederichs).

Jikido Takasaki, *An Introduction to Buddhism*, Tokyo 1987: The Tōhō Gakkai.

Yoshinori Takeuchi (Hg.), *Buddhist Spirituality*, Bd. 1: *Indian, Southeast Asian, Tibetan, Early Chinese*, World Spirituality 8, New York 1993: Crossroad.

Ernst Waldschmidt, *Die Legende vom Leben des Buddha*, Graz 1982: Verlag für Sammler.

Claudia Weber, *Buddhistische Sutras. Das Leben des Buddha in Quellentexten*, Diederichs gelbe Reihe 156, Kreuzlingen und München 1999: Diederichs.

Volker Zotz, *Geschichte der buddhistischen Philosophie*, Rowohlts Enzyklopädie 537, Reinbek 1996: Rowohlt.

Erik Zürcher, *Buddhism. Its origin and spread in words, maps and pictures*, Amsterdam 1962: Djambatan.

Die genannten Quellen und Studien beziehen sich fast ausschließlich auf den schriftlich niedergelegten Buddhismus der Gelehrten, wie er vor allem in den Mönchstraditionen überliefert ist. Der gelebte Buddhismus des Volkes in allen asiatischen Ländern unterscheidet sich aber nicht unerheblich von diesem ›normativen Buddhismus‹. Hier – wie aber auch in den Erzählungen der Nikāya-Traditionen – spielt der Glaube an höhere Wesen (Geister und Götter), die das Leben des Menschen direkt beeinflussen und durch Opfer wohlgefällig zu stimmen sind, eine wesentliche Rolle. In mündlich überlieferten Gesängen, Dramen, kultischen Prozessionen, Pilgerschaften und Hausriten ist diese Gestalt des Buddhismus (vor allem in den Dörfern) lebendig. Sie muß deshalb durch ethnologische Studien erfaßt werden, wenn man das tatsächliche Leben, Wünschen und Hoffen der Menschen verstehen will, die in den vom Buddhismus geprägten Ländern Süd-, Zentral- und Ostasiens leben. Auch die im europäischen und amerikanischen Kulturraum lebenden ›ethnischen Buddhisten‹ – ob Vietnamesen, Chinesen oder Japaner – sind meist von diesen Formen des Buddhismus geprägt, der sich allerdings unter den Bedingungen der Moderne stark verändert und neu formiert. Als Beispiel sei Sri Lanka genannt, dazu:

Gananath Obeyesekere, Richard Gombrich, *Buddhism Transformed. Religious Change in Sri Lanka*, Princeton 1988: Princeton University Press.

MEDITATIVE ÜBUNG

Der *dharma* bzw. das *nirvāṇa* ist, wie der Buddha hervorhob, »schwer zu verstehen«[2]. Ohne Praxis in buddhistischer Meditation bleibt die Erkenntnis der buddhistischen Heilslehre nur intellektuell, was der Buddha ausdrücklich vermeiden wollte. Buddhistische Meditation wird mittlerweile in vielen europäischen Ländern gelehrt, und zwar in allen maßgeblichen Formen des Theravāda, des Tantrayāna und des Zen. Einige buddhistische Zentren bzw. Lehrer bieten die unveränderte asiatische Lehrform an, andere haben die Methodik den europäischen Verhältnissen angepaßt.[3] Die Achtsamkeitsmeditation (*satipaṭṭhāna*) des Theravāda wird in vielen Häusern der Deutschen Buddhistischen Union gepflegt, so beispielsweise im Haus der Stille in Roseburg bei Hamburg, im Buddha-Haus (Oy-Mittelberg/Allgäu), das von Ayya Khema bis zu ihrem Tod 1998 geleitet wurde. Achtsamkeitsübung, verbunden mit Zen in moderner Lebensgestaltung, wird in Plum Village in Südfrankreich (Thich Nhat Hanh) sowie in dessen deutschem Zentrum bei Deggendorf (Bayern) praktiziert. Die Meditationsformen des Tantrayāna werden in zahlreichen tibetischen Zentren aller Schulen gelehrt, so im Tibetischen Zentrum Hamburg (die Nachfolger von Geshe Thubten Ngawang), im Kamalashila-Institut Wachendorf, im Choedzong in Langenfeld (Dagyab Rinpoche), im Tibet-Haus Frankfurt am Main. Das Zen wird z. B. im Zen-Zentrum Schönböken (Schleswig-Holstein, L. Tenryū Tenbreul), im Johannishof Herrischried (Schwarzwald, Richard Baker),

2 *Ariyapariyesanā-Sutta*, MN 26, 19.

3 Dazu datailliert und mit übersichtlichen Tabellen, die die Entwicklung bis Anfang der neunziger Jahre berücksichtigen, Martin Baumann, *Deutsche Buddhisten. Geschichte und Gemeinschaften*, Religionswissenschaftliche Reihe 5, Marburg ^{2}1995 (zuerst 1993). Baumann stellt auch die Frage, welche Gruppen unter welchen Kriterien als ›buddhistisch‹ betrachtet werden sollen und welche nicht.

im Bodaisan Shoboji (Hakuin Zen Gemeinschaft Dinkelscherben, Dorin Genpo [Hans Rudolf Döring]), im Zen-Zentrum Eisenbuch (Niederbayern, Fumon Nakagawa), im Mumon-Kai Berlin, in den von Deshimaru Roshi geprägten Zen-Zentren überall in Deutschland, im Benediktushof in Holzkirchen bei Würzburg (Willigis Jäger), im Lassalle-Haus Bad Schönbrunn (Schweiz), im Meditationszentrum Neumühle in Mettlach-Tünsdorf (Saarland) sowie in vielen anderen Klöstern und Meditationszentren gelehrt.

ÄSTHETISCHE WAHRNEHMUNG

Die buddhistische Kunst führt, wie die Kunst jeder Religion, ins Zentrum des empathischen Nachempfindens der Erfahrungen, Hoffnungen und Sehnsüchte der Menschen, die sich vom Buddhismus inspirieren ließen. Hier können wir genauer als in den begrifflichen Abstraktionen erkennen, welchen Stellenwert bestimmte Motive und Erzählungskomplexe für die Frömmigkeit der Menschen hatten und haben. Die Kunst ist gleichsam die spiegelbildliche Antwort der Menschen auf den Impuls, den der Religionsstifter ausgesandt hat. In ihr wird die tatsächliche, nicht nur die normative Struktur der Religion nachvollziehbar. Dabei vermittelt die Vielfalt und der Gestaltungsreichtum der Kunst in unterschiedlichen buddhistischen Ländern einen nachhaltigen Eindruck von der kulturellen Bandbreite des Buddhismus. Nicht nur die bildende Kunst, auch Tanz, Drama und Musik sind Ausdrucksformen des Buddhismus. Sie geben Aufschluß über seine emotionalen Dimensionen. Bildbände und Ausstellungskataloge, aber auch Tonträger etwa mit japanischer Musik – auf der Shakuhachi-Flöte geblasen – oder mit tibetischen Mönchsgesängen gibt es inzwischen in großer Fülle. Als erste Einführung in Skulptur und Malerei seien erwähnt:

Pia Brancaccio, Kurt Behrendt (Hg.), *Gandhāran Buddhism. Archeology, Art, Texts*, Vancouver 2006: University of British Columbia Press.

G. C. Chauley, *Early Buddhist Art in India. 300 B. C. to 300 A. D.*, Neu Delhi 1998: Sundeep Prakashan.

Gabriele Fahr-Becker (Hg.), *Ostasiatische Kunst*, 2 Bde., Köln 1998: Könemann.

Louis Frédéric, *Les dieux du Bouddhisme. Guide iconographique*, Paris 1992: Flammarion; deutsch: *Buddhismus. Götter, Bilder und Skulpturen*, Paris 2003: Flammarion.

Basil Gray, *Buddhist Cave Paintings at Tunhuang*, London 1959: Faber and Faber.

Kunst des Buddhismus entlang der Seidenstraße, hg. vom Staatlichen Museum für Völkerkunde München, München 1992: Alois Knürr Verlag.

Detlef Ingo Lauf, *Das Erbe Tibets. Wesen und Deutung der buddhistischen Kunst von Tibet*, Bern 1972: Kümmerly & Frey.

Claudius Müller (Hg.), *Zen und die Kultur Japans. Klosteralltag in Kyoto*, Berlin 1993: Reimer.

Marylin M. Rhie, Robert Thurman, *Wisdom and Compassion. The Sacred Art of Tibet*, New York 1991: Abrams; deutsch: *Weisheit und Liebe. 1000 Jahre Kunst des Tibetischen Buddhismus*, Köln 1996: Dumont.

Marilyn M. Rhie, *Early Buddhist Art of China and Central Asia*, 3 Bde., Leiden 1999-2002: Brill.

Erwin Rousselle, *Vom Sinn der buddhistischen Bildwerke in China*, Darmstadt 1958: Gentner.

Takaaki Sawa, *Art in Japanese Esoteric Buddhism*, Tōkyō 1972: Heibonsha.

Dietrich Seckel, *Kunst des Buddhismus. Werden, Wanderung und Wandlung*, Baden-Baden ^{2}1962: Holle (Nachdruck 1980; zuerst 1962).

Mizuno Seiichi, Toshio Nagahiro (Hg.), *Un-kō sekkutsu. – Yün-Kang. The Buddhist cave-temples of the 5th century A. D. in North China*, 16 Bde., Kyoto 1951-56: Jimbunkagaku Kenkyūsho, Kyōtō University.

Gabriele Seitz, *Die Bildsprache des Buddhismus*, Düsseldorf 2006: Patmos.

Giuseppe Tucci, *Tibetan painted scrolls*, 3 Bde., Rom 1949: Libreria dello Stato (Nachdruck Kyoto 1980).

Eugene Yuejin Wang, *Shaping the Lotus Sutra. Buddhist Visual Art in Medieval China*, Seattle 2005: University of Washington Press.

Yukio Yashiro, *2000 Years of Japanese Art*, London 1958: Thames and Hudson; deutsch: *Japanische Kunst*, München 1958: Droemer.

LEBENDIGE BEGEGNUNG

Begegnungen mit Buddhisten in asiatischen Ländern wie auch in Europa und Amerika kommen erstens durch den akademischen Austausch, zweitens durch die Präsenz von buddhistischen Lehrern im Westen und westlicher Schüler in asiatischen Ländern sowie drittens durch gezielte interreligiöse Dialogprogramme zustande. Die nordamerikanische »Society for Buddhist Christian Studies« sowie ihre europäische Schwestergesellschaft bemühen sich um solche dialogische Begegnungen, in denen man die *Lebenspraxis der anderen Religion* kennenlernen und reflektieren kann. Inter-monastische Austauschprogramme haben, systematisch organisiert und ausgewertet, während der letzten 40 Jahre kontinuierlich stattgefunden. Die buddhistischen Zentren in fast allen europäischen und amerikanischen Ländern dienen ebenfalls der Begegnung mit authentischer buddhistischer Praxis. Dazu:

Michael von Brück, Whalen Lai, *Buddhismus und Christentum. Geschichte, Konfrontation, Dialog,* München ^{2}2000: C. H. Beck (zuerst 1997).

›Buddhismus aktuell. Zeitschrift für Buddhismus‹ (Zeitschrift der Deutschen Buddhistischen Union [seit 1986], München [mit Adressen einzelner buddhistischer Zentren und Gruppen, Terminen, Internet-Präsentationen usw.]).

Darüber hinaus geben viele buddhistische Zentren und Vereinigungen ihre eigenen Periodika heraus, die Auskunft über Seminarangebote, Schulzugehörigkeit und Gegenwartsfragen aus der Sicht der jeweiligen Tradition geben.

3
QUELLENTEXTE

TEXTE DES FRÜHEN BUDDHISMUS

Die Quellentexte der buddhistischen Religion liegen heute zwar teilweise in Übersetzungen vor, aber die Vielfalt ist so überwältigend, daß der uneingeweihte Leser häufig kapituliert, bevor er einen geeigneten Zugang gefunden hat. Aus diesem Grunde will dieses Kapitel die Literatur vorstellen, ordnen und durch Zusammenstellungen relativ leicht greifbarer Publikationen dazu anleiten, selbständige Studien des Buddhismus treiben zu können. Denn um den Buddhismus möglichst vorurteilsfrei aus seinen Quellen zu verstehen, ist es notwendig, die Texte, Kunstwerke und die Praxis der zahlreichen buddhistischen Schulen und Traditionslinien in den historischen Zusammenhang einzuordnen. Dies ist schwierig, denn die Fülle der für die Traditionsbildung verbindlichen (›kanonischen‹) Texte ist immens, außerdem betrachten unterschiedliche Schulrichtungen unterschiedliche Texte als verbindlich. Von der gesamten Literatur, die der Buddhismus hervorgebracht hat, sind aber nur Teile erhalten. Die vollständigsten Sammlungen sind:

– der Pāli-Kanon aus dem 1. Jahrhundert v. Chr., in Ceylon entstanden;

– das chinesische Tripiṭaka, dessen ältester Katalog (518 n. Chr.) 2113 Werke auflistet (Druck der ersten Gesamtausgabe 983 n. Chr.), von denen nur 276 erhalten sind; die neueste japanische Ausgabe von 1924-34 (*Taishō Issaikyō* bzw. *Taishō Shinshū Daizōkyō*) enthält 3360 Werke in Chinesisch und Japanisch in mehr als einhundert Bänden zu je etwa 1000 Seiten (eine großangelegte Übersetzung ins Englische ist durch die »Gesellschaft zur Förderung des Buddhismus BDK« [Bukkyō

Dendō Kyōkai] unter dem Titel »BDK English Tripiṭaka« in Angriff genommen worden, mehrere Bände sind erschienen);[1]

– der tibetische Kanjur (Sūtras, Vinaya und Tantras) in 108 Bänden (98 Bände nach der Narthang-Ausgabe) und Tanjur (Kommentare und andere Abhandlungen zu Logik, Grammatik, Medizin usw.) in 225 Bänden.[2]

Bis vor wenigen Jahrzehnten galt der Pāli-Kanon als die älteste Überlieferung, was aber seit der Auffindung und Auswertung von Sanskrit-Texten in Zentralasien sowie der teilweise noch älteren Prākrit-Fragmente aus Nordwest-Indien (Gandhāra) nicht mehr haltbar ist.[3] Außerdem müssen bereits beim Quellenstudium die drei großen Hauptströmungen des Buddhismus – früher Buddhismus (»Hīnayāna«), Mahāyāna und Tantrayāna – unterschieden werden, denn sie berufen sich nicht nur auf verschiedene Texte, sondern bewerten die Autorität von Texten auch unterschiedlich.

---

1 Im Dezember 1991 wurde das »Numata Centre for Buddhist Translation and Research« in Berkeley (Kalifornien) gegründet. Mehr als 80 Wissenschaftler aus aller Welt übersetzten bisher über 50 Werke; die Ausgabe ist auf weit über 100 Bände angelegt.

2 Edward Conze, *Der Buddhismus. Wesen und Entwicklung*, Urban-Bücher 5, Stuttgart [10]1995, S. 29f. Conze macht für Kanjur und Tanjur genauere Angaben über die Verteilung der Literaturmassen: Die 100 Bände des Kanjur enthalten 13 zum Vinaya, 21 zu den Prajñāpāramitā-Sūtras, 45 zu anderen Sūtras und 21 zu Tantras. Die drei Teile des Tanjur gliedern sich in: 1. 64 Hymnen (ein Band), 2. 2664 Kommentare zu den Tantras (86 Bände), 3. eine uneinheitliche Sammlung von: a) 38 Prajñāpāramitā-Kommentaren (15 Bände), b) Śāstras der Mādhyamika-Schule (18 Bände), c) weitere Sūtra-Kommentare (zehn Bände), d) Śāstras der Yogācāra-Schule (18 Bände), e) Śāstra-Texte des frühen Buddhismus (30 Bände), f) Texte zur Logik, Medizin, Wirtschaft, Handwerk usw. (30 Bände, Übersetzungen aus dem Sanskrit), g) tibetische Texte über technische Gegenstände (13 Bände).

3 Dazu besonders die Forschungen von E. Waldschmidt, H.-J. Klimkeit u. a. Vgl. Hans-Joachim Klimkeit, *Der Buddha. Leben und Lehre*, Kohlhammer-Taschenbücher 438, Stuttgart u. a. 1990, S. 26ff.

Eine wichtige Unterscheidung der buddhistischen Quellentexte ist die in *Sūtras* und *Śāstras*. Sūtras sind Texte, die dem Buddha selbst in den Mund gelegt worden sind – entweder dem historischen Buddha (Sūtras des frühen Buddhismus) oder dem transzendenten überirdischen Buddha, der sie aus ›geistiger Höhe‹ lehrt (die meisten Sūtras des Mahāyāna). Die Sūtras des frühen Buddhismus, so der Anspruch, seien von Ānanda auf der ersten Mönchsversammlung kurz nach dem Tode des Buddha rezitiert und von der Versammlung als authentisch bestätigt worden. Sie beginnen alle mit der Einleitungsformel »So ist gehört worden ...«. Die Śāstras hingegen sind kommentierende Lehrtexte späterer Autoren, die das in den Sūtras vermittelte Wissen systematisch darlegen. Die Autoren der Śāstras sind oft namentlich bekannt.

Der Pāli-Kanon

Die Textsammlung, die von (fast) allen Buddhisten als verbindlich anerkannt wird, ist der sogenannte Pāli-Kanon, der in der Pāli-Sprache im 1. Jahrhundert v. Chr. in Ceylon verschriftlicht wurde und komplett überliefert ist.[4] Bei dieser Sammlung handelt es sich um die Texte einer bestimmten Schule des frühen Buddhismus, nämlich der Theravādins. Wir wissen aber, daß es zur Zeit des Kaisers Aśoka (Regierungszeit 268-239 v. Chr.[5]) bereits 18 Schulen gab, wobei die Kanones der Sarvāstivādins und Mūlasarvāstivādins zumindest teilweise (in der Sanskrit-Sprache) überliefert sind und erhebliche Abweichungen vom Pāli-Kanon aufweisen. Zwi-

4 Die ältesten uns erhaltenen Manuskripte sind wegen der Verderblichkeit des Schreibmaterials, besonders angesichts der tropischen und subtropischen Klimate, freilich nicht älter als höchstens 500 Jahre; die in Zentralasien gefundenen Sanskrit-Fragmente sind hingegen zum Teil bis zu 1500 Jahre alt.

5 Nach den Forschungen von P. H. L. Eggermont, zitiert nach H.-J. Klimkeit, *Der Buddha* (S. 41, Anm. 3), S. 23.

schen der Lebenszeit des Buddha (5. oder 4. Jh. v. Chr.), in der er seine Reden gehalten hat, und der Verschriftlichung des Pāli-Kanons waren also etwa 300 Jahre verstrichen. Selbst wenn man annehmen kann, daß die Mönche bei der mündlichen Überlieferung der Worte des Buddha äußerste Sorgfalt und Genauigkeit walten ließen, so ist doch deutlich, daß wir die *verba ipsissima* (lat. »ureigene Worte«) des Buddha im Pāli-Kanon nicht oder nur vereinzelt finden. Viele Gedanken, Ideen, Gleichnisse und Inspirationen gehen zwar auf den historischen Buddha zurück, doch die Ausgestaltung, die Art der Komposition der Texte und ihre Lehrintention läßt in vielen Fällen sehr deutlich die Interessen und Kontroversen späterer Lehr- und Schulbildungen erkennen, ja, der Pāli-Kanon wurde schriftlich niedergelegt, damit man sich in offenbar heftig geführten Auseinandersetzungen um die rechte Lehre auf eine Autorität berufen konnte.[6] Oft kann man Schichten von Umformungen ursprünglicher Traditionsinhalte erkennen, die zumindest eine relative Datierung einzelner Überlieferungsschichten ermöglichen.

Der Pāli-Kanon ist gegliedert in drei »Körbe« (*tipiṭaka*, skt. *tripiṭaka*),[7] nämlich

- die Regeln der Ordensdisziplin (*vinaya-piṭaka*),
- die Lehrreden des Buddha (*sutta-piṭaka*),
- die systematisierte Lehre (*abhidhamma-piṭaka*).

Vinaya-piṭaka

Das *Vinaya-piṭaka* (»Regeln der Ordensdisziplin«) besteht aus zwei Teilen: *vinayavibhaṅga* und *vinayavastu*, von denen noch historische und pädagogische Erläuterungen zu unterscheiden sind. Der Vinayavibhaṅga (»Darlegung des *vinaya*«) enthält die 150 Artikel des *Pātimokkha-Sutta* (Prātimokṣa-Sūtra) mit

6 *Mahāvaṃsa* 33, 100f.

7 Die Schriftbündel einzelner geschriebener Seiten wurden in ebenjenen Körben aufbewahrt.

Kommentar, d. h. die Aufzählung der Mönchsregeln[8] sowie ihre Wort-für-Wort-Erklärung, die auch die historischen Umstände und Anlässe, bei denen der Buddha die Regel erlassen habe, erläutert. Der Vinayavastu (»Inhalt des *vinaya*«) enthält die *skandhakas*, d. h. die Grundkapitel über das Mönchtum, vor allem die Bestimmungen der Ordination, der vierzehntägigen Beichtzeremonie (*uposatha*), des Verhaltens während der Regenzeit (Ortsansässigkeit), der Kleidung und Nahrung sowie Bestimmungen über das Verhalten bei drohenden Spaltungen der Mönchsgemeinschaft. Besonders wichtige Texte sind hier *Mahāvagga* und *Cullavagga*. Im *Vinaya-piṭaka* werden aber nicht nur die Mönchsregeln aufgezählt, sondern zugleich eine Fülle von Informationen über die Lebenswelt und kulturellen Prägungen des Umfeldes der frühen Buddhisten in Indien mitgeteilt. Neben dem Pāli-vinaya existieren heute noch weitere sechs vollständige Überlieferungen des Textes in verschiedenen Übersetzungen (tibetisch, chinesisch usw.), die auf Sanskrit-Versionen zurückgehen. Der Pāli-vinaya-Text wurde in fünf Bänden von Hermann Oldenberg 1879 in London publiziert (Nachdruck in der Pāli Text Society, [fast] vollständige Übersetzung in den »Sacred Books of the Buddhists«, Bd. 10, 11, 13, 14, 20 und 25 durch Isaline B. Horner, neuere Übersetzungen z. B. von Bhikkhu Bodhi u. a., siehe »Literaturverzeichnis«, S. 556 f.).

Die Textgruppen sind im einzelnen folgendermaßen untergliedert:

Vinaya-piṭaka (der Theravādins)

A. *Suttavibhaṅga* (»Erläuterungen der Gebote«)

1. *Mahāvibhaṅga* (»Erläuterungen der Mönchsgelübde«)
   a) *Pārājika* (»Verfehlungen, die Ausschluß aus dem Orden nach sich ziehen«)

8 227 Ordensregeln für Mönche (*mahāvibhaṅga*), 311 Ordensregeln für Nonnen (*bhikkhunivibhaṅga*).

b) *Pāccitiyā* (»Verfehlungen, die gebeichtet werden müssen«)
2. *Bhikkhunīvibhaṅga* (»Erläuterungen der Nonnengelübde«); ebenfalls eingeteilt in *pārājika* und *pāccitiyā*-Verfehlungen

B. *Khandhaka* (Kapitel über *kamma* [»Regeln für die Ordenszusammenkünfte«] und andere Themen)
1. *Mahāvagga* (»Großer Weg«, Vorschriften über Ordination, Kleidung, Nahrung usw., zehn Kapitel)
2. *Cullavagga* (»Kleiner Weg«, Verfahrensweisen bei den ersten beiden Konzilien, zwölf Kapitel)

C. *Parivārapātha* (»Anhang«)

Sutta-piṭaka

Das Sutta-piṭaka (skt. *Sūtra* [»Lehrreden des Buddha«]) besteht aus vier großen Sammlungen und einem Sammelwerk, die im Pāli *nikāyas*, im Sanskrit *āgamas* genannt werden:

– Dīgha-Nikāya, die Sammlung der 34 langen Suttas,
– Majjhima-Nikāya, die 152 mittellangen Suttas,
– Saṃyutta-Nikāya, die 2875 thematisch geordneten Suttas (56 Gruppen),
– Aṅguttara-Nikāya, die 2198 numerisch nach Themen geordneten Suttas,
– Khuddaka-Nikāya, eine Sammlung 15 kleinerer Werke wie:

Khuddakapāṭha (Andachtsbuch kleiner Texte in neun Teilen),
Dhammapada (»Pfad der Lehre«, 423 Strophen),
Udāna (80 Aussprüche des Buddha),
Itivuttaka (»so ist gesagt«, 112 kleine Suttas),
Sutta Nipāta (70 Bruchstücke von Suttas, teilweise in Versen, die zum Teil sehr alt sind),
Theragāthā (264 Lieder der Mönche),

Therīgāthā (etwa 100 Lieder der Nonnen),
Jātaka (547 Erzählungen aus früheren Existenzen des Buddha, die im Sanskrit eigene Sammlungen bilden),[9]
Buddhavaṃsa (Erzählungen über die 24 früheren Buddhas).

Besonders wichtige Texte, die altes und wohl auf den historischen Buddha zurückgehendes Material enthalten, sind *Sutta Nipāta*, Majjhima-Nikāya und Dīgha-Nikāya, während die Texte im Saṃyutta-Nikāya und Aṇguttara-Nikāya häufig (teils abgewandelte) Wiederholungen aus den ersten beiden Nikāyas sind. Als T. W. Rhys Davids 1879 die Pāli Text Society in London gründete, wurden die meisten Texte publiziert und ins Englische übersetzt. Leicht erreichbare Ausgaben der Pāli-Texte sind:

The Dīgha Nikāya, hg. v. Thomas William Rhys Davids und Joseph Estlin Carpenter, 3 Bde., London 1960-67: Pali Text Society (zuerst 1890-1911).
The Majjhima Nikāya, 3 Bde., Bd. 1 hg. v. Vilhelm Trenckner, Bd. 2-3 hg. v. Robert Chalmers, London 1977-79: Pali Text Society (zuerst 1888-99).
Saṃyutta Nikāya, hg. v. Leon Feer, 5 Bde., London 1960: Pali Text Society (zuerst 1884-98).
Aṇguttara Nikāya, hg. v. Richard Morris, bearbeitet von Edmund Hardy u. a., 6 Bde., Pali Text Society, London 1955-61 (zuerst 1885-1910).
Khuddaka Nikāya, hg. v. Jagadīsa Kashyap, 7 Bde., Nālanda 1959-60: Pali Publication Board.

Es existieren zahlreiche Übersetzungen und Teilübersetzungen[10] (Neumann, Dahlke, Nyanatiloka, Nyanaponika, v. Gla-

9 Die Schriften der *Avadānas* erzählen von der Vorgeschichte und den früheren Leben anderer Buddhas und Bodhisattvas. Sie sind gleichsam Verlängerungen der *Jātakas*, die von den vergangenen Leben des Buddha Gautama Śākyamuni erzählen. Die Avadānas entstanden als fromme Volkslegenden etwa ab dem 2. Jahrhundert n. Chr. Sie sind das Material, aus dem der größte Teil der mythischen Stoffe in den Mahāyāna-Sūtras gewoben ist.

10 Für eine erste Orientierung zu den Ausgaben und Übersetzungen

senapp, Mylius, Mehlig u. a.) ins Deutsche sowie neuere Übersetzungen ins Englische:

Bhikkhu Bodhi, *The Connected Disourses of the Buddha. A Translation of the Saṃyutta-Nikāya*, Boston 2000: Wisdom Publ.

Julius Dutoit, *Jataka*, bearbeitet von Hellmuth Hecker, 3 Bde., Stammbach 2007: Beyerlein & Steinschulte.

Otto Franke, *Dīghanikāya. Das Buch der langen Texte des buddhistischen Kanons.* In Auswahl übersetzt, Quellen der Religions-Geschichte 4, Göttingen 1913: Vandenhoeck & Ruprecht.

Wilhelm Geiger, Nyāṇaponika, *Saṃyutta-Nikāya. Die in Gruppen geordnete Sammlung aus dem Pāli-Kanon der Buddhisten.* Zum 1. Mal ins Deutsche übertragen von Wilhelm Geiger, fortgeführt von Nyāṇaponika, Herrnschrot, Stammbach 1997 = 2003: Beyerlein & Steinschulte (teilweise revidierte Neuausgabe, zuerst 3 Bde., 1925-30).

Hellmuth Hecker, *Itivuttakam. Sammlung der Aphorismen aus dem Pālikanon*, Hamburg 1994: Buddhistische Gesellschaft.

Bhikkhu Ñāṇamoli, Bhikkhu Bodhi, *The Middle Length Discourses of the Buddha. A Translation of the Majjhima Nikāya*, Oxford ²2001: Pali Text Society (zuerst 1995).

Nyanaponika, *Sutta-Nipāta. Früh-buddhistische Lehr-Dichtungen aus dem Pali-Kanon.* Mit Auszügen aus den alten Kommentaren, übersetzt, eingeleitet und erläutert, Stammbach ³1996: Beyerlein & Steinschulte (zuerst Konstanz 1955: Christiani).

Nyanatiloka, *Dhammapada, des Buddhas Weg zur Weisheit, und Kommentar. Palitext, wörtliche metrische Übersetzung und Kommentar zu der ältesten buddhistischen Spruchsammlung*, bearbeitet von Gerolf T'Hooft und Erich Kaniok, Uttenbühl 1992: Jhana.

Nyanatiloka, Nyanaponika, *Die Lehrreden des Buddha aus der Angereihten Sammlung. Anguttara-Nikāya*, 5 Bde., Braunschweig ⁴1984: Aurum (zuerst 1907).

Karl B. Seidenstücker, *Udāna. Das Buch der feierlichen Worte des Er-*

---

der Nikāyas und besonders der einzelnen Schriften des Khuddaka-Nikāya siehe Klaus Mylius, *Geschichte der altindischen Literatur. Die 3000jährige Entwicklung der religiös-philosophischen, belletristischen und wissenschaftlichen Literatur Indiens von den Veden bis zur Etablierung des Islam*, Bern, München und Wien 1988, S. 324-326, für das Vinaya-piṭaka siehe dort S. 329, für das Abhidhamma-piṭaka siehe S. 331 f.

habenen. Eine kanonische Schrift des Pali-Buddhismus. In erstmaliger deutscher Übersetzung aus dem Urtext, Augsburg 1920: Lampart.
Maurice Walshe, *The Long Discourses of the Buddha. A Translation of the Dīgha Nikāya*, Boston und London 1995: Wisdom Publications (zuerst 1987).
Kay Zumwinkel, *Die Lehrreden des Buddha aus der Mittleren Sammlung. Majjhima Nikāya.* Übersetzt aus dem Englischen und dem Pāli, 3 Bde., Uttenbühl 2001: Jhana Verlag.

Eine Übersicht über die Inhalte der vier bzw. fünf Nikāyas/ Āgamas ergibt:

Sutta-piṭaka
(Theravāda: eingeteilt in fünf Nikāyas;
andere Schulen: meist eingeteilt in vier Āgamas)

Dīgha-Nikāya (34 lange Suttas)
Majjhima-Nikāya (152 mittellange Suttas, 221 Sūtras der Sarvāstivādins)
Saṃyutta-Nikāya (2872 kurze Suttas, geordnet nach Themen, 1362 Sūtras der Sarvāstivādins)
Aṇguttara-Nikāya (2198 Suttas, numerisch geordnet nach Lehrgesichtspunkten, 471 Sūtras einer nicht genannten Schule, die 384 n. Chr. ins Chinesische übersetzt wurden)
Khuddaka-Nikāya (15 zusätzliche Suttas, in chinesischen Übersetzungen als unabhängige Werke geführt)

Abhidhamma-piṭaka

Das Abhidhamma-piṭaka, die klassifizierte und systematisierte Lehre (skt. *abhidharma*, wörtlich: »den *dharma* betreffend«), legt die Anschauungen, wie sie im Sutta-piṭaka auftreten, enzyklopädisch und in scholastischer Manier dar. Dies geschieht vor allem durch Definitionsreihen der wesentlichen Begriffe, durch numerische Ordnung der Themen und methodische Stringenz bei den Empfehlungen für die Geistesschulung. Das *Abhidhamma-piṭaka* existiert in zwei unterschiedlichen Rezensionen verschiedener Schulen: der Theravādins und der Sarvāstivādins. Beide bestehen aus je sieben ›Büchern‹. Die wichtigsten Texte der Theravādins sind die Schriften *Dhammasaṅgaṇī* (»Auflistung der Grundelemente«), *Vibhaṅga*, *Puggalapaññatti* und *Kathāvatthu*. Der wichtigste Text im *piṭaka* der Sarvāstivādins heißt *Jñāna-prasthāna* (»Feststellung« bzw. »Quelle der Erkenntnis«).

Eine Gesamtübersetzung stammt von Caroline A. F. Rhys Davids, Pali Text Society, Translation Series 41, London ³1974. Teilausgaben bzw. -übersetzungen z. B. der *Dhammasaṃgaṇi* von Edward Müller, Pali Text Society, London 1885, und die Übersetzung von C. A. F. Rhys Davids, ²1923 (zuerst 1900); Ausgabe des *Puggalapaññatti* von Richard Morris, Pali Text Society, London 1883 (korrigierter Nachdruck Oxford 1997; deutsch: Nyanatiloka, *Das Buch der Charaktere*, Breslau 1910); Ausgabe des *Kathāvatthu* von Arnold C. Taylor, 2 Bde., Pali Text Society, London 1894-97 (Nachdruck Oxford 1999), Übersetzung von Shwe Zan Aung und C. A. F. Rhys Davids, London 1969 (zuerst 1915).

Von den nicht-kanonischen Texten in Pāli ist der *Milindapañha* von größter Bedeutung. Es handelt sich um ein Werk aus dem 1. Jahrhundert n. Chr., das in Nordwest-Indien verfaßt wurde. In Dialogform erläutert der buddhistische Mönch Nāgasena dem griechisch-baktrischen König Menandros (Milinda) die für den Griechen schwer durchschaubaren Lehren vom Nicht-Ich, der Reinkarnation, der Bewußtseinsformen usw. Der Text hat eine katechismusartige Klarheit und erfreute sich nicht zuletzt aus diesem Grunde in der buddhistischen Welt großer Beliebtheit und Verbreitung. Außerdem ist das viel spätere, aber systematisch geordnete und außerordentlich einflußreiche Werk *Visuddhimagga* (»Weg der Reinigung«) von Buddhaghosa (5. Jh. n. Chr. in Sri Lanka entstanden) zu erwähnen. Der *Visuddhimagga* ist gleichzeitig ein Handbuch der Meditation und ist nach dem Dreierschema *śīla* (»Ethik«) – *samādhi* (»Meditation«) – *prajñā* (»Weisheit«) geordnet.

Ausgabe des *Milindapañha* von V. Trenckner, Pali Text Society, London 1962 (zuerst 1880-1928), deutsche Übersetzungen von Nyanatiloka und Nyanaponika (*Die Fragen des Königs Milinda*, Interlaken 1985) und Johannes Mehlig, in: J. Mehlig (Hg.), *Weisheit des alten Indien*, Bd. 2: *Buddhistische Texte*, Leipzig und Weimar 1987: Kiepenheuer, S. 336-439.

Der *Visuddhimagga* wurde herausgegeben von Caroline A. F. Rhys Davids, Pali Text Society, London 1920/21 und von Henry C. Warren, Harvard Oriental Series 41, Cambridge (Mass.) 1950 (revidierter Nachdruck Delhi 1989), übersetzt von Nyanatiloka (*Der Weg zur Reinheit*, Uttenbühl [7]1997 [Nachdruck der 3. Auflage Konstanz 1975]) und von Bhikkhu Ñāṇamoli (*The Path of Purification*, Seattle 1999 [zuerst Colombo 1956]).

Sanskrit-Texte des frühen Buddhismus

Seit zu Beginn des 20. Jahrhunderts Sanskrit-Texte in Zentralasien aufgefunden sowie teilweise noch ältere Fragmente in Sanskrit und Prākrit aus Nordwest-Indien (Gandhāra) bekannt wurden, wissen wir, daß frühe Texte des Buddhismus keineswegs nur in Pāli vorliegen. Teilweise werden sogar noch ältere und ursprünglichere Textstufen in Sanskrit greifbar. Von den wichtigsten Texten sind allerdings nur Bruchstücke erhalten. Dabei sind aber besonders die tibetischen Übersetzungen (seit dem 8. Jahrhundert n. Chr.) dieser Werke verläßlich, weil sich die Tibeter sehr genau an das Sanskrit gehalten und ihre eigene tibetisch-buddhistische Terminologie überhaupt erst durch die Übersetzung dieser Sanskritwerke geschaffen haben. Die chinesischen Übersetzungen sind allerdings noch älter (seit dem 2. Jahrhundert n. Chr.), aber wegen der völligen Unterschiedlichkeit der Sprachen (Sanskrit und Chinesisch gehören ganz verschiedenen Sprachfamilien an) ist eine Rekonstruktion der verlorengegangenen Teile des Sanskrit-Textes ungleich schwieriger bzw. unmöglich. Die Rekonstruktion der ursprünglichen Fassung aus den tibetischen Übersetzungen, mit denen sich heute Forschergruppen z. B.

an der Tibetischen Universität in Sarnath (Indien) befassen, ist hingegen in vielen Fällen erstaunlich gut gelungen.

Die einzelnen frühen Schulen haben wohl ihr Schriftkorpus in jeweils unterschiedlichen Sprachen abgefaßt – die Mahāsāṃghikas in Prākrit, die Theravādins in Pāli, die Sarvāstivādins in Sanskrit usw. Der Buddha selbst hat hingegen die Dialekte seiner Heimat, der Staaten Magadha und Kosala, gesprochen. Er hatte den Mönchen ausdrücklich aufgetragen, seine Reden nicht im klassischen (von den Brahmanen als Ritualsprache gebrauchten) Sanskrit zu überliefern, sondern in den jeweiligen Lokalsprachen (*sakkāya niruttiya*) der Ausbreitungsgebiete.[11] Dies hat schließlich nicht nur die frühe buddhistische Mission gefördert, sondern auch zur Ausbildung von Lokaltraditionen geführt, die wir heute an den unterschiedlichen Texten nachvollziehen können.

Vollständig in Sanskrit erhalten ist das *Mahāparinirvāṇa-Sūtra*. Ein weiterer wichtiger, dem Vinaya der Lokottaravādins zugerechneter Text, der sich tatsächlich aber als eine legendär gestaltete und mahayanistisch überformte Lebensgeschichte des Buddha darstellt, ist der *Mahāvastu-Avadāna*. Außerdem kommen unzählige Fragmente sowie die bedeutende Kommentarliteratur hinzu. Hier ist vor allem Vasubandhus *Abhidharmakośa* aus der Schulrichtung der Sarvāstivādins zu erwähnen.

SANSKRIT-TEXTE DES MAHĀYĀNA

Das Mahāyāna bildete sich als neue Bewegung zunächst innerhalb einiger bereits bestehender Schulen seit dem sogenannten Konzil von Vaiśālī (etwa 100 Jahre nach dem Tode des Buddha) heraus. Dort spaltete sich die buddhistische Bewegung in die alten Schulen und in die Mahāsāṃghikas, die eine

11 Vin. II, 139, 1 ff. Zitiert nach Sangharakshita, *A Survey of Buddhism. Its Doctrines and Methods through the Ages*, Boulder [5]1980 (zuerst 1957), S. XXXIII.

weitherzigere, den neuen Umständen (Entstehung einer starken Laienbewegung) angepaßte Auslegung der Disziplin befürworteten. Die Tradition der Waldmönche spielte bei der Entstehung des Mahāyāna ebenso eine Rolle wie der Buddhismus der Laien und die Einbeziehung ursprünglich nicht-buddhistischer Elemente. So ist auch das Schrifttum von den im Pāli-Kanon gesammelten Texten sehr verschieden. Die Pāli-Suttas waren relativ kurze Reden des Buddha, deren Verkündigungsort und -zeit in der (teils legendären) Lebensgeschichte des historischen Buddha verankert wurden. Die Mahāyāna-Sūtras in Sanskrit hingegen sind monumentale (teils aber auch höchst kondensierte) Werke, die von dem überhöhten, transzendenten, feinstofflichen Geistleib-Buddha (dem *saṃbhoga-kāya*) einer mythischen Schar von Wesen gepredigt werden. Auch sie sind zwar räumlich und zeitlich in der Frühgeschichte des Buddhismus in Nordindien verankert, dabei aber nicht an einer Historisierung, sondern an Mythisierung interessiert. Die Mahāyāna-Sūtras sind während einer großen Zeitspanne zwischen dem 2./1. Jahrhundert v. Chr. und dem 5./6. Jahrhundert n. Chr. in Süd- und Nordindien entstanden. Diese Sūtras leiten nicht nur zur Meditation und Verehrung des Buddha an, sondern sie wurden selbst Gegenstand kultischer Verehrung, weil in ihnen der Buddha in seiner geistigen Wirkkraft unmittelbar präsent geglaubt wird, wie es dem neuen Verständnis des Buddha im Mahāyāna entsprach.

Man kann die Fülle von Mahāyāna-Sūtras in fünf Gruppen einteilen:

Prajñāpāramitā-Sūtras (drei Versionen)
Avataṃsaka-Sūtra
Ratnakūṭa-Sūtra
Parinirvāṇa-Sūtra
Wichtige Eigentraditionen wie:
a) *Saddharmapuṇḍarīka-Sūtra* (*Lotos-Sūtra*),
b) *Laṇkāvatāra-Sūtra*,
c) *Sukhāvatī-vyūha-Sūtras* (ein längeres und ein kürzeres)

1. Die *Prajñāpāramitā*-Literatur umfaßt mehr als dreißig Werke, ist also umfangreich und enthält große Textgruppen wie auch kleinere Texte. Am bekanntesten sind drei Versionen des Prajñāpāramitā-Sūtra, die sich an Länge erheblich unterscheiden und voneinander abhängig sind. Der älteste Text ist das *Aṣṭasāhasrikā-Prajñāpāramitā-Sūtra*, d. h. das »Sūtra in 8000 Versen«, danach kommt ein Text namens *Pañcaviṃśatisāhasrikā-Prajñāpāramitā-Sūtra*, d. h. ein Text in 25 000 Versen, und schließlich das monumentale *Śatasāhasrikā-Prajñāpāramitā-Sūtra*, ein Text in 100 000 Versen.[12] Zwei weitere wichtige Texte, die vor allem in Ostasien eine große Bedeutung erlangt haben, sind das *Vajracchedikā- (»Diamant-«)Sūtra*[13] und das *Hṛdaya-(»Herz-«)Sūtra*,[14] von dem es wiederum eine längere und eine kurze, äußerst kondensierte Version gibt. Diese Weisheitsliteratur wird in den Texten mit dem Mönch Subhūti verbunden, der, wie es auch in der Pāli-Tradition heißt, den Wald liebt. Es handelt sich vermutlich um Texte von Waldeinsiedlern, deren soziologischer und religiöser Hintergrund anders ist als der der Dorf- und Stadtmönche, deren Lebenswelt sich in den Pāli-Texten spiegelt. Das große Thema dieser Sūtras ist die Leerheit aller Erscheinungen (*śūnyatā*), eines der wichtigsten Themen des gesamten Mahāyāna. Außerdem wird die Praxis des *bodhisattva* betont, der Befreiung erlangt, um tauglich dafür zu sein, allen anderen Lebewesen ebenfalls zur Befreiung zu verhelfen.

2. Die gesamte *Avataṃsaka*-Literatur ist nicht in Sanskrit,

---

12 Dazu nur eine Angabe: Edward Conze (Hg. und Übersetzer), *The Large Sūtra on Perfect Wisdom. With the Divisions of the Abhisamayālankāra*, Berkeley 1975.

13 Edward Conze (Hg.), *Vajracchedikā Prajñāpāramitā.* Edited and translated with introduction and glossary, Serie orientale Roma 13, Rom ²1974 (zuerst 1957); Max Walleser, *Prajñāpāramitā. Die Vollkommenheit der Erkenntnis. Nach indischen, tibetischen und chinesischen Quellen*, Göttingen 1914, S. 140-158.

14 Michael von Brück, *Weisheit der Leere. Sūtra-Texte des indischen Mahāyāna-Buddhismus.* Ausgewählt, eingeleitet und kommentiert, München 2000 (zuerst Zürich 1989), S. 234ff.

sondern nur in chinesischen und tibetischen Übersetzungen erhalten.[15] Ein wichtiger Teil, das *Gaṇḍavyūha*, existiert jedoch in Sanskrit und gehört zur Pilgerliteratur, denn es beschreibt, wie der junge Sudhana auf seiner Suche nach der befreienden Erfahrung zu mehr als 50 Lehrern (und Lehrerinnen) pilgert, bis er schließlich in der Begegnung mit einer transzendentalen Emanation des Buddha findet, was er gesucht hat. Auch das *Daśabhūmika-Sūtra* gehört dazu, denn es beschreibt die zehn Stadien des Reifungsweges eines Bodhisattva, bis er zum vollkommen erleuchteten Buddha geworden ist.

3. Die Gruppe der *Ratnakūṭa-* und *Mahāsaṃnipāta*-Sammlung enthält einige Werke, die eine bedeutende Wirkungsgeschichte haben Zu nennen ist vor allem das *Vimalakīrti-nirdeśa-Sūtra*,[16] das in lebendiger und teils humorvoller Weise die Weisheit des Laienanhängers Vimalakīrti rühmt, der sich den ›scholastisch‹ gebildeten Mönchen (vertreten durch Śāriputra) als überlegen erweist. Es wurde wohl achtmal ins Chinesische übersetzt (erstmals 188 n. Chr., es muß also geraume Zeit zuvor in Indien entstanden sein), außerdem ins Tibetische, Mongolische und mehrere zentralasiatische Sprachen. Allein diese Tatsache belegt seine Beliebtheit und Verbreitung in Ostasien. Der ursprüngliche Sanskrit-Text galt lange als verloren, bis im Jahr 1999 im Potala zu Lhasa (Tibet) eine vollständige Sanskrit-Handschrift entdeckt und 2006 in kritischer Edition gedruckt wurde.[17] Wichtig und zu dieser Gruppe gehörig ist auch das längere *Sukhāvatī-vyūha*, ferner die Texte

---

15 Thomas Cleary, *The Flower Ornament Scripture. A translation of the Avatamsaka Sutra*, 3 Bde., Boulder und London 1984-87.

16 Étienne Lamotte, *L'Enseignement de Vimalakīrti.* Traduit et annotée, Publications de l'Institut Orientaliste de Louvain 35, Louvain-la-Neuve 1987 (zuerst 1962). Teilübersetzung ins Deutsche und Kommentar: M. v. Brück, *Weisheit der Leere* (S. 53, Anm. 14).

17 *Vimalakīrtinirdeśa. A Sanskrit Edition Based upon the Manuscript Newly Found at the Potala Palace*, hg. v. der Study Group on Buddhist Sanskrit Literature, Tokyo 2006: Taisho University Press.

Karuṇāpuṇḍarīka und *Kāśyapaparivarta*, die vollständig im ursprünglichen Sanskrit erhalten sind. Zahlreiche andere Texte kennen wir vollständig nur in chinesischer und tibetischer Übersetzung. In diesen Texten ist nicht mehr allein vom *historischen* Buddha die Rede, sondern der Buddha erscheint als überweltliches Wesen, dem devotionale Kultpraxis gebührt. *Sukhāvatī* ist das Reine Land im Westen, das der Buddha Amitābha denen bereitet hat, die gute Taten tun und ihn vertrauensvoll anrufen und verehren.

4. Das dem Mahāyāna zuzurechnende *Mahāparinirvāṇa-Sūtra*[18] (nicht zu verwechseln mit dem Pāli-Text *Mahāparinibbana-Sutta*) beschreibt den Eintritt des Buddha in die letztgültige Verwandlung (*nirvāṇa*) aus mahayanistischer Sicht.

5. Das *Lotos-Sūtra*[19] ist einer der verbreitetsten buddhistischen Texte in Ostasien und als Basistext (kanonischer Text) für mehrere Schulen die verbindliche Grundlage. Hier wird die Abgrenzung vom »Hīnayāna« (»Kleines Fahrzeug«) vollzogen und die Verehrung des transzendenten Buddha als das einigende Band aller buddhistischen Schulen (*ekayāna*) empfohlen. Außerdem fördert das Sūtra durch das Konzept von *upāya* (»geschicktes Mittel«) die ›buddhistische Ökumene‹, denn verschiedene Anschauungen und Methoden können nebeneinander bestehen, weil der Buddha Unterschiedliches für Menschen mit verschiedenen Fähigkeiten und Voraussetzungen gelehrt habe.

---

18 Kosho Yamamoto, *The Mahāyāna Mahāparinirvāṇasūtra*. Translated from the Classical Chinese and Japanese, 3 Bde., Ube 1973–75.

19 Leon Hurvitz, *Scripture of the Lotus Blossom of the Fine Dharma*. Translated from the Chinese of Kumārajīva, New York 1976; Margareta von Borsig, *Lotos-Sūtra. Das große Erleuchtungsbuch des Buddhismus. Vollständige Ausgabe.* Nach dem chinesischen Text von Kumārajīva ins Deutsche übersetzt und eingeleitet, Herder-Spektrum 5372, Freiburg/Breisgau, Basel und Wien ^{2}2003 (zuerst Gerlingen 1992); neue deutsche Übersetzung von Max Deeg, *Das Lotos-Sūtra.* Mit einer Einleitung von Max Deeg und Helwig Schmidt-Glintzer, Darmstadt 2007.

Das *Laṇkāvatāra-Sūtra*[20] ist eine tiefgründige, an Bildern reiche und die Zen-Tradition mitprägende Darlegung der Bewußtseinsphilosophie der Yogācāra-Tradition. Das kürzere *Sukhāvatī-vyūha* preist den Glauben an Buddha Amitābha, der für diejenigen, die ihm mit ungeteilter Hingabe vertrauen, das Reine Land bereitet hat, wo sie wiedergeboren und ohne Schwierigkeiten die Befreiung (*nirvāṇa*) erlangen werden. Dieses kürzere Sūtra ist ein späterer Auszug des unter 3. genannten längeren Sukhāvatī-Textes mit einer radikalisierten Interpretation des Heilsweges: Danach ist allein die vertrauensvolle Hingabe an Amitābha der Weg zur Befreiung. Die großen Schulen des Reinen Landes in China und Japan stützen sich auf diesen Text. Zu erwähnen ist noch das *Suvarṇaprabhāsa-Sūtra* (»Goldglanz-Sūtra«), das die Philosophie der Leerheit (*śūnyatā*) in Verbindung mit der altruistischen Mahāyāna-Ethik (*karuṇā* [»heilende Hinwendung« zu allen Wesen] und *maitrī* [»liebende Güte«]) lehrt. In Kapitel 13 werden Pflichten und Rechte des Königs beschrieben. Der Text läßt bereits tantrische Einflüsse erkennen.

QUELLEN DES TANTRISCHEN BUDDHISMUS

Zunächst in Indien, später dann in China, Tibet, Korea und Japan hat sich etwa seit dem 4. oder 5. Jahrhundert n.Chr. der tantrische Buddhismus, die ›dritte Drehung‹ der Lehre des Rades (nach frühem Buddhismus und Mahāyāna), ausgebreitet. Die tantrischen Strömungen basieren philosophisch auf den Entwicklungen im Mahāyāna (Mādhyamaka und Yogācāra), und sie beziehen mythische und devotionale Traditio-

20 Daisetz Teitaro Suzuki, *The Lankavatara Sūtra. A Mahāyāna Text.* Translated for the first time from the original Sanskrit, London 1978: Routledge and Kegan Paul (zuerst 1932); neue deutsche Übersetzung von Karl-Heinz Golzio, *Die makellose Wahrheit erschauen. Die Lehre von der höchsten Bewußtheit und absoluten Erkenntnis. Das Lankavatara-Sutra*, Bern, München und Wien 1996.

nen indischer (und später auch tibetischer) Überlieferungen ein. Es geht hier aber weniger um Theorie als vielmehr um die Praxis: Die geistigen Zustände, die in den alten buddhistischen Schriften beschrieben wurden, sollen nicht nur systematisch eingeordnet und gedanklich vollzogen, sondern in der eigenen Erfahrung realisiert werden. Tantra bezieht alle lebensweltlichen Aspekte der Erfahrung ein, alle Emotionen, physischen und mentalen Ereignisse. Es ist ein ›Pan-Sakramentalismus‹, insofern alles zum Vehikel für die (schnelle) Erlangung der Buddhaschaft werden kann. Neben Farben, Formen und Klängen spielen vor allem rituelle Vergegenwärtigungen höherer Bewußtseinszustände in Form von körperlich visualisierten Gottheiten eine wichtige Rolle. Diese »Gottheiten« (*devatā*, tib. *lha*) werden durch körperliche, verbale und mentale Symbole dargestellt, also durch Formen (*maṇḍalas*) und Gesten (*mudras*), durch Silben (*mantras*) und mentale Bilder. Dabei werden zwischen den Welten der verschiedenen Sinne (Hören, Schmecken, Riechen, Sehen, Tasten, Denken) Entsprechungen hergestellt, Farben mit Klängen und Geschmäckern verbunden und die makrokosmische mit der mikrokosmischen Erfahrungswirklichkeit in Beziehung gesetzt. Alle äußerlich ertasteten oder innerlich visualisierten Objekte sind Wandlungsformen des Bewußtseins. Die leiblichen Ausdrucksformen sind das Mittel für die Erlangung höherer Bewußtseinszustände.

Da jede Handlung im Leben sakramental werden kann, muß Tantra in bezug auf die Kultivierung aller Energien und Körperkräfte, einschließlich der sexuellen, vollzogen werden. Die Einweihung in tantrische Rituale und Meditationspraxis geschieht durch einen erfahrenen *Guru* (tib. *Lama*). Dabei sind die Texte nur äußere Hilfsmittel, die allein nicht genügen, um die Praxis sachgemäß vollziehen zu können. Denn diese ist derart komplex, daß sie sich der Verschriftlichung entzieht. Außerdem geht es um direkte Kraftübertragung vom Lehrer auf den Schüler, und die Reife des Schülers ist Voraussetzung dafür, daß die Übungen positiv wirksam werden können. Dies ist vergleichbar mit der Einführung in das

Erlernen einer Kunst – auch hier bedarf es der persönlichen Anleitung; das Studium von Lehrbüchern (z. B. für das Klavierspiel) kann nützlich sein, ist aber niemals hinreichend. Für das Studium des Tantra gilt daher noch verstärkt, was wir allgemein schon sagten: Das Studium des Buddhismus kann sich nicht im Textstudium und einem intellektuellen Erfassen von Sachverhalten erschöpfen.

Die zahlreichen tantrischen Schriften, wohl nicht vor dem 5. Jahrhundert n. Chr. verfaßt, sind seit alters in vier große Klassen eingeteilt worden, die unterschiedlichen Reifegraden der Initianden entsprechen und eine dementsprechende Praxis empfehlen:

– Kriyātantra – für solche, die Rituale brauchen, eine große Gruppe von Tantras, durch deren Ritualpraxis die Erfüllung weltlicher Ziele (*artha*) gelingen soll, ein Anliegen, das seit den vedischen Opferritualen integraler Bestandteil indischer Religionen ist;

– Caryātantra – für solche, die den Alltag im tantrischen Sinn als Übung gestalten und Rituale sowie inneres Geistestraining vor allem zur Entwicklung übernatürlicher Fähigkeiten (Hellsehen, Telepathie usw.) praktizieren, die wiederum (nicht nur, aber auch) der Beförderung weltlicher Belange dienen; ein wesentlicher Text dieser viel kleineren Gruppe von Tantras ist das *Vairocanābhisaṃbodhitantra* (*Mahāvairocana-Sūtra*);

– Yogatantra – für solche, die hauptsächlich Yoga, d. h. inneres Geistestraining, praktizieren und die übernatürlichen Kräfte, die dabei entwickelt werden, zum Ziel des Erreichens der Buddhaschaft anstreben und einsetzen; ein wesentlicher Text ist das *Tattvasaṃgraha*, und

– Anuttarayogatantra – das Stadium der vollkommenen Vereinigung der Gegensätze und die Realisierung von Leerheit; ein wesentlicher Text ist das *Guhyasamājatantra* (»Tantra des Geheimen Versammelns«),[21] wobei – wie in allen Tantras –

21 Dazu die Studie von Alex Wayman, *Yoga of the Guhyasamājatantra. The arcane lore of 40 verses. A Buddhist Tantra commentary*, Buddhist

dieser Begriff exoterische und esoterische Bedeutungen hat: Es geht, äußerlich, um die Versammlung von Meister, Schüler und der höheren Bewußtseinskraft (in dieser Tantraklasse vor allem die Meditations-›Gottheit‹ Akṣobhya), mit der sich der Schüler identifiziert; es geht gleichzeitig, innerlich, um die Vereinigung aller physischen, psychischen und mentalen Kräfte, um eine Intensivierung des Bewußtseins, bei dem alle einzelnen Impulse ›leer‹ werden, so daß sie einander durchdringen und in dem Einen Bewußtseinsstrom verschmelzen, wodurch der Übende erkennt, daß er Buddha *ist*.

Diese Klassifizierung ist allerdings etwas willkürlich und auch nie allgemein akzeptiert worden, in Ostasien ist sie nicht einmal bekannt. Interessant ist, daß die Stufenfolge dieser Tantraklassen mit der Erfahrung aus der partnerschaftlichen Erotik verdeutlicht wird, denn in beiden Fällen geht es um ein allmähliches Verschmelzen der Polaritäten der Lebenskräfte: materieller wie geistiger, männlicher wie weiblicher, positiver wie negativer, wodurch der Fortschritt in der Erkenntnis der Nicht-Dualität symbolisiert wird:[22] Danach lächeln die polaren Gottheiten im Kriyātantra einander an, im Caryātantra blicken sie einander unverwandt an, Yogatantra repräsentiert die größere Vertrautheit des Händehaltens, Anuttarayogatantra ist die vollkommene geschlechtliche Verschmelzung. Dies ist auch ikonographisch in einer ausdrucksstarken Symbolik realistisch dargestellt worden, was zu Mißverständnissen geführt hat – es geht selbstverständlich um innere geistige Transformationsprozesse, bei denen jedoch die leibliche Erfahrung ein Aspekt der Übung ist. Ein wesentliches Prinzip der Tantras ist es, die Dualität von

---

Traditions 17, Delhi 1991 (zuerst 1977). Andere wichtige Tantras in dieser Klasse sind das *Hevajratantra* und das *Caṇḍamahāroṣaṇatantra* (David L. Snellgrove, *The Hevajra Tantra. A Critical Study*, Part I: *Introduction and Translation*, London 1971 [zuerst 1959]).

22 Alex Wayman, *The Diamond Vehicle*, in: Yoshinori Takeuchi (Hg.), *Buddhist Spirituality*, Bd. 1: *Indian, Southeast Asian, Tibetan, and Early Chinese*, World Spirituality 8, New York 1993, S. 221 f.

›heilig‹ und ›profan‹ zu überwinden; denn das, wodurch ein Mensch in Unwissenheit gefesselt ist (z. B. Leidenschaften), kann zum Mittel der Transformation gemacht werden. So wird beispielsweise in der Meditation die Energie des Zornes oder der Wut zugelassen und durch Visualisierung gütiger Gottheiten umgeformt in energiereiche Barmherzigkeit.

Die tantrische Praxis kann auch in Phasen der Übung eingeteilt werden, und die tantrischen Begriffe *Mantrayāna*, *Vajrayāna*, *Sahajayāna* und *Kālacakrayāna* bezeichnen gleichsam vier Hauptelemente der Entwicklung.

– Mantrayāna besagt, daß hier vor allem die Praxis der Mantra-Rezitation gepflegt wird (der Begriff kann aber auch alle vier Phasen des Tantrismus bezeichnen).

– Vajrayāna (*vajra*, Diamantzepter als Symbol für die Leerheit) ist die vollentwickelte tantrische Form der Erfahrung von Leerheit (*śūnyatā*) durch Visualisierung und darauffolgende Auflösung aller Formen, wobei die Letzte Wirklichkeit nicht getrennt von der Erfahrungswelt existiert, sondern mitten in ihr das Wirkliche ist.

– Sahajayāna sucht die Natürlichkeit aller Lebensvollzüge und wendet sich gegen übertriebenen Ritualismus und philosophische Spekulationen, denn das vollkommene Buddha-Bewußtsein ist jederzeit in jeder Situation präsent.

– Kālacakrayāna ist eine späte Weiterentwicklung, bei der besonders die Meditation mit inneren Energien (*prāṇa*, tib. *rlung*) und die Entwicklung zahlreicher yogischer Fähigkeiten eine Rolle spielen sowie astrologische Spekulationen und die mythisch-psychische Geographie des Landes Śambhala hinzukommen.

Eine weitere Literaturgattung des tantrischen Buddhismus sind die wundersamen Lebensgeschichten der vollkommenen Meister, der *siddhas*, von denen gewöhnlich 84 gezählt werden.[23] Die *siddhas* verfügen über magische Kräfte, mit denen

---

23 Albert Grünwedel, *Die Geschichten der Vierundachtzig Zauberer (Mahāsiddhas)*. Aus dem Tibetischen übersetzt, in: Baessler Archiv V (Leipzig und Berlin 1916), H. 4/5 und VI (1917), H. 3. Zwei der

sie dem *dharma* zum Sieg verhelfen. Im Gegensatz zu den berühmten Meistern der philosophischen Lehrtraditionen des Mahāyāna (Nāgārjuna, Asaṅga, Āryadeva usw.), die meist aus den oberen Kasten stammten (Brahmins und Kṣatriyas), kommen die *siddhas* nicht selten aus der Unterschicht (Weber, Händler, Schuster usw.). Als einer der bedeutendsten *siddhas* gilt der legendäre Padmasambhava, der den tantrischen Buddhismus im 7./8. Jahrhundert nach Tibet gebracht haben soll. Viele tantrische Schriften sind nur in tibetischen Übersetzungen erhalten, die schließlich in die Sammlungen Kanjur und Tanjur aufgenommen und in zahlreichen Katalogen aus unterschiedlichen Zeiten und Kontexten aufgelistet wurden.[24] Andere Tantra-Meister, wie z. B. Vajrabodhi (gest. 730) aus Südindien und sein Schüler Amoghavajra (gest. 774), übersetzten tantrische Schriften und einzelne Mantra-Sammlungen ins Chinesische und verbreiteten die Tantras im Reich der Mitte. Diese Übersetzungen wurden in das chinesische Tripiṭaka aufgenommen und im 9. Jahrhundert durch Kūkai (Kōbō Daishi) nach Japan gebracht.

Von den zahlreichen Tantra-Werken sind einige in modernen Ausgaben und/oder Übersetzungen zugänglich:

David L. Snellgrove, *The Hevajra Tantra – a Critical Study*, Part 1: *Introduction and Translation*, London 1959: Oxford University Press (Neudruck 1971).

Christopher S. George, *The Caṇḍamahāroṣaṇa Tantra. Chapters I-VIII. A Critical Edition and English Translation*, American Oriental Series 56, New Haven 1974: American Oriental Society.

---

bedeutendsten sind Padmasambhava und Nāropa. Ihre Lebensbeschreibungen: Walter Yeeling Evans-Wentz, *Der geheime Pfad der großen Befreiung*, Weilheim ³1972 (zuerst 1955; engl. Original: Oxford 1954), und Herbert V. Guenther, *The Life and Teaching of Nāropa*. Translated from the original Tibetan with a philosophical commentary based on the oral transmission, Oxford 1963 (Nachdruck Boston 1986).

24 Ein Beispiel solcher Katalogisierung wird präsentiert von Georgios T. Halkias, *Tibetan Buddhism Registered. A Catalogue from the Imperial Court of 'Phang Thang*, in: The Eastern Buddhist 36 (2004), H. 1-2, S. 46-105.

Dalai Lama XIV., *The Kālacakra Tantra. Rite of initiation for the stage of generation. A commentary on the text of Kay-drup-ge-lek-bel-sang-bo*, hg., übersetzt und eingeleitet von Jeffrey Hopkins, London ²1989: Wisdom Publications (zuerst 1985).

Peter Gäng (Hg. und Übersetzer), *Das Tantra der Verborgenen Vereinigung. Guhyasamāja Tantra*, München 1988: Diederichs.

Zur Literatur des Sahajayāna:

David Snellgrove, *Sarahas Liederschatz*, in: *Buddhistische Texte. Im Zeichen Buddhas*, hg. und eingeleitet von Edward Conze, Frankfurt/Main und Hamburg 1957: Fischer, Nr. 179 (engl. Original: Oxford 1954: Cassirer).

QUELLEN DES CHINESISCHEN BUDDHISMUS

Das Tripiṭaka des Pāli-Buddhismus, die großen Sūtras des indischen Buddhismus sowie zahlreiche Tantras wurden allmählich seit dem 2. Jahrhundert n. Chr. in China eingeführt und übersetzt. Auch die einzelnen in China neu gebildeten Schulen (T'ien-t'ai, Hua-yen, Ch'an) haben bedeutende Texte hervorgebracht. Einzelheiten werden in dem Kapitel über China behandelt.

Ein Werk sei hier genannt, weil es für den ostasiatischen Buddhismus herausragende Bedeutung hat, zumal man lange glaubte, daß es indischen Ursprungs und damit von hoher Autorität sei, während die Schrift in Wirklichkeit in China entstanden ist. Es handelt sich um den Text *Ta-shêng-ch'i-hsin-lun* (*Mahāyāna-śraddhotpāda-śāstra* [»Erwachen des Glaubens im Mahāyāna«]), der dem Aśvaghoṣa (1./2. Jh. n. Chr.) zugeschrieben wurde, der als Bodhisattva galt. Es ist aber ein Werk aus der zweiten Hälfte des 6. Jahrhunderts n. Chr. Der Text ist übersetzt und kommentiert von:

Yoshito S. Hakeda, *The Awakening of Faith. Attributed to Aśvaghosha*, New York 1967: Columbia University Press.

Maßgebliche Texte der chinesischen Ch'an- (Zen-)Tradition sind:

Seng-ts'an, Hsin-hsin-ming, *Die Meißelschrift vom Glauben an den Geist. Das geistige Vermächtnis des dritten Patriarchen des Zen in China*, München, Wien und Bern 1991: O. W. Barth.

Hui-neng, *Hochsitz-Sūtra*: Philip B. Yampolsky, *The Platform Sutra of the Sixth Patriarch. The Text of the Tun-Huan Manuscript with Translation, Introduction, and Notes*, New York 1967: Columbia University Press; deutsch: Hui-neng, *Das Sutra des Sechsten Patriarchen. Mit Erläuterungen von Soko Morinaga Roshi*, übersetzt von Ursula Jarand, München, Wien und Bern 1989: O. W. Barth.

Ma-tsu, *The Recorded Sayings of Matsu (709-788)*, Lewiston (N. Y.) 1987: The Edwin Mellen Press.

Huang-Po, *Der Geist des Zen*, Bern und Weilheim 1983: O. W. Barth.

Lin-chi: Robert Christian Mörth, *Das Lin-chi lu des Ch'an Meisters Lin-chi Yi-hsüan (gest. 866)*, Mitteilungen der Gesellschaft für Natur- und Völkerkunde Ostasiens 106, Hamburg 1987: Gesellschaft für Natur- und Völkerkunde Ostasiens.

Das Zen von Meister Rinzai, übersetzt von Sōtetsu Yuzen, Wien 1987: Octopus (auch Leimen 1990: Kristkeitz).

Biyän-lu (Kōan-Sammlung): W. Gundert, *Meister Yüan-wus Niederschrift von der Smaragdenen Felswand*, verdeutscht und erläutert von Wilhelm Gundert, 3 Bde., München 1967: Hanser.

Biyän-lu (Kōan-Sammlung): *Aufzeichnungen des Meisters vom Blauen Fels.* Aus dem Chinesischen übersetzt, kommentiert und hg. v. Ernst Schwarz, München 1999: Kösel.

Hekiganroku [Bi Yän Lu]. *Die Niederschrift vom blauen Fels*, erläutert von Yamada Kōun Roshi, ins Deutsche übertragen und hg. v. Peter Lengsfeld, 2 Bde., München 2002: Kösel.

Wumen-kuan (Kōan-Sammlung): *Mumonkan. Die Schranke ohne Tor. Meister Wu-men's Sammlung der 48 Kōan.* Aus dem Chinesischen übersetzt und erläutert von H. Dumoulin, Mainz 1975: Grünewald.

The Gateless Barrier. The Wu-men Kuan (Mumonkan). Translated and with a Commentary by Robert Aitken, San Francisco 1990: North Point.

Zen. Die Lehre der großen Meister nach der klassischen »Aufzeichnung von der Weitergabe der Leuchte«. Aus dem Englischen von Dietrich Roloff, Frankfurt/Main 2000: Krüger.

Der Ochs und sein Hirte, übersetzt von K. Tsujimura und H. Buchner, Pfullingen 1958: Neske.

Thomas Cleary, *Classics of Buddhism and Zen*, Bd. 1-5, Collected Translations of Thomas Cleary, Boston und London 2005: Shambhala.

Steven Heine, Dale S. Wright (Hg.), *Zen Classics. Formative Texts in the History of Zen Buddhism*, Oxford 2006: Oxford University Press.

Die japanischen Schulen, Autoren und Texte werden später behandelt (siehe Kap. 10).

4
DER HISTORISCHE BUDDHA: SIDDHĀRTHA GAUTAMA ŚĀKYAMUNI

Eine Biographie Siddhārtha Gautama Śākyamunis kann nicht rekonstruiert werden. Sämtliche Quellen in Pāli, Sanskrit und anderen Sprachen spiegeln spätere Entwicklungen und Ansichten über den Buddha in seine Lebenszeit zurück. Gerade diese legendären Erinnerungen und paradigmatischen Erzählungen ermöglichen uns freilich Einsichten in die mentalitäts- und sozialgeschichtliche Entwicklung des Buddhismus, denn sie besitzen normative Kraft und skizzieren den idealtypischen Lebensweg eines Buddhisten, sie sagen aber wenig über den historischen Buddha selbst aus. Allerdings können durch textkritische und historische Analysen, Vergleiche und literarkritische Studien nun doch einige wesentliche Daten über den historischen Buddha und seine Umgebung ermittelt werden, so daß wir mit einer gewissen Wahrscheinlichkeit ein Bild der frühesten buddhistischen Bewegung zeichnen können. Wie hoch diese Wahrscheinlichkeit ist und welche Ereignisse als historisch gesichert gelten können, ist in der Forschung jedoch umstritten. Um einen klaren Eindruck von der Traditions- und Legendenbildung um die Gestalt und das Bild des Buddha im frühen Buddhismus zu gewinnen, müssen wir die Quellen unterscheiden und charakterisieren, denn hinter der Art, wie die Lebensgeschichte erzählt wird, hinter jeder Legende und philosophischen Erklärung stehen Interessen, die sich in den Texten niedergeschlagen haben.

DATIERUNG

Die Lebenszeit des Buddha kann nicht mit Gewißheit bestimmt werden. Die bisher übliche Datierung (etwa 560-480 v. Chr.) ist, wie Heinz Bechert[1] gezeigt hat, nicht mehr haltbar. Die Datierung beruht auf folgenden Überlegungen:

a) Die Zeit der Maurya-Dynastie, der Aśoka entstammt, läßt sich durch griechische Quellen genau angeben. Danach herrschte der Begründer der Dynastie, Candragupta Maurya, von 317 bis 293 v. Chr. Aufgrund dieser festen und anderer Angaben kann Aśokas Regentschaft auf 268-239 v. Chr. datiert werden.

b) Nach den ceylonesischen Chroniken *Mahāvaṃsa* (5, 21) und *Dīpavaṃsa* (6, 1) soll Aśoka 218 Jahre nach dem Tod des Buddha gekrönt worden sein, wobei sich die Chroniken für das Krönungsjahr Aśokas aber um 60 Jahre verrechnen und irrtümlicherweise 326/25 v. Chr. angeben, weshalb sie für den Tod des Buddha das Jahr 544/43 v. Chr. ansetzen. Korrigiert man den Fehler, ergäbe sich 484/83 v. Chr. als Todesjahr.

c) Nach mehreren nordindischen Überlieferungen, die in der Datierungsfrage von den japanischen Historikern Ui Hakuju (1882-1963), Nakamura Hajime, Hirakawa Akira[2] und anderen als glaubwürdiger angesehen werden als die ceylonesische Pāli-Tradition, soll Aśoka aber 100 bzw. 118 Jahre nach dem Tode des Buddha gekrönt worden sein. Danach wäre der Buddha etwa 100 Jahre vor Aśokas Krönung und etwa 40 Jahre vor dem Indienfeldzug Alexanders des Großen (327-325 v. Chr.) gestorben. Da er nach mehreren Pāli- und

1 Heinz Bechert, *Die Lebenszeit des Buddha – das älteste feststehende Datum der indischen Geschichte?*, in: Nachrichten der Akademie der Wissenschaften in Göttingen. I. Philologisch-historische Klasse 1986/4, S. 129-184.

2 Akira Hirakawa, *A History of Indian Buddhism. From Śākyamuni to Early Mahāyāna*, übersetzt und hg. v. Paul Groner, Honolulu 1990, S. 22-23. Vgl. auch H.-J. Klimkeit, *Der Buddha* (S. 41 Anm. 3), S. 23.

Sanskrit-Quellen 80 Jahre alt geworden sein soll, könnte folglich als Lebenszeit des Buddha etwa 450-370 v. Chr. angenommen werden.

QUELLEN ZUR LEBENSGESCHICHTE DES BUDDHA

Verschiedene Textgruppen, die das Leben Gautama Śākyamunis zum Thema haben, waren zunächst Teil der *vinaya*-Sammlungen (»Disziplin des Ordens«). Als diese Texte immer mehr erweitert wurden, bekamen sie einen eigenständigen Charakter und wurden entsprechend tradiert, so z. B. das *Mahāvastu*. Der Text steht der Schule der Lokottaravādins nahe, die eine Untergruppe der Mahāsāṃghikas bildeten, aber er geht über Schulidentitäten (*nikāya*) hinaus. So erklärt sich, daß Teile des *Mahāvastu* mit dem ersten Kapitel (*Mahākhaṇḍaka*) des *Mahāvagga*-Teiles des *vinaya* übereinstimmen. Die Überlieferungen der Buddha-Leben haben innerhalb der Schulbildungen auch eine innerbuddhistisch ausgleichende, ›ökumenische‹ Funktion gehabt.

Die wichtigsten Quellen sind mithin die Nikāyas des Pāli-Kanon, das *Mahāvastu* (eine legendäre Buddha-Biographie) aus dem Umfeld der Lokottaravādins (Ursprünge vom 2. Jahrhundert v. Chr., Bearbeitungen bis ins 4. Jahrhundert n. Chr.), der *Lalitavistara* (zwischen dem 1. und 4. Jahrhundert n. Chr.), ein Text, der den Sarvāstivādins zuzurechnen ist und bereits mahayanistische Ideen erkennen läßt, sowie die *Nidānakathā*, ein später (5. Jh. n. Chr.) Einleitungstext für die Jātakas. Freilich sind auch die Jātakas bzw. Avadānas (die Berichte aus den früheren Leben des Buddha) heranzuziehen.

E. Lamotte hat fünf Schichten der Entfaltung des klassischen Buddhalebens unterschieden, wobei die vollständigen legendären ›Biographien‹ auch in der buddhistischen Kunst ganz Asiens sowie in der Visualisierungspraxis der Meditation wirksam geworden sind:[3]

---

3 Étienne Lamotte, *La légende du Buddha*, in: Revue de l'histoire des

1) Episoden in den Pāli-Suttas des Tipiṭaka, die durch Sanskrit-Texte aus Zentralasien sowie durch chinesische und tibetische Sūtra-Übersetzungen ergänzt werden;

2) Episoden im Vinaya-piṭaka, die einzelne Ordensregeln durch spezifische Situationen während der Lehr- und Verkündigungsjahre des Buddha erklären und rechtfertigen;

3) eigenständige Erzählungen einzelner Schulen über das Buddhaleben, die nur bestimmte Episoden enthalten und seit dem 1. Jahrhundert v. Chr. in Umlauf kamen;

4) umfassende Buddha-Biographien, die das Material aus 1-3 zusammenstellen und (jeweils verschieden) ordnen;

5) außerindische Synthesen, die Erzählzyklen des gesamten Buddhalebens entwerfen.

Die Texte der ältesten Schicht (1) handeln von den Ereignissen, die für die buddhistische Bewegung konstitutiv waren:
– die Praxis, die zum Erwachen des Buddha führte,
– das Erwachen selbst,
– die Lehrtätigkeit des Buddha und das Wachstum der frühbuddhistischen Bewegung,
– der Tod des Buddha.

Von der Geburt und der Ursprungsfamilie, den sozialen und religiösen Umständen seiner Jugend usw. ist nur in ganz wenigen Texten andeutungsweise die Rede. Hingegen sind die Texte daran interessiert, das Leben Śākyamunis zu typisieren, indem es mit dem Leben voriger Buddhas, namentlich des früheren Buddha Vipaśyin, parallelisiert wird, will sagen: Das Leben eines Buddha in allen Weltzeitaltern folgt einem bestimmten, immer gleichen Schema.[4]

In der nächsten Schicht (2) ist, mit Ausnahme des Vinaya der Mūlasarvāstivādins, auch noch nicht von der Geburts- und Jugendgeschichte die Rede, sondern von den Ereignissen um das Erwachen unter dem Bodhi-Baum, das wiederum verschieden dargestellt wird.

---

religions 134 (1948), S. 37-71, zitiert nach H.-J. Klimkeit, *Der Buddha* (S. 41, Anm. 3), S. 35 f.

4 *Mahāpadāna-Sutta* (DN 34), *Acchariya-abbhūta-Sutta* (MN 123), zitiert nach H.-J. Klimkeit, a. a. O., S. 36.

In der nächsten Schicht (3) wird das Leben des Buddha legendär und keineswegs einheitlich ausgeschmückt, viele Geschichten werden mehrfach erzählt und in unterschiedlicher Reihenfolge eingeflochten. Der Buddha erscheint nun als unvergleichlicher Wundertäter. Seine Geburt entspricht bis in Details der Geburt des Buddha Dīpaṇkara, d. h. nicht der historische Buddha ist von Interesse, sondern der Mythos des überweltlichen Buddhawesens, das sich periodisch und spielerisch (*lalita*) zum Schein als Mensch inkarniert. In Kapitel 7 des *Lalitavistara* bezieht ein Gespräch zwischen dem Buddha und seinem Lieblingsschüler Ānanda gegen diejenigen Stellung, die die von Wundern begleitete Geburt des Buddha nicht glauben. H.-J. Klimkeit urteilt zu Recht: »Der Glaube (*śraddhā*) an den Buddha wird als ein unabdingbarer Bestandteil der Religion gelehrt.«[5] Glaube ist hier aber nicht mehr das auch im frühen Buddhismus als unerläßlich vorausgesetzte Vertrauen in die Wahrhaftigkeit der Erkenntnis und der Lehre des Buddha, sondern das Akzeptieren der äußerlichen Wunder bei der Geburt und im Leben des Buddha.

Schließlich kommen, relativ spät, ›Gesamtbiographien‹ (4) des Buddha auf. Am bekanntesten ist das Werk *Buddhacarita* (»Der Wandel des Buddha«) des Aśvaghoṣa, der als Hofpoet bei Kaiser Kaniṣka im 2. Jahrhundert n. Chr. in Nordwest-Indien lebte. Nur 14 der 28 Kapitel sind in Sanskrit erhalten, die gesamte Dichtung liegt aber in chinesischer und tibetischer Übersetzung vor.

Zur Gruppe der nicht-indischen Texte (5) gehören ceylonesische, zentralasiatische, chinesische, tibetische, birmanische und thailändische Viten des Buddha, die alle später zu datieren sind als die Texte der Schichten 1-4. Wichtig ist die ceylonesische *Nidānakathā* (Geschichten von den Anfängen des Buddhalebens), die wohl im 5. Jahrhundert ins Pāli übersetzt wurde und die Einleitung zu einem Jātaka-Kommentar darstellt. Auch hier geht es nicht um die historische Rekonstruktion des Lebens Gautama Śākyamunis, sondern um die

5 H.-J. Klimkeit, a. a. O., S. 39.

Erörterung der Voraussetzungen und Stationen des Lebensweges eines Menschen, der sich anschickt, Buddha zu werden, um die Stationen der Bodhisattvaschaft also. Ganz ähnlich gestaltet ist das Werk *Madhuratthavilāsinī* des Buddhadatta. Es ist ein Kommentar zum *Buddhavaṃsa* (eine spätkanonische Pāli-Schrift im Khuddaka-Nikāya), das den jetzigen Buddha Śākyamuni in eine Reihe von 24 Buddhas einordnet und damit, angesichts der Theorie der aufeinanderfolgenden Weltzeitalter, den Stufenweg zur Buddhaschaft aufzeigt. Der Buddha ist demnach keine zufällige historische Erscheinung, sondern der gesetzmäßige Höhepunkt der Evolution in jedem Weltzeitalter. Dieser evolutive Prozeß läuft periodisch ab, ist also wiederholbar und darum erkennbar. Der jetzige Buddha ist die Wiederkehr vieler präexistenter Buddhas. Damit wird die Befreiung des Menschen in der Buddhaschaft zum gesetzmäßigen Vorgang, der letztlich nicht nur psychologisch, sondern auch kosmologisch begründet ist. Der Wachstumsprozeß bis zum befreienden Erwachen bedarf aber der Bodhisattvaschaft, d. h. der gezielten Anstrengung und Übung dessen, der sich auf den Weg zur Buddhaschaft macht. Die zehn Stufen bzw. moralischen und spirituellen Vollkommenheiten (*pāramitās*), die der jetzige Buddha auf dem Übungsweg über mehrere Leben hinweg erworben hat (Inhalt der Jātakas) und die jeder Mensch erwerben kann, werden vor allem im letzten Text des Khuddaka-Nikāya, dem *Cariyapiṭaka*, erläutert.

Die Reihe von Existenzen des Buddha, die weit in die Vergangenheit reicht, hört mit dem jetzigen Buddha Śākyamuni nicht auf. H.-J. Klimkeit[6] hat zentralasiatische Texte in Khotanesisch und Tocharisch sowie Fragmente in Uigurisch herangezogen, die das Leben des zukünftigen Buddha Maitreya zum Inhalt haben. In einigen Texten wird er historisierend als Zeitgenosse und Schüler des Buddha Śākyamuni dargestellt, der dessen Nachfolge antreten wird, wenn die Zeit reif ist für das ›Wiederkommen‹ des Buddha als Maitreya (»der Lie-

6 H.-J. Klimkeit, a. a. O., S. 42f.

bende«). In anderen Traditionen ist Maitreya, so wie auch Śākyamuni und alle anderen Buddhas, eine Emanation des ewig transzendenten und trans-geschichtlichen Buddha-Bewußtseins. Die wichtigsten Darstellungen des Buddha-Lebens im tibetischen Kanjur, beim tibetischen Gelehrten Butön (tib. *Bu-ston* [1290-1364]) und in chinesischen Quellen der T'ang-Zeit sowie späterer Epochen hat wiederum H.-J. Klimkeit aufgelistet.[7]

Nicht nur die Texte, sondern auch die Kunstwerke sind für das Verständnis der Entwicklungen bei den Vorstellungen über das Buddha-Leben in der buddhistischen Frömmigkeit von Bedeutung. Erst während des 1. Jahrhunderts n. Chr. kam es in Nordwest-Indien, im griechisch beeinflußten Gandhāra, zur leiblichen Darstellung des Buddha, kurz danach auch in Mathurā. Zuvor wurde der Buddha durch Symbole dargestellt, die neben ihrem Objektbezug die Präsenz des Buddha in der jeweiligen Bildgeschichte anzeigen: Die Darstellung der Fußspuren des Buddha bedeutet, daß er an dieser oder jener Stelle weilte; das Rad zeigt an, daß er hier lehrte; ein Rosenapfelbaum weist auf seine Meditation hin usw.[8] D. Schlingloff hat beobachtet, daß die Entwicklung in Literatur und Kunst gegenläufig zu verlaufen scheint: In der Literatur wird die Gestalt des Buddha immer mehr abstrahiert und idealtypisch geformt; in der Kunst wird die abstrakte Symbolik allmählich vom Buddha in menschlicher Gestalt abgelöst.[9] Bodhisattvas, so legt ein Vinaya-Text dem Buddha in den Mund, dürfen figürlich dargestellt werden, der Buddha selbst aber nicht. Warum? Erklärungen, die das Problem auf numinose Scheu oder eine allgemein-indische anikonische Haltung bezüglich der Götter in jener Zeit zurückführen, sind historisch nicht haltbar. Auch die modernere These, der Bud-

---

7 H.-J. Klimkeit, a. a. O., S. 43 f.

8 Dieter Schlingloff, *Die Bedeutung der Symbole in der altbuddhistischen Kunst*, in: Harry Falk (Hg.), *Hinduismus und Buddhismus. Festschrift für Ulrich Schneider*, Freiburg 1987, S. 309-328, hier S. 315.

9 D. Schlingloff, a. a. O., S. 309.

dha dürfe nicht abgebildet werden, weil er ins *nirvāṇa* eingegangen sei und als ›Stellvertreter‹ die Lehre hinterlassen habe (DN XVI, 6, 1 und MS 41, 2 [hg. v. E. Waldschmidt, 1951]), erklärt nichts, denn gerade dann hätte ja der Buddha vor dem *nirvāṇa*, in menschlicher Gestalt während des Erdenlebens, dargestellt werden können – es sei denn, er habe nur einen (doketischen) Scheinleib gehabt. Genau das aber, so Schlingloff, ist eine These, die, von der Schule der Lokottaravādins einmal abgesehen, erst allmählich an Boden gewinnt und Allgemeingut wird, als der Buddha dann doch bildlich dargestellt wird. Außerdem wird der Buddha in *vorigen* Leben als Bodhisattva durchaus dargestellt, nicht aber als Gautama in diesem Zeitalter. D. Schlingloff argumentiert überzeugend, daß die Symbole nicht etwa nur der Unterweisung der Laien oder der Missionierung von Nicht-Buddhisten dienten, sondern daß sie den Mönchen für die Meditation und Visualisierung zur Verfügung standen. Abstrakte Begriffe der buddhistischen Psychologie und Religionslehre wurden in Bildern und Farben visualisiert,[10] damit sich der meditierende Mönch ganz und gar mit dem Objekt identifizieren und dadurch selbst die entsprechenden Qualitäten entwickeln konnte, und das nicht etwa erst zur Zeit der Tantras, sondern nachweisbar in frühbuddhistischer Zeit.[11] Diese Symbole waren deshalb angemessener als bildhafte Darstellungen des Leibes, weil sie präzise waren und einen ganz bestimmten Aspekt des Buddha hervorheben konnten. Auch das Leben des Buddha wurde schon sehr früh meditiert und visualisiert.[12] Entsprechende visualisierte innere Bilder haben dann die Kunst beeinflußt,

---

10 D. Schlingloff, a. a. O., S. 323, gibt einige Beispiele: Bewußtsein = Affe, der umhertollt; Wasserblasen = Empfindungen, wie den kanonischen Texten zu entnehmen ist; das Element Äther = Muschel, die weiß und hohl ist; gefüllte Ölschalen = auf den Körper gerichtete Achtsamkeit, wie wiederum kanonische Texte belegen usw.

11 *Visuddhimagga* 21 u. a.; Texte bei D. Schlingloff, a. a. O.

12 *Saṅgīti-Suttānta*, DN 33, 2. 2. XIX, Bd. 3, S. 250; zitiert bei D. Schlingloff, a. a. O.

und umgekehrt haben entsprechende Kunstwerke die Methode der Visualisierung mitgeprägt. Die spätere gestalthafte Darstellung war somit, zumindest was die Meditation betrifft, kein Bruch mit der Tradition. Die buddhistische Kunst hat in den Höhlen von Ajantā in Westindien, dem Fries von Amarāvatī in Südindien und dem Stūpa von Sāñchī in Mittelindien das Leben des Buddha vielfach gestaltet und die Legenden so komponiert, daß der Weg zur Befreiung sowie die Wunder des Buddha und die großen Ereignisse der frühen Geschichte des *saṃgha* bildhaft memoriert werden konnten, für Mönche wie für Laien.

Ein weiterer Gesichtspunkt kommt hinzu. Einzelne Erzählungen aus dem Leben des Buddha sind mit bestimmten Orten verbunden. Es gab entsprechende lokale Kulttraditionen, die sich um solche Orte rankten, die wiederum durch Legenden legitimiert wurden. Vor allem die Stätten der Geburt, der befreienden Meditationserfahrung, der ersten Predigt und des *parinirvāṇa* (des »Sterbens«) wurden bald zu Pilgerstätten, und sie sind es bis heute. Zwar wird im *Mahāparinirvāṇa-Sūtra* (41 a und in der Pāli-Parallele 38 a) davor gewarnt, den Buddha kultisch zu verehren oder an Wundern, die er vollbracht hatte, seine Bedeutung ermessen zu wollen. Vielmehr solle man ihm allein durch die Befolgung seiner Lehre und Ordensdisziplin nachfolgen. Doch kurz darauf ermuntert dasselbe Sūtra dazu, die heiligen Stätten aufzusuchen (41 c). Ferner wird (z. B. *Mahāparinirvāṇa-Sūtra* 25 und 41 c) das religiöse Verdienst vorgerechnet, das aus der Reliquienverehrung, der damit verbundenen Pilgerschaft zu den heiligen Stätten usw. erwächst. Es werden also gegensätzliche Strömungen sichtbar, die bereits im frühen Buddhismus wirksam waren:

– einerseits die Weisung an die Mönche, daß der Buddha allein durch seine Lehre präsent ist und ihm keine kultische Verehrung zukommen solle, da weder er, der ins *nirvāṇa* eingegangen war, ihrer bedürfe noch der Buddhaschüler sich davon ablenken lassen solle;

– andererseits das Interesse der Mönche an den Spenden,

die ihnen mit der Verehrung der heiligen Stätten zuflossen. Zwar durften die Spenden der Laien an den *saṃgha* nicht mit den Spenden an den Buddha (die Stūpas und weiteren Kultorte) vermengt werden, aber auch die Spenden an den Buddha (den noch lebenden wie den verstorbenen) kamen letztlich dem *saṃgha*, also vor allem den Mönchen, zugute. Daß somit Kultort-Legenden fabriziert oder umgedeutet wurden, um lokale Traditionen mit höherer Legitimität auszustatten, ist nicht verwunderlich.

WICHTIGE EREIGNISSE IM LEBEN DES BUDDHA

Einzelelemente der Lebensgeschichte sind typisierte Ereignisse im Leben eines jeden Buddha. Sie tauchen in späteren Mahāyāna-Texten auf,[13] und man kann acht Schlüsselereignisse aufzählen: die Herabkunft vom Tuṣita-Himmel, der Eintritt in den Mutterleib, die Geburt, der Auszug in die Hauslosigkeit, der Sieg über Māra (der die Bewußtseinsverunreinigungen symbolisiert), das Erwachen, die erste Predigt (und alle weiteren), der Tod bzw. Eintritt ins *parinirvāṇa*.

---

13 Der Unterschied zwischen der Literatur der Buddha-Leben und den Stadien der Bodhisattvaschaft, wie sie im Mahāyāna beschrieben werden, ist vor allem dieser: Die Buddha-›Biographien‹ beschreiben das Leben eines Individuums, der als Buddha bereits allgemein Anerkennung gefunden hat. Der Mahāyāna-Bodhisattva war einerseits ein Individuum auf dem Weg zum Erwachen, der typisch für all jene war, die den gleichen Weg gehen wollten; andererseits wurde der Begriff aber auch für die großen Bodhisattvas gebraucht (Samantabhadra, Mañjuśrī, Avalokiteśvara usw.), die bereits erwacht waren, aber im *saṃbhogakāya*-Aspekt weiterlehrten und noch nicht ins *parinirvāṇa* eingegangen waren, obwohl sie das – karmisch – hätten tun können. Die historischen Gründe für die Verwendung eines Begriffs für zwei verschiedene Vorstellungen bleiben noch unklar. Vgl. A. Hirakawa, *A History of Indian Buddhism* (S. 66, Anm. 2), S. 267.

Herkunftsfamilie und Geburt

Siddhārtha Gautama Śākyamuni, der später Buddha (»der Erwachte«) genannt wurde, entstammt einer Familie von höheren Verwaltungsbeamten. Ob es sich um eine Gruppe in der Kṣatriya-Kaste, d. h. dem Krieger- und Beamtenadel innerhalb des brahmanischen Systems, handelt, wissen wir nicht genau. Im 5./4. Jahrhundert v. Chr. nahm diese Kaste vor oder neben den Brahmanen die höchste Stellung ein, das heißt, die Brahmanen waren noch nicht zu der Vorrangstellung gegenüber den Kṣatriyas aufgestiegen, die sie in späterer Zeit einnehmen konnten. Sein Vater Śuddhodana war der gewählte Regent (*rāja*) der Śākya-Republik von Kapilavastu, die unter der Oberhoheit des Königs von Kosala stand. Das Gebiet könnte, grob geschätzt, etwa 2000 km^2 groß gewesen sein und eine Bevölkerung von vielleicht 180 000 Menschen gehabt haben.[14] Der Rāja regierte als Vertrauter des Königs von Kosala, indem er einer Ratsversammlung aus sämtlichen männlichen Angehörigen der Oberschicht vorstand, die alle wesentlichen politischen und juristischen Entscheidungen zu treffen hatte. Dies geschah in öffentlichen Versammlungen nach dem Konsensprinzip, weil die Vorstellung, Mehrheitsentscheidungen könnten für die unterlegene Minderheit bindend sein, weder in Stammesgesellschaften noch in den sich allmählich hierarchisch ordnenden frühen ›Republiken‹ des alten Indien denkbar war. Der Rāja hatte also durch Argumente und rhetorisches Geschick die Versammlung so lange zu moderieren, bis es zu einem Konsens kam. Diese ›republikanische Struktur‹ sollte Siddhārtha Gautama Śākyamuni später auf den von ihm gegründeten Mönchsorden übertragen. Neben dem Ratsvorsitz oblag es dem Rāja auch, die Steuern einzutreiben und sich um die Infrastruktur des Landes (Stra-

---

14 Hans Wolfgang Schumann, *Der historische Buddha. Leben und Lehre des Gotama*, Diederichs gelbe Reihe 73, München 1988 (zuerst 1982), S. 31.

ßenbau, Brunnenbau usw.) zu kümmern. Die Familie des Rāja gehörte zweifellos zu den angesehensten und einflußreichsten Familien des Landes und genoß einen gehobenen Wohlstand. Die Überlieferung legt dem Buddha (durchaus glaubhaft) die Selbsteinschätzung in den Mund, er sei verwöhnt aufgewachsen (AN 3, 39), wenn auch der Reichtum, in dem die späteren Legenden den »Prinzen Siddhārtha« schwelgen lassen, stark übertrieben ist (so sollen ihm drei Paläste und 40 000 Geliebte zur Verfügung gestanden haben;[15] nach dem *Lalitavistara* vergnügt er sich gar mit 84 000 Frauen »zum Schein und nur, um sich dem Treiben der Welt anzupassen«[16]).

Der Rāja Śuddhodana soll mit zwei Schwestern verheiratet gewesen sein, Māyā, der Mutter Siddhārthas, und Prajāpatī, der Mutter seines Halbbruders Nanda, der kurz nach Siddhārtha geboren wurde. Dieser Familiensituation liegen endogame Heiratsgewohnheiten zugrunde, die sich von den indoeuropäischen unterscheiden, weshalb man vermutet hat, daß der Buddha aus einer Gegend stammte, die noch nicht sehr stark von der vedisch-brahmanischen Kultur beeinflußt war. Die Mutter Māyā soll wenige Tage nach der Niederkunft gestorben sein. Siddhārtha wurde, so berichtet schon eine von Aśoka errichtete Steinsäule am Ort der Geburt, nicht in Kapilavastu, dem Wohnort der Familie, geboren, sondern auf einer Reise der Mutter Māyā in Lumbinī, im heutigen indisch-nepalesischen Grenzgebiet. Wie auch immer, der Knabe wuchs jedenfalls in einem sozial und wirtschaftlich gesicherten Umfeld auf. Siddhārtha ist wohl in den für einen Kṣatriya selbstverständlichen Disziplinen (Reiten, Bogenschießen, Schwertkampf usw.) unterrichtet worden; ob er auch des Lesens und Schreibens kundig war, ist nicht bekannt.[17] (Wir wissen

15 So ein sekundärer Kommentar zu dem bereits späten Text AN I, 145; zitiert bei Edward J. Thomas, *The Life of Buddha as Legend and History*, Neu Delhi 1993 (Nachdruck der 3. Auflage London 1949; zuerst 1927).

16 Zitiert nach H.-J. Klimkeit, *Der Buddha* (S. 41, Anm. 3), S. 67.

17 Die spätere Anweisung des Ordens an die Mönche, auf das Erler-

nicht einmal, ob in der Heimat des Buddha eine indoeuropäische Sprache gesprochen wurde und ob in diesem Gebiet eine Schrift in Gebrauch war.[18]) Siddhārtha wurde im Alter von 16 Jahren mit seiner gleichaltrigen Cousine Yaśodharā verheiratet, was durchaus üblich war. Die Ehe blieb, aus welchen Gründen auch immer, 13 Jahre kinderlos. So weit die historisch einigermaßen gesicherten Tatsachen.

Die Legende hat nun im Verlauf der Zeit die Geburtsgeschichte mythisch überhöht, um die Bedeutung und überirdische Herkunft des Kindes hervorzuheben. Dabei haben die meisten Motive und Erzählkomplexe religionsgeschichtliche Parallelen. Ein früher Text, in dem bereits ein Großteil dieser Motive auftaucht, ist das *Mahāvadāna-Sūtra* in Sanskrit mit seiner Pāli-Parallele im Dīgha-Nikāya (14). E. Waldschmidt hat in seiner vergleichenden Analyse mehrere ›Vorgänge‹ unterschieden, die als Merkmale für die Geburt eines jeden Buddha in jedem Weltzeitalter gelten können. H.-J. Klimkeit hat diese Einteilung übernommen und hervorgehoben, daß der zentralasiatisch-türkische Text *Maitrisimit* dieses Modell auch für den zukünftigen Buddha Maitreya anwendet.[19] Die zwölf Hauptereignisse lassen sich in drei Gruppen fassen:

a) der Herabstieg vom Tuṣita-Himmel;
b) der Aufenthalt im Mutterleib;
c) die Geburt.

Die Umstände für (a) entsprechen weitgehend der allgemein-indischen Weltzeitalterlehre. Damit wird deutlich, daß sich das Selbstverständnis des frühen Buddhismus in den Rahmen der mythischen Kosmologie und Chronologie Indiens einfügt. Der Herabstieg von der Sphäre Tuṣita (»Zufrieden-

nen des Schreibens zu verzichten, um sich nur auf die Befreiung zu konzentrieren (*Udāna* 3, 9), muß keineswegs eine Erinnerung an die Bildung Siddhārthas gewesen sein, sondern entstammt einem ganz anderen Kontext (gegen H. W. Schumann, *Der historische Buddha* [S. 75, Anm. 14], S. 36).

18 Richard F. Gombrich, *Der Theravada-Buddhismus. Vom alten Indien bis zum modernen Sri Lanka*, Stuttgart 1997, S. 58 ff.

19 H.-J. Klimkeit, *Der Buddha* (S. 41, Anm. 3), S. 49.

heit«), einer überirdischen, aber immer noch samsarischen höheren Sphäre, in der *devas*, d. h. göttliche Wesen (und auch zukünftige Buddhas), zeitlich begrenzt residieren, geht einher mit kosmischen Lichterscheinungen. Das bedeutet, daß der Herabstieg des Buddha Licht in die entlegensten Winkel der irdischen Bereiche und der Höllen bringt. Denn der Buddha steigt herab, wenn der Verfall des *dharma* auf Erden so stark fortgeschritten ist, daß Gesetzlosigkeit, Krankheiten und Naturkatastrophen überhandnehmen und die Lebenserwartung der Menschen auf nur etwa 100 Jahre abgesunken ist. Als Ort der Geburt wird *jambudvīpa*, der Kontinent des Rosenapfelbaumes, nämlich Indien, bestimmt. Auch das geeignete Land, die Familie und die Mutter müssen bestimmte Merkmale aufweisen und werden danach vorherbestimmt. Des Buddhas Vater wird in der Legende zu einem Weltenherrscher (*cakravartin*) überhöht, die Mutter zum Inbegriff aller Tugend, die schon über 500 Wiedergeburten hinweg Mutter des Bodhisattva gewesen ist. In der zentralasiatischen Legendenbildung wird sie immer mehr verklärt, erhält die Tugenden eines Bodhisattva und besitzt Kräfte und Merkmale, die eigentlich einen Buddha auszeichnen, ja, sie wird zur Erlöserin aller leidenden Lebewesen.[20]

Die Umstände für (b) kreisen um das (sehr alte) Motiv einer übernatürlichen Empfängnis und Schwangerschaft, wie bereits frühe bildliche Darstellungen aus dem 2. Jahrhundert v. Chr. belegen (Stūpa von Bharut): Der Buddha geht in Gestalt eines weißen Elefanten in die Mutter Māyā ein, die dabei entweder hellwach ist oder träumt (beide Versionen im *Lalitavistara* 6). Das Ereignis wird von kosmischen Zeichen (Lichterscheinungen usw.) begleitet. Dabei ist jedoch nicht an eine Jungfrauengeburt zu denken (die Mutter Māyā war ihrem Ehemann treu, nicht aber Jungfrau), sondern an die übernatürliche Kraft und Weisheit, die mit dem Elefanten verbunden ist. Die Empfängnis ist also ein Akt in vollkommener geistiger Reinheit ohne die Befleckungen (*kleśa*) von

20 H.-J. Klimkeit, a. a. O., S. 52 und S. 55 f.

Anhaften und Begierde, die ja für den Buddhismus die Wurzel allen Leidens sind. Im Mutterleib residiert der bereits voll entwickelte Buddha in einem Juwelenschrein (*ratnavyūha*), der von Säulen getragen wird. Nichts Irdisches darf ihn beflecken. Der Buddha wird in dieser schon sehr früh einsetzenden Legendenbildung immer überweltlicher, und bald heißt es, daß er nur einen Scheinleib als Mensch angenommen habe.

Die Geburt (c) wird in der Mythisierung ebenfalls ein übernatürliches Ereignis. Im *Mahāvadāna-Sūtra* ist die Geburt von unermeßlichem Lichtglanz, der sich über die Welt ergießt, begleitet, aber die Geburt geschieht noch auf natürlichem Weg. In späteren Texten, vor allen im *Lalitavistara*, gesellen sich nun zu der Mutter himmlische Wesen und prophezeien, daß sie einen Unsterblichen (*Mv* II, 20) und Überwinder von Alter, Krankheit und Tod gebären wird. Ein Śāla-Baum (*vatica robusta*) neigt sich ihr zu, damit sie sich festhalten könne, und der Buddha tritt schmerzfrei aus der rechten Seite seiner Mutter ins irdische Leben, denn er besitzt einen »Geistleib«[21]. Der Buddha kommt also mit voll ausgebildetem Bewußtsein und vollkommener Erkenntnis in die Welt – die späteren irdischen Lernerfahrungen des Buddha sind, so die Legende, nur Schein und ein pädagogisches Mittel, um den Menschen zu zeigen, wie sie selbst die Erfahrung nachvollziehen und zur Befreiung gelangen können. Der Buddha wird zudem – anders als gewöhnliche Menschen – nach zehn Monaten stehend geboren, wobei er den Boden nicht berührt, sondern von *devas* aufgehoben wird (*Mahāpādana Suttānta*, DN 14); dann geht er sieben Schritte und spricht dabei über seine zukünftige Bestimmung. Die Legendenbildungen übertreffen sich in der Aufzählung kosmischer Ereignisse und Naturwunder, die freilich den phanta-

---

21 Ernst Windisch, *Buddha's Geburt und die Lehre von der Seelenwanderung*, Abhandlungen der Philologisch-Historischen Klasse der Königlich Sächsischen Gesellschaft der Wissenschaften 26, Nr. 2, Leipzig 1908: Teubner, S. 120ff.

stischen Erzählungen Indiens über *devas* und *yogis* in anderen Zusammenhängen entsprechen.[22]

Zusammengefaßt ergibt sich folgendes Bild: Der Buddha hat nur einen Scheinleib, in Wahrheit ist er ein überweltliches Wesen. Einerseits wird die Menschlichkeit (und damit die Nachahmbarkeit des Buddha für jeden) betont, andererseits seine überirdische Größe und Bedeutung, die ihn übermenschlich erscheinen läßt. Diese beiden Tendenzen zeichnen sich offensichtlich schon im frühen Buddhismus ab; die zweite Tendenz setzte sich aber schließlich besonders im Mahāyāna immer mehr durch.

Der Tod der Mutter Māyā nach sieben Tagen wird bereits im Pāli-Kanon (*Mahāpādana Suttānta*, DN 14) und dann auch vom *Mahāvastu* (I, 198 und II, 3) als gesetzmäßiges Ereignis interpretiert, das allen Müttern von Buddhas widerfährt. Die Erklärungen in der *Nidānakathā*, im *Mahāvastu* und *Lalitavistara* sind allerdings verschieden: Weil der Mutterleib einem Tempel glich, durfte er von keinem anderen Kind bewohnt werden (*Nidānakathā*); außerdem habe Māyā ihre Reinheit nur erhalten können, wenn sie keusch bliebe, und das sei nur durch ihren alsbaldigen Tod möglich gewesen (*Mahāvastu*); schließlich habe ihr der Tod gutgetan, damit sie nicht aus den Prophezeiungen erfahre, daß ihr Sohn später in die Hauslosigkeit ziehen würde, was sie unglücklich gemacht hätte (*Lalitavistara*).

Für die Forschung über den eventuellen Einfluß des Buddhismus auf das Christentum und umgekehrt ist die Weissagung des Sehers Asita wichtig (*Sn* 693 ff.), die vielfach mit der Simeon-Weissagung im Lukasevangelium (Lk 2, 25-35) verglichen wird.[23] Asita, in wunderbarer Weise auf die Geburt

22 H.-J. Klimkeit hat gezeigt (*Der Buddha* [S. 41, Anm. 3], S. 58 f.), daß bei der Übertragung des Buddhismus nach Ostasien das Element der indischen Phantastik gleichsam teil-entmythologisierend auf ein geringeres Maß zurückgeschnitten wurde.

23 Es könnte sich um ein Motiv handeln, das durch verschiedene Kulturen gewandert ist, ohne daß die christliche Geschichte un-

aufmerksam geworden und durch die Lüfte fliegend nach Kapilavastu gekommen, erkennt an dem Knaben die 32 Merkmale eines »großen Mannes« (*mahāpuruṣa*) und weint, weil er nicht mehr die heilsstiftende Wirksamkeit des Kindes erleben werde. Der Rāja Śuddhodana, so die Version im *Lalitavistara*, verehrt daraufhin seinen Sohn als ›Heilsbringer‹. Anders die Version in der *Nidānakathā*, die anläßlich der Namensgebung des Kindes Siddhattha (der Siddhārtha des *Lalitavistara*, »der sein Ziel vollkommen erlangt hat«) erwähnt, daß 109 Brahmanen gekommen seien, die den späteren Auszug des Buddha in die Hauslosigkeit voraussagten, worauf der König nicht mit Verehrung, sondern mit Verdoppelung der Wachen am Palasttor reagiert habe. Die Geschichten von der Namensgebung, so urteilt H.-J. Klimkeit zu Recht,[24] projizieren einen späteren Titel des Buddha in seine Kindheit zurück. Eine andere Prophezeiung wiederum besagt, daß der Knabe einst ein Weltenherrscher (*cakravartin*) oder ein Erwachter (*buddha*) werden würde, also die höchste Stufe im weltlichen oder geistigen Universum erreichen solle.

Jugend

Die legendären Jugenderzählungen berichten Wunder aller Art und preisen die übernatürlichen geistigen und körperlichen Kräfte des jugendlichen Bodhisattva, also des zukünftigen Buddha:[25] So habe er spontan die Brahmī-Schrift schrei-

mittelbar vom Buddhismus abhängig wäre. Vgl. neuerdings Roy C. Amore, *Two Masters, One Message*, Nashville (Tenn.) 1978: Abingdon, und Zacharias P. Thundy, *Buddha and Christ. Nativity Stories and Indian Traditions*, Studies in the History of Religions 60, Leiden 1993; hingegen hält N. Klatt den gegenseitigen Einfluß für gering: Norbert Klatt, *Literarkritische Beiträge zum Problem christlich-buddhistischer Parallelen*, Arbeitsmaterialien zur Religionsgeschichte 8, Köln 1988: Brill.

24 H.-J. Klimkeit, *Der Buddha* (S. 41, Anm. 3), S. 62.

25 H.-J. Klimkeit, a. a. O., S. 64f.

ben können, worauf sich der Vater und 84000 Schüler von ihm in der Schreibkunst unterweisen ließen. Er habe sich spontan in allen Wissenschaften ausgekannt und habe die Sprache der Tiere beherrscht; allein mit der Kraft einer Zehe habe er einen getöteten Elefanten über die Stadtmauer schleudern können usw. Eine Erzählung aus der Jugend soll hier erwähnt werden, weil sie von großer Bedeutung für den späteren Buddha ist und eine nicht geringe historische Glaubwürdigkeit besitzt.[26] Sie wird vom Buddha selbst erzählt (MN 36, 31), der sich erinnert, daß er dem Vater beim Pflügen zugeschaut habe und, unter einem schattenspendenden Rosenapfelbaum sitzend, spontan in einen tieferen meditativen Bewußtseinszustand eingetreten sei. Alle Wünsche hätten sich dabei gelegt, und in einem Zustand zufriedener Ruhe sei eine selige Heiterkeit über ihn gekommen. Er habe dabei erahnt, daß dies wohl der Weg zum befreienden Erwachen sei. Das Ereignis wird auch im *Mahāvastu* (*Mv* II, 42ff.) und *Lalitavistara* berichtet, dort allerdings jeweils phantasievoll ausgeschmückt. Der Kern des Ereignisses ist nicht nur historisch glaubhaft, sondern vermutlich auch der Keim für den Entschluß des jungen Mannes, das Leben eines Wanderasketen zu wählen, den Yogaweg zu gehen sowie Meditation und Askese zu erlernen. Spontane Versenkungen treten bei Jugendlichen durchaus auf. Daß sie Initiationserlebnisse sein können, die das Leben verändern und eine systematische spirituelle Suche auslösen, wird in der indischen Religionsgeschichte vielfach berichtet. Das berühmteste Beispiel aus unserem Jahrhundert ist der südindische Hindu-Heilige Rāmaṇa Maharṣi. Der Buddha berichtet von sich selbst nüchtern, daß ihm das ›bürgerliche Leben‹ zu eng geworden war und er – wohl in Erinnerung an die Meditation unter dem Rosenapfelbaum und vielleicht auch durch die Beobachtung von philosophischen Debatten und Wanderasketen in seiner Heimatstadt angeregt – eine tiefere Lebenserfahrung gesucht habe:

26 Vgl. Dieter Schlingloff, *Die Meditation unter dem Jambu-Baum*, in: Wiener Zeitschrift für die Kunde Südasiens 31 (1987), S. 111-130.

Als ich noch Bodhisattva war, kam mir der Gedanke: »Eng ist das Leben in der Häuslichkeit, dieser Stätte der Unreinheit; die Samanaschaft ist der freie Himmelsraum 〈...〉.« Und ich, der ich jung war, ein junger Mann mit schwarzem Haar, der ich in glücklicher Jugend lebte, im ersten Mannesalter, schor mir Haare und Bart, gegen den Willen von Vater und Mutter, die Tränen vergossen, legte die gelben Gewänder an und zog von zu Hause fort in die Hauslosigkeit hinaus.[27]

Natürlich spiegelt sich auch in diesem Text die Erfahrung der späteren Mönchsgemeinde, aber die Tatsache, daß der Entschluß gegen den Willen der Eltern durchgesetzt wird, geht wohl auf den historischen Buddha zurück, denn der *saṃgha* hatte diesbezüglich später (die Texte behaupten: auf Anordnung des Buddha selbst) eine gegenteilige Regel erlassen.

Die berühmte Geschichte der vier Ausfahrten Siddhārthas in die Welt des Leidens taucht hingegen erst in späteren Texten (*Mahāvastu*, *Lalitavistara*, voll ausgeschmückt in der *Nidānakathā* [5. Jh. n. Chr.]) auf, in der bildhaften Darstellung bereits etwas früher. Sie ist ganz und gar legendär und überträgt ein stereotypes Muster (die idealtypischen Ereignisse, die im Leben eines jeden Buddha auftreten) auf die Lebensgeschichte Siddhārthas. Neben dieser Geschichte gibt es noch eine Reihe weiterer Legenden, die den Entschluß des Buddha zum Schritt in die Hauslosigkeit begründen sollen: So habe Gautama, der als Angehöriger der Kṣatriya-Kaste zum Krieger ausgebildet wurde, angesichts der Gewalt und des Blutvergießens einen Ausweg aus diesem menschlichen Leiden gesucht; denn es sei die Angst, die den Menschen Gewalt anwenden läßt, in der Welt der widersprüchlichen Interessen aber gebe es keinen Ausweg aus Angst und Gewalt. So habe er sich in seinen Zweifeln auf die Suche nach einer Lösung begeben.[28] Des weiteren habe Gautama einen Leichenver-

---

27 *Ariyapariyesanā-Sutta*, MN 1, 26, 13-14. Ausgabe: Pali Text Society, I, S. 163.

28 Auf diese Geschichte, die in *Sn* 935-983 a aufgezeichnet ist, macht

brennungsplatz aufgesucht und dabei die Nichtigkeit des Daseins erkannt, oder er habe halbentblößte Frauen im Schlafgemach wahrgenommen, die wie nackte Leichen aussahen, was ihm wiederum das Leid der Vergänglichkeit deutlich machte.[29] Die Legende von den vier Ausfahrten ist eine späte Komposition aus bereits vorliegenden Einzeltraditionen im Pāli-Kanon, die zunächst auf den vorigen Buddha Vipaśyin (*Mahāvadāna-Sūtra* 8), dann auch auf Śākyamuni bezogen wurde. Nichtsdestoweniger hat sie die religiöse Imagination ungezählter Generationen und die buddhistische Kunst unvergleichlich stark inspiriert. Sie ist zum idealtypischen Modell für jene geworden, die sich als Mönche und Nonnen der Praxis des Buddha-*dharma* unterziehen wollen, und sie ist spätestens seit dem 3. Jahrhundert n. Chr. bis heute Gegenstand buddhistischer Meditation und Visualisierung gewesen.

Siddhārtha sei, so heißt es, bei einem Ausflug mit seinem prächtigen vierspännigen Wagen einem Greis begegnet, der gebeugt und mit ausgefallenen Zähnen seinen Weg kreuzte. Schockiert fragte der ahnungslose Prinz seinen Wagenlenker, was dieser unerfreuliche Anblick bedeute. Die Antwort, daß

Perry Schmidt-Leukel aufmerksam, sie ist ein Leitmotiv für die Ethik der Gewaltfreiheit im Buddhismus (P. Schmidt-Leukel, *Understanding Buddhism*, Edinburgh 2006, S. 21 f.). Es sei hinzugefügt, daß die Situation dem existentiellen Zweifel an der Pflicht zur Kriegführung durch den Kṣatriya-Prinzen Arjuna in der hinduistischen *Bhagavad Gītā* entspricht. Dort allerdings wird die genau entgegengesetzte Schlußfolgerung gezogen (*Bhagavad Gītā*. Übersetzt und kommentiert von M. v. Brück, Frankfurt/Main 2007: Verlag der Weltreligionen).

29 Diese Episode, anschaulich und detailliert erzählt im *Lalitavistara* (Ernst Waldschmidt, *Die Legende vom Leben des Buddha. In Auszügen aus den heiligen Texten.* Aus dem Sanskrit, Pali und Chinesischen übersetzt und eingeführt, Graz 1982 [zuerst 1929], S. 102), ist sehr markant von den Übungen der späteren Mönche gekennzeichnet, die durch entsprechende ›Ekelmeditationen‹ der sinnlichen Begierde einen Riegel vorschieben wollten. Nichts spricht dafür, daß das ›Ereignis‹ den historischen Gautama Śākyamuni beträfe.

es das Schicksal eines jeden Menschen sei, im Alter hinfällig zu werden und dann zu sterben, beunruhigte den Prinzen, von dem bisher derartige Probleme ferngehalten worden waren. Bei den beiden nächsten Ausfahrten habe er einen Kranken und einen Toten erblickt. Jedesmal kehrte er verwirrt heim. Bei der vierten Ausfahrt sei er schließlich einem Wandermönch begegnet, der – ruhig, bezähmt, selbstbeherrscht, züchtig – nach der Wahrheit des Lebens jenseits von Geburt und Tod suchte. Würdevoll und in edler Haltung habe er Siddhārtha tief beeindruckt, der sogleich den Entschluß faßte, ebenfalls Wandermönch zu werden. Als er nach Hause zurückgekehrt war, traf er die Vorbereitungen für den heimlichen Aufbruch. Just in dieser Nacht gebar ihm seine Gemahlin Yaśodharā (eine Reihe von anderen Namen ist ebenfalls überliefert) einen Sohn, der Rāhula genannt wurde. Unbeirrt habe er dennoch um Mitternacht auf seinem Pferd Kaṇṭhaka, nur von seinem Diener Channa (bzw. Caṇḍaka) begleitet, das Haus und die Stadt verlassen. Am anderen Ufer des Anoma-Flusses angekommen, habe er sich Kopf und Bart geschoren und das Gewand eines Wandermönches angelegt, Pferd und Schmuck dem Channa anvertraut und sich allein auf Wanderschaft begeben.

Die Erzählung wird in den verschiedenen Rezensionen durch Nebenereignisse und unterschiedliche wunderbare Erscheinungen angereichert. So eilen z. B. die *devas* herbei, um für den Prinzen das nachts verschlossene Stadttor zu öffnen. Im *Lalitavistara* zieht der Bodhisattva nach den Ausfahrten nicht sofort in die Hauslosigkeit, sondern bleibt noch im Palast und wird vom Vater zunächst ausgesandt, um die Bestellung der Felder durch die Landarbeiter zu kontrollieren. Hier widerfährt ihm dann das Meditationserlebnis unter dem Rosenapfelbaum, d. h. der *Lalitavistara* datiert dieses Ereignis relativ spät im Leben des Buddha. Nach Schlingloff und Klimkeit ist dies der wahrscheinlichste Zeitpunkt für dieses Erlebnis, und der Pāli-Kanon habe das Meditationserlebnis in die frühe Jugend zurückprojiziert, zumal auch die künstlerischen Darstellungen erkennen ließen, daß man einen engen

Zusammenhang zwischen diesem Meditationserlebnis und dem Erwachen bzw. dem ersten Schritt dahin herstellen wollte.[30] Das ist vielleicht richtig, heißt aber nicht, daß Siddhārtha nicht doch das Meditationserlebnis unter dem Rosenapfelbaum in früherer Jugend widerfahren ist und er sich kurz vor dem Entschluß, in die Hauslosigkeit zu gehen, wieder daran erinnert.[31] Denn die spontane Meditationserfahrung in der Jugend, die sich mehrfach wiederholt haben könnte, ergibt im Zusammenhang mit den Reflexionen eines jungen Mannes (›Weltschmerz‹) angesichts des Leidens und Alters ein viel wahrscheinlicheres Psychogramm für den schwerwiegenden Entschluß, das Haus zu verlassen, als ein nur einmaliges Erlebnis.

In der *Nidānakathā* verläßt der zukünftige Buddha das Haus sofort nach den vier Ausfahrten; nach dem *Lalitavistara* hingegen bleibt er noch einige Zeit im Palast, worauf die *devas* ungeduldig werden und darauf warten, daß er endlich in die Hauslosigkeit ziehen und damit die Voraussetzung für das große Erwachen schaffen werde. H.-J. Klimkeit weist mit Recht darauf hin,[32] daß hier in der Legendenbildung – beiläufig – die Grundfrage nach Vorherbestimmung und Freiheit des Schicksals aufgeworfen wird. Denn hat nun der Mensch Siddhārtha in freier Entscheidung einen Entschluß gefaßt und den Weg zur Buddhaschaft angetreten, oder geschieht nur das, was vorherbestimmt ist und gesetzmäßig abläuft, ohne daß sich der Mensch (bzw. Bodhisattva) dem Gang der Dinge entziehen könnte? Der Text ist eindeutig: »So war, was geschah, nur die Erfüllung dessen, was bei einem Bodhisattva, der seine letzte Existenz durchläuft, zu gesche-

---

30 D. Schlingloff, *Die Meditation unter dem Jambu-Baum* (S. 82, Anm. 26), S. 123.

31 Im *Mahāsaccaka Sutta* (MN 36) ist die Erinnerung an das Ereignis verknüpft mit der Ahnung, daß die rechte Meditation und Einsicht damals schon angeklungen seien, während die totale Askese zu nichts geführt hat.

32 H.-J. Klimkeit, *Der Buddha* (S. 41, Anm. 3), S. 75.

hen hat.«[33] Dies fügt sich ein in die schon mehrfach erwähnte Typisierung des Buddhalebens, der alle Buddhas zu allen Zeiten unterworfen sind (*Mahāpādana Suttānta*, DN 14). In dem Maße, in dem der Buddha kosmische und universale Dimensionen gewinnt, verliert er seine menschliche Kontingenz und Freiheit. Alles Geschehen *ist* die dharmische Ordnung. H.-J. Klimkeit urteilt: »Die Autonomie des Bodhisattva liegt also darin, daß er sich gleichsam wie ein Schauspieler das Stichwort zu weiterem Handeln von den Überirdischen geben läßt, um dann eigenständig den vorgezeichneten Weg, um den er bereits weiß, zu gehen.«[34] Ob die »Überirdischen« die im Mythos auftretenden personifizierten göttlichen Wesenheiten (*devas*) sind oder der angehende Buddha nur das unpersönliche und ewig feststehende Gesetz (*dharma*) vollzieht, ist demgegenüber zweitrangig. Die gesamte buddhistische Buddhologie und Anthropologie ist von dieser Fragestellung gekennzeichnet.

Wanderaskese

Der Buddha nimmt nun das Leben eines Wanderasketen auf. Er erhält – je nach Textfassung entweder von dem Gott Indra oder einem Freund aus dem vorigen Leben – die acht Gegenstände, die ein Mönch besitzen darf: drei Gewänder, Almosenschale, Rasiermesser, Nadel, Gürtel und ein Wassersieb.[35] Auch dies ist, wie gewohnt, eine Rückprojizierung der Praxis des *saṃgha* in das Leben Siddhārtha Gautamas. Gautama sucht nun, der allgemeinen Praxis entsprechend, verschiedene spirituelle Lehrer auf.

Hier muß man bedenken, daß sich Indien zur Lebenszeit des Buddha in einem erheblichen sozialen, ökonomischen

---

33 Zitiert nach E. Waldschmidt, *Die Legende vom Leben des Buddha* (S. 84, Anm. 29), S. 96.

34 H.-J. Klimkeit, *Der Buddha* (S. 41, Anm. 3), S. 75.

35 H.-J. Klimkeit, a. a. O., S. 78.

und religiösen Umbruch befand.[36] Obwohl die vedische Religion und ihre wesentliche soziale Trägergruppe, die Brahmanen (*brāhmaṇas*), in Nordindien erheblichen Einfluß hatten, gelangte deren Lebensform und Weltanschauung erst allmählich nach Zentral-Nordindien. Im Verlaufe der Wanderbewegungen der Indogermanen und aufgrund des Drucks, den sie damit auf andere Bevölkerungsgruppen ausübten, bildeten sich aus losen Stammesverbänden überregionale Monarchien. Magadha mit seinen reichen und fruchtbaren Ländereien und ›Kornkammern‹ entwickelte sich allmählich zur dominierenden Macht. Aus Nomaden wurden Seßhafte, und neben dem Ackerbau entwickelten sich Stadtkulturen mit Händler- und Handwerkerkasten. Neue soziale Gruppen machten den Brahmanen auch die geistige Führung streitig, Menschen wurden entwurzelt, und es ergaben sich soziale und religiöse Neugruppierungen. In diesem Zusammenhang gewannen die *śramaṇas* (»Wanderasketen«) neben den *brāhmaṇas* (»Opferpriester«) als zweite tragende Säule des religiösen Lebens an Bedeutung. Anders als nach dem klassischen Ideal der vier *āśramas* (»Lebenszeitalter«), da man zuerst ein Leben als Schüler im Haushalt des Guru (*brahmacārya*), dann das einer eigenen Haushaltsgründung (*gṛhastha*), danach das Leben in einer klösterlichen Waldgemeinschaft (*vānaprastha*) und schließlich das einsame Wanderasketentum (*saṃnyāsa*) pflegen sollte, zogen diese *śramaṇas* bereits in jungen Jahren in die Hauslosigkeit, um sich religiösen Übungen zu widmen und philosophische Erkenntnis zu suchen. Sechs bedeutende Lehrer (*ganin*) und ihre Schülergruppen sind aus dem Pāli-Kanon bekannt. Sie gelten als die sechs nicht-orthodoxen Lehrer: Pūraṇa Kāśyapa, Maskarin Gośālīputra, Ajita Keśakambala, Kakuda Kātyāyana, Sañjayin Vairaṭṭīputra, Nirgrantha Jñātīputra. Pūraṇa Kāśyapa leugnete das *karman*-Gesetz und damit die Grundlage der Moralität. Gośālīputra und seine Anhänger, die Ājīvikas, leugneten jede Kausalität. Sie behaupteten, daß

36 Zum Folgenden A. Hirakawa, *A History of Indian Buddhism* (S. 66, Anm. 2), S. 15 ff.

alles schicksalhaft vorherbestimmt sei, und unterzogen sich strenger Askese. Ajita repräsentierte den Materialismus, insofern für ihn alles auf die vier Grundelemente Erde, Wasser, Feuer und Wind reduzierbar war und moralische Erwägungen bedeutungslos seien. Kakuda nahm sieben Elemente an, nämlich zu den vier Grundelementen zusätzlich noch Lust, Leid und Leben, die alle unwandelbar seien, weshalb es auch kein Ende des Lebens geben könne. Sañjayin vertrat die Position des Skeptikers, nach der die grundlegenden philosophischen Fragen nicht beantwortet werden können (zwei der wichtigsten Anhänger des Buddha, Śāriputra und Mahāmaudgalyāyana, zählten ursprünglich zu seinen Schülern). Nirgrantha Jñātīputra, besser bekannt als Mahāvīra, war der Begründer bzw. Erneuerer der Religion der Jainas, die neben dem Buddhismus sehr einflußreich war und in Indien bis heute eine wichtige Rolle spielt. Die Lehre der Jainas beruht auf einer strikten Trennung von Körper und Geist, die durch Askese sowie Besitz- und Gewaltlosigkeit (*ahiṃsā*) vollzogen werden kann. Die Praxis der Reinheit durch körperliche Askese und Geistesschulung sowie die Fragen nach der moralischen Vergeltung und Kausalität (*karman*) waren also vor oder zur Zeit des Buddha schon bekannt und weitverbreitet.

Siddhārtha Gautama hatte aber darüber hinaus unmittelbare Lehrer, denen er konkrete Einsichten in die Meditationspraxis verdankte: Zuerst suchte der zukünftige Buddha den Ārāḍa Kālāma (Pāli: Āḷāra Kālāma) auf, einen Meditationslehrer, der uns nur aus buddhistischen Quellen bekannt ist (MN 26 [I, S. 163 ff.]). Dieser lehrte Achtsamkeitsmeditation, durch die der junge Gautama eine Erfahrung vom ›Bereich der Nichtsheit‹ erlangte, also offensichtlich ein das Objektbewußtsein übersteigendes Erlebnis geistiger Ruhe. Doch damit, so erkannte Siddhārtha, war er noch nicht am Ziel. Rückblickend urteilt der Buddha, daß er »Abkehr, Leidenschaftslosigkeit, Aufhören, Beruhigung, Erkenntnis, Erwachen, *nirvāṇa*« noch nicht erlangt hatte. Er zog weiter und gelangte zu Udraka Rāmaputra (Pāli: Uddaka Rāmaputta), dessen Lehre ihn zur Erfahrung eines Bereichs von »weder Wahrnehmung noch Nichtwahrnehmung« führte. Damit wurde bereits eine Einungsstufe des Bewußtseins erreicht, das hier in aktiver Passivität bzw. passiver Aktivität ruht und jede Eigenstimulation durch aktive Steuerung der Meditation hinter sich gelassen hat – eine subtilere Meditationsstufe also. H. W. Schumann mutmaßt, daß Udraka ein Vedānta-Lehrer gewesen sei, weil er ein Gleichnis gebraucht habe, das dem berühmten Gespräch zwischen dem Philosophen Uddālaka Aruṇi und seinem Sohn Śvetaketu in der *Chāndogya Upaniṣad* verwandt sei.[37] (Uddālaka läßt seinen Sohn einen Feigenkern spalten, um ihm die unsichtbare Essenz und Subtilität der Wirklichkeit hinter den Erscheinungen zu verdeutlichen; Udraka verweist darauf, daß die oberflächliche Erkenntnis nur das Messer, nicht aber die Feinheit der Schneide wahrnehme.) Doch dieser Hinweis ist zu vage, als daß man die wichtige Frage, ob der Buddha mit den Upaniṣaden vertraut gewesen sei, damit bejahen könnte. Die Frage muß bislang unbeantwortet bleiben. Jedenfalls hat der Buddha bei Lehrern gelernt, deren Lehren für ihn ungenügend waren, die er aber dennoch nicht völlig ablehnte. Die beiden genannten Meditationsstufen erscheinen nämlich als ›Durchgangsstadien‹ in der voll entfalteten vierstufigen Meditationspraxis wieder, wie sie der Buddha später lehrte (z. B. im *Sāmañña-phala-Sutta*, DN 2). Die beiden Meditationsformen, die Śākyamuni hier gelernt hatte, wurden später als die ersten Stufen der »Vier Formlosen Trancen« verstanden. Sie sind notwendig, um das Bewußtsein vollkommen zur Ruhe zu bringen, was aber noch nicht die vollständige buddhistische Meditation ausmacht. Denn wenn man aus der Trance auftaucht, wird das Bewußtsein doch wieder von den ewigen unbeantworteten Fragen des Menschen gequält. Deshalb waren diese Meditationsformen ungenügend, und es mußte noch etwas Wesentliches hinzukommen: Weisheit, die der Buddha erst später erlangen sollte (und die in der allgemeinen Aufzählung von *śīla* – *samādhi* – *prajñā* [»Tugend, Meditation, Weisheit«]

37 Vgl. MN 26 und 36 mit *Chāndogya Upaniṣad* 6, 12.

noch über der Meditation steht). Obwohl also die Religionssysteme, die Siddhārtha Gautama kennengelernt hatte, eine gewisse Wahrheit enthielten, bemerkte er, daß alle diese Positionen relativ waren. Da der Buddha durch sein Erwachen erkannte, daß jedes Anhaften an jedweder Position in die Irre führt, bekommt die Erkenntnis der Relativität, die das Anhaften als Illusion erkennen läßt, heilspragmatische Bedeutung. Diese Einsicht wird durch eine alte Geschichte illustriert:[38] Mehrere Blinde betasten einen Elefanten. Ihre Beschreibungen, was ein Elefant sei, fallen unterschiedlich aus, je nachdem, welchen Teil sie berührt haben. Ihre Aussagen sind dabei nicht falsch, sondern relativ und nicht vom ›Gesamt-System‹ Elefant her gedacht.

Nach diesen Begegnungen mit spirituellen Lehrern unterzog sich Siddhārtha Gautama Śākyamuni im Selbstversuch strengster Askese. Die Texte (und Abbildungen in der Kunst) überbieten sich in der Darstellung der Strenge, die alles in den Schatten stellen sollte, was in Indien an kaum mehr vorstellbaren und teilweise ekelerregenden Askesetechniken üblich war (und ist). Offensichtlich will die Tradition verdeutlichen, daß der Buddha alles, aber auch alles versucht und selbst geübt hat, was auf diesem Gebiet möglich war – und dennoch die vollkommene Befreiung auf diesem Weg nicht erlangte. Damit werden die Heilswege der Askeseschulen als ungenügend erklärt. Im einzelnen lassen sich die Praktiken, denen sich der Buddha unterzog, in drei Gruppen fassen:[39]

– *Konzentrationsübungen* durch Fixierung des Körpers, vor allem der Zunge am oberen Gaumen, bis ihm der Schweiß ausbrach – wodurch aber das Bewußtsein nicht beruhigt werden konnte;

– *Atemübungen* durch immer längeres Anhalten des Atems, was zu Ohrensausen führte, nicht aber zur Beruhigung des Geistes;

38 *Udāna* 6, 4.

39 Der Buddha beschreibt diese drei Formen im Rückblick selbst mit sehr genauen Beobachtungen der Details der Askese und ihrer Wirkungen. Vgl. *Mahāsaccaka-Sutta*, MN 36.

– extreme *Hungeraskese* bis zur blauschwarzen Färbung der Haut, so daß Bauchdecke und Rückgrat einander fast berührten, ein Fasten beinahe bis zum Hungertod, das alle körperlichen Prozesse auf ein Minimum reduziert, aber gerade dadurch nicht das Bewußtsein in heller Klarheit einen kann.

Die ›Versuchungen‹ und das Erwachen

Als dies alles zu nichts führt, *erinnert* sich Siddhārtha der schon erwähnten *spontanen* Meditationserfahrung aus der Jugend unter dem Rosenapfelbaum[40] und stellt fest, daß dies der geeignete Weg zum Erwachen ist.[41] Er nimmt nun wieder Speise zu sich – äußerst moderat: gekochten Reis und Grütze. Daraufhin verlassen ihn die anderen Asketen, die ihn wegen seiner rigorosen Praxis bewundert hatten. Er knüpft offensichtlich an die Meditationspraxis an, die er bei Ārāḍa Kālāma und Udraka Rāmaputra gelernt hatte, setzt sich unter einen Baum, sammelt seinen Geist und meditiert. Die ganz genaue Form der Übung kennen wir nicht, aber die später systematisierte vierstufige Versenkungsübung dürfte ein Hinweis sein. Sie wird im Kanon mehrfach erläutert, worauf wir später eingehen werden.

Interessant ist die legendäre Ausschmückung der Erzählung: Der Bodhisattva Siddhārtha Gautama läßt sich unter dem Pipal-Baum nieder und beschließt, nicht eher aufzustehen, als bis er den vollen Durchbruch zur Erkenntnis gefunden habe. Im *Lalitavistara* heißt es dazu, daß ihm nicht nur die *devas* geholfen hätten, den rechten Ort zu finden und vorzubereiten, sondern daß auch der Schlangenkönig Kālika zusammen mit seiner Gemahlin Suvarṇaprabhāsā (»Goldglanz«) und unzähligen Schlangenmädchen einen »Triumphzug« angeführt hätten, um ihn zu dem prächtig geschmückten »Baum

---

40 MN 36, 31 (I, S. 246): »abhijānāmi sītāya jambucchāyāya.«
41 MN 36, 31 (I, S. 246): »eso va maggo bodhāyāti.«

der Erleuchtung« zu geleiten.[42] Einerseits wird dadurch die universale Bedeutung des Erwachens hervorgehoben: Alle Lebewesen aller Lebensbereiche gewinnen durch das befreiende Erwachen des Buddha, der seine Weisheit und Liebe bis in die tiefsten Höllenbereiche ausstrahlt, neue Hoffnung zur Reifung und Überwindung des Leidenskreislaufs. Das Erwachen ist also alles andere als eine bloß individuelle, akosmische Erlösung. Andererseits repräsentiert Kālika als Schlangenkönig im indischen Mythos den Bereich der Naturkräfte. So wie der Buddha die Spitze der Evolution im geistigen Bereich ist, so ist der Schlangenkönig das machtvollste Wesen im materiell-vorbewußten Bereich. Beide Bereiche kommen im Erwachen des Buddha zusammen, das heißt, das Materiell-Vorbewußte wird integriert in das spirituelle Erwachen. Die ganze Bedeutung dieses Mythos ist im frühen Buddhismus freilich noch nicht zutage getreten (man denke nur an die ›Ekelmeditationen‹ der frühen Mönche, die damit die Bindung an das Materielle und das sinnliche Verlangen überwinden wollten), wohl aber später im Mahāyāna, und hier besonders im tantrischen Buddhismus.

Ein beliebtes Thema der Kunst und der Mönchs- und Laienfrömmigkeit überhaupt – besonders im Mahāyāna – sind die ›Versuchungen‹ Māras.[43] Māra, im Mythos die Personifikation aller Hindernisse bei der Überwindung des Leidenskreislaufs (*saṃsāra*) und ursprünglich ein Totendämon, stellt sich dem Erwachen des meditierenden Siddhārtha machtvoll in den Weg. Das Thema unterteilt sich in drei Szenen:

1. Māra attackiert den Bodhisattva zunächst mit der *Versuchung der Macht.* Er geht mit einem Heer von Kämpfern gegen den Meditierenden vor und will ihn durch Stürme, Flut, Stein-

42 H.-J. Klimkeit, *Der Buddha* (S. 41, Anm. 3), S. 83.

43 Die Erzählung kommt im Pāli-Kanon nur andeutungsweise vor (als Versuch Māras, dem Bodhisattva das Streben nach Befreiung aus- und das Verdienst durch rituelle Opfer einzureden, *Padhāna-Sutta, Sn* 426-429 [III, 2, 2-5]), ist aber besonders im *Lalitavistara* in allen Details geschildert.

und Kohleregen sowie durch eine fürchterliche Finsternis ängstigen. Die Finsternis ist das Gegenteil zur Lichtsymbolik, mit der der Buddha verbunden ist. So spielt sich im Motiv dieses Kampfes zwischen Māra und dem Bodhisattva der kosmische Kampf zwischen Licht und Finsternis ab. Hier ist nun wichtig, daß Māra mehrfach durch die Strahlkraft des Buddha zurückgeschlagen, nicht aber völlig vernichtet wird. Vielmehr werden seine Wurfgeschosse und Machtmittel der Finsternis *verwandelt* – in Blumen, Girlanden, Sandelholzsalben usw. So wie die zerstreuten Energien des Bewußtseins und negativen Emotionen gebündelt, verwandelt und dann selbst zum Vehikel der Transformation des Bewußtseins gemacht werden, so werden die Kräfte des Bösen nicht vernichtet, sondern *integriert*. Andernfalls würde das Negative verdrängt und in noch destruktiverer Form an anderer Stelle wieder auftauchen. Die Polaritäten (Licht und Dunkel) sind voneinander abhängig und werden füreinander fruchtbar gemacht, ohne daß der eine Aspekt den anderen eliminieren würde. Dies ist eine charakteristische Einsicht in den Umgang mit dem Negativen, die der Buddhismus mit dem Hinduismus (z. B. Śivas Tanz auf dem Dämon) gemeinsam hat.

2. In einem Redekampf versucht Māra nun, dem Buddha *Selbstzweifel* einzureden, indem er argumentiert, daß er durch sein *karman* ohnehin für das Anhaften an der Welt und ihren Genuß bestimmt sei. Der Bodhisattva ruft daraufhin die Erde als Zeugin an, indem er die Fingerspitzen der rechten Hand zur Erde hinstreckt. Sie bezeugt ihm ehrfürchtig, daß sein *karman* in früheren Existenzen so gereift sei, daß er nun zum Erwachen gelangen werde und daß sein Zeugnis wahr sei. Diese in der buddhistischen Kunst Süd- und Ostasiens außerordentlich beliebte Geste heißt *bhumīsparśamudrā* (»Erdberührungshaltung«).

3. Māra schickt schließlich seine schönen Töchter zur *Versuchung durch den Eros* ins Feld. Sie exerzieren die »32 Verführungskünste der Frauen«, die – nicht ohne Liebe fürs Detail – genüßlich geschildert werden. In der buddhistischen Kunst hat dieses Sujet verständlicherweise große Wirkungen gezei-

tigt. Dabei spielt das Halbnackte (der Brüste, Schenkel usw.) eine besondere Rolle, was wiederum altindischen Vorstellungen von Erotik entspricht. Doch auch hier bleiben die Sinne des Bodhisattva »gebändigt wie bei einem zahmen Elefanten«[44]. Die Sinneslust ist allerdings nicht deshalb ein Problem, weil Sexualität als solche schlecht wäre (sie ist für den Buddhismus ein ganz natürlicher Vorgang im Daseinskreislauf), sondern weil sie Erfüllung vorgaukelt, wo doch gerade an dieser Stelle die Vergänglichkeit, Projektionskraft des Ich und damit das verzweifelte Anhaften an Ich-Strukturen die geistige Reifung des Loslassens besonders erschweren.

Wie aber wird die Meditationserfahrung als solche geschildert? Wie schon erwähnt, berichtet das *Mahāsaccaka-Sutta* (MN 36) rückblickend von den einzelnen Stufen des Erwachens. Sie werden in die »drei Nachtwachen« eingeteilt und reflektieren damit schon eine (spätere) Systematisierung der stilisierten Ereignisse:

1. Nachtwache: Die Einsamkeit genießend, habe er, Gautama, ein wohliges Glücksgefühl verspürt, das den Geist jedoch nicht gefangengehalten habe. Das gesammelte und anhaftungsfreie Bewußtsein richtete er sodann auf seine hunderttausend vergangenen Geburten in mehreren Weltzeitaltern und erkannte alle Details des Kommens und Gehens.

2. Nachtwache: Diese Rückerinnerung wird auf alle Wesen ausgedehnt zu einer Erkenntnis der Vergänglichkeit überhaupt, die er wie ein Auftauchen von Licht und als angenehmes Gefühl empfindet:

> So sah ich mit dem himmlischen Auge, dem reinen, menschliche Fähigkeiten übersteigenden, die Wesen, wie sie verschwinden und wieder auftauchen, gemeine und edle, schöne und häßliche, glückliche und unglückliche; ich erkannte die Wesen, wie sie gemäß dem Wirken (*kamma*) ins Leben treten 〈...〉, vernichtet war Dunkelheit, aufgegangen Licht, wie ich da wachsam, eifrig, zielbewußt

44 E. Waldschmidt, *Die Legende vom Leben des Buddha* (S. 84, Anm. 29), S. 160f.

weilte ⟨...⟩ und auch das derart mir entstandene wohlige Gefühl hielt den Geist nicht gefangen.[45]

3. Nachtwache: Er erkennt, was das Leiden (*dukkha*, *duḥkha*), die Leidensentstehung und die Leidensüberwindung sowie der Weg zur Leidensüberwindung ist, nämlich daß das Verschwinden des Durstes nach Dasein (*taṇhā*, *tṛṣṇā*) das Ende des Leidens bedeutet. Dieser Trieb oder Durst wird dreifach unterteilt: als Sinnlichkeitstrieb, Werdetrieb und Nichtwissenstrieb. Dies sind die berühmten »Vier Edlen Wahrheiten«, deren Erkenntnis ebenfalls ein »wohliges Gefühl« auslöste, ohne daß der nun Erwachte (»Buddha«) noch irgend etwas anderes hätte erkennen müssen oder wollen. Im Text heißt es: »Im Befreiten war das Wissen vom Befreitsein.«[46]

Selbst der *Lalitavistara*, der ansonsten von Legenden und Wundern überbordende Erzählungen enthält, berichtet nüchtern über die Befreiungserfahrung. Sie ist das Wesentliche des Buddhismus und letztlich unaussprechlich, weshalb man sich diesem Thema seit alters nur mit einer angemessenen Zurückhaltung und Scheu nähern konnte.

Nach dem hier zitierten Text, dem *Mahāvadāna-Sūtra* und dem *Lalitavistara* ist die Einsicht in die karmische Struktur der Wirklichkeit und damit in die gegenseitige Abhängigkeit aller Wesen (Kausalnexus, *paticcasamuppada/pratītyasamutpāda*) der Inhalt der Befreiungserfahrung des Buddha, denn diese Einsicht ist die Voraussetzung für die Analyse von *duḥkha*, also für das Erwachen zur Befreiung. Nach anderen Texten (z. B. *Catuṣpariṣat-Sūtra*) ist die Erkenntnis des Kausalnexus eine nachträgliche Erkenntnis. Weil die Lehre vom Kausalnexus komplex ist und ein hohes Maß an gedanklicher Abstraktion voraussetzt, haben auch Frauwallner, Waldschmidt und Klimkeit gemeint, daß sie gegenüber der einfacheren Einsicht in die »Vier Edlen Wahrheiten« sekundär sei.[47] Es

45 MN 36; Übersetzung: Paul Dahlke, *Buddha. Die Lehre des Erhabenen*, München 1986, S. 57 f.

46 MN 36, 43 (I, S. 249): »vimuttasmiṃ vimuttam – iti ñāṇaṃ ahosi.«

47 Erich Frauwallner, *Die Philosophie des Buddhismus*, Berlin 1956,

scheint, daß in der Tat das Erlebnis des Buddha ursprünglich um die meditative Erkenntnis von *duḥkha* zentriert und durch die meditative Erfahrung der Einheit aller Wesen begleitet gewesen sein könnte. Die Einheit beider Erfahrungen wäre dann die Voraussetzung für die rationale Vertiefung zur Lehre vom Entstehen in gegenseitiger Abhängigkeit (*paticcasamuppada/pratītyasamutpāda*) gewesen.

Verkündigung und Ordensbildung

Der Buddha hatte also nicht, wie es seinem Stande und den Erwartungen der Gesellschaft entsprochen hätte, die Karriere eines *cakravartin*[48] angetreten, sondern er wurde ein *dharmavartin*, einer, der das ›Rad der Lehre‹ des *dharma* dreht. Etwa fünfzig Jahre lang ist der Buddha, vermutlich in der Magadhī-Sprache predigend, durch Nordindien gewandert und hat dabei zahlreiche Schüler in den von ihm gegründeten Orden aufgenommen sowie Laien in die buddhistische Bewegung integriert. Allerdings soll er zunächst gezögert haben, seine Erkenntnis anderen mitzuteilen, und zwar aus zwei Gründen: einmal, um Mißverständnisse zu vermeiden, denn

---

S. 27 ff. und Ernst Waldschmidt, *Von Ceylon bis Turfan. Schriften zur Geschichte, Literatur, Religion und Kunst des indischen Kulturraumes. Festgabe zum 70. Geburtstag am 15. Juli 1967*, Göttingen 1967, Nr. XVIII, beide zitiert bei H.-J. Klimkeit, *Der Buddha* (S. 41, Anm. 3), S. 91.

48 Wörtlich: »einer, der das Rad (überallhin) dreht«, ein Herrscher, dessen Streitwagen ungehindert rollen, der also ›imperiale Ansprüche‹ erhebt. Indische Könige, die über größere Gebiete herrschten, nahmen diesen Titel an, die Übersetzung »Weltenherrscher« ist sicher übertrieben. Der Buddha herrscht nicht durch das Schwert, sondern durch den Geist, aber die Parallele des Titels, den wir hier bilden, macht deutlich, daß die Botschaft und Ausbreitung des *saṃgha* universale Bedeutung hat und seine Mission keine kulturellen (brahmanischen Reinheitsgeboten folgenden) Grenzen kennt.

das, was der Buddha erkannt hatte, entzieht sich der schnellen Mitteilung. Zweitens aber, und das ist gravierender,[49] hatten lange Debatten über die karmisch bindende Wirkung des Handelns die indischen Asketentraditionen geprägt,[50] und auch der Buddha war davon überzeugt, daß der ›Durst‹ nach Dasein, die Begierde, etwas zu erreichen, die Wurzel des Übels in der Welt sei. Würde das Predigen um eines Zieles willen, und sei dieses noch so edel, nicht die karmischen Bindungen des Predigers noch weiter vertiefen? Verfolge nicht die Verkündigung der Lehre eine Absicht, die den Erfolg dieses Handelns im Blick habe? Nur wenn das Handeln ohne jedes Eigeninteresse erfolge, sei die Begierde als Motiv auszuschließen, und so ist in der Entscheidung des Buddha, den *dharma* zu predigen, bereits das Leitmotiv der buddhistischen Ethik angelegt: alles zu tun, um das Wohlergehen möglichst vieler Lebewesen zu befördern. Nicht das eigene Erwachen zur Wahrheit genügt – denn genau das könnte selbstzentriert sein –, sondern das Erwachen um der anderen Lebewesen willen. Die altruistische Grundhaltung bei dem Ziel, die Buddhaschaft zu erlangen, ist somit nicht erst eine Maxime des Mahāyāna, sondern sie ist hier bereits angelegt. Der Legende nach bedurfte es allerdings der Intervention des Gottes Brahmā, um den Buddha dazu zu bewegen, im Wildpark Iṣipataṇa in Sārnāth (bei Benares) »das Rad der Lehre in Gang« zu setzen. Während seiner Jahre als Wanderprediger setzte er sich wieder und wieder mit den Brahmanen und ihrer Opferreligion auseinander. Diese Opfer hielt er für nutzlos. Außerdem stand er in ständigem Kontakt mit der Bevölkerung der Dörfer und Städte, mit Menschen aller sozialen Schichten

49 Auf dieses Motiv verweist P. Schmidt-Leukel, *Understanding Buddhism* (S. 84, Anm. 28), S. 33ff.

50 Interessanterweise ist dies auch der Grundkonflikt in der *Bhagavad Gītā*, die möglicherweise hier vom frühen Buddhismus beeinflußt wurde. Dort wird das Handeln empfohlen, das sich der Absicht, die Früchte des Handelns genießen zu wollen, enthält (*karmaphalatyāga*).

und auch mit Herrschern höheren Ranges. So ist überliefert, daß er vor oder kurz nach seinem Erwachen (*bodhi*) mit dem jungen König Bimbisāra von Magadha in Rājagṛha (wo sich der Buddha mehrmals während der Regenzeit aufhielt[51]) zusammengetroffen sei. Zwischen beiden habe sich eine engere Beziehung, vielleicht sogar Freundschaft, entwickelt, und der König soll bald zur buddhistischen Gemeinde konvertiert sein. Dies scheint glaubhaft und ist wohl nicht spätere Erfindung des *saṃgha*, um sich der Gunst der Könige zu versichern, denn als Kṣatriya standen dem Buddha die Tore zu Rājas im eigenen Lande, aber auch andernorts offen. Außerdem ließ es der Buddha nicht an praktischer Klugheit fehlen: Er organisierte seinen Orden nach dem Vorbild anderer Wandermönchsgemeinden (die Wanderasketen der Jainas z. B. waren älter). Möglicher Eifersucht anderer Asketengemeinschaften (die es dennoch gab) begegnete er, indem er seine Konvertiten ermahnte, die Mönche der Schule, die sie verlassen hatten, weiterhin mit Almosen zu versorgen (*Mv* VI, 31, 10f.). Der Buddha heilte Kranke, begegnete Menschen aus unterschiedlichen sozialen Schichten ohne Diskriminierung, speiste Hungrige, half Schwachen und riet zur Vermeidung von Gewalt in allen Lebensbereichen, das heißt, er sorgte für Heil und Heilung im wirtschaftlich-sozialen wie im geistigen Bereich zugleich.[52] Die republikanische Verfassung seiner Heimatstadt übertrug er auf die Struktur des Ordens (Ratsversammlung, Abstimmungen mit Konsensprinzip, keine zentrale Organisation) und erteilte mehrfach politischen Rat an Könige, die ihn darum gebeten hatten. Mehr noch, er soll auch einen Streit zwischen zwei Staaten um die

51 Den Mönchen war während der Regenzeit das Wandern untersagt, um Insekten und Kleintiere zu schonen, die zu dieser Zeit aus dem feuchten Boden hervorkriechen. Sie hielten sich darum zeitweilig an vorher bestimmten Orten auf (*stabilitas loci*), um Belehrungen zu empfangen.

52 Kurze Zitate und Stellenangaben solcher Ereignisse, die sich noch ergänzen ließen, bei P. Schmidt-Leukel, *Understanding Buddhism* (S. 84, Anm. 28), S. 28f.

Wasserverteilung, der militärisch zu eskalieren drohte, selbst beigelegt haben.[53] Damit kann die Behauptung, die H. W. Schumann aufstellt, durchaus eine gewisse Wahrscheinlichkeit für sich beanspruchen: »Der Buddha wußte sehr wohl, daß es für die Ausbreitung seiner Lehre von entscheidender Bedeutung war, wie sich die Könige zu ihr stellen würden.«[54] Die Konversion Bimbisāras könnte somit der entscheidende Anstoß für das schnelle Wachstum der Bewegung gewesen sein. Allerdings kam es gegen Ende des Lebens des Buddha zu Rivalitäten und Krieg zwischen verschiedenen politischen Gruppierungen, denen der Buddha nahestand, was ihn außerordentlich schmerzte.

Als der Buddha seine Heimatstadt besuchte, nahm er – gegen den Willen des eigenen Vaters und seiner ehemaligen Gemahlin Yaśodharā – seinen Sohn Rāhula in den Orden auf. Er versprach dem Vater aber, in Zukunft junge Leute nur dann zum Noviziat zuzulassen, wenn die Eltern zuvor ihre Zustimmung gegeben hätten.[55] Auf Drängen seiner verwitweten Pflegemutter und seines Lieblingsschülers Ānanda hat er schließlich widerstrebend auch einen Nonnenorden zugelassen, nicht ohne die Prophezeiung, daß dadurch die Blütezeit des *saṃgha* um die Hälfte (auf 500 Jahre) verkürzt würde.[56]

Gegen Ende seines Lebens, als er schon schwächlich geworden war, soll des Buddhas eigener Vetter, Devadatta, eine Intrige gegen den Meister angezettelt haben, um die Leitung des Ordens übernehmen zu können. Diese Geschichte ist mehrfach überliefert (kommt aber im Dīgha-Nikāya nicht vor), allerdings mit jeweils kleinen Abweichungen. Anlaß könnte ein Streit über die Ordensregel gewesen sein, die Devadatta verschärfen wollte, indem er z. B. absoluten Vegetarismus empfahl. Im Vinaya (Vin. II, 196 und *Cullavagga* 7) wird

53 H. W. Schumann, *Der historische Buddha* (S. 75, Anm. 14), S. 136.
54 H. W. Schumann, a. a. O., S. 107.
55 *Mv* I, 54, zitiert nach H. W. Schumann, a. a. O., S. 119.
56 *Cullavagga*, Vin. X, 1, 2.

berichtet, Devadatta habe den Orden (durch Abhaltung einer eigenen Beichtzeremonie) gespalten. Im Komplott mit dem König Ajātaśatru (der selbst die politische Macht durch Mord an seinem Vater, König Bimbisāra, an sich reißen wollte) soll er sogar mehrere Mordanschläge auf den Buddha verübt haben. Ein später Text berichtet, Devadatta sei schließlich in die schrecklichste aller Höllen gefallen. Doch der Buddha prophezeite, daß er nach 100 000 Zeitaltern als *pratyekabuddha* (ein Alleinverwirklicher, der zur Befreiung ohne Vermittlung des *saṃgha* gelangt) wiedergeboren würde. Klimkeit, Thomas[57] und andere vermuten, daß dem Themenkomplex ein nicht mehr rekonstruierbarer historischer Kern zugrunde liegt, der jedenfalls den Anlaß zur Erlassung der fünf Verbote für Mönche bot, deren Mißachtung den unmittelbaren Ausschluß aus dem Orden nach sich zog, nämlich: 1. Muttermord, 2. Erschlagen eines *Arhat*, 3. Vatermord, 4. Ordensspaltung, 5. das Blut eines Tathāgata (Buddha) in boshafter Gesinnung vergießen.

Tod beziehungsweise ›Parinirvāṇa‹

Die Ereignisse vor dem Tod des Buddha und der Eintritt in das *parinirvāṇa* selbst sind mehrfach und in komponierten Erzählungszusammenhängen überliefert. Am wichtigsten sind die Parallel-Sūtras in Pāli und Sanskrit, so das *Mahāparinibbāna-Sutta* in Pāli, das im Dīgha-Nikāya als Nr. 16 eingereiht ist, und das *Mahāparinirvāṇa-Sūtra* (der Mūlasarvāstivādins) in Sanskrit, das in Zentralasien aufgefunden wurde und auch in mehreren chinesischen Übersetzungen (die früheste um 300 n. Chr.) sowie im Vinaya-Teil des tibetischen Kanjur überliefert ist. Der Sanskrit-Text bietet inhaltlich an vielen Stellen höchstwahrscheinlich eine getreuere Überlieferung der Ereignisse als der Pāli-Text, wie E. Waldschmidt, H.-J. Klimkeit

57 E. J. Thomas, *The Life of Buddha* (S. 76, Anm. 15); H.-J. Klimkeit, *Der Buddha* (S. 41, Anm. 3), S. 127.

u. a. aufgrund vergleichender Studien feststellten.[58] Den folgenden Ausführungen liegt der Pāli-Text zugrunde, bei einigen Details stütze ich mich aber auf die Sanskrit-Überlieferung, was jeweils vermerkt wird.

Eine erste schwere Erkrankung während der Monsunperiode überwindet der Buddha durch seine Tatkraft bzw. psychische Energie (*vīrya*). Er sagt von sich, er sei jetzt

> zermürbt, alt, betagt, zum Lebensziel gelangt, Greis geworden, achtzig Jahre habe ich vollendet 〈. . .〉. Daher, Ānanda, selber seid euch Schutz, selber Zuflucht. Nicht seien andere eure Zuflucht; die Lehre sei euch Schutz, die Lehre Zuflucht, nicht seien andere eure Zuflucht.[59]

Er erklärt gegenüber Ānanda, der noch besondere Instruktionen erwartet, daß er alles gelehrt und gesagt habe, was notwendig sei. (Ist dies eine Abwehr aus späterer Zeit gegen den Anspruch einiger Mönche, Geheimoffenbarungen zu besitzen, die der Buddha nur ihnen mitgeteilt habe?) Es sei Zeit, daß die Schüler nicht an seiner Person hafteten, denn der Körper bedeute wenig, wie er schon immer gelehrt habe. Statt bei ihm solle man nach seinem Tode *allein beim dharma* Zuflucht nehmen und »sich selbst ein Licht« sein.

Nach einem Almosengang in Vaiśālī sagt er zu Ānanda: »Der Vollendete, Ānanda, wenn er wünschte, könnte das Weltalter hindurch bestehen bleiben oder den Rest des Weltalters.«[60] Doch Ānanda bittet ihn nicht, genau dies zu tun, wie der Text bedauernd hervorhebt, »weil sein Sinn von Māra besessen war«. Das mögliche Bleiben des Buddha wird also als wünschenswert betrachtet, doch die Möglichkeit wird von Māra durchkreuzt. Māra nähert sich dem Buddha und fordert ihn auf, nun endlich ins *parinirvāṇa* einzugehen, denn er selbst habe gesagt, daß er erst dann verlöschen

58 H.-J. Klimkeit, a. a. O., S. 131.

59 *Mahāparinibbāna-Sutta*, DN 16 (Pāli-Text); Übersetzung: P. Dahlke, *Buddha* (S. 96, Anm. 45), S. 106 f.

60 *Mahāparinibbāna-Sutta*, DN 16 (Pāli-Text); Übersetzung: P. Dahlke, a. a. O., S. 108.

werde, wenn er den *śrāvakas* (»Hörern«, gemeint sind Mönche wie Laien beiderlei Geschlechts) alles Notwendige gepredigt habe. Diese Voraussetzung sei nun erfüllt. Der Buddha antwortet: »Freue dich, du Böser, denn in drei Monaten wird der Erhabene ins *nirvāṇa* eingehen.« Es heißt: »Da nun ⟨...⟩ verzichtete der Erhabene vollbewußt und besonnen auf die Weiterbildung des Lebens (*ayusaṇkhāra*).«[61] Das Sterben des Buddha wird also in den ›Plan‹ des karmisch-kosmischen Ablaufs eingeordnet. Māra ›bekommt sein Teil‹, aber nur oberflächlich, denn der *dharma* ist geblieben. Aber auch dieser *dharma* wird vergehen, so daß ein neuer Buddha kommen wird und das kosmisch-menschliche Drama weitergeht, was noch durch ein Erdbeben nach diesen Worten unterstrichen wird.

In einer weiteren Rede betont der Buddha, daß tugendhaftes Verhalten (*śīla*), Meditation (*samādhi*) und Weisheit (*prajñā*) vonnöten seien und große Frucht bringen würden. Sodann wird ihm eine Konkretisierung der Ermahnungen in den Mund gelegt, die sich auf mögliche Streitigkeiten um die Authentizität der Lehren bezieht:

> Da könnte, ihr Mönche, ein Mönch so sprechen: »Aus dem Munde des Erhabenen, Freunde, habe ich es gehört, habe ich es aufgenommen: Das ist die Lehre, das ist die Ordnung, das ist die Unterweisung des Lehrers.« Eines solchen Mönches Rede, ihr Mönche, darf weder gelobt noch getadelt werden. Ohne gelobt oder getadelt zu haben, sollt ihr euch das nach Worten und Silben wohl merken und auf die Lehrreden zurückbeziehen und in der Lehrordnung nachweisen.[62]

61 *Mahāparinibbāna-Sutta*, DN 16 (Pāli-Text); Übersetzung: P. Dahlke, a. a. O., S. 109. Der Buddha löste die *saṇkhāras* (*saṃskāras*) auf, die zu neuem Werden hätten führen können, das heißt, er verfügt als Buddha über den karmischen Nexus und steht in Freiheit über ihm.

62 *Mahāparinibbāna-Sutta*, DN 16 (Pāli-Text); Übersetzung: P. Dahlke, a. a. O., S. 116.

Hier wird also die Existenz des kanonisierten Buddhawortes (der Pāli-Kanon) vorausgesetzt, und alle Lehren wie Satzungen der Ordensdisziplin haben sich an ihrer ›Schriftgemäßheit‹ zu legitimieren.

Der Buddha begibt sich schließlich mit seinen Schülern nach Pāvā zum Mangohain des Schmiedes Cuṇḍa, der ihn zu einem Mahl einlädt. Der Buddha weist ihn an, die für ihn zubereitete Speise (*sūkaramaddava*, entweder zartes Schweinefleisch oder ein Pilzgericht[63]) nicht den Mönchen zu reichen und den Rest zu vergraben, denn niemand außer ihm könne sie verdauen. Nach dem Mahl befallen den Buddha heftige, lebensbedrohende blutige Durchfälle, die er »vollbewußt, besonnen, unverstörten Denkens« erträgt. Er weist Ānanda an, daß auf Cuṇḍa kein Verdacht fallen und ihn keine Schuld treffen solle (ein späterer Freisprechungsversuch?). In einem Śala-Hain bei Kuśinagara läßt er sich das Sterbelager bereiten, den Kopf nach Norden gerichtet (dies wird übereinstimmend im Sanskrit- und Pāli-Text berichtet). Waldschmidt weist darauf hin, daß der Norden die Richtung der Götter, der Süden die Richtung der Totengeister sei. Der Buddha wäre also zur Zeit der Abfassung des Sūtra schon mehr als Gott denn als Mensch gesehen worden.[64] Diese Deutung ist möglich, aber nicht zwingend. Denn wenn der Kopf nach Norden liegt, schaut das Gesicht nach Süden. Der Süden ist die Richtung der Sonnenbahn. Also schaut der sterbende Buddha zum Licht, was mit der Lichtsymbolik der Buddha-Gestalt bereits bei der Geburt sowie mit der Metaphorik des Erwachens übereinstimmt. Auch in späteren Mahāyāna-Sūtras spielt der Süden eine entsprechende Rolle, beispielsweise im *Gaṇḍavyūha* (*Avataṃsaka-Sūtra*) bei Sudhanas Reise zu den verschiedenen Meistern. Diese Deutung scheint mir im buddhistischen Kontext näher zu liegen.

---

63 Vgl. A. Hirakawa, *A History of Indian Buddhism* (S. 66, Anm. 2), S. 36.

64 E. Waldschmidt, *Die Überlieferung vom Lebensende des Buddha*, Göttingen 1948, S. 190, von H.-J. Klimkeit, *Der Buddha* (S. 41, Anm. 3), S. 142 f., zustimmend zitiert.

Ein Wunder, nach dem »zum Zeichen der Verehrung des Vollendeten« die Śala-Bäume plötzlich zur Unzeit zu blühen beginnen, überirdisches Sandelholz-Pulver aus der Luft herabschwebt und himmlische Musikinstrumente ertönen, gibt dem Buddha Gelegenheit, Ānanda gegenüber zu erklären:

> Nicht aber, Ānanda, insofern ist der Vollendete geehrt, gewürdigt, geachtet, verehrt, hochgehalten. Der Mönch, Ānanda, oder die Nonne oder der Anhänger oder die Anhängerin, die ganz der Lehre entsprechend leben, in der rechten Weise leben, der Lehre gemäß wandeln, die ehren, würdigen, achten, verehren den Vollendeten mit der höchsten Verehrung.[65]

Diese Anweisung gilt für Mönche und Laien beiderlei Geschlechts in gleicher Weise. Wenig später aber erklärt der Buddha, daß die vier Stätten seines Wirkens (der Geburt, des Erwachens, der ersten Predigt, des *parinirvāṇa*) »sehenswerte und ergreifende Stätten« seien, die Pilgerschaften von Mönchen und Nonnen wie Laien und Laienanhängerinnen verdienten. Auch der Stūpa-Kult wird gutgeheißen. Hier wird also der Kult um den Buddha bzw. seine Reliquien gerechtfertigt. Wir haben es offensichtlich mit zwei einander widerstreitenden Richtungen in der frühbuddhistischen Bewegung zu tun.

In einer seltsamen, dazwischenliegenden, weiteren Episode, in der der Buddha einen Mönch namens Upavāna zurechtweist, weil er sich vor ihn stellt und ihm Luft zufächelt, so daß er die Sicht auf den Buddha für die herzugeeilten Götter aus allen Himmelsbereichen verdeckt, wird deutlich, daß der Buddha (bzw. die Träger dieser Überlieferung im Sūtra) sehr real an die Kosmologie der *devas* geglaubt und sie ernst genommen hat.

Ānanda fragt schließlich, wie man mit dem Leichnam des Buddha zu verfahren habe, und er erhält zur Antwort: wie

65 *Mahāparinibbāna-Sutta*, DN 16 (Pāli-Text); Übersetzung: P. Dahlke, *Buddha* (S. 96, Anm. 45), S. 121.

mit der Leiche eines *cakravartin*, eines weltlichen Herrschers. Auch hier also wieder die Parallele beider Herrschaftsbereiche, des weltlichen und des geistlichen, des *cakravartin* und des Buddha, wie schon in der Geburtsgeschichte.

Interessant ist eine im Pāli-Text überlieferte Episode, in der sich der Wanderasket Subhadda von Ānanda dreimal nicht abweisen läßt, weil er den Buddha sehen will. Der Buddha selbst hört ihn und lädt ihn zum Gespräch. Der Asket fragt, ob in den anderen nicht-buddhistischen Asketenschulen (Religionen) Wahrheit zu finden sei. Der Buddha antwortet:

> In welcher Lehrordnung, Subhadda, der edle achtgliedrige Pfad sich nicht findet, da findet sich auch der echte Mönch nicht 〈...〉.
>
> In welcher Lehrordnung aber, Subhadda, der edle achtgliedrige Pfad sich findet, da findet sich auch der echte Mönch 〈...〉.[66]

Da nur im buddhistischen *saṃgha* der »Achtgliedrige Pfad« begangen würde, gebe es also nur dort echte Mönche. Auch dieser Text dürfte auf spätere Auseinandersetzungen mit anderen Lehrtraditionen anspielen, und er findet eine eindeutige Antwort. Die inklusivistische Position der *upāya*-Theorie des Mahāyāna (nach der der [transzendente] Buddha viele unterschiedliche geschickte Mittel anwende, um unterschiedliche Wesen durch ganz verschiedene Lehren zu befreien) klingt hier noch nicht an.

Als letztes Wort des Buddha wird folgender Satz überliefert: »Vergänglich ist alles Wesen. Strebet im Ernst.« Danach geht er (meditativ) zuerst in die vier Versenkungsstufen ein, sodann in die nächste Stufe der Raumunendlichkeit, dann in die der Bewußtseinsunendlichkeit, der Nichtsheit, der Weder-Wahrnehmung-noch-Nicht-Wahrnehmung und schließlich in die des Wahrnehmungs-Empfindungs-Aufhörens; er durchläuft also nacheinander alle meditativen Versenkungs-

66 *Mahāparinibbāna-Sutta*, DN 16 (Pāli-Text); Übersetzung: P. Dahlke, a. a. O., S. 129.

stufen.[67] Damit ist auf die Parallele von Meditations- und Sterbeprozeß verwiesen! Aber das heißt nicht, daß der Buddha nun schon ins *nirvāṇa* eingetreten wäre. Er geht danach nämlich wieder alle Meditationsstufen zurück bis zur ersten, dann wieder bis zur vierten, und aus dieser vierten Stufe geht er letztlich ins *parinirvāṇa* ein. Dies ist interessant und hängt mit der Bedeutung der vierten Stufe zusammen, wie wir noch im 5. Kapitel erörtern werden.

Es folgt wieder ein Erdbeben und noch eine Rede des Gottes Brahmā. Die Mönche, die noch nicht frei von Anhaften sind, weinen. Erst nach sieben Tagen wird der Leichnam verbrannt, was vermutlich damit zusammenhängt, daß Mahākāśyapa mit einigen anderen Mönchen noch nicht zugegen war. Er aber mußte den Holzstoß (als der ›älteste Sohn‹) für die Leichenverbrennung entzünden. (Dies wiederum ist wohl eine [spätere] Legitimierung der besonderen Stellung Mahākāśyapas im Orden.) Als dieser die drei Umrundungen um den Verbrennungsplatz vollzogen hatte, entzündete sich der Holzstoß wunderbarerweise von selbst. Wieder geschehen Wunder, die das Feuer nach der Verbrennung löschen. Die Reliquien sollen aufgeteilt werden an die Kṣatriyas der vier heiligen Stätten, d. h. die Orte der Geburt des Buddha, des Erwachens, der ersten Predigt und des Sterbens. Die Bewohner von Kuśinagara aber, wo der Buddha gestorben ist, verweigern die Herausgabe. Ein Brahmane (!) ermahnt zur Geduld und beendet den Streit durch friedliche Aufteilung.

Im Sanskrit-Text des Sūtra freilich kündigt sich schon der erste Schritt zur verherrlichenden Buddhologie an: In der Pāli-Version enthüllte Kassapa (Mahākāśyapa) von den Füßen her den Leichnam des Buddha, in vielen anderen Texten streckt der (gestorbene) Buddha selbst seine Füße hervor, was der Anfang einer post-irdischen Existenz ist. Im späteren *Lotos-Sūtra* werden dann dem Buddha die Worte in den Mund gelegt: »Aber in Wahrheit bin ich nicht erloschen und

67 Diese Stufen werden z. B. im *Sāmaññaphala-Sutta* (DN 2) beschrieben.

hinübergegangen, | beständig bin ich hier und predige den *dharma*.«[68] Die Frage nach dem, was bedingt und was unbedingt ist, nach dem Wesen des *nirvāṇa* und des buddhistischen *dharma* war ein Grundproblem der buddhistischen Philosophie (wie im folgenden Kapitel gezeigt wird). Eng damit verbunden war die Frage, ob der Buddha (bzw. sein Leib) ewig sei oder nicht. Für die Theravādins und die Sarvāstivādins war der Buddha in Kuśinagara im Alter von 80 Jahren ins *parinirvāṇa* eingegangen, und damit war sein Leib wie auch die Weisheit, die er angesammelt hatte, nicht ewig. Der Buddha war, wie alles Zusammengesetzte und Vergängliche, bedingt. Die Mahāsāṃghikas sollen aber, wie der Text *Samayabhedoparacanacakra* des nördlichen Buddhismus behauptet, anderer Ansicht gewesen sein:[69] Für sie waren die Buddhas überweltliche Wesen, und ihre physischen Körper (*nirmāṇakāya*) galten als unendlich vielfältig. Bereits im physischen Körper habe der Buddha alle Erkenntnisse gemeistert und sei somit vollkommen und nicht an zeitliche Bedingtheit gebunden gewesen. Folgerichtig sei der Buddha mit seinem Tod in Kuśinagara auch nicht erloschen. Wenn auch hier die Lehre von den drei Körpern des Buddha (*trikāya*) noch nicht so ausgeprägt ist wie im Mahāyāna, deutet sich doch bereits an, daß der Buddha und der Pfad zur Befreiung, den er verkörpert, als *unbedingt* betrachtet werden.

68 Vgl. H.-J. Klimkeit, *Der Buddha* (S. 41, Anm. 3), S. 160.
69 A. Hirakawa, *A History of Indian Buddhism* (S. 66, Anm. 2), S. 146ff.

5
DIE LEHRE DES FRÜHEN BUDDHISMUS

DER BUDDHISMUS AUF DEM HINTERGRUND DER INDISCHEN RELIGIONSGESCHICHTE

Die vorbuddhistische brahmanische Religion im vedischen Indien (etwa 1500-500 v. Chr.) war geprägt von einem priesterlichen Kult, der durch Opfer (und Askese) die Kontrolle des Schicksals ermöglichen sollte. Die Ritualisierung der Religion in der Periode der Brāhmaṇas (etwa 1000 v. Chr.) ging so weit, daß selbst die Götter, die einstmals als sich selbst genügende Wesen verehrt worden waren, nun unter der Macht der opfernden Priester standen, indem sie von ihrem Opfer abhängig wurden. Das rituelle Handeln (*karman*) konnte alles bewirken, es sollte vor allem Wohlstand (*artha*) und die Befriedigung weltlicher Begierden (*kāma*) gewährleisten, konnte dabei aber auch die Götter manipulieren. Als der Begriff des *karman* ab etwa 800 v. Chr. generalisiert wurde und nicht mehr nur das rituelle Handeln, sondern jedes Handeln bezeichnete, wurde *karman* zur alles bestimmenden Kraft im Universum. Während der vedischen Zeit, deren Interesse primär dem Wohlergehen im Diesseits galt (*artha* und *kāma*), war der Begriff des *saṃsāra* (der endlose Kreislauf der Wiedergeburten) als Kategorie unbekannt. Erst gegen Ende dieser Epoche (seit etwa 600 v. Chr.) tauchte die Idee vom endlosen Kreislauf der Geburten (*saṃsāra*) und die Angst vor dem Tod und dem Gericht des Totengottes Yāma auf. Spätestens seit der Zeit der ältesten Upaniṣaden wurde der Tod nicht als einmaliges Ereignis verstanden, sondern es kam zu Wiedertoden und dementsprechenden Wiedergeburten, zunächst in einer jenseitigen Welt, dann auch im irdischen Bereich. Das bedeutete, daß die Macht, die dem rituellen Handeln (*karman*) innewohnte, auch zurückwirken konnte. Jedes Handeln zog nun eine Reaktionskette nach sich, die sich über Vergangenheit, Gegenwart und Zukunft erstreckte. Dies ist die Kette des Ausgleichs von *karman* bzw. der Wiedervergeltung, die sich über viele Leben erstreckt. Die *karman*-Lehre nimmt dem Schicksal das Zufällige, denn alles, was sich ereignet, hat eine Ursache. Alles, was dem Menschen widerfährt, ist Resultat seines vorigen Handelns. Schicksal ist demnach nicht blind, sondern es erscheint nur demjenigen als blind, der die wirkenden Ursachen und Bedingungen nicht kennt. Erkennt er sie und handelt entsprechend, wird er frei. Jedes Handeln produziert aber Folgen und würde, so die Schlußfolgerung, dem leidvollen Kreislauf der Geburten neuen ›Brennstoff‹ zuführen. Infolgedessen traten Schulen von Asketen auf (*śramaṇas*), die den völligen Verzicht auf das Handeln lehrten oder zumindest jede Motivation des Handelnden genau zu prüfen empfahlen, insofern jede Handlung durch eine Regung im Bewußtsein verursacht war, weshalb man lernen müsse, das Bewußtsein zu kontrollieren. Dies sei durch radikale Askese und Abtötung aller körperlichen Begierden möglich. Diese radikalen Bewegungen von Asketen, die jede Bindung an das soziale System aufgaben und auch die Wünsche und Ziele negierten, die sich mit dem brahmanischen Opferkult verbanden, waren eine Faszination für die Unzufriedenen und Existenzsucher, die radikal nach der Hintergründigkeit von Leben und Tod fragten und den religiösen Ritualbetrieb ablehnten. Die Bewegungen der *śramaṇas* waren eine Herausforderung für den gesamten Wertekanon der vedisch-brahmanischen Zivilisation, denn sie strebten nicht die Befriedigung kurzfristiger Bedürfnisse durch Opfer an, sondern suchten nach Befreiung (*mokṣa*) aus dem leidvollen Daseinskreislauf überhaupt. Gautama Siddhārta hatte sich zunächst solchen Bewegungen angeschlossen, wie zahlreiche Hinweise im Pāli-Kanon belegen.

Auf der anderen Seite gab es aber Materialisten (*lokāyata*), die ebenfalls den Wert der vedisch-brahmanischen Opferrituale leugneten, aber – anders als die Buddhisten – auch den Zusammenhang von Handeln und Wohlergehen, also das *karman*-Prinzip und seine moralischen Folgen, ablehnten. Diese offensichtlich durchaus einflußreichen Atheisten, die auch Cārvākas genannt wurden, lehnten jede Vorstellung von einer Realität jenseits der körperlich-naturhaften Bedürfnisse und dieser sichtbaren Welt in Raum und Zeit ab, sie predigten den Hedonismus.[1]

Der Buddha hingegen empfiehlt den »Mittleren Weg« zwischen Sinnesgenuß und Abtötung der Sinnlichkeit, denn nicht durch den Leib schändende Askese wird ein Mensch rein, sondern durch geistigen Frieden und sittliches Handeln (SN 5, 56, 11, *Dhammapada* 141 f.). Wie die Materialisten und die Śramaṇas lehnt er nicht nur die Wirksamkeit, sondern auch die Ziele der brahmanischen Opferrituale ab, aber anders als die Śramaṇas empfiehlt er eine maßvolle Askese und das Handeln zum Wohle anderer Lebewesen, wodurch die Motivation zur Tat im Sinne des Befreiungsideals gereinigt wird, und anders als die Materialisten hält er am Glauben an die Wiedergeburt und die Möglichkeit, zur vollkommenen geistigen Befreiung zu gelangen (*nirvāṇa*), fest, wobei beide Vorstellungen in einer klar formulierten *karman*-Lehre gründen. Und genau dies ist das Anliegen des Buddhismus: eine radikale Ethisierung des *karman*-Gedankens, wodurch Freiheit gegenüber dem Schicksal in spiritueller Praxis möglich wird.

Eine solche Philosophie wertet die Götter (*devas*) ab, denn sie stehen nicht über dem *karman*, sondern genießen nur die zeitlich begrenzten Wirkungen ihrer karmischen Vergangenheit. Auch das Opfer wird nutzlos – denn die Summe *aller* Handlungen bestimmt im karmischen Kausalgeflecht die eigenen und die allgemeinen Lebensbedingungen. Es kommt hinzu, daß die vedische Religion von der Zeit der Brāhmaṇas (um 1000 v. Chr.) bis zu den Upaniṣaden und auch der Buddhismus von einer grundsätzlichen Entsprechung der mikrokosmischen und makrokosmischen Prozesse ausgehen: Die

1 Dazu P. Schmidt-Leukel, *Understanding Buddhism* (S. 84, Anm. 28), S. 14-18.

Kräfte und Gesetze, die das Universum lenken, bestimmen auch den menschlichen Organismus und das Bewußtsein. Das bedeutet, daß das *karman* die Lebensmuster der Menschen über viele Geburten und Wiedergeburten hinweg ebenso steuert wie die Zyklen der kosmischen Evolution.

Dies waren wesentliche geistige Voraussetzungen, die der Buddha in Indien vorgefunden hatte. Seine Erkenntnis ging aber darüber hinaus, weil er die Analyse des Leidens radikal vollzog. Seine Botschaft mahnt zur *Entscheidung*, damit der Mensch augenblicklich mit der Praxis des *dharma* beginnt. Daraus folgt auch, daß im Buddhismus das Geschick des einzelnen individuell betrachtet wird. Zwar ist das individuelle Schicksal (die eigene karmische Verstrickung) in ein umfassendes Ganzes verflochten, aber es entsteht dadurch keine Vorherbestimmung. Der Mensch hat die Freiheit, sein Geschick zu gestalten. Die Beurteilung von Zeit und Geschichte folgt im Buddhismus daher im wesentlichen zwei unterschiedlichen Mustern, die meist miteinander verbunden werden. Wir wollen sie wie folgt unterscheiden:

1. die *Dekadenztheorie*, nach welcher der *dharma* allmählich abnimmt, d. h. die geistigen und sozialen Verhältnisse immer korrupter werden, bis schließlich wieder ein Buddha kommt, um erneut Ordnung zu schaffen;

2. eine *partielle Progressionstheorie*, nach der die Bodhisattvas in der Welt so wirken, daß auch unter widrigen politischen und sozialen Umständen durch das karmische Netz, das durch die Barmherzigkeit der praktizierenden Bodhisattvas positiv beeinflußt wird, immer mehr Menschen dem buddhistischen Ziel entgegenstreben und es verwirklichen können.

Wie auch immer die Geschichte insgesamt beurteilt wird – der Beginn der buddhistischen Zeitrechnung (»der Buddha setzt das Rad der Lehre in Bewegung«) ist ein Ereignis, das die Welt verändert und die Möglichkeit geschaffen hat, daß sich alle Lebewesen in Zukunft weiter zu ihrer Befreiung hin verändern können. Anders ausgedrückt: Der Buddhismus beginnt mit der außerordentlichen Befreiungserfahrung des

Menschen Gautama Śākyamuni. Diese Befreiungserfahrung besagt, daß der *Buddha* den *dharma* der Befreiung erkannte und das Wissen über den Weg zur Befreiung dem *saṃgha* anvertraute. Die buddhistische Tradition erinnert daran erstens durch die Lehre und zweitens durch die Erzählung der Lebensgeschichte des Buddha. Trotz der späteren ›Erhöhung des Buddha‹ in den Legenden und der Entwicklung einer Buddhologie ist der Buddha in der buddhistischen Erinnerung immer auch ein historisch wahrnehmbarer Mensch geblieben, der Leiden fühlen konnte, der in der Suche nach Wahrheit kompromißlos war und der, als er die Wahrheit gefunden hatte, aus Barmherzigkeit seine Erkenntnis mit allen Menschen teilte. Er tat dies, so scheint historisch erkennbar zu sein, mit nur wenigen Dogmen und unter großer Rücksicht auf seine Hörerschaft.

Diese war nicht einheitlich, und ›der‹ Buddhismus ist ein begriffliches Konstrukt, das der sozialen Realität weder in der Frühzeit noch in den späteren Epochen der Entwicklung gerecht wird. Wir haben es vielmehr mit einer Fülle verschiedener und doch einander beeinflussender kultureller Phänomene zu tun, die unter diesem Namen zusammengefaßt werden:[2] *Erstens* gab es die asketischen, sich (fast) völlig von der Welt zurückziehenden Mönche, die auf ständiger Wanderschaft waren, um an nichts anzuhaften und jeder Begierde zu entsagen; *zweitens* erkennen wir in der frühesten Zeit auch schon die Tendenz, daß Gruppen von Mönchen sich in der Nähe der Dörfer und Städte ansiedeln, lehrend und beratend wirken und damit eine politische Rolle spielen – und zwar gegenüber den wirtschaftlich aktiven Menschen, die nun ›Verdienste‹ sammeln, also sich religiös artikulieren können, indem sie die Mönche durch Spenden ernähren; *drittens* verbinden sich die buddhistischen Formen der Bewußtseinsschulung mit den Ritualen der Volksreligion, so daß die Verehrung der Reliquien des Buddha oder heiliger Menschen

2 Greg M. Bailey, Ian W. Mabbett, *The Sociology of Early Buddhism*, Cambridge 2003, S. 6ff.

an bestimmten Orten, die Rituale der Zähmung unheilvoller Geistwesen, Heilungen, Divinisationen usw. eine konsistente soziale Trägerschaft fanden, die das, was zuvor lokal und sozial ausgrenzend wirkte, nun in übergreifenden Zusammenhängen integrieren konnte. Die frühbuddhistische Bewegung war vermutlich genau deshalb so erfolgreich, weil sie sich wegen dieser internen flexiblen Vielfalt auf die gesellschaftlichen Umbrüche besser einzustellen vermochte als etwa die Jainas und andere asketische Bewegungen. Der frühe Buddhismus ist also alles andere als einheitlich, und dennoch muß die Faszinationskraft der Persönlichkeit des Buddha und seiner Empfehlung einer radikal gestalteten Lebenspraxis durch Bewußtseinsschulung so prägend gewesen sein, daß die Bewegung nicht auseinanderfiel und ganz unterschiedliche soziale Segmente erfassen konnte. Der Buddhismus kann als eine Antwort der zahlreichen Asketenbewegungen auf die rasante Urbanisierung der Gesellschaften Nordindiens verstanden werden, durch die zahlreiche Menschen lokal, sozial und kultisch entwurzelt wurden. Eine noch nie dagewesene wirtschaftliche Dynamik führte zu einer Expansion der Staaten Magadha und Kosala, was die Gegensätze zwischen Stadt und Land verschärfte, die quer durch alle sozialen Schichten gingen. Weder die brahmanische Religion, die aufgrund ihrer kultischen Praxis der neuen Mobilität eher hinderlich war, noch die Asketenbewegungen, die sich von weltlichen Geschäften radikal abgewandt hatten, konnten diese neue Dynamik auffangen. Zwar sind die frühesten überlieferten buddhistischen Texte (*Sutta Nipāta*) Anweisungen für asketische Wandermönche, aber indem sich diese im *saṃgha* zusammenschlossen und nach einer Regel gemeinsam lebten, wurden sie zu *Mittlern*[3] zwischen den expandierenden neuen Institutionen der Städte und den isolierten Dörfern: Wer an nichts anhaftet, unparteiisch sowohl in den sozialen Hierarchien als auch in den Lehren über den Menschen und die Welt ist und dazu noch lehrend auftritt, kann die Mobilität der Gesell-

3 G. M. Bailey, I. W. Mabbett, a. a. O., S. 186-193.

schaft mittels stabiler Flexibilität so gestalten, daß das *Maßhalten* in allem als Verhaltensnorm glaubwürdig wird und die *Unabhängigkeit* der Mönche gewährleistet ist.[4] Vermutlich hat die Tugend des »Gleichmuts«, die im späteren Buddhismus zentral werden sollte, hier ihren ›Sitz im Leben‹: *Sutta Nipāta* 702-723 empfiehlt *samānabhāva* (wörtlich: »gleicher Seinszustand«), und diese Einstellung ist die Voraussetzung dafür, daß Mönche, die mit gleicher Gesinnung allen Wechselfällen wie unterschiedlichen sozialen Ansprüchen begegnen, Gegensätze vermitteln können, und zwar im Dorf wie in der Mönchsgemeinschaft. Das ist auch der Grund dafür, daß zwei der markantesten Regeln der Mönche, nämlich die sexuelle Enthaltsamkeit und die Gewaltlosigkeit, soziale Bedeutung gewinnen. Weil das erotische Begehren (*Sn* 703) darauf beruht, daß der Mensch alles Trachten auf ein *bestimmtes* Objekt richtet, auswählt und damit ›parteiisch‹ wird, verliert er Gleichmut (*samānabhāva*) und gerät in den Strudel der Vorurteile, und wer Gewalt ausübt (*Sn* 705), verliert Gleichmut nicht nur, indem er Partei ergreift, sondern vergißt, daß er aufs engste mit dem verbunden und verknüpft ist, was er gewaltsam unterdrückt, das heißt, Gewaltfreiheit ist die unmittelbare Konsequenz aus der Erkenntnis der gegenseitigen Abhängigkeit aller Erscheinungen, die keine Substanz in sich selbst haben, sondern vergängliche Momente eines Wechselspiels von Impulsen sind, die das erzeugen, was wir Wirklichkeit nennen. Und genau diese Einsicht ist die besondere Lehre des Buddha.

---

4 Es wäre verfehlt, dies nur psychologisch zu deuten, denn die soziale Rolle der Mönche ist von Anfang an für den Buddhismus charakteristisch gewesen – gerade durch den Rückzug aus dem unmittelbaren politischen Leben sind sie wirksam und einflußreich: Innere Freiheit, Freiheit von Besitz und Wünschen, Freiheit von sozialen Pflichten schaffen eine eigene Referenzfunktion im politischen Diskurs. *Sn* 220 erklärt, daß der Haushalter eine Familie ernähren, Vorteile suchen und darum Kompromisse eingehen muß, der Mönch hingegen selbstlos handeln kann. Der Haushalter lebt davon, anderes Leben zu opfern, der Mönch hingegen kann lebende Wesen schützen.

Analysiert man die *frühbuddhistische Lehre*, so sind es zwei Gedanken, die häufiger als jede andere Idee auftauchen: die Vorstellung vom Nicht-Selbst (*anattā/anātman*)[5] und die Kritik an der Kastengesellschaft. Beide hängen miteinander zusammen: Nicht-Selbst bedeutet, die Einbildung einer Ich-Substanz, den damit verbundenen Stolz, die Gier sowie die Abgrenzung von anderen Erscheinungen (geistigen Kräften, Menschen usw.) zu überwinden, und diese neue Haltung spiegelt sich in der Ablehnung der Kastengesellschaft. Das *narrative Erbe* der Tradition, das wir im Kapitel über den historischen Buddha dargestellt haben, hat die Buddhisten (Mönche, Nonnen und Laien) in allen buddhistischen Ländern und zu allen Zeiten geprägt: Sie folgen dem Buddha nach, indem sie sich in der Ethik der Vollkommenheit, im meditativen Geistestraining und im selbstlosen Dienst an anderen Wesen üben.

Für die Brahmanen hingegen war und ist der Buddha ein *nāstika* (»Häretiker«), weil er die *Offenbarungsautorität der Vedas nicht anerkannte* und die Notwendigkeit des Opferrituals leugnete. Zwar hat sich nach brahmanischem Verständnis der höchste Gott Viṣṇu im Buddha Śākyamuni inkarniert, aber nur, um durch falsche Anweisungen die Dämonen zu täuschen, indem er sie lehrte, die Opfer nicht zu beachten. Daraufhin verloren die Dämonen (*asuras*) ihre magische Kraft und wurden von den Göttern (*devas*) besiegt.

Der Buddha forderte die brahmanische Priesterschaft heraus, die beanspruchte, durch ihr Opferwissen und den Vollzug des Opfers als alleiniger Mittler zwischen der Ordnung der Menschen und der kosmischen Ordnung auftreten zu können. Der buddhistische *dharma* war dagegen nicht an Geburt und Status gebunden, sondern erwies sich als universal. Deshalb konnte sich der Buddhismus auch außerhalb Indiens ausbreiten – und den späteren ›Hinduismus‹ wesentlich beeinflussen und umformen. Weil der Buddhismus jede unveränderliche Struktur der Wirklichkeit leugnete und statt des-

5 MN 102; MN 2, 8; MN 11; MN 22 u. ö.

sen von der gegenseitigen Beziehung sich immer verändernder Aspekte und Teile der Dinge sprach, untergrub er auch die sozialen Hierarchien und förderte vielmehr gegenseitige Beziehungen und wechselwirkende Verpflichtungen.

DIE »VIER EDLEN WAHRHEITEN« VOM LEIDEN UND SEINER ÜBERWINDUNG

Bereits in der frühesten buddhistischen Überlieferung, in der ersten »Predigt von Benares«[6], erscheint als Kern der Verkündigung des Buddha die Rede von den »Vier Edlen Wahrheiten« (*ariyasacca*, skt. *āryasatya*):

1. die Erkenntnis, daß alles Anhaften an vergänglichen Dingen zur *Frustration* führt,
2. die Aufdeckung der *Ursache* dieses Sachverhaltes,
3. die Einsicht in die Möglichkeit, diesen leidvollen Zustand zu *beenden*,
4. die Darlegung des *Weges* zur Befreiung.

Dieses Schema ist bewußt konstruiert nach dem Muster einer medizinischen Diagnose und Präskription, wie es in Indien allgemein üblich war: 1. Es wird festgestellt, daß alles Dasein *duḥkha* ist (Feststellung der Krankheit), 2. daß die Ursache von *duḥkha* (*duḥkhasamudaya*) das Begehren (*tṛṣṇā*) ist, 3. daß dieser Zusammenhang erkannt und aufgelöst (*duḥkhanirodha*) werden kann (Möglichkeit der Therapie) und nun 4. der Weg zur Überwindung gezeigt wird (Mittel der Therapie), der darin besteht, die fundamentale *avidyā* (»Unwissenheit«) des Menschen über sich selbst aufzuheben. Dieser Weg wird im »Edlen Achtfachen Pfad« (*āryāṣṭāṅgamārga*) zur Überwindung des Leidens genau beschrieben.

Diese frühe Systematisierung der Erkenntnis des Buddha dient der Belehrung anderer, das heißt, sie ist sekundär gegenüber dem ›Erwachen‹ des Buddha unter dem Bodhi-Baum.

6 Vin. I, 10; MN 141, 2; MN 4, 31; MN 36, 42; MN 9, 14-18, detailliert im *Saccavibhaṅga-Sutta*, MN 141 u. a.

Was aber war dann der ›Inhalt‹ der Erfahrung des Erwachens? Es muß mehr gewesen sein als bloße Bewußtseinsruhe. Weisheit (*prajñā*) kommt zur Ruhe hinzu, sonst ginge es nur um eine Form von Trance. Aber den ›Inhalt‹ des Erwachens zu beschreiben ist nicht leicht. Es handelt sich höchstwahrscheinlich um eine Erfahrung, in der dem Buddha das Entstehen aller Dinge und Erscheinungen in gegenseitiger Abhängigkeit (*pratītyasamutpāda*) klargeworden ist, und zwar eher intuitiv, während die rationale Ausformulierung später in den »Vier Edlen Wahrheiten«, dem »Achtfachen Pfad« und der zwölfgliedrigen *nidāna*-Kette erfolgte. Die gegenseitige Abhängigkeit aller Erscheinungen wahrzunehmen heißt, die Dinge zu sehen, wie sie wirklich sind, ohne Ego-Projektionen und Begehren, ohne die Welt der Objekte einem daraus isolierten Subjekt gegenüberzustellen.

Was aber ist das Leiden, was ist seine Ursache? Der Buddha lehnt spekulative Fragen nach der ersten Ursache der Welt, auch nach dem metaphysischen Grunde des Bösen, als irrelevant ab. Er verweigert die Antwort, ob die Welt endlich oder unendlich sei, ob ›Seele‹ und Körper identisch oder verschieden seien, ob ein Buddha nach dem Tod existiert oder nicht existiert, weil jede mögliche Antwort nicht zur *Praxis* des Befreiungsweges beiträgt. Entsprechenden Fragen entgegnet er mit dem berühmten Gleichnis des vergifteten Pfeiles:[7] Wenn jemand von einem vergifteten Pfeil getroffen wird und Freunde ihn zu einem Arzt bringen, um sein Leben zu retten, so würde er die ärztliche Hilfe nicht davon abhängig machen, daß er zuerst erführe, wer den Pfeil abgeschossen hätte, zu welcher Kaste derselbe gehöre, ob er groß oder klein, von dunkler oder heller Hautfarbe usw. sei. So auch könnten metaphysische Fragen endlose Antworten produzieren, in jedem Falle aber gelte: »Da ist Geburt, Altern, Tod, da ist Sorge, Klage, Schmerz, Trauer und Verzweiflung, deren Überwindung ich hier und jetzt verordne.«[8]

7 MN 63, 5: *Cūḷamāluṅkya-Sutta* (I, S. 429f.).
8 MN 63, 5: *Cūḷamāluṅkya-Sutta* (I, S. 429).

Dennoch spricht der Buddha vom *nirvāna* als dem »Todlosen« (*amṛta*),[9] das nicht geboren (*ajātaṃ*), nicht geworden (*abhūtaṃ*), nicht-gemacht (*akataṃ*) und unbedingt (*asaṇkhataṃ*, skt.: *asaṃskṛta*),[10] d. h. dem Entstehen und Vergehen nicht unterworfen sei. Es ist keineswegs eine Auslöschung von ›allem‹[11], sondern ein ›Ausblasen der Ich-Verhaftung‹. Allerdings wird auch der Kreislauf der Wiedergeburten im Buddhismus anfangslos gedacht, mithin hat auch das Übel bzw. Leiden keinen Anfang, wohl aber ein Ende. Das Problem besteht in der Übersetzung des Begriffs *duḥkha* (Pāli *dukkha*), der meist mit »Leiden« wiedergegeben wird, was aber nicht unproblematisch ist. Der Buddha analysiert:

1. Alles, was als Wirklichkeit erscheint, ist zusammengesetzt (*saṃskṛta*).

2. Alles Zusammengesetzte löst sich wieder auf, ist also vergänglich (*antiya*).

3. Die Strukturmuster, nach denen sich Zusammensetzung und Auflösung vollziehen, sind sich selbst erzeugende reziproke Kausalitätsketten (*karman*).

---

9 MN 26.

10 *Udāna* 8, 3.

11 SN 22, 85; *Itivuttaka* 49, zitiert nach P. Schmidt-Leukel, *Understanding Buddhism* (S. 84, Anm. 28), S. 49. Schmidt-Leukel beruft sich auf *Milindapañha* 4, 7, 13-17 und *Visuddhimagga* 16, 67-74 und argumentiert, daß *nirvāṇa* nicht bloß ein Bewußtseinszustand sein könne, weil es dann konditioniert wäre, abhängig nämlich vom Erreichen ebendieses Zustandes. Wenn es unkonditioniert sein solle, müsse es *unabhängig* davon existieren, daß es erlangt wird. Die Debatte durchzieht die gesamte buddhistische Philosophie, sie taucht im Mahāyāna, besonders auch im Zen, wieder auf, wenn zwischen ›ursprünglicher‹ und ›erworbener‹ Erleuchtung unterschieden wird und die Zen-Rhetorik nicht müde wird zu betonen, daß es ›nichts zu erlangen‹ gibt. Gleichwohl beruht das Problem auf einer Konfusion der Kategorien, denn was heißt ›bloß ein Bewußtseinszustand‹ im Unterschied zu ›unabhängiger Existenz‹? Der Dualismus von ›Bewußtsein‹ und ›Realität‹ ist dem Buddhismus nicht angemessen – *nirvāṇa* als fundamentales reines Bewußtsein *ist* die schlechthin unabhängige Realität, wenngleich ein gewisser Dualismus für einige Schulen nicht auszuschließen ist.

4. Das *karman* bewirkt, daß alle vergänglichen Dinge in gegenseitiger Abhängigkeit entstehen und vergehen (*pratītyasamutpāda*).

5. Alles Vergängliche (*anitya*) aber ist »leidvoll« (*duḥkha*).

Alles Vergängliche ist leidvoll, und diese Leidhaftigkeit wird unterteilt in drei Grundformen des Leidens (z. B. DN III, 216):

– Leiden als solches (*duḥkhaduḥkhatā*),

– das aus dem Fluß der Ereignisse entstehende Leiden (*saṃskāraduḥkhatā*),

– das aus der Vergänglichkeit entstehende Leiden (*vipariṇāmaduḥkhatā*).

Hier muß einem Mißverständnis gewehrt werden: Die Vergänglichkeit als solche ist nicht das Leiden, sie ist ein wertneutrales Naturgesetz. Leidvoll ist vielmehr der Versuch des Menschen, dem Augenblick Dauer zu verleihen, um sich selbst Stabilität und Identität (*ātman*) zu geben. Da der Mensch genauso zusammengesetzt ist wie alle anderen Dinge, hat er keine ewige und unzerstörbare Identität, sondern er ist ein System, das sich aus Grundelementen (*skandhas*) nach den Strukturmustern des *karman* dauernd zusammensetzt, auflöst, wieder zusammensetzt usw. Aus egozentrischer Selbstbehauptung verkennt der Mensch diese Tatsache und schafft sich die Illusion, beständig zu sein. Um diese Illusion aufrechtzuerhalten, giert er in einem unstillbaren Durst (*tṛṣṇā*) nach Dasein, wobei ihm alles zum Objekt dieser Gier werden kann, die ihn stabilisiert. Da diese Haltung auf einer falschen Grundannahme beruht und dem Weltgesetz widerspricht, muß sie mißlingen und immer wieder frustriert werden. Diese Frustration ist *duḥkha*. *Duḥkha* – der Einfachheit halber nun doch mit »Leiden« übersetzt – ist also weniger ein ethischer und gleich gar nicht ein ontologischer, sondern ein *epistemisch-psychologischer* Begriff. Dabei sind das Erleiden von *duḥkha* und die Verursachung von *duḥkha* für andere unvermeidlich miteinander verbunden, denn beide wurzeln in der Gier bzw. dem Durst (*tṛṣṇā*), die sowohl bei der Aneignung von Objekten wie auch bei dem Haß, der entsteht, wenn das

Begehren frustriert wird, Gewalt und Leiden freisetzt. Nur durch Einsicht (*prajñā*), die in meditativer Versenkung gründet, kann diese Wurzel des Leidens überwunden werden. Da die gesamte buddhistische Lebenspraxis darauf ausgerichtet ist, Leiden für andere und für sich selbst zu vermindern, wurzelt die Ethik unmittelbar in der meditativen Erfahrung, die anzuleiten und zu kultivieren das Bestreben jeder buddhistischen Übung ist (siehe S. 144ff.).

Der Buddhismus glaubt nicht an einen allmächtig-allgütigen Schöpfergott, denn die Welt ist ein sich selbst organisierendes System, das dem karmischen (transpersonalen) Weltgesetz (*dharma*) gehorcht. Die vielen höheren Wesen wohltätiger und zerstörerischer Art, die dem Menschen an Macht überlegen sind (*devas* und *asuras*), residieren in anderen Sphären des Kreislaufs der Geburten, und sie sind für den Buddha durchaus real. Doch auch sie unterliegen dem *karman* und steuern es nicht. Sie genießen die Früchte ihres *karman*, bis dieses verbraucht ist und sie in anderen Sphären wiedergeboren werden.

Um nun die frühbuddhistische Lehre genauer zu erfassen, müssen folgende Grundbegriffe geklärt werden:

– die Vorstellung von *dharma*,
– die einzelnen Glieder des »Achtfachen Pfades«,
– die Theorie der *skandhas*,
– die zwölfgliedrige *nidāna*-Kette,
– die Unterscheidung von zwei Wahrheitsebenen (*satyadvaya*).

DHARMA

Der Begriff *dharma* (Pāli *dhamma*) kommt von der Wurzel *dhṛ*, die »tragen, stützen, aufrechterhalten« bedeutet. *Dharma* findet sich bereits in vorbuddhistischen Texten, der Begriff wird aber im Buddhismus in neuer Weise gebraucht und ist hier von zentraler Bedeutung.[12] *Dharma* ist das Unwandelbare,

12 Zum Folgenden vgl. A. Hirakawa, *A History of Indian Buddhism* (S. 66, Anm. 2), S. 45ff.

und das bezog sich im vorbuddhistischen Sprachgebrauch vor allem auf die soziale Ordnung, die als *dharma* aufrechterhalten werden mußte. Die Frage nach dem *svadharma* war die Frage nach der je spezifischen Pflicht des Menschen, die er nicht als Individuum, sondern aufgrund seiner Kastenzugehörigkeit zu erfüllen hatte, um die unveränderliche Sozialordnung aufrechtzuerhalten. Insofern diese Ordnung in kosmische Ordnungen eingebettet ist und durch das angemessene Verhalten des einzelnen wie sozialer Gruppen gestützt wird, drückt sie individualethisch wie auch kollektiv das Gebotene und Wahre aus. Ein Beispiel dafür ist der Hinweis des *Dhammapada*, daß die »ewige Wahrheitsordnung« (*dhamma sanantano*) darin besteht, Feindschaft nicht durch Feindschaft, sondern durch Überwindung von Feindschaft zu besiegen.[13] So weit besagt der Begriff *dharma* nichts anderes als der *sanātana dharma* der Hindus auch. Im Buddhismus kommen nun allerdings weitere Bedeutungen hinzu, ja, der Buddhismus interpretiert *dharma* insofern grundlegend anders als die brahmanische Philosophie, als der Begriff nun nicht mehr nur als die gute Seite des Gegensatzpaares von gut und böse (*dharma* und *adharma*) interpretiert wird, sondern *alle* Faktoren und Grundbausteine der Wirklichkeit (auch die ›negativen‹ Faktoren) als *dharmas* aufgefaßt werden.[14] *Dharma* wurde somit zum Begriff für ›Daseinsfaktor‹ im allgemeinsten Sinne. Ein erheblicher Teil der buddhistischen Philosophie bestand darin, solche Faktoren zu unterscheiden und zu klassifizieren.

Die allgemeinste Verwendung des Begriffs *dharma* findet sich im buddhistischen Kontext bei der Aufzählung der »Drei Juwelen« (*triratna*: *Buddha*, *dharma*, *saṃgha*): Hier bedeutet *dharma* die erkennbare und lehrmäßig zu erkennende Struktur der Wirklichkeit sowie die Wahrheit, die mit dem Begriff *nirvāṇa* bezeichnet wird. Wie aber eben gezeigt, hat *dharma* als philosophischer Begriff im Buddhismus noch wei-

13 *Dhammapada* I, 5. Der Hinweis findet sich bei A. Hirakawa, a. a. O.

14 So z. B. die Bewußtseinsverunreinigungen (*kleśa*) Unwissenheit (*moha*), Gier (*lobha*) und Haß (*dveṣa*).

tere Bedeutungen erhalten, die von Buddhaghosa, dem südindischen ›Scholastiker‹ des Theravāda im 5. Jahrhundert n. Chr., schließlich unter vier Kategorien (in Pāli) zusammengefaßt wurden:

- *guṇa* (»Eigenschaft«),
- *desanā* (»eine Lehre«),
- *pariyatti* (»Schrift«),
- *nissatta* (»Ding« bzw. »Daseinsfaktor«).

Erstens bezeichnet *dharma* also eine Ursache (*hetu*), die bestimmte Eigenschaften (*guṇa*) hat, die karmisch entstanden sind und nun im Zusammenhang mit anderen Ursachen bestimmte Wirkungen hervorbringen. In diesem Sinne werden die achtzehn Eigenschaften eines Buddha als *dharmas* bezeichnet. Zweitens wird die Lehre (*desanā*) des Buddha als *dharma* bezeichnet, das heißt, der Begriff steht für das, was wir *Erkenntnis* über das Wesen der *Wirklichkeit* nennen können. Drittens werden auch die Unterteilungen der Lehrtraditionen (der *Āgamas*) als *dharma* bezeichnet, und in diesem Sinne bedeutet der Begriff »Schrift«. Die vierte Bedeutung von *dharma* als »Ding« oder »Daseinsfaktor« (*nissatta* bzw. *nijjīva*) ist, wie gesagt, typisch für die buddhistische Philosophie: Die Erfahrung der Vergänglichkeit, die sich aus der Zusammengesetztheit aller Erscheinungen ergibt, ließ die Buddhisten nach den Bausteinen der Wirklichkeit fragen, damit sie die negativen Faktoren analysieren und eliminieren konnten. Sogleich diskutierte man dann aber die Frage, welchen Status denn das *nirvāṇa* habe – ist es ein *dharma*, obwohl es doch nicht bedingt und vergänglich ist?[15] Die buddhistischen Philosophen argumentierten, daß nicht die Erscheinungen, sondern

15 Insofern der Buddha das *nirvāṇa* erkannt hatte, existierte es auch als ein *dharma*. *Dharma* bezieht sich also auf die (relativ) dauerhaften Charakteristika der Dinge: Wer ein Ding erkennt, wie es in sich ist, erkennt den *dharma*. Das Ich wird als veränderliche Zusammensetzung von nicht-dauerhaften Faktoren beschrieben, aber wer diese unveränderliche Wahrheit der Impermanenz durchschaut, erkennt den *dharma*.

die zugrundeliegenden Komponenten der Erscheinungen die *dharmas* sind. Ein Beispiel für diesen Sprachgebrauch ist die Theorie der fünf *skandhas*, die als *dharmas* verstanden werden.[16] Die *skandhas* werden aber in noch weitere *dharmas* untergliedert, insofern sich z. B. *rūpa* (»materieller Körper«) auf die menschlichen Körper und jedes andere materielle Objekt beziehen kann, deren Unterscheidung wiederum durch unterschiedliche *dharmas* entsteht – in bezug auf den Körper sind dies die fünf Sinne (Auge, Ohr, Nase, Zunge, Körper), wobei der Körper nochmals als Grundlage des Tastsinnes erscheint. Die Objekte der äußeren Welt werden dann analog aufgrund der unterschiedlichen Sinneswahrnehmungen klassifiziert: Formen, Gerüche, Geschmäcker, berührbare Objekte usw. Schließlich werden die Erscheinungen (*dharmas*), die sich auf den Denksinn (*manas*) beziehen, unter der Kategorie mentaler Formationen (*saṃskāra*) erfaßt, wie etwa Aufmerksamkeit auf ein Objekt (*manaskāra*), Intellekt (*mati*), die grundlegende Bewußtseinsprägung der Achtsamkeit (*smṛti*), Vertrauen (*śraddhā*) und unablässiges Streben (*vīrya*). Sie sind grundlegende Qualitäten, die das Bewußtsein durchdringen und verändern können; sie zu entwickeln ist eine unerläßliche Voraussetzung für das Begehen des buddhistischen Pfades.

In der frühesten buddhistischen Literatur ist die Anzahl der Daseinsfaktoren (*dharmas*) noch nicht festgelegt. Spätere Systematisierungen versuchten solche Festlegungen, und darin zeigten sich wiederum Schulunterschiede. In jedem Falle aber wurden die Erscheinungen der Wirklichkeit systematisiert, analysiert und durch eine Reduktion auf physische und mentale *dharmas* erklärt. ›Reduktion‹ bedeutet aber nicht, daß die *dharmas* unabhängig voneinander existieren würden, sie sind vielmehr gegenseitig voneinander abhängig. Die Wirklichkeit entsteht ja überhaupt erst auf der Grundlage von ›Elementen‹, die einander gegenseitig bedingen und in wechselseitiger Kausalität miteinander wirken. Dies *ist* das grund-

16 Diese Theorie wird unten S. 130-133 erörtert.

legende Charakteristikum der Wirklichkeit (*dhātu*). Das ungeheuer weit verzweigte Netz der Kausalitäten über Raum und Zeit hinweg bewirkt, daß letztlich alle *dharmas* miteinander korrespondieren, sich verändern und neu formieren, ohne doch ihre jeweilige Besonderheit zu verlieren. Jeder *dharma* hat also einerseits eine spezifische individuelle Existenz, andererseits ist er bezogen auf andere, und nur in dieser Beziehung *ist* er. Er ist in gewissem Sinne ›permanent‹ und ›impermanent‹ zugleich. Erst die spätere Mahāyāna-Theorie der Leerheit (*śūnyatā*) entkleidete die *dharmas* ihrer realistisch verstandenen Eigenexistenz, denn *dharmas*, so betonte man nun, verändern sich und können daher weder dauerhaft sein noch begrifflich fixiert werden.

Insofern im Begriff *dharma* aber auch noch das Gute oder die Wahrheit mitschwingt, wurde eine Hierarchisierung der *dharmas* unumgänglich: *Nirvāṇa* galt als der höchste *dharma*. Aber was ist »*nirvāṇa*« (wörtlich: das »Ausblasen« bzw. Verlöschen der Ich-Verblendung)? *Nirvāṇa* meint nicht ein ›Verlöschen‹ im nihilistischen Sinn, eine polemische Deutung, gegen die sich schon die frühen Buddhisten zu wehren hatten, indem der Buddha ausdrücklich erklärt, daß er *nicht* die Vernichtung des Existierenden lehre.[17] Ist aber *nirvāṇa* ein ›Etwas‹, ein Ort oder eine bestimmte Art des Bewußtseins, die Wirklichkeit zu erfassen? Und wenn letzteres, ist dieser ›Zustand‹ ein ›Etwas‹?[18] Diese Fragen wurden von den buddhistischen Philosophen jahrhundertelang erörtert und verschieden beantwortet, was zur Herausbildung unterschiedlicher Schulen beitrug. Für die Theravādins war schließlich *nirvāṇa* der einzige nicht-bedingte *dharma*, weil *nirvāṇa* nicht impermanent ist. Die Sarvāstivādins hingegen zählten nicht nur diesen einen, sondern drei unbedingte *dharmas*:

– analytische Beendigung der Bewußtseinsbewegungen (*pratisaṇkhyānirodha*),

17 *Alagaddūpama-Sutta*, MN 22, 37 (I, S. 140).
18 Dazu die Ausführungen oben S. 119, Anm. 11.

– nicht-analytische Beendigung der Bewußtseinsbewegungen (*apratisaṇkhyānirodha*),
– Raum (*ākāśa*).

Andere Schulen (vgl. die Schautafeln S. 528f.) wie die Mahāsāṃghikas und Lokottaravādins fügten als unbedingte *dharmas* noch den Bereich der Unendlichkeit des Bewußtseins (*vijñānānantyāyatana*), den Bereich der Nichts-heit (*akiṃcanyāyatana*), das Gesetz der Entstehung in wechselseitiger Abhängigkeit (*pratītyasamutpāda*) usw. hinzu, so daß sie insgesamt neun unbedingte *dharmas* zählten. Die Mahīśāsakas betrachteten auch den Pfad zum *nirvāṇa* als unbedingten *dharma*, während die Sarvāstivādins dagegenhielten und meinten, daß zwar *nirvāṇa* unbedingt sei, nicht aber die Weisheit des Buddha, die geschichtlich gewachsen und somit bedingt, also auch nicht ewig sei.[19]

DER »EDLE ACHTFACHE PFAD«

Die dritte der »Vier Edlen Wahrheiten« stellt fest, daß der Kreislauf des Leidens beendet werden kann. Als Therapie empfiehlt die vierte der »Vier Edlen Wahrheiten« den »Achtfachen Pfad«. Er beruht auf der Erkenntnis, daß sich die leidverursachenden Faktoren (vor allem Unwissenheit, Begierde und Haß) verändern. Was sich aber verändert, ist nicht notwendigerweise mit dem Bewußtsein verbunden. Daraus folgt, daß die leidverursachenden Faktoren vom Bewußtsein abgelöst werden können und müssen. (Hier zeigt sich erneut: Die Veränderlichkeit der Welt ist nicht als solche ein Übel, sondern sie erweist sich an dieser Stelle sogar als die Möglichkeitsbedingung für die Befreiung.) Die leidverursachenden Faktoren entstehen aufgrund von Bedingungen, und eine Auflösung derselben bedeutet die Reinigung des Bewußtseins. Ist das Bewußtsein gereinigt, tritt seine wahre Natur zum Vorschein, die man zuvor noch nicht hatte wahrnehmen kön-

19 A. Hirakawa, *A History of Indian Buddhism* (S. 66, Anm. 2), S. 147.

nen. Die Methode der Reinigung ist nun der »Edle Achtfache Pfad« (*ārya-aṣṭaṇga-mārga*), der zum Urgestein der buddhistischen Praxis gehört und demzufolge in allen Schulen und zu allen Zeiten mit Intensität begangen und gepflegt wurde.

Jedes Glied des »Achtfachen Pfades« enthält den Begriff *samyak*, was meist mit »recht« übersetzt wird. Gemeint ist dabei eine Haltung, die jeweils alle Aspekte und Folgen einer Handlung berücksichtigt, also nicht nur kurzfristigen oder einseitigen Gewinn im Auge hat. Insofern ist die Übersetzung »ganzheitlich« nicht nur gerechtfertigt, sondern präziser. Die einzelnen Glieder sind:

1. *samyak-dṛṣṭi* (»ganzheitliche Anschauung«), bei der in vollkommen nicht-dualistischer Weise die Einheit von Motivationen, Handlungen und Wirkungen als wahre Natur der Wirklichkeit (›die Dinge, wie sie wirklich sind‹) betrachtet wird;

2. *samyak-saṃkalpa* (»ungeteilter Entschluß«), die Einsicht in die ganzheitliche Anschauung zu vertiefen und im ganzen Leben zu verwirklichen;

3. *samyak-vāc* (»untadelige Rede«), die keine ich-bezogenen Werturteile auf die Wirklichkeit projiziert und weder falsche Verherrlichung noch Verleumdung zuläßt, sondern gleich-gültig den Dingen und Menschen begegnet;

4. *samyak-karmānta* (»vollkommenes Handeln«), in dem der ungeteilte Entschluß und die untadelige Rede individuell wie in der Gemeinschaft mit allen Lebewesen konkret Gestalt gewinnen;

5. *samyak-ājīva* (»ganzheitliche Lebensführung«), in der keine äußerlichen Unterschiede zwischen guten und schlechten, heiligen und unheiligen, religiösen und profanen Lebensbereichen auftreten, denn *alles* Handeln wird bestimmt von der Motivation, die karmische Wirkungen hervorbringt; das heißt vor allem, daß der Lebensunterhalt auf eine Art und Weise verdient wird, der mit den anderen Gliedern des Pfades verträglich ist;

6. *samyak-vyāyāma* (»gleichgewichtige Anstrengung«), die sich in Geduld übt und im Gleichgewicht von Anspannung und Entspannung den Bewußtseinsstrom ausgeglichen lenkt,

um in der Meditation sowie bei allen alltäglichen Verrichtungen heitere Gelassenheit zu erreichen;

7. *samyak-smṛti* (»unablässige Achtsamkeit«), durch die alle physischen, psychischen und geistigen Vorgänge bewußt und somit kontrollierbar werden;

8. *samyak-samādhi* (»ganzheitliche Einswerdung«) aller Bewußtseinsvorgänge im Geistgrund, aus welcher die unbeschreibliche Seligkeit der Einheit im Ganzen erwächst, in der das Ich sich völlig losgelassen hat.

Alle acht Glieder sind nicht Stufen, die nacheinander in Betracht zu ziehen wären, sondern Aspekte, die gegenseitig aufeinander einwirken und gleichzeitig bedacht und praktiziert werden müssen. Die in der Einführung (S. 25) genannte dreifache Gliederung des Buddhismus in Lebenspraxis (*śīla*), Bewußtseinsschulung (*samādhi*) und Erkenntnis (*prajñā*) bezieht sich wie folgt auf den »Achtfachen Pfad«: Die Glieder 1-2 beinhalten die Erkenntnis (*prajñā*), die Glieder 3-5 die Lebenspraxis (*śīla*) und die Glieder 6-8 die rechte Meditation bzw. Bewußtseinsschulung (*samādhi*). Die Lebenspraxis hängt davon ab, wie unser Bewußtsein geschult ist, das heißt, wie wir wahrnehmen und erkennen – projektionsfrei und ohne alles auf das Ich zu beziehen oder ich-haft und motiviert von den drei leidverursachenden »Giften« (Ichhaftigkeit, Gier, Haß). Nur Erkenntnis vermag das Handeln zu verändern, Erkenntnis aber muß auf eigener Erfahrung beruhen, nicht auf der Autorität von nur Gehörtem.[20] Der »Achtfache Pfad« ist eine Anleitung zur Erfahrung in allen Bereichen psychischer und physischer Handlungsfelder.

Die Konkretisierung dieser Handlungsfelder bzw. acht Gesichtspunkte gewinnt Gestalt in der Ethik des Buddhismus, die wir noch näher behandeln werden (S. 144-170 und 253-303). Sie wird geprägt von einer Grundhaltung der liebevollen Güte (*maitrī*) und der heilenden Hinwendung (*karuṇā*) zu allen Lebewesen. Die Ethik ist dabei keine abgeleitete praktische Philosophie, sondern sie ist selbst Bewußtseinsschulung. Damit gehört sie zum Kernbereich des Buddhismus.

---

20 *Mahātaṇhāsankhaya-Sutta*, MN 38, 23-25.

Einen vorzüglichen Einblick in die buddhistische Grundhaltung gibt das von Mönchen, Nonnen, Laienanhängern und Laienanhängerinnen in der gesamten buddhistischen Welt häufig rezitierte *Mettā-Sutta*:

Dies soll erwirken, wer des Heiles kundig
Und wer die Friedens-Stätte zu verstehen wünscht:
Stark soll er sein und aufrecht, aufrecht voll und ganz.
Zugänglich sei er, sanft und ohne Hochmut.

Genügsam sei er und sei leicht befriedigt,
Nicht viel geschäftig und bedürfnislos.
Die Sinne still, klar der Verstand,
Nicht dreist, nicht gierig, geht er unter Menschen.

Auch nicht im Kleinsten soll er sich vergehen,
Wofür ihn andere, Verständige, tadeln möchten.
Sie mögen glücklich und voll Frieden sein,
Die Wesen alle! Glück erfüll' ihr Herz!

Was auch an Lebewesen es hier gibt,
Die schwachen und die starken, restlos alle;
Mit langgestrecktem Wuchs und groß an Körper,
Die mittelgroß und klein, die zart sind oder grob gebaut.

Die sichtbar sind und auch die unsichtbaren,
Die ferne weilen und die nahe sind,
Entstandene und die zum Dasein drängen, –
Die Wesen alle: Glück erfüll' ihr Herz!

Keiner soll den anderen hintergehen;
Weshalb auch immer, keinen möge man verachten!
Aus Ärger und aus feindlicher Gesinnung
Soll Übles man einander nimmer wünschen!

Wie eine Mutter ihren eigenen Sohn,
Ihr einzig Kind mit ihrem Leben schützt,

So möge man zu allen Lebewesen
Entfalten ohne Schranken seinen Geist!

Voll Güte zu der ganzen Welt
Entfalte ohne Schranken man den Geist:
Nach oben hin, nach unten, quer inmitten,
Von Herzens-Enge, Haß und Feindschaft frei!

Ob stehend, gehend, sitzend oder liegend,
Wie immer man von Schlaffheit frei,
Auf diese Achtsamkeit soll man sich gründen.
Als göttlich Weilen gilt dies schon hienieden.

In Ansicht nicht mehr sich ergehend,
Ein Tugendhafter, dem Erkenntnis eignet,
Die Gier nach Lüsten hat er überwunden
Und geht nicht ein mehr in den Mutterschoß.[21]

Wer also durch liebende Güte vollkommen gereinigt ist, hat das Ziel der Befreiung erreicht. Er verweilt unablässig in Achtsamkeit, hat den Streit über philosophische Ansichten hinter sich gelassen und ist dem Kreislauf der Wiedergeburten enthoben.

SKANDHAS

Die frühbuddhistische Philosophie unterscheidet fünf Gruppen oder Wirklichkeitsbereiche, die zusammenwirken, wenn eine menschliche Person entsteht.[22] Im Theravāda werden diese ›Grundbausteine‹ substanzartig vorgestellt, im Mahāyāna vermeidet man mittels der Lehre von der Leerheit (*śūnyatā*) jede Verdinglichung (jedes ›Ding‹ ist leer in bezug

21 *Sn* I, 8 (143 ff.) und *Khuddakapātha* 9, zitiert nach der Übersetzung von Nyanaponika, *Sutta-Nipāta*, Stammbach ³1996 (zuerst Konstanz 1955), S. 58 f.

22 *Mahāpuṇṇama-Sutta*, MN 109 u. a.

auf eine ihm inhärente Existenz). Die *skandhas* (Pāli *khandhas*) sind dann eher vorübergehende Zustände eines fließenden Prozesses, gleichsam vorübergehend auskristallisierte ›Punkte‹. Im Theravāda jedenfalls werden sie als bedingte Grundbausteine (*dharmas*) verstanden. (Über die Zahl der unbedingten Grundbausteine gibt es, wie wir oben sahen, einen Streit der Schulen: *Nirvāṇa* gilt in jedem Fall als unbedingt, ebenso der Raum, und in einigen Schulen kommen noch weitere Faktoren hinzu.) Die fünf Gruppen oder ›Aggregate‹ sind:

1. *Rūpa-skandha*, die Ebene sinnlich-wahrnehmbarer Formen, die relativ stabil ist und als materielle Wirklichkeit erscheint. Diese Gruppe ist zusammengesetzt aus den vier Elementen Erde, Wasser, Feuer und Wind sowie der feinstofflichen Realität, die daraus abgeleitet wird.

2. *Vedanā-skandha*, die Ebene der Empfindungen und Gefühle, die als Reaktion auf äußere Sinneseindrücke oder innere Gemütsbewegungen entsteht. Sie ist wesentlich flexibler als die Ebene der materiellen Formen, bleibt aber an die Dualität von Lust und Leid, gut und schlecht gebunden, die der Mensch unablässig auf die Personen und Dinge (einschließlich seiner selbst) wertend projiziert. Die Empfindungen ergeben sich aus dem Kontakt der inneren Organe (*indriya*) mit den entsprechenden Objekten, die zusammen die zwölf Grundlagen des Bewußtseins (*āyatana*) darstellen:

Zwölf Grundlagen des Bewußtseins

innere Organe	*äußere Objekte*
Auge	Aussehen
Ohr	Geräusch
Nase	Geruch
Zunge	Geschmack
Tastorgane	Berührung
Denkorgan (*manas*)	geistige Objekte

Das *manas* unterscheidet sich von den anderen fünf Sinnesorganen dadurch, daß es nicht nur seine eigene Gruppe von

Objekten hat (*dharma*), sondern die Wahrnehmungen der fünf anderen Organe koordiniert.

Den zwölf Grundlagen werden sechs Arten von Bewußtsein hinzugefügt, die als insgesamt 18 Elemente die Grundlagen der Wahrnehmung (*dhātu*) ausmachen, nämlich:

Sehbewußtsein,
Hörbewußtsein,
Riechbewußtsein,
Schmeckbewußtsein,
taktiles Bewußtsein,
Denkbewußtsein.

Daran wird ersichtlich, daß Wahrnehmung nicht einfach die Abbildung von etwas Gegebenem, sondern eine *aktive* Konstruktion des Bewußtseins ist. Die Wahrnehmung bildet also die Wirklichkeit nicht ab, sondern erschafft sie als inneres, und zwar mittels der dem Bewußtsein vorgegebenen Strukturen, die wiederum karmisch bedingt sind.

3. *Saṃjñā-skandha*, die Ebene unterscheidender Wahrnehmung von äußeren Objekten, die durch die Herausbildung von Vorstellungen wirksam wird. Sie umfaßt sowohl das intuitive als auch das analytisch-rationale Urteilsvermögen.

4. *Saṃskāra-skandha*, die Ebene der Reaktion des Willens auf die Wahrnehmung von Objekten, woraus sich Bewußtseinsimpulse ergeben, aus denen wiederum karmische Bildekräfte entstehen. Dieselben prägen das Bewußtsein des Individuums, formen seine Gewohnheiten und ergeben somit das, was wir den »Charakter« eines Menschen nennen.

5. *Vijñāna-skandha*, die Ebene der reinen Bewußtseinskraft, die alle anderen Ebenen koordiniert und zu einer zielgerichteten Gesamtheit zusammenfaßt.

Die *skandhas* sind nicht als *Teile* eines Ganzen zu verstehen, die man voneinander isolieren könnte, sondern sie bezeichnen fünf Phasen, die jedem Bewußtseinsakt zugrunde liegen, nämlich:

1. Kontakt mit dem Sinnesobjekt,
2. Empfindung,
3. bewußte Wahrnehmung,

4. Wille, der die Einordnung der Wahrnehmung in gespeicherte Muster auf Grund von Bewertung ermöglicht,
5. das Ins-Bewußtsein-Treten des Vorgangs als deutliches und selbstbewußtes Sehen, Hören usw.

Jedes ›Ding‹, das wir in der Erfahrung wahrzunehmen meinen, ist also kein Ding, sondern ein Eindruck, der sich aus dem Zusammenspiel verschiedener energetischer Impulse ergibt. Diese Impulse haben in sich keine Substanz, sondern sie sind, was sie sind, nur im Zusammenwirken mit den anderen Impulsen und Faktoren. Sie sind folglich *abhängig* von den anderen Phasen, und dies ist das »Entstehen in gegenseitiger Abhängigkeit«.

ENTSTEHEN IN GEGENSEITIGER ABHÄNGIGKEIT[23]

Das »Entstehen in gegenseitiger Abhängigkeit« (*pratītyasamutpāda*, Pāli *paṭiccasamuppāda*) ist die Lehre von der organischen Verbundenheit aller Erscheinungen. Es handelt sich um eine dynamische Kausalität, nicht um eine einlinig-statische. Alles ist Wechselwirkung. Alles steht mit allem in Verbindung, und deshalb ist alles Ursache für bestimmte Wirkungen, die wiederum zur Ursache aller Erscheinungen werden. Jedes Glied in der Kette des Entstehens enthält alle anderen und trägt deshalb alle Möglichkeit und Wirklichkeit in Vergangenheit, Gegenwart und Zukunft in sich.

Die zwölf Glieder sind: *avidyā – saṃskārakarma – vijñāna – nāmarūpa – ṣaḍāyatana – sparśa – vedanā – tṛṣṇā – upādāna – bhava – jāti – jarāmaraṇa.*

In bezug auf das Lebenskontinuum des Menschen gilt: Das geistig-körperliche Kontinuum wird

1. von der Unwissenheit (*avidyā*) bestimmt, die ein autono-

23 Vgl. z. B. MN 38, 17; MN 38, 20; MN 115, 11, ausführlicher in MN 9, 21-66, bezogen auf das Leben eines Individuums in MN 38, 26-40, in komprimierter Version MN 1, 171; MN 11, 16 und MN 75, 24f. Vgl. auch SN II, 2-4.

mes Subjektzentrum bzw. Ich wahrzunehmen glaubt. Dies führt

2. zu karmischen Bildungen (*saṃskārakarma*), weil jeder geistige Impuls (völlig unabhängig davon, ob er fehlerhaft ist) Wirkungen hat und ›Einprägungen‹ schafft, das heißt, es entstehen Motivationen für Handlungen, die

3. einen spezifischen Bewußtseinszustand (*vijñāna*) erzeugen.

Aus diesen drei Aspekten ergeben sich die Existenzbedingungen für die materielle Manifestation derselben, d. h. für die Geburt als Mensch im Lebenskreislauf, so daß sich

4. ein Zusammenwirken der *skandhas* (*nāmarūpa*) ereignet. Der Embryo entwickelt

5. die sechs Sinneskräfte (*ṣadāyatana*: Sehen, Hören, Riechen, Schmecken, Tasten, Denken). Wenn diese Sinneskräfte unter dem Antrieb von Bewußtseinsenergie mit Objekten zusammentreffen, ergibt sich

6. eine Berührung (*sparśa*), die als angenehm, unangenehm oder neutral empfunden werden kann. Diese bewertende Qualität schlägt sich

7. als entsprechendes Gefühl (*vedanā*) nieder.

8. Darauf reagiert der Mensch mit Anhaften (*tṛṣṇā*), das angenehmen Gefühlen Dauer verleihen und unangenehme Empfindungen abschütteln möchte. Dieses Anhaften steigert sich

9. zum begehrenden Ergreifen (*upādāna*), das sich auf vierfache Weise auswirkt:

a) als das unstillbare Verlangen nach Lustgewinn durch angenehme Formen, Klänge, Düfte, Geschmäcker und berührbare Objekte;

b) als das Sich-Ausrichten auf (irrtümliche) Vorstellungen, die dem Ich unabhängige Existenz und Macht vorspiegeln;

c) als das Verlangen nach Haltungen und Verhaltensweisen, die dem eingebildeten Existenz- und Machtanspruch des Ich Ausdruck verleihen und diesen Anspruch stärken;

d) als das Verlangen nach ›Ich‹ und ›mein‹, das nun vollständig alle Bewußtseinsimpulse begleitet und bestimmt.

10. Werden (*bhava*) ist Resultat des zweiten Gliedes (*saṃskārakarma*) und aller seiner Konsequenzen, die in den Gliedern drei bis neun benannt sind.

11. Geburt (*jāti*) sowie

12. Altern und Tod (*jarāmaraṇa*) schließen den Kreislauf, der nun wieder von vorn beginnt.

Diese Kette beschreibt ein wechselseitiges Sich-Bedingen: Jede Erscheinung ist Bedingung der anderen, und alle Erscheinungen der Wirklichkeit sind wechselseitig voneinander abhängig. Einsicht in diese Struktur ist Voraussetzung für die Befreiung aus dem Gefangensein in ihr. Denn im Bewußtsein entstehen die karmischen Bildekräfte, die sich auf dem Weg zur Befreiung entweder förderlich oder hinderlich auswirken können. Freilich ist der Zusammenhang der einzelnen ›Glieder‹ unterschiedlich gedeutet worden, und auch die Reihenfolge der einzelnen Aspekte ist in der Pāli-Literatur nicht einheitlich. Auf diese Differenzen können wir hier nicht eingehen.[24]

Der Buddha erklärt, daß das *nirvāṇa* das Ende aller bedingten Bewußtseinszustände ist und damit das Ende von *duḥkha*. Das *nirvāṇa* ist folglich nicht-bedingt (*asaṃskṛta*), es ist höchstes Glück (*paramasukha*), insofern es frei von Geburt, Krankheit, Alter und Tod ist.[25] In ihm gibt es keine unterscheidenden Empfindungen. Demzufolge kann es nicht versprachlicht werden, weil Sprache an unterscheidende Abgrenzungen und somit bedingte Begriffskonstruktionen gebunden ist. Man kann darum nur sagen, was das *nirvāṇa* nicht ist, nicht aber beschreiben, *was* es ist, und wer das *nirvāṇa* erreicht hat, denkt nicht darüber nach, denn er ist allen Dualitäten entzogen.[26] *Daß* es ist, ist gleichwohl die Voraussetzung für den ganzen analytischen Ansatz des Buddhismus. Dieser Sachverhalt ist gemeint mit den berühmten Sätzen aus *Udāna* und *Itivuttaka*,

---

24 Dazu Jens Schlieter, *Buddhismus zur Einführung*, Hamburg ^{2}2001 (zuerst 1997), S. 49-63.

25 *Māgandiya-Sutta*, MN 75, 19 (I, S. 508).

26 *Mūlapariyāya-Sutta*, MN 1, 27-194 (I, S. 4-6).

wo *nirvāṇa* als *āyatana* (»Grundlage, Bereich, heilige Stätte«) bezeichnet wird, womit nicht eine räumlich vorgestellte Größe, sondern eher ein Bewußtseinszustand bzw. -bereich gemeint ist:

> Es gibt ein Nicht-Geborenes, Nicht-Entstandenes, Nicht-Geschaffenes, Nicht-Bedingtes. Gäbe es kein Nicht-Geborenes, so gäbe es keine Befreiung für das, was geboren, entstanden, geschaffen, bedingt ist.[27]

Die *nidāna*-Kette wird im Lebensrad (*bhavacakra*) bildlich dargestellt, wie wir es von zahlreichen tibetischen Thangka-Malereien kennen. Dieses Lebensrad soll, so heißt es im Vinaya, im Eingangsbereich eines jeden buddhistischen Klosters angebracht werden. In der Nabe des Rades drehen sich Hahn, Schlange und Schwein, ineinander verknotet, als die Symbole für Begierde, Haß und Unwissenheit, die das Rad des *saṃsāra* am Laufen halten. Um dieses Zentrum befindet sich ein Ring mit einer aufstrebenden und abstrebenden Bewegung: Der Weg in die besseren Wiedergeburten führt über das monastische Dasein; der Weg in die drei üblen Bereiche (Tierwelt, Hungergeister, Höllen) ist die Folge eines Lebens, das dem *dharma* nicht entspricht. Sodann werden in sechs Segmenten (*gati*) in drastischen Bildern diese drei guten (*sugati*) und die drei üblen (*durgati*) Wiedergeburtsbereiche des *kāmaloka*, also der unteren Welt im System der drei buddhistischen Welten (*kāmaloka*, *rūpaloka*, *arūpaloka*), dargestellt, nämlich

1. der Bereich der Götter (*deva*), die in sinnlicher Freude leben, aber zeitlich begrenzt und darum leidvoll ihr entsprechendes *karman* ausleben,

2. der Bereich der Dämonen (*asura*), die aus lauter Gier eifersüchtig sind und kämpfend den *devas* ihr Glück streitig machen wollen,

3. der Bereich der Menschen (*manuṣya*), in dem die Entscheidungsfreiheit zur Praxis des *dharma* herrscht,

4. der Bereich der Tiere (*tiryañc*), der beklagenswert ist, weil die Tiere unter großer Knechtschaft leiden,

---

27 *Udāna* 8, 1-4, vgl. *Itivuttaka* 37u. a.

bhavacakra

5. der Bereich der Hungergeister (*preta*), die an einem extrem kleinen Schlund und einem übermäßig großen Bauch leiden, so daß ihre Gier nie gestillt wird,

6. der Bereich der Höllenwesen (*naraka*), die unter schrecklichen Qualen ihr *karman* ausleben müssen, bis es ausgeglichen ist und sie in besseren Bereichen wiedergeboren werden.

Bezeichnenderweise befindet sich in jedem Bereich ein predigender Buddha. Damit wird sinnfällig dargestellt, daß der *dharma* überall wirkt und die Wesen nirgends völlig verloren sind.

Der Radkranz des *bhavacakra* besteht aus zwölf Feldern, die symbolisch die *nidāna*-Kette, also die wechselseitige Abhängigkeit der Erscheinungen darstellen, und zwar so, daß die Bilder vorwärts und rückwärts gelesen werden können, weil es sich um hochkomplexe reziproke Kausalitätsverhältnisse handelt: Die Unwissenheit (*avidyā*) wird durch eine blinde Frau symbolisiert; die karmischen Bildekräfte (*saṃskāras*) sind ein Töpfer, der ein Gefäß aus Ton formt; das Bewußtsein (*vijñāna*), das Denken (*manas*) und Sinnesbewußtseine umfaßt, wird als umherspringender Affe versinnbildlicht; Name und Form (*nāmarūpa*) erscheinen als Boot, das einen Fluß überquert; die sechs Sinne (*ṣaḍāyatana*) sind ein Haus mit Fenstern; die Berührung (*sparśa*) erscheint als Umarmung eines Liebespaares; die Empfindung (*vedanā*) ist ein Pfeil, der in das Auge eindringt; die Begierde (*tṛṣṇā*) erscheint als ein Mensch, der den Durst zu stillen versucht; das Ergreifen (*upādāna*) ist das Pflücken einer Frucht vom Baum; das Werden (*bhava*) wird durch eine Schwangere symbolisiert; Geburt (*jāti*) wird mit einer Gebärenden versinnbildlicht; Alter und Tod (*jarāmaraṇa*) schließlich sind ein Alter am Krückstock und/oder ein Leichnam.

Das Rad wird vom Herrn der Vergänglichkeit (*anityatā*), von *Mahākāla*, dem Inbegriff der Zeit und des Vergehens/Entstehens, umklammert. Oben rechts und links befinden sich ein predigender Bodhisattva und ein meditierender Buddha, die den Weg zum *nirvāṇa* zeigen, ergänzt durch die entsprechende Sonnen- und Mondsymbolik.

Nur in der Geburt als Mensch besitzen die Lebewesen Freiheit, um die Strukturen des Kreislaufs, seine Bedingungen und die Möglichkeit zur Überwindung zu erkennen, d. h. die »Vier Edlen Wahrheiten« zu praktizieren. Der Buddha hat den Wirkungsmechanismus der drei grundlegenden leidhaften Bewußtseinsverunreinigungen (*kleśa*), nämlich Unwissenheit (*moha* bzw. *avidyā*), Gier (*rāga* bzw. *lobha*) und Haß (*dveṣa*), analysiert, aber jeder Mensch muß sein Bewußtsein selbst reinigen. Dem Buddha geht es einzig und allein darum, den Weg zur Überwindung des Leidens zu lehren. Nur zu diesem Zweck fragt er auch nach der Ursache des Leidens, nicht aber, um eine metaphysische Antwort zu geben. Das Leiden ist demnach verursacht durch die Einbildung eines in sich existierenden Ich. Weil dieses Ich eine Illusion (*avidyā* bzw. *moha*) ist, die nur durch ständige Selbst-Stabilisierung aufrechterhalten werden kann, entsteht ein unablässiges Begehren (*tṛṣṇā* bzw. *rāga*) und Anhaften, das diese Illusion eines stabilen Ich kurzzeitig aufrechterhält. Das Ich schafft sich also gleichsam selbst eine (Schein-)Existenz, indem es Dinge und Vorstellungen begehrend auf sich bezieht und daran anhaftet. Weil aber alle Dinge in Veränderung begriffen sind (*anitya*), gelingt diese Stabilisierung nicht wirklich. Dadurch wird das (eingebildete) Ich bedroht und reagiert wegen des frustrierten Begehrens mit Haß (*dveṣa*) gegenüber den Dingen oder Personen, die es nicht besitzen kann. Die Dinge und Personen werden demzufolge nicht wahrgenommen als das, was sie sind, sondern unter der egozentrischen Projektion des Begehrens bzw. des Hasses. Überwindung des Leidens bedeutet deshalb, diese falsche Wahrnehmung des Ich zu überwinden. Die Überwindung des Leidens muß jetzt, in der Gegenwart, beginnen, weshalb die spekulativen Fragen nach seinem Ursprung und nach zukünftigen Existenzen müßig sind. Man kann zwar die Ursache des gegenwärtigen Leidens im früheren *karman* finden, d. h. in den Handlungen, die in einem vergangenen Leben begangen wurden. Aber letztlich erklärt auch *karman* den ersten Ursprung des Leidens nicht, denn woher würde das erste karmische Anhaften kommen? *Karman* und *saṃsāra* selbst *sind* Leiden. Aus diesem Grund vermeidet die »Zweite Edle Wahrheit« einen *regressus ad infinitum* (lat. »Rückgang ins Unendliche«) bei der Frage nach der letzten Ursache und sagt einfach: Weil es Begehren gibt, gibt es Leiden. Beide entstehen in gegenseitiger Abhängigkeit gleichzeitig. Die Einzelheiten vergangener Ursachen sind weniger von Belang, und die Tatsache, daß alle Wesen leiden, genügt zur Diagnose.

Der Buddha lehnt die Spekulation ab, die nach der ersten metaphysischen Ursache des Leidens fragt: Wer von einem vergifteten Pfeil getroffen sei, frage auch nicht nach den weiteren Umständen, sondern ziehe den Pfeil schleunigst heraus und versorge die Wunde. So lehrt auch der Buddha die Überwindung des Leidens durch die Analyse der unmittelbaren mentalen und psychologischen Ursachen der leidhaften Verstrickungen.

Wessen Bewußtsein völlig gereinigt ist, so daß das ich-hafte Begehren vollständig erloschen ist, wer also die vollkommene Projektionsfreiheit verwirklicht hat, der ist im Bewußtseinszustand des *nirvāṇa*. Er ist jetzt schon in diesem Leben ein Buddha geworden. Der Buddha (und jeder Buddhist) erzeugt kein *karman* mehr, nachdem er den Bewußtseinszustand des *nirvāṇa* erlangt hat, aber noch nicht ins *parinirvāṇa* eingegangen (gestorben) ist. In der Zeitspanne zwischen dem jetzt schon erlangten Eintritt ins *nirvāṇa* und dem Sterben des Körpers wirkt sich gleichsam nur noch die ›verbleibende Energie‹ des vorigen *karman* aus, ohne daß neues *karman*, das zu erneuter Verleiblichung führen würde, erzeugt wird. Mit dem Eintritt ins *nirvāṇa* bzw. mit der Buddhaschaft ist also die religiöse Dimension des Leidens aufgehoben, während auch ein Buddha durchaus noch physisch leiden kann.

Obwohl das *nirvāṇa* von jedem Lebewesen erlangt werden kann, werden vollkommen Erwachte in der frühbuddhistischen Literatur doch nicht als Buddhas, sondern als Arahants (skt. *arhat*) bezeichnet. Man will also an einem Unterschied festhalten.[28] Denn die Weisheit des Buddha übertrifft die sei-

28 A. Hirakawa, *A History of Indian Buddhism* (S. 66, Anm. 2), S. 32.

ner Schüler, weil er in zahlreichen Leben die karmischen Voraussetzungen erlangt hat, den *dharma* vollkommen zu erfassen und zu lehren, während alle Schüler von seinem Erwachen abhängig sind.

Der Weg des Buddha wird von Anfang an (bereits in der »Predigt von Benares«) als der »Mittlere Pfad« (*majjhimā pāṭipadā*, skt. *madhyamā pratipad*)[29] bezeichnet. Diese Bezeichnung hat zwei verschiedene Konnotationen: Sie bezieht sich erstens auf die religiöse Praxis und zweitens auf die Mitte zwischen extremen philosophischen Positionen. Hinsichtlich der Praxis ist die Mitte zwischen einem Leben in sinnlichem Genuß und radikaler Askese bzw. zwischen Vergnügen und selbstgesuchtem Leiden gemeint,[30] denn physische Selbstquälung ist nutzlos, weil sie nichts an der Motivation des Begehrens ändert. Philosophisch wird die Mitte zwischen Nihilismus und Eternalismus gesucht. Die spezifisch buddhistische Lehre vom Nicht-Selbst (*anattā/anātman*), die wir später behandeln werden, muß auf diesem Hintergrund interpretiert werden.

ZWEI WAHRHEITSEBENEN

Bereits im *Abhidharmakośa*[31] werden zwei Existenzweisen der Welt bzw. zwei Wahrheitsebenen unterschieden: die letztgültige Existenzweise (*paramārthasat*) und die konventionelle Existenzweise (*saṃvṛtisat*).[32] Die logische Argumentation ist etwas kompliziert, und wir wollen versuchen, das Argument in aller Kürze ein wenig durchsichtig zu machen: Die zusammengesetzten Erscheinungen sind bedingt, vergänglich und zusammengesetzt, das heißt, sie existieren als bezeichnetes

29 *Dhammadāyāda-Sutta*, MN 3, 8-15.
30 Vgl. Vin. I, 10.
31 *Abhidharmakośabhāṣya* II, 2.1, 334.
32 Hierzu auch A. Hirakawa, *A History of Indian Buddhism* (S. 66, Anm. 2), S. 143 f.

›Ding‹ nur konventionell; die diesen Zusammensetzungen zugrundeliegenden *dharmas* hingegen gelten als letztgültig existierend. Um ein Beispiel zu geben: Wird ein Tonkrug, der zerbrochen ist, als ›Tonkrug‹ bezeichnet, so ist klar, daß er nur konventionell als Tonkrug existiert, bzw. die Bezeichnung ›Tonkrug‹ nur auf eine bestimmte, von vielen Ursachen bedingte und zeitlich begrenzt existierende Wirklichkeit aufgetragen ist. Einzelne Eigenschaften machen also in bestimmter Zusammensetzung das aus, was wir ›Tonkrug‹ nennen. Eine dieser Eigenschaften kann zum Beispiel die Farbe sein. Nehmen wir an, der Krug sei rot gewesen, so existiert das Rot auch dann noch, wenn der Krug in Scherben liegt. Selbst wenn man die Einzelteile noch weiter zerkleinern und schließlich zu Atomen (*paramāṇu*) zertrümmern würde, so bliebe – nach der Abhidharma-Logik – die Qualität ›rot‹ erhalten. Damit wäre ›rot‹ eine Realität, die nicht von weiteren Umständen abhinge, d. h. ›rot‹ würde aus sich selbst heraus (*svabhāva*) existieren, und solch eine Wirklichkeit wird *dharma* genannt, sie existiert im letztgültigen Sinn. Wie wir sahen, ist auch der ›Mensch‹ bzw. die ›Person‹ eine Zusammensetzung aus den fünf *skandhas* und existiert daher nur im konventionellen Sinn. Ein permanentes, aus sich selbst existentes ›Ich‹ gibt es in diesem Sinne nicht. Mentale Faktoren hingegen, wie zum Beispiel ›Begierde‹ oder ›vollkommene Ruhe‹, werden als *dharmas* betrachtet, weil sie nicht auf weitere Elemente zurückgeführt werden können. Ein *dharma* ›Begierde‹ bewirkt im Bewußtsein nichts anderes, als daß er ›Begierde‹ erweckt usw. Ein *dharma*, d. h. ein im letztgültigen Sinn Existierendes, hat seine eigene charakteristische Eigenschaft (*svalakṣaṇa*). Während nun in unserem Beispiel die *Farbe* Rot des *dharma* der ›Rotheit‹ als das charakteristische Zeichen (*svalakṣaṇa*) bezeichnet wird, gilt das, was existiert und rot genannt wird, als die Selbstnatur (*svabhāva*), und dieses ›Etwas‹ ist aus Atomen zusammengesetzt. Während also *svabhāva* äquivalent mit *dharma*-Sein ist, ist nicht automatisch, was Selbstnatur ist, schon ein *dharma*. Etwas, das Selbstnatur hat und aus *dharmas* besteht, ist zusammengesetzt und hat nur konventionelle

Existenz. Aber Selbstnatur (*svabhāva*, also das, was ein unterscheidendes Kennzeichen darstellt) als solche gilt als ein *dharma*.

Diese Theorie von den *dharmas*, die aus sich selbst existieren würden, hat aber keineswegs alle buddhistischen Philosophen überzeugt. Und so wurde die Auffassung der zwei Wahrheiten im Mahāyāna weiterentwickelt und neu interpretiert, wobei vor allem Nāgārjuna (2./3. Jh. n. Chr.) die maßgebenden Argumente geliefert hat. Diese philosophische Umorientierung ist wichtig für das Verständnis der Philosophie der Leerheit (*śūnyatā*) bei Nāgārjuna. Dort wird die ›konventionelle Wahrheit‹ von der ›absoluten Wahrheit‹ so unterschieden, daß die begrifflich unterscheidende Sichtweise als konventionelle (*saṃvṛti*) Wahrheit erscheint, während die absolute (*paramārtha*) Wahrheit die gegenseitige Abhängigkeit aller Erscheinungen bzw. ihre Leerheit (*śūnyatā*) ausmacht. Denn ein Ding ist definiert durch das, was es nicht ist, das heißt, a ist a, insofern es nicht nicht-a ist. Damit definiert nicht-a aber a, a ist also nicht, was es ist, aus sich selbst, sondern durch das andere, das heißt, es ist in seiner Eigendefinition abhängig.[33] Dabei erweisen sich alle Begriffskonstruktionen (*prapañca*) als nur konventionell oder relativ gültig, denn isoliert betrachtet kann jede begriffliche Behauptung mit Gegenargumenten (die den ›Rahmen‹ oder das ›Referenzsystem‹ verändern) ad absurdum geführt werden. Die Begriffe, die wir benutzen, erzeugen illusionäre Eindeutigkeit, insofern sie auf ›Dinge‹ hinweisen, die so gar nicht gegeben sind. Begriffsbildungen können also praktisch nützlich sein, sie beschreiben aber nicht die Welt, wie sie ist. Die relative Gültigkeit von Aussagen hat allerdings im praktischen Leben erhebliche Bedeutung. Denn aufgrund ihrer Analysen und Wertungen kann das Schlechtere vom Besseren geschieden und somit eine Ethik

33 Ein Beispiel: Hell ist nur hell in Abgrenzung von dunkel. Hell hat keine ›Eigenexistenz‹ aus sich heraus, sondern ist in *Relation*, was es ist. Die Abgrenzung – in der Grauzone – ist eine Frage der Betrachtungsweise und der konventionellen Klassifikation.

begründet werden! Wer sich, um ethische Normen zu umgehen, auf Nicht-Dualität (*paramārtha*) stützen wollte und dabei von einer Motivation geleitet würde, die egozentrisch ist (und damit gerade in dualistischer *saṃvṛti*-Weise das Interesse des Subjekts vom Objekt trennt), würde seine völlige Unwissenheit kundtun und schwere karmische Last auf sich laden. Man muß also wissen, auf welcher Ebene und unter welcher Betrachtungsweise eine Aussage gemeint ist. Das geistige Erwachen zur Nicht-Dualität wirkt zwar gerade auch im Alltag, zumal hier ›Alltags‹- und ›Erleuchtungsbewußtsein‹ logischerweise gar nicht getrennt werden können, aber es ›ersetzt‹ nicht einfach die konventionelle unterscheidende Wahrnehmung. Wir werden darauf noch näher eingehen (ab S. 170).

SITTLICHES VERHALTEN UND MEDITATION

Wie wir sahen, ist der »Edle Achtfache Pfad« in seinen drei Aspekten von

– *śīla* (»sittliches Verhalten und Ethik«),

– *samādhi* (»Versenkung« bzw. »Bewußtseinsschulung und Meditation«),

– *prajñā* (»Weisheit«)

die Richtschnur jeder buddhistischen Ethik, und zwar mit abgestufter Konsequenz für Mönche und Nonnen sowie für Laien und Laienanhängerinnen. Die Ethik (*śīla*) ist die Grundlage aller buddhistischen Praxis, weil aus dem Gesetz der gegenseitigen Abhängigkeit bzw. der Erkenntnis des Nicht-Ich (*anattā*) folgt, daß Menschen nicht nur Beobachter, sondern zwangsläufig aktive Mitgestalter der Wirklichkeit sind, ob sie es wollen oder nicht. Diese Mitgestaltung beschränkt sich nicht auf physisches Handeln, sondern wird im Bewußtsein geformt, insofern dasselbe Intentionen, Gefühle, Motivationen schafft, die kommuniziert werden. Mitgestaltung geschieht also durch Bewußtsein, verbale Kommunikation (Rede) und physisches Handeln. Dies kann zerstörerisch (ab- und ausgrenzend) sein oder zu größerer Harmonie, Ausgeglichenheit und Glück beitragen. Außerdem, und das ist ein zweiter Gesichtspunkt, ist das Handeln selbst eine Voraussetzung für die Beruhigung und Klärung des Bewußtseins, denn ein Bewußtsein, das in sich gespalten ist und von egozentrischen Motiven des Begehrens oder des Zornes, also der leidverursachenden Emotionen, angetrieben wird, kann nicht meditieren. Ob nun die Laien- oder die striktere Mönchsethik im Blick ist, bei allem Denken, Fühlen und Handeln ist das Grundgift (*kleśa*) der Gier bzw. des Anhaftens zu überwinden. Das Ziel des buddhistischen Weges ist Weisheit (*paññа, prajnā*), die durch Bewußtseinsschulung erlangt wird und das Handeln bestimmt. Die Ethik folgt damit notwendig aus der meditativen Praxis, denn der Buddhismus ist keineswegs nur Philosophie der Weisheit, wobei der Ethik (*śīla*) nur eine propädeutische, nicht aber eine soteriologische Funktion zukommen würde, sondern die Ethik ist konstitutiv für das Verständnis des buddhistischen Lebenszieles, des *nirvāṇa*,[34] und zwar aus folgenden Gründen: Das Handeln des Menschen kann nicht dauerhaft einem äußeren Imperativ folgen, sondern muß einer inneren ›Notwendigkeit‹ entspringen, d. h., das *Sein* des Menschen bestimmt sein *Tun*. Ein ethischer Rahmen kann anfangs durch Gebote und Verbote verbindliche Normen setzen, die der Übung und Veränderung des Bewußtseins dienlich sind. Aber eine Ethik des Seins muß letztlich eine Ethik des Sollens ablösen, wenn sie nachhaltig sein soll. Da aber die Erkenntnis in der gegenseitigen Abhängigkeit und Verbundenheit aller Wesen besteht, ist die altruistische Grundhaltung unmittelbares Resultat von durch Meditation erzielter Einsicht. Bewußtseinsschulung bedeutet auch, die Emotionen zu kultivieren. Diese sind nicht reduzierbar auf Weisheit und nicht nur Mittel zu einem anderen Ziel, und schon gleich gar nicht kann die These vom ›kammatischen‹ (auf das rechte Handeln ausgerichteten) Laienbuddhismus gegenüber dem ›nirvanischen‹ (auf die Befreiung aus dem

34 So Damien Keown, *The Nature of Buddhist Ethics*, New York 2001 (zuerst 1992).

Daseinskreislauf durch Meditation und Einsicht beruhenden) Buddhismus der Mönche aufrechterhalten werden.[35] Vielmehr streben Mönche wie Laien letztlich nach dem *nirvāṇa*, zunächst aber nach einer guten Wiedergeburt unter Umständen, die den Fortschritt zum letztgültigen Heilsziel ermöglichen. Eine gute Wiedergeburt aber erlangt man mittels positiver Bewußtseinsformung (*puṇya*), die durch dem *dharma* gemäßes Handeln erlangt wird. Aus Inschriften (vor allem ›Widmungen‹ von Gaben an den *saṃgha* [wie Statuen, Stūpas usw.][36]) wissen wir, daß sowohl Mönche als auch Laien bereits im 3. Jahrhundert v. Chr., also beinahe vom Beginn der Geschichte des Buddhismus an, ein doppeltes Lebensziel verfolgten: Einerseits lebte man in der Erwartung, durch Weisheit das Ziel des *nirvāṇa*, also einen (Geistes-)Zustand jenseits dieser Welt, zu erreichen, andererseits ging es darum, mittels positiver Bewußtseinsformung (*puṇya*) durch Handeln (*karman*) die jeweilige Stellung des Individuums im weltlichen Leben, im *saṃsāra* also, zu verbessern. Der Buddhismus zeichnet sich dadurch aus, daß Einsicht bzw. Weisheit (*prajñā*) und barmherziges, tätiges Handeln (*śīla* bzw. *karuṇā*) zu integrieren sind. *Śīla* und *prajñā* konstituieren als Einheit primäre Dimensionen der Vervollkommnung, wobei ein meditativer Bewußtseinszustand notwendig ist, um beide vollkommen zu entwickeln.[37] Denn wenn Erkenntnis bzw. Weisheit das alleinige letzte buddhistische Ziel wäre, so könnten/müßten auch extreme Handlungen wie das Stehlen von Büchern oder Grausamkeiten legitimiert werden können, wenn sie der Erkenntnis dienen, was im Rahmen der buddhistischen Heilslehre allerdings

35 D. Keown, *The Nature of Buddhist Ethics* (S. 145, Anm. 34), S. 88 f.

36 Hierzu vor allem die Arbeiten von Gregory Schopen, z. B.: *Mahāyāna in Indian Inscriptions*, in: Indo-Iranian Journal 21 (1979), S. 1-19; *Two Problems in the History of Indian Buddhism. The Layman/Monk Distinction and the Doctrines of the Transference of Merit*, in: Studien zur Indologie und Iranistik 10 (1985), S. 9-47; *Archeology and Protestant Presuppositions in the Study of Indian Buddhism*, in: History of Religions 31 (1991-92), S. 1-23.

37 D. Keown, a. a. O., S. 55.

absurd wäre. Der Buddha hat vielmehr eine Gemeinschaft gestiftet (*saṃgha*), die dem *dharma* gemäß leben will und in ihrer Struktur weltliche Belange so wahrnehmen soll, daß das Ziel des *nirvāṇa*, das alle Lebewesen erlangen sollen, durch die gesamte Lebensweise gefördert wird. Dabei nehmen die vier unterschiedlichen Gruppen des *saṃgha* (*catuṣ pariṣad*), nämlich Mönche (*bhikkhu*, skt. *bhikṣu*), Nonnen (*bhikkhuṇī*, skt. *bhikṣuṇī*), Laienanhänger (*upāsaka*) und Laienanhängerinnen (*upāsikā*), verschiedene Funktionen und Aufgaben wahr, die sich aus der möglichen Intensität der *dharma*-Praxis ableiten.

Wir wollen nun, obigem Schema entsprechend, einige Grundaspekte der buddhistischen Lebenspraxis behandeln. Sie werden an vielen Stellen des Pāli-Kanons dargelegt, wir wollen hier aber zunächst die Ethik nach den Ausführungen des *Sāmaññaphala-Sutta*[38] genauer betrachten.

Śīla

Allgemeine Ethik der Laien und der Ordensmitglieder (Mönche und Nonnen)

Liebevolle Freundlichkeit (*mettā*, skt. *maitrī*), Güte, Milde und barmherzige Hinwendung zu allen Wesen (*karuṇā*) sind das Leitmotiv der gesamten buddhistischen Ethik. Diese Ethik wird für Laien-Buddhisten wie für Mönche und Nonnen in den fünf grundlegenden moralischen Regeln (*pañcaśīla*) zusammengefaßt, die ohne Einschränkung gelten. Sie sind abgeleitet aus zwei Grundeinsichten:

– aus dem Gebot der Geistesschulung, nach der solche Faktoren ausgeschaltet werden müssen, die Unwissenheit, Begehren und Haß als mentale Verunreinigungen (*kleśa*) hervorzubringen und somit stets negatives *karman* erzeugen,

– aus der Einsicht in die gegenseitige Abhängigkeit aller

38 DN 2.

Wesen. Eine beliebte Meditationsformel lautet: »Im Kreislauf der Geburten sind alle Wesen einander Mutter und Vater gewesen, so will ich sie entsprechend behandeln.«

Die ethischen Verhaltensregeln sind nicht nur Anweisungen für das körperliche Handeln, sondern sie sind jeweils in dreifacher Weise bezogen auf Körper, Rede und Geist. Dabei geht es immer darum, solche Einstellungen und Handlungen zu *überwinden*, die negatives *karman* erzeugen, und deshalb gleichzeitig Einstellungen und Verhaltensweisen zu *kultivieren*, die dem buddhistischen Weg zur Befreiung dienlich sind. Die fünf grundsätzlichen Tugenden (*pañcaśīla*) der Laienethik, die selbstverständlich auch für Mönche und Nonnen gelten, sind:

1. *Nicht-Verletzen* von Lebewesen (*ahiṃsā*), eine Haltung, die bereits vor der Zeit des Buddha im Jainismus bekannt war. Diese Tugend bedeutet nicht nur, auf physische Gewaltanwendung zu verzichten, sondern zum Beispiel auf der Ebene der Rede, keine unfreundlichen oder verletzenden Worte zu gebrauchen. Positiv gesprochen wird diese Tugend durch die vier *brahmavihāras* oder *apramāṇas* (die »Unermeßlichkeiten«) erfüllt, die jeder Buddhist im täglichen Leben bewußt in alle Situationen ausstrahlen soll:[39]

– liebende Freundlichkeit zu allen Wesen (*maitrī*),
– heilende Hinwendung zu allen Wesen (*karuṇā*),
– Mit-Freude über geistiges Aufwärtsstreben (*muditā*),
– nicht-wertende Gesinnung von Gleichmut (*upekṣā*).

2. *Nicht-Nehmen* (*asteya*) dessen, was nicht gegeben wird. Dies bedeutet, jede Form von *Begehrlichkeit* zu überwinden. Positiv ist dies die Empfehlung der Freigebigkeit (*dāna*), die häufig als der Königsweg zur Reinigung für die Laien betrachtet wird.[40]

3. *Keine unheilsamen* (von Begierde geprägten) *sexuellen Beziehungen* pflegen (*brahmacārya*), was nur für die Mönche und Nonnen völlige Enthaltsamkeit bedeutet. Positiv bedeutet

39 *Tevijja Sutta*, DN 13, 76ff.
40 Vin., *Mahāvagga* 19.

dies, alle Beziehungen aus gegenseitigem Respekt heraus zu gestalten, denn man hat ja erkannt, daß Partner gegenseitig voneinander abhängig sind.

4. *Wahrhaftigkeit* (*satya*), die vor allem auch sprachliche Zurückhaltung meint und unnützes Reden vermeidet. Positiv bedeutet dies, milde und freundliche Rede zu pflegen.

5. *Vermeidung von Rauschmitteln* (*surāmeraya*), weil sonst geistige Konzentration, die auch für Laien wichtig ist, unmöglich würde. Positiv bedeutet dies, durch unablässige Übung die Klarheit des Bewußtseins zu kultivieren.

Nicht allein die *Enthaltung* von negativen Gedanken, Worten und Handlungen, sondern auch die *Kultivierung* heilsamen Denkens, gütiger Sprache und positiver Taten macht die buddhistische Ethik aus. Dabei sollen auch die Laien keineswegs nur den wirtschaftlichen Unterhalt der Mönche und Nonnen im Blick haben, sondern selbst aktiv an der Praxis und Verbreitung des *dharma* Anteil nehmen, ja, es wird berichtet, daß Laien sogar Mönche unterrichtet hätten.[41] Entscheidend ist die Motivation und auch die sprachliche Kommunikationsform – sie darf weder aggressiv noch verletzend sein, angebracht sind vornehme Zurückhaltung und milde Ermahnung. So bezieht sich Gewaltfreiheit (*ahiṃsā*) auf *alle* fühlenden Lebewesen und bedarf der positiven Füllung, der heilenden Hinwendung zu allen Wesen (*karuṇā*). Auch das Gelübde des Bodhisattva im Mahāyāna, alle Wesen vom Leidenskreislauf zu befreien, ist eine Folge dieser Tugend. Die genannte Praxis der »Vier Unermeßlichkeiten« (liebevolle Freundlichkeit, Barmherzigkeit, Freude, Gleichmut) ist »Liebe ohne Anhaften«. Der Begriff des »Gleichmutes« (*upekṣa*), gelegentlich auch als »Gleichgültigkeit« übersetzt (und in der späteren Theravāda-Orthodoxie, etwa bei Buddhaghosa, auch so gemeint), hat in europäischen Übersetzungen zu Mißverständnissen geführt. Gleichmut bedeutet nicht Gleichgültigkeit, sondern Gleich-Gültigkeit, das heißt, es geht darum, gegen-

41 AN 8, 21; 8, 25. Hinweis bei P. Schmidt-Leukel, *Understanding Buddhism* (S. 84, Anm. 28), S. 74f.

über allen Wesen und Personen die gleiche wohlwollend-liebevolle und nicht-wertende Einstellung zu entwickeln, völlig ungeachtet der subjektiven Empfindung, ob ein Ereignis als angenehm, unangenehm oder neutral erlebt wird. Es ist die Tugend des »Nicht-Bewertens«.

Auch diese »Vier Unermeßlichkeiten« sind mit Geist, Rede und Körper zu üben. Zuerst wird man also ein entsprechendes Denken und Empfinden kultivieren, um diese Gedanken dann in die ganze Welt auszustrahlen, gerade auch in Situationen des Unfriedens hinein. Man stellt sich diese Situationen genau vor und ›durchstrahlt‹ sie. Die Erzählungen aus den Jātakas und aus dem Leben des Buddha sind voller Berichte, die von der Wirkungskraft dieser Übung erzählen. Sodann ist diese Haltung in der direkten Kommunikation mit anderen zu üben, in der Sprache, dem Tonfall, dem Vermeiden harscher Worte. Und schließlich leitet der Buddhismus auch zu entsprechendem Handeln an, legt aber das Schwergewicht eher auf die Kultivierung der Gedanken und Empfindungen.

Die buddhistische Psychologie hat Methoden erarbeitet, um beim Auftreten eines negativen Gefühls durch die Kultivierung eines positiven Gedankens, durch das genau entsprechende ›Gegenmittel‹ also, das Bewußtsein in die gewünschte Bahn und Stabilität zu lenken. Im Rahmen dieser Darstellung können wir jedoch auf Einzelheiten nicht eingehen.

Zwei Texte, die die Bedeutung und den besonderen Charakter der buddhistischen »Liebe ohne Anhaften« eindrucksvoll zur Geltung bringen, seien hier (auszugsweise) zitiert, ein Text aus dem frühen Buddhismus (*Itivuttaka*) und das ›Hohelied der Liebe‹ im Mahāyāna-Buddhismus (*Vimalakīrtinirdeśa-Sūtra*):

> Was es auch immer, o Mönche, für Dinge gibt, die im Rahmen des Geburtenkreislaufs Verdienst an Tugend bewirken – alle diese haben nicht den Wert eines Sechzehntels der Liebe, der Gemütserlösung; die Liebe, die Gemütserlösung eben umfaßt diese, leuchtet und flammt und strahlt. Wie nun so, o Mönche, aller Sternenglanz nicht den Wert

eines Sechzehntels des Mondscheins hat, der Mondschein eben diese umfaßt, leuchtet und flammt und strahlt – ebenso nun, o Mönche, gilt: Was es auch immer, o Mönche, für Dinge gibt, die im Rahmen des Geburtenkreislaufs Verdienst an Tugend bewirken – alle diese haben nicht den Wert eines Sechzehntels der Liebe, der Gemütserlösung ⟨...⟩.

Wer Liebe entstehen läßt,
unermeßliche, mit Bedacht –
dünn werden die Bande ihm,
der das Versiegen des Anhaftens schaut.
Nur *einem* Lebewesen mit argloser Gesinnung
Liebe erweisend, wird er dadurch tugendhaft.
Mit allen Wesen im Geist mitleidig,
erwirkt der Edle reichen Verdienst.
Die nach der Ersiegung der Erde
mit ihren Menschenscharen
als königliche Weise,
als Opferveranstalter, umherzogen –
gegenüber einem liebevollen, wohlgefügten Gemüt
haben sie nicht ein Sechzehntel des Wertes.
Wer nicht tötet, nicht töten läßt,
nicht unterdrückt, nicht unterdrücken läßt,
Liebe erzeigt allen Wesen,
Feindschaft (droht) ihm von niemandem.

(*Itivuttaka* 27.)[42]

Und der Text aus dem Mahāyāna-Buddhismus, aus dem klar hervorgeht, daß Liebe und Anhaften nichts miteinander zu tun haben, insofern Liebe frei von Begierde ist, da sie nicht auswählt und wertet:

Der Bodhisattva Mañjuśrī sprach zu dem Licchavi Vimalakīrti: »Ehrenwerter Herr, wie sollte ein Bodhisattva über alle Lebewesen denken?«

Vimalakīrti antwortete: »Mañjuśrī, ein Bodhisattva sollte alle Lebewesen betrachten wie ein weiser Mann die Spie-

42 Übersetzung von Klaus Mylius, *Die Vier Edlen Wahrheiten. Texte des ursprünglichen Buddhismus*, München [5]1994 (zuerst 1983), S. 214ff.

gelung des Mondes im Wasser betrachtet oder wie Magier Menschen, die durch Magie entstanden sind, betrachten. Er sollte sie betrachten wie ein Spiegelbild im Spiegel, wie das Wasser einer Fata Morgana, wie den Klang des Echos, wie einen Wolkenhaufen am Himmel, wie den Anfangspunkt einer Seifenblase, wie die Erscheinung und Auflösung einer Wasserblase 〈...〉«.

Daraufhin fragte Mañjuśrī weiter: »Edler Herr, wenn ein Bodhisattva alle Wesen auf solche Weise betrachtet, wie kann er dann große Liebe (*mahāmaitrī*) zu ihnen entwikkeln?«

Vimalakīrti antwortete: »Mañjuśrī, wenn ein Bodhisattva alle Lebewesen so betrachtet, denkt er: ›So wie ich den Dharma in mir verwirklicht habe, so möchte ich ihn auch alle Wesen lehren.‹ Damit erzeugt er Liebe, die wahrlich eine Zuflucht für alle Lebewesen ist; eine Liebe, die frei ist vom Besitzergreifen; Liebe, die nicht fieberhaft ist, weil sie frei von unreinen Motivationen ist; Liebe, die mit der Wirklichkeit übereinstimmt, weil sie in allen drei Zeiten (Gegenwart, Vergangenheit und Zukunft) gleichbleibend ist; Liebe, die konfliktfrei ist, denn sie ist frei von Gewalt, die mit Leidenschaften verbunden ist; Liebe, die in sich nicht-zwei ist, denn sie ist weder in das Äußere noch in das Innere verstrickt; Liebe, die unerschütterlich ist, weil sie unbedingt ist.

Damit erzeugt er Liebe, die fest und von unzerbrechlicher Entschlossenheit ist wie ein Diamant; eine Liebe, die rein ist, gereinigt in ihrem innersten Wesen; eine Liebe, die gleich ist, weil ihr Bestreben gleich ist; die Liebe des Heiligen, die den Gegner überwunden hat; die Liebe des Bodhisattva, der beständig daran arbeitet, die (geistige) Entwicklung anderer zu fördern; die Liebe des Tathagata, die die Wirklichkeit versteht; die Liebe des Buddha, die Lebewesen aus ihrem Schlaf erwachen läßt; Liebe, die spontan ist, denn sie ist spontan vollkommen erleuchtet; Liebe, die Erleuchtung ist, denn sie ist die Einheit der Erfahrung; Liebe, die keine Bestätigung sucht, denn sie hat Gier und

Abneigung überwunden; Liebe, die große heilende Hinwendung (*mahākaruṇā*) ist, denn sie verleiht dem Mahāyāna Strahlkraft; Liebe, die sich niemals erschöpft, denn sie erkennt die Leere und das Nicht-Selbst; Liebe, die Geben (*dāna*) ist, denn sie lehrt den Dharma frei und ohne Geiz; Liebe, die Tugend (*śīla*) ist, denn sie macht die Lebewesen besser; Liebe, die Geduld (*kṣānti*) ist, denn sie schützt einen selbst wie die andern; Liebe, die Tatkraft (*vīrya*) ist, denn sie übernimmt Verantwortung für alle lebenden Wesen; Liebe, die Meditation (*dhyāna*) ist, denn sie enthält sich der Zügellosigkeit des Genusses; Liebe, die Weisheit (*prajñā*) ist, denn sie erlangt (Weisheit) zur geeigneten Zeit; Liebe, die Methode zur Befreiung (*upāya*) ist, denn sie weist den Weg überall; Liebe, die ohne Selbstruhm (*dambha*) ist, denn sie ist in der Motivation rein; Liebe, die ohne Arglist ist, denn sie handelt aus entschiedener Motivation; Liebe, die von hoher Entschlußkraft ist, denn sie ist ohne Leidenschaften; Liebe, die ohne Illusion (*māyā*) ist, denn sie ist nicht künstlich; Liebe, die Glück (*sukha*) ist, denn sie führt die Lebewesen zum Glück des Buddha. So, Mañjuśrī, ist die große Liebe eines Bodhisattva.« (*Vimalakīrti-nirdeśa-Sūtra*, Kap. 6.)[43]

Spezielle Ethik der Mönche und Nonnen

Die Regeln für Mönche und Nonnen, die im Vinaya kanonisiert sind, gehen wesentlich über die fünf beschriebenen Grundregeln hinaus. Sie stiften die Identität des Ordens und sind daher für die zum Orden Zugehörigen durch Gelübde verbindlich. Sie sind eine Norm, die interpretierbar ist und durch Analogieschlüsse auf neue Situationen modifiziert angewendet werden kann, wenn nicht ausdrückliche Verbote und Gebote einen engen Spielraum setzen. Mönche und

43 Übersetzung von M. v. Brück, *Vimalakīrtinirdeśa-Sūtra*, in: M. v. Brück, *Weisheit der Leere* (S. 53, Anm. 14), S. 257ff.

Nonnen sind motiviert, eine Gemeinschaft aufzubauen, die, dem Ideal der Gewaltfreiheit verpflichtet, eine herrschaftsfreie, nicht-zentral gelenkte Gemeinschaft darstellen kann – Beschlüsse werden durch Konsens herbeigeführt, das Senioritätsprinzip im Kloster hat dennoch große Bedeutung. Ordensmitglieder sollen Vorbilder für die Laien sein und an Güte, Zurückhaltung und Genügsamkeit die im alten Indien allgemein für Asketen gültigen Standards noch übertreffen, um die Glaubwürdigkeit der Lehre des Buddha zusätzlich unter Beweis zu stellen, ohne jedoch dem Körper zu schaden. Mönche und Nonnen enthalten sich strikt aller sexuellen Aktivitäten,[44] meiden Vergnügungen jeder Art (Tanz, Musik, Schmuck usw.), sind mäßig beim Speisen (nur eine Mahlzeit pro Tag) und zufrieden mit dem, was ihnen die Laien an Speisen geben. Junge Mönche treten gewöhnlich mit sieben oder acht Jahren ins Kloster ein und beginnen ihr monastisches Training unter strenger Aufsicht, die volle Ordination wird aber frühestens im Alter von 20 Jahren (von der Empfängnis an gerechnet) gewährt. Soldaten, Sklaven, Dieben usw. war der Eintritt in den Orden verwehrt, um auszuschließen, daß sie sich auf diese Weise ihren Verpflichtungen bzw. ihrer Verantwortung entziehen konnten. Die Kastenzugehörigkeit aber ist irrelevant, denn Reinheit, so der Buddha, hänge nicht an der Geburt, sondern an der Geisteshaltung und dem Verhalten. Die Ordensmitglieder besitzen nur wenige Gegenstände: eine Robe aus drei vernähten Flicken (für Nonnen aus fünf Stücken), die Bettelschale, ein Rasiermesser, Nadel, Gürtel und ein Wassersieb, im Bedarfsfall auch Medizin. Die ›Hauslosigkeit‹ bedeutete in der Frühzeit des Ordens, daß die Mönche nur in der Regenzeit feste Quartiere bezogen und ansonsten eine moderate Wanderaskese pflegten, um auf diese Weise an nichts anzuhaften[45] und gleichzeitig den *dharma* auf Wanderschaft weiterzugeben. Die Gelübde waren auf Dauer angelegt, doch konnte und kann ein Mönch

44 Dazu mehr auf S. 261 f.

45 Z. B. *Dhammapada* 283 ff.

oder eine Nonne die Gelübde zurückgeben und die Robe ausziehen, wenn er oder sie den *vinaya*-Vorschriften nicht mehr nachkommen will oder kann.

Die 227 Regeln für die Mönche, festgehalten anhand der Strafbestimmungen bei Übertretung im *Prātimokṣasūtra* des Vinaya, und die 311 Gebote für die Nonnen regeln alle Details des Alltags, von den Speisegewohnheiten über Kleidervorschriften bis zum Umgang mit Ordensbrüdern und -schwestern. Alle äußerlichen Enthaltungen dienen der geistigen Selbstzucht, der Kontrolle von Gedanken und Emotionen. Die Ordensregeln werden in einem »Beichtformular« (*prātimokṣa*) vierzehntägig nach dem Mondkalender in der versammelten Gemeinschaft (*saṃgha*) rezitiert, wodurch sie erinnert und neu eingeprägt werden. Dabei wird denen, die eine oder mehrere Regeln übertreten haben, die Gelegenheit zum öffentlichen Bekennen ihrer Verfehlungen gegeben. Tut ein Übertreter dies nicht, ist er unwahrhaftig und zieht noch größere Verfehlung, also karmische Verstrickung, auf sich. Bei den meisten Verfehlungen genügt das öffentliche Bekenntnis, um den Ausgleich wiederherzustellen. Die Regeln variieren in den Kanones der verschiedenen Schulen nur geringfügig, die Grundregeln hingegen sind gleich. Daraus kann man schließen, daß diese Regeln tatsächlich auf die früheste Zeit der buddhistischen Bewegung zurückgehen und derselben ihre Identität gegeben haben.

Die Gewichtung der Regeln und die Schwere ihrer Übertretung wird durch eine dreifache Einteilung vollzogen:

1. solche Vergehen, die in der allgemeinen »Beichtzeremonie« öffentlich bekanntgemacht werden und durch diesen Akt der Buße als gesühnt gelten (*pācittiyā dhammā*). Das sind beispielsweise: wissentlich eine Unwahrheit sagen, einem Mönch (auch spaßeshalber) die Gewänder verstecken, es an Ehrerbietung einem Älteren gegenüber fehlen lassen, einen anderen Mönch erschrecken, Alkohol zu sich nehmen;

2. solche Vergehen, die auf einer besonderen Versammlung des Ordenskapitels beraten werden müssen (*saṃghadisesā dhammā*). Das sind beispielsweise: sich selbst absichtlich einen Sa-

menerguß herbeiführen, eine Frau streicheln, Kuppelei treiben, jemanden verleumden;

3. solche Vergehen, die jegliches Erlösungsstreben vereiteln und den sofortigen Ausschluß aus dem Orden nach sich ziehen (*pārājikā dhammā*). Dies sind vier Vergehen, deren Wortlaut hier vollständig zitiert werden soll:

1. Welcher Mönch auch, der die Übung und die Lebensweise der Mönche auf sich genommen hat und der sich von dieser Übung nicht zurückgezogen und sein Unvermögen kundgetan hat, (obwohl) er sich dem Geschlechtsverkehr, auch sogar mit einem Tier, hingibt, (dessen Erlösungsstreben) ist vereitelt; er ist ausgestoßen.

2. Welcher Mönch auch, der aus dem Dorf oder aus dem Wald etwas Nichtgegebenes nimmt, was man als Diebstahl bezeichnet, indem der König für solcherart Nehmen von Nichtgegebenem den Dieb, wenn ergriffen, töten, fesseln oder verbannen lassen würde, (indem er sagte:) »Du bist ein Dieb, du bist ein Narr, du bist verrückt, du bist ein Stehler!« – ein Mönch, der in dieser Weise Nichtgegebenes nimmt, auch dessen (Erlösungsstreben) ist vereitelt; er ist ausgestoßen.

3. Welcher Mönch auch absichtlich ein Menschenwesen des Lebens beraubt oder einen gedungenen Mörder dafür aussucht oder den Tod verherrlicht oder (jemand) zum Sterben aufstachelt, (indem er sagt:) »Hallo, Mensch, was ist dir mit diesem sündhaften, üblen Leben (gedient); der Tod ist für dich besser als das Leben!« – wer so denkend, mit einem so gefaßten Entschluß, auf verschiedene Arten (des Vorgehens) den Tod verherrlicht oder zum Sterben aufstachelt, auch dessen (Erlösungsstreben) ist vereitelt; er ist ausgestoßen.

4. Welcher Mönch auch ohne Kenntnis übermenschlicher Fähigkeit in bezug auf sich selbst Einsicht in das echte heilige Wissen vorgäbe, (indem er sagt:) »Solches weiß ich, solches erkenne ich!«, und der dann zu späterer Zeit, sei es gezwungenermaßen oder ohne Zwang, erfaßt von der Erwartung auf Reinigung, so spräche: »Nicht solches wissend,

Brüder, sprach ich: ›Ich weiß!‹; nicht erkennend, (sprach ich:) ›Ich erkenne!‹, leeren Unsinn plappernd« – wenn es Selbstbetrug durch Hochmut war, ist auch dessen (Erlösungsstreben) vereitelt; er ist ausgestoßen.

Rezitiert werden nun, o Ehrwürdige, die Regeln über die vier (Vergehen), die (jegliches Erlösungsstreben) vereiteln. Wenn der Mönch sich des einen oder anderen von ihnen schuldig gemacht haben sollte, erhält er nicht (länger das Recht) zum Zusammenwohnen mit den Mönchen ⟨...⟩. Diesbezüglich frage ich: Seid ihr rein in dieser Hinsicht? Auch ein zweites Mal frage ich: Seid ihr rein in dieser Hinsicht? Auch ein drittes Mal frage ich: Seid ihr rein in dieser Hinsicht? Rein sind in dieser Hinsicht die Ehrwürdigen; darum (herrscht) Schweigen. So fasse ich es auf.[46]

Die eben zitierte Abschlußformel wird auch bei den anderen Vergehensklassen gesprochen, und wer schuldig geworden ist, hat dies zu bekennen.

Die ersten drei der hier genannten Kapitalvergehen bedürfen keiner Interpretation. Bezeichnend ist die Strenge, mit der der angebliche Besitz von und das Prahlen mit besonderen (parapsychischen) geistigen Fähigkeiten geahndet wird.

Samādhi

Durch die Praxis von *śīla* schaffen Mönche, Nonnen und Laien beiderlei Geschlechts die Voraussetzungen dafür, Meditation zu praktizieren. Allerdings ist die systematische Meditationspraxis meistens eher Aufgabe der Mönche und Nonnen gewesen. Buddhistische Meditation ist Versenkung (*samādhi*) des Bewußtseins, was bedeutet, daß die oberflächlichen, disparaten und einander widerstrebenden Bewußt-

46 Vinaya, *Pātimokkha*, übersetzt in: K. Mylius, *Die Vier Edlen Wahrheiten* (S. 151, Anm. 42), S. 315 f.

seinsbewegungen zu einem ruhigen Strom des Bewußtseins vereinheitlicht werden. Die notwendigen Voraussetzungen betreffen einerseits die physische Gesundheit, die durch Mäßigung erreicht werden soll, sowie andererseits die rechte Motivation zur Praxis, die durch das Hören und Memorieren der Lehren des Buddha entstehen soll. Die Motivation zur Ausdauer in der Übung entwickelt sich einerseits vor allem durch die *Analyse* der Vergänglichkeit und Leidhaftigkeit des Daseins, andererseits durch die Erkenntnis, daß die Wiedergeburt als Mensch selten und kostbar ist und darum keine Zeit vertan werden darf. Angesichts der Grundeinsicht in die gegenseitige Abhängigkeit aller Erscheinungen gibt es daher neben der *analytischen Meditation* eine *synthetische Bewußtseinsschulung*, bei der beispielsweise positive Gedanken und Empfindungen zunächst zu den Freunden, dann zu entfernteren Wesen, schließlich zu den Gegnern und dann in das ganze unermeßliche Universum (die »Vier Unermeßlichkeiten«) ausgestrahlt werden sollen.

Die Praxis der Meditationsübung hat in der Geschichte des Buddhismus, vor allem in Zentral- und Ostasien, erhebliche Veränderungen erfahren. Die frühbuddhistische Meditation ist im wesentlichen eine Achtsamkeitsmeditation (*satipaṭṭhāna*) gewesen, und die damit verbundenen Übungen sind, leicht abgewandelt und ergänzt, die Grundlage für alle Meditationssysteme im Buddhismus geblieben. Anfangs pflegten die buddhistischen Mönche und Nonnen offenbar sehr intensiv die Betrachtung des Todes als Sinnbild der Vergänglichkeit. Man meditierte an Leichenverbrennungsplätzen und visualisierte die Auflösung des Körpers ganz drastisch. Es gibt Berichte, daß Mönche daraufhin in Depressionen verfallen seien, die bis zum Suizid geführt hätten, weshalb der Buddha nun eher die Konzentration auf den Atem empfohlen habe.[47] So ver-

47 SN 54, 9 und AN 7, 70. Weitere Stellenangaben und Sekundärliteratur bei P. Schmidt-Leukel, *Understanding Buddhism* (S. 84, Anm. 28), S. 55. Dazu Damien Keown, *Buddhism & Bioethics*, New York 1995; Renate Noack, *Behutsamer Umgang mit dem Leben.*

schieden im einzelnen die Meditationstechniken sich auch entwickelt haben, *Achtsamkeit* ist und bleibt die wesentliche Übung.[48] Verschiedene allgemeine Übungen sollten zur Kultivierung des Geistes in diesem Sinne führen, so etwa

– die Beobachtung des Atemflusses,
– das Zählen des Atems,
– die Betrachtung der Unreinheiten des Leibes (bis hin zur Visualisierung von Leichen).

Darüber hinaus werden die sogenannten vier Bereiche der Achtsamkeit (*catvāri-smṛtyupasthāna*) unterschieden, die in ihrer Gesamtheit die vollkommene Achtsamkeit in bezug auf alle psycho-physischen Vorgänge ermöglichen:

– Achtsamkeit des Körpers (*kāya*, nämlich die Vergegenwärtigung, daß der Leib unrein ist),
– Achtsamkeit der Empfindungen (*vedanā*), nämlich die Vergegenwärtigung, daß diese leidvoll bzw. die mit Empfindungen verbundenen Erwartungen frustrierend sind,
– Achtsamkeit des Bewußtseins (*citta*), nämlich die Vergegenwärtigung, daß dieses fluktuierend ist,
– Achtsamkeit der äußeren Objekte (*dharma*), nämlich die Vergegenwärtigung, daß diese ohne substantielle Realität und vergänglich sind.

Hier geht es darum, die Analysen der buddhistischen Philosophie existentiell nachzuvollziehen, also eine klare Einsicht in die Vergänglichkeit aller Erscheinungen zu gewinnen. So wird in der Visualisierung der Körper in seine Einzelteile zerlegt, bis kein ›Körper‹ oder ›Ich‹ mehr wahrgenommen wird. Die äußeren Voraussetzungen bzw. Begleitumstände von angenehmen oder unangenehmen Empfindungen, von Lust und Leid, werden in ihrer Fluktuation visualisiert: Nichts bleibt, wie es ist, und so gibt es auch keinen Anlaß zum Anhaften.

Wann beginnt und wann endet Leben? Überlegungen aus buddhistischer Perspektive, in: Dialog der Religionen 8 (1998), H. 1, S. 59-90, hier S. 71-75.

48 *Satipaṭṭhāna-Sutta*, MN 10 und DN 22.

Von Anfang an haben Buddhisten in der Meditation aber auch die positiven Geisteshaltungen kultiviert, und dies in sehr konkreten Visualisierungen. Das betrifft alle »Vier Unermeßlichkeiten« (Liebe, heilende Hinwendung zu allen Wesen, Freude und Gleichmut), vor allem aber Liebe (*maitrī*) und heilende Hinwendung bzw. Barmherzigkeit (*karuṇā*). Die buddhistische Meditation ist, wenn wir die frühesten uns verfügbaren Texte betrachten, keineswegs nur bildlos und abstrakt gewesen, sondern hatte auch immer bildhaften bzw. imaginativen Charakter.[49] Es geht darum, alle Himmelsrichtungen mit liebender Güte zu durchdringen und für alle Wesen Barmherzigkeit auszustrahlen. Dies geschieht so, daß man zunächst an einem Punkt innerhalb des eigenen Körpers (Herz, Bauch, Kehlkopf, Kopf usw.) die betreffende Energie bildhaft und mit Farbvorstellungen gekoppelt so lebendig wie möglich vorstellt. Dann wird diese innere Empfindung ausgedehnt, wobei sich das begrenzte Ich-Gefühl mit auflöst. Diese Ausstrahlungen werden entweder als rein geistig verstanden oder mit einem subtilen Körper verbunden, der sich raum-zeitlich unbegrenzt ausdehnt. So ist diese Bewußtseinsstrahlung als solche aktiv und in der Welt wirksam. Darüber hinaus jedoch wird das in der Meditation Imaginierte allmählich zur charakterlichen Grundhaltung des Übenden, der nun auch auf dieser Grundlage anders in der Welt handeln kann. Weltflüchtig ist diese Meditation keineswegs! Sie hat im Mahāyāna zu der Konsequenz geführt, daß der Bodhisattva nicht eher die Früchte seiner geistigen Reifung, nämlich das *nirvāṇa*, genießen wird, bevor er sich nicht aktiv um die Befreiung aller Wesen in der Welt gekümmert hat und alle Wesen tatsächlich ›befreit‹ sind.

Wir wollen die Ausführungen zu diesem zentralen Thema des Buddhismus zusammenfassen: *Achtsamkeit* (Pāli *satipaṭṭhāna*)[50] ist im Buddhismus eine Art und Weise des konzen-

49 Dazu Dieter Schlingloff, *Die Religion des Buddhismus*, Bd. 2, Berlin 1963, S. 86ff.

50 Dazu vor allem das *Satipaṭṭhāna-Sutta*, MN 10 (I, S. 56-63).

trierten Bewußtseins, in der es sich selbst und alle Außeneindrücke wahrnimmt. Achtsamkeit ist reines Beobachten oder Gewahrsein, ohne daß mentale oder kognitive Projektionen die Wahrnehmung und die mentale Wahrnehmungsverarbeitung trüben würden. Die normale Aufmerksamkeit des Menschen ist eher diffus. Diese diffuse Präsenz bündelt sich in achtsamer Wahrnehmung, wenn ein Objekt erscheint, registriert und dann begrifflich gedeutet wird. Achtsamkeit ist damit der Kern jeder Wahrnehmungstheorie, jeder Ästhetik. Und da alles, was für den Menschen geschieht, im Bewußtsein repräsentiert bzw. konstruiert wird, ist Achtsamkeit die Pforte des Menschen zu sich selbst und zur Welt. Achtsamkeit erweist sich damit als objekt-zentriert. Sie ist eine wichtige Voraussetzung der meditativen Versenkung, aber gerade so ist sie nicht identisch mit Versenkung (*samādhi*). Denn diese hat letztlich kein Objekt, sie ist ein unbegrenzter Raum von Bewußtheit, der nicht näher beschrieben werden kann, weil jede Beschreibung Definition bzw. Abgrenzung bedeuten würde, während – jedenfalls in tieferen Versenkungsstufen – eine »Raumunendlichkeit« (wie es im frühen Buddhismus heißt) erzielt wird, die das Bewußtsein an nichts anhaften läßt.

Die buddhistische Wahrnehmungstheorie geht davon aus, daß alles Wahrnehmen im Bewußtsein vorgebildet wird.[51] Wahrnehmungen, Gefühle und Gedanken, die im Augenblick erscheinen, sind geprägt von früheren Wahrnehmungen, Gefühlen und Gedanken sowie von gegenwärtigen Eindrücken. Gegenwärtige Eindrücke werden nach Mustern verarbeitet, die im Verlaufe der Lebensgeschichte angelegt worden sind. Nichts wird wahrgenommen, ›wie es ist‹, sondern eingefärbt durch den Charakter, den das Bewußtsein bereits ausgebildet hat und durch den alles ›gefiltert‹ wird. Diesen Filter genau kennenzulernen, zu verstehen und zu ›reinigen‹, ist eine unabdingbare analytische Aufgabe, die mit Achtsamkeit vollzogen werden muß.

---

51 *Dhammapada* 1.

Die Meditationspraxis gestaltet sich sodann konkret in den vier meditativen Zuständen (*catur-dhyāna*), die einen Stufenweg der Versenkung bezeichnen und durch noch weitere Versenkungszustände ergänzt werden. Beschreibungen hierzu tauchen an vielen Stellen auf,[52] variieren etwas und lassen doch eine klare, einheitliche Grundstruktur erkennen.[53] Wir wollen hier den Meditationsprozeß beschreiben, wie er im *Sāmaññaphala-Sutta* (DN 2) dargestellt wird:

Der Buddha spricht auch in diesem Text zunächst von verschiedenen Vorstufen des angemessenen Verhaltens (*śīla*), wie wir es bereits beschrieben hatten. Als die fünf Haupthindernisse (*nīvarṇa*) des spirituellen Weges werden dabei diagnostiziert:

- sinnliche Begierde,
- Haß,
- Trägheit,
- Ichhaftigkeit und Geringschätzung anderer,
- Zweifel am rechten Weg.

Alle fünf wurzeln in der egozentrischen Verkapselung des Menschen, die durch positive Gegenmittel wie Achtsamkeit, Ruhe und Barmherzigkeit aufgebrochen werden kann. Werden diese Hindernisse nicht ernst genommen und durch *śīla* ausgeglichen, kann Meditation gefährlich werden, das heißt, man kann sich im Gelände des Geistes versteigen wie eine Gebirgsziege in den Bergen, die nicht ortskundig ist.[54] Diese Hindernisse treten auf, weil man dem eingebildeten Ich Sicherheit und Gewicht, also Identität geben möchte. Das Problem zeigt sich dabei in vielen Spielarten: Anhaften an ande-

52 Z. B. im *Mahāsaccaka-Sutta* des MN 36 und im *Sāmaññaphala-Sutta* des DN 2.

53 Bei den Sarvāstivādins und im Tibetischen Buddhismus werden fünf Stufen bzw. Zustände des Pfades (*mārga*) unterschieden, die insgesamt 37 Faktoren der spirituellen Verwirklichung systematisch aufeinander zuordnen. Dazu Michael A. Colsman, *Die fünf Wegetappen auf dem buddhistischen Heilsweg*, www.Forum-Ganzheitsorientierung.de (2007).

54 AN IV, 418.

ren Menschen, die man zum eigenen Identitätsgewinn instrumentalisiert, sexuelle Erlebnisse, die zur rauschhaften Ich-Stabilisierung benutzt werden, unmäßiger Genuß von Nahrung und Getränken sowie Rauschmitteln, durch die man sich selbst ›spüren‹ möchte. Aber auch Ansehen und Würde, ganz besonders auch spirituelle Praxis, können dazu benutzt werden, das Ich aufzublähen und Identität vorzuspiegeln.

Es kommt also darauf an, Freiheit von diesem Anhaften zu gewinnen – eine Freiheit von den Formen, eine Freiheit von den einmal feststehenden Identitäten. Denn, so fährt das *Sāmaññaphala-Sutta* fort:

– Aus Freiheit entsteht Ruhe,
– aus Ruhe erwächst Freude,
– auf der Grundlage der Freude wird die rechte Konzentration möglich.

Das ist, in dieser Reihenfolge, eine hochinteressante Vierheit. Freiheit erzeugt Ruhe. Nur ein freier Mensch, ein freies Bewußtsein, ein angstfreies Bewußtsein kommt zu der Ruhe, die notwendig ist, damit Freude entsteht. Und erst auf der Grundlage dieser selbstvergessenen Freude kann Konzentration erwachsen. Die hier angegebene Reihenfolge der geistigen Zustände ist ein Erfahrungswissen.

Nun folgt die Beschreibung der vier Phasen der Versenkung oder der vier Meditationszustände. Ich möchte sie hier etwas frei wiedergeben als:

– Abgeschiedenheit von Begierden,
– Abgeschiedenheit von Objekten,
– Abgeschiedenheit vom inneren Objekt der Freude,
– Abgeschiedenheit von der Abgeschiedenheit.

Die erste Stufe ist die *Abgeschiedenheit von Begierden.* In dieser Abgeschiedenheit gibt es, so der Buddha, kein Anhaften mehr, wohl aber noch begriffliches Denken und damit die Vorstellung von Objekten. Das heißt, die Dualität von Subjekt und Objekt, von einem, der etwas wahrnimmt, und von etwas, das wahrgenommen wird, bestimmt noch das Bewußtsein. Es gibt noch die Empfindung von Freude und Glück, aber die Begierde hört auf. Die Übung besteht in der Achtsamkeit auf den momentanen Augenblick. Das bedeutet, wenn der Übende einatmet, weiß er in gesammelter Wahrnehmung: »Ich atme ein.« Ebenso bei der Ausatmung. Man ist gleichsam ganz und gar in dem Vorgang, ohne von außen zu urteilen, abzuwägen und zu ›begehren‹. Überwindung von Begierde – nicht nur im Atem, sondern in Beziehung zu Menschen und Dingen – besagt dann auch, daß man sich mit dem Gegenstand der Aufmerksamkeit wirklich identifiziert, mit ihm in eine empathische Beziehung tritt. Wie ist das möglich? Durch liebende Güte (*maitrī*).

Die zweite Stufe ist die *Abgeschiedenheit von Objekten*. Hier hört nun auch jede Gegenständlichkeit auf, und man tritt in ein Bewußtsein der Nicht-Dualität ein. Praktisch bedeutet dies eine Integration, ein Einswerden der unterschiedlichen und widersprüchlichen Empfindungen. In jedem Meditationsprozeß durchlaufen wir diese Nicht-Dualität von Empfindungen. Normalerweise haben wir eine freudvolle Empfindung, eine leidvolle Empfindung, eine Empfindung, die uns Glück beschert, eine Empfindung, die uns Trauer bereitet usw. Je nachdem, worauf sich das Bewußtsein richtet, wechseln die Empfindungen, manchmal sogar sehr schnell. Das Bewußtsein kann sich nun aber darin üben, den unterschiedlichen Objekten gegenüber neutral zu bleiben und in seiner eigenen Stabilität zu verweilen, gleichsam als Zuschauer eines inneren Films die *innere Ruhe* wahrzunehmen. Dann erkennt man: Es liegt nicht an den Objekten, es liegt nicht an den Dingen, es liegt nicht an der Welt, es liegt an unserem Bewußtsein, am Fokus, den wir einstellen. Der Fokus erzeugt die Unterschiedenheit der Objektwelt, die auf dieser Stufe aufhört, das heißt, die Empfindungen werden eins. Es ist kein diskursives Denken mehr da, sondern nur das Gewahrsein als eine Art Plateau von Freude und Glück. Das *Sāmaññaphala-Sutta* zieht einen Vergleich, der deutlich machen kann, worum es geht: Der hier gemeinte Bewußtseinszustand wird verglichen mit einem See, der sich aus seinem eigenen Quellwasser speist und erneuert. Solcher Art ist das Bewußtsein des Menschen, der diese psychische Integration vollzogen hat. Das Glück, die Freude, die Stabilität – alles kommt aus der eigenen, stabilen Bewußtseinskraft. Und alle Objekte, alle Ereignisse, denen wir begegnen, fallen in diese Ruhe, in dieses Glück, in diese Freude hinein. Wir benutzen sie nicht, sondern wir sind in unserer Ausstrahlung allen Objekten gegenüber gleichförmig geöffnet.

Diese Erfahrung wird nun auf der dritten Stufe, die ich die *Abgeschiedenheit vom inneren Objekt der Freude* nenne, zu einer spirituellen Transformationserfahrung vertieft. An dieser Stelle führt der Text den Begriff *upekkhā*, skt. *upekṣā*, ein. Dieser Gleichmut ist die völlig gleiche, nicht vorurteilsgeprägte, nicht von eigenen Interessen oder egozentrischen Motivationen gelenkte Annahme dessen, was einem begegnet. Das, was begegnet, kann von außen oder von innen kommen. Auf dieser Stufe gibt es kein inneres Wünschen, auch keinen Wunsch nach spiritueller Erfahrung mehr. Der Buddha gebraucht dafür wieder einen Vergleich: Dieser Bewußtseinszustand ist wie ein Lotos im Wasser, bei dem sich die Blüte noch unter der Oberfläche befindet, so daß der Lotos völlig vom Wasser durchtränkt ist. Der Lotos wächst zunächst unter der Oberfläche und streckt sich dann über das Wasser hinaus, das heißt, die Blüte ist unter der Oberfläche schon da, wenn auch noch zusammengefaltet. Und gerade so ist sie völlig durchtränkt vom Wasser. Will sagen: Jede einzelne Empfindung, jede einzelne Wahrnehmung im alltäglichen Leben wird durchtränkt von dieser ununterschiedenen Glückseligkeit. Der Mensch verweilt nun ruhig in sich selbst, er ist völlig abgeschieden.

Die vierte Stufe ist die *Abgeschiedenheit von der Abgeschiedenheit.* Dies ist eine Haltung von vollkommenem Gleichmut, wo selbst der Gleichmut noch losgelassen wird. Diese Abgeschiedenheit ist ganz und gar selbstvergessen, denn auch die Abgeschiedenheit, die spirituelle Übung, die Meditation, die Religion werden losgelassen. Am ehesten kann man diesen Zustand als spontane Seligkeit bezeichnen, die voll bewußt ist. Im *Sāmaññaphala-Sutta* heißt es dazu: »Der [in diesem Geisteszustand Verweilende] sitzt dann da, diesen Körper mit dem gereinigten, dem geklärten Geist durchdringend; vom ganzen Körper bleibt ihm nichts undurchdrungen von dem gereinigten, dem geklärten Geist.«[55] Auch hier handelt es sich um die Einheit aller Empfindungen und aller Gedanken. Da nun aber auch eine Abgeschiedenheit von der Abgeschiedenheit erreicht ist, fällt der Unterschied von meditativer Ruhe und nach außen engagierter Aktivität weg. Alles Handeln und Nicht-Handeln ist eins. Das ist die vollkommene Integration des spirituell transformierten Menschen.

Diese vier Stufen sind die Voraussetzung für den Eintritt in noch weitere Versenkungsstufen, nämlich

- die Raumunendlichkeit,
- die Bewußtseinsunendlichkeit,
- das Nichts,
- der Zustand von Weder-Wahrnehmung-noch-Nicht-Wahrnehmung.

Es geht hier um Zustände, die nicht ganz einheitlich beschrieben werden. Nicht selten werden sie mit konkreten Visualisierungen verbunden, die anzeigen, daß es sich nicht um rein abstrakte und kaum nachvollziehbare Übungen handelt (so weisen Namen wie »Edelsteinkreis«, »Raumunendlichkeitsdurchdringung«, »Blitzleuchte«, »Mondeshelle« usw. vermutlich auf konkrete Übungen hin).[56] Mit der Raumunendlichkeit (*ākāśa*) verbunden ist die Einsicht, daß alle Bewußtseinsimpulse wie ein roter Faden durch die Perlenkette der unterschiedlichen körperlichen Zustände laufen. Die Bewußtseinsunendlichkeit (*vijñāna*) ist verbunden mit der Visualisierung, daß sich ein Geistkörper vom physischen Körper löst und/oder Emanationen des eigenen Bewußtseins als ›Energie der Barmherzigkeit‹ in Situationen des Leidens ausstrahlt. Eine verbreitete Übung besteht darin, auf diese Weise den

55 DN 2, 81: »so imam eva kāyaṃ parisuddhena cetasā pariyodātena pharitvā nisinno hoti, nāssa kiñci sabbāvato kāyassa parisuddhena cetasā pariyodātena apphutaṃ hoti.«

56 D. Schlingloff, *Die Religion des Buddhismus*, Bd. 2 (S. 160, Anm. 49), S. 88.

in der Hölle leidenden Wesen Linderung zuteil werden zu lassen. Das Nichts und die »Weder-Wahrnehmung-noch-Nicht-Wahrnehmung« entziehen sich dem sprachlichen Ausdruck. Diese Zustände sind verbunden mit höchster Bewußtheit und vollkommenem Geistesfrieden.

Diese geistigen Zustände werden nun in Entsprechung zu den Ebenen der kosmischen Entfaltung gedacht. Im Buddhismus unterscheidet man generell drei Ebenen oder ›Welten‹ im Kreislauf der Wiedergeburten, die sich durch zunehmende Subtilität auszeichnen, jeweils aber noch bedingt und vergänglich sind:

– *kāmadhātu* (die grobstoffliche Welt der Begierde),
– *rūpadhātu* (die feinstoffliche Welt der Formen),
– *arūpadhātu* (die aus feinsten Formen gebildete Welt noch subtilerer Art).

Diese kosmischen Ebenen sind wiederum mit Wesen von feinstofflicher und immer subtiler werdender Qualität bevölkert, d. h. mit den sogenannten »Göttern« (*deva*). Meditative Zustände sind damit nicht ›nur‹ innere geistige oder gar subjektive Empfindungen, sondern sie berühren Ebenen unterschiedlicher Subtilität, die so auch im kosmischen Geschehen aufgelistet werden. Dabei sind alle bisher genannten Versenkungsstufen noch der Welt im Kreislauf der Wiedergeburten (*saṃsāra*) zuzurechnen. Der Eintritt in das *nirvāṇa* hingegen bezeichnet eine völlig transzendente und unvergleichliche Realität. Damit ist aber auch gesagt: *Nirvāṇa* ist nicht nur ein innerer Bewußtseinszustand, sondern zugleich auch das ›Ziel‹ der Welt, das ganz ›jenseitig‹ ist. Allerdings hüten sich Buddhisten, hier etwas zu benennen, und auch diese Aussage ist letztlich falsch: Denn die Vorstellung von einem ›Jenseitigen‹ ist nur sinnvoll gegenüber dem ›Diesseitigen‹, somit ist sie an eine Dualität gebunden und deshalb bedingt. Doch genau das ist das *nirvāṇa* nicht! Es ist vielmehr leer (*śūnya*) von jeder möglichen Bestimmung, selbstverständlich auch leer von der Bestimmung ›Nichts‹.

Die genannten Entsprechungsverhältnisse können wie folgt schematisiert werden:

Versenkungsstufe	kosmologischer Bereich (*dhātu*)	Deva-Welt
1. sinnlich-gegenständlich	*kāmadhātu* (»grobstofflich«)	elementare göttliche Wesen
2. geistig-gegenständlich	*rūpadhātu* (»feinstofflich«)	33 Götter, Brahmā-Himmel, *tuṣita*-Götter, neun Sphären
3. ungegenständlich	*arūpadhātu* (»feinst-›formal‹«)	göttliche Wesen, die Geistqualitäten darstellen
– – – – – – – – – – – –	– – – – – – – – – – – –	– – – – – – – – – – – –
4. darüber die transzendente Sphäre	*nirvāṇadhātu* (»unaussprechlich«)	alle Substrate von Körper und Form überwunden

Eine weitere allgemein übliche Einteilung der Meditationsformen unterscheidet

1. *śamatha* (»Geistesberuhigung«),
2. *vipaṣyanā* (»Einsicht«) und
3. *prajñā* (»Weisheit«).

Śamatha ist die Konzentration, die sich einstellt, wenn der Atem beruhigt und die Bewußtseinsfluktuationen kontrolliert sind, *vipaṣyanā* ist die Einsicht in die nicht-inhärente Existenz aller Wesen und Erscheinungen, also in die gegenseitige Abhängigkeit und Nicht-Substantialität. Sie führt bereits hin zum dritten Aspekt des buddhistischen Weges, *prajñā*, dem Ziel aller Übung. Dies ist die Weisheit, die vor allem in der Erkenntnis des Entstehens in gegenseitiger Abhängigkeit besteht. Durch sie werden die Geistesverunreinigungen (*kleśa*), vor allem das Anhaften am Ich, überwunden. Die Weisheit drückt sich aus in den »Vier Edlen Wahrheiten«, der Lehre von den fünf *skandhas*, dem Entstehen in gegenseitiger Abhängigkeit, dem »Achtfachen Pfad«, den »Vier Unermeßlichkeiten«, der Lehre von der Leerheit (*śūnyatā*) aller Erscheinungen. Ist diese Weisheit vollkommen erlangt, ist Befreiung erreicht. Die Erfahrung der Befreiung ist bewußt, das heißt, es ist eine Erfahrung, in der der Befreite weiß, daß er befreit ist (*vimukti-jñāna*).[57] Im Mahāyāna wird die Bedeutung der Weisheit (*prajñā*) weiter entfaltet. Sie wird hier als weibliche Gottheit visualisiert und zum wichtigsten Symbol alles geistigen Strebens. Als maskuline Ergänzung zur Weisheit wird im Mahāyāna die Vorstellung von *upāya* verstanden; dies sind die geschickten Mittel, die Methode oder der Weg, der zur Weisheit führt, wobei *das* Mittel schlechthin die Barmherzigkeit bzw. die heilende Hinwendung zu allen Wesen (*karuṇā*) ist. Weisheit und Methode sind eine unzerstörbare Einheit.

Allerdings werden bereits im frühen Buddhismus die Aspekte der Weisheit und die Übungen, die zu ihr führen, in verschiedenen Listen aufgeführt. So gibt es eine Liste von 37 Übungen (*bodhipakṣya-dharma*), in der die gesamte Praxis zusammengefaßt wird, die das Erwachen (*bodhi*) ermöglichen soll:[58]

1-4 die vier Bereiche der Achtsamkeit (*smṛti-upasthāna*): des Körpers (*kāya*), der Empfindungen (*vedanā*), des Bewußtseins (*citta*), der Objekte (*dharma*);

5-8 die vier vollkommenen Anstrengungen (*samyak-prahāṇa*), die dem sechsten Glied des »Achtfachen Pfades« (*samyak-vyāyāma*) entsprechen: Verhinderung des Aufkommens übler Gedanken, die noch nicht vorhanden sind; Beseitigung übler Gedanken, die bereits vorhanden sind; Entwicklung positiver Gedanken, die noch nicht vorhanden sind; Bewahrung guter Gedanken, die bereits vorhanden sind;

9-12 die vier Übungen zur Erlangung übernatürlicher Kräfte (*ṛddhipāda*): Kultivierung von unerschütterlicher Motivation (*chanda*), unbeirrtes Streben (*vīrya*), geistige Durchdringung (*citta*), genaue Prüfung (*mīmāṃsā*);

13-17 die fünf wesentlichen spirituellen Haltungen (*indriya*): Vertrauen (*śraddhā*), unbeirrtes Streben (*vīrya*), Achtsamkeit (*sati*), Versenkung (*samādhi*), Weisheit (*prajñā*);

18-22 die fünf Kräfte (*bāla*), identisch mit den fünf wesent-

---

57 MN 36, 43 (I, S. 249): »vimuttasmiṃ vimuttam – iti ñāṇaṃ ahosi« (vgl. S. 96).

58 A. Hirakawa, *A History of Indian Buddhism* (S. 66, Anm. 2), S. 57.

lichen Haltungen, allerdings noch unerschütterlicher und stärker;

23-29 die sieben Glieder, die zum Erwachen führen (*saṃbodhi-aṅga*): Achtsamkeit (*sati*), unterscheidendes Urteilen in bezug auf den *dharma* (*dharma-vicara*), unbeirrtes Streben (*vīrya*), Freude (*prīti*), geistige Ruhe (*praśrabdhi*), Versenkung (*samādhi*) und Gleichmut (*upekṣā*);

30-37 der »Achtfache Pfad« (*āryāṣṭāṅga-mārga*).

Man sieht an der Wiederholung einzelner Elemente, daß ursprünglich getrennt überlieferte und leicht voneinander abweichende Listen zusammengefaßt worden sind und die Systematisierung nicht in jedem Fall völlig schlüssig ist. Dennoch ist hier die Praxis von *samādhi* bestens erfaßt:

Es geht in der buddhistischen Meditation nicht um außergewöhnliche Trancen, sondern um eine gezielte Transformation des Bewußtseins, damit der Mensch zu einem Gewahrsein aller inneren und äußeren Erscheinungen gelangt, die in jedem Augenblick integriert werden, so daß in jeder Situation ein projektionsfreies Verhalten möglich wird.

DIE LEHRE VOM NICHT-SELBST (›ANATTĀ‹) UND DIE REINKARNATION

Der Buddha hat die brahmanische Idee eines ewigen *ātman*, der vom *karman* der Welt unberührt bleibt, ausdrücklich abgelehnt. Seine *anātman*-Lehre (Pāli *anattā*) hat eine metaphysische und eine ethische Komponente: Metaphysisch geht sie den »mittleren Weg« zwischen den Extremen von Eternalismus (*sassatavāda*) und Nihilismus (*ucchedavāda*); ethisch geht sie den »mittleren Weg« zwischen Weltgenuß und völliger Askese. Denn wenn alles ›substanzlos‹ ist, haben die Wesen keine individuell-getrennte Existenz, sondern sie sind zutiefst miteinander verwoben. Nur durch dieses primäre Netz der Beziehungen ist jedes Wesen, was es ist.[59] Daraus ergibt sich fol-

59 Freilich trifft dies auch auf jeden Begriff zu, und zwar auf den

gerichtig, daß auch alle Lebewesen aufeinander angewiesen sind, und das ist das ethische Grundmotiv der *anātman*-Lehre. *Anātman* bedeutet auch, daß *alles* der Veränderung unterworfen ist, die durch *karman* gesteuert wird. Der Mensch und alle anderen Lebewesen sind Produkte des sich immer wandelnden *karman*, weshalb sich ein Leben niemals in völlig gleicher Weise wiederholen kann. Die Jātakas dokumentieren dies dadurch, daß keines der vergangenen Leben des Buddha dem anderen gleicht.

Wie aber kann die Lehre vom Nicht-Selbst Sinn ergeben, wo wir doch selbstverständlich das Gefühl eines Ich haben? Und wenn es kein Ich oder Selbst gibt, was wird dann eigentlich wiedergeboren? Diese Fragen sind im Buddhismus ständig neu gestellt worden, und sie sind immer eine treibende Kraft für die Kreativität in der Geschichte der buddhistischen Philosophie gewesen. Zunächst allerdings fällt auf, daß sich die erste Predigt des Buddha von Benares weniger um die Frage nach dem Nicht-Ich (*anātman*) kümmert, sondern um die Analyse von *duḥkha* kreist. Wir hatten den Begriff mit »Frustration« übersetzt und fassen die Bedeutung nochmals kurz zusammen: *Der Mensch leidet, weil er etwas begehrt, das er nicht haben kann, da es nicht so ist, wie er es sich wünscht.*

Die Erfahrung, daß Leben voller Frustration sei, war in der indischen Religionsgeschichte nicht neu. Das Besondere der Lehre des Buddha besteht darin, daß er auch die Augenblicke eines kurzen Vergnügens für nicht weniger leidvoll hält als den unmittelbaren Schmerz bzw. das Mißvergnügen. Kein philosophisches System des Hinduismus stellt alle Aspekte des Lebens unter solch ein universales Verständnis von *duḥkha*.

Begriff des Selbst ebenso wie auf den Begriff des Nicht-Selbst. Wenn man am Nicht-Selbst anhaftet, begeht man den umgekehrten Fehler, weshalb der Buddha auch die unumstößliche begriffliche Behauptung von ›Nicht-Selbst‹ nicht gelten läßt, sondern angesichts einer derartigen Frage im Schweigen verharrte (SN 44, 10). In Nāgārjunas Philosophie wird dieses Thema explizit aufgenommen – es gibt weder Selbst noch Nicht-Selbst, noch gibt es beide oder beide nicht (*MMK* 18, 6).

Dennoch ist die Lehre vom Nicht-Selbst (*anātman*) das auffälligste Merkmal, durch das sich die buddhistische Sicht des Menschen von der übrigen indischen Religions- und Geistesgeschichte abhebt. Freilich müssen wir fragen, was hier eigentlich verneint wird. Und das ist ein komplexes Problem. In den indischen Philosophien kann man im wesentlichen zwei grundlegend verschiedene Anschauungen über die ›Seele‹ oder das ›Selbst‹ unterscheiden, und beide scheinen von Anfang an als strukturierende Faktoren auf die späteren psychologischen und metaphysischen Systeme, einschließlich des Buddhismus, eingewirkt zu haben:[60]

1. Es gibt ein Selbst, das als reine Bewußtheit oder reines Bewußtsein betrachtet wird. Es ist die Instanz des Erkennens, eine Wesenheit, die aus sich selbst leuchtet, ohne jedes begrenzende Attribut oder einen spezifischen Inhalt und jeder tatsächlichen Wahrnehmung absolut transzendent. Es ist statisch und jenseits jeder Veränderung und allen Wandels.

2. Es gibt ein Selbst, das durch spezifische Inhalte charakterisiert ist. Es ist ein gestaltetes individuelles Selbst, ja, es ist eine Wesenheit, die als Kristallisationspunkt von Individualität gelten kann. Es ist und bleibt unterschieden von ähnlichen anderen Wesen und impliziert damit einen weltanschaulichen, realistischen Pluralismus. Dies ist offensichtlich die Grundannahme im Jainismus, allerdings hat dieses zweite Selbst auch beträchtliche Einflüsse und Spuren im hinduistischen und buddhistischen Denken hinterlassen.

Der buddhistische Bewußtseinsbegriff stellt eine spezifische Kombination dieser beiden Anschauungen des Selbst dar und bietet damit die Grundlage für die buddhistische Reinkarnationstheorie, wie ich später erläutern werde.

Für den Buddhismus ist der Glaube an die Reinkarnation über jeden Zweifel erhaben. Denn Reinkarnation ist heilsnotwendig, insofern die geistige Reinigung des Bewußtseins die Voraussetzung für den Eintritt ins *nirvāṇa* ist und nur über

---

60 Pratap Chandra, *Metaphysics of Perpetual Change. The Concept of Self in Early Buddhism*, Bombay und Neu Delhi 1978, S. 190f.

viele Leben hinweg verwirklicht werden kann. Die eigene Vorgeschichte des Buddha, von der die Jātaka-Erzählungen handeln, ist das archetypische Modell für diesen Zusammenhang.

Die Frage ist aber auch hier, *was* eigentlich wiedergeboren wird, da ja ein Selbst (*ātman*), das von Körper zu Körper wandern könnte, abgelehnt wird. Eines der schwer lösbaren Grundprobleme des gesamten buddhistischen Denkens ist genau dieser Widerspruch zwischen *anātman* auf der einen und Reinkarnation auf der anderen Seite.[61] Dieser mögliche, scheinbare oder auch reale Widerspruch – je nachdem, wie man *anātman* versteht – ist die treibende Kraft bei der Entwicklung des Verständnisses von *vijñāna* (»Bewußtsein«) gewesen. Somit dient die Theorie des Bewußtseins der Lösung dieses Widerspruchs auf einer höheren Ebene, und genau dies ist der Versuch des philosophischen Denkens in den Entwicklungen zum Mahāyāna-Buddhismus, und zwar sowohl im System der Mādhyamikas wie auch im Vijñānavāda (Yogācāra).

Wie schon erwähnt, stellt der buddhistische Bewußtseinsbegriff den Versuch dar, die Anschauungen vom Selbst als

a) reinem Bewußtsein (identisch mit sich selbst jenseits konkreter Wahrnehmungen) und

b) einem individuierten Selbst, das durch spezifische Inhalte geprägt ist,

zu verbinden. Das geschieht dadurch, daß man das Bewußtsein als Energie begreift,[62] die jenseits der gewöhnlichen be-

61 Dieses Problem hatte bereits die frühere Buddhologie im Westen erkannt, vgl. Erich Wolff, *Zur Lehre vom Bewusstsein (Vijñānavāda) bei den späteren Buddhisten. Unter besonderer Berücksichtigung des Laṅkāvatārasūtra*, Heidelberg 1930, S. 9f.

62 Die frühbuddhistische Literatur benutzt zwei Bilder: Die Kontinuität von einem Leben zum anderen ist wie das Entzünden einer Flamme an einer anderen (*Milindapañha* 2, 2, 1), siehe S. 175. Jedes Lebewesen ist eine Aufeinanderfolge von Diskontinuitäten, die eine kontinuierliche Bewegung ergeben, wie ein Rad, das den Boden immer nur an einer Stelle berührt und sich dadurch als gesamtes Rad fortbewegt (*Visuddhimagga* 8, 39). Oder

grifflichen Faktoren eine bloße Kapazität oder Möglichkeit darstellt, welche wiederum von anderen Faktoren abhängt, nämlich den Sinnesorganen und den Sinnesobjekten auf der einen Seite und einem Prinzip von Kontinuität im Wandel auf der anderen Seite – denn nur durch dieses letztere Prinzip wird ja die Fortsetzung der karmischen Kette möglich, die folgerichtig zur nächsten Inkarnation, mithin also zur Reinkarnation gemäß karmischen Bedingungen, führt.[63] Bereits im frühen Buddhismus wird diese wichtige Funktion des Bewußtseins in vielen Suttas erwähnt,[64] und in späteren Mahāyāna-Entwicklungen – keineswegs nur in der Vijñānavāda-Schule – entwickelt sich diese Funktion zu einer Art letztgültigem Prinzip.[65] Im folgenden möchte ich versuchen, einige Gesichtspunkte zu formulieren, die sich aus dem eben Gesagten für das Reinkarnationsverständnis ergeben.

Der Buddha erklärte, daß alles impermanent, leidvoll und ohne ›Selbst‹ ist (*anicca-dukkha-anattā*). Die Verbindung von Impermanenz (*anitya/anicca*) und Leidhaftigkeit (*duḥkha/dukkha*) liegt in der Natur des Bewußtseins und in der Wahrnehmung dessen, was man *śūnyatā* (»Leere«) nannte. *Śūnyatā* wurde erst viel später zu einem Schlüsselbegriff, aber die Einsicht selbst war erfahrungsmäßig bereits im frühesten buddhistischen Denken spürbar, insofern die Impermanenz aller Er-

---

in einem modernen Bild: Es ist wie ein Film, der aus aufeinanderfolgenden, diskontinuierlichen Bildern besteht, die aber mit hoher Geschwindigkeit aufeinanderfolgen und so die Illusion einer gleitenden Bewegung ergeben. Vgl. auch P. Schmidt-Leukel, *Understanding Buddhism* (S. 84, Anm. 28), S. 47f.

63 Es sei nur am Rande vermerkt, daß hier das Bewußtsein die Funktion übernimmt, die der *jīva* im Jainismus innehat.

64 Z. B. *Mahāvedalla-Sutta*, MN 43.

65 Dieses ›Prinzip‹ muß allerdings im Mahāyāna immer im Zusammenhang mit der grundlegenden Erfahrung der Leere (*śūnyatā*) gesehen und interpretiert werden. Das heißt, es handelt sich um eine nicht-dualistische und radikalisierte Interpretation der früheren Anschauungen von *anitya* (»Impermanenz«) und *anātman* (»Nicht-Selbst«) in ihrer wechselseitigen Beziehung.

scheinungen den radikalen Bruch mit einem Denken bedeutete, das hinter den flüchtigen Erscheinungen des Alltags ewige Substanzen auffinden wollte.

Die Grundfrage lautet darum: Gibt es ein permanentes Prinzip in der menschlichen Person oder nicht? Bei einer möglichen Antwort sind die Buddhologen genauso gespalten wie die Buddhisten selbst, und die gesamte Geschichte der 18 Schulen des frühen Buddhismus ist ein Kommentar zu diesem ungelösten Problem. Die frühe buddhistische Philosophie zählte die Frage der Existenz oder Nicht-Existenz einer Seele (die dann auch wiedergeboren werden könnte oder nicht) zu den letztlich unentscheidbaren (*avyakṛta*) Problemen.[66] Wir hatten gesehen, wie die Lehre von den *skandhas* darauf ausgerichtet ist, eine ›permanente Seelensubstanz‹ zu umgehen und statt dessen den Menschen als dynamische Selbstorganisation von energetischen Prozessen zu begreifen.

Aber immer wieder kam die Frage auf, was denn nun wiedergeboren würde. Im *Milindapañha*[67] beantwortet der Mönch Nāgasena die Frage mit einem alten buddhistischen Bildwort: Es ist wie das Entzünden eines Feuers an einer anderen Flamme. Ein Energieimpuls wird weitergegeben, und in gewisser Hinsicht sind beide Feuer dieselbe Energie, in anderer Hinsicht sind sie aber auch verschieden. Um die Kontinuität über die Wiedergeburten hinweg zu verdeutlichen, führten die Pudgalavādins eine »Person« (*pudgala*) ein, was von anderen Schulen als nicht-buddhistisch zurückgewiesen wurde. Aber nicht nur die Pudgalavādins versuchten, ein Prinzip der Kontinuität einzuführen, sondern auch die Sautrāntikas. Sie argumentierten sogar, daß es die *skandhas* (Pāli *khandhas*) seien, die von einem Leben zum anderen weitergehen würden. Sie schlugen vor, von einem »Samen des Guten« zu sprechen, der eine Art unzerstörbare Natur des Menschen dar-

66 *Cūḷamāluṇkyā-Sutta*, MN 63.

67 Vgl. die Übersetzung von Johannes Mehlig, *Weisheit des Alten Indien*, Bd. 2: *Buddhistische Texte*, Leipzig 1987, S. 374ff.

stellen würde. Und dies wäre dann die Basis für das ›Wesen‹, das *nirvāṇa* erlangt. Die späteren Yogācārins entwickelten diesen Ansatz zu einer Theorie der unzerstörbaren *dharmas* fort, die als Samen in einem unaufhörlichen Strom gelten sollten. Wir könnten hier weitere verschiedene Vorschläge aufzählen, doch es genügt, Edward Conze zu zitieren: »Diese Pseudo-Selbste sind nicht leicht studierbar, teilweise weil es zu wenige präzise Information darüber gibt, teilweise auch, weil die Begriffe deutlich unbestimmt sind.«[68]

Mit Blick auf die westliche Religionswissenschaft und auch auf neuere Studien in Indien ist es interessant zu vergleichen, wie unterschiedliche ideologische oder religiöse Interessen die Interpretation oder Fehlinterpretation der buddhistischen Texte bestimmt haben – von Schopenhauer bis zu Rhys Davids in der Kontroverse mit Hendrik Kern und Stcherbatsky oder bei Georg Grimm gegen Helmuth von Glasenapp.[69] Oft werden dabei die Begriffe Bewußtsein, Selbst, Person usw. in unkritischer und meist verschwommener Weise gebraucht, so daß sie mehr über die Anschauungen des Interpreten als über den Buddhismus sagen. Heute gibt es eine Tendenz anzunehmen, daß der Buddha ein ›Selbst‹ in einem mehr umfassenden und vollkommen transzendenten Sinn nicht geleugnet habe, obwohl er mit Sicherheit das ›Ich‹ als Zentrum des Anhaftens abgelehnt hat.[70]

Es gibt genügend Evidenz im Pāli-Kanon, wo von einer koordinierenden Instanz der karmischen Eindrücke gespro-

---

68 Edward Conze, *Buddhist Thought in India*, London 1962, S. 132.

69 P. Chandra, *Metaphysics of Perpetual Change* (S. 172, Anm. 60), S. 112ff.

70 Hajime Nakamura, *Die Grundlehren des Buddhismus, ihre Wurzeln in Geschichte und Tradition*, in: Heinrich Dumoulin (Hg.), *Buddhismus der Gegenwart*, Freiburg 1970, S. 9-34, hier S. 18ff.; vgl. dazu auch Masumi Shimizu, *Das »Selbst« im Mahāyāna-Buddhismus in japanischer Sicht und die »Person« im Christentum im Licht des Neuen Testaments*, Leiden 1981, S. 15.

chen wird, obwohl damit zweifellos nicht ein *unabhängiges* Selbst gemeint ist. Um nur ein Beispiel zu geben, möchte ich die berühmte Geschichte vom Lastträger anführen:[71] Der Buddha vergleicht hier den Menschen mit einem Wesen, das eine Last trägt (*bhāra*), wobei es sich um eine Kombination der verschiedenen Faktoren des Anhaften-Wollens handelt. Aber es gibt einen Träger der Last (*bhārahara*) außerhalb der fünf Aggregate, und dies ist eine Art von »Person« (*puggalo*, skt. *pudgala*) mit einem unverwechselbaren Namen und einer unwiederholbaren Familiengeschichte. Die Begierde ergreift die Last (*bhāradana*), und das Ende des Begehrens besteht im Ablegen der Last (*bharanikkhepan*). Offensichtlich beschreibt der Buddha hier den spirituellen Pfad der Befreiung, und dieser Befreiungsprozeß hat ein Subjekt.

Was aber ist denn nun das, was den Körper nach dem Tod verläßt und entweder in einen neuen Körper eintritt oder ins *nirvāṇa* eingeht? Der Buddhismus vergleicht den Vorgang bekanntlich mit einer Flamme, die letztlich ausgeblasen wird (*nir-vāṇa*). Besonders in westlichen Interpretationen wird dies gern als eine Auslöschung der Existenz dieses ›Etwas‹ gedeutet. Das aber ist höchst problematisch.[72] Auf die Frage nach dem Schicksal des Erleuchteten nach dem Tode antwortet der Buddha mit einer Gegenfrage:[73] Was widerfährt der Flamme, wenn sie ausgeblasen wird? Dies ist eine bemerkenswerte Frage, denn die Flamme ist Energie, die in einen Status der Potentialität oder in eine subtilere Wirklichkeitsebene zurückkehrt. Das ist nun keineswegs allein buddhistische Anschauung, sondern entspricht allgemein-indischer Wirklichkeitsdeutung.[74] Auch im Vedānta wandert nicht eine grob-

71 *Bhārahara-Sutta*, SN III. Vgl. die Interpretationsgeschichte dieses Textes bei P. Chandra, *Metaphysics of Perpetual Change* (S. 172, Anm. 60), S. 120f.

72 P. Chandra, a. a. O., S. 125, weist auf den Artikel von F. Otto Schrader hin: *On the Problem of Nirvana*, in: Journal of the Pali Text Society 1905, S. 157-170, hier S. 163.

73 *Aggivacchagotta-Sutta*, MN 72, 19 (I, S. 487f.).

74 Vgl. *Muṇḍaka Upaniṣad* III 2 und andere Texte.

stoffliche Substanz von Leben zu Leben, sondern Energie, zumal bereits in der Kausalitätstheorie der hinduistischen Sāṃkhya-Schule (*satkaryavāda*) gilt, daß die Wirkung bereits in der Ursache vorhanden sei. Diese innere Verknüpfung gilt mithin auch für das Verhältnis von einer Potenz zum Brennen und der Aktualität der Flamme. Nicht die grobstoffliche Manifestationsform des Lebens also, sondern die Flamme oder Energie des Lebens auf einer subtileren Realitätsebene wandert nach dem Tod in eine andere Existenz.

Weiterhin entwickelten die Buddhisten auf dem Hintergrund des bereits erwähnten *Milindapañha* die Theorie von *bhāvaṅga*, die ihren Weg in das Abhidharma-System fand und von Buddhaghosa übernommen wurde. Darunter verstand man einen kausalen Faktor der Existenz, eine Art »Lebenskontinuum«[75] zwischen zwei Geburten. In diesem Sinne entwickelten auch die Sautrāntikas ihre Lehre von der Kontinuität (*saṃtāna*). Hierbei gelten die *vāsanas* (»karmische Eindrücke«) als Eingravierungen in das Bewußtseinskontinuum, die relativ dauerhafte Strukturen erzeugen. Dies ist die Grundlage für die späteren Entwicklungen im Yogācāra-System mit seiner berühmten Lehre vom Speicherbewußtsein (*ālayavijñāna*). Die Sammitīyas sprachen sogar von einer gewissen Unabhängigkeit der Person, und die Pudgalavādins schließlich waren mindestens bis zum 7. Jahrhundert n. Chr. eine einflußreiche Schule in Nordwest-Indien,[76] was wohl kaum möglich gewesen wäre, wenn man sie der glatten Irrlehre hätte zeihen können (was freilich das Urteil der späteren, überdauernden Schulen war) und die Frage nach ›Selbst‹ oder ›Nicht-Selbst‹ ganz eindeutig aus dem Kanon beantwortbar wäre.

Ganz offensichtlich gelten jedenfalls die Eindrücke (*saṃskāras*) in das Bewußtsein (*vijñāna*) als Faktoren, die die Kette der Wiedergeburten weiterführen.[77] Die *saṃskāras* (Pāli *saṇ-*

75 E. Conze, *Buddhist Thought* (S. 176, Anm. 68), S. 132.

76 Nalinaksha Dutt, *Mahāyāna Buddhism*, Delhi 1977 (zuerst 1930).

77 Im *Mahātaṇhasāṅkhaya-Sutta* (MN 38) beginnt die *nidāna*-Kette, anders als im *Nidāna-Sutta* (SN XII, 2), mit *viññāṇa*.

khāras) sind psychische Formkräfte, d. h. karmische Willensakte oder mentale Faktoren, die den Charakter einer Person ausmachen. Wie ist das zu verstehen? Aufgrund der Körperlichkeit (*kāya-viññatti*) entstehen infolge der Willensaktualisierung (*kāya-sañcetanā*) heilsame oder unheilsame karmische Eindrücke, die dem Bewußtseinsstrom Form geben. *Sañcetanā* ist hier der Wille, der sich in körperlichen, sprachlichen oder mentalen Akten (*kamma*) manifestiert, denn der Willensimpuls ist Ursache für die Tat. Da *sañcetanā* und *cetanā* gleichbedeutend sind und der Begriff analog zu *saṇkhāra*[78] gebraucht wird, und da weiterhin beide Begriffe mit den entsprechenden Gliedern in der Kette des gegenseitig bedingten Entstehens (*paṭicasamuppāda*) identisch sind, ist hier bereits ein spezifisches Bewußtseinsverständnis angedeutet, das bei aller momentanen Augenblicklichkeit auch eine Basis für Kontinuität in der Ursache-Wirkungs-Verknüpfung aufweist.

Im frühen Buddhismus übernimmt *viññāṇa khandha* die Funktion, die andere Traditionen mit einem Selbst oder der Person verbinden. Diese These wird unterstützt durch einen Blick in Rhys Davids' *Pāli-English Dictionary*, wo das Spektrum des Begriffs klar ersichtlich wird: Der Begriff *viññāṇa* kommt in fünf verschiedenen Zusammenhängen vor – es ist eines der Aggregate (*khandha*); es wird als eines der Elemente (*dhātu*) betrachtet; es ist eines der Glieder in *paṭiccasamuppāda*; es ist eine Art Lebensgrundlage (*ahārā*), und es ist schließlich bezogen auf den Körper (*kāya*). Dem scheinen zwei unterschiedliche Konzepte zugrunde zu liegen: Das eine wäre *viññāṇa* als empirisches Bewußtsein, das von den Sinneseindrücken, dem Sinnesorgan und dem Objekt der Sinneswahrnehmung abhängig ist; das andere wäre *viññāṇa* als ein in sich selbst individuiertes Kraftfeld, das einem sehr subtilen Körper vergleichbar wäre.

Der erste Vorstellungskomplex ist die allgemein akzeptierte Basis für die buddhistische Wahrnehmungstheorie. Der zweite Begriff, *viññāṇa* als individuierter subtiler Körper, hat

78 AN I, 122 (*Dreier-Buch*, 3. Kapitel).

direkt mit der karmischen Verbindung zwischen zwei Geburten zu tun. Man nimmt an,[79] daß *viññāṇa* im Moment der Zeugung in die Gebärmutter von außen eingeht. Diese Herabkunft von *viññāṇa* (*okkamissatha*) wird als Voraussetzung für die Formation des nächsten Gliedes im Prozeß des Entstehens in gegenseitiger Abhängigkeit, nämlich *nāmarūpa* (»Name und Gestalt«), betrachtet. Diese Verbindung wird weiter erläutert:[80] Wenn *viññāṇa* nicht in den Mutterleib eingehen würde, könnte sich *nāmarūpa* nicht bilden; und wenn *viññāṇa* den Fötus vor der Geburt wieder verlassen würde, wäre *nāmarūpa* bei der Geburt auch nicht vorhanden. Das bedeutet, daß *viññāṇa* eine relativ unabhängige Voraussetzung und Kondition für das neue Leben ist. *Nāmarūpa* stellt nun auch umgekehrt einen ›Ankergrund‹ für *viññāṇa* dar.[81] Abhängig von den sechs Elementen also gibt es eine Herabkunft des Bewußtseins in die Gebärmutter (*gabbhassavakkanti*).[82] Interessant ist hier der Unterschied zwischen *nāma* als Funktion mentaler Faktoren in einer Person, die in Beziehung zu den anderen Aggregaten steht und von diesen abhängig ist, und *viññāṇa*, das hier als Voraussetzung für die ganze Kette erscheint und von ihr darum noch einmal unterschieden sein muß. Könnte man nicht sagen, daß *viññāṇa* hier als abhängiger Faktor in einer subtileren Ordnung von Wirklichkeit erscheint? Dann aber wandert nicht nur *kamma* von Geburt zu Geburt, sondern eben auch *viññāṇa*.

Um sicherzugehen, sei angemerkt: *Viññāṇa* ist auch hier nicht ein unabhängiges Wesen, sondern eine Funktion oder Kapazität, vielleicht eine alldurchdringende latente Energie, die unter bestimmten Bedingungen und in Abhängigkeit von anderen Faktoren aktualisiert wird, wie wir sowohl aufgrund der Wahrnehmungstheorie als auch mittels der Vorstellung vom Herabkommen dieser Energie in den Mutterschoß ge-

---

79 *Mahānidāna-Suttānta*, DN 15, 63.

80 DN 15, 21.

81 P. Chandra, *Metaphysics of Perpetual Change* (S. 172, Anm. 60), S. 192.

82 AN I, 176.

sehen haben. So vergleicht das *Sāmaññaphala-Sutta*[83] *viññāṇa* mit einer Schnur, die durch einen Edelstein gezogen worden ist, wobei der Edelstein hier mit dem Körper verglichen wird, der aus den vier Elementen zusammengesetzt ist. *Viññāṇa* ist also nicht ein unabhängiges Selbst, sondern leer (*śūnya*) hinsichtlich substantieller Selbst-Natur (*svabhāva*). Es ist eine strukturierende Kraft, die formt und geformt wird im Prozeß des Entstehens und Vergehens. Aus diesem Grunde kann *viññāṇa* karmische Samen ›tragen‹ und damit die notwendige Kontinuität in der Kette der Wiedergeburten sichern. Da es sich nicht um ein statisches Selbst, sondern um eine Kraft in Beziehung zu allen anderen Faktoren handelt, erscheint *viññāṇa* einerseits von Individuum zu Individuum verschieden, denn es trägt verschiedene karmische ›Samen‹, andererseits ist es ein Kontinuum, das nicht Substanz, sondern Prozeß ist. Unter dieser Voraussetzung können wir zusammenfassend sagen: *Es ist das Bewußtsein, das die Kontinuität der Lebewesen von einem Augenblick zum andern, aber auch von einer Geburt zur nächsten ermöglicht.*

83 DN 2 (II, 83 ff.).

6
AUSBREITUNG, ORGANISATION UND SCHULBILDUNGEN IM FRÜHEN BUDDHISMUS

Der Buddha wandte sich an Menschen verschiedener Schichten, die unterschiedliche Sprachen gebrauchten und ein divergierendes Bildungsniveau mitbrachten. Man ordnete diejenigen, die seinem Weg folgen wollten, in vier Gruppen ein, den vierfachen *saṃgha*: 1. Mönch (*bhikṣu*), 2. Nonne (*bhikṣunī*), 3. Laienanhänger (*upāsaka*), 4. Laienanhängerin (*upāsikā*). Zwar war der zweifache Orden das Rückgrat des Buddhismus, insofern er die Überlieferung unverfälscht zu bewahren und weiterzugeben hatte. Doch kommt dem Laienelement ebenfalls eine große Bedeutung zu, denn die Laien entwickelten eine höchst dynamische Buddha-Frömmigkeit und ernährten die Mönche und Nonnen durch Almosengaben, womit sie gutes *karman* erwerben und so einer besseren Wiedergeburt (als Mönche) entgegensehen konnten. Außerdem trugen sie die buddhistischen ethischen Ideale in die Gesellschaft und schufen damit die Voraussetzung für die kulturelle Gestaltungskraft des Buddhismus.

FRÜHE AUSBREITUNG UND ORGANISATION

Die Gründung einer in festen Regeln lebenden Mönchsgesellschaft ist die große Neuerung, die der Buddha in die indische Religionsgeschichte eingeführt hat. Anfangs war diese Bewegung zwar noch an der traditionellen Form von Gruppen wandernder Bettelmönche (*bhikṣu* heißt »Bettelasket«) orientiert, dann nahm sie aber sehr schnell die Gestalt klösterlicher Kommunitäten an, die sich eine Regel gaben, eine zeitlich begrenzte Seßhaftigkeit (während der Monsunzeit) pflegten und von Laien unterstützt wurden. Wenigstens vier Mönche oder Nonnen bildeten eine *saṃgha*-Gruppe (*sammukhībhūta-saṃgha*), die sich durch ihre Zahl und die Einhaltung der Ordensgebote konstituierte und relativ autonom gegenüber anderen *saṃgha*-Gruppen war.[1] Die Mönche zogen wohl meist zu fünft (fünf Mönche mußten mindestens versammelt sein, um eine gültige Ordination vollziehen zu können) durch Zentral- und Westindien, bald auch in den Nordwesten und den Süden Indiens. Wichtige Zentren lassen sich noch heute durch Stūpas genau lokalisieren, etwa Bhārut (Bharhut) und Sāñcī (Sanchi) in Zentralindien, später auch Mathurā östlich von Delhi. Bereits einhundert Jahre nach dem Tod des Buddha kam der Buddhismus in das Kashmir-Tal. Er soll dort von Madhyāntika, einem Schüler Ānandas, des Lieblingsschülers des Buddha, verkündigt worden sein. Seine missionarischen Aktivitäten beschränkten sich aber nicht auf das Predigen der Lehre, sondern es wird erzählt, daß er an lokale Kulte anknüpfte und sie in den Buddhismus integrierte, indem er beispielsweise auch Schlangen-Dämonen (*nāgas*) bezwang. Außerdem leistete er wirtschaftliche Entwicklungshilfe, indem er dafür sorgte, daß die Kashmiris durch Tulpenzucht ihr Auskommen verbessern konnten.[2] Diese geistlich wie weltlich revolutionäre Form der ›Mission‹ dürfte typisch sein für alle Gebiete, in denen der organisierte *saṃgha* auf tribal geprägte Gesellschaften traf.

Die Laienfrömmigkeit der guten Werke und der Verehrung des Buddha war der Praxis der Mönche und Nonnen keineswegs fremd. Wie wir von Votivtafeln wissen, waren auch Mönche und Nonnen an der Verehrung der Reliquien des Buddha in Stūpas beteiligt. Das gelegentlich gezeichnete Bild eines mönchisch-asketischen und bildlosen, rein rational sich gebenden Buddhismus der Mönche ist nicht zutreffend. Der Buddhismus verbreitete sich außerordentlich rasch, und dafür gibt es viele Gründe: Indien befand sich in einer sozialen Um-

1 A. Hirakawa, *A History of Indian Buddhism* (S. 66, Anm. 2), S. 63.
2 A. Hirakawa, a. a. O., S. 87.

bruchsituation. Wandernde Gruppen wurden seßhaft, Städte entstanden, Handwerkerkasten wurden wohlhabend, und der Handel erblühte. Besonders die oberen Beamten- und Händlerkasten (*kṣatriyas* und *vaiśyas*) gewannen an Mobilität. Für sie muß der Buddhismus, der die strengen Reinheitsvorschriften nicht kennt, nach denen sich ein hochkastiger Brahmane kultisch verunreinigt, wenn er einem Fremden begegnet, hohe Attraktivität besessen haben.[3] Außerdem faßte der Buddha mit der Gründung des *saṃgha* umherwandernde und vom Staat daher nur schwer kontrollierbare Asketengruppen zusammen, lehrte eine hohe Moralität auf rationaler Basis und hatte überhaupt eine äußerst ansprechende Ausstrahlung auf die Menschen in Dörfern und Städten, wie alle Quellen übereinstimmend berichten. Die in den Sūtras des Pāli-Kanon erzählten Begleitumstände der Reden des Buddha zeigen deutlich, daß die Buddhisten bei den Herrschenden (König Bimbisāra steht für viele) und den Händlern in den Städten auf kein geringes Echo stießen. All dies ist aber keine hinreichende Erklärung für den Erfolg. Die Ausstrahlungskraft des Buddha und seiner Lehre muß beeindruckend und einzigartig gewesen sein, sonst hätte sich der frühe Buddhismus, trotz aller günstigen sozialen und politischen Bedingungen, nicht so erfolgreich entwickeln können.

Die rasche Ausbreitung und der hohe Organisationsgrad des frühen Buddhismus sind an den *saṃgha* geknüpft, die diszipliniert lebende Mönchs- und Nonnengemeinschaft.[4] Mehr noch als die philosophischen Unterschiede zur brahmanischen Tradition (die Abgrenzung zur brahmanischen Philosophie wurde erst später ausformuliert[5]) bedeutete diese Gründung das Gegenstück zu einer auf dem Status bei der Geburt

---

3 A. Hirakawa, *A History of Indian Buddhism* (S. 66, Anm. 2), S. 107.

4 Der Buddhismus spricht zwar vom »vierfachen *saṃgha*«, in der Geschichte aber haben die Mönche markant dominiert.

5 In der systematischen Philosophie des Abhidharma, entstanden zwischen dem 3. Jahrhundert v. Chr. und dem 3. Jahrhundert n. Chr., endgültig kodifiziert im 5. Jahrhundert n. Chr.

beruhenden *Kastengesellschaft*, denn der *saṃgha* war ein Orden von Bettelmönchen, der im Prinzip jedem Menschen offenstand. Nach statistischen Untersuchungen, die aufgrund von Namensangaben in bestimmten Textgruppen durchgeführt werden konnten, entstammten zwei Drittel der Mönche und Nonnen dem städtischen Milieu; davon waren etwa 40 % Brahmanen, 20 % Kṣatriyas, 30 % Vaiśyas, 5 % waren Śūdras und 5 % Kastenlose.[6] Eine Bewegung der sozial Unterdrückten war der frühe Buddhismus also mit Sicherheit nicht. Der ursprüngliche *saṃgha* war ›demokratisch‹ organisiert und auf dem Senioritätsprinzip aufgebaut: Mönche, die schon länger dem *saṃgha* angehörten, hatten höheres Ansehen und Gewicht als die jüngeren. Grundsätzlich aber war diese Gesellschaft auf Gleichheit bedacht, sie enthielt sogar Elemente eines kommunistischen Lebensstils (das Eigentum war allen gemeinsam). Die Mönche waren für Maßhalten und Freundlichkeit bekannt. Der besondere monastische Lebensstil hatte jedoch zur Folge, daß de facto eine ›zweistöckige‹ Lebenswelt aus Mönchen und Laien entstand: Während die Mönche ein Leben der Entsagung führten, führten die Laien ein Leben *in* der Welt, das von einer Ethik der Gewaltlosigkeit und Milde geprägt war. Trotz aller philosophischen Modifikationen jener Unterscheidung im Mahāyāna und Tantrayāna blieb diese Situation fast unverändert, bis im 13. Jahrhundert in Japan große buddhistische Laienbewegungen die Bühne der Geschichte betraten.

Die buddhistische Bewegung war mit Sicherheit von Anfang an vielgestaltig. Diese Differenziertheit drückt sich in der Sprachgestalt des Pāli-Kanons wie auch der Sanskrit-Texte eindrucksvoll aus: Neben anschaulichen Gleichnissen stehen abstrakt zusammenfassende Begriffsreihen, neben phantastischen Wundergeschichten finden sich rationale Argumente und Analysen. Man kann annehmen, daß die Reden des Buddha tatsächlich je nach Gelegenheit in unterschiedlicher sprachlicher Gestalt erfolgten, und zwar ent-

6 R. Gombrich, *Der Theravada-Buddhismus* (S. 77, Anm. 18), S. 64.

sprechend den Voraussetzungen, die von den Hörern mitgebracht wurden. Dies allein zeigt schon an, daß die frühbuddhistische Bewegung keineswegs homogen war. Gemeinsam war allen, durch Disziplin und Übung dem Heilsziel, also der Befreiung vom Anhaften und dem Eintritt ins *nirvāṇa*, näherzukommen.

Eine Klassifikation, die sich durch die gesamte buddhistische Geschichte erhalten hat, teilt die Aspiranten, entsprechend ihren karmischen Voraussetzungen, in folgende Stadien ein:[7]

1. solche, die in den Strom (des *dharma*) eingetreten sind (*srotāpatti*),
2. diejenigen, die noch einmal wiedergeboren werden müssen (*sakadāgāmi*),
3. diejenigen, die nicht wiedergeboren werden müssen (*anāgāmi*),
4. die *arhats*, die in diesem Leben zur vollkommenen Befreiung gelangt sind.

Später sollten im Mahāyāna daraus die zehn Stadien der Bodhisattvaschaft (*bodhisattvabhūmi*) werden, die mit dieser alten Klassifikation verbunden wurden.[8] Dabei wird das Heiligkeitsideal des *arhat* ersetzt durch den *bodhisattva*, der, wenn er die vollkommene Befreiung erlangt hat, die Früchte der Befreiung nicht für sich allein genießt, sondern *in Freiheit* in der Welt des *saṃsāra* wiedergeboren wird, um daran zu wirken, alle lebenden Wesen aus dem *saṃsāra* zu befreien. Der Begriff *bodhisattva* (»Wesen des Erwachens«) wurde auch schon im frühen Buddhismus gebraucht: Dort aber bezeichnete er ein Wesen, das auf dem Weg zur Befreiung ist; im Mahāyāna wurde dies ergänzt durch die Bedeutung, die wir soeben angedeutet haben: Ein Mahāyāna-Bodhisattva gelobt, aufgrund eines Entschlusses (*bodhicitta* [»Erwachensgeist«]) alle Lebe-

7 *Ākankheyya Sutta*, MN 6, 11-13; AN III, 87u. a.

8 Vgl. das *Mahāyāna-Daśabhūmika-Sūtra.* Die Verknüpfung wird schematisiert dargestellt bei Sangharakshita, *A Survey of Buddhism* (S. 51, Anm. 11), S. 443f.

wesen zur Befreiung zu führen, gerade auch dann, wenn er schon befreit sein wird.

SCHULBILDUNGEN

Bereits mit diesen wenigen Andeutungen wird die innere Differenzierung der buddhistischen Bewegung ersichtlich. Sehr früh bildeten sich einzelne Schulen (*nikāya*), die sich teils in der philosophischen Lehre, vor allem aber in bezug auf die Interpretation der Ordensregel unterschieden. Verschiedene Lehrmeinungen wurden disputiert, und unterschiedliche Meinungen konnten durchaus unter einem Dach toleriert werden. Das Wort *vāda* heißt nicht nur »Schulrichtung«, sondern auch »Debatte«. Philosophische Debatten in den Klöstern konnten oft sehr zugespitzte Positionen hervorbringen, die weiter systematisiert oder verworfen wurden. Die Debatte, die strittige Positionen zuließ und ihre logischen Konsequenzen erörterte – wie sie heute noch in tibetischen Klöstern gepflegt wird –, war in allen indischen Klöstern üblich. Eine Differenz in der Interpretation und Praxis der Mönchsregel jedoch bedeutete, daß ein je eigenes Beichtformular (*prātimokṣa*) – vierzehntägig rezitiert – eingeführt wurde, und das hat eine je spezifische rituelle Praxis und eben die Bildung einer eigenen Schule (*nikāya*) zur Folge. Selbstverständlich grenzten sich die Schulen auch lehrmäßig voneinander ab. Gelegentlich (aber selten) sprach man sogar dem jeweiligen Gegner die Kompetenz ab, einen gültigen Pfad zur Befreiung zu weisen. Es kam jedoch zu solch scharfen Rivalitäten meist nur dann, wenn es auch um wirtschaftliche oder politische Interessen, d. h. um Einfluß und Macht ging.[9]

Wir kennen die Geschichte der einzelnen Abspaltungen nicht genau, und schriftliche Zeugnisse sind nur von einigen Schulen überliefert. Die erste größere Abspaltung ereignete sich auf dem sogenannten Zweiten Konzil von Vaiśālī, 100

9 H.-J. Klimkeit, *Der Buddha* (S. 41, Anm. 3), S. 29.

Jahre nach dem Tod des Buddha (die Datierung ist abhängig vom Todesdatum), nach alter Datierung also 383 v. Chr., nach neuer Datierung um 270 v. Chr., also kurz vor Aśokas Regierungsantritt. Die Spaltung betraf Meinungsverschiedenheiten bei der Interpretation der Mönchsregel:

– Die Schule, die an der strengeren (alten) Auffassung festhielt, waren die *Sthaviravādins* (»die Lehre der Beharrenden«),

– diejenigen, die die Regel großzügiger auslegten und damit an neue Verhältnisse (die große Anzahl neuer Mitglieder des *saṃgha* in klimatisch und kulturell unterschiedlichen Gebieten) anpaßten, waren die *Mahāsāṃghikas* (»diejenigen, die den großen Orden repräsentieren«).

Letztere waren in der Mehrheit. Sie betrachteten den *dharma*, wie der Buddha gelehrt hatte, als ein Floß, das man zurückläßt, wenn man es benutzt hat.[10] Sie hingen nicht so sehr am Wort, wohl aber am Geist der Mönchsregel, die für sie auch der Vergänglichkeit in der Zeit unterworfen war. Selbstverständlich veränderten sie keine zentralen Regeln oder Lehren des Buddha. Eine wichtige inhaltliche Differenz war aber die Frage nach dem Status des *arhat*: Die *Sthaviras* behaupteten, daß ein *arhat* vollkommen sei, während die *Mahāsāṃghikas* eine realistische Haltung erkennen ließen (aus entsprechenden Erfahrungen?), wenn sie erklärten, daß auch ein *arhat* noch nicht frei von sehr subtilen Bewußtseinsverunreinigungen (*kleśa*) sei.

Im einzelnen kann man anhand der Berichte über die trennenden Ansichten auf dem Konzil von Vaiśālī einen guten Einblick in die frühbuddhistische Geisteswelt gewinnen. Es ging hauptsächlich um zehn Kontroverspunkte und um weitere fünf Gesichtspunkte des Mönches Mahādeva, die, wie schon erwähnt, den Status des *arhat* betrafen. Die zehn Kontroverspunkte waren:[11]

1. Aufbewahrung von Salz in einem Büffelhorn – verletzt die Regel über die Nahrungsaufbewahrung;

10 *Alagaddūpama Sutta*, MN 22, 13.

11 A. Hirakawa, *A History of Indian Buddhism* (S. 66, Anm. 2), S. 80.

2. Speisen, nachdem die Sonnenuhr zwei Finger breit jenseits des Mittags steht – verletzt die Regel, nach Mittag keine Nahrung mehr aufzunehmen;

3. nach dem Mahl in ein anderes Dorf wandern, um nochmals zu speisen – verletzt die Regel gegen Völlerei;

4. mehrere aufeinanderfolgende vierzehntägige Beichtzeremonien im selben umgrenzten Gebiet (*sīmā*) abhalten – verletzt die Regel, daß alle Mönche einer *sīmā* dieselbe Versammlung besuchen mußten;

5. Beschlüsse auf einer unvollständig besuchten Versammlung fassen und die Zustimmung der Abwesenden später einholen – verletzt die Präsenz- und Abstimmungsregeln;

6. sich auf Gewohnheitsrecht für die Übertretung der strengen monastischen Regeln berufen – verletzt das Rechtsverfahren im *saṃgha*;

7. nach den Mahlzeiten Molke trinken – verletzt die Regel, besondere Nahrung ausschließlich im Krankheitsfall aufzunehmen;

8. unfermentierten Wein trinken – verletzt die Regel, auf berauschende Substanzen zu verzichten;

9. eine Matte mit Fransen benutzen – verletzt die Regel bezüglich der erlaubten Größe einer Matte;

10. Gold und Silber als Geschenke annehmen – verletzt die Regel, die Mönchen verbietet, Luxusgüter zu akzeptieren.

Ob die fünf Streitpunkte des Mahādeva auf dieser Versammlung bereits diskutiert wurden oder erst später zu einem Schisma führten, ist historisch ungewiß. Sie werden aber in den Schriften der Sarvāstivādins und der Theravādins erwähnt[12] und weisen so vermutlich auf eine typische Kontroverse im frühen Buddhismus hin:

1. *Arhats* können sexuell versucht werden,

2. *Arhats* haben noch Spuren von Unwissenheit,

3. *Arhats* können Zweifel haben,

4. *Arhats* können zum Erwachen mit Hilfe anderer gelangen,

12 A. Hirakawa, a. a. O., S. 82.

5. das Erwachen geht mit einem entsprechenden Ausruf des Erwachten einher.

Die Schulen spalteten sich im Lauf der Zeit immer weiter auf. Zur Zeit Aśokas (Regierungszeit 268-239 v. Chr.) hat es möglicherweise bereits 18 Schulen gegeben. Das sogenannte Dritte Konzil soll von Aśoka einberufen worden sein, weil – wie die Chroniken von Sri Lanka (*Mahāvaṃsa* und *Dīpavaṃsa*) berichten – bittere Richtungskämpfe zwischen den Schulen in Zentralindien ausgebrochen waren. Der Mönch Moggaliputta Tissa wurde beauftragt, nach Pāṭaliputra zu kommen und Lösungen zu suchen. Solche Richtungskämpfe sind historisch wahrscheinlich, da auch Aśokas Edikte von Kauśāmbī, Sāñcī und Sārnāth vor Spaltungen im Orden warnen und bei Zuwiderhandlung Strafen ankündigen: Mönche, die Spaltungen verursachen, sollen aus dem Orden ausgeschlossen werden. Daß die entsprechenden Warnungen in Stein gehauen sind, läßt vermuten, daß es sich um ein Dauerproblem handelte (mindestens seit dem sogenannten Zweiten Konzil) und Aśoka nicht damit rechnete, die Spaltungen in absehbarer Zeit zu überwinden.[13] Moggaliputta Tissa jedenfalls soll die Abweichler aus dem Orden ausgeschlossen und den gesamten Orden auf die Vibhajyavāda-Lehre (»Lehre der Unterscheidung«, Theravāda) eingeschworen haben. Danach – ungefähr im 18. Jahr der Regierungszeit Aśokas – soll er eintausend Mönche versammelt und ein Drittes Konzil abgehalten haben, auf dem die Schrift *Kathāvatthu* (»Kontroverse Gesichtspunkte«) zusammengestellt wurde. Wenn sich zu diesem Zeitpunkt jedoch bereits unabhängige Schulen herausgebildet haben sollten, ist es ganz unwahrscheinlich, daß sie sich dem Druck gebeugt hätten, eine bestimmte Lehrmeinung, die von der ihren abwich, anzunehmen. Und vermutlich wären Mönche von anderen Schulen gar nicht zu einem ›Konzil‹, auf dem sie verurteilt werden sollten, erschienen. Daraus folgt, so Hirakawa, daß dieses sogenannte »Dritte Konzil« vermutlich gar nicht alle buddhistischen Schulen umfaßt hat, sondern ein Ereignis

13 A. Hirakawa, *A History of Indian Buddhism* (S. 66, Anm. 2), S. 90.

innerhalb der Theravāda-Schule war. Da der *Kathāvatthu*-Text ein Theravāda-Text ist, der andere Positionen kritisiert und somit die ausformulierten Schulmeinungen anderer Gruppen voraussetzt, muß der Text später, etwa in der zweiten Hälfte des 2. Jahrhunderts v. Chr., verfaßt worden sein. Wenn also das ›Konzil‹ überhaupt historisch sein sollte, so hat es nicht zur Zeit Aśokas, sondern später stattgefunden.

Die ständige Debatte unterschiedlicher Lehrmeinungen führte trotz Aśokas Warnungen zur weiteren Aufsplitterung des *saṃgha* und zur Herausbildung immer neuer, voneinander unabhängiger Schulen. Von den Mahāsāṃghikas leiten sich die *Lokottaravādins* her, die eine doketische Buddhologie entwickelten (der Buddha hat nur einen menschlichen Scheinleib und ist in Wirklichkeit ein überirdisches Wesen, das sich multiplizieren kann und keinerlei Grenzen in bezug auf Macht und Dauer hat), wie wir schon erwähnt haben. Von den Sthaviras spalteten sich wohl zu Beginn des 3. Jahrhunderts v. Chr. die sogenannten *Pudgalavādins* (»die eine Personbegriff-Lehre vertreten«) ab. Sie versuchten, die Identität der ›Person‹ in der karmischen Kette, die durch die *anātman*-Lehre gefährdet war, dadurch zu retten, daß sie eine personale Instanz (*pudgala*) einführten, die von den fünf *skandhas* weder verschieden noch mit ihnen identisch sei. Entsprechende Formulierungen im Pāli-Kanon[14] schienen in diese Richtung zu deuten. Weil diese Lehre aber in gefährlicher Nähe zum brahmanischen *ātman*-Begriff zu kommen schien und damit das buddhistische Vergänglichkeitsprinzip gefährdete, wurde sie allgemein verworfen. Wir haben im 5. Kapitel darauf hingewiesen und werden im 8. Kapitel das Problem erneut aufgreifen.

Etwa in der Mitte des 3. Jahrhunderts v. Chr. spalteten sich die *Sthaviras* in zwei Gruppen: erstens die *Sarvāstivādins* und zweitens die *Vibhajyavādins*.

1. Die *Sarvāstivādins* vertraten die Auffassung, daß alle Daseinsfaktoren (*dharmas*) real existierten, das heißt, sie vertraten einen pluralistischen Realismus. Auch zukünftige und ver-

14 Khandavagga, *Khandasaṃyutta* (22), des Saṃyutta-Nikāya.

gangene Ereignisse existierten in der Gegenwart real als Daseinsfaktoren (wenn auch latent), weshalb es keiner ›Person‹ bedürfe, die eine Identität des Menschen über die Zeit hinweg begründen könne. Für diese Schule existieren die *dharmas* also nicht nur kurzlebig, sondern sie existieren ewig und verändern nur ihren Status von Möglichkeit zu Wirklichkeit und umgekehrt. Die Sarvāstivādins arbeiteten auch das Ideal des *bodhisattva* detaillierter aus, indem sie die Erzählungen über die Bodhisattvaschaft des Buddha in den Jātakas nicht nur auf diesen hin interpretierten, sondern als erstrebenswertes Ideal für *jeden* Buddhisten – sie waren es, die bereits die »Sechs Vollkommenheiten« (*pāramitās*[15]) systematisierten, welche dann im Mahāyāna eine große Rolle spielen sollten. Die Sarvāstivādins konnten sich allerdings auf dem Konzil von Pāṭaliputra zu Aśokas Zeit nicht durchsetzen, so daß viele von ihnen nach Norden und Westen auswanderten und vor allem in Kashmir und Gandhāra sowie in den Städten entlang der Seidenstraße bis hin nach China Einfluß ausübten. Auch in Indien wurden sie allmählich zur einflußreichsten und geographisch am weitesten verbreiteten Schule. Ihr Einfluß auf das spätere Mahāyāna ist unübersehbar. *Vasubandhus* berühmte Kommentar-Schrift *Abhidharmakośa* (5. Jh. n. Chr.) ist aus dieser Tradition hervorgegangen, die wir ansonsten nur aus chinesischen und tibetischen Übersetzungen kennen. Weil sie diesen großen Kommentar besaßen, wurden sie auch *Vaibhāṣikas* genannt.

2. Die *Vibhajyavādins* (»Unterscheidungslehrer«) wiesen den pluralistischen Realismus der Sarvāstivādins zurück und arbeiteten die Lehre der Sthaviras weiter aus. Ihre Untergruppen (Mahīśāsakas und Dharmaguptakas) stritten darum, ob man direkte Spenden an den Buddha (oder nur an den *saṃgha*) geben dürfe oder nicht, da ja der Buddha ins *nirvāṇa* eingegangen war. Dahinter stand ein handfestes wirtschaftliches Interesse: Die Laien spendeten (im Zusammenhang mit dem

15 *Dāna* (»Geben«), *śīla* (»Moralität«), *kṣānti* (»Geduld«), *vīrya* (»Tatkraft«), *dhyāna* (»Meditation«), *prajñā* (»Weisheit«).

Stūpa-Kult) kräftig an den verehrten Buddha, und die Mönche fragten sich, ob ihnen (dem *saṃgha*) diese Spenden problemlos direkt zufließen könnten oder getrennt verbucht werden müßten.

Von den Sarvāstivādins spalteten sich wiederum mehrere Gruppen ab: 1. die *Mūlasarvāstivādins* aus Gründen, die wir nicht kennen. Sie erstellten einen Kanon in Sanskrit, und der entsprechende *vinaya* ist vollständig in tibetischer Übersetzung erhalten; 2. die *Vātsīputrīya-Schule*, die sich wiederum in *Dharmottarīya*, *Sammitīya* und andere Schulen spaltete. 3. Später entwickelten sich aus weiteren Spaltungen die *Sautrāntikas* (»die nur den Sūtras folgen«, seit etwa dem 1. Jahrhundert v. Chr.), die – wiederum an der Frage der Kontinuität der ›Person‹ über die Wiedergeburten hinweg interessiert – ein feinstoffliches Bewußtsein als Träger des Gedächtnisses und der Einheit der menschlichen verantwortlichen ›Person‹ annahmen. Dieser Träger (*āśraya*) wurde nicht als permanente Substanz gedacht, sondern als eine Matrix, ein Kontinuum (*saṃtāna*) für Bewußtseinsimpulse jenseits des Flusses der *dharmas*. Auf dieser Anschauung baute die spätere *Yogācāra*-Schule des Mahāyāna auf, die mit ihrer Idee vom Speicherbewußtsein (*ālaya-vijñāna*) und ihrer Vorstellung, daß nur Bewußtsein existiert, großen Einfluß auf die späteren Entwicklungen des Mahāyāna in China, Korea und Japan hatte. Die Sautrāntikas akzeptierten nicht das gesamte *tripiṭaka*, sondern nur den Sūtra-Teil als Autorität.

Die *Vibhajyavādins* schließlich ließen sich in Mittel- und Südindien nieder, nahmen das Pāli als kanonische Sprache an und hielten ihre Tradition für die ursprüngliche und alleingültige. Deshalb nannten sie sich *Theravādins* (die Pāli-Form von Sthaviravādins, »die Älteren«). Eine Gruppe von ihnen gelangte um 230 v. Chr. nach Ceylon und gründete das Kloster von Anurādhapura. Dort konnten sie ihre Form des Buddhismus zum klassischen Theravāda ausbauen. H. W. Schumann weist zu Recht darauf hin,[16] daß sich in der Systematisierung

16 H. W. Schumann, *Buddhismus. Stifter, Schulen und Systeme*, Olten und Freiburg ²1978 (zuerst 1976), S. 109f.

der *dharmas* angesichts der Auseinandersetzung mit den Sarvāstivādins eine Neuinterpretation des *nirvāṇa* einschlich: Im frühen Buddhismus war *nirvāṇa* der Bewußtseinszustand der vollkommenen, begierdefreien Ruhe, in der es keinerlei Objekt mehr gibt. Jetzt aber unterschied man bedingte und nicht-bedingte *dharmas.* Bedingt seien alle Erscheinungen der Wirklichkeit. Sie seien kurzlebig wie Töne einer Melodie, die im momentanen Zusammenspiel mit anderen *dharmas* ein impermanentes ›Etwas‹ erzeugen: die Erscheinungen, die wir Wirklichkeit nennen. Nicht-bedingt sei nur das *nirvāṇa.* Wenn man nun dieses zu einem nicht-bedingten Daseinsfaktor (*dharma*) macht, der dem karmischen Nexus entzogen ist, also gleichsam doch einen ›substantialisierten‹ Bereich *nirvāṇa* einführt, wird *nirvāṇa* zu einem ›ewigen Bereich‹, in den man eintritt.

Die Schulen spalteten sich schließlich noch weiter auf. So hat wohl die Mahāsāṃghika-Schule bereits etwa 200 Jahre nach dem Tod des Buddha nicht weniger als acht unterschiedliche Schulen hervorgebracht, und auch die ursprüngliche Sthavira-Linie spaltete sich immer weiter auf, so daß es zu den »18 klassischen Schulen« kam. Möglicherweise haben aber noch viel mehr Schulen oder Untergruppierungen derselben existiert, lokal oder auch großflächig, mit unterschiedlichen Lehren oder kaum unterscheidbaren Differenzen, wegen der Interpretation der Mönchsregel zerstritten oder aus administrativen Gründen gespalten – wir wissen es nicht, denn die Zeugnisse über diese Entwicklungen sind spärlich.[17]

17 Vgl. die schematische Darstellung der Aufspaltung der Schulen des frühen Buddhismus auf S. 526-529.

7
STAAT UND RELIGION IM FRÜHEN BUDDHISMUS – KÖNIG AŚOKA – BUDDHISMUS IN SRI LANKA UND SÜDOSTASIEN

Die frühbuddhistische Bewegung breitete sich rasch über Nordindien aus und erfaßte dabei verschiedene Bevölkerungsschichten. In diesem Prozeß bildeten sich zwei Institutionen heraus: der *saṃgha*, d. h. die Mönchs- und Nonnengemeinde, und die *Laienanhänger*, die die Mönche wirtschaftlich und ideell unterstützten. Politisch gesehen hatte diese Institutionalisierung eine Disziplinierung des altindischen Wander-Asketentums zur Folge, und nicht wenige Könige nutzten diese Wirkung des Buddhismus, um ihre Staaten zu konsolidieren und zu zentralisieren.[1] Für Jahrhunderte waren die buddhistischen Staatsgebilde durch die Institution des buddhistischen Königtums geprägt, das im Verlauf der Zeit verschiedene Formen und Begründungen durchlaufen hat, die sie von der Königsweihe im brahmanischen Ritualsystem erheblich unterscheiden.

1 Stanley Jeyaraja Tambiah, *World Conqueror and World Renouncer. A Study of Buddhism and Polity in Thailand against a Historical Background*, Cambridge Studies in Social Anthropology 15, Cambridge 1976. Der Buddhismus in Sri Lanka und Südostasien kann hier relativ knapp behandelt werden, weil eine kürzlich ins Deutsche übersetzte Einführung in das Thema alle notwendigen Informationen enthält und übersichtlich präsentiert: R. Gombrich, *Der Theravada-Buddhismus* (S. 77, Anm. 18). Vgl. auch Melford E. Spiro, *Buddhism and Society. A Great Tradition and its Burmese Vicissitudes*, Berkeley ²1982 (zuerst London 1971).

MÖNCHE UND LAIEN

Eine heute übliche, doch letztlich nur schwer beweisbare Hypothese[2] über die frühbuddhistische Geschichte ist die Konstruktion eines zweistöckigen Paradigmas. Sie spiegelt jedoch das spätere und in jedem Fall das heutige Verständnis des südlichen Buddhismus wider. Danach befinden sich Mönche und Laien auf einer Stufenleiter zum buddhistischen Heilsziel, wobei die Mönche auf einer höheren Sprosse stehen. Das Mönchsleben definiert sich durch den *vinaya* (»Mönchsregel«), der vor der Zeit Aśokas standardisiert wurde.[3] Die Rezitation dieser Regeln bei der vierzehntägigen Beichtfeier im Kloster wird vor den Laien geheimgehalten, wodurch eine Hierarchie zwischen Mönchen und Laien entsteht. Der *vinaya* gibt dem *saṃgha* so viel rechtliche Autonomie, daß auch ein ›irrender Mönch‹ immer noch den Respekt der Laien verdient, solange er nicht von der Gemeinschaft der Mönche ausgeschlossen worden ist. Dadurch entstand eine zweistöckige Gesellschaft:

---

2 M. E. Spiro, a. a. O. Der These von einem frühen Buddhismus der Laien (karmisch), der sich von den Anforderungen an die Mönche (nirvanisch) grundsätzlich unterscheiden würde, ist widersprochen worden von H. Bechert, in: Hans Küng u. a., *Christentum und Weltreligionen. Hinführung zum Dialog mit Islam, Hinduismus und Buddhismus*, München 1984, S. 475 f. Für die folgende historische Darstellung stützen wir uns vor allem auf: Gananath Obeyesekere, Frank Reynolds, Bardwell L. Smith (Hg.), *The Two Wheels of Dhamma. Essays on the Theravada Tradition in India and Ceylon*, AAR Studies in Religion, Chambersburg (Pa.) 1972.

3 Wir können die sehr frühe Kodifizierung aus der Tatsache erschließen, daß einhundert Jahre nach dem Tod des Buddha ein Schisma zwischen den liberalen Mahāsāṃghikas und den konservativen Theravādins angesichts der Verhaltensweise einiger liberaler Mönche in Vaiśālī aufbrach. Der Maßstab für diese Debatte, in der die Liberalen nachgaben, war ein bereits existierendes monastisches Regelwerk.

Mönche
erfüllen Gelübde,
streben durch Weisheit direkt zum *nirvāṇa*

reflektierende Tradition der Philosophie (*abhidharma*)

Laien
tun gute Werke,
streben zunächst nach gutem *karman* für bessere
Wiedergeburt,
aus der sie zum *nirvāṇa* gelangen

narrative Tradition der Erzählungen (*jātaka, Buddhalegende*)

Dies kann allenfalls als normative Abstraktion angesehen werden, der aber eine viel differenziertere soziale Situation gegenüberstand; denn wie wir wissen, waren auch die Mönche damit beschäftigt, durch gutes Tun positive Bewußtseinsformungen (*puṇya*) zu erzielen, und umgekehrt strebten auch Laien nach Weisheit. Diese Unterscheidung bedeutet also nicht, daß die Lehre des Buddha (*dharma*) als Weg zum *nirvāṇa* nicht für alle Menschen gleich wäre. Menschen bringen aber, karmisch bedingt, unterschiedliche Voraussetzungen mit in ihr Leben, und deshalb muß der *eine dharma* verschieden angewendet werden: Die Mönche sind – aufgrund ihrer Anstrengungen in früheren Leben – dem *nirvāṇa* bereits näher als die Laien. Doch auch die Laien sollen, wie schon angedeutet, dem *dharma* gemäß leben und ihn aktiv verbreiten.

Nach frühbuddhistischer Anschauung war der Buddha zwar physisch nach dem Tod nicht mehr gegenwärtig, aber er hinterließ seine Lehre (*dharma*) in Gestalt seiner Lehrreden (*sūtras*) und der Mönchsregeln (*vinaya*), um die Gemeinschaft zu leiten. Der *saṃgha* wiederum, dem der *dharma* anvertraut ist, leitet die Laien. Die Mönche und Nonnen strebten durch Erkenntnis und Meditation nach Weisheit, die im *abhidharma* niedergelegt war und nun immer neu kommentiert wurde. Die Laien (und Mönche) strebten durch gute Werke nach ›Verdienst‹ bzw. positiver Bewußtseinsformung (*puṇya*). Weisheit führt zum *nirvāṇa*, Verdienst durch gute Werke führt zur besseren *Wiedergeburt* als ein Mensch, der schließlich in den Mönchsorden eintreten kann. Mönche und Nonnen wie Laien und Laienanhängerinnen pflegten ihr *karman* durch die Ansammlung von *puṇya*, und Mönche wie Laien beiderlei Geschlechts verehrten den Buddha mit Hingabe.

Mönche und Laien waren aufeinander angewiesen und kooperierten, besonders in den Dorfgemeinschaften, wo die meisten Menschen lebten: Die Laien spendeten, damit die Mönche leben konnten, die Mönche belehrten die Laien und gaben den *dharma* weiter. Das Gelübde der Armut sorgte dafür, daß die Mönche die Laien nicht ausbeuteten, und anders als der spätere Buddhismus Sri Lankas, Südostasiens, Zentral- und Ostasiens konnte es der frühe *saṃgha* – zumindest nach unserer heutigen Kenntnis – weitgehend vermeiden, sich in wirtschaftliche Eigeninteressen zu verstricken.

Freilich ist diese zweistöckige Theorie eher die Anschauung der Mönche als der Laien. Die traditionellen Bauern in Süd- und Südostasien lebten und leben noch heute in einer Welt, die voller vorbuddhistischer Götter und lokaler Erdgeister ist. Für die gebildeten Mönche sind solche Geister- und Göttervorstellungen irrelevant, für die meisten Menschen hingegen ist das die Realität. Für sie lebt der Buddha in höheren Sphären, und man betet zu ihm um Gesundheit, Kindersegen, Regen und Wohlstand. Der Buddha ist zwar kein allmächtiger Schöpfergott – das wissen auch die meisten Laien auf dem Lande –, aber er gilt als höheres Wesen, dem man in Liebe und mit höchster Verehrung begegnet, weil er den Weg gewiesen hat und mit seinen übernatürlichen Kräften helfen kann.

MÖNCHSORDEN UND STAAT

Wohl schon die frühe buddhistische Bewegung und jedenfalls der spätere südliche (Theravāda-)Buddhismus hielt sich an die Regel einer Balance der »zwei Räder des *dharma*«: das Rad der weltlichen Herrschaft und das Rad der geistigen Befreiung, die zwar getrennt sind, aber miteinander kooperieren wie die zwei Räder an einer Achse. Wie wir aus der Lebensgeschichte des Buddha bereits vernahmen, suchten die weltlichen Herrscher von Anfang an Rat bei den Mönchen, und der *saṃgha* wurde im Gegenzug mit Schenkungen (von Land für die Errichtung der *vihāras* [»Klöster«]) und Privilegien belohnt. Zwar mußte der einzelne Mönch nach der Ordensregel besitzlos bleiben, der *saṃgha* konnte aber Spenden empfangen, und diese Spenden nahmen im Verlaufe der Zeit erheblich zu. Vor allem der ständig wachsende Grundbesitz bescherte dem *saṃgha* eine Machtbasis, und um 1200 sollen die Klöster die größten Großgrundbesitzer in Sri Lanka gewesen sein. Da den Mönchen ganze Dörfer gehörten, mußten sie sich als Verwalter betätigen und hatten einen nicht unerheblichen politischen Einfluß, zumal sie als Prediger und ›Volkserzieher‹ die öffentliche Meinung prägten. Aufgrund dieser Entwicklungen entstand spätestens im 12. Jahrhundert in Sri Lanka eine beispielgebende und stabile Ordnung: An der Spitze des Staates und des Ordens standen jeweils König (*rāja*) und Ordensoberhaupt (*saṃgharāja*), die einer weltlichen und einer religiösen Hierarchie vorstanden. Darunter befanden sich die einfachen Dorfbewohner sowie die Dorfmönche. Eine einzige Theravāda-Nikāya-Linie, der Mahāvihāra, sorgt seither für die Orthodoxie dieses südlichen Pfades und stützt gleichzeitig die Einheit des Staates, was für Sri Lanka bis heute gilt.

Die Könige sollten dem *dharma* gemäß herrschen und diesen beschützen. Dies bedeutet,[4] für wirtschaftliche und soziale Sicherheit der *gesamten* Gesellschaft zu sorgen und auch den Tieren Behausung und Schutz zu bieten. Die Armen sollten materiell unterstützt werden. Die Könige sollten bei Mönchen, die ihrem Stand gemäß leben und ehrwürdig sind, in Fragen individueller wie politischer Belange Rat einholen. Gewalt solle grundsätzlich vermieden und, wo sie in ungewöhnlichen Situationen um des Schutzes der Lebewesen unumgänglich sei, ausschließlich mit guter Intention nach Ab-

4 DN 26, 8.

wägung aller anderen Möglichkeiten und maßvoll angewendet werden.[5]

Der *nördliche Buddhismus* hingegen kannte weder einen einzigen *nikāya* noch eine stabile Sukzessionskette von Königen. In seiner turbulenten Geschichte können wir eher das Ideal der indo-iranischen theokratischen Herrschaft wiedererkennen, wie sie zum Beispiel von Kaiser Kaniṣka repräsentiert wurde. Statt der zwei unterschiedenen Räder des *dharma* kam es im Norden zu einer zentralistischen Herrschaft, da die Könige weltliche und geistliche Gewalt gleichzeitig auszuüben versuchten. Allerdings provozierte dies eine Kette von mönchischen Protestbewegungen, getragen wohl meist von Waldmönchen (*āraṇyakas*), die sich von den Machtzentren fernhielten, die Könige und die Korruption in den Städten kritisierten sowie den Rückzug zur Meditation in die Einsamkeit zum Programm erhoben. Diese Mönche konnten eigenständig Ordinationen vollziehen und lehrten den *dharma* in einer modifizierten Form. Es ist dies der Hintergrund, auf dem sich das *Mahāyāna* entwickeln konnte.

DAS KÖNIGTUM AŚOKAS UND SEINE AUSWIRKUNGEN AUF DEN SÜDLICHEN BUDDHISMUS

Trotz der mangelhaften Quellenlage hinsichtlich des historischen Aśoka (Regierungszeit 268-239 v. Chr.) können wir vermuten, daß unter seiner Herrschaft die zweistöckige Teilung der sozialen und religiösen Wirklichkeit modifiziert wurde. Als Aśoka zum Buddhismus konvertierte, entstand eine dreipolige Gesellschaft von Buddha, König und *saṃgha*. Bisher hatte nur der mönchische *saṃgha* eine dem *dharma* gemäße Gesellschaft anstreben können, nun aber sollte sich die gesamte Gesellschaft auf die buddhistische Lehre gründen. Es entstand eine ›buddhistische Soziallehre‹, die es vorher vermutlich nicht gegeben hatte.

5 Dazu Stellenangaben und Kommentar bei P. Schmidt-Leukel, *Understanding Buddhism* (S. 84, Anm. 28), S. 87f. Vgl. S. 284-303.

Aśoka hat den Buddhismus nicht zu einer ›Staatsreligion‹ erhoben, sondern gewährte religiöse Toleranz. Er unterstützte die Jainas und verbot keineswegs die brahmanische Religion, wohl aber die Tieropfer. In Indien hatte schon seit langem der weltentsagende Wandermönch (*śramaṇa*) außerhalb des staatlichen Gesetzes gestanden. Diese Freiheit schränkte Aśoka nicht ein. In seinen Felsenedikten[6] erklärte Aśoka, zum Buddhismus bekehrt worden zu sein, nachdem er einen Krieg gegen Kalinga gewonnen hatte und über das Blutvergießen entsetzt war. Darum wollte er fortan nicht mehr mit militärischer Gewalt, sondern mittels moralischer Überzeugungskraft (*dharma-vijaya*) regieren.[7] Obwohl Aśoka den *dharma* nie spezifisch als *Buddhadharma* definierte, geht aus vielen Einzelheiten hervor, daß er damit doch den *dharma* des Buddha meinte. Aśoka kannte nicht die zwei Räder des *dharma*, also die Unterscheidung von weltlicher und geistlicher Gewalt, sondern sprach nur von dem *einen dharma*, der für den geistlichen wie auch den weltlichen Bereich gültig war. Das dokumentiert sich darin, daß er sein Reich, das als erstes indisches Großreich in der Geschichte fast den ganzen Subkontinent umfaßte, mit Umsicht und moralischer Autorität regierte. Aśoka sandte *dharma*-Beamte in alle Gegenden seines Herrschaftsgebietes zur ethischen und organisatorischen Instruktion der Untertanen, und er scheint die politische Stabilität tatsächlich mit einem Mindestmaß an staatlicher Gewalt aufrechterhalten zu haben.

Aśokas politische Inanspruchnahme des Buddhismus hatte für die Interpretation des Buddhismus und für den *saṃgha* weitreichende Folgen: Auf der Grundlage der buddhistischen Laienethik veränderte sich der im Prinzip *weltentsagende Glaube*

---

6 Eugen Hultzsch, *Inscriptions of Asoka*, Corpus Inscriptionum Indicarum 1, Oxford 1925; Fritz Kern, *Aśoka, Kaiser und Missionar*, hg. v. Willibald Kirfel, Bern 1956; Narayanrao Apparao Nikam, Richard P. McKeon (Hg. und Übersetzer), *The Edicts of Asoka*, Chicago 1959.

7 N. A. Nikam, R. P. McKeon (Hg.), a. a. O., S. 27.

in eine potentiell *weltgestaltende Ethik*. So jedenfalls lautet die klassische These der Buddhismus-Forschung seit dem 19. Jahrhundert, die von heutigen Buddhisten meist geteilt wird. Ob der Buddhismus anfangs aber wirklich durch und durch ›weltentsagend‹ war, ist keineswegs sicher. Er stützte sich nämlich von Anfang an auf Kaufleute in den Städten und hatte eine politisch bedeutsame anti-brahmanische Tendenz. Wie auch immer, im Prozeß der Ausbreitung des Buddhismus und seiner Gestaltung der Gesellschaften, die er zu durchdringen vermochte, wurde das Königtum neu interpretiert, der Buddha transzendental erhöht, der *dharma* liberalisiert und die Hierarchie von Buddha – König – *saṃgha* als Grundpfeiler einer idealen Gesellschaft etabliert.

Aśokas Felsenedikte zeigen, daß er es für möglich hielt, mittels der buddhistischen Ethik ein Staatswesen zu regieren. Dies deckt sich nicht ganz mit den Voraussetzungen, von denen die Mönche und frühen Buddhisten in dieser Frage ausgegangen waren: Der *dharma*, so die frühbuddhistische Erwartung, werde allmählich abnehmen, das heißt, daß sich auch die sozialen und politischen Zustände verschlechtern würden, was eine Zunahme an Gewalt und Ungerechtigkeit nach sich zöge. In frühen Sūtras finden sich einige Hinweise des Buddha für eine gerechte Königsherrschaft, doch dies sind keine ausreichenden Anweisungen für die Staatsführung. So waren beispielsweise Fragen nach der staatlichen (königlichen) Gewaltanwendung bis hin zur Todesstrafe strittig, und sie wurden erst im (späteren) *Goldglanz-Sūtra* (*Suvarṇaprabhāsa-Sūtra*) mit der Bejahung begrenzter staatlicher Gewalt gelöst.[8] Vermutlich erwartete der Buddha nicht, daß die Welt so demokratisch und gewaltfrei regiert werden könne wie der *saṃgha*. Daß sich daraus unvermeidliche Konflikte angesichts des buddhistischen Prinzips der Gewaltlosigkeit erga-

8 In DN 1 gibt der Buddha militärischen Rat, und in DN 5 und 26 gibt er Hinweise auf die Königspflichten und wirtschaftspolitischen Rat. Das *Siṅgala-Sūtra* rät zur gegenseitigen Pflichterfüllung von Herrscher und Beherrschten.

ben, zeichnet sich in einer Erzählung aus den Jātakas ab:[9] In einem vergangenen Leben war der zukünftige Buddha ein Kronprinz, dem es oblag, die Todesstrafe zu verhängen. Weil er dieser Aufgabe gegenüber eine so starke Abneigung verspürte, stellte er sich taub und stumm, um dieser seiner Rechtspflicht zu entgehen.

Diese Konsequenz jedoch zogen die buddhistischen Könige nicht, auch nicht Aśoka. Obwohl er das Schlachten von Tieren einschränken ließ, verzichtete er nicht auf die Todesstrafe bei Kapitalverbrechen. Dennoch wird erkennbar, was für ihn »Herrschaft mit dem *dharma*« bedeutete:[10]

Er pflanzte Bäume, grub Brunnen, ließ das Töten von Tieren einschränken, errichtete Hospitäler für Menschen und Tiere und milderte Gerichtsurteile ab. Er machte seine Ideale und Taten dadurch bekannt, daß er überall im Reich beschriftete Säulen aufstellen ließ sowie zahlreiche Reisen und Pilgerfahrten unternahm. Er wollte damit vor allem die unterschiedlichen Gebiete seines Reiches befrieden. Deshalb auch ermahnte er die buddhistischen Mönche und Nonnen zur Einheit und versuchte, Sektengeist und Spaltungen entgegenzuwirken. Zu diesem Zweck soll er (historisch allerdings eher zweifelhaft) jenes Dritte Konzil einberufen haben, das die Mönche zur gewissenhaften Einhaltung der Gelübde veranlaßt und mit der Bestätigung der Theravāda-Tradition und ihrem Kanon geendet haben soll.[11] Dieser Schriftenkanon

---

9 *Temiya Jātaka* bzw. *Māgapakkha Jātaka*, Jātaka VI, 1-30 Nr. 538, zitiert bei: R. Gombrich, *Der Theravada-Buddhismus* (S. 77, Anm. 18). Diese Jātaka-Erzählungen zeigen, wie der Buddha in vergangenen Leben als König mit Barmherzigkeit geherrscht hat. In seiner letzten Wiedergeburt demonstrierte der Buddha die Vollkommenheit des Gebens (*dāna*) dadurch, daß er sein Königreich weggab.

10 Aśoka, »Säulen-Edikt VII«; vgl. A. N. Nikam, R. P. McKeon, *The Edicts of Asoka* (S. 201, Anm. 6), S. 61.

11 Die Mahāsāṃghika-Schule hat dieser Lesart der Geschichte zwar widersprochen, doch die Theravāda-Tradition enthält die genaueren und umfassenderen Berichte.

soll von Aśokas Sohn Mahinda nach Sri Lanka (Ceylon) gebracht und schließlich von der Mahāvihāra-Linie der Mönche unverfälscht überliefert worden sein. Wie dem auch sei, historisch unbestritten ist: Aśoka entsandte ›Dharma-Verwalter‹ in entlegene Regionen und Missionen in die Gegenden jenseits der Grenzen seines Reiches nach Nordwesten, Osten und Süden und hat dadurch den Buddhismus in (fast) ganz Indien verbreitet.

Der Buddhismus kannte verschiedene Theorien der Legitimation des Königtums:

– Königtum als Frucht der guten Taten in vorigen Leben;

– Königtum des *cakravartin*, der als Mahāpuruṣa (»Großes Wesen«) mit den ›heiligen Zeichen‹ geboren wird, die auch einen Buddha auszeichnen;[12]

– Königtum verbunden mit dem ›Heilsplan‹, die kosmischen Mächte des Chaos zu überwinden, wobei der König zu einem Mittler zwischen Menschen und Göttern wird.[13]

Keine der drei Vorstellungen wird in den Edikten Aśokas erwähnt. Spätere Aśoka-Legenden tendieren zur ersten Legitimation, wenn sie erzählen, daß Aśoka der vorherbestimmte Weltenherrscher (*cakravartin*) sei, weil er in einem vorigen Leben als Kind dem Buddha eine Handvoll Erde dargebracht hatte.[14]

Bei einem Vergleich zwischen Aśokas Edikten und späteren (teils legendären und umdeutenden) Erzählungen der Pāli-Tradition und des Sanskrit-Textes *Aśokāvadāna*[15] zeigt sich

---

12 Die zweiunddreißig Merkmale eines Buddha werden ergänzt durch achtzig Nebenmerkmale. Es handelt sich dabei um Eigenschaften wie: Zeichen eines Rades auf den Fußsohlen, lange Finger, goldfarbener Körper, strahlend weiße Zähne usw.

13 *Aggañña Sutta*, DN 27.

14 Spätere Theravāda-Könige hingegen beriefen sich auf die kosmologische Funktion des Königs, wodurch der Palast in den Berg Sumeru und der König in das Reich des Götterkönigs Indra emporgehoben wurde.

15 *Aśokāvadāna* ist ein Sanskrit-Text aus Nordwest-Indien, der zwischen der Theravāda-Tradition und dem voll entwickelten Ma-

ein bezeichnender Widerspruch: Jede Tat des historischen Aśoka, die nach Meinung der Mönche ein Übergriff auf ihre Autonomie war, wird nicht mehr erwähnt. Diese Zensur des *saṃgha* beruht auf der klassischen Theorie der »zwei Räder des *dharma*« und hat den Zweck, das »Rad der Herrschaft des Königs« unter das »Rad der Herrschaft des Buddha bzw. der Mönche« zu stellen. So wird Aśoka vom Standpunkt der Mönche aus kritisiert: Er sei nicht durch eigene Einsicht über das Problem der Gewalt zum Buddhismus gekommen, sondern durch den zwölfjährigen Mönchsnovizen Samudra (!) bekehrt worden, der sich in des Königs Folterkammer als standhaft und unverwundbar erwiesen hatte.[16] Der Makel seiner Gewaltherrschaft vor der Bekehrung wird besonders scharf herausgestellt[17] und mit der Bemerkung verbunden, daß auch der spätere Aśoka gelegentlich harsch und jähzornig gewesen sei. Außerdem habe nicht Aśoka die buddhistischen Missionen ausgesandt, sondern sie seien vom *saṃgha* beauftragt worden. Die Mönchstradition (vor allem der Theravādins) stellt hier nicht also nur den Buddha, sondern auch den Mönch über den Laien-König. Selbst ein zwölfjähriger Novize kann den König bekehren.

In späterer Zeit wurde die Legitimation der politischen Herrschaft an die Präsenz des Buddha geknüpft, die nun auch *materiell* sichtbar sein sollte in Gestalt von Reliquien. Der Heilige Zahn des Buddha in Sri Lanka ist dafür das beste Beispiel: Wer immer diesen Zahn besaß, hatte die Legitimation zur politischen Herrschaft. Diese Anschauung entwickelte sich aus den Aśoka-Legenden und entsprach dem späteren Aśoka-Ideal, beginnend mit dem Mythos, daß Aśoka in den Besitz

hāyāna anzusiedeln ist. Eine gute Übersetzung liegt vor: John S. Strong, *The Legend of King Aśoka. A study and translation of the Aśokāvadāna*, Princeton 1983.

16 *Aśokāvadāna* 47ff.; J. S. Strong, a. a. O., S. 214ff.

17 So z. B. *Aśokāvadāna* 43, wo der König in Wut seine fünfhundert Frauen bei lebendigem Leibe verbrennen läßt (J. S. Strong, a. a. O., S. 211).

der acht ursprünglichen Reliquien des Buddha gelangt sei, um daraus einen ganzen Körper herzustellen (*buddhakāya*). Dieser Akt besiegelte sein buddhistisches Königtum. Als Aśoka den einen Körper wieder in viele Stücke zerteilte und die 84 000 Teile über das ganze Universum verstreute,[18] symbolisierte dies den Anspruch Aśokas (bzw. des Buddha) auf Herrschaft über die ganze Welt. König und Buddha, Staatsmacht und Mönchskloster (*vihāra*) werden hier eins. Die Legende wurde Realität auf der Insel Sri Lanka. Was der historische Aśoka vermutlich nicht beabsichtigt hatte, geschah nun dort: Der Buddhismus wurde ›Staatsreligion‹. Der Preis dafür war die politische Instrumentalisierung des Buddhismus. Alle ›echten‹ Singhalesen waren fortan selbstverständlich Buddhisten. Dieser Umstand macht das *Mahāvaṃsa*, das die Legende gewoben hat, zu einem nationalistischen Epos. So ist es nicht verwunderlich, daß das Epos mit der Geschichte der blutigen Niederlage der von Indien her eingefallenen hinduistischen Tamilen endet. Diese anti-tamilische Haltung prägt das *Mahāvaṃsa*.

BUDDHISMUS IN SRI LANKA[19]

Wie wir sahen, hat bereits Aśoka um 250 v. Chr. eine Mission nach Sri Lanka gesandt, um dort den Buddhismus zu verbreiten – die Legende berichtet, daß sein eigener Sohn, der Mönch Mahinda, diese Aufgabe übernommen und im königlichen Park nahe Anurādhapura das erste große Kloster, den Mahāvihāra, gegründet habe. Sri Lanka hat dabei den Mönchs- und Nonnenorden (der Nonnenorden kam um

18 *Aśokāvadāna* 52 ff.; J. S. Strong, a. a. O., S. 219 f.

19 Heinz Bechert, *Buddhismus, Staat und Gesellschaft in den Ländern des Theravāda-Buddhismus*, 3 Bde., Frankfurt/Main und Berlin 1966, 1967, 1973, zu Sri Lanka vgl. bes. Bd. 1, S. 199 ff.; Bardwell L. Smith (Hg.), *Religion and Legitimation of Power in Sri Lanka*, Chambersburg (Pa.) 1978; G. Obeyesekere, F. Reynolds, B. L. Smith (Hg.), *The Two Wheels of Dhamma* (S. 196, Anm. 2).

1100 n. Chr. zum Erliegen) in Gestalt der Theravāda-Tradition übernommen, und dieser monastische Buddhismus entwickelte sich im Verlaufe der Jahrhunderte in Verbindung mit indischer Kosmologie, lokalen Götter- und Geistervorstellungen und abgestuften Hierarchien zu einem religiös-kulturellen Gebilde, das bis ins 19. Jahrhundert bemerkenswerte Kontinuität aufweist. Von Sri Lanka aus griff dieser südliche Buddhismus – in Gestalt der singhalesischen Mahāvihāra-Tradition – auf Birma, Thailand und fast ganz Südostasien über. In diesen Ländern wurden aber von Indien und China her auch Mahāyāna-Traditionen verbreitet, und es dauerte einige Jahrhunderte, bis in Thailand und Birma die Mönche des Theravāda tonangebend wurden.

Die Blüte des Theravāda in Anurādhapura (Sri Lanka) wurde mit der Zerstörung vieler buddhistischer Heiligtümer und durch den militärischen Sieg des dravidisch-südindischen Cōḻa-Reiches im Jahre 177 v. Chr. in traumatischer Weise erschüttert. Die (hinduistischen) Cōḻas kontrollierten fortan für die nächsten 75 Jahre den nördlichen Teil Sri Lankas, während sich im Süden zwei buddhistische Königtümer etablierten. Aber auch im Norden erwies sich der Theravāda-Buddhismus als so stark, daß die Cōḻa-Könige den Buddhismus schließlich tolerierten und den *saṃgha* gewähren ließen, möglicherweise sogar förderten. 101 v. Chr. gelang dem buddhistischen Prinzen Duṭṭhagāmaṇi ein militärischer Schlag gegen die Cōḻas, und die Insel wurde wiederum geeint und von Anurādhapura aus buddhistisch regiert. Durch Palastintrigen in der Mitte des 1. Jahrhunderts v. Chr. (in die Mönche des Mahāvihāra verwickelt waren) wurde das Reich geschwächt, und erneut übernahmen südindische Herrscher die Macht. Während der nächsten 15 Jahre kam es zur Verfolgung des Buddhismus: Klöster wurden aufgelöst und die Mönche und Nonnen zerstreut. Im Jahre 29 v. Chr. konnte der buddhistische König Vaṭṭagāmaṇi seine Macht konsolidieren und nach Anurādhapura zurückkehren. Er gründete nun aber ein zweites Großkloster, Abhayagiri, als Dank für die Mönche – namentlich Mahātissa –, die in den Thronfolgewirren zu ihm gehalten hatten. Die

Mahāvihāra-Mönche reagierten auf ihre Entmachtung mit der Exkommunikation Mahātissas, und somit war die Spaltung des Theravāda in Sri Lanka besiegelt. Abhayagiri entfaltete unter königlichem Schutz eine eigene Gelehrsamkeit und Interpretation des Buddhismus, die dem Mahāvihāra unorthodox erschien. Um diesen Entwicklungen entgegenzutreten, begann man im Mahāvihāra, den bisher mündlich überlieferten Theravāda-Kanon schriftlich zu fixieren. Und damit entstand im 1. Jahrhundert v. Chr. im Kloster Alu Vihāra, fern von der Hauptstadt, der Pāli-Kanon, wie er (im wesentlichen) bis heute überliefert ist.

Die Debatten zwischen den beiden Mönchsgruppen dauerten an, bis König Vohārika Tissa Ende des 3. Jahrhunderts n. Chr. der Abhayagiri-Tradition einen empfindlichen Schlag versetzte: Er ließ verschiedene Texte der Abhayagiri-Mönche vernichten, die vermutlich aus Indien eingesickerte Mahāyāna-Ideen enthielten. Im Laufe der nächsten Jahrhunderte patronisierten die Könige (aus politischen Erwägungen) abwechselnd Abhayagiri oder Mahāvihāra mit teilweise massiven Verfolgungen der jeweils unterlegenen Seite. Im 7. Jahrhundert besuchte der chinesische Mönch Hsüan-tsang Sri Lanka und berichtet, daß Mahāvihāra rein theravāda-orientiert sei, während im Abhayagiri-Saṃgha sowohl Theravāda als auch Mahāyāna-Lehren gepflegt würden, und daß sich beide Linien in Blüte befänden. Er erwähnt auch die Reliquie des Heiligen Zahnes des Buddha, die im 4. Jahrhundert n. Chr. während der Herrschaft König Meghavaṇṇas (Regierungszeit 352-379) auf die Insel gebracht worden sein soll und, wie oben erwähnt, die Herrschaft legitimierte. Der Zahn befand sich zunächst unter der Aufsicht der Abhayagiri-Mönche. Zu Beginn des 5. Jahrhunderts aber kam der Theravāda-Mönch Buddhaghosa nach Sri Lanka, nahm Residenz im Mahāvihāra und systematisierte die Theravāda-Lehre. Er übersetzte und bündelte die umlaufenden singhalesischen Kommentare zum Kanon ins Pāli. Außerdem schrieb er sein berühmtes Werk *Visuddhimagga* (»Weg der Reinigung«), das in konzentrierter Klarheit und intellektueller Schärfe den buddhistischen Heilspfad darlegt und außerordentliche Popularität erlangte. Damit war dem Theravāda des Mahāvihāra ein geistiger Vorsprung vor den Rivalen geschaffen worden.

Die folgenden Jahrhunderte waren wiederum durch bittere Auseinandersetzungen zwischen Singhalesen und Tamilen gekennzeichnet. Kriege und Einwanderungen aus Indien verschoben das Kräfteverhältnis zuungunsten des singhalesischen Buddhismus. Erst um 1070 konnte König Vijaya Bāhu I. die Macht über den größten Teil Sri Lankas zurückgewinnen. Weil von Sri Lanka aus der Theravāda-Buddhismus bereits um 1040 nach Birma gelangte (Pagan-Periode), konnte Vijaya Bāhu I. mit birmesischer Hilfe den *saṃgha* wiederherstellen. Die Allianz mit Birma war überhaupt ein wesentlicher Faktor für die Ausbreitung des Theravāda in Südostasien. In Sri Lanka gewann der Mahāvihāra unter König Parākkama Bāhu I. im 12. Jahrhundert n. Chr. die Kontrolle über den gesamten *saṃgha*. Dieser König tat, was Aśoka in den Legenden zugeschrieben wird: Er übte als König die Herrschaft auch über den *saṃgha* aus, und zwar so, daß er von seiner neuen Hauptstadt Polonnaruwa aus ›den *saṃgha* reinigte‹ und alle internen Spaltungen beendete, indem er nur eine einzige Nikāya-Gruppe, den Mahāvihāra, anerkannte. Der *saṃgha* wurde durch die Überwindung der Spaltung gestärkt, aber auch die Stabilität des Staates wurde durch eine einheitliche religiöse Tradition gefestigt. Und da es der König war, der den *saṃgha* nun tatsächlich reformiert hatte, war das Königtum letztlich der Sieger. Die frühere Oberhoheit des *saṃgha* über solche Herrscher, die politisch und moralisch versagt hatten, war nun durch die faktische Parität der geistlichen und weltlichen Macht entkräftet worden.

Obwohl der *saṃgha* theoretisch unabhängig war und seinen eigenen *saṃgharāja* (»Oberhaupt des *saṃgha*«) wählen konnte, mußte doch der König die Wahl bestätigen und hatte dadurch faktisch die politische Kontrolle über den *saṃgha*. Die Könige in Sri Lanka kontrollierten die Mönche aber vor allem dadurch, daß sie die offizielle Ordination in ihrer Hand hatten: Die Mönche wurden einmal jährlich in der Hauptstadt unter

Aufsicht des Königs ordiniert, und ohne ein entsprechendes königliches Zertifikat genoß kein Mensch die Anerkennung als Mönch. Diesem Beispiel folgten Birma, Thailand und andere Theravāda-Länder. Ja, das Modell machte auch im nördlichen Buddhismus Schule, denn ihm folgten alle buddhistischen Herrscher vom Indien der Kuṣāṇa-Dynastie (etwa 1.-3. Jh. n. Chr.) bis zum Japan der Nara-Zeit (710-785).

Das Resultat dieser systematischen Patronisierung bzw. Kontrolle durch den Staat war eine vierfache Gliederung der Gesellschaft: Der König und seine Beamten (1) regierten eine dörfliche Laienbevölkerung (2), deren Religion durch eine Hierarchie von überirdischen Wesen, an deren Spitze der Buddha stand, gekennzeichnet war (und ist). Daneben regierte der *saṃgharāja* (3) den Mönchsorden (4), wobei die Stadtmönche (mit Zertifikat) den Dorfmönchen vorgesetzt waren. Die vom König ausgehende weltliche Gewalt wurde durch Beamte, die ihre Basis in den Städten hatten, ausgeübt. Die geistliche Aufsicht des *saṃgharāja* wurde faktisch durch die Stadtmönche vollzogen. Diese lebten in Stadt-Tempeln, die vom Staat unterstützt wurden, nachdem sie ein staatliches Examen abgelegt hatten, das Voraussetzung ihrer Beglaubigung war. In der Hauptstadt befand sich der offizielle Großtempel neben dem Palast, in anderen Städten im Bereich des Verwaltungsdistrikts. Die räumliche Nähe von weltlicher und religiöser Macht wirft ein deutliches Licht auf die politische Struktur, und sie hat die buddhistischen Länder von Sri Lanka bis Japan geprägt. Weil hier die Mönche als Staatsdiener von oben eingesetzt wurden, gingen die unteren Bevölkerungsschichten nicht selten auf Distanz zu ihnen. Die Dörfler hielten sich vielmehr an lokale Klöster und verehrten Mönche, die in den Wäldern lebten, als Charismatiker galten und von unten in der Dorfbevölkerung Zustimmung fanden. Von solchen Mönchsgruppen sind in der buddhistischen Geschichte mehrfach Reformbewegungen ausgegangen.

Zusammenfassend wollen wir festhalten: Die Mönche waren, mit Ausnahme der ›Waldmönche‹, in fast allen buddhistischen Ländern keine weltfernen Asketen, sondern eher ›Volkserzieher‹, Zeremonienmeister bei den Ritualen für die Laien (vor allem bei Sterberitualen, wo Mönche kanonische Texte rezitierten), Verwaltungsbeamte der klösterlichen Ländereien und politische Meinungsmacher, was zu einer Hierarchie unter den Mönchen und zu Differenzen zwischen unterschiedlich privilegierten Mönchsgruppen (*saṃghas*) führte: Die Dorfmönche standen als Lehrer über den schwer zugänglichen Waldmönchen, und die Stadtmönche genossen wegen ihrer Bildung ein höheres Ansehen als die Dorfmönche.

Wie bereits angedeutet, hatte Sri Lanka mit dem Buddhismus (und schon zuvor) auch andere indische Kulturgüter, wie zum Beispiel die Kosmologie, übernommen: Überirdische Wesen freundlicher und gefährlicher Art (*devas* und *asuras*), die alle selbst im Geburtenkreislauf (*saṃsāra*) stehen, greifen in das alltägliche Leben ein. Der Buddha, der ins *nirvāṇa* eingegangen ist und den Lauf der Welt jetzt nicht mehr persönlich, sondern nur noch durch seinen *dharma* beeinflußt, hatte zuvor seine Gewalt und Kompetenz an den ›himmlischen König‹ Śakra abgegeben. Dieser wiederum teilt die Macht über die ›Götter‹ und andere überirdische wie irdische Mächte mit Viṣṇu und anderen Gottheiten. Die Hierarchie im Himmel ist entsprechend der irdischen Gesellschaftsordnung aufgebaut, mit dem König an der Spitze. Die überirdischen und irdischen ›Oberen‹ günstig zu stimmen war und ist in diesem Weltbild wichtig und ein Hauptanliegen der Volksreligiosität. In der buddhistischen Gesellschaft aber werden die höheren Wesen nicht nur durch Opfer auf dem Altar, sondern durch Gaben an den *saṃgha* wohlmeinend gestimmt; denn wer den Mönchen gibt, sammelt *puṇya* (»Verdienst«), d. h. positive Eindrücke, die das *karman* günstig beeinflussen. Die göttlichen Wesen, die dem verdienstvollen Wirken des Menschen zuschauen, können durch diese Anteilnahme ebenfalls *puṇya* sammeln[20] und ihr *karman* verbessern, denn sie sind ja keine

20 Richard F. Gombrich, Gananath Obeyesekere, *Buddhism Transformed. Religious Change in Sri Lanka*, Princeton 1988, S. 18. Dieses Buch sei für das Studium des modernisierten, urbanisierten

›absoluten Götter‹, sondern ebenfalls im Geburtenkreislauf karmisch verstrickt; also bedürfen auch sie der endgültigen Befreiung, die nur die Praxis des *dharma* des Buddha gewährleisten kann. Wenn man die *devas* und *asuras* auf diese Weise günstig stimmte, würden sie sich dankbar erweisen und dem bittenden Menschen hilfreich zur Seite stehen. Auf diese Weise konnte der Buddhismus in Sri Lanka wie in ganz Südostasien das monastische Theravāda-Ideal mit den komplexen und lokalen Kulten auf dem Land und volksreligiösen, vorbuddhistischen Glaubensformen verknüpfen, und diese Verbindung ist bis heute prägend geblieben.

Die intellektuell-konservative Haltung der Theravādins hat eine erstaunliche Stabilität der Verhältnisse begünstigt. Der Mahāvihāra war bis zur Ankunft der Portugiesen 1498 alleiniger Träger der religiösen Kultur des Landes. Diese ›Scholastik‹ des Theravāda fand, wie wir gesehen haben, ihren endgültigen Höhepunkt in Buddhaghosas *Visuddhimagga* (»Weg der Reinigung«). Seither gibt es im Theravāda praktisch nur noch Subkommentare zu dieser systematischen Darstellung des Buddhismus.

Die neuere Geschichte Sri Lankas und damit des Buddhismus auf der Insel ist geprägt von der Auseinandersetzung mit der europäischen Kolonialherrschaft.[21] Zuerst eroberten ab 1505 die Portugiesen das Land, und ihre Herrschaft war besonders brutal, weil sie von einer unnachgiebigen Unterdrükkung des Buddhismus gekennzeichnet war. Neben Zwangsmissionierungen kam es zur Zerstörung von buddhistischen Tempeln. Im Jahre 1655 übernahmen die Holländer die Herrschaft von den Portugiesen. Sie erwiesen sich als wesentlich

---

Buddhismus in Sri Lanka empfohlen, der durch die Begegnung mit dem Westen (vom Trauma des Kolonialismus bis zur Unabhängigkeit und den gegenwärtigen Konflikten zwischen Singhalesen und Tamilen) einen erheblichen Gestaltwandel durchläuft.

21 Vgl. M. v. Brück, Wh. Lai, *Buddhismus und Christentum* (S. 17, Anm. 3), S. 79-107.

toleranter und blieben in Religionsfragen weitgehend neutral. So kam es in der Mitte des 18. Jahrhunderts zu einem Wiedererwachen des Buddhismus, und der *saṃgha* wurde von Thailand aus (das buddhistisch geblieben und nicht von den europäischen Kolonialmächten besetzt war) neu aufgebaut. Zu Beginn des 19. Jahrhunderts übernahmen schließlich die Briten die Kontrolle auf der Insel. Sie tolerierten den Buddhismus, der unter dem Eindruck der christlichen Missionen allmählich Gegenkräfte entwickelte, die zu einem nationalbuddhistischen Erwachen führten. Dies war die Basis, auf der Sri Lanka 1947 die Unabhängigkeit erkämpfen konnte. Der erneuerte und zugleich politisierte *saṃgha* war dabei federführend gewesen. Eine enge Verbindung von Nationalismus und Buddhismus bestimmt auch heute die Haltung weiter Teile des *saṃgha*, so daß nicht wenige Mönche in der Auseinandersetzung zwischen Tamilen und Singhalesen sogar Gewalt befürworten.[22]

Die moderne akademische Theravāda-Philosophie knüpft an die Traditionen der gebildeten Stadtmönche an. Die Landbevölkerung ist davon jedoch kaum berührt. Weil aber heute in den Theravāda-Ländern (außer Thailand) das buddhistische Königtum, der *saṃgharāja*, und das Netz von Tempeln, das von einer einzigen Überlieferungslinie (Nikāya) kontrolliert wurde, verschwunden ist, droht der Theravāda-Philosophie die Gefahr, ihre Basis zu verlieren. Deshalb übernahm der »protestantische Buddhismus« (G. Obeyesekere[23]) seit

22 Stanley Jeyaraja Tambiah, *Buddhism Betrayed? Religion, Politics, and Violence in Sri Lanka*, Chicago und London 1992.

23 Gananath Obeyesekere, *Religious Symbolism and Political Change in Ceylon*, in: G. Obeyesekere, F. Reynolds, B. L. Smith (Hg.), *The Two Wheels of Dhamma* (S. 196, Anm. 2), S. 55-78, hier S. 61 f.; R. Gombrich, G. Obeyesekere, *Buddhism Transformed* (S. 211, Anm. 20), S. 215 f.: Der Begriff des ›protestantischen Buddhismus‹ besagt erstens, daß der Buddhismus ein Protestpotential gegen die kulturelle Entfremdung durch die Kolonialmächte entwickelt, zweitens, daß das Laienelement gegen die Mönchseliten gestärkt wird, und drittens, daß das Individuum selbst nach seiner Befrei-

Ende des 19. Jahrhunderts einige pädagogische Techniken der westlich-kolonialen Kultur (sonntagsschulartigen Unterricht, Pamphlete, um den *dharma* zu verbreiten), damit der westlich-christliche Einfluß zurückgedrängt und eine neue ›nationale Kultur‹ aufgebaut werden könne, die auf der Grundlage des Buddhismus unter den Bedingungen der Moderne stehen sollte. Angesichts dieses Wertewandels kamen in der Mitte des 20. Jahrhunderts auch sozialistische Ideen im *saṃgha* auf, und manche der buddhistischen Reformer versuchten, auch Mahāyāna-Ideale zu integrieren: Laienführer traten auf, lokale Kulte breiteten sich aus, und Waldmönche, die traditionell im verborgenen wirkten, schalteten sich in das politische und wirtschaftliche Geschehen ein.

BUDDHISMUS IN SÜDOSTASIEN

Die Region wird seit 2000 Jahren von ganz unterschiedlichen Völkern (Mon, Khmer, Thai, Karen usw.) bewohnt. Wechselnde Staatengebilde und Allianzen lösten einander kriegerisch ab, und die Grenzen wurden laufend verschoben.[24] Die südostasiatischen Theravāda-Länder[25] (Birma, Kampuchea, Laos und Thailand) haben ihre Gestalt des Buddhismus durch alte kulturelle Verbindungen zu Indien und Sri Lanka erhalten. Die indische Kultur (in brahmanischer und buddhistischer Gestalt) hatte auf den nördlichen Handelswegen über Assam und Indochina sowie auf dem Seeweg von Südindien aus Südostasien erreicht – Aśoka soll auch eine buddhistische Mission nach Südostasien entsandt haben. Das große und relativ stabile Königreich Śri Vijaya (etwa 7.-9. Jh. n. Chr.) zum

---

ung strebt, ohne auf die Vermittlung religiöser Hierarchien angewiesen zu sein.

24 Trevor Ling, *Buddhism, Imperialism and War. Burma and Thailand in Modern History*, London 1979.

25 Zu den folgenden Ausführungen ausführlich: H. Bechert, *Buddhismus, Staat und Gesellschaft* (S. 206, Anm. 19), Bd. 2.

Beispiel umfaßte die malaiische Halbinsel sowie Teile Javas und Sumatras, und hier waren bereits sowohl der Theravāda- als auch der Mahāyāna-Buddhismus verbreitet. Im 8. Jahrhundert errichteten buddhistische Könige den berühmten Borobudur in Ost-Java, ein riesiges dreidimensionales Mandala mit ursprünglich über 500 Buddha-Figuren und reliefgeschmückten Korridoren, in denen die Lebensgeschichte des Buddha als Initiationsweg für jeden Bodhisattva dargestellt und für alle Besucher – im wörtlichen Sinn – begehbar gemacht wurde. Über Jahrhunderte war dieses Heiligtum, das möglicherweise auch chinesische Einflüsse in sich birgt,[26] ein Pilgerzentrum für die buddhistische Welt.

Der Theravāda-Buddhismus hat bei der Entwicklung der südostasiatischen Nationen eine zentrale Rolle gespielt. Der birmesische und thailändische Buddhismus ist zwar kaum vor dem 11. Jahrhundert historisch greifbar, geht aber auf lange zuvor einsetzende Migrationen zurück, die von Südchina her über die Flußwege des Irrawaddy und des Megkong nach Süden vorstießen. Wir wissen, daß der Stamm der Mon im 6. Jahrhundert aus Innerasien nach Süden gewandert war und im 7. Jahrhundert in den Ebenen des heutigen Thailand und Birma einen Staat gegründet hatte, wobei die Immigranten eine von Indien her beeinflußte kulturelle Welt vorfanden, der sie sich anpaßten. Wie weit diese ›Indisierung‹ gegangen sein mag, ist daran erkennbar, daß sie ihren Staat mit dem Sanskrit-Namen *Dvāravatī* bezeichneten und Götterstatuen hinduistisch-viṣṇuitischer und śivaitischer Tradition verehrten. Die Mon nahmen den Theravāda-Buddhismus als ihre Religion an. Ein anderes Volk, die Pyu, waren ein tibe-

26 Der Stufenweg des Bodhisattva wird vor allem mittels der Geschichte aus dem *Gaṇḍavyūha* dargestellt, wo der Pilger Sudhana 53 Meister und Meisterinnen aufsucht, um von ihnen zu lernen. Diese Geschichte hat im chinesischen Buddhismus durch die Eingliederung des *Gaṇḍavyūha* in das *Avataṃsaka-Sūtra* große Verbreitung erlangt. (Vgl. oben S. 53 f. und M. v. Brück, *Weisheit der Leere* [S. 53, Anm. 14], S. 101 ff.)

tischer Stamm, der vielleicht bereits im 5./6. Jahrhundert aus dem osttibetischen Bergland bis ins Irrawaddy-Delta vorgedrungen war. Spätestens im 7. Jahrhundert kamen die Pyu mit den Mon in Kontakt und wurden dabei ebenfalls mit den Pāli-Schriften des Theravāda vertraut. Die tibeto-birmanischen Stämme wurden aber erst von König Anuruddha (Regierungszeit 1044-77) zu einem Staatswesen mit der Hauptstadt Pagan vereint. Der tibetische Hintergrund mehrerer Stämme deutet darauf hin, daß zumindest solche Völkergruppen, die nach dem 8. Jahrhundert einwanderten, vom Tibetischen Buddhismus geprägt waren, und auch Anuruddha soll zunächst Mahāyāna-Buddhist gewesen und später durch einen Mönch aus dem Stamm der Mon zum Theravāda bekehrt worden sein. Die Einzelheiten sind nicht bekannt, aber da Anuruddha den Buddhisten in Sri Lanka gegen erneuten tamilischen Druck zu Hilfe kam und überdies den *saṃgha* auf dieser Insel erneuern half, muß er, wenn nicht selbst Theravāda-Anhänger, zumindest Sympathisant dieser Form des Buddhismus gewesen sein. In dem Maße, in dem die Mon gegen Ende des 11. Jahrhunderts an Einfluß gewannen, hat sich der Theravāda in Birma durchsetzen können.[27] 1190 wurde die Mahāvihāra-Linie Sri Lankas in Birma eingeführt, und im 13. und 14. Jahrhundert verbreitete sich diese Form des Buddhismus von Birma aus über ganz Südostasien. Die gegenwärtig in Birma, Thailand und den anderen Ländern existierenden buddhistischen Traditionen gehen also auf Einflüsse aus Sri Lanka seit dem 12. Jahrhundert zurück, die den bereits verbreiteten (und mit hinduistischen und tantrischen Elementen durchsetzten) Mahāyāna-Buddhismus in Südostasien zurückdrängten.

Anders stellte sich das Verhältnis von Mahāyāna und Theravāda in Zentral-Siam (Teile des heutigen Thailand) dar. Im 11. Jahrhundert eroberten die Khmer unter Sūryavarman von Angkor (1010-1050) diese Gegenden und beherrschten sie bis etwa 1260. Die Khmer waren überwiegend Buddhisten,

27 Donald E. Smith, *Religion and Politics in Burma*, Princeton 1965.

ihre Tempel aus dem 11. und 12. Jahrhundert weisen Einflüsse des Mahāyāna, aber auch des Hinduismus auf. Erst um 1200 aber konvertierte der Khmer-Herrscher Jayavarman VII. ›offiziell‹ zum Mahāyāna-Buddhismus. Nur etwa 20 Jahre später jedoch breitete sich im Gebiet der Khmer verstärkt der Theravāda-Buddhismus aus – die königlichen Inschriften waren nun nicht mehr in Sanskrit, sondern in Pāli abgefaßt. Eine der Ursachen ist mit Sicherheit die Stärke der Thai, die von Birma her schon seit Beginn des 13. Jahrhunderts Theravāda-Buddhisten geworden waren. Im 13. und 14. Jahrhundert zerstörten die Thai und die Mongolen weite Gebiete des bis dahin mächtigen Śri Vijaya-Reiches. Zur gleichen Zeit aber breitete sich der Islam bis nach Indonesien aus, wo er den Buddhismus fast vollständig verdrängte. Heute gibt es nur wenige Buddhisten auf den indonesischen Inseln, von denen die meisten auf neuere Missionen und Zuwanderungen von der malaiischen Halbinsel her zurückgehen.

Theravāda und Mahāyāna waren konkurrierende Religionsformen, die jeweils politisch instrumentalisiert wurden. In den jahrhundertelangen Macht- und Territorialkämpfen zwischen Thai, Vietnamesen und Khmer – bis hin zum Khmer-Aufstand gegen die vietnamesische Besatzung im Jahre 1842 – spielte auch die Theravāda-Allianz der Thai und Khmer gegen die Mahāyāna-Vietnamesen eine Rolle.

Das benachbarte Königreich Laos entstand nach erbitterten Machtkämpfen regionaler Gruppen und Fürsten im 14. Jahrhundert und war von Anfang an – und ist bis heute – vom Theravāda geprägt. Dem politischen Chaos und der Instabilität – man denke an die erbitterten Machtkämpfe zwischen den unterschiedlichen Stämmen im Gebiet von Birma und an die fast permanenten Kriege zwischen Birma und den Thai vom 15. bis ins 18. Jahrhundert – setzte der Theravāda eine stabile religiöse Identität entgegen, und so war die Prägung durch den Theravāda in diesen Ländern keine Angelegenheit der Oberschichten, sondern besaß tiefe Wurzeln im Volk.

Auch unter britischer Kolonialherrschaft erwies sich die

Verbindung der Theravāda-Identität mit dem nationalen Widerstand gegen die Fremdherrschaft als wirkungsvoll.[28] 1826 war West-Birma britisch geworden, und 1852 hatte das Vereinigte Königreich auch die Küstengebiete im Osten unterjocht. Der ehemalige Mönch Mindon wurde König in Ober-Birma (Regierungszeit 1853-78) und verschaffte sich durch seine kluge und mäßigende Politik Respekt von allen Seiten. Anknüpfend an die Könige Aśoka und Kaniṣka organisierte er 1871 das Fünfte Buddhistische Konzil in Mandalay, auf dem alle Theravāda-Länder vertreten waren und das eine revidierte Fassung des Pāli-Tipiṭaka verabschiedete. Mindon förderte auch eine Modernisierung des Buddhismus, die Auswirkungen auf den *saṃgha* in Sri Lanka und Thailand hatte. Nach seinem Tode brachen Machtkämpfe aus, und Großbritannien annektierte ganz Birma im Jahre 1886. Missionare und Staatsbeamte verhielten sich religiös intolerant, und so wurde der Buddhismus noch stärker zu dem, was er schon war: Träger der nationalen Identität und des Widerstandes. In den Auseinandersetzungen des Zweiten Weltkriegs, in denen Japan die britische Armee aus Birma verdrängte und ein Marionettenregime einsetzte, formte sich ein neuer, marxistisch und buddhistisch inspirierter Widerstand gegen beide Kolonialmächte, der mit dem Namen Aung San verbunden ist. Das daraufhin unabhängige Birma versuchte nun, einen Kompromiß zwischen den marxistischen Kräften und den traditionellen buddhistischen Interessen zu finden. Die gesamte Nachkriegsgeschichte Birmas ist von dieser Zerreißprobe wesentlich geprägt. Als der Staatschef U Nu (Nachfolger Aung Sans nach dessen Ermordung 1947 und Ministerpräsident bis 1962) in der Tradition König Mindons 1954-56 ein Sechstes Buddhistisches Konzil einberief, um seine Treue zum Buddhismus zu bekunden, war dies zwar eine Stärkung für den birmesischen Buddhismus. Aber gleichzeitig versuchte U Nu, den *saṃgha* unter Aufsicht zu stellen und staatstreue Mönche

28 Vgl. Emanuel Sarkisyanz, *Buddhist Backgrounds of the Burmese Revolution*, Den Haag 1965.

in einflußreiche Positionen zu bringen, was den Widerstand weiter Teile des Mönchsordens gegen die Regierung zur Folge hatte. U Nu erklärte 1961 den Buddhismus zur Staatsreligion, interpretierte ihn aber als ›buddhistischen Sozialismus‹, zumal er bei der Bodenreform auch an die buddhistische Ethik angeknüpft hatte.[29] Diese Machtkämpfe zwischen Staat und *saṃgha* und die Versuche einer ›buddhistischen Modernisierung‹, die den *saṃgha* spalteten,[30] sind auch heute noch spürbar. Seit 1962 regierte eine Militärdiktatur, gegen die Ende der achtziger Jahre die birmesische Volksbewegung unter der charismatischen Führung der Buddhistin Aung San Suu Kyi, Tochter Aung Sans, des ›Vaters der Unabhängigkeit‹, erfolgreich Front machte. Ihre »National League for Democracy« gewann 1990 die Wahlen, seither steht Aung San Suu Kyi unter Hausarrest des Militärs. Sie erhielt 1991 den Friedensnobelpreis. Die Theravāda-Identität spielt folglich, wie auch in Sri Lanka, für Birma eine mehr als nur kulturelle oder politische Rolle, sie ist der Rückhalt der nationalen Identität.

Anders ist die Situation in Thailand,[31] das nie von einer westlichen Kolonialmacht regiert wurde und daher in einer ungebrochenen Königstradition steht. In den politischen Wirren der Vergangenheit stellte das Königtum einen stabilen Identitätsfaktor für die Nation dar, und das ist teilweise bis heute der Fall. Allerdings ist das thailändische Königtum nicht ausschließlich buddhistisch legitimiert, sondern kultisch seit der Ayutthya-Periode (1350-1781) im hinduistischen Ritus begründet, wenngleich seit der Sukhotai-Periode (etwa 1260-1350) Theravāda die Religion des Landes (und auch des Königs) ist. Bereits König Rāma Khamhaeng (etwa 1270-1317) hatte nach seinem Sieg über die Khmer den Theravāda-Buddhismus zur Staatsreligion erhoben und unterstellte die Staatsbeamten wie auch eine neu eingesetzte Hierarchie von *saṃgha*-

29 E. Sarkisyanz, a. a. O., S. 37ff.
30 Vgl. dazu D. E. Smith, *Religion and Politics in Burma* (S. 216, Anm. 27), bes. Kap. 6 »The Sangha, Politics, and Reform«, S. 186-227.
31 S. J. Tambiah, *World Conqueror and World Renouncer* (S. 195, Anm. 1).

Beamten seiner alleinigen Kontrolle. Der König war damit Herr über Staat und *saṃgha*. Dies kam einer Neudefinition des Buddhismus und des Königtums gleich, die es in dieser Form noch nicht gegeben hatte und deren Folge so charakterisiert werden kann: Der *saṃgha* war königstreu, und er ist es im wesentlichen immer geblieben. Khamhaengs Enkel, Lü Thai, lud Mitte des 14. Jahrhunderts Mönche aus Sri Lanka ein, um den *saṃgha* zu reformieren (vor allem die Kenntnis des Pāli-Kanons zu verbreiten) und eine klösterliche Struktur nach dem Vorbild auf der Insel aufzubauen. Wie in Sri Lanka hatte der *saṃgha* auch in Thailand durch Landschenkungen wirtschaftliche und politische Macht erhalten, die nicht selten die buddhistische Praxis und das Leben nach der Mönchsregel korrumpierte. Und es wiederholt sich das Muster, das wir aus früheren Perioden der Geschichte des Buddhismus kennen: Nur der König konnte umfassende und überregionale Reformen durchführen, denn der *saṃgha* war in viele einzelne Gruppen gegliedert, denen keine zentrale und weisungsbefugte Ordnungsmacht vorstand. So haben die Könige seit dem 18. Jahrhundert (vor allem Rāma I. [Regierungszeit 1782-1809] und Rāma IV. [Mongkut,[32] Regierungszeit 1851-68]) den *saṃgha* reformiert, sich um die Mönchsdisziplin gekümmert, den Pāli-Kanon revidiert und nicht-buddhistische (magische) Praktiken zurückgedrängt. König Mongkuts Sohn, Rāma V. (Chulalongkorn, Regierungszeit 1868-1910), kümmerte sich um eine höhere Bildung der Mönche und richtete Institute ein, die schließlich zu buddhistischen Universitäten wurden. Umgekehrt wurden die Klöster in die Pflicht genommen, Bildung auf dem Lande zu verbreiten. Diese Reformen sind ein Rückgrat für den Buddhismus in den schnellen wirtschaftlichen Modernisierungsprozessen, die weite Schichten der Bevölkerung entwurzelt haben. Die Reformen und Modernisierungen griffen aber nur teilweise, und die Mönche sind auch heute noch fast durchweg konservativ und ritualistisch orientiert.

---

32 König Mongkut hatte vor seiner Krönung 27 Jahre lang als Mönch gelebt.

Thailand kennt als einziges Land das Prinzip einer zeitweiligen ›Ordination‹, wodurch immer noch sehr viele Thai-Männer zumindest für einige Wochen als Mönche im Kloster leben. Diesen Umstand machten sich Reformbewegungen im 20. Jahrhundert zunutze, um durch eine Stärkung des Laienelements auch den *saṃgha* an seine sozialethische Verantwortung zu erinnern. Vor allem der Mönch Buddhadasa (1906-1993) hat in ganz neuer Weise die Sozialkritik und ethische Verantwortung des Buddhismus ins Zentrum seines Wirkens gestellt und damit die bereits seit den dreißiger Jahren spürbare Tendenz zur Politisierung einiger Teile des *saṃgha* fortgeführt.[33] Die mit Sulak Sivaraksa und dem Engagierten Buddhismus verbundenen Mönche arbeiten an der Verwirklichung einer neuen buddhistischen Sozialethik (siehe S. 509-516).

Der Buddhismus in Laos geht bis in das 12. Jahrhundert zurück und wurde um 1350 in der Form des Theravāda Staatsreligion. Er konnte dort fast ungebrochen in der bekannten Einheit von Thron und Pagode existieren, bis 1975 die Kommunisten die Macht übernahmen und den *saṃgha* unter die Aufsicht des Staates stellten, wobei die Mönche patriotische Bildungsaufgaben und soziale Dienste zu übernehmen hatten. Trotz wechselnder Herrschaft und Ideologie ist in Kambodscha, Thailand und Laos der *saṃgha* immer eine nationale Institution geblieben, die von dem jeweiligen Staat einerseits kontrolliert und politisch instrumentalisiert, andererseits patronisiert und reformiert wurde.

Der vietnamesische Buddhismus ist vorwiegend mahayanistisch ausgerichtet. Er war seit dem 1. Jahrhundert mit der gewaltsamen Kolonisierung durch China in Vietnam als Teil

33 Walter Skrobanek, *Buddhistische Politik in Thailand. Mit besonderer Berücksichtigung des heterodoxen Messianismus*, Beiträge zur Südasienforschung 23, Wiesbaden 1976; Somboon Suksamran, *Buddhism and Politics in Thailand. A study of socio-political change and political activism of the Thai Sangha*, Singapur 1982; Seri Phongphit, *Religion in a Changing Society. Buddhism, reform and the role of monks in community development in Thailand*, Hongkong 1988.

einer allgemeinen Sinisierung (Einführung der chinesischen Schrift, der konfuzianischen Verwaltung usw.) unter den Oberschichten verbreitet worden. Das Volk haßte die Fremdherrschaft und ging damit auch zum Buddhismus auf Distanz. Erst seit dem 10. Jahrhundert, als Vietnam von China unabhängig wurde, kam auch der Buddhismus unter der (späteren) Li-Dynastie (1009-1225) zur Blüte, indem er sich mit einheimischen Religionsformen (Verehrung von Geistern und Schutzgottheiten) verband. Die in China überwiegenden Gestalten des Buddhismus, nämlich Ch'an und Reines Land, hatten auch in Vietnam den größten Einfluß. Der Buddhismus wurde nicht nur offizielle Staatsreligion, sondern die Könige beriefen jahrhundertelang Mönche in höchste Staatsämter, wenngleich seit dem 15. Jahrhundert der Konfuzianismus den Buddhismus als staatstragendes Element zurückdrängte. Seit dem 18. Jahrhundert erfreuten sich die Buddhisten einer ›Renaissance‹ ihrer Religion, und einheimische Schulbildungen konnten an Boden gewinnen. Dies hing auch wesentlich damit zusammen, daß der Buddhismus national-religiöse Kräfte gegen die immer bedrückender werdende christlich-französische Kolonialherrschaft zu entfalten vermochte (1867 Annexion auch des südlichen Landesteils durch Frankreich).[34] Auch der vietnamesische Buddhismus wurde durch die Auseinandersetzung mit dem Kommunismus in der zweiten Hälfte des 20. Jahrhunderts und durch den Vietnamkrieg nicht aufgerieben, sondern erweist sich beim Neuaufbau als nationaler Identitätgeber.

Die wirtschaftlichen Entwicklungen, Urbanisierung und die globalisierten Kulturmuster von Konsum- und Vergnügungsverhalten einschließlich der Autoritätskrise traditioneller Institutionen beeinflussen die Länder Ost- und Südostasiens ungemein stark. Wie sich der *saṃgha* in den Umwälzungsprozessen dieser Länder weiterentwickeln wird, ist noch nicht abzusehen.

34 Vgl. M. v. Brück, Wh. Lai, *Buddhismus und Christentum* (S. 17, Anm. 3), S. 561.

8
ENTSTEHUNG UND ENTWICKLUNG DES MAHĀYĀNA

GRÜNDE FÜR DIE ENTSTEHUNG DES MAHĀYĀNA

Der Mahāyāna-Buddhismus entwickelte sich allmählich, unmerklich fast in den Anfängen und ohne daß ein präziser Ausgangspunkt angegeben werden könnte. Bereits die Auseinandersetzungen auf dem Zweiten Konzil von Vaiśālī (383 bzw. um 270 v. Chr. nach der späten Lebensdatierung des Buddha) können als eine von mehreren Entwicklungen betrachtet werden, die sich schließlich im Mahāyāna bündelten. Mehrere Elemente sind hier zu nennen, die erst in ihrer Synthese ergeben, was später Mahāyāna ausmachte:

1. Eine flexiblere Interpretation der *Mönchsregel* durch die Mahāsāṃghikas, die sich an neue Umstände anpassen konnte, damit die Mission beförderte und der Pluralisierung im *saṃgha* Vorschub leistete.

2. Die Verehrung des Buddha in einer Laienbewegung, die sich um den *Stūpa-Kult* (»Reliquien des Buddha«) gebildet hatte, an der aber auch Mönche und Nonnen Anteil hatten.[1] Die Reliquien des Buddha wurden sofort nach seinem Tode Gegenstand kultischer Verehrung, aber die Pflege dieses Kultes oblag den Laien, nicht den Mönchen.[2] Da die Mönche nach dem *nirvāṇa* strebten, sollten sie nicht durch personale Frömmigkeit (und das damit möglicherweise verbundene Anhaften an äußeren Formen) vom Wesentlichen abgelenkt wer-

---

1 G. Schopen, *Two Problems in the History of Indian Buddhism* (S. 146, Anm. 36).

2 Vgl. A. Hirakawa, *A History of Indian Buddhism* (S. 66, Anm. 2), S. 270ff. Selbst heute noch werden in Birma die Stūpas (Pagoden) ausschließlich von Laien verwaltet.

den, was aber letztlich auch der frühe Buddhismus nicht verhindern konnte. Die Laien jedenfalls förderten den Stūpa-Kult, denn er stärkte ihr Vertrauen in den Buddha und diente der Gemeinschaft in der buddhistischen Bewegung. Besonders wichtig waren die Stūpas an den vier heiligsten Stätten des Buddhismus, die sich bald zu Pilgerzentren entwickelten: Lumbinī (Geburtsort des Buddha), Bodhgayā (der Ort des Erwachens), der Tierpark in Sārnāth (Ort der ersten Predigt), Kuśinagara (der Sterbeort). Aśoka ließ überall in seinem Reich Stūpas errichten und teilte zu diesem Zweck die Reliquien auf. Die heute noch vielbesuchten Stūpas von Bhārut (Bharhut) und Sāñcī in Zentralindien sowie Taxila in Gandhāra (heute Pakistan) gehen bis ins 3. Jahrhundert v. Chr. zurück. Um den Stūpa entwickelten sich neue Aufgaben, denn die Stūpas mußten gepflegt und die Opfergaben (Grundbesitz, Einrichtungen für die Pilger, kostbare Materialien für die Verzierungen usw.) verwaltet werden, und möglicherweise gab es Erzähler oder Sänger, die zur Erbauung der Pilger das Leben des Buddha vergegenwärtigten und seine Taten priesen. Vielleicht leiteten sie die Pilger an, mit geschlossenen Augen den Buddha in all seiner Herrlichkeit zu visualisieren, bis er gleichsam leibhaftig vor dem inneren Auge stand. Dies könnte nicht nur der Anfang der Visualisierungsmeditation im Mahāyāna gewesen sein, sondern auch der Ursprung dafür, diese inneren Bilder nun auch äußerlich in Stein zu hauen oder auf Felswände zu malen, wie sie uns bis heute vor Augen stehen. Wir hätten damit eine plausible Erklärung für den Beginn der bildhaften Darstellung des Buddha. Jedenfalls brachte der Stūpa-Kult eine Gruppe von ›Kultbediensteten‹ hervor, die sich dieser Aufgaben annahmen und darin deutlich von den Mönchen wie von den gewöhnlichen Laien unterschieden. Daß sich diese besonderen Laien-Anhänger *bodhisattvas* genannt haben könnten, ist möglich, aber wir haben dafür keine Belege.[3] Die Aufmerksamkeit und Verehrung der Laien war natürlicherweise eher auf den in Liebe verehrten Buddha

3 A. Hirakawa, a. a. O., S. 274, erwähnt, daß einige Mahāyāna-Texte eine Bodhisattva-Gruppe (*bodhisattvagaṇa*) erwähnen, die von

als auf die anonymere Mönchsgemeinde gerichtet, und so brachten es die Stūpas zu einigem Wohlstand. Dies dürfte auch das Interesse des *saṃgha* am Stūpa-Kult angefacht haben. So gab es seit dem Ende des 1. Jahrhunderts v. Chr. Stūpas innerhalb der Bezirke für Mönche und Nonnen, wo zuvor eine strikte räumliche Trennung von Stūpa und Mönchsquartier (*vihāra*) geherrscht hatte. Daß es darüber Auseinandersetzungen gab, ist durch einen diesbezüglichen Streit zwischen den Schulrichtungen belegt: Die Dharmaguptakas bejahten, daß der Stūpa-Kult positive karmische Früchte hervorbringe, die Caitikas, die der Mahāsāṃghika-Tradition angehörten, bezweifelten dies, und dieser Zweifel hielt sich durch bis in das spätere Schrifttum des *Abhidharmakośa*.[4] Diejenigen Gruppierungen hingegen, die später im Mahāyāna aufgingen, integrierten den Stūpa-Kult.[5]

3. Die Meditationstradition der in Zurückgezogenheit lebenden Waldmönche (*āraṇyakas*, *dhūtas*), die bereits im 7. Kapitel über das Verhältnis von *saṃgha* und Staat erwähnt wurden (S. 200, 210f.). Anders als die Mönche, die in den *vihāras* am Rande der Dörfer lebten, waren sie nicht so sehr an der Lehrvermittlung für die Laien interessiert, die das Studium der Kommentarliteratur mit ihren philosophischen Analysen der Daseinsfaktoren voraussetzte. Und anders als die Stadt-

---

den Mönchsorden der Nikāya-Schulen (*śrāvakasaṃgha*) unterschieden werden.

4 A. Hirakawa, a. a. O., S. 272. Interessanterweise erscheinen hier die Mahāsāṃghikas, die in bezug auf die weitere Auslegung der Mönchsregel als Wegbereiter für das Mahāyāna gelten können, in größerer Distanz zum Stūpa-Kult und damit zu einer Säule des Mahāyāna. Dies ist ein weiterer Grund dafür, daß die Annahme, die Mahāsāṃghikas seien einfach die Frühform des Mahāyāna, falsch ist. (Der andere Grund ist die Tatsache, daß die Mahāsāṃghikas weiterexistierten, als das Mahāyāna in Indien längst in Blüte stand.)

5 Im späteren Theravāda-Buddhismus Süd- und Südostasiens wurde der Stūpa immer bedeutungsvoller auch für die Mönchs- und Nonnengemeinde.

mönche, die in unmittelbarer Nähe zur politischen Macht lebten, trugen sie nichts zur Verschmelzung von Buddhologie und Königsideologie bei. Sie betrieben vielmehr intensive Meditation und reflektierten deren Ergebnisse in der Philosophie der Leerheit (*śūnyatā*) und der gegenseitigen Durchdringung aller Phänomene (*pratītyasamutpāda*). Sie praktizierten die meditative Einheitsschau und nannten das Resultat Weisheit (*prajñā*). Dies ist der Ursprung der Prajñāpāramitā-Sūtras, die als erste eigenständige Schriften des Mahāyāna gelten können.

KÖNIG KANIṢKAS BEDEUTUNG FÜR DAS MAHĀYĀNA

Im Süden konnte sich der Theravāda-Buddhismus zu einer über Jahrhunderte stabilen und konservativen Tradition entwickeln. Diese Stabilität wurde begünstigt durch die Agrargesellschaft und durch stammesgesellschaftliche Religionsformen, die dem systematisierten Buddhismus wenig Widerstand entgegensetzten. Es gab dauerhafte königliche Dynastien sowie einen einzigen Nikāya, der alle anderen zurückdrängte. In Nordwest-Indien hingegen lagen die Dinge ganz anders. Dieses Grenzgebiet war politisch instabil. Hier lebten unterschiedliche kriegerische Nomadenstämme, und über Jahrhunderte war dieser Kulturraum den wechselnden Einflüssen aus Griechenland und dem Iran ausgesetzt. Außerdem gab es eine Vielzahl buddhistischer Schulrichtungen von Sarvāstivāda über Mahāsāṃghika bis hin zu der Tradition, die sich von allen anderen abgrenzte und *Mahāyāna* nannte.

Wie bereits erwähnt, waren schon zur Zeit Aśokas die übernatürlichen Merkmale eines weltlichen Herrschers (*cakravartin*) und eines Buddha einander angeglichen worden. In Nordwest-Indien allerdings glichen sich (unter griechischem und indo-iranischem Einfluß) die Ikonographie von Königen und Buddhas noch stärker an. Dieses Gebiet war ja durch die politischen Entwicklungen in jener Zeit zu einem multikulturellen Schmelztiegel par excellence geworden, und so kam es folgerichtig zu religiösen Synkretismen, von denen auch der Buddhismus betroffen war.

Für die Entwicklung des Buddhismus im Norden Indiens sind wir weitgehend auf Vermutungen angewiesen. Von besonderem Interesse ist König Kaniṣka aus der Kūṣāna-Dynastie (2. Jh. n. Chr.). Die Kūṣānas waren ursprünglich in Zentralasien ansässig, wurden aber aufgrund der Völkerwanderungen, die durch die han-chinesische Expansion ausgelöst waren, nach Süden abgedrängt. Die Kūṣānas gründeten eines der dauerhaftesten Reiche im Nordwesten Indiens. Kaniṣka wird in der buddhistischen Tradition gern als ein zweiter Aśoka vorgestellt. Unter ihm soll um 120 n. Chr. das Vierte Buddhistische Konzil in Gandhāra oder Kashmir stattgefunden haben. Doch darüber besteht wenig Gewißheit. Noch unklarer sind die Berichte über das Ereignis selbst: Die Mahāsāṃghikas behaupteten, sie hätten sich in den Auseinandersetzungen durchgesetzt, und das *Mahāvastu* (ein als *vinaya*-Text klassifiziertes Werk) sei das sichtbare Resultat dieses Sieges. Doch dem widersprechen die Berichte der Sarvāstivādins, die historisch glaubwürdiger sein könnten: Sie nahmen den Sieg für sich in Anspruch und behaupteten, daß dessen Resultat der *Mahāvibhāṣa* (ein längerer abhidharmischer Text) gewesen sei. Wir wissen jedoch nicht mit Sicherheit, ob es überhaupt ein Viertes Konzil gegeben hat.

Ob sich Kaniṣka als Buddhist verstand (und wenn ja, in welchem Sinne), ist ebenfalls nicht sicher. Die Begründung für die Bejahung dieser Frage wird von den Kaniṣka-Münzen hergeleitet. Das Bild des Buddha auf Münzen abzubilden, die durch ihren Gebrauch abgenutzt werden konnten, wäre für die Theravādins undenkbar gewesen. Auf den Kaniṣka-Münzen aber überreicht der Buddha Kaniṣka das Königtum, der wiederum den Buddha vor einem Feueraltar anbetet. Viel typischer für die Kaniṣka-Münzen sind allerdings Motive mit dem hinduistischen Gott Śiva und *zoroastrischen* Symbolen. Auch diese Götter ›bestätigen‹ den König in seinem Königtum. Weil der Feueraltar nicht zum buddhistischen Kult gehört – jedenfalls nicht außerhalb des tantrischen Buddhismus –, ist die Verbindung dieses Symbols mit dem zoroastrischen Feuerkult wahrscheinlicher. Und da Kaniṣka über ein multireligiöses Gebiet herrschte, kann es für ihn politisch sinnvoll gewesen sein, den Staat und seine Symbolik auf religiösen Synkretismen aufzubauen und dies in seinen Münzprägungen zu dokumentieren.

Die Münzen signalisieren allerdings ein neues Verständnis von Königtum und Buddhaschaft.

Ursprünglich hatte der Buddhismus ein göttliches Königtum verneint, weil die Kompetenz zur Herrschaft aus dem Verhalten (*karman*), nicht aber von der Geburt hergeleitet wurde. Auch Aśoka hatte kein göttliches Königtum für sich beansprucht, sondern war davon überzeugt, daß ihm die Königsherrschaft *anvertraut* worden war. Der Buddhismus erinnerte Könige und Mächtige stets daran, daß Königreiche höchst vergänglich sind.[6]

Im Mahāyāna vollzog sich nun ein allmählicher Wandel des Verständnisses von Königtum und Buddhaschaft.[7] Dies wird daran deutlich, daß die Kaniṣka-Münzen den königlichen Titel »Sohn Gottes« (*devaputra*) tragen. Der Begriff könnte vedischen, iranischen oder sogar chinesischen Ursprungs sein und besagt, daß Könige nun *von Geburt her* als göttlich galten.

---

6 Der Buddha, begabt mit dem Blick in die Zukunft, konnte einem Menschen sein zukünftiges Königtum voraussagen, aber er salbte die Könige nicht. (Erst im Tantrayāna ist der *abhiṣeka*-Ritus [»Salbung«] zu diesem Zweck eingeführt worden.) Deshalb wurde in einigen Theravāda-Ländern (heute noch in Thailand) der König nicht vom *saṃgharāja* gekrönt, sondern diese *abhiṣeka* wurde und wird von Hof-Brahmanen vollzogen, die einer hinduistischen Ideologie des Gott-Königtums folgen.

7 Neben der mit einer Hoch-Buddhologie gekoppelten Königsideologie hat das Mahāyāna auch ein Hoch-Bodhisattva-Ideal entwikkelt: Nicht mehr ein von unten aufstrebender Bodhisattva, der sich noch auf dem Erleuchtungsweg befindet, aber noch nicht erleuchtet ist, sondern ein von oben herabkommender, erleuchteter Bodhisattva hilft den Menschen.

Diese Veränderung war in Nordwest-Indien die Voraussetzung für eine ›buddhokratische Herrschaft‹. Die Entwicklungen im nördlichen Buddhismus beeinflußten schließlich auch den Süden, so daß seit dem 4. Jahrhundert n. Chr. auch die singhalesischen Könige zwecks Machtsteigerung die Erhöhung des Königtums im Mahāyāna nachahmten und sich als *herabgestiegene* Bodhisattvas oder als zukünftige Maitreyas bezeichneten. Die Identifikation mit Maitreya bedeutet, daß diese Könige für sich sogar den Status der *Buddhaschaft* beanspruchten.[8] Im Laufe der Zeit wurde der König in allen buddhistischen Ländern als *herabgekommener* Bodhisattva oder Maitreya verehrt. Die Folge davon war, daß der König allmählich eine religiös höhere Stellung einnahm als die Mönche, die bestenfalls *arhats*[9] sein konnten. Obwohl der königliche Anspruch auf Buddhaschaft aus der buddhistischen Überlieferung nicht begründbar war, tolerierte der *saṃgha* meist solche königliche Selbstzuschreibungen. Während Aśoka das buddhistisch-monastische Ideal der Weltentsagung respektiert und nicht verlangt hatte, daß die Mönche politische Aufgaben übernehmen

---

8 Maitreya (»der Liebende«) ist der in der Zukunft erwartete Buddha, der sich jetzt schon im *tuṣita*-Himmel (»freudvoll«) auf seine irdische Geburt vorbereitet.
Die ersten buddhistischen Könige Tibets (7./8. Jh. n. Chr.) knüpften an die Königsideologie Nordwest-Indiens an. Als aber die Mongolen die Herrschaft übernahmen, wurden zuerst die führenden Lamas aus der *Sakya-Schule* (13. Jh.) geistige Patrone und Erzieher des weltlichen Herrschers, später übernahmen die Dalai Lamas (seit dem 17. Jahrhundert) aus der *Gelug-Schule* die weltliche Herrschaft. Die Dalai Lamas gelten seither als Inkarnationen des Bodhisattva der Barmherzigkeit (*Avalokiteśvara*), aber nicht nur sie allein, sondern viele Lama-Traditionslinien (*tulku*) werden als Inkarnationen höherer geistiger Kräfte betrachtet. Vgl. unten Kap. 11.

9 Der Arahant (skt. *arhat*) hat zwar nach Theravāda-Verständnis die höchste Stufe der Vollendung erreicht, aber er steht unter dem Buddha: Der Buddha erreicht das *nirvāṇa* aus sich heraus, während der Arahant dazu von einem Buddha angeleitet werden muß.

sollten, erwartete Kaniṣka genau dies: Die Mönche sollten sich in der Welt betätigen und der politischen Macht dienen.[10] In der politischen Kultur Nordwest-Indiens und Zentralasiens gab es also keine Trennung der zwei Räder des buddhistischen *dharma*, sondern eine enge Verbindung, gelegentlich sogar die völlige Verschmelzung beider. Diese Tradition wurde später in China und Tibet fortgesetzt.

Die Partnerschaft von Macht und Religion wird besonders in der Kunst greifbar. In den Gandhāra-Statuen aus der Zeit der Kūṣāna-Dynastie findet sich regelmäßig die Abbildung des *cakravartin* in Gemeinschaft mit einem Buddha oder des Buddha, der von imperialen Patronen begleitet wird. Sollten diese Statuen tatsächlich Kunstwerke der Kūṣānas sein, wäre bewiesen, daß die Kūṣāna-Könige den Buddhismus massiv begünstigt hätten. Die Bilder des Buddha und des Königs verschmolzen hier dergestalt, daß der König und der zukünftige Buddha Maitreya identifiziert wurden[11] und/oder der König als Amitābha dargestellt wurde.[12] Diese Ikonographie findet sich in der Kūṣāna-Periode und später auch in China. Auch in der tantrisch-buddhistischen Kunst kam es seit dem 8. Jahrhundert n. Chr. zu einer Fusion von Buddha und König bzw.

---

10 Zahlreiche Mönche waren damit nicht länger unpolitisch, sondern Hierokraten, d. h. Männer im kaiserlichen Dienst (Anthony Kennedy Warder, *Indian Buddhism*, Delhi ²1980 [zuerst 1979]; Lal Mani Joshi, *Studies in the Buddhistic Culture of India. During the 7th and 8th centuries A. D.*, Delhi ²1977; Ramesh Chandra Majumdar, *History and Culture of the Indian People*, Bd. 2-5, London 1951-57; Balkrishna Govind Gokhale, *Buddhism and Asoka*, Baroda 1948).

11 Sylvain Lévi, *Maitreya le consolateur* [Text tibetisch und sanskrit], in: *Études d'orientalisme*, hg. vom Musée Guimet à la mémoire de Raymonde Linossier, 2 Bde., Paris 1932: E. Leroux, S. 355-402; F. Max Müller, *Sukhāvatīvyūhasūtra*, in: *Buddhist Mahāyāna Texts*, Pt. 2, Sacred Books of the East 49, Delhi 1990 (zuerst Oxford 1894). Beide Sūtras sind bezeichnenderweise in Nordwest-Indien verfaßt worden.

12 Isshi Yamada, *Karuṇāpuṇḍarīka.* Edited with introduction and notes, Bd. 1, London 1968.

seit dem 17. Jahrhundert in Tibet zu einer Identifikation des Bodhisattva Avalokiteśvara mit dem Dalai Lama, der die politische Macht ausübte. In China regte sich allerdings gegen diese Tendenzen Widerstand seitens der gelehrten Mönche, besonders als Kaiser T'ai-tsung (Regierungszeit 409-423) zum »Buddha der Gegenwart«[13] erklärt und der *saṃgharāja* Fa-kuo für seine Zustimmung mit einem Ministerposten belohnt wurde.

Wir sahen: Im Kūṣāna-Reich, später auch in China und Tibet und von dort in den südlichen Buddhismus exportiert, gab es enge Verschmelzungen der politischen Interessen mit den Anliegen des *saṃgha*, und nicht selten wurden die Mönchsgemeinschaft und ihre Autorität für Herrschaftsinteressen instrumentalisiert. Wie wir aus späteren Biographien der Mönche Fo-t'u-teng (gest. 348 n. Chr.) und Dharmakṣema (Anfang 5. Jh. n. Chr.) wissen, gab es mönchische Hierokraten und Politikberater,[14] die bisweilen an des Königs Statt um übernatürliche Hilfe bei den Vier Himmlischen Königen[15] nachsuchten,

13 Werner Eichhorn, *Die Religionen Chinas*, Die Religionen der Menschheit 21, Stuttgart 1973, S. 196; Wolfram Eberhard, *Das Toba-Reich Nordchinas. Eine soziologische Untersuchung*, Leiden 1949.

14 *Kao-seng-chuan* (»Lebensbeschreibungen hervorragender Mönche«), Taisho Tripitaka, Bd. 50; vgl. Whalen Lai, *The Three Jewels in China*, in: Y. Takeuchi (Hg.), *Buddhist Spirituality*, Bd. 1 (S. 59, Anm. 22), S. 275-342, bes. S. 284-289.

15 Die Dharma-Beschützer (*dharmapāla*), die unter der Führung des Gottes Śakra (des Götterkönigs, der über den Himmel der 33 Gottheiten herrscht und das buddhistische Äquivalent zum vedischen Gott Indra darstellt) die vier Weltgegenden bewachen (Dhṛtarāṣṭra, der das politische Gemeinwesen schützt, im Osten; Virūpākṣa, der »Weitsichtige«, im Westen; Vaiśravana, der die zahlreichen Lehren hört, im Norden; Virūdhaka, der Wachstum gewährt, im Süden), das Üble fernhalten und Gutes fördern. Der Mythos dieser Wesen wurde im *Goldglanz-Sūtra* (*Suvarṇaprabhāsottama-Sūtra*, das die Einheit der politischen und religiösen Autorität unter dem *dharma* lehrt) ausgeformt, spielt auch im *Lotos-Sūtra* eine Rolle und hat die Tempelarchitektur vor allem Ostasiens mitgeprägt.

um militärischen Beistand und die Vernichtung politischer Gegner zu erlangen. Fielen solche Berater bei Hof in Ungnade, mußten sie um ihr Leben fürchten: Fo-t'u-teng wurde zweimal ins Exil geschickt, als die Vier Himmlischen Könige seinem Fürsten kein Kriegsglück gewährten. Die spätere Tradition (vor allem im Ch'an [Zen]-Buddhismus) verachtete solche Mönche, die sich den Herrschenden andienten, und nahm jene zum Vorbild, die sich der Korruption und Anmaßung bei Hof widersetzten. Letztere entstammten nicht selten der Tradition der Waldmönche, die bewußt Abstand zur politischen Macht hielten und das lasterhafte Leben in den Städten zur Zielscheibe ihrer Kritik gemacht hatten.

Die Waldmönche lebten in der Einsamkeit, um sich der Meditation zu widmen. Da aber auch sie auf den täglichen Bettelgang um Nahrung angewiesen waren, hielten sie auf diese Weise Kontakt zu den Dörfern. Die Laien verehrten sie, weil sie als außergewöhnlich weise, asketisch unbeugsam und unabhängig in ihrem Urteil galten. Dieser Werdegang spiegelt sich in den Legenden der buddhistischen Patriarchen (von Mahākāśyapa bis zu den Patriarchen des Zen) wider. So widersetzte sich zum Beispiel der fünfte Patriarch, Upagupta von Mathurā,[16] als Aśoka den *saṃgha* mit Grundbesitz und anderen Gütern beschenkte und damit eine bedenkliche ›Verweltlichung‹ der monastischen Disziplin einsetzte: Upagupta zog sich in die Einsamkeit zurück und demonstrierte damit die Unabhängigkeit des Waldmönchtums. Die Waldmönche bildeten im Norden eine eigenständige soziale Gruppe, was im südlichen Buddhismus nicht der Fall war.

16 John S. Strong, *The Legend and Cult of Upagupta. Sanskrit Buddhism in North India and Southeast Asia*, Princeton 1992.

DAS NEUE VERSTÄNDNIS DES BUDDHA IM MAHĀYĀNA

Die neue Denkweise und Philosophie im Mahāyāna betrifft vornehmlich drei Themen:[17]

– die neue Wahrnehmung von Wirklichkeit (einschließlich Zeit und Geschichte),

– eine neue Interpretation der Gestalt des Buddha,

– ein spezifisches Verständnis der Mahāyāna-Sūtras.

Einerseits kann man Kontinuität zum frühen Buddhismus feststellen, weil viele Mahāyāna-Ideen im frühen Buddhismus bereits angelegt waren und nun in den Vordergrund rückten: so zum Beispiel die Meditation in der Zurückgezogenheit, der Begriff der Leerheit (*śūnyatā*) und die Vorstellung von der Vielgestaltigkeit der Lehre des Buddha, der situationsbedingt aus pädagogischen Gründen »geschickte Mittel« (*upāya*) angewendet habe.[18] Andererseits hat sich das Mahāyāna bewußt und nicht ohne Polemik von dem »geringeren Fahrzeug« (Hīnayāna) abheben wollen, wie dies im *Lotos-Sūtra* zum Ausdruck kommt.[19] Und so ist der Übergang zum Mahāyāna zugleich von Kontinuität und Wandel geprägt. Vor allem ist die ›Stimmung‹ im Mahāyāna anders als im frühen Buddhismus – die Mahāyāna-Sūtras (vor allem das *Avataṃsaka-Sūtra*, das *Lotos-Sūtra*, das *Vimalakīrti-Sūtra*) sind von emotionaler Intensität geprägt, die sich in bildhafter Sprache Ausdruck verschafft, und die Texte gehen dabei kunstvolle Verbindungen von Visionen und deren Interpretationen ein, so daß die

17 Die folgenden Ausführungen treffen auch auf die Entwicklung des Tantrayāna zu, das als weiterentwickeltes Mahāyāna betrachtet werden kann.

18 Der frühe Gebrauch des *upāya*-Begriffs wird herausgearbeitet bei: Michael Pye, *Skilful means. A Concept in Mahayana Buddhism*, London 2003 (zuerst 1978).

19 Margareta von Borsig, *Lotos-Sūtra. Sūtra von der Lotosblume des wunderbaren Gesetzes*, Gerlingen 1992, 2. Kapitel (S. 57ff.).

meditativen und rationalen Aspekte des Geistes mehr oder weniger ausbalanciert zum Tragen kommen.[20]

Im frühen Buddhismus war Siddhārtha Gautama Śākyamuni der irdische Lehrer des *dharma*, mehr nicht. Zwar wurden Buddha und *dharma* auch identifiziert (»Wer den *dhamma* sieht, sieht mich; wer mich sieht, sieht den *dhamma*.«[21]), aber dies war funktional gemeint. Im Mahāyāna hingegen wurde der Buddha als gleich-ewig mit dem *dharma* betrachtet. Er, der überirdisch schon immer existiert hatte, war aufgrund seiner Barmherzigkeit als Lehrer auf der Erde erschienen, um die unwissenden Menschen zu befreien. Diese Interpretation des Buddha hat wohl ursprünglich nur seine herausragende Bedeutung für alle Lebewesen unterstreichen wollen, sie wurde aber immer mehr zu einer Frage der Wesensbestimmung des universal-ewigen Wesens, das in dieser Weltperiode als Buddha Śākyamuni erschienen war.

Die Trikāya-Lehre

Diese Entwicklung einer Buddhologie konkretisierte sich im Mahāyāna in der Lehre von den drei Körpern des Buddha (*trikāya*). Sie will das Problem lösen, wie der historische Buddha mit dem von ihm verkündeten *dharma* verknüpft werden konnte. Die Buddhologie der *trikāya*-Lehre verbindet das historisch Besondere mit dem transzendenten Allgemeinen, und diese Frage stellte sich um so dringlicher, als nach indischem Zeitverständnis unserem Zeitalter (mit dem historischen Buddha) unendlich viele Zeitalter vorangegangen sind und noch viele folgen werden. Man mußte und wollte also erklären, wie sich die *Vielzahl von Buddhas* zu dem *einen* unwandelbaren *dharma* verhält. Die Wurzeln der *trikāya*-Lehre

20 George J. Tanabe, *Myōe the Dreamkeeper. Fantasy and Knowledge in Early Kamakura Buddhism*, Harvard East Asian Monographs 156, Cambridge (Mass.) 1992, S. 15 f.

21 SN III, 120.

liegen im frühen Buddhismus, nämlich in der Unterscheidung des materiellen Leibes von einem subtilen und einem rein geistigen Körper, die für die Meditation wichtig war.[22] Der Begriff *dharmakāya* wird erstmals im Pāli-Kanon erwähnt,[23] und zwar im Zusammenhang mit dem vollkommen befreiten Bewußtsein, das der Buddha verkörpert. In frühen Mahāyāna-Texten ist davon die Rede, daß sich Buddhas und Bodhisattvas in sehr unterschiedlicher Weise manifestieren können, um Lebewesen hilfreich beizustehen.[24] Und dies schließt die Manifestation feinstofflicher Körper ein. So wird beschrieben, wie ein spiritueller Körper aus einem materiellen heraustreten und unabhängig von ihm handeln kann.[25] Zur vollen Entfaltung gelangte die *trikāya*-Lehre aber erst in der Yogācāra-Schule des Mahāyāna durch Asaṅga (4. Jh. n. Chr.), ausführlich behandelt wird sie im *Mahāyānasaṃgraha* (Kap. 10). Hier wird der materielle Körper (*nirmāṇakāya*) sowie die materielle Daseinsebene überhaupt von einem subtilen (*saṃbhogakāya*) und einem geistigen Körper (*dharmakāya*) unterschieden, wobei letzterer frei von jeder Form ist. Jeder dieser Körper oder ›Manifestationsebenen‹ entspricht bestimmten geistigen Wahrnehmungen und Erscheinungen. Welche Art der Wahrnehmung eintritt, hängt daran, womit (und mit welcher Ebene) sich der Meditierende identifiziert. Jede Form, die auf diese Weise in der Wahrnehmung des Meditierenden erscheint, ist relativ und impermanent. Dies zu beachten ist wichtig, denn alle erscheinenden und benennbaren Gestalten sind vorläufig und nicht das, was letztlich erstrebenswert ist: das *nirvāṇa*.

Diese Gedanken suchten die Mahāyāna-Philosophen mittels eines Denkmodells zu konkretisieren, das in Indien weitverbreitet war (und ist), nämlich die Unterscheidung zwi-

22 *Poṭṭhapāda-Sutta*, DN 9.

23 DN 27, 9.

24 *Saddharmapuṇḍarīka-Sūtra* (*Lotos-Sūtra*), *Daśabhūmika-Sūtra*, *Bodhisattvabhūmi* des Asaṅga u. a.

25 *Sāmaññaphāla Sutta*, DN 2.

schen einer Aussage über Gott (oder die letztgültige Ebene der Wirklichkeit) mit bestimmten Eigenschaften (*saguṇa*) oder ohne jede Eigenschaftsbestimmung (*nirguṇa*). Die menschliche historische Gestalt (*nirmāṇakāya*) und das universale transzendente Bewußtsein aller Buddhas (*dharmakāya*) konnten nun in dem *saguṇa-nirguṇa*-Schema als zwei Aspekte ein und derselben Wirklichkeit interpretiert werden. Der historische Buddha war *einer* unter vielen Buddhas, die sukzessive erscheinen, um den einen unwandelbaren *dharma* zu lehren. Im Verlauf der Geschichte des Buddhismus wurde jedoch die historische Erscheinung (*nirmāṇa*) immer weniger als realistisch gedachte Einkörperung des *dharma* in einen menschlichen Leib verstanden, und so *schien* Buddha Śākyamuni nur ein historischer, bedingter, leidender Mensch gewesen zu sein, in Wirklichkeit sei er vielmehr leidlos, universal und ewig. Sein ewiger Wahrheitskörper (*dharmakāya*) wurde als letztgültig bzw. formlos betrachtet, die Erscheinung als nur vorläufig, weil in Form. Weil der *dharmakāya* formlos ist, kann er in unendlich vielen Formen erscheinen, und die Formkörper auf der feinstofflichen (*saṃbhogakāya*) und grobstofflichen (*nirmāṇakāya*) Ebene sind einerseits identisch mit, andererseits verschieden vom *dharmakāya*, und beide Aussagen müssen nicht-dualistisch zusammen aufrechterhalten werden, was paradoxe Formulierungen ergibt. (Wir haben im 4. Kapitel über den historischen Buddha gesehen, daß entsprechende Tendenzen bei der Legendenbildung sehr früh einsetzten.) Da der ewige *dharmakāya* nach dieser Vorstellung weder *wirklich* erscheinen noch sich in die vielen Gestalten der visualisierten und in der Meditation erscheinenden Gestalten *verwandeln* konnte, mußte man noch eine ›Zwischenebene‹ einführen, einen Seinsbereich bzw. eine Gestalt, in der die in der Meditation fortgeschrittenen Buddhas und Bodhisattvas den *dharmakāya* und seine Strahlungen ›genießen‹ könnten. Und diese Erscheinungsweise der Letzten Wirklichkeit nannte man den *saṃbhogakāya* (»Seligkeitskörper«), der dem Meditierenden visionär erscheinen kann.

In den tantrischen Entwicklungen des Mahāyāna (dazu

auch Kap. 11) wurde die *trikāya*-Lehre spezifiziert zur Lehre von den fünf Tathāgatas. Tantra beruht auf dem Prinzip, daß alle Erscheinungen der Wirklichkeit einander entsprechen – Farben, Formen, Klänge, Zeiten, Elemente, Bewußtseinsaspekte usw. stehen in Korrelation. Alles trägt die Potenz der Buddhaschaft in sich (eine Lehre, die im Mahāyāna als *Tathāgatagarbha* [»Schoß des Tathāgata«, des Buddha] bezeichnet wurde). Danach tragen alle Wesen die universale Buddha-Natur in sich, d. h. Tantra lehrt eine ›Pan-Sakramentalität‹ der Wirklichkeit. Die fünf Tathāgatas repräsentieren symbolisch die Einheit von Mikrokosmos und Makrokosmos in feinstofflicher Gestalt. Die fünf Buddhas werden als Gestaltgebungen der *skandhas* (siehe S. 130-133) angesehen, in den verschiedenen Tantras nicht immer gleich, meist aber in folgender Zuordnung: Vairocana (»Bewußtsein«), Akṣobhya (»physische Gestaltung«), Ratnasambhava (»Gefühl«), Amitābha (»Wahrnehmung«), Amoghasiddhi (»Wille«). Diese wiederum entsprechen Weisheits- und Handlungsaspekten in ihrer heilsamen und unheilsamen Ausprägung, wobei letztere durch das je entsprechende Gegenmittel überwunden werden. Die Welt ist ein einziger Raum der Repräsentation dieser Energien, die harmonisch zusammengeführt werden sollen zu einem ausgeglichenen Strom von Bewußtsein, der die Leerheit aller Erscheinungen (*śūnyata*) realisiert.

Es geht in der *trikāya*-Lehre *nicht* um den Versuch, die Letzte Wirklichkeit in eine substantialistische Ontologie zu zwängen, sondern darum, das menschliche Bewußtsein zu einer Transzendierung seiner selbst bzw. zu einem Erwachen zur Wirklichkeit anzuregen. Das besagt: Der *dharmakāya* steht für die vollkommene Unerfahrbarkeit und Unermeßlichkeit der Wirklichkeit. *Dharmakāya* ist also keine ›Substanz‹, sondern die alldurchdringende und alle Konzepte auflösende Leere (*śūnyatā*). Hingegen benennen *saṃbhogakāya* und *nirmāṇakāya* graduell die Strukturen des erfahrenden Bewußtseins:[26] Die im *nirmāṇakāya* am Grobstofflichen sich mani-

26 Darauf weist John P. Keenan hin: *The Meaning of Christ. A Mahayana Theology*, Maryknoll 1989, S. 183.

festierende Bewußtheit wird von einem *saṃbhogakāya*-Bewußtsein abgelöst, das subtiler ist und intuitiv die raum-zeitlichen Differenzen der Erfahrung des alltäglichen Bewußtseins vereinigt; in der Bewußtheit des *dharmakāya* lösen sich schließlich alle trennenden Impulse auf, und es erscheint die Ganzheit des erwachten Bewußtseins. Während *śūnyatā* das Ganze durchdringt und das Ganze *śūnyatā* ist, kann die *trikāya*-Lehre eher unterschiedliche Manifestations- bzw. Bewußtseinsstufen bezeichnen. Alle diese Manifestationen aber sind leer (von Eigenexistenz) und können darum einander ungehindert durchdringen. Sie entstehen als diese Durchdringung in gegenseitiger Abhängigkeit: Das ist die Bedeutung des Begriffs *śūnyatā*, »Leerheit«.[27]

Wir können diesen Abschnitt zusammenfassen, indem wir fragen: Wer ist der Autor der Mahāyāna-Sūtras? Zunächst ist klarzustellen: Wie der frühe Buddhismus, so begründet sich auch das Mahāyāna allein auf Lehren des Buddha, aber eben nicht auf den Buddha in seinem *nirmāṇakāya*, sondern im *saṃbhogakāya* bzw. *dharmakāya*. Die Mahāyāna-Sūtras behaupten *nicht*, daß sie auf die Predigt des historisch faßbaren Siddhārtha Gautama Śākyamuni reduzierbar wären, sondern Autor dieser Sūtras ist vielmehr der Buddha in seiner trans-historischen (›transzendenten‹) Gestalt: Wenn er das *Lotos-Sūtra* oder das *Avataṃsaka-Sūtra* verkündet, ist er umgeben von Scharen himmlischer Wesen, und der Ort der Verkündigung wird zu einem Schauplatz kosmischer Manifestation. Die Entdeckung dieser feinstofflich-transzendenten Dimension als Quelle der Schriften ist das, was – nach Ansicht des Mahāyāna – diese Tradition groß und überlegen macht und vom nur »Kleinen Fahrzeug« (Hīnayāna) unterscheidet. Mahāyāna gründet demnach in dem Selbstbewußtsein, von einer höheren Wahrheit

27 Dies gilt, wenn man nicht den *dharmakāya* allein mit *śūnyatā* identifiziert. Aber auch dann würden innerhalb des *dharmakāya* vermittels der alten Unterscheidung des *dharmakāya* in *svabhāvakāya* und *jñānakāya* das unbewegte Ganze und die *Realisierung* desselben durch einen Bewußtseinsakt zusammengehalten.

durch den transzendenten Buddha inspiriert zu sein, und diese Inspiration hat sich in den betreffenden Sūtras niedergeschlagen. Die Mahāyāna-Sūtras gelten (für die Mahāyāna-Anhänger) als Verkörperung der höheren Form der Lehre des Buddha, die im Pāli-Kanon und den Āgamas in weniger entwickelter Gestalt vorliegt.

Aber auch für den Mahāyāna-Buddhismus gilt: Das, was der Buddha lehrte, ist nicht wahr, weil *er* es lehrte, sondern weil diese Lehre die *Wirklichkeit* so beschreibt, *wie sie ist.* Doch in der *Person des Buddha* und in seinem Werdegang hat der Weg zur Befreiung sichtbare Gestalt angenommen. Anders ausgedrückt: Der *dharma* bleibt nicht allgemein und abstrakt, sondern zeigt sich im Buddha spezifisch und konkret. Da nun nach mahāyāna-buddhistischer Auffassung das Allgemeine im Konkreten ist und umgekehrt, darf die Bedeutung der Person des Buddha nicht unterschätzt werden.

DAS RADIKALISIERTE VERSTÄNDNIS VON NICHT-SELBST (›ANĀTMAN‹) UND BEWUSSTSEIN

Wir wollen nun anknüpfen an die im 5. Kapitel beschriebene Debatte über die Frage, was sich im Kreislauf der Geburten reinkarniert, wenn es doch kein ›Ich‹ oder ›Selbst‹ gibt. Dabei zeigt sich, daß die Mahāyāna-Vorstellungen von Leere (*śūnyatā*) bei den Mādhyamikas und vom Speicherbewußtsein (*ālaya-vijñāna*) bei den Yogācārins Konsequenzen sind, die sich aus den früheren buddhistischen Anschauungen und Entwicklungen fast zwangsläufig ergeben.

Der frühe Buddhismus lehrte Nicht-Selbst hinsichtlich der Person, aber hinsichtlich der ›Außenwelt‹, d. h. bezüglich der *skandhas* und *dhātus*,[28] vertrat man einen realistischen Pluralismus. Diese Aggregate und Elemente existierten wirklich, und sie brachten im Wirbel des Entstehens und Vergehens in der Zeit unablässig neue Gestalten hervor. Wir können

28 Erläuterung oben S. 132.

somit von einem realistischen Augenblicksdenken sprechen. Die Mahāyāna-Schulen setzten indes einen neuen Akzent, indem sie diesen realistischen Pluralismus ablehnten. Dies geschah dergestalt, daß die *Prajñāpāramitā*-Literatur im Mahāyāna auf älteren philosophischen Entwicklungen aufbaute, die nun aber genauer interpretiert wurden. Das gilt vor allem für die Frage nach der Meditationserfahrung: *Was* wird hier eigentlich von *wem* erfahren?

Leerheit (śūnyatā)

Der Schlüsselbegriff ist *śūnyatā*, und dies war zunächst eher ein Programm oder ein Symbol als ein philosophischer Begriff mit einer feststehenden Bedeutung. Doch dieser Begriff wurde schließlich zum Eckstein der Mahāyāna-Philosophie in ihren beiden großen Ausprägungen: der Mādhyamika- und der Yogācāra-Schule.[29] Die Bedeutung von *śūnyatā* gegenüber dem früheren und eingeschränkteren Begriff *anātman* ist die, daß es schlechterdings keine begrenzte Wesenheit gibt, die durch »Selbstheit« (*svabhāva*) charakterisiert wäre. Es gibt keine objektive Wirklichkeit, die durch Merkmale gegliedert wäre, die eine dauernde Identität der Dinge schaffen würden. Und in diesem Sinne (aber nur in diesem!) kann man von universaler Nicht-Realität oder Leere sprechen. Diese Wahrheit zu erkennen gilt als die höchste Erleuchtung, denn hier geschehe Befreiung vom Anhaften an den Dingen – es gibt ja nichts, woran man anhaften könnte. Der Anhaftende und das, woran man anhaftet, sind keine objektiven Realitäten

29 Der Begriff *śūnya* erscheint an wenigen Stellen schon im frühen Buddhismus: Alle fünf *skandhas* besitzen keine unabhängige Existenz, deshalb kann auch das aus ihnen Zusammengesetzte keine unabhängige Existenz besitzen, das heißt, es ist leer (*śūnya*) (*Sn* 1119 [V, 15]). Außerdem erreicht das Bewußtsein in tiefer Meditation einen Zustand jenseits der Begriffsbildung und Vorstellung, das heißt, es tritt in eine Leere (*śūnyatā*) ein (MN 121 und 122).

oder verschiedene Wesen, und deshalb offenbart der Vorgang des Anhaftens hier seine wahre Natur: Er ist leer. Dieser Mangel an inhärenter Existenz (*niḥsvabhāva*) ist der Kern von *śūnyatā*. Eine der Formulierungen dieser Lehre findet sich im *Herz-Sūtra*, das in den Klöstern der Mahāyāna-Mönche von Tibet bis Japan (fast) täglich rezitiert wird und auszugsweise so lautet:

> Der edle Bodhisattva Avalokiteśvara war versunken
> in den tiefen Erleuchtungsgeist der Vollkommenheit der Weisheit.
> Er betrachtete die fünf Skandhas und sah,
> daß sie im Wesen leer von jeder Eigenexistenz sind.
> O Śāriputra!
> Hier gilt: Form ist Leere, und Leere ist ebenso Form.
> Form ist nicht verschieden von Leere, Leere ist nicht verschieden von Form.
> Was Form ist, das ist Leere, was Leere ist, das ist Form.
> 〈...〉
> Alle Dharmas sind von Leere gezeichnet.
> Weder entstehen noch vergehen sie.
> Sie sind weder unrein noch rein.
> Sie sind weder vollkommen noch unvollkommen.
> 〈...〉
> Weder gibt es Unwissenheit noch Überwindung der Unwissenheit.[30]

Ausgedrückt in den Kategorien der frühbuddhistischen Philosophie bedeutet dies: Es gibt nicht nur »kein Selbst« (*pudgalanairātmya*), sondern viel umfassender und in aller Konsequenz »keine Wesenheit der Dinge« (*dharmanairātmya*). Ein neues Verständnis des Bewußtseins und der Basis für die Reinkarnation war die Folge.

Śūnyatā bedeutet nicht, daß überhaupt nichts existieren würde. Vielmehr besagt *śūnyatā*, obwohl es keinerlei Qualität hat, daß alles, was ist, aufgrund von Ursachen ist und daß daher

30 Übersetzung: M. v. Brück, *Weisheit der Leere* (S. 53, Anm. 14), S. 238 f.

alles in wechselseitiger Beziehung und Abhängigkeit existiert. Dies hat in aller Klarheit der Mahāyāna-Philosoph Nāgārjuna (2./3. Jh. n. Chr.) so ausgedrückt: »Was Entstehen in gegenseitiger Abhängigkeit ist, das ist Leerheit.«[31]

Es gibt, weil alles aus anderem entsteht, weder absolute Identität noch Nicht-Identität.[32] Alle unsere Begriffe sind abstrahierende Bezeichnungen bzw. mentale Konstruktionen, die ›entleert‹ werden müssen, wenn man der Wirklichkeit tatsächlich begegnen will. Jedes Phänomen hat keinen abgrenzbaren Ursprung, sondern es ist leer. Anders ausgedrückt: Die Dinge sind nicht, was sie oberflächlich zu sein scheinen, sie sind vor allem nicht aus sich heraus existent. Das heißt nicht, daß nichts existiert, sondern daß alles anders existiert, als es dem Bewußtsein normalerweise erscheint. Was nun aber existiert und was positiv darüber gesagt werden kann, wird in den verschiedenen Schulen der Mādhyamika-Philosophie[33] und in der Yogācāra-Schule unterschiedlich gedacht. Wir wollen diese beiden Hauptschulen des Mahāyāna nun noch etwas genauer betrachten.

31 *MMK* 24, 18: »yaḥ pratītyasamutpādaḥ śūnyatāṃ«. Zwei neuere Übersetzungen und erheblich unterschiedliche Kommentare finden sich bei: Frederick J. Streng, *Emptiness. A Study in Religious Meaning*, Nashville 1967, und David J. Kalupahana, *Nāgārjuna. The Philosophy of the Middle Way. Introduction, Sanskrit text, English translation and annotation*, Albany 1986. Eine verläßliche Übersetzung und Einführung ist auch: Kenneth K. Inada, *Nāgārjuna. A Translation of his Mūlamadhyamakakārikā. With an Introductory Essay*, Tokyo 1970. Eine neue und gutverständliche Einführung in deutsch: Ram A. Mall, *Nagarjunas Philosophie interkulturell gelesen*, Interkulturelle Bibliothek 57, Nordhausen 2006.

32 *MMK* 18, 10.

33 Svātantrika-Mādhyamika und Prāsaṇgika-Mādhyamika: Die Svātantrika-Schule akzeptiert die grundlegende Ebene des Bewußtseins als eine Art von ›Selbst‹; die Prāsaṇgika-Schule betont, daß alle unterscheidenden Begriffe nur Bezeichnungen sind, die in gegenseitiger Abhängigkeit existieren. Vgl. Clair W. Huntington, *The Emptiness of Emptiness. An Introduction to Early Indian Mādhyamika*, Honolulu 1989.

Mādhyamika

Der bereits erwähnte südindische Philosoph Nāgārjuna führt mittels seiner berühmten vierfachen Negationslogik (*catuṣkoti*) jede substantialistische Position mit logischen Argumenten ad absurdum: Er weist nach, daß jede Aussage, wenn man deren Konsequenz bis zu Ende denkt, vierfach gefaßt werden kann (es ist; es ist nicht; es ist und ist nicht; weder ist es, noch ist es nicht) und damit widersprüchlich wird. Er demonstriert dies z. B. am Begriff der Zeit,[34] aber auch an allen Unterscheidungen wie natürlich/übernatürlich, normal/übernormal, zeitlich/überzeitlich, Transzendenz/Immanenz und weist damit die Unmöglichkeit irgendeiner positiven Anschauung (*dṛṣṭi*) nach, die mehr wäre als konventionelle Redeweise. Das heißt auch, daß seine eigene Anschauung keine Position ist, sondern eben die Erkenntnis, daß jede Position keine letztgültige Erkenntnis liefert – auch Leerheit (*śūnyatā*) ist keine Aussage, wie ›es ist‹, sondern Leerheit (als Position) muß entleert werden (*śūnyatāśūnyatā*), so daß der ›Raum‹ frei wird für *prajñā* (»Weisheit«), die tiefe Intuition jenseits von Sein und Nicht-Sein. Anders ausgedrückt: Die Wirklichkeit kann nicht in Sprache erfaßt werden, weil Sprache ihre eigenen Kategorien projiziert und damit stets Wirklichkeit konstruiert (*prapañca*). Sprachlichen Kategorien aber eignet, wenn sie einmal festgelegt sind, eine Statik, die der Wirklichkeit nicht entspricht. Denn alles ist, was es ist, in gegenseitiger Abhängigkeit (*pratītyasamutpāda*), womit jede essentialistische bzw. substantialistische Vorstellung der Wirklichkeit unhaltbar wird. Die alte und bereits im Theravāda ausformulierte Vorstellung vom Entstehen der Erscheinungen in gegenseitiger Abhängigkeit wird von Nāgārjuna vorausgesetzt, nun aber auch auf alle nur möglichen Begriffsbildungen und damit auch auf jede mögliche philosophische Position angewendet. Damit werden alle Positionen hinfällig; denn sie sind,

34 *MMK* 19.

was sie sind, in Abhängigkeit und wechselseitiger Entstehung ihres Gegenteils, sie sind nicht ›in sich selbst‹ gültig. Und genau das ist die Leerheit (*śūnyatā*). Während in der Wirklichkeit alles in ständiger Veränderung und gegenseitiger Abhängigkeit existiert, konstruieren Begriffe scheinbar feststehende Identitäten von ›Dingen‹, die so gar nicht existieren. Auch das Bewußtsein (*citta*), seine Modalitäten bzw. Funktionen (*caitasika*) und Begriffe, die es hervorbringt, sind keine der Erscheinungswelt gegenübertretende Realität, sondern das Denken ist selbst ein Aspekt an der sich verändernden und fluktuierenden Welt des Wandels, Denken ist ein weiterer Sinn neben den Sinnen des Riechens, Tastens, Sehens, Hörens, Schmekkens.[35] Das Kontinuum der Wirklichkeit ist damit aufrechterhalten, aber nicht in einer dem Werden entzogenen Abstraktion, sondern als der Strom des Werdens, zu dem auch Denken, Sprache, Begriffe gehören.[36] Absolute Wahrheit ist deshalb nur jenseits sprachlicher Kategorien in einem meditativen Zustand (*dhyāna*) direkt erfahrbar. *Nirvāṇa* ist für Nāgārjuna eine Einsicht oder Intuition (*MMK* 25), die sich ergibt, wenn alle illusorische Suche nach einer ›Substanz‹ (im Denken oder in der ›Wirklichkeit‹) aufgegeben worden ist. Dies ist aber nicht nur eine kognitive Erkenntnis, sondern eine das ganze Leben transformierende Intuition der absoluten Freiheit. Denn *duḥkha* (»Frustration«), so hatte der Buddha gelehrt, entsteht aus der Begierde nach ›etwas‹, das dauerhaft wäre. Weil aber nichts dauerhaft ist, leidet der Mensch und reagiert mit Zorn, wenn er das nicht findet, was er sich einbildet. Der Kreislauf dieser leidvollen Kette von Mißverständnissen wird aufgelöst, wenn die Erkenntnis gereift ist, daß alle

35 Denken (*manas*) ist – neben der aktiven bzw. projektiven Intention in jedem ›Sinnesbewußtsein‹ – die Funktion der synthetischen Wahrnehmungsbildung aus den Einzelkomponenten optischer, akustischer und anderer Eindrücke, wie es nicht nur die buddhistische Epistemologie, sondern auch die Sāṃkhya-Philosophie erläutert.

36 Dazu K. K. Inada, *Introductory Essay*, in: K. K. Inada, *Nāgārjuna* (S. 242, Anm. 31), S. 19.

Erscheinungen der Wirklichkeit einander relativieren, weil sie auseinander entstehen, und zwar impermanent. Damit ist die Wurzel der Begierde überwunden und das Leiden beendet. Der Wirklichkeitsbegriff löst sich auf »in der Vernetzung der Wechselwirkungen«[37]. Wer dies erkennt, kommt zur Ruhe (*MMK* 25, 24), denn alle Widersprüche, die aus der Vielfalt entstehen, lösen sich auf, und in diesem Sinne ist *nirvāṇa* Freiheit, Ruhe, Freiheit auch von Furcht und Ungewißheit. Gerade weil Nāgārjuna eine radikale Dekonstruktion jeder Ontologie betreibt, kann er sich von jedem ›Festhalten‹ an Positionen verabschieden, ohne den Boden unter den Füßen zu verlieren – denn dieser Boden ist die Interrelationalität von allem, die alles in sich – dialektisch – *aufhebt*.

Anders als Nāgārjuna entwickelte sein Kommentator Candrakīrti (um 650 n. Chr.) eine eigene formale Logik und eine Lehre über das Selbst und das Bewußtsein, die zur Grundlage späterer Systematisierungen in der Mādhyamika-Schule, besonders bei den Prāsaṇgika-Mādhyamikas, geworden ist.[38] Demgemäß kann ein Selbst (*ātman*) analytisch nicht festgestellt werden, aber es existiert als konventionelle Annahme. Candrakīrtis Argumenten können wir hier nicht im einzelnen nachgehen.[39] Seine Begriffsunterscheidungen sind nur eine Anwendung der Grundintuition von *śūnyatā* auf den mentalen Prozeß selbst, der ein Ich oder Selbst auf den verschiedenen Ebenen des Bewußtseins konstruiert: Das Ich existiert

37 R. A. Mall, *Nagarjunas Philosophie* (S. 242, Anm. 31), S. 41.

38 Candrakīrti, *Catuḥśataka*, in: Vidhushekhara Bhattacarya, *The Catuḥśataka of Āryadeva. Sanskrit and Tibetan texts with copious extracts from the Commentary of Candrakīrti.* Reconstructed and edited, Allahabad 1928, S. 831 ff.; Helmut Tauscher, *Candrakīrti. Mādhyamakāvataraḥ und Mādhyamakāvatarabhāṣyam (Kap. VI, V. 166-226)*, Wiener Studien zur Tibetologie und Buddhismuskunde 5, Wien 1981; Candrakīrti, *Analysis of going and coming. The second chapter of Candrakīrti's Clear Words. A Commentary on Nāgārjunas Treatise on the Middle Way.* Translated by Jeffrey Hopkins, Dharamsala 1976.

39 Vgl. Joe B. Wilson, *Chandrakīrti's Sevenfold Reasoning. Meditation on the Selflessness of Persons*, Dharamsala 1980.

nur als eine Art Begriffshülse, die um die fünf *skandhas* (siehe S. 130-133) gelegt wird. Wenn die fünf Aggregate nicht erscheinen, kann auch diese Hülse, also das Ich, nicht erscheinen. Aber nun kommt der für die Mahāyāna-Philosophie entscheidende Zusatz: Menschen halten sich für selbstgenügsame oder substantielle Wesen oder für permanente, unabhängige Selbste, obwohl sie doch keinerlei inhärente Existenz haben. Dieser Irrtum muß durch Meditation und begriffliche Analyse überwunden werden. Candrakīrti vergleicht die Grundelemente bzw. *skandhas* mit den Teilen eines Wagens und das Selbst mit dem, was man »Wagen« nennt, also mit der Summe der Teile in ihrer Funktion als ›Wagen‹. Der Wagen aber hat substantiell keine Existenz außerhalb der Teile.

Was aber geschieht nun, wenn man meditiert und das mentale Bewußtsein von den Sinneseindrücken zurückzieht? Was bleibt dann übrig? Zunächst beschäftigt sich das Bewußtsein mit der eigenen inneren Imagination, also mit Gedächtnisinhalten. Wenn der Meditierende durch dieses Stadium hindurchgegangen ist, kann es immer noch eine Wahrnehmung von Zeit geben (die Zeitmodi Vergangenheit, Gegenwart, Zukunft sind unterscheidbar), aber auch dieses Zeitbewußtsein verschwindet allmählich (oder, wie im Zen, auch plötzlich) mit der zunehmenden Reinigung des Bewußtseins. Was jetzt übrigbleibt, ist ein klares, ungestörtes, nicht-dualistisches Bewußtsein.

Wir werden auf die Frage, was Nicht-Dualismus sei, später zurückkommen; sie wird im Yogācāra- System und in der Prāsaṇgika-Schule unterschiedlich beantwortet. Für beide Schulen aber gilt: Das Bewußtsein hat keine besonderen Eigenschaften, die ihm Form, einen Ort, einen Ursprung geben könnten, und deshalb hat es keine Gestalt, die an solche Abgrenzungen gebunden wäre. Wenn also Bewußtsein nicht von Sinnesobjekten ›gefüllt‹ ist, so ist es leer wie der grenzenlose Ozean. Sobald es aber mit einem Objekt in Berührung tritt, bekommt es eine Erfahrung desselben. Dabei wird es (passiv) von dem Objekt und seinen Qualitäten geprägt und reflektiert sie (aktiv) wie ein Spiegel, der ist und bleibt, was er ist, obwohl er doch das Objekt reflektiert, das man vor ihn hingestellt hat. Die Natur des Bewußtseins umfaßt demnach sowohl die passive Fähigkeit, das klare Bild eines gegebenen Objektes in sich aufzunehmen, als auch die Möglichkeit, diese Erfahrung aktiv zu reflektieren, so daß derjenige, der ein Objekt wahrnimmt, ein klares und bewußtes Wissen davon erhält.

Wenn alle Aspekte und Attribute des Bewußtseins einbezogen werden, gelangt man von Ebene zu Ebene, von Erscheinungsweise zu Erscheinungsweise. Alle zusammengesetzten Dinge aber sind vergänglich. Da sich bewußte Zustände offensichtlich durch Ebenen, Erscheinungsweisen usw. manifestieren, sind diese ebenfalls zusammengesetzt, also vergänglich. Diese Vergänglichkeit ist ein Aspekt des ›Wesens‹ dessen, was wir Bewußtsein nennen.

Bewußtsein hängt jeweils von Faktoren ab, wie alles, was zusammengesetzt ist. Nur oberflächlich erscheint es demnach als ein aus sich selbst existierendes Wesen, denn jeder Bewußtseinsmoment hängt von einem vorhergehenden Bewußtseinsmoment ab. Daß Bewußtsein nicht unabhängig existiert, ist darum sein wahres Wesen. Diese nicht-unabhängige Existenz ist die letztgültige Natur des Bewußtseins. So werden also zwei Ebenen des Bewußtseins unterschieden:

– die letztgültige Natur des Bewußtseins,
– das Wissen um diese letztgültige Natur des Bewußtseins.

Die erste Ebene ist die Basis, und die zweite ist das Attribut dieser Basis. Das Bewußtsein selbst ist die Basis – etwas, das nicht unabhängig existiert –, und alle Ebenen des Bewußtseins sind die abgeleiteten Attribute. Basis und Attribut sind aber von gleicher Natur. Beide sind Bewußtsein, das nicht unabhängig existiert und dessen ›Wesen‹ daher Leerheit hinsichtlich inhärenter Existenz ist. Leerheit (*śūnyatā*) durchdringt alles als die eigentliche Natur, sowohl die Basis als auch die Attribute. Betrachten wir das Bewußtsein als Subjekt und die letztgültige Natur des Bewußtseins als Objekt dieses Subjekts, so können wir das Wesen des Bewußtseins angemessen erfassen. In dieser Wesenseinheit wird nämlich die direkte Erfahrung der Leerheit zuteil als direkte und nicht-dualistische Erfahrung des Bewußtseins. Die Folge davon ist, daß Gier, Haß und alle anderen Bewußtseinsverunreinigungen (*kleśa*) ausgelöscht werden, weil sie ja von der Dualität eines gierigen Subjekts gegenüber einem Begierdeobjekt abhängen. Und genau diese Dualität wird hier überwunden.

Yogācāra

Wir kommen nun zu der anderen wichtigen Schule, die sich neben den philosophischen Abhandlungen von Vasubandhu und Asaṇga (etwa 320-390 n. Chr.) vor allem auf das *Laṇkāvatāra-Sūtra*[40] stützt und den ostasiatischen Buddhismus stark beeinflußt hat. Mit Bezug auf das *Laṇkāvatāra-Sūtra* hat Suzuki Daisetsu drei Begriffe herausgestellt, die auf die tiefste Ebene des Bewußtseins oder auf den Bewußtseinsgrund selbst verweisen:[41]

– *citta* (»Bewußtsein«), ein Begriff, der schon in frühester buddhistischer Zeit mit der Theorie der Wahrnehmung und den Funktionen des Bewußtseins verknüpft war;

– *ālayavijñāna* (»Speicherbewußtsein«), ein Begriff, der am umfassendsten den Bewußtseinsgrund im Zusammenhang mit der Psychologie der *vijñāna*-Tradition beschreibt;

– *tathāgata-garbha* (»Schoß des Tathāgata«, des »So-Gekommenen«, also des Buddha), ein Begriff, der eine religiös-soteriologische Bedeutung hat und im Zusammenhang mit der Frage nach der Möglichkeit zur Befreiung für jeden Menschen steht.

Citta bedeutet in einem allgemeinen Sinn die Gesamtheit aller Bewußtseinsbewegungen, aber in einem spezifischeren Sinn ist damit eine Bewußtseinsebene gemeint, die vom Den-

40 K.-H. Golzio, *Die makellose Wahrheit erschauen* (S. 56, Anm. 20).

41 Daisetz Teitaro Suzuki, *Studies in the Lankavatara Sutra. One of the most important texts of Mahayana Buddhism* 〈...〉, *including the teaching of Zen*, London 1930, S. 254.

ken (*manas*) und den anderen Sinnesbewußtseinen (*vijñānas*) verschieden ist. Die Sinnesbewußtseine (Seh-, Hör-, Tastbewußtsein usw.) bezeichnen verschiedene Funktionen, während *citta* das Prinzip der Vereinheitlichung ist, durch die alle diese Aktivitäten auf ein einziges Subjektzentrum bezogen werden.[42] *Manas* jedoch entwickelt sich innerhalb des *citta* und hat den Kontakt zur Außenwelt durch den *Willensimpuls* herzustellen; dabei reflektiert *manas* erstens über den *citta* und sorgt zweitens dafür, daß sich *citta* als Objekt sehen kann. Während dieses Prozesses der Bewußtseinsdifferenzierung innerhalb des einen *citta* werden nun die karmischen Eindrücke oder Samen (*bīja*), die im *citta* selbst gespeichert sind, aktualisiert. *Citta* in seinem Aspekt als Speicher für die karmischen Eindrücke wird *ālayavijñāna* genannt. Das Bewußtsein (*citta*) sammelt mithin durch seine Aktivitäten *karman* an, das bedeutet, daß *citta* im Laufe des Lebens gleichsam eingehüllt wird von den Eindrücken (*vāsana*), Eigenschaften oder »Gewohnheitsenergien« (D. T. Suzuki[43]), und dadurch wird das Bewußtsein strukturiert, das heißt, der Charakter eines Menschen bildet sich heraus. Im frühen Buddhismus nannte man solche formativen Bewußtseinselemente *caittas* oder *cetasikas* und meinte, daß sie tatsächlich unterschiedliche Wirklichkeiten neben *citta* wären. Im Yogācāra-System des Mahāyāna hingegen werden sie nur als Phasen im Prozeß des Bewußtseins angesehen, welche die implizite Komplexität des einen *citta* explizieren. Im frühen Buddhismus ist ein Bewußtseinsmoment demnach eine Kombination von *citta* und spezifischen *caittas*, während im Yogācāra jeder Bewußtseinsmoment nur als eine Phase im *citta* gilt, der sich selbst fortwährend ausdifferenziert.

Ich möchte einige eindrucksvolle Passagen aus dem *Laṇkāvatāra-Sūtra* zitieren, die das eben Gesagte verdeutlichen:[44]

42 *Laṇkāvatārasūtra* 3, 38; Übersetzung: K.-H. Golzio, *Die makellose Wahrheit erschauen* (S. 56, Anm. 20), S. 165.

43 D. T. Suzuki, a. a. O., S. 248.

44 *Laṇkāvatārasūtra*, Sagāthaka 754ff. (vgl. K.-H. Golzio, *Die makel-*

> *Citta* ist in seiner ursprünglichen Natur ganz rein, aber das *manas* und die anderen (Bewußtseinsmomente) sind es nicht, und durch diese werden verschiedene *karmas* akkumuliert, und daraus entsteht die dualistische Wahrnehmungsweise. (Sagāthaka 754)
> Von Anfang an wird auf Grund äußerer Verunreinigungen das ursprünglich reine Selbst verschmutzt. Es ist wie ein beflecktes Kleidungsstück, das zu reinigen ist. (Sagāthaka 755)
> So wie nur ein törichter Mensch nach dem Sitz des lieblichen Klanges im Rohr der Flöte, dem Körper des Muschelhorns oder der Trommel sucht, so sucht er nach dem Selbst innerhalb der *skandhas*. (Sagāthaka 757)

Der letzte Satz zeigt unmißverständlich, daß *citta* weder als irgendeine verborgene Substanz oder Individualität neben den *skandhas* noch als identisch mit denselben gedacht wird. *Citta* ist vielmehr ein ›Vorgang‹ oder eine Wirklichkeit anderer Ordnung, der Grund aller Formbildungen, der selbst formlos ist und keine Merkmale hat, und darum gilt: Alles *ist citta* (»cittam hi sarvam«).[45] Wenn aber dieser Grund seine Potenzen entfaltet, werden alle Formen ins (abhängige) Sein gebracht. Damit wird ein radikaler ontologischer Nicht-Dualismus gelehrt. Alle Formen, Energien, subtile oder mehr grobstoffliche Wirklichkeitsebenen, sind nichts anderes als die Explikation einer einzigen impliziten Wirklichkeit. Dies wiederum ist nur möglich auf der Grundlage der Anschauung von der Leerheit (*śūnyatā*), die alle unterschiedlichen Aspekte und Ebenen der Realität einen kann.

Yogācāra beschäftigt sich mehr als jede andere Schule mit der *Struktur* des Bewußtseins. Sie fragt nach der Art und Weise, den Bedingungen und Faktoren, die bei der Wahrnehmung und Verarbeitung von Wahrnehmungen zu Begriffen

---

lose Wahrheit erschauen [S. 56, Anm. 20], S. 346f.). Meine Übersetzung weicht von der Übersetzung Golzios geringfügig ab.

45 *Laṅkāvatāra-Sūtra*, Sagāthaka 134; Übersetzung: K.-H. Golzio, a. a. O., S. 280.

im Spiel sind. Die Kategorien der Leerheit (*śūnyatā*) und des Entstehens in gegenseitiger Abhängigkeit (*pratītyasamutpāda*) werden auf das Bewußtsein selbst angewandt, wodurch dieses als in gegenseitiger Abhängigkeit entstehend und somit als leer begriffen wird. Bewußtsein ist danach die ständige gegenseitige Durchdringung

– eines fundamentalen Grundbewußtseins, das alle vergangenen Bewußtseinseindrücke als strukturierende Elemente enthält (*ālayavijñāna*),

– und der aktiven manifesten Bewußtseinsprozesse wie Empfinden, Wahrnehmen, Denken usw. (*pravṛttivijñāna*).[46]

Das vielbesprochene *ālayavijñāna* ist natürlich kein Selbst im Sinne einer inhärent existierenden Wesenheit. Es ist vielmehr der Grund aller Potentialität, der selbst von allem anderen abhängig ist. Es ist eine der Bewußtseinsformen (*vijñānas*), allerdings die fundamentalste, weil in ihr alle karmischen Eindrücke der Vergangenheit als formative Prinzipien, die zukünftige Wirklichkeit bestimmen, aufbewahrt sind. Es formt die Struktur für den Ablauf aller Bewußtseinsprozesse. Im *Laṇkāvatāra-Sūtra* wird es mit dem *tathāgata-garbha* (»Schoß des Tathāgata«) identifiziert und damit als die ursprüngliche und reine Natur überhaupt angesehen, als die »Soheit« (*tathātā*) der Wirklichkeit, die in jedem Wesen ist. Es wundert nicht, daß im *Laṇkāvatāra-Sūtra* der Bodhisattva Mahāmati Zweifel bekommt und den Buddha fragt, ob es sich hier nicht um ein permanentes Selbst handele, das dem *ātman* gleich wäre. Der Buddha antwortet darauf:

> O Mahāmati, die Lehre der Philosophen vom *ātman* ist nicht dasselbe wie meine Lehre vom *tathāgatagarbha*. Denn die Tathāgatas lehren, daß der *tathāgatagarbha* Leerheit (*śūnyatā*), die Wirklichkeitsspitze (*bhūtakoṭi*), *nirvāṇa*, Nicht-Entstehen, ohne Eigenschaften, Nicht-Verlangen ist.[47]

Die *vijñānas* hängen also ab vom *ālayavijñāna*. Sie interpre-

46 Gajin M. Nagao (Übersetzer), *Mādhyāntavibhāgabhāṣya* 21 (zitiert nach J. P. Keenan, *The Meaning of Christ* [S. 237, Anm. 26], S. 157).

47 *Laṇkāvatāra-Sūtra* 2, 138; Übersetzung: K.-H. Golzio, a. a. O., S. 94.

tieren die Erscheinungen falsch, wenn sie im Bewußtsein unabhängig existierende Dinge spiegeln, statt zu erkennen, daß *alles* Projektion von *citta* auf verschiedenen Wirklichkeitsebenen ist. Wenn aber im *ālaya* (»Speicher«) alle karmischen Samen ausgeglichen sind, erscheint die Leerheit. Zeitlich und räumlich getrennte Erscheinungen durchdringen dann einander, und das Reinkarnationsproblem wird auf einer höheren Ebene aufgelöst, weil es letztlich keine Zukunft gibt, die von der Vergangenheit unterschieden wäre. Mit anderen Worten: Nicht-Dualität wird wahrgenommen, sobald die unterscheidenden Faktoren im *citta* verschwinden. Das bedeutet: *Bewußtsein ist ein unendliches Kontinuum, das die Potenz zur Selbstdifferenzierung in sich trägt, jedoch in seinem tiefsten Grund vollkommen unbewegt und nicht-zwei ist. Aber selbst dieser tiefste Grund oder die letzte Ebene ist kein ›Ding‹, sondern leer in bezug auf inhärente Existenz.*

Vasubandhu unterscheidet drei Aspekte, unter denen die Leerheit der Erscheinungen im Bewußtsein deutlich wird: 1. die Vorstellungen und Bilder, in denen das Bewußtsein Realität imaginiert (*parikalpita-svabhāva*), wobei eigenständige Objekte erscheinen, die in Wirklichkeit aber weder eigenständig noch Objekte sind, denn es handelt sich um von Bewußtseinsprozessen konstruierte Repräsentationen; 2. die Erkenntnis, daß alle Erscheinungen voneinander abhängig sind, ihr Sein also nicht aus sich selbst, sondern im ›Netz von Beziehungen‹ haben (*paratantra-svabhāva*); 3. das tiefere Erkennen der letztlich gültigen und vollkommenen Realität (*pariniṣpanna-svabhāva*), die nicht begrifflich aussagbar ist, weil in ihr alle Unterscheidungen zusammenfallen, eine Erkenntnis jenseits des gewöhnlichen begrifflichen Erkennens, die gleichwohl durch die Erkenntnisweisen von (1) und (2) plausibel erscheint, insofern sich aus (2) die Unwirklichkeit von (1) zwingend ergibt. Die Interdependenz der Wirklichkeit läßt dualistische Denkweisen als unangemessen erscheinen, als Konstruktionen, die auf der relativen Ebene pragmatischen Unterscheidens nützlich sind, aber als Erkenntnis der Wirklichkeit, wie sie ist, nicht taugen. Was wir also als ›Objekte‹ wahrnehmen, sind Vorstellungen und Bilder (1), die das Bewußtsein konstruiert als mentale Repräsentationen des Bewußtseins.[48] Yogācāra ist weit davon entfernt, einen metaphysischen Idealismus zu lehren, sondern zeigt, daß alles, was im Bewußtsein erscheint (und wo sonst ›ist‹ für uns Wirklichkeit?), im Rahmen dieser Bewußtseinskategorisierungen repräsentiert wird, also in dualistischen mentalen Bildern.[49] Um die Wahrheit der Leerheit zu erkennen, muß auch jeder ›idealistische‹ Begriff von Bewußtsein, ›nur Bewußtsein‹, Dualität und Nicht-Dualität überwunden werden. Es geht also nicht um Idealismus, sondern um die Überwindung der ›Gefangenschaft‹ in mentalen Konstruktionen, die fälschlicherweise für die Wirklichkeit gehalten werden.

ETHIK IM MAHĀYĀNA

Vom frühen Buddhismus zum Mahāyāna

Der Buddhismus ist, wie bereits in Kapitel 5 (S. 144-170) argumentiert wurde, keineswegs ausschließlich eine Philosophie der Weisheit (*prajñā*), wobei der Ethik (*śīla*) nur eine untergeordnete Rolle zukäme, sondern die Ethik ist konstitutiv für das Verständnis des buddhistischen Lebenszieles, des *nirvāṇa*.[50] Das sittliche Verhalten ist Ausdruck und Inbegriff dessen, was der Buddhismus als Ziel seiner Praxis beschreibt.[51] Der Buddhismus ist sowohl in seiner Form der frühen Entwicklungen als auch im späteren Mahāyāna dadurch ausgezeich-

48 Vasubandhu, *Viṃśatikā* 1, in: Vasubandhu, *Vijñaptimātratāsiddhiḥ*, hg. v. Swami Maheswarananda, Varanasi 1962: Gitadharma Karyalaya.

49 Thomas Augustine Kochumuttom, *A Buddhist Doctrine of Experience. A New Translation and Interpretation of the Works of Vasubadhu the Yogācārin*, Delhi 1989 (zuerst 1982).

50 So die Grundthese von D. Keown, *The Nature of Buddhist Ethics* (S. 145, Anm. 34).

51 D. Keown, a. a. O., S. 88ff.

net, daß Einsicht bzw. Weisheit (*prajñā*) und heilende Hinwendung zu allen Lebewesen (*karuṇā*) einander interpretieren und in der Praxis wechselseitig voneinander abhängig sind. Lebewesen (genauer: *fühlende* Wesen) sind dadurch ausgezeichnet, daß sie aus der Synthese der *skandhas*, also materieller Elemente sowie des hinzukommenden geistigen Funktionselements, das im Augenblick der Zeugung in das materielle Substrat eingeht und dieses belebt, bestehen.[52] Dieses geistige Element ist ein durch das *karman* qualifiziertes Bewußtseinskontinuum, das nicht auf die menschliche Existenzform beschränkt ist. Damien Keown argumentiert mit schlüssigen Argumenten, daß die buddhistische These vom Nicht-Selbst (*anattā* bzw. *anātman*) eine kognitive Seite habe, die durch *prajñā* abgedeckt würde, und eine affektive, die durch *śīla* repräsentiert sei. *Śīla* und *prajñā* konstituieren demnach zwei ›Primärdimensionen‹, wobei *samādhi* deren volle Entwicklung ermöglichen soll.[53] Entscheidend für das Verständnis der Ethik ist die Vorstellung vom *karman*, die Praxis des Sammelns von »Verdienst« (*puṇya*) und die Theorie der ›Verdienstübertragung‹.

Die *karman*-Theorie besagt, daß jedes Ereignis und seine Wirkung einen unauflöslichen Zusammenhang bilden. Dies

52 Drei Faktoren oder Elemente sind es, die unter dem Modus der lustvollen Begierde (*rāga*) beim Geschlechtsakt zusammenkommen und die Manifestation eines neuen Menschen bewirken: Die materiellen Elemente (*rūpa*) sind Same (*bīja*) und Blut bzw. »die Frau im fruchtbaren Zeitpunkt« (*utunā*), das geistige Funktionselement ist *viññāṇa* (im Pāli-Buddhismus oft als ein *gandhabba*, d. h. personalisiertes ›Geistwesen‹ vorgestellt, das auf seine Wiedergeburt hinstrebt [*sambhavesā*]) unter der formativen Kraft der anderen *skandhas*. Detailliert dargestellt unter der Fragestellung des Beginns schutzwürdigen Lebens von Jens Schlieter, *Wie und wann entsteht schützenswertes menschliches Leben? Zur Normativität frühbuddhistischer Konzeptionen von Zeugung, Empfängnis und vorgeburtlichem Leben*, in: P. Schalk, M. Deeg (Hg.), *Im Dickicht der Gebote* (S. 30, Anm. 1), S. 463-499.

53 D. Keown, a. a. O., S. 55.

trifft für Prozesse im materiellen Bereich wechselseitiger Verursachung ebenso zu wie im Bereich intentionalen Handelns. Daraus folgt, daß jede Tat ihre unvermeidliche Wirkung in sich trägt, so daß das gesamte Weltgeschehen als Netz von Beziehungen erscheint. Das karmische Netz hat keinen Anfang, wohl aber ein Ende, nämlich dann, wenn alles *karman* aufgebraucht ist und kein neues erzeugt wird. *Karman* wird erzeugt durch die drei *kleśa*, die »Leidverursacher« bzw. hindernden Umstände, nämlich Ich-Wahn, Gier und Haß, die das Handeln motivieren, was wiederum Unterscheidung und Wertung voraussetzt. Wenn dieser Mechanismus durch Einsicht unterbrochen wird, hört *karman* auf. Daß die Wirklichkeit dem *karman* unterworfen ist, bedeutet, daß es in diesem Bereich keine absolute, sondern allenfalls bedingte Freiheit geben kann. *Karman* ist weniger ein universales Gesetz, dessen Struktur statisch wäre, sondern die akkumulierte Kraft der *Gewohnheit*, die ihre Eigengesetzlichkeit im Verlaufe ihrer Wirkung entwickelt, das heißt, karmische Prägungen werden durch Wiederholung verstärkt, was die Wahrscheinlichkeit erhöht, daß ein Habitus ausgeprägt wird. Nicht nur im Bereich menschlichen bewußten Handelns schafft habituelle Disposition unumkehrbare Strukturen, sondern die Gesetzmäßigkeit der Wirklichkeit als solche beruht auf dem Werden des *karman*. *Karman* kann somit als *das* formende Prinzip schlechthin gelten, das die materiellen wie geistigen Prozesse gestaltet. Weder für materielle Ereignisse noch für Bewußtseinsereignisse gibt es einen Anfang, denn jedes Ereignis ist Wirkung eines vorausgehenden. Wohl aber nimmt der Buddhismus ein Ende des *karman* an, eben dann, wenn die Handlungskette im oben genannten Sinn zum Ende kommt, wenn also der Kreislauf der Gewohnheit durch das Bewußtsein, das keine ich-gesteuerte Motivation mehr erzeugt (*nirvāṇa*), durchbrochen ist. Anders ausgedrückt: Bindung an *bestimmte* Formen (Gewohnheiten, Dinge, Ideen) wird überwunden durch Einsicht in die *Leerheit*. Damit ist das Ende des *karman* der Inbegriff der Freiheit.

Die im *karman* eingeprägten Handlungspotentiale müssen

ausgeglichen werden. Da dies nicht in diesem Leben allein möglich ist, besteht die Notwendigkeit zu besserer Wiedergeburt für den Fall, daß Verdienste und heilsame Prägungen, zu schlechterer Wiedergeburt für den Fall, daß unheilsame Prägungen ausgelebt werden müssen. Die *karman*-Theorie ist die wichtigste Begründung für die Lehre vom *saṃsāra* und der Wiedergeburt.[54] Denn durch das *karman* bilden sich psychisch-mentale Dispositionen heraus, die mit dem Tod des physischen Körpers nicht enden, sondern Prägungen im ununterbrochenen Strom des Bewußtseins hinterlassen, die eine Art Feld bilden, in das Lebenserfahrungen, Gewohnheiten, Gedächtnisinhalte ›eingraviert‹ sind (*saṃskāras*). Dieses Feld modifiziert den Bewußtseinsstrom, der wiederum auf die physischen Vorgänge (z. B. den Körper der nächsten Inkarnation) Einfluß nimmt. Der neue Mensch wird bestimmt von seinen Erbanlagen *und* diesem subtilen Feld, das im *karman* gründet. Die Befreiung des Menschen von der Vergänglichkeit und Vergeblichkeit des Kreislaufs ist überzeitlich, da hier die quantitative Zeit transzendiert ist auf Grund der Erfahrung einer anderen Qualität, die überhaupt keine Qualität (weil keine Bestimmung) haben kann, eben *nirvāṇa*, das »Verlöschen« aller räumlichen, zeitlichen, kausalen Bedingtheiten.[55] So heißt es in einem bereits zitierten frühbuddhistischen Text, daß es ein Ungewordenes, Unbedingtes gebe.[56]

Man kann also für den frühen Buddhismus von einem zweifachen Realitäts- und Zeitbegriff sprechen: Der eine ist quantitativ (*karman*) und auf die Erscheinungen im Bereich des *saṃsāra* bezogen, der andere ist qualitativ und bezeichnet den Augenblick, da das *nirvāna* in Erscheinung tritt, die Qualität des Unbedingten und Nichtzusammengesetzten und damit Unsagbaren.

54 Zu den verschiedenen Arten von *karman* und ihrer Bedeutung in der Funktion für die buddhistische Theorie der Kausalität vgl. David J. Kalupahana, *Causality. The Central Philosophy of Buddhism*, Honolulu 1975, bes. S. 110-146.

55 Zum *nirvāṇa* vgl. auch S. 125.

56 *Udāna* 8, 3 (siehe S. 136).

»Verdienst« (*puṇya*) und »Verdienstübertragung« (Pāli *patti-dāna*, skt. *prāpti* [wörtlich: »das Erlangen«; im Mahāyāna: *pariṇāma* [»Entwicklung«]) sind Begriffe, die für die buddhistische Praxis eine zentrale Rolle spielen, in der westlichen Interpretation des Buddhismus aber für einige Verwirrung gesorgt haben.[57] Da im frühen Buddhismus jedes Individuum auf Grund des Kausalitätsprinzips nur selbst und für sich selbst das *karman* verändern kann, schien die ›Verdienstübertragung‹ ausgeschlossen zu sein und eine spätere Mahāyāna-Entwicklung zu markieren, die in einige Texte des Theravāda zurückprojiziert worden sei, wodurch aber die Konsistenz der Lehre geopfert werde. Nun kann man aber zeigen, wie A. Herrmann-Pfandt eine lange Debatte zusammenfaßt, daß dem nicht so ist und die Verdienstübertragung ein wesentliches Merkmal frühbuddhistischer Lebenspraxis war. Besonders im Totenkult, an dem sich Mönche wie Laien beteiligten, wird das ›Verdienst‹ aus Handlungen, Votivgaben, Rezitationen usw. den Verstorbenen gewidmet, die dadurch – vornehmlich in ihrem Zustand der Existenz als Geistwesen (*preta*) zwischen den Geburten in grobstofflichen Körpern – Linderung erfahren. Aber auch für die Lebenden wird ›Verdienst‹ gesammelt und der Verbesserung des Lebensschicksals derselben zur Verfügung gestellt. Bereits die Lehrtätigkeit des Buddha entspricht, wie Heinz Bechert hervorgehoben hat,[58] der Logik des *karman*, denn die Wirkung dieser Lehre ist eine Veränderung beim Hörer, die dessen Schicksal verändert. Im frühen Buddhismus werden diese ›Verdienste‹ fast ausschließlich für inner-samsarische Ziele genutzt, denn auch die Verbesserung der Lebensbedingungen in anderen Existenzen, der Wunsch

57 Einen knappen Überblick über die Problematik bietet Adelheid Herrmann-Pfandt, *Verdienstübertragung im Hīnayāna und Mahāyāna*, in: Michael Hahn, Jens-Uwe Hartmann, Roland Steiner (Hg.), *Suhṛllekhāḥ. Festgabe für Helmut Eimer*, Swisttal-Odendorf 1996, S. 79-98.

58 Heinz Bechert, *Zur Frühgeschichte des Mahāyāna-Buddhismus*, in: Zeitschrift der Deutschen Morgenländischen Gesellschaft 113 (1963), S. 530-535, hier S. 533.

nach Wiedergeburt in einem buddhistischen ›Himmel‹ (das nächstliegende Ziel für die Laien wie auch für die meisten Mönche, die noch nicht Arhats waren) sind *innerweltliche* Ziele. Das Erwachen des Bewußtseins zum *nirvāṇa*, also der qualitative Zeitumbruch beim Übergang in einen trans-samsarischen Zustand, konnte nur jedes Bewußtsein in sich selbst vollziehen. Verdienstübertragung und das entsprechende Verhalten, das dem klassifizierten Verhaltenskodex (Ethik) folgte, blieben im wesentlichen auf *diese* Welt des Raumes, der Zeit und der Kausalität beschränkt.

Das änderte sich im Mahāyāna: Hier wirkt sich die ›Verdienstübertragung‹ für das Heilsziel des *nirvāṇa* direkt aus. Denn der Bodhisattva gelobt, für sich selbst das Glück des *nirvāṇa* so lange nicht genießen zu wollen, bis alle Lebewesen den Zustand der Befreiung erlangt haben, d. h., der Bodhisattva überträgt seine ›Verdienste‹ nun primär mit dem Ziel, andere Lebewesen zum *nirvāṇa* zu führen. Damit wird die Verdienstübertragung *unmittelbar* ›heilsrelevant‹, was sie im frühen Buddhismus nur insofern war, als sie die Bedingungen für die Erlangung des Heils bei anderen Lebewesen verbessern konnte. Auch im Mahāyāna freilich blieb die Übertragung der ›Verdienste‹ um innerweltlicher Ziele willen gültig, aber dies steht nun *neben* dem viel größeren Ziel der endgültigen Befreiung. Das klassische Beispiel für diese Wende ist der überaus einflußreiche *Bodhicaryāvatāra* des Mahāyāna-Mönchs Śāntideva (685-763): Durch das Tun des Guten will er fähig werden, die Leiden aller Lebewesen zu lindern (*BA* 3, 6), um schließlich die Früchte dieses Guten hinzugeben, »um das Heil aller Wesen zu verwirklichen« (*BA* 3, 10), so daß alle »mit einem Leben zur Erleuchtung geschmückt« werden. (*BA* 10, 1.) Die Fähigkeit, den Geist auf das Gute zu richten und dasselbe zu tun, ist Wirkung der »Gnade« (*prasāda*) des Bodhisattva Mañjuśrī, wie Śāntideva im letzten Vers des ganzen Werkes (*BA* 10, 58) erklärt. Paradigmatisch wird diese Haltung im Wirken des Buddhas Amitābha erkennbar, der als Bodhisattva Dharmākara 48 Gelübde abgelegt hatte, um durch die Wirkung seiner ›Verdienste‹ ein Reines Land für diejenigen zu schaffen, die sich in vertrauender Hingabe ganz und gar auf die Kraft ebenjener Gelübde verlassen. Wer in diesem Buddha-Land wiedergeboren würde, fände die idealen Voraussetzungen, von hier aus ins *nirvāṇa* einzutreten.

Alles ethische Verhalten hat im Mahāyāna also einen doppelten Zweck: einerseits dem Bodhisattva-Weg zu folgen, damit durch die Handlungen eine Akkumulation von *puṇya* für die Befreiung aller Lebewesen erzeugt wird, wobei *puṇya* andererseits nur dann entsteht, wenn der Bodhisattva das eigene Bewußtsein, d. h. die Motivationen und die daraus folgenden Handlungen, reinigt und von den leidverursachenden Faktoren (*kleśa*) befreit.

Es ist nicht verwunderlich, daß die Lehre der ›Verdienstübertragung‹ als Widerspruch zur Eigenverantwortung des Menschen empfunden wurde, denn die Übersetzung von *puṇya* mit »Verdienst« ist problematisch, weil der Begriff in der europäischen Religionsgeschichte vorbelastet ist. Es handelt sich bei *puṇya* nicht um eine abstrahierte Kategorie, die das ›Konto‹ eines agierenden Subjekts positiv verändern würde, so daß ihm etwas ›zugerechnet‹ (oder im negativen Fall ›abgezogen‹) würde, sondern *puṇya* ist – entsprechend der *karman*-Logik – die konkrete und sich von selbst vollziehende Strukturierung des Bewußtseinsstromes, eine Selbstkonditionierung also, weshalb ich *puṇya* mit »positive Bewußtseinsformung« übersetze. Da nun nach buddhistischer Auffassung kein autonomes Ich existiert, sondern die *skandhas* als Funktionen zu begreifen sind, die in jeweils veränderlichen Kombinationen den individuellen Bewußtseinsstrom im Austausch mit allen anderen Faktoren der In-Welt und Um-Welt gestalten, ist die – karmisch strukturierte – intentionale Einwirkung auf andere Lebewesen kein Widerspruch zur rückgekoppelten Selbstgestaltung des ›Schicksals‹ durch eigene Impulse des Denkens und Handelns. Ethisches Handeln ist nicht die Leistung eines isolierten Ich, sondern das Handeln aus der Erkenntnis des Abhängigseins von anderen Lebewesen und der gesamten Wirklichkeit, wobei aber die individuelle Verantwortung für die je spezifische eigene Lebensgeschichte nicht aufgelöst wird, weil das eigene Bewußtsein durch die Kette karmischer Bindungen einen je eigenen spezifischen Strom von Ereignissen ausbildet. Diese Grundstruktur jedes buddhistischen Denkens wird noch verstärkt im Mahāyāna, wo durch die Einsicht in die Leerheit (*śūnyatā*) aller Phänomene die gegenseitige Abhängigkeit *aller* Erscheinungen ins Zentrum des Lebensgefühls überhaupt rückt. Daraus folgt, daß der Mensch gar nichts für sich allein tun kann, sondern jede Tat und Wirkung Auswirkung in alle Dimensionen hat und wirklichkeitsproduktiv ist. Nicht anders als im frühen Buddhismus hängt auch im Mahāyāna alles Menschliche am Bewußtsein und der korrekten Wahrnehmung der Wirklichkeit. Diese besteht nicht aus Einzelerscheinungen, die in sich Bestand hätten und sekundär Beziehungen eingingen, sondern die Wirklichkeit *entsteht als* ein Netz von Wechselwirkungen (*pratīyasamutpāda*). Nichts ist *aus* sich selbst, d. h., alles ist leer (*śūnya*), woraus folgt, daß nicht die Substanz, sondern die Relation (Beziehung) die grundlegende Struktur der Wirklichkeit ist. Diese Erkenntnis trifft auf die Phänomene der unbelebten Welt ebenso zu wie auf die Wirklichkeit von Lebewesen, auf die Strukturierung des Bewußtseins einschließlich der Denkvorgänge, der Gefühle usw. Wenn nichts aus sich selbst ist und alle Erscheinungen in ständiger Veränderung durch Wechselwirkung existieren, ist die ethische Gestaltung des *Mit-Seins* (oder *Inter-Seins*, wie Thich Nhat Hanh formuliert) nicht nur eine sekundäre Anwendung einer Einsicht in die Zusammenhänge der Welt, sondern spontane *Partizipation* an dem Geschehen der Wirklichkeit, allerdings – und das ist das Spezifische ethischen Verhaltens – in *bewußter* Erkenntnis des Gestaltungsrahmens, den der Mensch in seiner konditionierten Freiheit hat. Damit hängt nun aber eine Doppelstruktur bei ethischen Argumenten zusammen, die nicht übersehen werden darf: Erstens hat jede Tat karmische Folgen, und dieser Ablauf vollzieht sich automatisch und kann im nachhinein nicht beeinflußt werden; zweitens aber können Intentionen (z. B. die Abwendung von Übel durch Gewalt) diesem Automatismus zuwiderlaufen, wodurch zwar der karmische Automatismus nicht außer Kraft gesetzt, wohl aber durch eine andere Kausalität, die in der Bewußtseinsstruktur und -entwicklung verortet ist, überboten werden kann. Hier kann die bewußte Güterabwägung im Rahmen gesinnungsethischer Argumente einsetzen, und genau das ist die Voraussetzung für die Freiheit, die das Handeln des Bodhisattva auszeichnet, eine Freiheit, die sich gegenüber dem karmischen Nexus und der strikten Einhaltung des Vinaya-Kodex behaupten kann. Die Folgen werden uns noch beschäftigen (siehe S. 284-303).

Wie stark die physische, mentale und kulturelle Entwicklung des Menschen im Zusammenhang mit den karmischen Ausbildungen von Handlungsmustern zusammengedacht werden, beschreibt ein früher Mythos, dessen Erzählung im *Aggañña Sutta*, einem Text des Dīgha-Nikāya (Nr. 27), dem Buddha in den Mund gelegt wird. Paraphrasiert lautet er wie folgt:

Einst waren die Wesen einfach, weder männlich noch weiblich. Einige aber entwickelten Gier und schmeckten die Erde, die sich aus dem Wasser erhoben hatte. Durch diese Gier wurden sie grobstofflich und differenzierten sich aus, d. h., Eigenschaften wie angenehm (schön) und unangenehm (häßlich) wurden erstmals wahrgenommen. Gleichzeitig entwickelten sich die Gestirne, auch die äußere Welt wurde vielfältig. Die Wesen, die sich als ›schön‹ darstellten, wurden arrogant und verachteten die Häßlichen. Auch die Erde differenzierte sich, Pflanzen wuchsen, Pilze, Wein und Reis, der sogleich reif zum Genuß war. Nach dessen Genuß entwickelten sich die Geschlechtsmerkmale, damit auch die sexuelle Lust. Um dieselbe ungestört befriedigen zu können, bauten die Menschen Häuser. Anstatt den Reis zweimal täglich zur Mahlzeit zu ernten, entwickelte aus Bequemlichkeit eines der Wesen die Technik, den Reis nur einmal zu ernten und die Hälfte aufzubewahren. Dies machte Schule, und die Verfeinerung der Vorsorgemethoden erlaubte nun, den Reis für mehrere Tage zu ernten. Der aber setzte Schimmel an und Hülsen, wurde ungenießbar, und auf den Ernteflächen wuchs nichts mehr. Man lernte, den Reis zeitlich versetzt anzubauen, und so entstand die Feldwirtschaft mit abgegrenzten Arealen. Die Felder mußten nun mit Zäunen vor Diebstahl geschützt werden. Die Wächter, die sich zu den ersten Königen und Beschützern der Ordnung (*dhamma*, skt. *dharma*) entwickelten, wurden mit Reis bezahlt. Die Menschen wurden sich bewußt, daß es Unmoral (*adhamma*, skt. *adharma*) gab. Um dies auszubalancieren und zu überwinden, zogen sie sich zur Meditation in den Wald zurück, wo sie Hütten aus Laub bauten. Wie auch die Könige lebten diese Einsiedler nicht von der Nahrung, die sie selbst produzierten, sondern von Almosen anderer. Die übrige Gesellschaft aber unterzog sich der Arbeitsteilung, es entstanden die Kasten und Klassen.

Die Ausdifferenzierung beruht also auf Unterscheidung, die intrapsychisch entsteht und sich somatische Realitäten schafft. Die Arbeitsteilung wirtschaftlicher und geistiger Eliten, die die Balance und die Vorsorge zu verantworten haben, ist demgegenüber sekundär. Innere und äußere Welt, Natur und Kultur sind wechselseitig voneinander abhängig. Um sich entsprechend verhalten zu können, bedarf es der Entwicklung von Werten, und diese werden in der Ethik (*dharma*) greifbar. Alles aber ist abhängig von den mentalen Bildern, die entwickelt worden sind, und diese sind veränderbar.

Das Problem des Menschen, aus dem das ethische Fehlverhalten und damit das Leiden, insofern es vom Menschen verursacht ist, resultiert, ist die Begierde (Pāli *taṇhā*, skt. *tṛṣṇā*), die wiederum aus falschem Erkennen gespeist wird. Dieses muß (und kann) überwunden werden, wenn der Mensch besser leben und letztlich zur Befreiung aus dieser Unwissenheit und Unfreiheit gelangen will. Indem den Dingen (fälschlich) intrinsische Eigenschaften zugesprochen werden, entstehen Unterscheidungen, die irreal sind. Die fundamentale falsche Unterscheidung ist die zwischen ›Ich‹ und ›andere‹. Was in Wirklichkeit wechselseitig verbunden und abhängig ist, wird ein Gegensatz, aus dem das Besitzstreben resultiert (›mein‹ und ›nicht-mein‹), das wiederum das illusionäre Ich stützen soll, was nur kurzfristig gelingt. Das ›Meine‹ wird um der Identitätsgewinnung willen idealisiert, das andere abgewertet, d. h. den Dingen wird Gutes, Schönes, Wahres zugeschrieben, sofern dadurch die projizierte Ich-Illusion gestützt wird, und Böses, Häßliches, Falsches, sofern das, was sich dem Ich nicht zur Verfügung stellt, abgewertet werden kann, was wiederum nur die Kehrseite der Ich-Stabilisierung darstellt. Stolz und Überlegenheitsgefühl in bezug auf das Eigene, Eifersucht in bezug auf das andere sind die Folge. Anstatt klar zu erkennen, daß dies Projektionen des eigenen Bewußtseins sind, werden diese Qualitäten den Dingen selbst zugeschrieben, und was der (fälschlichen) Ich-Stabilisierung dient, *ist* als gut, was sich ihr widersetzt, *ist* als schlecht gedeutet. Weil die Projektionsmechanismen wechselseitig sind, ergibt sich ein Widerspruch der Interessen. Als Folge entstehen Gier oder Haß und Eifersucht, wenn das Begehren frustriert wird. Die Welt wird eingeteilt in ›Freund‹ und ›Feind‹, die projizierten Denkmuster werden zu festgeschriebenen Eigenschaften, die die Dinge (einschließlich anderer Lebewesen) angeblich haben. Damit wird die Wirklichkeit nicht nur verzerrt, sondern ins Gegenteil verkehrt: Was ein dynamisches Ganzes in wechselseitigen Beziehungen ist, die im ständigen Wandel begriffen sind, wird als Daseinskampf fixierter Identitäten und Wesen gesehen, die einander verdrängen.

Die Einsicht in die substantielle Leerheit (*śūnyatā*) bzw. die wechselseitige Bedingtheit alles Entstehens (*pratītyasamutpāda*) heißt nicht, daß das Sein negiert würde, sondern daß die Erkenntnis frei wird von der abgrenzenden Substantialisierung und der Mensch damit erstmals *Freiheit* gewinnt von seinen Illusionen. Aus dieser Einsicht resultiert spontan das, was »Liebe« (*maitrī*) und »heilende Hinwendung zu allen Wesen« (*karuṇā*) genannt wird, denn diese sind Haltungen der Freude und Freiheit, die sich ergeben, wenn das Netz der Verbundenheit aller Erscheinungen erkannt ist. Liebe ist also nicht ein Gefühl oder ein ethischer Imperativ, sondern eine einsichtsvolle Realisierung der Grundstruktur der Wirklichkeit, wie sie ist. Liebe (*maitrī*) und heilende Hinwendung zu allen Wesen (*karuṇā*) sind ohne bewertendes Eigeninteresse, das bestimmten Wesen aus Sympathie oder Antipathie Bevorzugung oder Benachteiligung widerfahren lassen würde. Liebe ist somit nicht nur die Folge, sondern der *Inbegriff* der von Erkenntnis geleiteten Präsenz des Menschen in der Welt. *Prajñā* als höchstes Ziel der Erkenntnis und *karuṇā* als Inbegriff aller Intention bzw. Motivation sind zwei Seiten einer Sache, denn ohne Intentionalität wäre Erkennen ziellos, und ohne Erkennen wäre Intentionalität grundlos. Im Mahāyāna-Buddhismus wird dafür gern das Bild von dem Vogel gebraucht, der nur mit zwei Schwingen fliegen kann.

Dies ist die Grundlage für die Gesinnung, aus der sich jede buddhistische Ethik ableitet. Im Mahāyāna wird, wie wir oben sagten, das Prinzip der wechselseitigen Abhängigkeit für *alle* Erscheinungen der Wirklichkeit (*dharmas*) ausformuliert. Mahāyāna verhält sich damit zum frühen Buddhismus wie die Explikation des dort noch Impliziten. Das trifft auch auf die Ethik zu: Die Mönchsregel (*vinaya*) bzw. die ethischen Anleitungen für die Laien, wie sie der frühe Buddhismus ausformuliert hat, sind auch im Mahāyāna gültig, werden aber hier noch stärker im Licht der das Handeln leitenden *Gesinnung* interpretiert.[59] Noch wichtiger allerdings ist die Entwicklung des Bodhisattva-Ideals im Sinne der Übertragung von eigenen positiven Bewußtseinsformungen (*puṇya*) mit dem Ziel der Befreiung aller Lebewesen aus dem *saṃsāra*, wie oben erläutert.

Die Ethik im Mahāyāna unterscheidet sich vom frühen Buddhismus weniger in den argumentativen Grundlagen als durch die Verbindung mit chinesischen, japanischen und zentral- wie südostasiatischen Kulturmustern, die buddhistisch

59 Natürlich spielt auch im frühen Buddhismus die Gesinnung bzw. Absicht bei einer Tat eine entscheidende Rolle bei der Klassifikation der Schwere des Vergehens gegen die Norm, wie sie im Vinaya formuliert ist. Für die Laien, die nur indirekt und nicht durch Gelübde gebunden von den Normen des Vinaya abhängig sind, gilt dies um so mehr. Insofern aber das Laienelement im Mahāyāna an *normativem* Einfluß gewinnt (wie im *Vimalakīrta-Sūtra* ersichtlich), wächst auch die Bedeutung von gesinnungsethischer Normativität.

umgedeutet und damit integrierbar werden. Entsprechende Entwicklungen z. B. im chinesischen Ch'an bzw. japanischen Zen oder im zentralasiatischen Tantrismus lassen sich nicht allein mit Hinweisen auf die Texte der Mahāyāna-Sūtras und einige Kommentare klären, sondern sie sind eingebunden in sozialgeschichtliche Transformationen, die außerhalb der Autoritätsbildung durch die *Schriften* und deren Interpretation liegen.

Im Mahāyāna findet allerdings ein Wandel der Rhetorik und der Terminologie statt, und insofern kann man von einem Paradigmenwechsel auch in der Ethik sprechen, vor allem was die *Konkretisierung* der eben erörterten allgemeinen Grundlagen betrifft. Aber auch hier muß man nach den sozialen Trägergruppen, den ökonomisch-politischen Entwicklungen der monastischen Institutionen und der Legitimationskraft fragen, die buddhistische Riten und Weltanschauung für die Herrschaftssymbolik in den vom Mahāyāna geprägten Ländern entwickelten.

Wir wollen nun die Grundlagen und die Interpretationsdynamik des (mahāyāna-)buddhistischen Ethikdiskurses an zwei Beispielen erläutern: an den Einstellungen zur Natur und am Problem der Gewaltanwendung.

Haltung gegenüber der Natur

Dem Kreislauf des Leidens zu entgehen ist das Ziel der Religion Gautama Śākyamunis, und somit ist die Natur in sich kein Gut, auf das man Energie und Zeit verschwenden sollte.[60] So jedenfalls glaubte man in Europa noch bis in jüngste

60 Dazu vor allem Lambert Schmithausen, *Buddhism and Nature. The Lecture delivered on the Occasion of the EXPO 1990*. An Enlarged Version with Notes, Studia Philologica Buddhica. Occasional Paper Series 7, Tokyo 1991; L. Schmithausen, *Buddhismus und Natur*, in: Raimundo Panikkar, Walter Strolz (Hg.), *Die Verantwortung des Menschen für eine bewohnbare Welt im Christentum, Hinduismus und*

Zeit den Buddhismus interpretieren zu müssen. Auch Max Weber vermutete, der Buddhismus könne keine Sozialethik, geschweige denn eine Ethik gegenüber der Natur, hervorgebracht haben, da ja im Buddhismus das individuelle Ich geleugnet wird.[61] Diese Schlußfolgerung hat sich als Irrtum erwiesen.[62]

Wir werden das Thema in fünf Abschnitten behandeln und dabei im wesentlichen der historischen Entwicklung folgen. Allerdings ist es hier nicht möglich, die überaus vielschichtige und facettenreiche Geschichte der verschiedenen buddhistischen Kulturen von Südasien bis zum Fernen Osten und neuerdings bis Amerika und Europa auch nur annähernd umfassend nachzuzeichnen. Zunächst sind einige Bemerkungen zu den *animistischen Grundlagen* sinnvoll, die auch die Einstellung des Buddhismus zur Natur mitprägen. Sodann nehmen wir die Haltung des *frühen Buddhismus* in den Blick, um drittens den Neuansatz im *Mahāyāna* zu diskutieren. Ein knapper Seitenblick auf den *ostasiatischen Buddhismus* wird einen vierten Abschnitt bilden, bis schließlich fünftens einige *zusammenfassende Thesen* formuliert werden.

Buddhismus, Freiburg 1985, S. 100-133; L. Schmithausen, *Buddhism and the Ethics of Nature – Some Remarks*, in: The Eastern Buddhist. New Series 32 (2000), H. 2, S. 26-78.

61 Max Weber, *Gesammelte Aufsätze zur Religionssoziologie*, Bd. 2, Tübingen 1921, S. 229f.

62 Aus der umfangreichen Literatur zum Thema buddhistischer Weltgestaltung und zur Wirkung des Buddhismus auf Politik und Ökonomie/Ökologie sei nur folgende Literatur angeführt: E. Sarkisyanz, *Buddhist Backgrounds of the Burmese Revolution* (S. 218, Anm. 28); D. E. Smith, *Religion and Politics in Burma* (S. 216, Anm. 27); G. Obeyesekere, F. Reynolds, B. L. Smith (Hg.), *The Two Wheels of Dhamma* (S. 196, Anm. 2); S. J. Tambiah, *World Conqueror and World Renouncer* (S. 195, Anm. 1); Urmila Phadnis, *Religion and Politics in Sri Lanka*, London 1976; B. L. Smith (Hg.), *Religion and Legitimation of Power in Sri Lanka* (S. 206, Anm. 19); Russell F. Sizemore, Donald K. Swearer (Hg.), *Ethics, Wealth, and Salvation. A Study in Buddhist Social Ethics*, Columbia (S. C.) 1990; Gustavo Benavides, *Economy*, in: Donald S. Lopez (Hg.), *Critical Terms for the Study of Buddhism*, Chicago 2005, S. 77-102 (mit Literaturangaben).

Die animistischen Wurzeln

Der Buddhismus ist eine Reformbewegung gegenüber der priesterlichen vedischen Religion. Er fußt auf dem teilweise animistischen Gedankengut der Vedas, auch wenn er sich gerade gegen Einzelaspekte dieser Religion wendet. Hier sind geistige Wesen und Naturwesen eins, denn die Wirklichkeit ist noch nicht in einen physischen und einen metaphysischen Bereich aufgespalten. Alle Wesen sind demzufolge belebt und geistig. Dazu gehören auch die Pflanzen, und im Jainismus (aber nicht im späteren indischen Buddhismus) ist das bis heute so.

Die Belebtheit aller Wesen ist eine Wurzel auch des buddhistischen Lebensgefühls, aus der sich einige Vorschriften in der Mönchsregel (*vinaya*) erklären:

– So dürfen Erdboden und Gewässer nicht verunreinigt werden, indem etwa das Urinieren in Bäche und Seen verboten ist, und es liegt der Schluß nahe, daß sich dies besonders für Mönche nicht ziemt, weil die Erde belebt ist (Vin. IV, 75, 1).[63]

– Pflanzen sind zu achten und dürfen nur unter bestimmten Umständen verzehrt werden, wenn sie nämlich zuvor ›leblos gemacht‹, d. h. manuell bearbeitet worden sind (Vin. II, 109; IV, 34).

– Früchte soll man nur verzehren, wenn sie vorher den Samen ausgeworfen haben, damit kein Lebenskeim getötet wird (DN I, 64; Vin. IV, 34; Pācittiya im *Pācimokkhasutta*).

63 Diese Begründung allerdings wird im Vinaya-Text nicht gegeben, sondern lediglich vermerkt, daß ein solches Verhalten allenfalls bei Laien, nicht aber bei Mönchen toleriert werden könne. Schon in frühbuddhistischer Zeit waren also zwar noch die traditionellen Verhaltensstandards bekannt, nicht aber unbedingt deren religiöse Begründungen.

Früher Buddhismus

Die buddhistische Kritik an der priesterlich-brahmanischen Religion bewirkte einerseits eine *Desakralisierung* der Natur, indem die Bedeutung der vedischen Naturgottheiten herabgestuft und auch ein zugrundeliegender Urgrund (*brahman*) oder eine primäre Weltseele für irreal gehalten wurden. Andererseits wirkte die Vorstellung von der Bewohnung der Pflanzenwelt durch geistige Wesen weiter.

Aus den oben (S. 117-121) dargestellten Analysen ergibt sich, daß gerade die Vergänglichkeit des Erfreulichen (*vipariṇāmaduḥkha*) Frustration verursacht. Naturerfahrung in diesem Sinne ist Leidenserfahrung, auch Leid verursachend, zumal sich unter der tropischen Sonne Indiens Natur als heiß, wild und menschenfeindlich darstellen kann. Der Zustand der Befreiung aus dem Daseinskreislauf, *nirvāṇa* also, kennt demzufolge keine Natur: »Es gibt, ihr Mönche, eine Stätte, wo weder Erde ist noch Wasser noch Feuer, ⟨...⟩ weder Sonne noch Mond.«[64]

Das ist die eine Seite, und Max Weber hätte recht, wenn der Buddhismus nun doch nicht eine wesentlich komplexere Religion wäre. Andererseits nämlich erkennt der Buddhismus eine Solidarität aller Lebewesen in der Tatsache, daß sie am Leben hängen und versuchen, dem Tod zu entgehen. Darüber hinaus sind alle Wesen einander verbunden, insofern die jeweils neu sich zusammensetzenden Elemente bedeuten, daß die Körper anderer Wesen und der gegenwärtige, den ich als den meinigen erlebe, im Wechsel des Kreislaufs der Geburten ineinander verwoben sind – alle Lebewesen sind im Lauf der Zeit einander Mütter und Väter gewesen.[65] Bereits in den *Theragāthā* und *Therīgāthā* des Khudakka-Nikāya[66] be-

64 *Udāna* 8, 1.

65 L. Schmithausen, *Buddhism and Nature* (S. 265, Anm. 60), S. 40f. (dort Belegstellen).

66 Caroline Augusta Foley Rhys Davids (Hg.), *Psalms of the Early Buddhists*, Oxford 2000 (zuerst 1909-13).

gegnen wir außerdem einer Art ›Naturlyrik‹, die wiederum an Beschreibungen und Haltungen in einigen Geschichten der Jātakas (Erzählungen aus früheren Leben des Buddha) anknüpft. Diese Texte haben Ähnlichkeit mit indischen Liebesgedichten, vor allem auch den Gesängen über die Liebe zu den Blumen und Wäldern bei den brahmanischen Asketen, wie ganz deutlich sichtbar wird in den hinduistischen Epen, vor allem im *Rāmāyana.*

Animistische Grundhaltungen, Liebe zur Natur sowie Askese und Weltentsagung treffen im frühen Buddhismus aufeinander. Die beiden großen Säulen des Buddhismus, nämlich Mönchsorden und Laiengemeinschaft, reagieren nun bezüglich des Themas der Natur unterschiedlich.

Für die im *saṃgha* praktizierenden Mönche und Nonnen ist die Natur vor allem Lehrmeisterin der Vergänglichkeit. Die Läuterungsübungen von *Visuddhimagga* 2, 9 empfehlen die Betrachtung der fallenden Blätter, wenn von einem Asketen berichtet wird, der die Veränderungen in Farbe und Gestalt der fallenden Baumblätter betrachtet und dabei der Vergänglichkeit aller Dinge gewahr wird – alles ist vergänglich, dem Tode verfallen, leidvoll. Wer dies begreift, haftet an nichts, und dies ist Voraussetzung der Befreiung. Natur ist für die Mönche vor allem Platz der Meditation und Ruhe, aber nicht um ihrer selbst willen wichtig. Denn: Was Vergnügen bereiten kann, und dazu gehört, wie wir in den Gedichten sehen, die Natur, das verleitet zum Anhaften. Sowohl im *Dhammapada* als auch in verschiedenen Suttas, in den *Theragāthā* und im *Visuddhimagga* (Kap. 6) wird die Natur des Menschen, der Leib, als vergänglicher Schmutz meditiert, um das Verlangen abzutöten. Der vergängliche Leib, besonders der weibliche (weil er Begehren erweckt), wird mit Ekel verbunden. Der Vinaya enthält Berichte, daß Mönche, die zu intensiv über die Vergänglichkeit und das Leid meditierten, Selbstmord begingen oder sich umbringen ließen;[67] ihnen wird bezeichnen-

67 Vin. III, 68 f.

derweise die Betrachtung von Gärten und Gewässern empfohlen, damit sie ihren Schwermut überwinden.[68]

Daß man Pflanzen nicht mehr als fühlende Wesen verstand, hängt damit zusammen, daß das Gebot der Gewaltfreiheit, also des Nicht-Tötens von fühlenden Wesen, aufrechterhalten werden sollte. Nur wenn die Pflanzen als Nahrungsgrundlage ausgegliedert wurden, konnte man die fühlenden Wesen, also vor allem die Tiere, kompromißlos schützen.[69] Dennoch gelten im Buddhismus die belebten (aber nicht fühlenden) Wesen wie Pflanzen, Bäume, Gräser usw. als der Lebensraum für die Tiere und Geistwesen, der um dieser Lebewesen willen geschützt werden soll. Man darf Pflanzen entwurzeln oder beschneiden, um Häuser zu bauen oder Nahrung zu gewinnen, aber dies bedarf der rituellen Sühne; denn die Lebewesen, die in den Bäumen oder Gräsern wohnen, müssen gebeten werden, ihren Platz zu räumen, wobei ihnen – ebenfalls rituell gestützt – eine Alternative angeboten werden muß. Laien durften Pflanzen zur Nahrung kultivieren und ernten, allerdings unter Berücksichtigung der Vermeidung von Gier und der Berücksichtigung des Lebensrechtes von Tieren und Geistwesen, die in der Pflanzenwelt wohnen.

Laienbuddhismus

Für die Laien ist das pflegende Eingreifen des Menschen in die Natur durch Arbeit verdienstwürdig, denn dadurch werden die Voraussetzungen geschaffen, daß Menschen den *dharma* ungestört praktizieren können, daß vor allem Mönche

68 Dazu L. Schmithausen, *Buddhismus und Natur* (S. 265, Anm. 60), S. 109.

69 Das zeigt sich z. B. am Verbot des Wanderns für die Mönche während der Regenzeit, damit keine Insekten und Würmer, die aus dem Boden kriechen, zertreten werden (Vin. I, 137, zitiert nach Hermann Oldenberg [Hg.], *The Vinaya Piṭakaṃ*, Bd. 1: *The Mahavagga*, London und Edinburgh 1879, III, 1-2).

und Nonnen ihr Auskommen haben. Nicht die unbewohnte Natur, sondern das schonende Gestalten der Natur, das dazu dient, das Leiden von Lebewesen zu vermindern, ist für den frühen Buddhismus von Wert.[70] Denn die Lehre vom Nicht-Selbst (*anattā*) besagt, den Individualismus zu überwinden und der Nicht-Dualität mit allen anderen Wesen, einschließlich der Tiere, gewahr zu werden. Das bedeutet, die Lebensbedingungen so zu gestalten, daß möglichst wenig leidvolle Umstände existieren. Dies ist mit dem zentralen Begriff von *karuṇā*, der Barmherzigkeit oder heilenden Hinwendung zu allen Wesen, gemeint. Die Erkenntnis der ›eigenen‹ Identität mit ›anderen‹, die Aufhebung der Unterscheidung von ›eigener‹ Leidens- und Glückserfahrung sowie Leidens- und Glückserfahrung von ›anderen‹, ist *karuṇā*. Karuṇā bedeutet also die Erweiterung des ›Bewußtseins‹ in einem ich-freien Sinne der Selbstidentifikation mit allem, was lebt.[71] Die meditative Schau des *nirvāṇa* ist zwar abgelöst von der Welt des Werdens (*kaivalya*), also auch von der Natur, aber Meditation und *nirvāṇa* sind nicht zu trennen von *karuṇā* (»heilende Hinwendung zu allen Wesen«) und *maitrī* (»liebendes Wohlwollen«), wie der Verweis auf die »Vier Unermeßlichkeiten« (*apramāṇa*) belegt.[72]

Auf den eben dargestellten Grundlagen baut der Staat Aśokas auf (3. Jh. v. Chr.). Seine berühmten Säulen- und Felsenedikte proklamieren allgemeine ethische Werte, die aus der buddhistischen Geisteshaltung abgeleitet, nicht aber durch den subtil argumentierenden philosophischen Buddhismus geprägt sind. Die Edikte II und VII erwähnen ausdrücklich, daß der Aufbau der Infrastruktur (Straßen- und Brunnenbau) für Menschen und Tiere von Nutzen sein soll, mit dem Hinweis, daß er, Aśoka, dies getan habe, damit »die Menschen

70 L. Schmithausen, *Buddhism and Nature* (S. 265, Anm. 60), S. 14-17.

71 E. Sarkisyanz, *Buddhist Backgrounds of the Burmese Revolution* (S. 218, Anm. 28), S. 40f.

72 Siehe S. 149f.

dem Pfad des *dharma* mit Glauben und Hingabe folgen mögen«[73]. In demselben Edikt heißt es weiter:

> Ich habe angeordnet, daß Banyanbäume an den Straßen gepflanzt werden, um Menschen und Tieren Schatten zu spenden 〈...〉. Ich habe angeordnet, Brunnen zu graben 〈...〉 und Rasthäuser zu bauen. Ich habe viele Wasserabfüllplätze bauen lassen für den Nutzen von Menschen und Tieren.

Dies schließt, wie Edikt II erwähnt, Zweifüßler, Vierfüßler, Vögel und Meerestiere ein.[74] Vermutlich sind im Prinzip auch Kleinlebewesen (Insekten) mit gemeint, wohl nicht aber Pflanzen. Zusammengefaßt kann gelten: »Aśokas Ideal ist nicht einfach die Bruderschaft der Menschen, sondern die aller Lebewesen. Er fühlt sich mit der gesamten beseelten Welt verbunden.«[75] Aśokas Ideal hat weitergewirkt in der Staatsräson theravāda-buddhistischer Länder. So berichten die singhalesischen Chroniken Ähnliches über die dortigen buddhistischen Könige:

– König Sirimeghavanna baute Teiche, die immer Wasser enthielten, aus Barmherzigkeit für alle Lebewesen (*Cūlavaṃsa* 37, 98).

– König Mahinda II. soll die Armen, die sich des Bettelns schämten, heimlich unterstützt haben, und es gab auf der Insel niemanden, der nicht von ihm unterstützt wurde. Er sann nach, wie für die Kühe genügend Nahrung geschaffen werden könnte, und gab ihnen frischen Mais von tausend Feldern (*Cūlavaṃsa* 48, 146-147).

– König Mahinda IV. baute ein Almosenhaus und gab den Bettlern Nahrung und Obdach. In allen Krankenhäusern verteilte er Medizin und Betten. Außerdem versorgte er regelmäßig die Kriminellen im Gefängnis. Mit Affen, Wildschweinen, Gazellen und Hunden hatte er Mitgefühl und verteilte

73 Edikt VII, in: A. N. Nikam, R. P. McKeon, *The Edicts of Asoka* (S. 201, Anm. 6), S. 64.

74 A. N. Nikam, R. P. McKeon, a. a. O., S. 41.

75 Devadatta R. Bhandarkar, *Asoka*, Kalkutta 1925 (^{4}1969), S. 220f.

Reis und Kuchen an sie, soviel sie wollten (*Cūlavaṃsa* 54, 30-33) usw.

Bereits in Sri Lanka wurde die Vorstellung vom gerechten, guten, das Heil fördernden kommenden Buddha, eben Maitreya, mit der Königsideologie verbunden und auf die jeweiligen Herrscher übertragen, die dann als möglicher kommender Buddha verehrt wurden.[76] Unter ihrer gerechten Herrschaft befinden sich Natur und Mensch in Harmonie. Die Schilderungen ähneln eschatologisch-paradiesischen Zuständen, wie wir sie aus vorderorientalischen Quellen kennen. Gerechte Herrschaft hat zur Folge, daß sich die Natur als gütig erweist, daß es regnet und die Saat wächst. Durch ungerechte Herrschaft hingegen verderben die Früchte des Feldes und des Waldes, Naturkatastrophen brechen herein, und es kommt zu Kriegen. Natur und Kultur, Naturgeschichte und menschliche Geschichte stehen hier in Wechselwirkung.[77]

Als weiteres Beispiel aus der neueren Geschichte sei die Krönungszeremonie (*abhiṣeka*) des Königs Mindon (Regierungszeit 1853-78) von Birma angeführt. Dort wird dem König vorgehalten:

> Solltest du den Eid brechen, den du in der Krönungszeremonie geschworen hast, wird die Welt in Jammer verfaulen, das Land wird verdunkelt und staubig. Das große Monster wird die Erde zerbrechen, und das Höllenfeuer wird hell scheinen, Blitze hervorschleudern und die Erde zu Staub

76 Der Maitreya-Mythos, die eschatologische Hoffnung auf einen kommenden Buddha, könnte persischen oder westasiatischen Ursprungs oder im frühen Buddhismus von der (heute ausgestorbenen) Schule der Sarvāstivādins entwickelt worden sein, um mit dem *Bodhisattva*-Ideal verbunden zu werden, das auch im Theravāda existiert. Im Theravāda wird der Bodhisattva als werdender Buddha verstanden, der zwar Barmherzigkeit übt, seine daraus resultierenden ›Verdienste‹ bzw. positiven Bewußtseinsformungen aber nicht wie im Mahāyāna *zu deren Heilserlangung* auf andere übertragen kann.

77 Zum Beispiel *Mahāvaṃsa* 21, 29f.

> zerstoßen, die Menschen zerstören und verbrennen. Unruhe und Diebstahl werden über das Land kommen ⟨...⟩. Pest, Zauberinnen und magische Wesen werden herrschen, Geister werden aktiv und im Palast wohnen, aufwiegeln, mit Schlangenwesen Schrecken verbreiten, und Würmer, Schlangen und Spinnen werden erscheinen und alles fressen.[78]

Damit sind wir bei der interessanten Geschichte Birmas. Das alte Birma z. B. kannte kein Privateigentum des Landes, sondern ein Pachtsystem, das königlicher Aufsicht unterstand. Der König verlangte Steuern, die halbjährlich verteilt wurden. Wer (etwa bei schlechter Ernte) nicht abgabefähig war, wurde von den Abgaben befreit. Es gab keine Finanzwirtschaft, damit kein Kapital angehäuft werden konnte, das zur Zerstörung des Gleichgewichts in der Gesellschaft sowie zwischen Natur und Gesellschaft geführt hätte. Wirtschaftliche Wohlfahrt und Zufriedenheit für alle war das Ziel des Staates,[79] das aber wiederum nicht als Selbstzweck, sondern damit der *saṃgha* mit Almosen unterstützt werden konnte, um sich religiösen Zielen zu widmen.

Die Briten rechneten es zu den Errungenschaften der Kolonialherrschaft, daß wirtschaftlicher Wettbewerbsgeist sich langsam durchzusetzen begann, allerdings massiv erzwungen, indem die Kolonialmacht die Steuerlast derart drastisch erhöhte, daß die Bauern zusätzliches Land, das zur Ernährung bisher nicht benötigt worden war, im Raubbau bebauen mußten. Howard Malcom urteilt: »Privateigentum ist heilig«.[80] Vorher galt der Boden als heilig, nicht veräußerbar und menschlichem Gewinnstreben entzogen. Dieses traditionelle

---

78 Der birmesische Text wird zitiert von E. Sarkisyanz, *Buddhist Backgrounds of the Burmese Revolution* (S. 218, Anm. 28), S. 50.

79 E. Sarkisyanz, a. a. O., S. 56f.

80 Howard Malcom, *Travels in south-eastern Asia, embracing Hindustan, Malaya, Siam and China. With notices of numerous missionary stations, and a full account of the Burman empire. With dissertations, tables etc.*, 2 Bände in einem, Boston ²1839: Gould, Kendall & Lincoln, Bd. 1, S. 71.

buddhistische Ethos in Birma überlebte bis ins 20. Jahrhundert und stieß mit den an Gewinnmaximierung orientierten Idealen der »British East India Company« zusammen. So schrieb der britische Kolonialbeamte H. Fielding-Hall[81] im Jahre 1906 über den birmesischen Buddhismus, daß er eine großartige Religion sei und ein Trost für die Schwachen und am Leben Zerbrochenen, »ein Evangelium der Kranken, Verwundeten und Sterbenden«. Es sei aber die Pflicht der Kolonialherren, diese Schwäche hinwegzufegen und durch das Gesetz des Starken und Tüchtigen zu ersetzen. Die birmesischen Buddhisten müßten lernen, sich Konfrontation und Konkurrenz zu stellen, um dann zu kämpfen, auch »roh und grausam zu sein, Schmerz zu verursachen und sich rücksichtslos durchzusetzen, kurz: mannhaft zu sein«, jedoch: »Ihr Glaube steht ihnen dabei im Wege.«

Aus birmesischer Sicht vertraten die Engländer ein Naturrecht des Stärkeren, das sich gegen alle Kreatur durchzusetzen habe. Besonders verbittert reagierte man, als die Kolonialmacht in Mandalay streunende Hunde zu Tausenden vergiftete und Wälder für Reispflanzungen abgeholzt wurden.

Dies alles zeigt, daß es sehr wohl eine *buddhistische Sozialethik* gibt, die die Natur, zumindest die belebte, einschließt. Allerdings stellt sie an die Laien andere Anforderungen als an die Mönche, die aus dieser Welt der Vergänglichkeit entfliehen und nach dem *nirvāṇa* streben. Die Ethik der Laien soll Bedingungen schaffen, die für dieses Streben günstig sind, d. h. vor allem die Überwindung des Anhaftens an Besitz im individuellen wie sozialen Bereich bewirken. Tiere sind – über das Tötungsverbot hinaus – in die Fürsorge eingeschlossen, denn seit Aśoka gibt es in buddhistischen Ländern Tierhospitäler.

---

81 H. Fielding-Hall, *A People at School*, London 1906: Macmillan (Nachdruck 1913), S. 253 f. und 264 (zitiert bei E. Sarkisyanz, a. a. O., S. 139).

Mahāyāna

Die im frühen Buddhismus angelegten Ideen der Barmherzigkeit des Bodhisattva gelangen im Großen Fahrzeug zur Reife, indem der erleuchtete Bodhisattva seine Ausstrahlungen von positiven Bewußtseinsformungen (*puṇya*) wegschenken und auf andere übertragen kann, damit diese zur Erleuchtung gelangen, wodurch die altruistische Grundhaltung intensiviert wird.

Der Mahāyāna-Buddhismus war vor allem auch (aber nicht nur) eine Laienbewegung, die das rituelle und kultische Element betonte, während das Mönchtum aus dem Einhalten der Mönchsregel seine Identität gewann. Den Laien oblag das ›delegierte Töten‹ von Tieren, denn am Anfang waren die indischen Buddhisten keineswegs Vegetarier (erst im China des 6. und 7. Jahrhunderts setzte sich der Vegetarismus durch). Mönche durften kein Lebewesen töten oder verletzen, aber sie aßen Fleischreste, die Laien übriggelassen hatten. In der Praxis bedeutete dies, daß Metzger, Hufschmiede, Tierhändler kultisch zu Menschen zweiter Klasse und deren Berufe geächtet wurden. Die Laien wehrten sich gegen diese Diskriminierung und nahmen Gewaltlosigkeit (auch Vegetarismus) auf sich, das heißt, sie strebten danach, kultisch voll akzeptabel zu werden. Die Vorstellung von der Gemeinschaft aller Lebewesen könnte daher sehr wohl in Laienkreisen auf große Akzeptanz gestoßen sein.

Mehrere theoretische Neubildungen des Mahāyāna hatten Einfluß auf die Ethik, und ich möchte die folgenden hervorheben:

1) Tathāgatagarbha: Diese indisch-buddhistische Lehre[82]

82 David Seyfort Ruegg, *La théorie du Tathāgatagarbha et du Gotra. Études sur la sotériologie et la gnoséologie du bouddhisme*, Publications de l'École Française d'Extrême-Orient 70, Paris 1969; Brian E. Brown, *The Buddha Nature. A Study of the Tathāgatagarbha and Ālayavijñāna*, Delhi 1994 (zuerst 1991); L. Schmithausen, *Buddhism and Nature* (S. 265, Anm. 60), S. 22-26.

entwickelt die Theorie, daß alle *fühlenden* Lebewesen das Potential der Buddhaschaft in sich tragen, auch die Tiere und die Geister, die letztlich alle schon Buddhas sind – sie wissen es nur nicht. Die Pflanzen als Lebensraum der Tiere waren zunächst nur mittelbar betroffen. »*Garbha*« ist der Schoß, und »*tathāgata*« ist ein Titel des Buddha, wörtlich der »So-Gekommene«, d. h. der in die Wahrheit Eingegangene und aus ihr Hervorgehende. Auch diese Vorstellung wird wohl soziologisch mit dem erstarkenden Selbstbewußtsein der Laien zusammenhängen. Jedenfalls hat diese Lehre großen Einfluß gehabt und wurde später in China weiterentwickelt in dem Sinne, daß nicht nur die fühlenden Wesen, sondern alle Wesen (einschließlich der Pflanzen, Flüsse und Berge) die Buddha-Natur haben. Daß auch ein Hund die Buddha-Natur habe, wie es im Ch'an heißt, war neu und starke Rhetorik. Nicht nur die biologische Verwandtschaft aller Wesen ist also hier angesprochen, sondern die Heilsgemeinschaft der Menschen und Tiere. Die chinesische Welt war fasziniert von dem Gedanken, daß Tiere und Pflanzen spontan und aus ›natürlichen Impulsen‹ heraus leben, vor allem den Pflanzen wird keine Begierde zugesprochen, und so werden dieselben zum Spiegel für den Menschen, der das Erwachen zur Begierdefreiheit und zur Buddhaschaft anstrebt. Diese Anschauungen haben den Tierschutz zweifellos gefördert. Man muß allerdings hinzufügen, daß es hier nicht um Schutz und Pflege der Gattung geht, die einen Eigenwert in sich hätte, denn das Tier (wie auch der Mensch) ist als Gefäß oder Körper für die Buddha-Natur mit Ehrfurcht zu behandeln, nicht um seines spezifischen Tierseins willen.

L. Schmithausen weist zu Recht darauf hin,[83] daß die Vorstellung der Buddha-Natur *aller* Wesen die Praktikabilität des Tötungsverbotes verwässert – denn wenn Pflanzen dem gleichen Schutz wie Tiere unterstehen, gibt es keine Nahrungsgrundlage mehr. Eine Auflösung der Hierarchie der Werte kann genau das Gegenteil bewirken in bezug auf die Un-

83 L. Schmithausen, *Buddhism and Nature* (S. 265, Anm. 60), S. 24-25.

umstößlichkeit des Tötungsverbots – es wird durch Ausnahmen und Umstände außer Kraft gesetzt, zumal bereits in frühbuddhistischen Anschauungen nicht derjenige, für den das Lebewesen getötet wird (der Konsument, zumindest wenn er nicht die ausdrückliche Intention zu dieser Tat hat), negatives *karman* anhäuft, sondern derjenige, der die Tat ausführt (der Produzent). Dies führte bei zunehmender Arbeitsteilung und Komplexität der Gesellschaft, von den Entwicklungen im Mahāyāna sanktioniert, zu einer Aufweichung der eindeutigen Haltung bezüglich des Schutzes der Lebewesen.

2) Identität von *saṃsāra* und *nirvāṇa*: Nāgārjuna hat, wie bereits erläutert (siehe S. 243-245), die Identität von *saṃsāra* und *nirvāṇa* vermutlich nicht nur aus logischen Gründen, sondern wohl auch aus meditativer Erfahrung zum Prinzip seines Denkens gemacht. *Nirvāṇa*, so argumentiert er, könne nicht ein Bereich neben anderen sein, denn dann wäre das *nirvāṇa* abgegrenzt, d. h. bedingt. Außerdem erscheint in der Meditationserfahrung keine andere, phantastische oder metaphysische, Welt, sondern ebendiese Welt in einem anderen Licht, in ihrer Einheit. Die Leerheit der Wirklichkeit (*śūnyatā*) bedeutet, daß die Dinge nicht für sich selbst existieren, sondern alles mit allem nicht nur in Zusammenhang steht, sondern die Existenz aus dem anderen hat. Geist und Natur, Mensch und die ihn umgebende Wirklichkeit, das Absolute und das Relative existieren dann ganz und gar ineinander – in einem bestimmten Sinne ›bin ich‹ dieser Baum und der Vogel, der im Baum singt.

3) Das Reine Land: Zu erwähnen ist hier auch die Tradition vom Buddhismus des Reinen Landes, die sich in Indien entwickelte und eintausend Jahre später in Ostasien als die mächtigste und wichtigste Strömung des Buddhismus überhaupt hervorgehen sollte. *Sukhāvatī*, das Glücksland Amitābhas, ist ein Ort, zu dem alle gelangen, die Amitābha (jap. Amida) gläubig anrufen und um Beistand bitten. Das Reine Land ist nicht das *nirvāṇa*, sondern eine spirituelle Sphäre, die ideale Bedingungen zur Erlangung der Buddhaschaft bietet, durchaus

aber noch dem Gesetz des Kreislaufs der Geburten (*saṃsāra*) unterworfen ist. Weder gibt es Versuchungen, an Sinnesdingen anzuhaften, noch leidvolle Erfahrungen der Vergänglichkeit. Es ist ein Paradies, in dem die Wünsche schon gewährt sind, bevor man sie ausgesprochen hat. Gewünschte Speisen etwa werden als bereits genossen empfunden, die Wassertemperaturen entsprechen den individuellen Bedürfnissen der Badenden (vor allem ist es nicht zu kalt!).

Wie wird nun die Natur in diesem Land beschrieben? Es gibt weder Hügel noch Berge, so daß die Mühsal des Reisens erleichtert ist. Weder sticht die Sonne, noch gibt es Mond und Sterne. Es gibt keine organische Umwelt (die vergänglich und leidvoll wäre), und alles ist aus Edelsteinen und Kristallen, wie im *Sukhāvatīvyūha-Sūtra* berichtet wird. Deshalb gibt es im Reinen Land Amitābhas weder Pflanzen noch Tiere (und auch keine Frauen) – nur auf das erfreuliche Zwitschern der Vögel mögen auch die im Reinen Land Meditierenden nicht verzichten, und so wird der Vogelgesang nicht natürlich, sondern magisch erzeugt. Es ist ein Ort ohne Leid, in dem es folgerichtig auch keine vergängliche Natur gibt. Dies gilt als der ideale Platz für die Meditation. Alle Dinge hängen zwar mit allen zusammen, aber letztlich ist die zerbrechliche, vergängliche Natur nicht wirklich als solche einbezogen. Dies entspricht wiederum der indischen, klimatisch bedingten Naturerfahrung, und in China und Japan, wo ein anderes, angenehmeres und gemäßigteres Klima herrscht, sieht dann das Reine Land auch anders aus.

Buddhismus in Ostasien

Der chinesische Buddhismus ist stark geprägt von der taoistischen Naturmystik. Die Natur ist hier nicht der wilde Dschungel, sondern der liebliche Garten, der das Harmonieideal der chinesischen Kultur ausdrückt. Das Land *Sukhāvatī* ist dann auch ein Garten mit Pflanzen und angelegten Teichen, d. h. gestaltete Natur, wie wir den Tusch-Malereien der Sung-Zeit im 10. und 11. Jahrhundert entnehmen können.

Aber bereits früher war es zu einer Neubewertung der Natur gekommen. Im ostasiatischen Buddhismus sind nämlich auch die Pflanzen Lebewesen, und das geht auf zwei Schulbildungen zurück. In der T'ien t'ai-Schule (der ersten eigenständigen Schule des chinesischen Buddhismus) wird die Buddha-Natur der gesamten Wirklichkeit zugesprochen, nicht nur den Lebewesen. Damit ist die prinzipielle Differenz von belebten und unbelebten Wesen verschwunden, und man kann sagen, daß dies eine Radikalisierung der indischen *tathāgatagarbha*-Tradition ist. In der Mitte des 8. Jahrhunderts wurde diese Anschauung von der Ochsenkopf-Schule des Ch'an (Zen) übernommen und dann wohl in der Nordschule des Zen vertreten.

Die kosmologische Begründung aber lieferte die Hua-yen-Schule, die auf das indische *Avataṃsaka-Sūtra* zurückgeht und den Kosmotheismus dieses Sūtra sowie des *Lotos-Sūtra* philosophisch-systematisch ausarbeitet: Alles ist in allem enthalten, ja, alles ist letztlich alles, weil die Wirklichkeit nicht ein Zusammenspiel von Substanzen ist (wie schon die *śūnyatā*-Lehre der Prajñāpāramitā-Sūtras erkannt hatte), sondern ein Wechselverhältnis von Beziehungen. Dies wird mit der berühmten Parabel vom Netz Indras veranschaulicht, das aus Perlen besteht, wobei jede einzelne Perle alle anderen widerspiegelt. Die Perlen sind die Erscheinungen der Wirklichkeit, die jeweils Widerspiegelungen aller anderen Wirklichkeiten sind. Selbst das kleinste Staubkorn enthält die unermeßlichen Welten und Buddha-Länder, ja das ganze Universum. Deshalb wiederum durchdringt ein einziger Erleuchtungsstrahl die ganze Welt: Die spirituelle Übung und Erleuchtung eines einzigen Bodhisattvas ist die Erleuchtung des ganzen Kosmos.

Dies hatte Folgen für die gesamtkulturelle Entwicklung in China: Im Synkretismus der Sung-Zeit (960-1279), in der vom Buddhismus beeinflußten neo-konfuzianischen Philosophie, gibt es eine deutliche Hinwendung zur Natur: So soll sich der Philosoph Chou Tun-yi (1017-1073) geweigert haben, das Gras zu schneiden, weil er sich allem Lebendigen verwandt fühlte.[84]

Typisch ist auch der Maler, Lyriker und Kalligraph Su Tung-p'o (Su Shih, 1037-1101), der die Vergänglichkeit beklagt und doch die Schönheit der Natur preist.[85] Er habe, so heißt es, die Erleuchtung während eines Nachtspaziergangs in den Bergen erfahren. Su dichtet:

Hast du den Wandel im Auge,
Dann haben Himmel und Erde nicht einen Augenblick Bestand.
Hast du das Unwandelbare im Auge,
Dann ist alles – und auch wir – unendlich.
⟨...⟩
Die sanfte Brise über dem Strom,
Der strahlende Mond zwischen den Bergen – ⟨...⟩
All das ist das unerschöpfliche Schatzhaus der schöpferischen Natur,
Das mir und euch und allen offensteht.[86]

In Japan wurden diese chinesischen Ansätze weiterentwikkelt, und im Zusammenhang mit der allgegenwärtigen *Shintō*-Frömmigkeit konnte Natur als Kultur und Kultur als Natur erfahren werden, was sich zum Beispiel in der Gestaltung des japanischen Gartens zeigt, der durchaus verschieden vom wilderen und bizarren chinesischen Garten ist.

In Tibet wiederum sind die Naturkräfte und -geister, die schamanischen Naturrituale, so integriert worden, daß sie dem institutionellen Buddhismus untergeordnet, nicht aber beseitigt wurden. Milarepa, der Dichtermönch (1040-1123),

84 Nach Heinrich Dumoulin, *Geschichte des Zen-Buddhismus*, Bd. 1: *Indien und China*, Bern und München 1985, S. 249.

85 Zehou Li, *Der Weg des Schönen. Wesen und Geschichte der chinesischen Kultur und Ästhetik*, hg. v. Karl-Heinz Pohl, Gudrun Wacker, Herder-Spektrum 4114, Freiburg/Breisgau, Basel und Wien 1992, S. 297-306.

86 Z. Li, a. a. O., S. 301.

singt in seinen berühmten »Einhunderttausend Gesängen« von der Naturschönheit, die ihm nun aber charakteristischerweise wieder ganz und gar zum Symbol der Vergänglichkeit wird. Alles ist für ihn belebt, alles ist von geistigen Wesenheiten durchdrungen, und diese Haltung zeichnet den tibetischen Buddhismus bis heute aus.

Ich möchte von diesen berühmten Liedern Milarepas nur ein Beispiel anführen:

> Hier ist der Erleuchtungsort, ruhig und voll Frieden. Schneegipfel erheben sich in die Höhe als Wohnungen der Götter. Weit dort unten im Dorf leben meine gläubigen Gönner, von Bergen umgeben, die in Schnee gebettet sind.
>
> Hier vorn wachsen wunschgewährende Bäume. Im Tal erstrecken sich weite Wiesen, übersät mit Wildblüten. Insekten summen um den wunderbaren, süß-duftenden Lotos. Am Ufer des Flusses und inmitten des Sees beugen Kraniche ihre Köpfchen und genießen dies alles. Sie sind zufrieden.
>
> In den Wipfeln der Bäume singen die Wildvögel. Wenn der Wind sanft bläst, tanzen die Trauerweiden ganz sachte. In den Baumkronen springen und hüpfen Affen in ausgelassener Freude. Auf den wilden, grünen Weiden grasen verstreut große Herden, und glückliche Hirten singen und spielen auf ihren Flöten, lustig und sorglos. Die welthaften Menschen hingegen, brennend von Verlangen und Gier, zerstreut durch das Alltägliche, werden zu Sklaven der Erde.
>
> Vom Gipfel des Glitzernden Juwelenfelsens betrachte ich, der Yogi, all diese Dinge. Und ich weiß: Sie sind im Fluß, vergänglich gar. In Kontemplation schaue ich, daß Freuden und Vergnügen bloß Trugbilder und Wasserspiegelungen sind.
>
> Das Leben ist wie ein Zauberspiegel und ein Traum. Große Barmherzigkeit wallt in mir auf für diejenigen, die diese Wahrheit nicht kennen. Meine Nahrung ist die Raum-Leere. Meine Meditation ist Versenkung ohne Zerstreuung.

Millionen von Schauungen und Gefühlen erscheinen vor mir.
Wundersam sind die Erscheinungen im Kreislauf der Geburten! Wahrlich, schön sind die *dharmas* in den Drei Welten. Oh, was für ein Wunder, wie herrlich! Leer ist ihre Natur, und doch erscheint alles, wie es ist.[87]

Die Natur erscheint hier aus der Sicht des Einsiedlers als Idyll, das dennoch voll Leid ist. Sie unterscheidet sich von der Gier der Menschenwelt, und insofern Gier überwunden werden muß, ist das Verhalten gegenüber der Natur ein Maßstab, an dem sich des Menschen Reifung ablesen läßt, wenngleich die Natur um ihrer selbst willen auch im Mahāyāna nicht als ein höchstes Gut betrachtet wird.

Zusammenfassung

Die jeweilige (kulturbedingte) Verbindung der buddhistischen Spiritualität mit der Daseinsanalyse erzeugt eine ehrfurchtsvolle Haltung gegenüber der Natur. Der Buddhismus ist und bleibt aber am *Menschen* orientiert, denn nur von dieser (menschlichen) Stufe aus ist das Erwachen zum *nirvāṇa* möglich. Doch hat der Mensch *Verantwortung für alle Lebewesen.*

– Der Buddhismus kennt die Natur nicht als Selbstzweck, sie ist de-sakralisiert und Teil des Leidenskreislaufs. Die buddhistische Haltung ist dabei ambivalent: Einerseits wird das Leibliche als Träger bzw. Objekt der Begierde abgewertet, anderseits weist die Idee von der Einheit der Lebenswelt Züge einer ganzheitlichen Spiritualität auf, bei der die Natur eingeschlossen ist.

– Je nach der klimatisch bedingten Naturerfahrung (Indien-China) wird Natur als bedrohend oder heilend erlebt

87 Garma C. C. Chang, *The Hundred Thousand Songs of Milarepa. The life-story and teaching of the greatest poet-saint ever to appear in the history of Buddhism.* Translated and annotated, 2 Bde., Boulder und London 1977, Bd. 1, Kap. 5: »Milarepa in Ragma«, S. 64f.

und dementsprechend entweder ausgeblendet oder aber als Metapher für die letztgültige Harmonie empfunden.

– Die Ideale von *ahiṃsā* (»Gewaltfreiheit«) und *karuṇā* (»heilende Hinwendung zu allen Wesen«) verpflichten den Menschen gegenüber der Natur.

– Die (allgemein-indische) Lehre von den Weltzeitaltern (*yuga*) macht aber deutlich, daß im Zeitalter des Verfalls des *dharma* auch die Harmonie zwischen Mensch und Natur zerbricht. Dies ist allerdings nicht fatalistisch hinzunehmen, sondern im *bodhisattva*-Geist zu ändern.

– Ob der heutige Buddhismus die Kraft hat, diese Schau so zu formulieren, daß sie die entsprechenden Gesellschaften prägt, ist offen – Naturzerstörung gibt es auch in Asien überall. Die Bewegungen zum Naturschutz, wie sie der »Engagierte Buddhismus«[88] initiiert hat, haben, von Amerika ausgehend, auch den asiatischen Buddhismus erfaßt – so adoptieren z. B. Mönche in Thailand alte Bäume (sie werden rituell geweiht und dem Schutz des *saṃgha* unterstellt), damit diese nicht dem Raubbau zum Opfer fallen können.

Gewaltanwendung in der menschlichen Gesellschaft

Zunächst muß der Begriff der ›Gewalt‹ von dem Begriff der Macht unterschieden werden. *Macht* ist konstitutiv für alle Lebensprozesse. Evolution wäre ohne Wechselverhältnisse von Macht bei der Transformation und Konstitution von Ereignissen nicht denkbar. Im sozialen Bereich sorgt Macht für Stabilität und Veränderung zugleich. Prozesse seien hierarchisch oder systemisch gegliedert – in den meisten Fällen beides –, es ist immer die Durchsetzung einer bestimmten Variante von Möglichkeiten, die durch Macht real wird. Im Unterschied dazu ist *Gewalt* die Ausübung von Macht ohne die erwähnte Balance von Stabilität und Veränderung, oder an-

88 Dazu S. 509-516 sowie M. v. Brück, Wh. Lai, *Buddhismus und Christentum* (S. 17, Anm. 3), S. 556-578.

ders ausgedrückt, die Durchsetzung von Partikularinteressen eines Ego oder einer Gruppe bei Unterdrückung der Möglichkeiten anderer Personen oder Gruppen. Gewalt tritt dort auf, wo der systemische Zusammenhang der Wechselwirkung verletzt wird, buddhistisch gesprochen, wo das *pratītyasamutpāda*-Prinzip theoretisch und praktisch vernachlässigt wird. Gewalt kann physisch sein oder auch nicht, in jedem Falle geht sie von einem Dualismus aus, der unrealistisch ist: Denn das Andere, durch Gewalt Unterdrückte oder Ausgemerzte, ist Teil des Systems, das in Wechselwirkungen existiert.

Die Übergänge von Macht und Gewalt sind fließend. Wo Widersprüche auftreten, können sie auf derselben Systemebene oft nicht gelöst werden, und so entsteht Gewalt. Wird der Widerspruch aber in einen weiteren Kontext gestellt, erscheint das Kontradiktorische oft als konträr, d. h. als zwei Aspekte eines Zusammenhangs.

Zunächst erfordert die historische Perspektive erstens eine Analyse der Thematisierung von Gewalt in den normativen Quellentexten des Buddhismus und zweitens eine Analyse des Umgangs mit Gewalt in den sozialen Bezügen buddhistischer Gemeinschaften in der Geschichte des Buddhismus, denn Religion ist mehr als der Inhalt normativer Texte, nämlich soziales System, Motivations- und Legitimationsmuster für Lebens- und Machtstrukturen, Weltanschauung also, die individuelle wie soziale Relationen regelt. Das Bild, das sich aus diesen Zusammenhängen für unsere Fragestellung ergibt, ist ambivalent. In Ergänzung zu den folgenden Erörterungen sind als Beleg die Ausführungen in den Kapiteln 9-11, die religionspolitische und religionsstrukturelle Entwicklungen in einzelnen Ländern thematisieren, von Belang.

Wenn man die normativen Texte des frühen Theravāda-Buddhismus, wie er sich im Pāli-Kanon identifiziert, zum Thema befragt, ist der Befund eindeutig: Physische Gewalt und mentaler Zwang werden mit allem Nachdruck abgelehnt.[89]

89 Die philologische Analyse ist im wesentlichen geleistet und das Ergebnis klar zusammengefaßt worden von: L. Schmithausen,

Auch zur Selbstverteidigung oder zur Verteidigung anderer oder aus Motiven der Barmherzigkeit (Euthanasie) darf das kategorische Tötungsverbot nicht verletzt werden.[90] Anders stellt sich das Problem im Mahāyāna dar, wo Gewalt einschließlich der Tötung von Menschen im Ausnahmefall als notwendiges Mittel (*upāya*) unter dem normativen Kriterium des Schutzes des *dharma* gerechtfertigt werden kann (z. B. im *Mahāparinirvāṇa-Sūtra*), ja geboten ist, um größeres Unheil für eine große Anzahl von Lebewesen zu vermeiden.[91] Im Mahāyāna wird, wie wir sahen, die normative Regelethik des Vi-

---

Zum Problem der Gewalt im Buddhismus, in: Adel Theodor Khoury (Hg.), *Krieg und Gewalt in den Weltreligionen. Fakten und Hintergründe*, Freiburg/Breisgau, Basel und Wien 2003, S. 83-98, 133-138.

90 L. Schmithausen, *Buddhism and Nature* (S. 265, Anm. 60), S. 45 f.

91 Dazu auch: Lambert Schmithausen, *Buddhismus und Glaubenskriege*, in: Peter Herrmann (Hg.), *Glaubenskriege in Vergangenheit und Gegenwart*, Göttingen 1996, S. 63-92. Möglicherweise ist in Tibet die Rechtfertigung der Konfliktlösung durch Gewalt der Hintergrund für die fiktionale Geschichtskonstruktion der Ermordung des Königs Langdarma gewesen, wie Jens Schlieter mit guten Argumenten vermutet: J. Schlieter, *Compassionate Killing or Conflict Resolution? The Murder of King Langdarma according to Tibetan Buddhist Sources*, in: Michael Zimmermann (Hg.), *Buddhism and Violence*, Wiesbaden 2007 (zuerst Lumbini 2006), S. 129-155 (frühere deutsche Fassung: *Tyrannenmord als Konfliktlösungsmodell? Zur Rechtfertigung der Ermordung des ›antibuddhistischen‹ Königs Langdarma in tibetisch-buddhistischen Quellen*, in: Zeitschrift für Religionswissenschaft 11 [2003], H. 2, S. 167-183). Für Japan: Christoph Kleine, *Üble Mönche oder wohltätige Bodhisattvas? Über Formen, Gründe und Begründungen organisierter Gewalt im japanischen Buddhismus*, in: Zeitschrift für Religionswissenschaft 11 (2003), S. 235-258, hier S. 256. Dies wird zum Teil mit der Vorstellung der »ursprünglichen Erleuchtung« (jap. *hongaku*) gerechtfertigt, die zu einem ethischen Relativismus führen kann. Ich halte aber die Behauptung für falsch, daß diese Lehre zu besagtem Relativismus führen *muß*, und vermute nicht, daß sie der wirkliche Grund für die Rechtfertigung von Gewalt durch Buddhisten in Japan (Pazifischer Krieg) gewesen ist.

naya in den relativierenden Rahmen einer Gesinnungs- bzw. Motivationsethik eingefügt, die auch die Hierarchisierung des ›Wertes‹ der Lebewesen berücksichtigt, wonach niedere Tiere, höhere Tiere, Menschen, die sich als Feinde des *dharma* erweisen, und *Dharma*-Praktizierende im Konfliktfall unterschiedlich behandelt werden.[92]

Beispiele aus der Geschichte des Buddhismus

In dieser knappen historischen Analyse möchte ich auf vier Felder der Gewalt oder Gewaltbereitschaft in der Geschichte des Buddhismus hinweisen, die nicht mit der Differenz von Anspruch (Theorie) und Wirklichkeit (Praxis) allein erklärbar sind, sondern auf die strukturelle Dynamik von Religionen verweisen, wie sie nicht nur dem Buddhismus eigen, wohl aber auch im Buddhismus wirksam ist. Die vier Beispiele stehen in keinem historischen und nicht in einem unmittelbaren systematischen Zusammenhang; sie wären zu ergänzen und eventuell auch historisch aufeinander zu beziehen, was hier aus Gründen der Beschränkung nicht geschehen kann.

Selbstverstümmelungen und Selbsttötungen

In der Geschichte des Buddhismus ist es wiederholt zu Selbstverstümmelung und zu rituellen Selbstmorden gekommen. Die Gründe dafür sind vielschichtig, nicht immer klar zu durchschauen, und sie hängen nicht nur an der buddhistischen

92 Für diesbezügliche Stellenangaben in den Theravāda-Kommentaren siehe L. Schmithausen, *Buddhism and the Ethics of Nature* (S. 266, Anm. 60), S. 45; vgl. auch L. Schmithausen, *Buddhism and Nature* (S. 265, Anm. 60), S. 50. Diese Strategie findet sich vereinzelt, aber noch nicht als etabliertes Argumentationsmuster, bereits in der Theravāda-Tradition, wenn laut *Mahāvaṃsa* der buddhistische König Duṭṭhagāmaṇi (101-77 v. Chr.) die anrückenden tamilischen Truppen mit dem Argument bekämpfen kann, daß die Nicht-Buddhisten zu weniger wertvollen Lebewesen erklärt und getötet werden können (dazu auch L. Schmithausen, *Buddhism and Nature*, S. 47 f.).

Lebensform, sondern vor allem auch mit den substrat-kulturellen Werte- und Sozialmustern zusammen. Im Vinaya[93] wird explizit die Anstachelung zur Selbsttötung als *pārājikā*-Vergehen klassifiziert, implizit ist damit die absichtliche Selbsttötung eingeschlossen. In dem erwähnten Aufsatz (*Zum Problem der Gewalt im Buddhismus*) zitiert Lambert Schmithausen einen berühmten Pāli-Text,[94] in dem vier Gruppen unterschieden werden – die sich selbst, die andere, die sich selbst und andere, die weder sich selbst noch andere quälen. Ob eher Mönchs- oder Laienethik, ob habituelle oder affektive Gewalt im Vordergrund stehen, die Tendenz ist eindeutig: Gewalt wird abgelehnt, wenngleich die politische Gewalt der Gerichtsbarkeit und des Krieges nicht grundsätzlich diskutiert wird, weil der frühe Buddhismus hier eher pragmatisch argumentiert. Für Mönche und Nonnen jedenfalls hat der Buddha den mittleren Weg empfohlen, der zwischen gewaltsamer Askese und Hingabe an den Sinnesgenuß liegt. Askesetechniken, die künstlich erzeugten Schmerz zu ertragen lehren, werden vom Buddhismus nicht empfohlen. Gewalt gegen sich selbst in Form der Selbsttötung wird aber mehrmals berichtet:[95] Zwei Mönche töten sich wegen schwerer Krankheit, einer, weil er den Bewußtseinszustand einer tiefen Versenkung nicht stabil aufrechterhalten kann. Ob es sich um Arahants (skt. *arhat*) handelt, ist seit alters strittig. Denn Arahants sind völlig gleichmütig und körperlichen Gebrechen wie mentalen Wünschen gegenüber erhaben, wie es schon im *Milindapañha* heißt.[96] Das Argument, Arahants hätten das Lebensziel erreicht, unnötiger Schmerz könne also abgekürzt werden,

93 K. Mylius, *Die Vier Edlen Wahrheiten* (S. 151, Anm. 42), S. 315.

94 Überliefert sowohl im *Kandara-Sutta*, Nr. 51, 5 des *Majjhima-Nikāya* (MN I, S. 339-349), im *Aṅguttara-Nikāya* (AN II, 205-211) als auch von den Sarvāstivādins.

95 Die Textstellen und die neuere Kommentarliteratur dazu hat L. Schmithausen aufgelistet (Zum Problem der Gewalt im Buddhismus [S. 286, Anm. 89], S. 138, Anm. 58).

96 *Milindapañha* 4, 4; Nyanaponika (Hg.), *Die Fragen des Königs Milinda*, Interlaken 1985, S. 198.

denn das physische Leben habe keinen Wert in sich, sondern seinen Wert darin, daß es zur Befreiung des Bewußtseins genutzt werde, ist nicht stichhaltig: Nāgasena erklärt vielmehr, daß es die Pflicht des Mönches sei, am Leben zu bleiben, um für das Wohl der Lebewesen zu wirken. Die ethische Problematik ist hier mit dem Heilsziel des *nirvāṇa* eindeutig verknüpft. Handelt es sich aber bei den drei Fällen um Nicht-Arahants, so hätten diese im Sterben (durch ihre tiefe Hingabe und Konzentration) den Status des Arahant erlangt (denn sie werden ja, wie der Buddha selbst kommentiert, nicht wiedergeboren); das aber könnte dazu verführen, den Selbstmord als Weg zum *nirvāṇa* anzusehen, was natürlich nicht im Interesse des *saṃgha* sein konnte.

Eine andere Frage ist die Hingabe des eigenen Lebens für andere: Bereits in den Jātakas und anderen Texten des frühen Buddhismus wird die Hingabebereitschaft und Barmherzigkeit eines werdenden Buddha durch die Hingabe des eigenen Lebens für das Wohlergehen anderer Lebewesen (Tiere, berühmt die Geschichte der Hingabe des eigenen Fleisches für die Sättigung des Tiger-Jungen) erwiesen, in dem sich der zukünftige Buddha als Nahrung für hungernde Lebewesen anbietet. Wesentlich später, im Indien des 7. Jahrhunderts, ist es nach Berichten von chinesischen Pilgern (Hsüan-tsang [um 596-664]; I-ching [635-713], der diese Praxis nachdrücklich verurteilt) unzweifelhaft zu Selbsttötungen gekommen, in China kann diese Praxis nicht nur vereinzelt, sondern fast massenhaft vom 5. bis 9. Jahrhundert nachgewiesen werden.[97] Eine Regierungsvorschrift aus der T'ang-Zeit von 720 verbietet ausdrücklich, daß sich Mönche und Nonnen verbrennen.[98]

97 Dazu: Jan Yün-hua, *Buddhist Self-Immolation in Medieval China*, in: History of Religions 4 (1965), H. 2, S. 243-268; neuerdings (auf gründlicherer Textanalyse) wiederholt von Christoph Kleine, *Sterben für den Buddha, Sterben wie der Buddha. Zur Praxis und Begründung ritueller Suizide im ostasiatischen Buddhismus*, in: Zeitschrift für Religionswissenschaft 11 (2003), S. 3-43.

98 Ch. Kleine, a. a. O., S. 5.

Ob jeder in den »Biographien der eminenten Mönche und Nonnen« genannte Fall nun historisch glaubhaft ist oder nicht, die Gewalt in diesem Sinne wird durch die Überlieferung legitimiert. Die Motive sind verschieden:

– Imitation der Bodhisattvas (*Lotos-Sūtra*, Kap. 23 der Bodhisattva Sarvasattvapriyadarśana, der sich selbst verbrennt und seinen Körper wie eine brennende Opferkerze zur Ehre Buddhas darstellt – wogegen I-ching argumentiert, daß gewöhnliche Mönche und Laien keine Bodhisattvas seien, die Nachahmung also Überheblichkeit darstelle);

– Ekel vor dem eigenen Körper, was auf frühbuddhistische Meditation zurückgeht und besonders bei chinesischen Nonnen eine Rolle gespielt haben könnte;

– das Mahāyāna-Ideal der sechs *pāramitās*, wobei *dāna-pāramitā* klassisch unterschieden wird in Geben äußerer Güter, innerer Güter und das Hingeben des eigenen Lebens als besonders verdienstvoll. Durch Selbsttötung wurde der Körper zur Reliquie, womit eine Identifikation mit dem Buddha stattfand;

– der Wunsch, so schnell wie möglich im Reinen Land wiedergeboren zu werden;

– die eigene Festlegung des Todeszeitpunktes bei klarem, ruhigem Bewußtsein, weil der Bewußtseinszustand beim Sterben über die Qualität der Wiedergeburt entscheiden kann (wie einige Geschichten des *Petavatthu* und *Vimānavatthu* aus dem Khuddaka-Nikāya zeigen, wo der Buddha selbst das Argument anführt, daß die Qualität des Todeszeitpunktes eine ganze karmische Verstrickungskette aufheben kann);[99]

– politischer Druck (konkrete Berichte, das Fasten bis zum Tode als politisches Druckmittel auszuüben, gibt es über Taochi und sieben seiner Freunde von 574, als Kaiser Wu aus der nördlichen Chou-Dynastie den Buddhismus unterdrückte).[100]

99 Carl B. Becker, *Buddhist Views of Suicide and Euthanasia*, in: Philosophy East and West 40 (Okt. 1990), H. 4, S. 547.

100 J. Yün-hua, *Buddhist Self-Immolation in Medieval China* (S. 289, Anm. 97), S. 252.

In den Kommentaren der Historiographen Hui-chiao (497-554), Tsao-hsüan (596-667) und Tsan-ning (919-1001) wird eine Doppelstrategie sichtbar: Zwar ist allen bewußt, daß Gewalt gegen sich selbst gegen den Vinaya verstößt, doch sei die Hingabe, die hier sichtbar werde, lobenswert und beispielgebend, denn das wegzugeben (*dāna*), was einem am liebsten ist – nämlich das eigene Leben –, bringe größten Gewinn (*puṇya*). Jan Yün-hua glaubt in China zwischen dem 5. und 9. Jahrhundert eine zunehmende Akzeptanz, ja Bewunderung (bei Tsan-ning) für diese Praxis ausmachen zu können, was zweifellos auch auf taoistische Einflüsse zurückgeht: Schon im *Chuang-tzu* begegnet uns ja eine Abwertung des Lebens und Verklärung des Todes. Sogar konfuzianische Texte des Konfuzius und Menzius wurden zitiert, um die buddhistische Selbsttötung, die von den Konfuzianern heftig kritisiert wurde, zu rechtfertigen.

Der Widerspruch zwischen der Vinaya-Regel und der mahāyāna-buddhistischen Praxis resultiert aus zwei Gegebenheiten. *Erstens* zählt im Mahāyāna die Motivation mehr als die Tat. Wenn also die Tötung aus untadeligen Motiven (mit einem klaren, unbewegten, nicht-anhaftenden und wunschfreien Geist) erfolgt, ist sie gerechtfertigt, sonst nicht. Die Verhaltensnorm ist gegenüber der Gesinnungsethik sekundär. Dies wird besonders deutlich an der Praxis, die aus dem Jōdo-Buddhismus in Japan berichtet wird, wonach man sich, um schnell in Amidas Reines Land zu gelangen, an einem Seil, das um die Hüfte gebunden war, ins Wasser stürzte – blieb das Bewußtsein nicht ruhig, gelassen und erfüllt, wäre die Selbsttötung nutzlos gewesen, und so zogen Helfer den Betreffenden beim leisesten Anzeichen von Bewußtseinsunruhe wieder aus dem Wasser.[101] Das zentrale Problem ist also nicht Leben oder Sterben, sondern der *Zustand des Bewußtseins* im Leben oder Sterben.

Zweitens, und das ist ein gewichtiges historisches Argument,

101 Carl B. Becker, a. a. O., S. 548f.

ist der Vinaya in China erst im 5. Jahrhundert vollständig übersetzt und bekannt geworden, als der Buddhismus schon längst etabliert war und sich die buddhistischen Gemeinschaften eigene, an der Identitätssuche im chinesischen Kontext orientierte Regeln gegeben hatten. Da spielten der taoistische und konfuzianische Hintergrund sowie volksreligiöse Erwartungen eine größere Rolle als die neu übersetzten normativen Texte aus Indien.[102]

Gewalt bei der Ausbreitung des Tibetischen Buddhismus in Zentralasien und die »zornvollen Gottheiten«

Karénina Kollmar-Paulenz hat wiederholt darauf hingewiesen, daß es bei der Bekehrung der Mongolen gegen Ende des 16. und im 17. Jahrhundert zu physischer und nicht-physischer Gewaltanwendung seitens der buddhistischen Missionare kam, insofern die Kultgegenstände der Mongolen, die in schamanischen Riten Verwendung fanden, verbrannt wurden, damit die »falsche Weltsicht« überwunden und »die Lehre des Buddha fleckenlos« werde.[103] Da die Mongolen blutige Opferrituale praktizierten, konnten die tibetischen Buddhisten mit moralischen Argumenten die Überlegenheit ihrer Religion behaupten und die Konversion zum Buddhismus als Zivilisierung der Mongolen stilisieren, ein Urteil, das von mongolischen Autoren übernommen wurde. Den vorbuddhistischen Religionen wurde ihre wirtschaftliche Basis entzogen, indem Schamanen gewaltsam enteignet wurden, wobei sich die tibetischen Lamas teils der staatlichen Autorität der mongolischen Khane bedienten, teils selbst tätig wurden. Umgekehrt wurden Konversionen mit materiellen Anreizen forciert.[104]

---

102 Vgl. Ch. Kleine, *Sterben für den Buddha* (S. 289, Anm. 97), S. 34ff.

103 Karénina Kollmar-Paulenz, *Der Buddhismus als Garant von ›Frieden und Ruhe‹. Zu religiösen Legitimationsstrategien von Gewalt am Beispiel der tibetisch-buddhistischen Missionierung der Mongolei im späten 16. Jahrhundert*, in: Zeitschrift für Religionswissenschaft 11 (2003), S. 185-207, hier S. 186.

104 K. Kollmar-Paulenz, a. a. O., S. 191f.

Diesem Muster folgt die Deutung der eigenen tibetischen Geschichte:[105] Die Buddhisierung Tibets wurde als ›Zähmung‹ vorbuddhistischer Gewalten verstanden, die als Dämonen rituell bezwungen wurden. Diese Gewalten symbolisieren lokale Traditionen, deren Träger Priester und Clan-Traditionen waren, die sich der mit dem Buddhismus verbundenen Staatenbildung und politischen Zentralisierung widersetzten. Die Rhetorik zumindest ist in allen Quellen außerordentlich gewaltgeladen. Inwieweit physische Gewalt tatsächlich zur Anwendung kam, ist historisch weder widerlegbar noch beweisbar. Es stellt sich aber die unausweichliche Frage, ob das ›religiöse Ideal‹ und die ›soziale Verwirklichung‹ hier nicht so eng zusammenhängen, daß staatliche Ordnungsmacht und deren religiöse Legitimation einander gegenseitig konstituieren. Dies ist in der Tat der Fall. Im Tibetischen hat das Konzept von »weltlichem Gabenherrn« und »religiösem Lehrer« (*yon-mchod*) die alte buddhistische Verhältnisbestimmung von Laien und Mönchen politisiert. Der vierfache *saṃgha* lebte schon immer in wechselseitiger Abhängigkeit: Laien gaben Spenden (bis hin zu Landschenkungen, die das institutionalisierte Mönchtum überhaupt erst ermöglichten), und die Mönche gaben den Laien damit Gelegenheit, *puṇya* (positive, karmisch wirksame Bewußtseinsformung) zu sammeln, um darüber hinaus durch Belehrungen und Ritualpraxis den Laien nützlich zu sein. In der späteren buddhistischen Geschichte patronisierten die weltlichen Herrscher den *saṃgha*, und der *saṃgha* war ein wesentlich stabilisierender, pädagogisch wirksamer Ordnungsfaktor des Gemeinwesens, so in Südasien, Südostasien und Ostasien. Im Verhältnis zwischen tibetischer geistlicher Herrschaft und mongolischer Militärmacht wurde dieses Verhältnis in spezifischer Weise gedeutet, und die gesamte Geschichte des tibetisch-mongolischen

105 Die folgenden Erörterungen setzen die Kenntnis historischer Entwicklungen voraus, die in Kapitel 11 (bes. S. 445-448) dargestellt werden. Es empfiehlt sich, die Ausführungen in jenem Kapitel parallel zur Kenntnis zu nehmen.

Verhältnisses kann unter dieser Perspektive betrachtet werden. Weltlicher Patron und geistlicher Erzieher stützten einander, um ein buddhistisches Gemeinwesen zu etablieren, das der Praxis des *dharma* ideale Bedingungen durch Ruhe und Frieden schaffen sollte. Im Prinzip ist das auch eine Erinnerung an die Idealgestalt des Aśoka und das buddhistische Königtum, wie es in Sri Lanka entwickelt wurde und dann in Südostasien – in Thailand bis heute – wirksam ist. Allerdings konnte diese Maxime, kulturell bedingt, sehr verschieden interpretiert werden. Kollmar-Paulenz stellt zu Recht fest, daß das Verhältnis asymmetrisch sei, da der Geistliche besondere religiöse Verehrung genieße – und die Tibeter haben in ihrem Verhältnis zu den Mongolen diese Asymmetrie durch die Behauptung kultureller Überlegenheit zusätzlich legitimiert. Das Ideal des *dharmarāja*, der auch Gewalt anwendet, um ein höheres, von der Religion legitimiertes Gut zu verteidigen, und des *cakravartin*, der im Prinzip gerecht und gewaltfrei herrscht, ist dem Buddhismus nicht äußerlich, denn der Buddhismus war von Anfang an eine weltgestaltende Religion. Es ist kein Zufall, daß die militärischen Siege und gesetzgeberischen Aktivitäten Dschingis Khans und Khubilai Khans in der buddhistisch-mongolischen Geschichtsschreibung als ›Befriedung‹ des Volkes interpretiert werden, die eben auch die Ausrottung des Falschen mittels Gewalt einschließt.[106]

Daß die Rhetorik der Zerstörung von Dämonen als Widersacher des Buddhismus und der wahren Lehre religionsimmanent in faktische Gewaltanwendung umschlagen kann, ist evident. Die tibetische Geschichte ist davon geprägt, was die Machtkämpfe von Sakyapa und Drigungpa Ende des 13. Jahrhunderts[107] zeigen, aber auch die militärischen und wirtschaftlichen Rivalitäten zwischen Gelugpa und Kagyüpa seit dem Ende des 15. Jahrhunderts, die entsprechend legitimiert und

106 K. Kollmar-Paulenz, a. a. O., S. 201.

107 Karénina Kollmar-Paulenz, *Kleine Geschichte Tibets*, München 2006, S. 89f.

munitioniert wurden.[108] Ich möchte dies hier nicht erörtern, sondern etwas ausführlicher auf einen anderen gegenwärtigen Konflikt eingehen, der – zumindest im tibetischen kulturellen Gedächtnis – bis in die Zeit des fünften Dalai Lama (1617-1682) zurückreicht: auf die blutige Kontroverse um die Gottheit Shugden.[109] Der Konflikt ist aktuell und paradigmatisch für das Problem der Gewalt im tibetischen Buddhismus.

Dorje Shugden (*rdo rje shugs ldan*) kann als *lha* (»Gottheit«, skt. *deva*) niederer Ordnung betrachtet werden, wie man aus seinem historischen Ursprung erschließen kann. Diese Schlußfolgerung ist jedoch umstritten, weil die Prämisse, d. h. der historische Ursprung, nicht eindeutig ist. Offensichtlich ist Shugden schon mit Gelugpa-Klöstern verbunden gewesen, bevor er allmählich zu einem der Hauptbeschützer der Gelugpa-Schule wurde. Aber es gibt auch eine Beziehung zu den Sakyapa. Shugden, so heißt es, kommt aus allen Richtungen (und Klöstern!), um diejenigen zu beschützen, die ihn kultisch verehren, und um ihre Wünsche zu erfüllen und den *dharma* zu reinigen.[110] Sein Charakter ist gewalttätig und machtvoll, wenn er seine Gegner vernichtet, und es werden ihm symbolisch Tieropfer dargebracht. Sein Wohnsitz ist an-

---

108 Vgl. Michael von Brück, *Religion und Politik im Tibetischen Buddhismus*, München 1999.

109 Dazu ausführlich: Michael von Brück, *Canonicity and Divine Interference. The Tulkus and the Shugden-Controversy*, in: Vasudha Dalmia, Angelika Malinar u. a. (Hg.), *Charisma & Canon. Essays on the Religious History of the Indian Subcontinent*, Oxford und Neu Delhi 2001: Oxford University Press, S. 328-349 (zuerst in: M. v. Brück, *Religion und Politik im Tibetischen Buddhismus* [Anm. 108]); Georges Dreyfus, *The Shuk-den Affair. History and Nature of a Quarrel*, in: Journal of the International Association of Buddhist Studies 21 (1999), H. 2, S. 227-270.

110 René de Nebesky-Wojkowitz, *Oracles and Demons of Tibet. The Cult and Iconography of the Tibetan Protective Deities*, Neu Delhi 1998 (zuerst London 1956), S. 141, und Ladran Kalsang, *The Guardian Deities of Tibet*, Dharamsala 1996.

gefüllt mit Skeletten und menschlichen Schädeln, er selbst ist von Waffen umgeben sowie von einem See aus Menschen- und Pferdeblut.[111] Sein Körper hat eine dunkelrote Farbe, sein Gesichtsausdruck ähnelt dem der bekannten Darstellungen von indischen Dämonen (*rākṣasas*). All diese Attribute sind jedoch keineswegs exklusiv auf Shugden bezogen, sondern treten mehr oder weniger als stereotype Eigenheiten von *dharma*-Beschützern überhaupt auf. Shugden wird angeredet als »großer König«, »*dharma*-Beschützer«, »wunscherfüllender Edelstein«, der »den *dharma* beschützt und seine Zerstörung verhindert«, und er wird gebeten, »externe und interne Feinde aus den zehn Gegenden zurückzudrängen«.

Um das Wesen und die Natur Shugdens näher zu bestimmen, müssen einige ältere orale Traditionen berücksichtigt werden, die jedoch in entscheidenden Punkten einander widersprechen.[112] Die Anfänge der Geschichte Shugdens[113] fallen in die Regierungsperiode des fünften Dalai Lama, Ngawang Losang Gyatso (1617-1682), die von Machtkämpfen geprägt war. Der bekannte Tulku Drakpa Gyaltsen soll – als Rivale des fünften Dalai Lama – eines unnatürlichen Todes gestorben sein. Er habe sich daraufhin reinkarniert – entweder als Mensch oder eben als die zornvolle Gottheit Shugden, deren destruktive Kräfte bereits der fünfte Dalai Lama zu kontrollieren versuchte.[114] Sicher ist, daß es sich um einen

111 R. de Nebesky-Wojkowitz, a. a.O, S. 136f.

112 Einiges Material dazu ist gesammelt in: Kashag (Hg.), *Dolgyal gyi jungrim* (»Historical Development of Dolgyal«), Dharamsala 1996 (Manuskript).

113 Teile davon (bzw. nur einige Hinweise) finden sich in der Autobiographie des fünften Dalai Lama, die Angelegenheit wird aber nacherzählt von Trijang Rinpoche und anderen, erneut auch von R. de Nebesky-Wojkowitz, a. a. O., S. 134-135.

114 Wir können allerdings nicht sicher sein, daß die widersprüchlich überlieferten Ereignisse im Kontext des Todes von Tulku Drakpa Gyaltsen im 17. Jahrhundert und der Kult um Shugden, der erst im 19. und 20. Jahrhundert nachweisbar ist, wirklich dieselbe Gottheit betreffen. Wenn dem so wäre, ist damit aber noch

zornvollen Geist handelt, der klösterlichen Institutionen Schaden bringt. Außerdem spielt er den Dalai Lamas übel mit, wobei Erzählungen über schadhafte Auswirkungen dieses Geistes auf den dritten und vierten Dalai Lama neben Berichten stehen, daß Shugden erst unter der Regentschaft des fünften Dalai Lama als negative geistige Kraft in Erscheinung getreten sei. Dennoch wird er gleichzeitig als gezähmter, d. h. durch Eid gebundener Geist, nämlich als *dharma*-Beschützer höherer Ordnung, betrachtet.[115]

Der gegenwärtige Konflikt, der zu massiver Gewalt im Namen der Religion geführt hat, hängt mit einer Kontroverse um den charismatischen Gelugpa-Gelehrten Phabongkhapa (1878-1941) unter der Regentschaft des 13. Dalai Lama (1876-1933) zusammen, weil Phabonkhapa Rinpoche dem Shugden-Kult beträchtliche Aufmerksamkeit widmete. Die Krise verschärfte sich dann in den siebziger Jahren des 20. Jahrhunderts zusehends, als sich der 14. Dalai Lama vom Kult Shugdens distanzierte. Er tat dies mit dem Argument, daß die Zuflucht zu den Drei Juwelen (*Buddha*, *dharma*, *saṃgha*), nicht aber die Verehrung ›niederer Gottheiten‹ wie Shugden buddhistische Identität begründe. Daraufhin verteidigte Zemed Rinpoche (Gaden-Kloster) in seinem 1976 erschienenen Buch den Shugden-Kult; eine Gegenschrift von Jadral Rinpoche

---

nicht gesagt, daß es diesbezüglich eine ununterbrochene Tradition gegeben hat. Aus den uns heute vorliegenden Texten geht nicht klar hervor, daß Tulku Drakpa Gyaltsen (sei er nun getötet worden oder durch Selbstmord aus dem Leben geschieden) als Shugden wiedergeboren wurde, denn seine Reinkarnationen könnten auch in menschlicher Gestalt erfolgt sein. Es gibt zahlreiche, einander auch widersprechende Überlieferungen.

115 Losang Gyatso bezieht sich auf die gesammelten Werke von Phabongkhapa und kritisiert, daß er Shugden als große Gottheit und Emanation des Buddha behandelt; aber gleichzeitig erwähnt er, daß man ihn als niederen Geist betrachten könne, der aufgrund seines üblen *karman* Unheil stifte (Losang Gyatso, *Shugs ldan gyi skor gsal bha'i gsum pa* [»Aufklärungen über Shugden«], Dharamsala 1996, S. 5).

aus der Nyingma-Schule, die sich durch Shugden-Anhänger abgewertet fühlte, verschärfte die verbale Auseinandersetzung. Im Juli 1996 trat die schwelende Kontroverse dann ins öffentliche Bewußtsein, als der Dalai Lama den Shugden-Kult in seiner persönlichen Umgebung und in allen Institutionen untersagte, die mit der tibetischen Exilregierung verbunden sind.[116] Seine Argumente lassen sich in zwei Punkten zusammenfassen:

– Der Shugden-Kult verteidige die Idee einer angeblich einzigartigen ›Reinheit‹ der Gelugpa im Verhältnis zu anderen Schulen und sei damit Anlaß für Spaltungen und Sektenbildung, indem er exklusivistisch abgrenzend gegenüber anderen Schulinterpretationen des Tibetischen Buddhismus auftrete.

– Für Buddhisten seien der Buddha und seine im Kanon tradierten Lehren einzige Autorität, nicht aber untergeordnete Gottheiten, die in die tibetisch-buddhistische Geisteswelt integriert worden sind.

Eine Reihe von Äbten und Mönchen in Gelugpa-Klöstern widersetzten sich dieser Anordnung des Dalai Lama und gründeten im Juni/Juli 1996 eine »Dorje Shugden Devotees Religious and Charitable Society«. Der Gelugpa-Lehrer Geshe Kelsang Gyatso in England gründete einen neuen Orden namens »New Kadampa« (die alte, von Atīśa im 11. Jahrhundert begründete Kadampa-Schule war die Basis für Tsongkhapas Reformen im 14. Jahrhundert, die zur Gründung der Gelugpa führten) und griff den Dalai Lama unter anderem wegen der Shugden-Frage öffentlich an. 15 Äbte und Lehrer (*Geshes*) aus Geshe Kelsangs ursprünglichem Kloster, Sera Je Dratsang (jetzt in Südindien), schrieben daraufhin einen offenen Brief gegen Kelsang,[117] schlossen ihn aus der Gemein-

116 »Statement of H. H. the Dalai Lama on the Shugden Issue. 1st July, 1996«, Archives Private Office of H. H. the Dalai Lama, Dharamsala 1996; vgl. Shobhan Saxenas Interview mit dem Dalai Lama, in: The Times of India, 17. 8. 1996.

117 Offener Brief: »To the Tibetan Buddhists around the world and

schaft des Klosters aus, nannten ihn einen »Apostaten«[118] und verglichen ihn mit Mohammed von Gazni, dem muslimischen Eroberer und Unterdrücker des Buddhismus.[119] Als elf Mönche des Gaden-Klosters trotz Demonstrationsverbotes anläßlich des Besuchs eines hohen Repräsentanten des Dalai Lama (Samdhong Rinpoche) gegen die vermeintliche Beschneidung der Religionsfreiheit demonstrierten, wurden sie des Klosters verwiesen. Die Kontroverse erreichte einen Höhepunkt der Gewalt, als der Abt Geshe Losang Gyatso, der Direktor der »Buddhist School of Dialectics«, und zwei seiner Schüler am 4. Februar 1997 ermordet wurden. Losang Gyatso war als scharfer Kritiker des Shugden-Kults aufgetreten, und so fiel der Tatverdacht auf Shugden-Anhänger,[120] was allerdings nie zweifelsfrei bewiesen werden konnte.

Ich habe hier nur Beispiele aus der tibetischen Tradition angeführt. Aber auch aus der Geschichte Sri Lankas, Angkors, Japans ließe sich die Problematik von Buddhismus und Gewalt studieren, die sich nicht auf das Erklärungsmodell des Mißbrauchs der Religion durch politische Interessen reduzieren läßt. Es handelt sich um einen intrinsischen Zug geschichtsmächtig wirkender religiöser Traditionen, wobei zumindest im Mahāyāna eine innere Logik der Traditionsentwicklung (z. B. das Bodhisattva-Ideal, wonach der Bodhisattva einem Übeltäter auch durch den Gebrauch von Gewalt Einhalt gebieten muß, ohne dabei selbst sein *karman* zu belasten, da er ja aus reinen Motiven handelt) den Gebrauch von Gewalt legitimiert. Diese Tendenzen sind von den sogenannten »kritischen Buddhisten« in Japan[121] historisch be-

---

fellow Tibetan compatriots within and outside Tibet«, ohne Datum (Sommer/Herbst 1996), Archives of the Council of Religious and Cultural Affairs, Dharamsala.

118 »To the Tibetan Buddhists«, a. a. O., S. 5.

119 »To the Tibetan Buddhists«, a. a. O., S. 9.

120 Tibet und Buddhismus 11 (April/Juni 1997), H. 41, S. 36-37.

121 Hervorzuheben sind Hakayama Noriaki (geb. 1943) und Matsumoto Shirō (geb. 1950), die auf dem Hintergrund der historischen Analysen von Ichikawa Hakugen (Veröffentlichungen in

arbeitet und auf die Analyse der Rechtfertigung des japanischen Aggressionskrieges im Pazifik durch buddhistische Institutionen bezogen worden; Christoph Kleine hat die Analyse auf die Mönchskrieger in Japan angewandt, die keine Ausnahmeerscheinung waren, zumal sich auch in China, Korea und Tibet vergleichbare Tendenzen zeigen.[122]

Man muß – zumindest in bezug auf Religionen im allgemeinen und den Buddhismus im besonderen – unterscheiden zwischen struktureller Gewalt, missionarischer Gewalt, heilsökonomischer Gewalt und politischer Gewalt:

Strukturelle Gewalt zeigt sich in der Organisation des *saṃgha*, namentlich in den Regeln, die die Identität des Ordens gewährleisten sollen, bis zur Debatte um den Ausschluß Channas aus dem Orden, wie sie am Ende des *Mahāparinibbāna Sutta* diskutiert wird[123] – über Channa, so legt der Text dem Buddha kurz vor dessen Tod in den Mund, müsse ein *brahmadaṇḍa* verhängt werden, also der Entzug religiöser Möglichkeiten, weil sonst die Einheit des Ordens gefährdet würde.

Missionarische Gewalt hatten wir am Beispiel Tibets gegenüber den Mongolen diskutiert.

Heilsökonomische Gewalt ist das Verbot des Shugden-Kultes durch den 14. Dalai Lama und die darauffolgenden Reaktionen von der Gegenseite.

Politische Gewalt verbindet sich mit der politischen Wirksamkeit des Buddhismus, wie z. B. am politisierten *saṃgha* in Sri Lanka abzulesen,[124] aber auch im Zusammenhang mit der Rolle zahlreicher Zen-Meister im nationalistischen Japan, die

---

den siebziger Jahren) arbeiten; zitiert und erläutert von: Brian A. Victoria, *Zen, Nationalismus und Krieg. Eine unheimliche Allianz*, Berlin 1999, bes. S. 208-253 (engl. Original: *Zen at War*, New York 1997); James W. Heisig, John C. Maraldo (Hg.), *Rude Awakenings. Zen, the Kyoto School, & the questions of Nationalism*, Honolulu 1995.

122 Ch. Kleine, *Üble Mönche oder wohltätige Bodhisattvas* (S. 286, Anm. 91), S. 237.

123 DN 16.

124 Dazu vor allem: H. Bechert, *Buddhismus, Staat und Gesellschaft* (S. 206, Anm. 19), Bd. 1-3.

den japanischen Angriffskrieg im pazifischen Raum unterstützten.[125] Alle diese Aspekte von Gewalt treten in der Geschichte des Buddhismus auf.

Zusammenfassend können wir sagen: Der Buddhismus ist in seiner Geschichte keine weltabgewandte, sondern eine weltgestaltende Religion. Damit legitimiert er Politik durch Mythen, Wertemuster und Institutionen. Ganz wesentlich ist die Rhetorik, die einer Religion die Deutungsmacht über Bilder und Einordnung von Ereignissen gibt, die ein soziales Gemeinwesen prägen. Politische Auseinandersetzungen sind in der bisherigen Geschichte immer mit Gewalt verbunden gewesen, und dies spiegelt sich auch in der Geschichte des Buddhismus wider.

Psychologische beziehungsweise bewußtseinstheoretische Perspektiven

Wie reagiert nun aber die buddhistische Methode der Geistesschulung auf die Gewaltpotentiale, die ganz offensichtlich menschliches Verhalten bestimmen? Wir können hier auf diese Frage nur mit einigen grundsätzlichen Erwägungen antworten: Gewalt ist nach der buddhistischen Analyse des Leidens eine Handlungsweise, die auf Verdrängungs- und Projektionsmechanismen des Bewußtseins beruht, weil sie bestimmte Aspekte gegenüber anderen in den Blick nimmt, der Komplexität von Situationen nicht gerecht wird und schließlich kurzfristige Komplexitätsreduktion anstrebt, die sich langfristig destruktiv und negativ für die eigene Überlebenschance auswirkt. Haß, so die buddhistische Analyse der drei *kleśa*, ist frustrierte Begierde. Begierde aber ist die Kompensation für die Unwissenheit, die ein Ich stabilisieren zu müssen glaubt. Wenn ein autonomes Ich der Welt gegenübertreten und sich behaupten muß, ist Gewalt unausweichlich. Kommt das Ich aber zu der Einsicht, daß dieses Ich gar nicht existiert, sondern daß der Strom der Wirklichkeit durch ein unendliches Netzwerk von Verknüpfungen entsteht, ist Gewalt töricht. Das Gewaltproblem zu lösen ist mithin eine kognitive

125 B. A. Victoria, *Zen, Nationalismus und Krieg* (S. 300, Anm. 121).

Aufgabe. Diese Kognition kann sich aber nicht auf eine abstrahierende Kognition beschränken, sondern muß die Affekte und grundlegenden Wahrnehmungsmuster verändern, weil sonst der Projektionskreislauf nicht durchbrochen werden könnte. Der Buddhismus lehrt Methoden, die diesen Projektionskreislauf, der Gewaltbereitschaft erzeugt, beenden. Hier seien nur zwei Methoden genannt: die Achtsamkeit und die Versenkung. Beide werden in der Geschichte des Buddhismus höchst differenziert praktiziert, und es gibt zahlreiche Stufen und Untergruppen.

Die Achtsamkeit wird vertieft und zu einer transformativen Erfahrung in den Versenkungszuständen (*samādhi*).[126] Ich möchte an dieser Stelle aber die Praxis des chinesisch-japanischen Ch'an (Zen) diskutieren. Hier geht es darum, durch Einsicht in die ›wahre Natur‹ der Wirklichkeit bzw. den Grund des Bewußtseins (*hsin*, jap. *shin*) das Wesen des menschlichen Lebens direkt zu erfahren. Selbstdisziplin und achtsamer Umgang mit Lebewesen und Dingen sind Voraussetzung für die Zen-Praxis, da die spezielle Praxis der Meditation nur ein Aspekt der Lebensübung ist, d. h., *jede* Aktivität des Menschen wird zur konkreten und kreativen Einübung von Achtsamkeit. Durch fokussierte Konzentration auf die unbedingt korrekte Sitzhaltung und den willentlich nicht gesteuerten Atem werden psychosomatische Energien gebündelt. Danach wird eine nicht-fokussierte Achtsamkeit des Bewußtseins angestrebt, die nicht an irgendein Objekt mit räumlich oder zeitlich bestimmten Merkmalen gebunden ist, sondern eine über den Raum ausgebreitete Wachheit und eine Wahrnehmung der Gleichzeitigkeit aller Erscheinungen darstellt. Ziel der Meditation schließlich ist Weisheit; Weisheit bedeutet, jenseits von begrifflichen und emotional gefärbten Projektionen eine Bewußtheit und Einsicht in die ›Wirklichkeit, wie sie ist‹, zu erreichen. In einem meist als plötzlich erlebten Durchbruch (jap. *kenshō*, *satori*) werden alle Widersprüche und Dualitäten

126 Klassisch erläutert im *Sāmaññaphāla-Sutta*, DN 2, diskutiert oben S. 162-168.

aufgelöst, die das rationale Bewußtsein kennzeichnen, und alle Phänomene der Welt erscheinen in ihrer Einheit, ohne daß dabei die Vielheit und Besonderheit der einzelnen Erscheinungen verschwinden würden. Diese Erfahrung zeichnet sich aus durch überdeutliche Klarheit der Wahrnehmung und wird als befreiend und tiefstes Glück erlebt. In diesem Zustand gibt es keinerlei Begehren, so auch keine Projektion auf Objekte, was wiederum den Antrieb zur Gewaltbereitschaft auslöscht.

Der Buddhismus erprobt mit dieser Praxis eine Geistesschulung, die zu einer tatsächlichen Reduktion der Gewaltbereitschaft und langfristig zur Überwindung von Gewalt in den Beziehungen des Menschen zu sich selbst und zu seiner Mitwelt führen will.

EINHEIT UND VIELFALT DES MAHĀYĀNA

Der Kern aller buddhistischen Philosophie ist die Lehre vom Bewußtsein, denn es ist das Bewußtsein, das verantwortlich für alles Handeln, alle Emotionen und Gedanken ist, die ja gereinigt werden müssen, damit Befreiung erlangt werden kann. Was auch immer genau unter Bewußtsein verstanden wird, der philosophische Begriff hat diese auf den praktischen Heilsweg hin orientierte Ausrichtung. Bewußtsein ist in allen Mahāyāna-Schulen die fundamentale Wirklichkeit, ein anfangloses und endloses Kontinuum von Prozessen. Der Buddhismus empfiehlt, dieses Kontinuum sowohl durch logische Analyse wie auch auf dem Weg direkter meditativer Wahrnehmung zu erkennen. Bewußtsein kann weder aus dem Nichts noch aus der Materie kommen, sondern seine Quelle ist ein früherer Moment des Bewußtseins. Diese Abhängigkeit von allen anderen Bewußtseinsmomenten und Bewußtseinsebenen ist die Natur des Bewußtseins, seine Leerheit (*śūnyatā*) in bezug auf inhärente Existenz (*svabhāva*). Die subtilste Ebene dieses Kontinuums ist unzerstörbar und währt von Geburt zu Geburt, bis sie sich schließlich vollkommen gereinigt in der Buddhaschaft selbst erkennt.

Einige Mahāyāna-Sūtras greifen alte indische (und auch frühbuddhistische) Metaphern auf und vergleichen den Bewußtseinsgrund (*citta*) mit einem Ozean und die unterschiedlichen mentalen Ebenen und Bewußtseinsprozesse (*caitta*) mit den Wellen an der Wasseroberfläche des Ozeans. Im Yogācāra-System ist *citta* die *eine* Wirklichkeit oder ein universales Bewußtsein, in dem alle Prozesse entstehen und in dem sie formative Spuren (*bīja*) hinterlassen, die wiederum zukünftige Prozesse beeinflussen. Auch in dem, was wir Materie nennen, ist dieses bewußte formative Prinzip latent vorhanden, und die Entwicklung dieses Prinzips zur vollkommenen Gestalt, also zur Buddhaschaft, ist das, was man den Evolutionsprozeß im Buddhismus nennen könnte.

Bewußtsein ist also nicht nur ein Informationsspeicher, der sich aus karmischen Prozessen speist, sondern auch das aktive Subjekt des Wissens und Erkennens. Hier unterscheidet man zwischen Aufmerksamkeit (*buddhi*) und Erkennen (*jñāna*). Nur durch Intensivierung und Reinigung des Bewußtseins kann die Aufmerksamkeit so ungeteilt und das Wissen so klar werden, daß die letztgültige Natur des Bewußtseins direkt wahrgenommen wird. Unter ›Reinigung‹ wird eine Auslöschung der *kleśas* verstanden, die karmische Spannungen erzeugen. Am wichtigsten ist dabei die Überwindung der falschen Vorstellung eines substantiellen Selbst. Denn dieses eingebildete Selbst versucht, seine falsche Identität dadurch herzustellen und zu stabilisieren, daß es an Dingen anhaftet, sie besitzen will und sich dadurch aufbläht, was wiederum die Illusion seiner Eigenexistenz verstärkt. Was wird nun aber in der direkten Wahrnehmung des Bewußtseins durch ein gereinigtes Bewußtsein wahrgenommen? Die Leerheit des Bewußtseins, d. h. die subtilste Bewußtseinsebene – sie erscheint als reines Kontinuum, das keinerlei räumlich oder zeitlich begrenzende Attribute hat. Es ist keine Substanz, sondern reine ›Lichthaftigkeit‹ jenseits der konzeptuellen Wahrnehmungsweisen in Dualitäten. Es hat weder Anfang noch Ende. Es ist präsent in allen Erscheinungen.

Der Mahāyāna-Buddhismus ist allerdings ursprünglich weder geschichtlich noch philosophisch eine Einheit gewesen, sondern das Resultat einer Verschmelzung mehrerer Traditionen, von denen einige sogar im Konflikt miteinander standen. Sie alle stützen sich auf je eigene Text-Traditionen. Wir wollen die wichtigsten Gruppen kurz so charakterisieren:

– Die *Prajñāpāramitā*-Tradition ist eine Weisheitsliteratur, die wiederholt in die Nähe der Mönche gerückt wurde, die im Wald lebten und die Meditation pflegten. Das große Thema dieser Sūtras ist die Leerheit aller Erscheinungen (*śūnyatā*), und dieser Begriff ist eines der wichtigsten Themen des gesamten Mahāyāna geworden.[127]

– Das *Lotos-Sūtra*[128] hat seine Wurzeln in der Verehrung des Buddha, besonders im Stūpa-Kult. Es wollte die Unterscheidung in drei Fahrzeuge (*triyāna*)[129] überwinden, indem es das devotionale Buddhayāna als das *eine* Fahrzeug (*ekayāna*) propagierte.

– Das *Vimalakīrti-nirdeśa-Sūtra* repräsentiert eine Weisheitstradition der *Laien*. Es idealisiert den Haushalter-Bodhisattva Vimalakīrti und macht den gelehrten Mönch Śāriputra lächerlich, wenn es fragt, *worüber* denn eigentlich Śāriputra im Wald meditieren würde.[130]

---

127 Dazu nur eine Angabe: E. Conze, *The Large Sūtra on Perfect Wisdom* (S. 53, Anm. 12).

128 L. Hurvitz, *Scripture of the Lotus Blossom* (S. 55, Anm. 19); M. Deeg, *Das Lotos-Sūtra* (S. 55, Anm. 19).

129 Die drei Fahrzeuge des *śrāvaka-yāna* (»Hörer«), des *pratyekabuddha-yāna* (»Alleinverwirklicher«) und des *bodhisattvayāna* bezeichnen verschiedene Gruppen im frühen Buddhismus.

130 E. Lamotte, *L'Enseignement de Vimalakīrti* (S. 54, Anm. 16); M. v. Brück, *Weisheit der Leere* (S. 53, Anm. 14), S. 243 ff. (Teilübersetzung). Hier hat eine Umkehrung stattgefunden: Das verborgene Angriffsziel dieser Frage ist der Waldmönch Subhūti, aber weil der verehrte Subhūti nicht direkt angegriffen werden kann, setzt der Text Śāriputra an seine Stelle – trotz der Konfusion, die nun einsetzen muß, weil Śāriputra schließlich der mit der Stadtkultur verbundene Scholastiker war. Daß aber die Weisheitstradition auf diese Weise sowohl den Waldmönch als auch den wohlhaben-

– Das *Sukhāvatī-vyūha-Sūtra*[131] stützt die Tradition des Reinen Landes, die sich auf den Buddha *Amitābha* begründet. Sein Kult reicht vielleicht schon vor die Zeit der Prajñāpāramitā-Tradition (1. Jh. v. bis 1. Jh. n. Chr.) zurück.

– Die *Daśabhūmika*-Tradition kreist um den Stufenweg der Meditation und der geistigen Reifung des Bodhisattva.[132]

– Die *Gaṇḍavyūha*-Tradition hängt vermutlich mit der Praxis von Pilgerschaften zusammen, weil in ihr der Knabe Sudhana auf der Pilgerschaft zu 53 Meistern und Meisterinnen an Weisheit gewinnt und schließlich zur Befreiung findet.

– Die beiden letzten Gruppen vereinten sich zu der gewaltigen *Avataṃsaka*-Literatur,[133] die um den sonnengleichen Buddha *Vairocana* kreist.

– Die südliche *Tathāgatagarbha*-(Buddha-Natur-)Tradition betrachtet die Allgegenwart der Buddhanatur im Bilde des mütterlichen Erdenschoßes, wie es in dem späten *Mahāparinirvāṇa-Sūtra* heißt, das sich nicht scheut, von der »Saat der Er-

---

den Laien, der in der Stadt lebt, zusammenbringen kann, ist kein Widerspruch. Denn Mahāyāna zeichnet sich gerade dadurch aus, daß die Traditionen des Dorfes, der Stadt und des Waldes, der Devotion, der Gelehrsamkeit und der Meditation, integriert werden.

131 Übersetzungen des großen und des kleinen *Sukhāvatī-vyūha-Sūtra* sowie des *Amitāyurdhyāna-Sūtra* von F. Max Müller bzw. Junjiro Takakusu in: *Buddhist Mahāyāna Texts*, Pt. 2, The Sacred Books of the East 49, Delhi 1990 (zuerst Oxford 1894); Nishu Utsuki, *Buddhabhāṣita-Amitāyuḥ-Sūtra (The Smaller Sukhāvatī-Vyūha)*. Translated from the Chinese Version of Kumārajīva, Kyoto ²1929 (zuerst 1924).

132 Megumu Honda (revised by Johannes Rahder), *Annotated translation of the Daśabhūmika-sūtra*, in: *Studies in South, East and Central Asia. Presented as a Memorial Volume to Ragi Vira*, hg. v. Denis Sinor, Neu Delhi 1968, S. 115-276.

133 Th. Cleary, *The Flower Ornament Scripture* (S. 54, Anm. 15); Torakazu Doi, *Das Kegon Sutra. Das Buch vom Eintreten in den Kosmos der Wahrheit.* Im Auftrag des Tempels Todaiji aus dem chinesischen Text übersetzt, 4 Bde., Tokyo 1978-83.

leuchtung« zu sprechen und Bilder zu gebrauchen, die an den hinduistischen *ātman*-Begriff erinnern.[134]

ZUSAMMENFASSUNG

Die Entstehung des Mahāyāna läßt sich weder nur soziologisch noch nur ideengeschichtlich begreifen. Denn soziologisch gesehen wurden keineswegs alle Waldmönche zum Mahāyāna hingezogen, und umgekehrt blieben viele Mönche und Laien, die den Buddha im Stūpa verehrten, mit dem Theravāda verbunden. Die politischen Faktoren, die zur Herausbildung des Mahāyāna in Nordwest-Indien führten, fehlten auch im südlichen Theravāda nicht gänzlich. Und die Lehrdifferenzen beispielsweise um die Interpretation von *śūnyatā* und andere Begriffe, die für das Mahāyāna so charakteristisch wurden, konnten auch innerhalb der klassischen Schulen auftreten und Unterscheidungen auslösen, ohne daß sich ein spezifisches Mahāyāna hätte entwickeln müssen. Die geschichtliche Entwicklung läßt sich also nicht auf den Begriff bringen, und wir werden die Faktoren, die zu einer bestimmten Entwicklung geführt haben, nie ganz aufklären können.

Die Leerheitskonzeption der Mādhyamika-Philosophen war ursprünglich anti-abhidharmisch, ja mehr noch, sie polemisierte gegen jedes philosophische System, indem sie die logisch-sprachlichen Grenzen jeder systematischen Erklärung des Weltganzen aufzeigte. Wo es kein Wissenssystem gibt, geraten auch die Institutionen, die ein solches System ›verwalten‹, unter Erklärungsdruck. Diese Philosophie hat zweifellos etwas ›Anarchisches‹, wie später die Ch'an-Meister in China und die Zen-Meister in Japan höchst originell demonstrierten. Mādhyamika hatte und hat eine zersetzende Kraft, die gerade dadurch das Alte neu sehen lehrt und Kreativität freisetzt. Dennoch hat auch Mādhyamika eine eigene ›Scholastik‹ entwickelt und erfuhr Schulbildungen, die sich

134 D. S. Ruegg, *La théorie du Tathāgatagarbha* (S. 276, Anm. 82).

zu starren Lehrmeinungen verfestigten, an denen die jeweiligen Vertreter ›anhafteten‹. Genau aus diesem Grunde entstand das Yogācāra-System als eine Protestbewegung gegen die erstarrte Mādhyamika-Dialektik, wobei es mittels einer psychologischen Analyse der Bewußtseinsfaktoren eine praktische Opposition oder Reaktion gegen theoretische Überspitzungen betrieb.

Mādhyamika wie Yogācāra waren zum Zeitpunkt ihrer Entstehung also gegen die Überspitzung und Übersystematisierung von Lehraussagen gerichtet. Sie appellierten daran, den ursprünglichen Sinn der Lehre des Buddha sowie einen *praktikablen Weg zur Befreiung* zu zeigen, der nicht durch begriffliche und verbale Radikalisierungen und Reduktionen verstellt werden sollte. Im späteren Mahāyāna sind auch Ch'an und die *tantrischen Traditionen* Bewegungen des Widerstandes gegen einengende Systematisierungen, unangemessene Hierarchiebildungen und Ausgrenzungen von Aspekten der Wirklichkeit, Erneuerungsbewegungen also, die den ursprünglichen Geist der Freiheit im Buddhismus wiederherstellen wollten.

Mahāyāna war und ist also mehr als die Philosophie der Leerheit. Das zeigt sich auch an der Sprache: Viele Mahāyāna-Sūtras wenden sich von einer abstrahierenden Sprache ab und bevorzugen den metaphorisch-erzählenden Stil. Mahāyāna entdeckte damit die *Kraft des Narrativen* und überflutete die Imagination seiner Anhänger mit neuen Mythen, die sich um den Buddha und die Bodhisattvas rankten. Diese Mythen verbanden sich mit der Praxis der Weitergabe der Tradition in charismatischen ›Lehrer-Schüler-Ketten‹, wie sie besonders im Ch'an, aber auch im tantrischen Buddhismus üblich wurde. So spielte nun die vertrauende Hingabe an den spirituellen Lehrer (skt. *Guru*, tib. *Lama*, jap. *Rōshi*) eine wesentliche Rolle in der Spiritualität des Mahāyāna. Der Meister vermittelte jetzt nicht mehr allein die korrekte Lehre und Philosophie, sondern er *initiierte* den Schüler im Sinne der brahmanischen Einweihungsriten (*dīkṣā*) und konnte damit unmittelbar seine geistige Kraft übertragen. Dies allerdings nur, wenn sich der Schüler mit unbedingter Hingabe der geistigen Führung durch den Meister anvertraute (*śraddhā*). In diesem Prozeß entwickelten beide die entscheidende Tugend des Bodhisattva: heilende Hinwendung zu allen Lebewesen (*karuṇā*). Die Schüler wurden zu diesem Weg ermutigt durch die Vorbilder aus der Legendenbildung um die Mahāyāna-Meister und Patriarchen, kurz, durch eine neue *narrative* Tradition.

Das neue Verständnis des Buddha im Mahāyāna tendierte zu einem Universalismus, bei dem alle Wesen in die kosmische Matrix des Buddha wie in einen Mutterschoß eingehüllt waren (*Tathāgatagarbha*): *Alle Wesen tragen die universale Buddhaschaft bereits in sich.* Während die frühe Abhidharma-Philosophie zu begrifflichen Unterscheidungen tendierte, strebte die Mādhyamika-Schule die Synthese des Verschiedenen an, denn die Weisheit der Leerheit (*śūnyatā*) überwindet alle Dualitäten, indem die Wirklichkeit als ein gegenseitig abhängiges Ganzes (*pratītyasamutpāda*) erkannt wird. Alle Grenzen wurden nun aufgehoben und das zuvor Gegensätzliche miteinander verschmolzen: *saṃsāra* und *nirvāṇa*, König und Buddha, Haushalter und Mönch, das Säkulare und das Heilige, die zwei Räder des *dharma*, die historischen und transhistorischen Buddhas, das Männliche und Weibliche. Diese Inklusivität ist das Spezifische des Mahāyāna. Sie kam zur vollen Entfaltung im *Tantra*, wo eine umfassende ›Sakramentalität‹ der gesamten Wirklichkeit angeschaut und praktiziert wurde. Das heißt, im Tantra stehen alle Erscheinungen der Wirklichkeit in Entsprechung zueinander (Farben, Formen, Klänge, geistige Energien), und jeder Aspekt der menschlichen Erfahrung wird zur Übung. Mit Berufung auf diese Vision haben in späteren Zeiten vor allem in Ostasien Mahāyāna-Anhänger wiederholt versucht, die exklusiven Zustände in Klöstern, Gesellschaft und Politik zu verändern.

9
BUDDHISMUS IN CHINA

Der Buddhismus breitete sich seit dem 1./2. Jahrhundert n. Chr. zunächst allmählich in China aus, entlang der Handelswege (›Seidenstraße‹) in Zentralasien, verbreitet durch Kaufleute und Mönche, die mit den Karawanen reisten. Die sprachliche und inhaltliche Vermittlung übernahmen Menschen aus dem Kuṣāṇa-Reich (Kashmir, heutiges Pakistan, östliches Afghanistan, Zentralasien)[1] und den zentralasiatischen Handelsstädten und Oasen (vor allem Kuchā und Khotan bis hin nach Tun-huang), die sowohl indische Sprachen, zentralasiatische Sprachen als Vermittlung (wie z. B. das Sogdische) und auch Chinesisch beherrschten. Anfangs stieß der Buddhismus bei den chinesischen Gebildeten auf wenig Interesse und blieb auf die Kreise von nicht-chinesischen Kaufleuten in den größeren Städten beschränkt. Denn das China der Han-Zeit (206 v. Chr. bis 220 n. Chr.) hatte auf der Grundlage des Konfuzianismus und des Taoismus eine eigene Hochkultur entwickelt, und es bedurfte nicht des Buddhismus, um mit einer systematisierten Religion oder einer Herrschaftslegitimation ausgestattet zu werden. So gewann der Buddhismus erst nach dem Zusammenbruch der Han-Dynastie im 3. Jahrhundert n. Chr. an Einfluß. In den folgenden dynastischen Kämpfen vom 3. bis 6. Jahrhundert n. Chr. wuchs die politische und kul-

1 Die Kuṣāṇa-Dynastie war vermutlich skythischen Ursprungs und beherrschte unter Kaniṣka (Mitte des 2. Jh.s n. Chr.) ein Gebiet vom heutigen Afghanistan bis zum heutigen Bihar in Nordostindien. Kaniṣka hat sich als Patron des Buddhismus hervorgetan, soll die Sarvāstivāda-Schule gefördert und ein Konzil in Gandhāra einberufen haben, das die Übersetzung des *Mahāvibhāṣa* (großer Kommentar zur Abhidharma-Literatur) veranlaßt habe.

turelle Unsicherheit. Hungersnöte und Kriege überzogen das Land, die konfuzianische Gesellschaftsharmonie zerbrach an der Realität. Der buddhistische *dharma* war eine Antwort auf den Verlust der Kosmischen Harmonie, die – vom Konfuzianismus während der Han-Zeit inspiriert – das geistige Leben bestimmt hatte. Nun aber nahm angesichts des politischen Chaos das soziale Elend unvorstellbare Ausmaße an. Der *saṃgha* erhielt besonders starken Zulauf, nachdem zentralasiatische Nomaden im zweiten Jahrzehnt des 4. Jahrhunderts die chinesischen Hauptstädte zerstört hatten. Die Zeit der Sui- und T'ang-Dynastien (589-906) war die Blütezeit des Buddhismus in China, obgleich auch in dieser Zeit taoistische Adelskreise (die den Buddhismus als Konkurrenz empfanden) und konfuzianische Gelehrte (die den Buddhismus als ausländisches Kulturgut zurückdrängen wollten) wiederholt Angriffe auf den Buddhismus unternahmen. Als aber im 9. Jahrhundert der Buddhismus wirtschaftlich und politisch so mächtig geworden war, daß sich die Staatsmacht herausgefordert sah, kam es zu massiven Verfolgungen und Zerstörungen der Klöster, von denen sich der Buddhismus in China nie mehr ganz erholte.

Wenn wir von ›dem‹ Buddhismus in China sprechen, so ist dies eine Vereinfachung. Der *saṃgha* selbst war in sehr unterschiedlichen Schulen organisiert, und selbst wo er (zeitweilig) organisierte institutionelle Formen, die immer regional begrenzt blieben, ausbilden konnte, gelang es der buddhistischen (und übrigens auch der konfuzianischen) Elite nicht, der Vielgestaltigkeit der Kulte, Riten, Feste und Götter des Volkes Einhalt zu gebieten und Vermischungen der Volksgottheiten mit Bodhisattvas und Buddhas einzudämmen. Dies veränderte die buddhistische Geisteswelt auch regional ganz erheblich. Mit anderen Worten: Der chinesische Buddhismus des Volkes unterscheidet sich wesentlich von den kodifizierten buddhistischen Systemen der Mönchseliten.[2]

2 Meir Shahar, Robert P. Weller (Hg.), *Unruly Gods. Divinity and Society in China*, Honolulu 1996.

ÜBERSETZUNG UND SINISIERUNG DES BUDDHISMUS

Wir können hier nicht die gesamte Geschichte des Buddhismus in China[3] nachzeichnen, und auch die Entwicklungen in Korea und Südostasien[4] müssen aus Platzgründen unberück-

---

3 Folgende Literatur ist zu empfehlen: Erik Zürcher, *The Buddhist Conquest of China*, 2 Bde., Sinica Leidensia 11, Leiden 1959 (^{2}1972, ^{3}2007); Kenneth Kuan Sheng Ch'en, *Buddhism in China. A Historical Survey*, Princeton 1964; Paul Demiéville, *Le bouddhisme chinois*, in: Henri-Charles Puech (Hg.), *Les religions antiques, la formation des religions universelles et les religions de salut en Inde et en Extrême-Orient*, Histoire des Religions 1, Paris 1970, S. 1249-1319; Zenryū Tsukamoto, *A History of Early Chinese Buddhism. From its Introduction to the Death of Hui-yüan*, übersetzt von Leon Hurvitz, 2 Bde., Tokyo 1985; Marcel Granet, *Die chinesische Zivilisation. Familie, Gesellschaft, Herrschaft. Von den Anfängen bis zur Kaiserzeit*, übersetzt und eingeleitet von Claudius C. Müller, Frankfurt/Main 1985 (zuerst München 1976); Stanley Weinstein, *Buddhism under the T'ang*, Cambridge 1987; Yu-Lan Fung, *A Short History of Chinese Philosophy*, New York 1997 (zuerst 1948); Peter N. Gregory, Daniel A. Getz (Hg.), *Buddhism in the Sung*, Studies in East Asian Buddhism 13, Honolulu 1999; John Kieschnick, *The Impact of Buddhism on Chinese Material Culture*, Princeton 2003; Nin Quiang, *Art, Religion, and Politics in Medieval China. The Dunhuang Cave of the Zhai Family*, Honolulu 2004.

4 Die Geschichte des koreanischen Buddhismus ist eng verflochten mit dem chinesischen Buddhismus, wenngleich er auch markante eigene Entwicklungen aufweist. Der Buddhismus soll gegen Ende des 4. Jahrhunderts n. Chr. nach Korea gekommen sein, und bereits im 5. Jahrhundert waren alle Schulen vertreten, die es auch in China gab. Das koreanische Königreich von Paekche hat ab 554 buddhistische Gelehrte nach Japan gesandt und ist damit die Wiege für den japanischen Buddhismus. Dazu: James H. Grayson, *Korea – A Religious History*, London ^{2}2002: Routledge (zuerst 1989); Robert E. Buswell, Jr. (Hg.), *Currents and Countercurrents. Korean Influences on the Buddhist Traditions of East Asia*, Honolulu 2005. Die bedeutende Rolle, die etwa die Mönche Wonhyo (617-696) und später Chinul (1158-1210) bei der Suche nach einer Hermeneutik der Einheit der verschiedenen Strömungen des Buddhismus spielten,

sichtigt bleiben. Lediglich einige Schlüsselereignisse und markante Entwicklungen sollen Erwähnung finden. Die Einführung des Buddhismus in China ist zuallererst eine beispiellose Übersetzungsleistung gewesen. Hunderte von Schriften mußten aus indischen Sprachen (Sanskrit, Pāli) ins Chinesische übersetzt werden, das durch eine völlig andere Struktur geprägt ist. Sind die indischen Sprachen flektierend, grammatisch analytisch und zu Abstraktionen anregend, so ist das Chinesische assoziativ, konkrete Bildausdrücke aneinanderreihend und eher synthetisch. Im Taoismus fand man gewisse Geistesverwandtschaften zum Buddhismus vor und übersetzte daher anfangs die buddhistischen Begriffe in bekannte taoistische Konzepte (*ko-i*-Methode, nach der z.B. *śūnyatā*

---

sei hier nur am Rande erwähnt (vgl. Myong-Hee Kim, *»Versöhnung der Gegensätze« [Hwajeng] im »Ein-Herz« [Ilshim]. Wonhyos Beitrag zu einer Hermeneutik der religiösen Pluralität*, Dissertation Universität München 2007 [erscheint bei Harrassowitz, Wiesbaden]).

Zu Südostasien (vgl. auch S. 214-222) nur soviel: Aus den Reiseberichten des Chinesen Fa-hsien (etwa 340-420) wissen wir, daß im 5. Jahrhundert der Buddhismus in ganz Südostasien weitverbreitet und möglicherweise schon viel früher in die Region gekommen war. Der chinesische Mönch I-ching (635-713) studierte in Palembang an der Ostküste Sumatras Sanskrit, nachdem er seine Buddhismus-Studien in Nālandā (Indien) absolviert hatte. Daraus folgt, daß der Buddhismus und seine Gelehrsamkeit im 7. Jahrhundert auf Sumatra einige Reputation genoß. König Devapāla aus der Pāla-Dynastie unterhielt im 9. Jahrhundert diplomatische Beziehungen mit König Bālaputradeva auf Java. In dieser Zeit wurde der tantrische Buddhismus (Vajrayāna) aus der indischen Kloster-Universität Vikramaśīla nach Java eingeführt, bedeutendstes Zeugnis dieser Zeit ist die Mandala-Architektur des Borobudur. Ein anderes Zentrum des Buddhismus war Kambodscha, wo König Jayavarman II. im 9. Jahrhundert von Java aus ein Reich begründete, das Angkor Thom (12. Jh.) und Angkor Wat (13. Jh.) hervorbrachte, Bauwerke, die das Modell von Borobodur voraussetzen und neu interpretieren. Der Buddhismus in Vietnam ist in seiner Vielgestaltigkeit (abhidharmische Traditionen und Mahāyāna-Formen) von China beeinflußt worden.

analog zum taoistischen Konzept des Nichts [*wu*] interpretiert wurde), was zu erheblichen Mißverständnissen führte. Zu den ersten bedeutenden Übersetzern gehörte der parthische Prinz An Shih-Kao, der Mönch geworden war und um 150 n. Chr. Abhidharma-Texte übersetzte, sowie der indo-skythische Mönch Lokakṣema, der wenig später Texte der *śūnyatā*-Lehre ins Chinesische übertrug. Von überragender Bedeutung aber war Kumārajīva (343-413), der vor allem Nāgārjunas Texte und das *Lotos-Sūtra* in solch herausragender Qualität übersetzte, daß die gesamte spätere Entwicklung des chinesischen Buddhismus seine Signatur trägt.

China war zur Zeit der Ausbreitung des Buddhismus bis 589 n. Chr. in zwei ganz unterschiedliche Kulturräume geteilt: Der Norden wurde von wechselnden und miteinander regional rivalisierenden nicht-(han-)chinesischen Dynastien beherrscht, die im Austausch mit Zentralasien standen; der Süden hingegen blieb einheitlich – mehr oder minder stabil – für Jahrhunderte unter han-chinesischer Herrschaft. Diese Verhältnisse trugen dazu bei, daß sich der Buddhismus im Norden und im Süden sehr unterschiedlich entwickelte. Der Buddhismus war zunächst eine Fremdreligion indischen Ursprungs, und diese Tatsache hatte zwei Seiten: Einerseits ergaben sich dadurch Kontakte zu anderen Völkern, andererseits war genau dieser Charakterzug bei Herrschern suspekt, die einheimische chinesische Werte und Kulturstandards betonen wollten, um ihre jeweiligen Reiche zusammenzuhalten. So ist zum Beispiel festzustellen, daß die Lehrentwicklung des Buddhismus – als ›ausländischer Import‹ – im Norden anders verlief als im Süden, weil man im Norden, wo die herrschenden Dynastien selbst nicht han-chinesisch waren, ein eher positives Verhältnis zum Fremden entwickeln konnte. Im Süden hingegen mußte der Buddhismus viel stärker umgeformt, d. h. sinisiert werden, um Akzeptanz zu finden.

Das Problem der Sinisierung des Buddhismus ist mit der Schwierigkeit der Übersetzung und der ganz anderen Geisteshaltung der Chinesen im Vergleich mit Indien verknüpft. Ist der indische Buddhismus im wesentlichen eine Lehre des Bewußtseinstrainings aufgrund der Erkenntnis der Vorläufigkeit alles Äußeren, der Vergänglichkeit und der Befreiung vom Anhaften an weltlichen Bindungen, so ist die chinesische Mentalität durch Verehrung der Ahnen (also gerade nicht durch Wiedergeburt), die Bedeutung der sozialen Hierarchien und die Rang- und Ordnungsvorstellungen in Kosmos, Staat und Familie gekennzeichnet. Mönchtum als Verzicht auf Familie war den Chinesen völlig fremd, ja suspekt. Die Suche nach der verborgenen Lebenskraft durch Sublimation körperlicher Vorgänge war allerdings im Taoismus wohl bekannt, und dies war ein Anknüpfungspunkt für das Verständnis des buddhistischen Geistestrainings: Übernatürliche Kräfte zu gewinnen war für den chinesischen Taoismus ein begehrtes Ziel, und viele chinesische Buddhisten gerieten in diesen Sog des Interesses am Okkulten, dem sich der klassische Buddhismus aber stets mit unmißverständlichen Warnungen widersetzte (und widersetzt).

Ende des 3. Jahrhunderts n. Chr. entfaltete der indo-skythische Mönch Dharmarakṣa aus Tun-huang eine weitverzweigte Übersetzer- und Lehrtätigkeit im Norden, besonders in der Hauptstadt Luo-yang. Als im Jahr 311 die Hauptstadt durch nicht-chinesische Invasoren zerstört und das Reich de facto geteilt wurde, flohen viele buddhistische Mönche nach Süden und setzten damit eine Missionstätigkeit größeren Ausmaßes in Gang. Im Süden entstand auf diese Weise eine gebildete buddhistische Oberschicht, die sich mit den philosophischen Aspekten des Buddhismus befaßte und entsprechende Texte übersetzen ließ; so arbeiteten beispielsweise die gelehrten Mönche Chih-tun (314-366) und Hui-yüan (334-416) an einer chinesischen Interpretation der Leerheit (*śūnyatā*). Im unruhigen Norden war der aus Zentralasien stammende Mönch Fo-t'u-teng um das Jahr 310 nach China gekommen und konnte aufgrund seiner magischen Fähigkeiten (Wettermagie, Präkognition militärischer Entwicklungen usw.) zum Berater bei Hof avancieren und auf mehrere Herrscher der späten Chao-Dynastie (328-352) erheblichen Einfluß ausüben. Er versuchte, buddhistische Prinzipien der Gewaltlosigkeit und Milde soweit wie möglich in die politische Praxis umzusetzen. So stellte er auch Verbindungen zwischen buddhistischem Mönchtum und staatlichen Verwaltungsaufgaben her. Sein bedeutendster Schüler war Tao-an (314-385). Dieser übersetzte und kommentierte Texte der *Prajñāpāramitā*-Tradition in einer Weise, die davon zeugt, daß er sich der Unterschiede der indischen und chinesischen Mentalität sehr wohl bewußt war. Vor allem ging es ihm darum, die untereinander stark differierenden Texte aus Indien, die bereits in ihrem Ursprung und noch mehr in den Übersetzungen einander widersprachen, so anzuordnen, daß ein eigenständiges und logisch einsichtiges System des chinesischen Buddhismus entstehen konnte. Er sammelte hierzu alle ihm erreichbaren Sūtras und legte eine Liste von 611 Titeln an, die bereits qualitative Kriterien der differierenden Übersetzungen einführte und manche Texte als Fälschungen kennzeichnen konnte. Darüber hinaus war er nicht nur Gelehrter, sondern ein frommer Mönch, der seine tiefe Hingabe an den Buddha dadurch bezeugte, daß er überall Stūpas bauen, dort den Buddha verehren ließ und den Kult des kommenden Buddha Maitreya förderte. Tao-an kümmerte sich auch um die Mönchsdisziplin (*vinaya*) und übersetzte einen Teil des Vinaya der Sarvāstivāda-Schule. Er setzte sich auch dafür ein, daß Kumārajīva aus Kuchā in die Hauptstadt Ch'ang-an kommen sollte, was der Militärherrscher Lu Kuang mit Gewalt zu erreichen suchte, so daß Kumārajīva schließlich im Jahr 401 (oder 402) in der Hauptstadt eintraf und dort an die Übersetzerschule des Tao-an anknüpfen konnte.

Die Sorge Tao-ans um die Mönchsdisziplin war ein Thema, das mehrere der besten Gelehrten beschäftigte und die buddhistischen Pilger aus China, die in der Regel gleichzeitig Gelehrte waren, nach Indien reisen ließ: Einer der ersten war Fahsien (um 317-418), der im Jahr 399 auf dem Landweg (wohl über Kashmir) nach Indien reiste. Ihm folgten im Laufe der nächsten 200 Jahre über einhundert in den Annalen erwähnte Pilger, die sich auf den beschwerlichen und gefährlichen Weg machten – die Reisen waren vom Staat her genehmigungspflichtig, und die politischen Beamten betrachteten diese Pilgerbewegung nicht selten mit Mißtrauen oder Feindseligkeit, weil die Fremdenangst der chinesischen Herrscher Spionage und Fremdeinflüsse durch die Reisenden fürchtete.

Der bereits erwähnte Kumārajīva ist eine der bedeutendsten Gestalten des chinesischen Buddhismus. Sein Vater war ein indischer Brahmane und seine Mutter eine Prinzessin aus Kuchā. Um seine Gestalt ranken sich zahllose Legenden. Er hat eine Übersetzerschule betrieben, in der Hunderte von Mönchen gearbeitet haben sollen, wobei die Arbeit großzügig aus dem kaiserlichen Haushalt finanziert wurde. Kumārajīvas Leistungen sind:

– erstens die poetisch eindrucksvolle und für Jahrhunderte maßgebliche Übersetzung des *Lotos-Sūtra*, das in dieser Version für den gesamten ostasiatischen Buddhismus prägend werden sollte.

– Zweitens führte er die Mahāyāna-Philosophie und besonders das Mādhyamika-System (Nāgārjuna) in China ein. So gilt er als der Begründer der chinesischen Mādhyamika-Schule (*San-lun* [»drei Abhandlungen«]) und übersetzte die wichtigsten Texte der Weisheitsliteratur (*Prajñāpāramitā-Sūtra*, *Vimalakīrti-nirdeśa-Sūtra*, *Vajracchedikā-Sūtra* u. a.).

– Drittens kümmerte auch er sich um die Mönchsdisziplin und übersetzte bzw. kommentierte Texte der Sarvāstivāda-Tradition, mit der er sich bereits in seiner Heimat Kuchā vertraut machen konnte.

Kumārajīva hatte zahlreiche bedeutende Schüler auch aus dem Süden Chinas, zumal seit dem Jahr 404 die Grenzen zwischen Nord- und Südreich etwas durchlässiger geworden waren. Zu seinem Schüler- und Freundeskreis gehörten Seng-chao (374-414), der die Lehre von der Leerheit (*śūnyatā*) brillant in chinesische Kategorien übertrug, sowie Tao-sheng, Hui-kuan und Hui-yüan.

Von Hui-yüan, dem Schüler des Tao-an, ist ein Briefwechsel mit Kumārajīva überliefert,[5] in dem es um hochspekulative Probleme der buddhistischen Philosophie geht, zum Beispiel um die Frage, wie angesichts der Vergänglichkeit aller

5 E. Kimura (Hg.), *Eon kenkyū*, 2 Bde., Kyoto 1960-62. Dazu auch K. K. S. Ch'en, *Buddhism in China* (S. 312, Anm. 3), S. 106.

Erscheinungen Kontinuität des Bewußtseins (Gedächtnis) möglich sei und wie die Lehre von den drei Körpern (*trikāya*) des Buddha zu verstehen wäre: ob etwa die transzendente Form des Buddha (*dharmakāya*) irgendeine erfahrbare Gestalt habe (vgl. S. 234-239). Kumārajīva antwortete mit Bezug auf Nāgārjunas Lehre, daß jede Imagination und jeder sprachliche Ausdruck nur ein relativ begrenztes Gebilde des eigenen Bewußtseins sei. Hui-yüan war mit dieser abstrakten Antwort nicht zufrieden, er suchte nach einer anschaulichen Gestalt des Buddha, die man sich geistig vorstellen (visualisieren) und verehren konnte. Im Jahre 402 soll Hui-yüan auf dem Lu-shan 123 Mönche um eine Statue des Amitābha versammelt haben. Offensichtlich waren auch Laien anwesend, denn die Zeremonie kulminierte in der kultischen Verehrung des Amitābha und dem kollektiven Gelübde, in seinem Reinen Land wiedergeboren zu werden. Dieses Ereignis gilt als der Beginn der chinesischen Schule des Buddhismus des Reinen Landes (*ching-t'u*).

Der *Buddhismus des Reinen Landes*, der sich später zu einer der wichtigsten Schulen des chinesischen Buddhismus entwickelte, stützt sich auf indische Überlieferungen, die in zwei (einem längeren und einem kürzeren) *Sukhāvatī-vyūha-Sūtras* niedergelegt sind, von denen erste chinesische Übersetzungen in der Zeit um 220-250 n. Chr. angefertigt worden waren. In dieser Tradition wird der Buddha Amitābha als eine Gestalt unbegrenzten Lichtes von dem Gläubigen so visualisiert, daß eine tiefe, vertrauensvolle Beziehung zustande kommen kann. In einem vorigen Leben, so wird berichtet, hatte Amitābha als Bodhisattva Dharmākara das Gelübde abgelegt, daß alle, die seinen Namen gläubig anrufen, in seinem Westlichen Paradies wiedergeboren werden und von diesem idealen Zustand aus mühelos das *nirvāṇa* erlangen können. Der Glaube an den Buddha des Reinen Landes war bereits in Indien weitverbreitet gewesen und offensichtlich eine Überlieferung neben der Weisheitstradition. Nicht nur im Mahāyāna, sondern auch in Pāli-Quellen, besonders in Buddhaghosas *Visuddhimagga*, spielt der Begriff der Befreiung durch Vertrauen (*saddhā-vimutti*) eine wichtige Rolle.[6] Vertrauen bzw. Glaube war also schon früh im Buddhismus von einer nicht zu unterschätzenden Bedeutung. Glaube ist nicht nur der ›leichtere Pfad‹ für die Laien, die sich strenger Selbstdisziplin nicht immer unterziehen können oder wollen, sondern auch eine Meditationsübung: eine Zentrierung des Bewußtseins auf das Wesentliche, auf die Gestalt des Buddha und die Befreiung. Durch diese emotional gestaltete Praxis des ›Glaubens-Buddhismus‹, welche die Hoffnung auf bessere Zustände mit dem Vertrauen auf die Verläßlichkeit des Buddha verbindet, ist der Buddhismus des Reinen Landes in China und Japan besonders in Krisenzeiten eine der Hauptgestalten des Buddhismus überhaupt geworden. Ob allerdings bereits Hui-yüan als Begründer dieser Bewegung in China gelten kann, ist höchst fraglich. Denn er und die um ihn versammelten Mönche setzten keine Missionsbewegung in Gang, sondern zogen sich in der Erwartung des Reinen Landes eher von der Welt zurück. Als Massenbewegung ist diese Form des Buddhismus in China erst seit dem Ende des 5. Jahrhunderts n. Chr. greifbar. Sie entstand in dieser Zeit als Protestbewegung und ging aus einem ländlichen devotionalen Laienkult hervor. Ihr erster großer systematisch denkender Vertreter war T'an-luan (wohl 488-554), der, angeregt durch den Mönch Bodhiruci, gegen das nur äußerliche Sammeln von Verdiensten anpredigte und die nicht-buddhistischen magischen Praktiken der Stadt- und Landbevölkerung überwinden wollte. T'an-luan

– forderte Bildung für alle,
– reinigte den Glauben der Laien von magischen Elementen und
– kämpfte gegen den Stolz der Gelehrten, indem er den einfachen Glauben an Amitābha propagierte.

6 Vgl. A. Hirakawa, *A History of Indian Buddhism* (S. 66, Anm. 2), S. 289. Welche historischen Entwicklungen (Entstehung der *bhakti*-Bewegungen in Indien, z. B. der *Bhagavad Gītā*) mit der Entstehung des Buddhismus des Reinen Landes verbunden sind, können wir hier nicht erörtern.

Wir haben vorgegriffen und müssen noch einmal in das 4./5. Jahrhundert n. Chr. zurückkehren. Einer der Mönche, der eigenwillig dachte und einen kaum überschätzbaren Einfluß auf die spätere Entwicklung des Buddhismus – besonders auf Ch'an (Zen) – ausübte, war Tao-sheng (um 360-434).[7] Er studierte auf dem Berg Lu (Lu-shan) bei Hui-yüan und kam um 406 in die nördliche Hauptstadt Ch'ang-an, wo er zu Kumārajīvas Übersetzerschule stieß, den Meister vielleicht persönlich kennenlernte und jedenfalls, von dessen Übersetzungen des *Lotos-Sūtra* und des *Vimalakīrti-Sūtra* angeregt, Kommentare zu diesen Schriften verfaßte. Bald begab er sich wieder auf Reisen und kehrte zum Berg Lu zurück. Er beschäftigte sich nun vor allem mit der Mahāyāna-Version des *Mahāparinirvāṇa-Sūtra*, von dem man annahm, daß es die letzten Reden des Buddha vor seinem Tod wiedergebe, weshalb der Text besonderes Ansehen genoß. Dort aber heißt es, daß das *nirvāṇa* »ewig, freudvoll, personal und rein« sei, was im Widerspruch zu stehen schien zu der Einsicht in die Leerheit (*śūnyatā*) aller Erscheinungen. Außerdem hieß es in dem Text, daß die sogenannten *icchantikas* (»diejenigen, die ihrem Verlangen nachgeben«) niemals die Buddhaschaft erreichen könnten.[8] Dem widersprach Tao-sheng und argumen-

7 K. K. S. Ch'en, *Buddhism in China* (S. 312, Anm. 3), S. 112-120; Walter Liebenthal, *A Biography of Chu Tao-sheng*, in: Monumenta Nipponica 11 (1955), S. 284-316; W. Liebenthal, *The World Conception of Chu Tao-sheng*, in: Monumenta Nipponica 12 (1956/57), S. 65-103, 241-268; Whalen Lai, *Tao-sheng's Theory of Sudden Enlightenment Re-examined*, in: P. N. Gregory (Hg.), *Sudden and Gradual* (S. 351, Anm. 46), S. 169-200.

8 Da *icchā* auch »Behauptung« und nicht nur »Verlangen« bedeuten kann, ist es möglich, daß mit *icchantikas* ursprünglich diejenigen bezeichnet wurden, die behaupteten, Arhatschaft erlangt zu haben, die sich also spiritueller Verdienste rühmten, was eines der Vergehen ist, das zum Ausschluß aus dem Orden führt. Sie werden auch der Mißachtung der Schriften geziehen (*sūtrapratikṣepa*), das heißt, sie könnten sich der spät aufkommenden *tathāgatagarbha*-Lehre widersetzt haben, wie sie sich im *Mahāparinirvāṇa-sūtra* arti-

tierte, daß nach der Lehre des Mahāyāna *alle* Wesen die Buddha-Natur hätten und früher oder später befreit würden. Diese Interpretation erboste die Mönche und Oberen in seiner Gemeinschaft, und er mußte die Hauptstadt verlassen. (Später stellte sich heraus, daß jener Text, der Tao-sheng vorgelegen hatte, unvollständig und ungenau war und er mit seiner Interpretation der Befreiung aller Lebewesen nicht nur dem Geist, sondern auch dem Buchstaben nach richtig gelegen hatte.) Wenn aber alle Wesen die Buddha-Natur besitzen, so Tao-sheng weiter, sei die Befreiung nicht ein langer und mühsamer Weg, bei dem der Mensch allmählich gute Qualitäten entwickeln müßte, sondern das plötzliche Erwachen zur wahren Natur bzw. dem wahren Selbst (*chen-wo*), das in jedem schon immer gegenwärtig sei und nur zeitweilig verdeckt werde. Diese Schlußfolgerungen widersprachen der klassischen mahayanistischen Vorstellung von den Stufen der Bodhisattvaschaft, durch die man hindurchgehen müsse, um graduell die Vollendung zu erreichen.

Hier beginnt mit Tao-sheng die Debatte um das ›plötzliche‹ Erwachen gegenüber dem ›allmählich-graduellen‹ Weg zur Vollendung, die zu einer der wesentlichen Kontroversen im chinesischen Buddhismus der folgenden Jahrhunderte werden sollte und sich bis nach Tibet auswirkte (Debatte von Samye [792-794]). Da sich in den Sūtra-Texten Belegstellen für beide Positionen finden ließen, wurden (beispielsweise von Hui-kuan) die unterschiedlichen Lehren so geordnet, daß der Buddha erst die eine und dann die andere Lehre verkündet habe. Auch Tao-sheng lehrte (in Übereinstimmung mit dem *Lotos-Sūtra*): Der Buddha habe verschiedene Lehren als unterschiedliche geschickte Mittel (*upāya*) verbreitet, um den unter-

kuliert, so daß das Schimpfwort *icchantika* als Denunziation gegen die ›Alten‹ von denjenigen benutzt wurde, die die neue *tathāgatagarbha*-Lehre durchsetzen wollten. Dazu: Seichi Karashima, *Who were the icchantikas?*, in: Annual Report of the International Research Institute for Advanced Buddhology at Soka University for the Academic Year 2006 (Tokyo 2007), S. 67-80.

schiedlichen Fähigkeiten der Menschen zu entsprechen und damit möglichst viele zur Befreiung zu führen. Die Kontroverse um plötzliches oder allmähliches Erwachen wurde in China auch deshalb so vehement geführt, weil sie im Reich der Mitte einen spezifischen historischen Hintergrund hat: Während der Konfuzianismus die allmähliche geistige und sittliche Kultivierung des Menschen im Sinne des maßvollen Ausgleichs betont, ist das Ideal der Heiligkeit im Taoismus eher von Spontaneität und dem fast ›kauzigen‹ Durchbrechen der gesellschaftlich akzeptierten Normen geprägt. Die Interpretation des buddhistischen Erwachens war also auf diesem Hintergrund eine Option entweder für konfuzianische oder für taoistische Werte!

Bis zur Mitte des 5. Jahrhunderts war der Buddhismus im Norden zu einer Blüte gelangt, die nicht zuletzt auch durch staatliche Förderung gestützt wurde. Landschenkungen an die Klöster und Privilegien der Mönche bescherten dem *saṃgha* einen Reichtum, der moralische Korruption unter den Mönchen förderte und die Eifersucht des konfuzianischen Beamtentums und anderer einflußreicher Kreise auch aus den Reihen der Taoisten auf sich zog. Der Buddhismus hatte sich zwar zuerst in den Oberschichten verbreitet, inzwischen aber auch die bäuerliche Landbevölkerung erfaßt, zumal die devotionalen Kulte des Mahāyāna und die Klöster, die Mönche aus allen Schichten aufnahmen, Schutz vor den politischen Bedrückungen (auch der Steuerlast und dem Militärdienst!) boten. Zu Beginn des 6. Jahrhunderts sollen im nördlichen Wei-Reich etwa 30 000 Klöster mit zwei Millionen Mönchen und Nonnen existiert haben. Und obwohl es im Norden eine enge Verbindung von Staat und *saṃgha* gab, stand angesichts solcher Zahlen die Stabilität der staatlichen Herrschaft auf dem Spiel, denn die Klöster hatten wirtschaftliche Macht und politischen Einfluß gewonnen. Auf politischen Druck hin und durch Intrigen getäuscht, ordnete die Regierung der nördlichen Wei-Dynastie im Jahre 446 eine Verfolgung des Buddhismus an: Enteignung der Klöster, Zerstörung von Stūpas und die Laisierung bzw. Exekution von Mönchen und

Nonnen. Erst ein neuer Kaiser setzte der Verfolgung des Buddhismus im Jahr 454 ein Ende. Nach ähnlichem Muster und aufgrund ähnlicher Umstände sollte es jedoch später (im Norden bereits wieder 574-577) erneut zu Verfolgungen des Buddhismus kommen, die im 9. Jahrhundert während der T'ang-Zeit (618-907) ihren Höhepunkt erreichten. (Im han-chinesisch beherrschten Süden beschränkte sich die antibuddhistische Bewegung meist auf verbale und literarische Angriffe der Konfuzianer und Taoisten auf den Buddhismus.) Gleichsam als ›Kompensation‹ ließ die Wei-Regierung nach 454, nämlich zu Beginn der sechziger Jahre des 5. Jahrhunderts, die zwanzig grottenartigen Höhlentempel von Yün-kang in der Nähe der Hauptstadt Ta-t'ung erbauen, die dem Buddhismus dieser Zeit ein dauerhaftes, prächtiges und künstlerisch bedeutendes Denkmal setzten. Der buddhistische Einfluß und der Reichtum der Klöster kulminierte schließlich zur Zeit des Kaisers Wu aus der Liang-Dynastie (Regierungszeit 502-549), der selbst Laiengelübde ablegte, den Taoismus und Tieropfer verbot sowie nach 528 mehrmals persönlich über die buddhistischen Sūtras predigte, um Gelder für die Klöster einzutreiben. Als sich die Kaiser aber zusätzlich zu ihrer weltlichen Macht auch noch mit geistlicher Autorität ausstatteten und als Bodhisattvas verehren ließen, protestierten einige Mönche, unter ihnen Chi-tsang (549-623), gegen diese Vermischung von ›Kirche‹ und Staat.

Die Sehnsucht nach Erneuerung und Reform des Buddhismus, der für viele Mönche durch den Kontakt mit der staatlichen Macht als korrumpiert galt, war eine treibende Kraft für die Pilgerreisen nach Indien, die auch im 6. und 7. Jahrhundert nicht abrissen. Der bekannteste Pilger war Hsüan-tsang (um 596-664), der im Jahr 629 (ohne Genehmigung der Behörden) aufbrach und 16 Jahre lang ganz Indien, Sri Lanka und Südostasien bereist haben will. (Nachweislich zeigen seine Berichte, daß er einige Orte, die er beschreibt, nicht selbst besucht haben kann.[9]) Nachdem er 645 nach China zurückge-

9 Li Yung-hsi (Übersetzer), *The Life of Hsüan-tsang. The Tripitaka-*

kehrt war, lehnte er das kaiserliche Angebot einer ehrenvollen Stellung bei Hofe ab und widmete sich ganz der Übersetzungsarbeit (Übersetzung von 73 Titeln). Er beschrieb und kommentierte außerdem besonders die Theorien der Vijñāna-vāda-(Yogācāra-)Schule und gab mit seinen auch literarisch erstklassigen Übersetzungen dem Buddhismus eine ganz unverwechselbare Prägung. Für diese Pilgerreisen gab es drei Motive:

– Erstens wollte man durch Besuch der heiligen Ursprungsorte des Buddhismus in Indien fromme »Verdienste« (*puṇya*) sammeln;

– zweitens suchte man nach den Originaltexten der Sūtras, um bessere Übersetzungen anfertigen und Klarheit bei philosophischen Zweifeln gewinnen zu können;

– drittens wollten diese Gelehrten die Mönchsdisziplin in China aus den authentischen Quellen erneuern.

Die Literatur dieser Pilgerberichte (besonders Hsüan-tsangs *Ta T'ang hsi-yü chi* [»Bericht über die westlichen Länder der großen T'ang(-Dynastie)«], Nr. 2087 im Taishō-Kanon) bietet, bei allen Abstrichen bezüglich mancher Übertreibungen und Stereotypen, wertvolle Informationen über die Zustände im Indien jener Zeit, aus der wir fast keine indischen Quellen besitzen. Aber vor allem trug die große Fülle von Informationen und der Strom von Neuübersetzungen der maßgeblichen Schriften, deren Vielfalt, Komplexität und auch Widersprüchlichkeit kaum durchschaubar waren, zur Herausbildung neuer und eigenständiger chinesischer Schulen des Buddhismus bei, deren Dynamik in wechselseitiger Beeinflussung und Abgrenzung den chinesischen (und davon abgeleitet den koreanischen und japanischen) Buddhismus geformt hat. Dazu zählt auch die Einführung des tantrischen Buddhismus in China durch indische Mönche Anfang des 8. Jahrhunderts. So kam

---

master of the Great Tzu En Monastery, Peking 1959. Siehe auch Alexander L. Mayer, *Xuanzang. Heiliger und Übersetzer*, Teil 1 von: A. L. Mayer, Klaus Röhrborn (Hg.), *Xuanzangs Leben und Werk*, Veröffentlichungen der Societas Uralo-Altaica 34/1, Wiesbaden 1995.

der Mönch Śubhākarasiṃha im Jahr 716 in die chinesische Hauptstadt Ch'ang-an und verbreitete das *Mahāvairocana Sūtra*;[10] im Jahr 720 folgten Vajrabodhi und Amoghavajra, die das *Tattvasaṃgraha Sūtra*[11] in China einführten.

HERAUSBILDUNG CHINESISCHER SCHULEN

Als sich unter der Sui-Dynastie (589-618) der Norden und der Süden Chinas wiedervereinigten, konnte sich das sinisierte Mahāyāna weiträumig entfalten. Es bildeten sich *unabhängige buddhistische* Schultraditionen (*tsung*) heraus, die zwar jeweils auf *bestimmten* Sanskrit-Sūtras gründeten, aber als Schulen keine direkten indischen Vorbilder oder Entsprechungen hatten. Diese Schulen des 6. und 7. Jahrhunderts bestimmten während der T'ang-Zeit die weitere Entwicklung, bis sie schließlich auch nach Korea und Japan gelangten. Es waren dies die Schulen *T'ien-t'ai*, *Hua-yen* und *Ch'an*. Eine Voraussetzung für deren Entwicklung war, daß neben der Mādhyamika-Schule nun auch das indische Yogācāra-System (chin. *Fa-hsiang* bzw. *Wei-shih*) durch Hsüan-tsang in China bekanntgemacht worden war. Daneben hatten auch tantrische Schulen, z. B. Chen-yen tsung, in China Fuß fassen können, die jedoch viel weniger als ihre indischen Vorbilder und tibetischen Konkurrenten auf die Literatur der Tantras Bezug nahmen und

10 Der Text (entstanden vermutlich in der Mitte des 7. Jahrhunderts in Küstenregionen Nordwest-Indiens) ist nicht im Sanskrit-Original, sondern nur in chinesischen (*Ta-ji ching*) und tibetischen Übersetzungen überliefert, in Japan ist er als der (außerordentlich populäre) Text *Dainichikyō* bekannt.

11 Der Text, Teil einer großen Sammlung in 100 000 Versen, die unterschiedlich benannt wird, existiert in drei chinesischen Übersetzungen von Vajrabodhi, Amoghavajra und Dānapāla (letzterer Ende des 10. Jh.s). Das Sūtra ist südindischen Ursprungs; es muß dort im 8. Jahrhundert entstanden sein und sich weiter Verbreitung (bis nach Orissa) erfreut haben. Beide Texte wurden zur Grundlage der japanischen Shingon-Schule.

auch die erotische Symbolik eher in den Hintergrund stellten (was chinesischen Kulturstandards entgegenkam), sondern die Sūtra-Literatur so interpretierten, daß die typische tantrische Sakramentalität des Körpers und der materiellen Wirklichkeit (ausgedrückt in Mantras, Mudras [»Handgesten«], Mandalas und Ritualobjekten) in speziellen Riten der *Entsprechung* von Bewußtseinsakten und körperlichen Haltungen bzw. Eigenschaften repräsentiert wurde. Erst viel später, während der Herrschaft der mongolischen Dynastien im 12./14. Jahrhundert, gelangten diese Schulen zu größerem Einfluß, als nämlich die tibetische Form des Buddhismus in China stärkere Verbreitung fand.

T'ien-t'ai und Hua-yen entwickelten eine Philosophie des Totalismus, der die Welt als Ganzheit und unendliche Vollkommenheit begreift. Die totalistische Philosophie begann mit der T'ien-t'ai-Schule, die in der mytho-poetischen Vision des Einen Fahrzeugs (*ekayāna*) des *Lotos-Sūtra* gründet, und kulminierte in der Hua-yen-Schule, die auf dem Mysterium des sonnengleichen Buddha Vairocana im *Avataṃsaka-Sūtra* beruht.[12] Das Grundkonzept der totalistischen Schau ist: Die Einheit der Wirklichkeit ist eine dreieinige Ganzheit. Für Hua-yen besteht das unendliche Universum aus zahllosen Sphären, die sich ineinander und miteinander bewegen und wiederum eine Unzahl von Sphären erzeugen, so daß jeder Ort, jede Zeit und jedes Objekt im Universum unmittelbar alle anderen enthält und darstellt: Das ganze Universum *ist* in einem einzigen Sandkorn, und jedes Sandkorn wiederum *ist* der Sand »des ganzen Flusses Ganges«. Dieser Panentheismus begreift das gesamte Universum als den Leib des Buddha, als Wirklichkeit der Erleuchtung[13] bzw. als eine Welt des Lichtes, in dem das

12 Der bedeutendste Philosoph des Hua-yen war Fa-tsang. Vgl. Thomas Cleary, *Entry Into the Inconceivable. An Introduction to Hua-yen Buddhism*, Honolulu 1983.

13 Der Buddhismus bedient sich einer doppelten Metaphorik. Einerseits spricht man vom Erwachen (*bodhi*) zum *Buddha* (»der Erwachte«), andererseits ist von Licht und »Erleuchtung« die Rede.

Zentrum überall und der Umfang nirgends ist. Fa-tsang (643-712) hat in seiner Philosophie die wechselseitige Durchdringung und gegenseitige Identität aller Phänomene im Sinne des *Avataṃsaka-Sūtra* gelehrt und auf den Begriff gebracht bzw. in eindrucksvollen Gleichnissen beschrieben.[14] So soll er auf die Bitte der Kaiserin Wu Tse-t'ien, in knapper Form den Buddhismus zu erklären, einen Raum auf allen Seiten sowie am Boden und der Decke verspiegelt haben, eine Buddha-Statue in die Mitte gesetzt und eine Lichtquelle daneben installiert haben – alle Buddhas spiegeln sich in allen in einer unendlichen wechselseitigen Spiegelung, so auch alle Erscheinungen in der Welt. Jedes hat seine Identität in und aus dem anderen. Die Erscheinungen der Welt behindern einander nicht (d. h. etablieren sich, indem sie dem jeweils anderen gegenübertreten und sich abgrenzend definieren), sondern sind, was sie sind, *aus* dem anderen. Diese Lehre ist die Folge des Zusammentreffens der indischen Mādhyamika-Philosophie eines Nāgārjuna, für den die Leerheit (*śūnyatā*), also die Substanzlosigkeit (*niḥsvabhāva*) aller Phänomene, gleichbedeutend mit ihrem Entstehen in wechselseitiger Abhängigkeit (*pratītya-samutpāda*) war, und der chinesischen Anschauung, wonach das Prinzip (*li*), also die formale Struktur bzw. das Eine, und die Ereignisse in der Zeit (*shi*), die die Vielheit entfalten, einander nicht behindern, sondern sich wechselseitig bestimmen und bestimmt werden. So wie in Nāgārjunas Logik die Identität von a nicht in a selbst liegt, sondern durch nicht-a gegeben wird, insofern a als a erscheint, indem es nicht nicht-a ist, so *ist* im Hua-yen etwas, was es ist, aus dem, was es nicht ist, und ist gerade darin mit sich selbst identisch. Dieses wechselseitige Durchdrungensein ist dann zum Inbegriff der meditativen Bewußtseinserfahrung geworden, wie sie besonders in der Ch'an-Tradition gepflegt wurde und wird.

---

14 Garma C. C. Chang, *Die buddhistische Lehre von der Ganzheit des Seins. Das holistische Weltbild der buddhistischen Philosophie*, übersetzt von Ernst Schönwiese, München 1989, S. 167. Dazu auch Francis H. Cook, *Hua-yen Buddhism. The Jewel Net of Indra*, University Park (Pa.) und London 1977.

T'ien-t'ai (benannt nach dem Berg in der Provinz Chechiang an der Ostküste Chinas) wurde von Chih-i (538-597) begründet, der als dritter Patriarch der Schule zählt, weil ihm noch die beiden Meister Hui-wen (um 550) und Hui-ssu (515-577) als unmittelbare Vorgänger und Lehrer vorangestellt werden. Diese Schule gründet im *Lotos-Sūtra* (*Saddharmapuṇḍarīka-Sūtra*) und der Mādhyamika-Philosophie des Nāgārjuna und zeichnet sich durch ein besonderes *Meditationssystem* aus, bei dem Lehre (*chiao*) und Meditation (*kuan*) eng miteinander verbunden werden. Sie hat die (indische) Lehre von den zwei Wahrheitsebenen in ein *Dreierschema* umgewandelt und eine *Klassifizierung* der unterschiedlichen Mahāyāna-Sūtras nach Umständen und Zeitphasen im Leben des Buddha (Taxonomie) eingeführt, wobei das Prinzip von anderen Schulen übernommen, inhaltlich aber anders ausgerichtet wurde.

Chih-i systematisiert in zwei Werken[15] unterschiedliche Meditationsformen wie Achtsamkeit, Konzentrationsübungen, Körpertechniken usw., die auch in anderen Schulen geübt wurden, wobei T'ien-t'ai aber nachhaltige Wirkung und prägenden Einfluß auf andere hatte. Zwei Aspekte der Meditation sind für Chih-i von besonderer Bedeutung: die Übung der Achtsamkeit in allen *alltäglichen* Verrichtungen und die Einsicht in das Wesen der (vergänglichen) Erscheinungen der Welt nicht nur durch rationale Analyse, sondern durch unmittelbare meditative Versenkung. Beide Aspekte der Praxis hatten unmittelbaren Einfluß auf die Herausbildung des Ch'an (Zen). Außerdem pflegte Chih-i die Anrufung des Namens Amitābha Buddhas, durch die der Geist gesammelt werden solle und gleichzeitig die Präsenz der Gnade Amitābhas vergegenwärtigen kann, wodurch er frei von verkrampftem Erleuchtungsstreben wird und sich loslassen kann in die alles umfassende Wirklichkeit des Buddha. Hier im T'ien-t'ai sind die Methoden, die später in Japan zu unterschiedlich und gegeneinander polemisierenden Schulbildungen – nämlich Zen und Reines Land – führen sollten, noch zusammengehalten.

15 *Mo-ho chih-kuan* (»Große Beruhigung und Kontemplation«) und *Hsiao chih-kuan* (»Kleine Beruhigung und Kontemplation«).

Im T'ien-t'ai findet sich das Dreieinigkeitsschema (chin.: *san-i*, wörtlich »Drei-Eins«) in unterschiedlichen Zusammenhängen,[16] und man konnte an Vorläufer im taoistischen Denken anknüpfen, wo es hauptsächlich um die dreieinige Einheit von Himmel, Erde und Mensch ging.[17] Im buddhistischen Kontext gewinnt nun die Dreieinigkeitsphilosophie eine neue Bedeutung. Die dualistische Philosophie der Hīnayāna-Schulen hatte ja, als sie in China verbreitet wurde, das chinesische Konzept einer ursprünglichen Harmonie von Himmel und Erde, von Weltlichem und Überweltlichem, von Männlichem und Weiblichem angegriffen. Also suchten die chinesischen Buddhisten jetzt, die Dualitäten mittels einheimischer Denkmodelle wieder zusammenzuführen. Sie fanden dabei eine neue Nicht-Dualität durch die Synthese der Zwei und des Einen, die in einer triadischen Struktur veranschaulicht wurde und den Dualismus von *saṃsāra* und *nirvāṇa*, von niederer und höherer Wahrheit überbrücken konnte. Dieser Dreieinigkeitstotalismus hat folgende Gestalt:

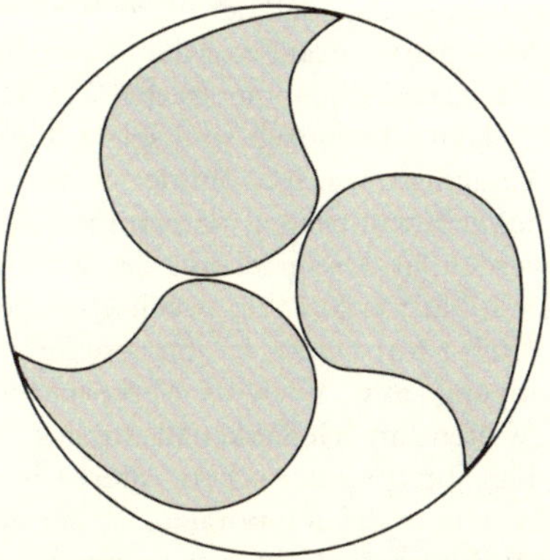

16 Vgl. Paul L. Swanson, *Foundations of T'ien-t'ai Philosophy. The Flowering of the Two Truths Theory in Chinese Buddhism*, Berkeley 1989, S. 115-156.

17 Isabelle Robinet, *Taoist Meditation. The Mao Shan Tradition of Great Purity*, Albany (N. Y.) 1993 (franz. Original: Paris 1979).

Dies ist eine *dreigeteilte* (drei-in-einem) Variante des bekannten Yin-Yang-Kreises, das *Mandala des dreieinigen Totalismus* vom Leeren-Wirklichen-Mittleren, wie es die T'ien-t'ai-Schule lehrte: Das Sein (chin. *yu*) wurde mit der ersten und niederen Wahrheit (*saṃsāra*) identifiziert (in T'ien-t'ai *chia*, die vorläufige Wahrheit), das Nicht-Sein (chin. *wu*) mit der höheren Wahrheit des *nirvāṇa* (in T'ien-t'ai *k'ung*); als dritte und höchste Wahrheit galt nun aber die Nicht-Dualität (in China bisher *k'ung*)[18] beider (in T'ient-t'ai *chung*, das Mittlere = weder-noch), d. h. die Erkenntnis: *Saṃsāra* ist *nirvāṇa*. Diese Entwicklung besagt, daß die Hierarchie von Wahrheitsebenen zugunsten einer kreisförmigen Dynamik aufgelöst wurde: Jeder Aspekt der Wirklichkeit war nun niedrig-höher-absolut zugleich, abhängig von der jeweiligen Betrachtungsweise. Die Lehre von den drei Wahrheiten (*yüan-jung san-ti*) wurde mit der Intuition der »dreitausend Welten in einem einzigen Gedankenaugenblick« (*i-nien san-ch'ien*) zu einer Lehre verknüpft, die Phänomene und Bewußtsein in einer ontologischen Nicht-Dualität so denken konnte, daß der Augenblick eines Bewußtseinsereignisses keinen Vorrang vor dem Erscheinen eines anderen der »dreitausend Phänomene« der Welt beanspruchen kann und umgekehrt. Demnach sind solche Phänomene, die *als* bewußte Ereignisse wahrgenommen werden, und solche Ereignisse, die *im* Bewußtsein als Ereignisse von ›Welt‹ wahrgenommen werden, im Dreierschema der Wahrheitsdynamik im Modus der Inklusion (*chü*) als »wechselseitiger Inklusion« (*hu-chü*), wie Chih-i formuliert, zu interpretieren, weder also als Hervorbringung (*sheng*) noch als »Verkörperung« (*han*) der dreitausend Welten im Gedankenaugenblick; denn durch diese möglichen interpretatorischen Alternativen wären begriffliche Hierarchien des temporalen Vorher-Nachher oder eines logischen Primats gedacht, was vermieden werden müsse. Für Chih-i gibt es also keine wie auch immer geartete Form von Existenz außerhalb der »Dreitausend Welten« (*san-ch'ien*),

18 *K'ung* ist der chinesische Begriff, mit dem Kumārajīva das Sanskrit-Wort *śūnyatā* übersetzt hatte.

die alle in jedem Bewußtseinsaugenblick enthalten sind.[19] Daraus folgt, daß auch die klassischen Seinsbereiche, also die Welten von Buddhas, Menschen, Tieren, Hungergeistern usw., einander durchdringen. Damit kommt nicht nur den Buddhas inhärente Buddhaschaft zu, sondern auch allen anderen Lebewesen in allen Daseinsbereichen, und umgekehrt müssen dann auch den Buddhas inhärent die negativen Qualitäten zukommen (*hsing-o*), wie sie z. B. Hungergeistern eigen sind. Die Realisierung der Einheit und der wechselseitigen Durchdringung macht allerdings dieses Übel unwirksam, und wie dies zu verstehen sei, wurde ein heiß umstrittenes Thema in den sogenannten Shan-chia- und Shan-wai-Gruppen im 10. und 11. Jahrhundert,[20] die im übrigen zu einer klareren Abgrenzung von der Hua-yen-Schule führten.

T'ien-t'ai nutzte diese Dreieinigkeitslehre auch, um das Problem zu lösen, wer und was der Buddha eigentlich sei: Denn das *Lotos-Sūtra* hatte den Menschen Gautama, den *historischen Buddha* also, als den *Ewigen Buddha* verherrlicht. Wie konnte diese ewige Gestalt mit dem historischen Gautama identisch sein? Meister Chih-i[21] entwickelte eine Dreieinheitslehre nach dem Muster der indischen *trikāya*-Theorie: Der Buddha in seinem *dharmakāya* ist eins mit dem ewigen *dharma*.[22] Derselbe

---

19 Die Zahl Dreitausend ergibt sich, wenn man die zehn *dharmas* miteinander multipliziert, weil sie einander gegenseitig enthalten (10 × 10 = 100), wobei wiederum jeder einzelne von den zehn ›Soheiten‹ bestimmt wird (100 × 10 = 1000) und jeder wiederum durch die Existenz in den drei Bereichen konstituiert ist (1000 × 3 = 3000). Dazu Chi-wah Chan, *Chih-li (960-1028) and the Crisis of T'ien-t'ai Buddhism in the Early Sung*, in: P. N. Gregory, D. A. Getz (Hg.), *Buddhism in the Sung* (S. 312, Anm. 3), S. 409-441, bes. S. 410f. Dazu auch unten S. 374.

20 Chi-wah Chan, a. a. O., S. 413-418.

21 Leon Hurvitz, *Chih-i (538-597). An Introduction to the Life and Ideas of a Chinese Buddhist Monk*, Brüssel 1962.

22 Der *dharma* im T'ien-t'ai ist identisch mit der Universalbotschaft des *Lotos-Sūtra*, nämlich dem ewigen *saddharma*, der *über* dem historischen Gautama Śākyamuni steht. So lautet der ursprüng-

Buddha in seinem irdischen Erscheinungskörper (*nirmāṇakāya*) ist der historische Gautama Śākyamuni. Dazwischen steht der Buddha in seinem *saṃbhogakāya*, wie er im feinstofflichen Bereich als ›Genußkörper‹ visionär in der Meditation erscheint. Der *dharmakāya* ist leer, der *nirmāṇakaya* ist real, der *saṃbhogakāya* steht in der Mitte: Weder ist er, noch ist er nicht, und ist doch beides zugleich. Das bedeutet: Eins ist drei, drei ist eins. Darüber hinaus war Chih-i daran gelegen, die unterschiedlichen Sūtras zu ordnen, die alle trotz ihrer Widersprüchlichkeit als tatsächliche Äußerungen des Buddha galten. Er tat dies, indem er das Wirken des Buddha in *fünf Perioden* einteilte und die Sūtras diesen Perioden zuordnete:

1. Unmittelbar *nach seinem Erwachen* habe der Buddha das *Avataṃsaka-Sūtra* gelehrt. Da dies für die meisten Menschen, die keine tiefere geistige Erfahrung hatten, zu schwierig war, verkündete er
2. in den nächsten zwölf Jahren die ›Hīnayāna‹-Texte.
3. Sodann habe er in den nächsten acht Jahren die *Mahāyāna-Sūtras* (außer der Prajñā-Literatur) gelehrt und
4. danach zweiundzwanzig Jahre lang die *Prajñāpāramitā-Sūtras* verkündet.
5. Während der Periode der letzten acht Lebensjahre habe der Buddha schließlich als Krönung seines Wirkens das *Mahāparinirvāṇa-Sūtra* und das *Lotos-Sūtra* gelehrt.

Jedes Sūtra enthalte zwar für sich die ganze Wahrheit, die zu kennen für die Befreiung nötig sei, doch das *Lotos-Sūtra* war für die T'ien-t'ai-Schule der maßgebliche Gipfel aller Schriften. Um zur Befreiung zu gelangen, genüge aber nicht das philosophische Studium der Schriften, sondern man müsse sich auch in der Meditation üben, die als *chih-kuan* bezeichnet wird: *Chih* ist die Ruhigstellung des umherspringenden Bewußtseins, *kuan* die direkte meditative Einsicht in die Leerheit.

Die Dreieinigkeitsphilosophie des T'ien-t'ai bleibt allerdings

---

liche, vollständige Titel: *Saddharmapuṇḍarīka-Sūtra* (»Sūtra vom lotosblütenhaften ewigen *dharma*«).

eher auf die Erkenntnis bezogen und hält eine dialektische Spannung zwischen dem Bewußtsein (Subjekt) und dem Absoluten (Objekt) aufrecht. Erst im Hua-yen-Buddhismus (besonders in den Schriften des Fa-tsang) wird ein *ontologischer Totalismus*, eine ›Rundheit‹, die Verschmelzung des Einen und Allen, des Bewußtseins und des Absoluten, konsequent gedacht.[23] So wie das Dreieinigkeitsschema von T'ien-t'ai auf die Yin-Yang-Dialektik zurückgeführt werden kann, so ist der Hua-yen-Totalismus im Denken des Chuang-tzu (4. Jh. v. Chr.) vorgeprägt.[24] Denn für Chuang-tzu ist das Tao nicht ein absolut Anderes, durch das der historisch bedingte Mensch verneint würde, sondern es ist ein vollkommenes harmonisches Ganzes, in dem das menschliche Subjekt aufgehoben, d. h. bejaht und integriert wird. Das Symbol dafür ist der Kreis. Wegen des allumfassenden integrativen Charakters kann das Tao nicht von dem unterscheidenden Verstand begriffen, sondern nur in unmittelbarer intuitiver Bewußtheit meditativ erfahren werden.

Das chinesische Symbol des Kreises bricht die indische Stufen- oder Pyramidenstruktur der Wahrheit auf. Das Symbol des Kreises deutet darauf hin, daß *alle* Sprachen und Wahrheitsausdrücke auf *allen Ebenen* der Wirklichkeitserfahrung (und nicht nur am obersten Punkt) das *nirvāṇa* aufzeigen können. In einer berühmten chinesischen Metapher ausgedrückt: Jeder Ausdruck und jede Sprache kann ein Finger werden, der zum Mond zeigt! *Jede* alltägliche Erfahrung, jede Lebenssituation *ist* das Ganze, wenn man es nur entsprechend betrachtet. So wird der Dualismus überwunden. Hua-yen-Totalismus bedeutet, den kosmischen Buddha Vairocana als Leib des ganzen Universums zu erkennen, wobei es gegenüber dieser Ganzheit kein ›Außen‹ mehr gibt – Vairocana ist die Eine Wirklichkeit. Hier ist *alles Reines Bewußtsein*, und die leidvolle Unwissenheit erweist sich als eine vorübergehende Episode, die letztlich unbedeutend ist.

---

23 F. H. Cook, *Hua-yen Buddhism* (S. 327, Anm. 14).

24 Fok Tou-hui, *Chüeh-tui yü yüan-jung* (»Absolutheit und Vollkommenheit«), Hongkong 1986: Tung-t'ai T'u-shu.

Obwohl jeder Totalismus eine Schau des Geistes ist, spiegelt diese rauschhafte Vision der Einheit der Wirklichkeit doch auch die geordneten sozialen Verhältnisse und die kulturelle Blüte der T'ang-Zeit wider. Dies um so mehr, als sowohl T'ien-t'ai als auch Hua-yen vom Staat Unterstützung erhielten. T'ien-t'ai wurde von den Herrschern Wen-ti und Yang-ti aus der Sui-Dynastie (581-618) patronisiert. Letzterer hatte den Meister Chih-i wie einen *saṃgharāja* verehrt und ein Netz von Staatstempeln im ganzen Reich errichten lassen. Die Leitidee dafür war die Überlegung, daß die Welt des *saṃsāra* virtuell *nirvāṇa*, das politische Reich also letztlich ein Buddha-Reich sei. Und als China wiedervereinigt war, hatte das *Lotos-Sūtra* mit seiner Lehre vom Einen Fahrzeug (*ekayāna*) dazu beitragen können, diese neue Einheit religiös zu stützen. Einhundert Jahre später erfreute sich Hua-yen eines ähnlichen Schutzes durch die Chou-Kaiserin Wu (Regierungsantritt 684 n. Chr.).[25] Der bereits erwähnte Hua-yen-Meister Fa-tsang genoß nicht nur die Gunst der Kaiserin bei dem immensen Übersetzungsprojekt des *Avataṃsaka-Sūtra*, das unter der Leitung des khotanesischen Mönches Śikṣānanda im Beisein der Kaiserin 695 in Angriff genommen und 699 vollendet wurde – Kaiserin Wu finanzierte nicht nur das Großprojekt, sondern steuerte ein Vorwort bei –, sondern Fa-tsang griff unmittelbar in die Macht- und Intrigenpolitik des Hofes ein, erteilte militärischen Rat und verstand es, durch Magie Regen zu zaubern und die kaiserliche Armee beim Aufstand gegen die rebellischen Khitan-Truppen zu unterstützen.[26] Die Kaiserin hielt sich selbst für Vairocana und identifizierte sich auch mit dem Buddha Maitreya und

25 Antonino Forte, *Political Propaganda and Ideology in China at the End of the Seventh Century. Inquiry into the nature, authors and function of the Tunhuang document S. 6502, followed by an annotated translation*, Neapel 1976.

26 Jinhua Chen, *Fazang (643-712). The Holy Man*, in: Journal of the International Association of Buddhist Studies 28 (2005), H. 1, S. 11-84.

dem Bodhisattva Avalokiteśvara. Ihre Herrschaft war ›theokratisch‹, und ein Netz von Staatstempeln sollte das Netz des Indra[27] widerspiegeln: Jeder Tempel beherbergte eine Statue des Sonnenbuddha, und diese Statuen galten als Ausstrahlungen des gigantischen Vairocana, der im imperialen Tempel der Hauptstadt stand, in dem sich die Kaiserin selbst verherrlichte. Der ›buddhistische Staat auf Erden‹ sollte eine Widerspiegelung des Totalismus von ›eins ist alles – alles ist eins‹ im Himmel sein. Die ganze Welt galt als Buddhakörper, und die Kaiser bzw. Kaiserinnen, die über dieses sakramentalisierte politische Gemeinwesen herrschten, waren die höchsten aller Buddhas und Bodhisattvas.

BUDDHISMUS DES REINEN LANDES UND CH'AN

Daß alle Menschen bereits Buddha seien (und nicht nur das Potential zur Erleuchtung hätten), war die Behauptung des Textes *Ta-ch'eng ch'i-hsin lun*, der Mitte des 6. Jahrhunderts n. Chr. in China bekannt wurde und sich als *Mahāyāna-śraddhotpāda-śāstra* (»Erwachen des Glaubens im Mahāyāna«) größter Beliebtheit erfreute sowie den späteren chinesischen Buddhismus nachhaltig prägte.[28] Als sich in China die politi-

27 Diese Metapher besagt, daß der Gott Indra ein Netz der Wirklichkeit ausgebreitet habe, dessen Knoten aus Juwelen bestehen, von denen jeder jeden spiegele, wodurch die vollkommene Interrelationalität der Wirklichkeit symbolisiert wird. Vgl. M. v. Brück, *Weisheit der Leere* (S. 53, Anm. 14), S. 110f.

28 Es handelt sich um eine chinesische Schrift, die in der Mitte des 6. Jahrhunderts unter dem Sanskrit-Titel *Mahāyāna-śraddhotpāda-śāstra* zusammengestellt, aber dem Aśvaghoṣa zugeschrieben wurde und somit größte Wertschätzung genoß. Vgl. auch Whalen Lai, *The Awakening of Faith in Mahayana (Ta-ch'eng ch'i-hsin lun). A Study of the Unfolding of Sinitic Mahayana Motifs*, Ph. D. Dissertation Harvard University 1975, sowie die Übersetzung von Yoshito S. Hakeda, *The Awakening of Faith. Attributed to Aśvaghosha.* Translated, with commentary, New York 1967.

schen und sozialen Verhältnisse änderten, Bürgerkriege erneut das Land überzogen und der Buddhismus verfolgt wurde, zerbrach auch das mit dem Hua-yen-Totalismus verbundene Vertrauen in die Wirklichkeit und der Glaube an die eigene ursprüngliche Buddhaschaft. Die massiven Verfolgungen des buddhistischen *saṃgha* im Jahr 845 n. Chr. sorgten dafür, daß an die Stelle dieses Glaubens die neue Dialektik des Großen Zweifels trat, die in der Ch'an-(Zen-)Tradition entwickelt wurde. Und anstelle des Selbstvertrauens kam es in der Reines-Land-Tradition zur Erfahrung einer ›schlechthinnigen Abhängigkeit‹ der verfolgten Buddhisten von der Gnade Amitābhas. Die Schulen des Reinen Landes und des Ch'an waren zwar schon früher entstanden, aber erst im 9. Jahrhundert konnten beide als Antworten auf die soziale und religiöse Krise der Zeit größeren Einfluß gewinnen.

Die Schule des Reinen Landes entstand, wie schon gesagt, als Protestbewegung. Sie ging aus einem ländlichen devotionalen Laienkult hervor und revoltierte gegen das nur äußerliche Ansammeln von Verdiensten in den Stadt-Klöstern. Außerdem vertrat sie die Auffassung, daß in diesen schlechten Zeiten die vollständige Praxis des *dharma* kaum noch vollzogen werden könne, weshalb allein das Vertrauen auf das Gelübde Amitābhas noch Hoffnung gebe, der alle Wesen, die ihm vertrauten, retten wolle. Die Anrufung Amitābhas (*O-mi-t'o-fo*) durch unablässige Rezitation seines Namens (*nien-fo*) war (und ist) deshalb die zentrale Praxis dieser Schule.

Ch'an[29] entstand als Weiterentwicklung der Tradition der Waldmönche am Berg Sung in der Nähe der nördlichen Hauptstadt Luo-yang. Der Legende nach ist Ch'an von Bodhidharma (um 480-520 n. Chr.), einem indischen Höhleneinsiedler, begründet worden.[30] Dieser Asket (*dhūta*) soll aus

29 Ausführlicher zum Ch'an in China: Michael von Brück, *Zen. Geschichte und Praxis*, München ²2007: C. H. Beck (zuerst 2004).

30 Heinrich Dumoulin, *Bodhidharma und die Anfänge des Ch'an-Buddhismus*, in: Monumenta Nipponica 7 (1951), H. 1, S. 67-83; Seizan Yanagida, *Daruma (Boddhidharma)*, Tokyo 1981.

der Linie Upaguptas stammen und Indien in Voraussicht des Niederganges des *dharma* verlassen haben. Die spätere Legendenbildung zeichnet Bodhidharma als entschlossenen und unnachgiebigen Patriarchen des Ch'an, der den *dharma* gegen Verweltlichung und Korruption durch die Stadtmönche verteidigte, die in der chinesischen Geschichtsschreibung durch den Mönch Bodhiruci repräsentiert sind. Wenngleich die Gestalt Bodhidharmas legendäre Züge aufweist, so ist doch der Protest gegen die ›Verweltlichung‹ des Mönchtums historisch glaubhaft, ganz ähnlich, wie zuvor in Indien der Protest von ›Waldmönchen‹ gegen die Verweltlichung des Mönchtums unter kaiserlichem Patronat (Kaniṣka) zur Herausbildung des Mahāyāna beigetragen hatte. Selbst wenn also die Gestalt des Bodhidharma historisch nicht greifbar ist, so ist Ch'an doch zweifellos aus solchen Einsiedler-Traditionen entstanden, wie die historisch glaubwürdigeren Biographien der Schüler und Nachfolger Bodhidharmas berichten: Hui-k'o, der zweite Patriarch des Ch'an in China, und andere waren zu ihrer Zeit als *dhūta* bekannt.

Was ist nun der besondere Charakter der Ch'an-Schule? Nach eigenem Zeugnis: eine Überlieferung außerhalb der Schriften. Es geht ihr nicht um Sūtren-Übersetzungen, Schriftgelehrsamkeit und die Subtilitäten philosophischer Dialektik, sondern um die unmittelbare Erfahrung, die dann möglich wird, wenn durch Meditation das Bewußtsein vollkommen leer von seinen eigenen Projektionen sowie Bild- und Begriffsinhalten geworden ist. Ch'an ist die Transkription des Sanskrit-Wortes *dhyāna*, das »Versenkung« bedeutet. Die Schule führt sich in einer charakteristischen Weise auf den Buddha selbst zurück: »Als der Buddha einst den *dharma* vor einer großen Mönchsversammlung darlegen wollte, hob er eine Blume empor und schwieg dabei. Nur Mahākāśyapa lächelte.«[31] Ma-

31 Die Geschichte ist aufgenommen worden in die Kōan-Sammlung *Mumonkan* Nr. 6. Vgl. Heinrich Dumoulin, *Mumonkan. Die Schranke ohne Tor. Meister Wu-mens Sammlung der 48 Kōan.* Aus dem Chinesischen übersetzt und erläutert, Mainz 1975.

hākāśyapa hatte verstanden und war erwacht. Er gilt als der erste Patriarch des Ch'an, und die Linie wird fortgesetzt bis zu Bodhidharma als dem 28. indischen Patriarchen, der zum ersten chinesischen Patriarchen wurde. Die Überlieferungslinie ist Legende, aber sie verdeutlicht, daß die Erfahrung, auf die es im Ch'an ankommt, »von Herz zu Herz« (*hsin*) durch ein direktes Erwachen ohne begriffliche Vermittlung weitergegeben wird. Das Wesentliche entzieht sich dem intellektuellen Verstehen, und dennoch hat auch Ch'an eine verschriftlichte Tradition hervorgebracht (die Sammlungen der *kung-an* [»*kōan*«], die Legenden der Zen-Mönche) und eine begriffliche und ästhetische Symbolik entfaltet, die sehr wohl für die Überlieferung wie auch für den Übungsweg jedes einzelnen Ch'an-Schülers bedeutsam ist. Mehr noch, Bodhidharma soll seinem Schüler Hui-k'o vor allem das *Laṇkāvatāra-Sūtra* anvertraut und ausgelegt haben, was nicht verwunderlich ist, da in diesem Sūtra der Geist der Nicht-Dualität, die Erfahrung ohne Vermittlung durch Worte und das innere Erwachen des Geistes betont werden.[32]

Doch gerade weil Ch'an weniger an der Auslegung von Schriften hängt, mußte es sich seine Authentizität durch genau festgelegte Rituale bei der Überlieferung von Meistern zu Schülern erhalten.[33] Diese Traditionslinien, die erst in der Sung-Zeit (ab dem 10. Jahrhundert) erfunden, festgelegt und auf ein verklärt beurteiltes ›Goldenes Zeitalter‹ des Ch'an in der T'ang-Zeit (besonders 8. und 9. Jh.) zurückprojiziert wurden, schufen ein Konstrukt von Kohärenz, d. h. einerseits Identität und Loyalität innerhalb einer Bewegung, die ganz und gar nicht zentral gesteuert war, andererseits Abgrenzung zu anderen Schulen, die allmählich dazu führten, daß Ch'an als eigenständige Überlieferung firmierte, obwohl inhaltlich

32 Zu diesem Sūtra vgl. S. 56 und S. 248-252. Siehe auch K. K. S. Ch'en, *Buddhism in China* (S. 312, Anm. 3), S. 352.

33 Zum Folgenden bes. John R. McRae, *Seeing through Zen. Encounter, Transformation and Genealogy in Chinese Chan Buddhism*, Berkeley 2003, S. 7ff.

die Differenzen zu T'ien-t'ai oder auch Hua-yen unerheblich waren. Die klaren Linien der Übertragung des *dharma* von einem Meister zum anderen reduzierten die Komplexität der frühen Ch'an-Bewegung zu einer Geschichtsfiktion, die den Vorteil hatte, daß Zuschreibungen von Zugehörigkeit geschaffen und psychologisch wirksam wurden. Die fiktionalen Geschichten der Patriarchen dienten als Typologien für das Ideal eines Menschen, der dem Ch'an-Ideal entspricht, und in der Narrative dieser Musterbildungen *ereignet* sich der dialogische Bildungsprozeß des Ch'an-Schülers. Nicht also abstrakte Lehrformeln, wie im indischen Buddhismus, prägen die Abgrenzungen der Schulen voneinander, sondern diese idealtypischen Erzählungen, die teils einbildsame, teils skurrile, jedenfalls originelle Vorbilder für Identifikationsmuster abgeben. Dabei werden Spontaneität des Handelns und ikonoklastische Haltungen (gegenüber ›heiligen Gegenständen‹ ebenso wie angesichts von Schulmeinungen) zum Stilmittel. Es bildete sich vor allem eine eigene Rhetorik heraus, charakteristische und typisierte Kommunikationsformen, wie z. B. die Dialoge zwischen Ch'an-Meister und Schüler, die absurd erscheinen und gerade dadurch einerseits einen Durchbruch durch rationale Gedankenspiele bewirken sollen, andererseits als ›Arkandisziplin‹ der Eingeweihten die Identität und Zugehörigkeit stärken.

Die Übungspraxis der Ch'an-Adepten selbst besteht in stundenlangem regungslosem Sitzen mit aufrechter Wirbelsäule, bei dem der Atem völlig beruhigt wird. Gleichzeitig beobachtet das Bewußtsein das Auf und Ab von Gedanken und Gefühlen, ohne dieselben zu bewerten. Allmählich kommen alle Bewußtseinsvorgänge zur Ruhe, und nur die geschärfte Aufmerksamkeit bleibt übrig. Dieser Zustand ist keine Trance, sondern eine hellwache Bewußtheit, in der alle (von innen oder außen kommenden) Eindrücke wahrgenommen werden, wodurch aber die Bewußtseinsruhe weder gestört noch unterbrochen wird. Die Übung ist ein Ausbalancieren von aktiver Konzentration und passivem Loslassen aller Gedanken und Empfindungen. Interessant ist, daß sich in den Polaritäten – über die wir noch berichten werden – von ›plötzlicher‹ versus ›allmählicher Erleuchtung‹, Spontaneität und gradueller Übungspraxis, transrationalem Erwachen und literarischer Bildung, Südschule gegen Nordschule, Lin-chi (Rinzai) versus Ts'ao-tung (Sōtō) usw. eine Eigenart chinesischer Tradition gegenüber den indischen Ausprägungen des Buddhismus spiegelt, die gleichwohl in der indisch-buddhistischen Tradition ein markantes Vorbild hat, nämlich in der bereits im frühen Buddhismus geläufigen Unterscheidung von *śamatha* (»fokussierende Konzentration«) und *vipaśyanā* (»einsichtsvolles Erkennen«).[34] Konzentration (*śamatha*) bedeutet, die Aufmerksamkeit über einen längeren Zeitraum auf einem Objekt ruhen zu lassen, ohne daß Bewußtseinsfluktuationen auftreten und bewertende Gefühle den gleichmäßigen Strom von Aufmerksamkeit unterbrechen. Den spontan auftretenden Bewertungen, die sich in Attraktion oder Aversion zeigen, wird mental ein jeweiliges Gegenbild zu dem störenden Gefühlszustand entgegengesetzt, so daß die Bewußtseinsaktivität wieder ausgeglichen wird, bis der Meditierende in *dhyāna*, einer tiefen Absorption, verweilen kann. Dieselbe ist aber nicht Selbstzweck, denn ein solches vollkommen klares und aufmerksames Bewußtsein wird nun auf jedes beliebige äußere oder innere mentale Objekt gerichtet, um dasselbe klar und frei von Vorurteilen bzw. Bewertungen, die Ich-Interessen entsprechen, erkennen zu können. Vor allem wird ein solches Bewußtsein auf die grundlegenden Gegebenheiten des Menschlichen gerichtet – die Vergänglichkeit aller Gedanken und Gefühle, das Nicht-Ich, das Leiden usw. Denn nur mit einem konzentrierten Bewußtsein kann der Mensch diese Fragen durchdringen und klar sehen (*vipaśyanā*). Im Mahāyāna wird diese Einsicht als *śūnyatā* (»Leerheit«) bezeichnet, es handelt sich auch hier um ein letztgültiges *Erkennen*. Diese Erkenntnis ist die befreiende Erfahrung, durch die das Netz der Verstrickungen des Bewußtseins im Leidenskreislauf zerrissen wird. Diese Polarität von ›Mittel‹ und ›Erkenntnis‹ spie-

34 Dazu J. R. McRae, a. a. O., S. 40-44.

gelt sich auch in den chinesischen Polaritäten, von denen wir einige aufgezählt haben. Allerdings kommt im chinesischen Kontext der Vorstellung von der universalen Buddha-Natur bzw. dem Erwachen, das allen Lebewesen (nicht nur den Menschen) bereits innewohnt, eine besondere Prägekraft zu, die in Indien so noch nicht entfaltet war. Das Erwachen ist demnach keine neue Erkenntnis-›Stufe‹, sondern nur die Beseitigung von Hindernissen, so wie die Sonne immer strahlt, auch wenn die Wolken den Blick darauf verhindern. Erwachen ist nur die Beseitigung der Wolken, es schafft keinen eigenen oder neuen ›Zustand‹. Im Chinesischen ist das Bewußtsein nicht der Lichtkegel, in dessen (aktiver) gebündelter Aufmerksamkeit (*śamatha*) die Dinge klar erscheinen, sondern das Licht der Sonne ist immer gegeben, und das meditierende Bewußtsein öffnet sich (passiv) dieser Realität, die alle Unterscheidungen transzendiert. Diese ›Passivität‹ muß freilich durch ›aktive Übung‹ kultiviert werden, das heißt, das Bewußtsein bleibt passive Aktivität und aktive Passivität, je nach Perspektive und aktuellem Zustand des Bewußtseins. Wenn man die Kontroversen in der Geschichte des Ch'an auf diesem Hintergrund interpretiert, zeigen sie eine Dynamik, die mit den Prozessen der Intentionalität und Erkenntnis selbst unweigerlich gegeben ist.

Von Anfang an galt im Ch'an die kompetente Anleitung durch erfahrene Meister und Meisterinnen als unabdingbar, damit die Schüler nicht in die Irre gingen. Seitens der Schüler war die einzige Vorbedingung der kompromißlose Wunsch, zur Befreiungserfahrung zu gelangen, sowie die bedingungslose Hingabe an die geistige Führung durch den Meister. Schriftkundigkeit und intellektuelle Fähigkeiten spielten und spielen hingegen eine völlig untergeordnete Rolle, obwohl viele Ch'an-Meister gebildete Leute waren, d. h. die chinesische klassische Literatur kannten und in ihren Erzählungen und Gleichnissen aus dieser Kenntnis schöpften. Das Ziel der Ch'an-Praxis ist die sich-einende Bewußtheit, wobei sich oft erst nach langer Übung eine Bewußtseinsklarheit einstellt, die unbeschreiblich ist: völlig transparent, all-eins, zeitlos und doch ganz und gar gegenwärtig, Strom der universalen Liebe, absolute Glückseligkeit, Friede. Dies sind nur unzureichende Metaphern, aber sie deuten in die Richtung, in der das Ch'an die Befreiung sucht und findet.

Unterstützt wird die schweigende Meditation durch die Arbeit an sogenannten *kung-an* (jap. *kōan* [»öffentlicher Aushang«][35]), die in Sammlungen zusammengestellt und später systematisiert worden sind. Die Kōans sind intellektuell kaum auflösbare Meditationsthemen bzw. klassische ›Fallbeispiele‹ oder Episoden und Fragen, die der Meister dem Schüler vorlegt und in die der Übende seine Aufmerksamkeit so intensiv einbohren muß, bis ihm – wörtlich – Hören und Sehen und Denken vergeht. Ist das Bewußtsein völlig gesammelt und der Wille, daß ›ich‹ über eine Lösung verfügen kann, völlig aufgegeben, enthüllt sich spontan die Bedeutung des Kōan. Die ›Lösung‹ ist nicht eine begriffliche Formulierung im Kopf, sondern eine veränderte Einstellung bzw. Haltung des ganzen leib-seelisch-geistigen Menschen! Dennoch sind die Kōans in gewisser Hinsicht auch ›verstehbar‹. Denn meistens handelt es sich um Anekdoten, die von den Meistern der ›klassischen‹ Zeit des Ch'an (etwa 8.-11. Jh. n. Chr.) in China erzählt wurden. Sie sind witzig, voll spontaner Reaktionskraft und Hintergründigkeit, die sich erst erschließt, wenn man die literarischen und kulturgeschichtlichen Anspielungen in den Texten zu erfassen vermag. In diesem Sinne sind die Kōan-Sammlungen über die Jahrhunderte hinweg immer wieder von bedeutenden Meistern kommentiert worden, und diese Kommentarliteratur war wiederum dem Wandel von Stilveränderungen und -epochen unterworfen. Ein systematisches Studium dieser Geschichte (das sich noch in den Anfängen befindet) wird die ästhetische und weltgestaltende Kraft des Ch'an erhellen können. Freilich begnügen sich die Kommentare der Ch'an-Meister nicht mit Erklärungen auf

35 Da der japanische Begriff Kōan im Deutschen fast schon ein Lehnwort ist, werde ich ihn anstelle des chinesischen Wortes auch in diesem Kapitel über China benutzen.

der literarischen und geschichtlichen Ebene, sondern sie wollen die Schüler anregen, existentiell zu der geistigen Erfahrung der Nicht-Dualität zu gelangen, von der alle Kōans letztlich handeln. Ein Beispiel:

> Wu-Di von Liang fragte den Großmeister Bodhidharma: Welches ist der höchste Sinn der heiligen Wahrheit? Bodhidharma sagte: Offene Weite – nichts von heilig.
> Der Kaiser fragte weiter: Wer ist das Uns gegenüber?
> Bodhidharma erwiderte: Ich weiß es nicht.
> Der Kaiser konnte sich nicht in ihn finden.
> Bodhidharma setzte dann über den Strom und kam nach We. Später wandte sich der Kaiser an den Edlen Bau-dschi und befragte ihn.
> Der Edle Bau-dschi sagte: Aber Eure Majestät wissen doch wohl, wer das ist? Oder nicht?
> Der Kaiser erwiderte: Ich weiß es nicht.
> Da sagte der Edle Bau-dschi: Das ist der große Held Avalokiteshvara, der das Siegel des Buddhageistes weitergibt.
> Da reute es den Kaiser, und schließlich sandte er einen Boten ab, um Bodhidharma zurückzubitten.
> Der Edle Bau-dschi aber riet: Sagen Eure Majestät es lieber niemand, daß Sie einen Boten schicken wollten, ihn zurückzuholen! Dem könnte das ganze Land nachlaufen: er kehrte doch nicht wieder um.[36]

Die drei Akteure sind der Kaiser Wu von Liang (502-549), der als eifriger Förderer des Buddhismus in die Geschichte eingegangen ist, Bodhidharma, der legendäre erste Patriarch des Ch'an in China, und der gelehrte buddhistische Thaumaturg und ›Hofpriester‹ Pao-chi (Bau-dschi [418-514]), der durch Wundertaten das Volk hinter sich gebracht hatte, jedoch politisch suspekt geworden und verhaftet worden war und erst von Kaiser Wu wieder rehabilitiert wurde. Die im Kōan berichtete Geschichte soll sich – so die späteren Kommentare –

36 Wilhelm Gundert (Übersetzer), *Bi-yän-lu. Meister Yüan-wu's Die Niederschrift von der Smaragdenen Felswand*, Bd. 1, München 1960, 1. Beispiel, S. 37ff.

im Jahr 520 in der Hauptstadt von Liang, dem heutigen Nanking, zugetragen haben, was historisch aber nicht möglich ist.[37] Daß Bodhidharma (wenn er denn mehr als eine legendäre Figur ist) je dem Kaiser Wu begegnete, darf bezweifelt werden. Die Geschichte ist überhaupt erst seit Mitte des 8. Jahrhunderts literarisch greifbar und spiegelt die Auseinandersetzung der selbstbewußt gewordenen Ch'an-Bewegung mit dem staatlich geförderten buddhistischen Establishment wider. Kaiser Wu hatte also den Buddhismus gefördert, Klöster gebaut, reichlich Spenden an den *saṃgha* fließen lassen und ein frommes Leben geführt. Er fragt den Ch'an-Meister, welche Verdienste er damit erworben habe, und der antwortet: »Keine!« Der Sinn des Ch'an ist – »offene Weite, nichts von heilig«, das heißt: kein Anhaften an Ritualen und ›Verdiensten‹, kein Stolz, mit dem das Ich sich selbst schmeichelt, keine Unterscheidung von ›heilig‹ und ›profan‹, denn dem erleuchteten Auge ist *alles* heilig. Begriffe, Vorstellungen, Werturteile engen den Blick ein und blenden die Kraft der Wirklichkeit aus, Ch'an hingegen ist der mutige Gang in die offene Weite. Wer unter dem Blickwinkel des gewöhnlichen Verstandes meint, sich selbst zu kennen, irrt. In Wirklichkeit ist jeder Buddha. Indem Bodhidharma verneint zu wissen, wer er ist, entzieht er sich dem Zugriff durch den besitzergreifenden Verstand, denn er ist – offene Weite. Daß dies keine selbstbezogene Weltflucht ist, deutet Pao-chi an, wenn er in Bodhidharma den Avalokiteśvara, den Bodhisattva der Barmherzigkeit, erkennt, der mitleidsvoll auf alle Wesen blickt und sich helfend (mit tausend Armen!) zur Verfügung stellt, wo immer Not herrscht. Aber wiederum: ›Einfangen‹ läßt sich Bodhidharma nicht. Und das bedeutet, daß man sich der Kraft des Erleuchtungsbewußtseins nur zu öffnen braucht, denn sie ist immer und überall gegenwärtig. Wer hingegen mit absichtsvoller Verspanntheit für das Ich etwas zu erreichen trachtet, verfehlt es. Das ist das Wesen der Ch'an-Übung, und die

37 Die aus anderen Quellen bekannten Lebensdaten der Akteure sprechen dagegen.

Geschichte interessiert sich nicht wirklich für die historischen Charaktere, sondern für nichts anderes als die Geisteshaltung, die zum befreienden Erwachen führt. Deshalb ist es ein Kōan.

Die Kōans wurden, hauptsächlich während der Sung-Zeit (960-1279), in mehreren Sammlungen zusammengestellt und kommentiert. Die älteste Sammlung ist das eben zitierte *Pi-yen-lu* (jap. *Hekiganroku*), ein Text, der auf die Arbeit von Meister Hsüeh-tou Ch'ung-hsien (980-1052) zurückgeht, 100 Beispiele, Hinweise sowie zusammenfassende Gedichte enthält und zwischen 1111 und 1115 von Yüan-wu K'o-ch'in (1063-1135) endgültig ediert und kommentiert wurde. Eine weitere berühmte Sammlung heißt *Wu-men-kuan* (jap. *Mumonkan*) und enthält 48 Kōans, zusammengestellt und kommentiert von Meister Wu-men Hui-k'ai (1184-1260).

Die Details der historischen Entwicklung der frühen Ch'an-Schule sind nicht klar. Die bisherige Geschichtsschreibung beruht im wesentlichen auf Chroniken aus der nördlichen Sung-Zeit (960-1127), wobei Tao-yüans *Ching-te ch'uan-teng lu* (verfaßt um das Jahr 1000) eine bedeutende Rolle zukommt. Der Text behandelt Ereignisse, die zum Teil ein halbes Jahrtausend zurückliegen, und textkritische Vergleiche der legendären Geschichten und Lobeshymnen auf die klassische Periode und ihre Meister zeigen, daß sich die historischen Entwicklungen anders zugetragen haben müssen als in der hagiographischen Literatur berichtet.

Als Bodhidharmas wichtigster Schüler gilt Hui-k'o (487-593), der zweite Patriarch des Ch'an,[38] dessen Einfluß auf die spätere Entwicklung in einer Legende festgehalten ist, mit der die kompromißlose Ernsthaftigkeit und existentielle Hingabe des Ch'an dokumentiert wird: Um den meditierenden Bodhidharma von seinem tiefen Verlangen nach Befreiung

38 Nach unserer heutigen Kenntnis der historischen Zusammenhänge sind die ›Patriarchen‹ und ihre Schüler weniger Glieder einer einzigen Sukzessionslinie, sondern eher Mosaiksteine in der sich allmählich an verschiedenen Orten zugleich herausbildenden Ch'an-Bewegung.

zu überzeugen, habe er seinen Arm abgeschnitten und ihn zu Füßen des Meisters geworfen. Als dritter Patriarch gilt Seng-ts'an (gest. 606). Er hat seine Lehre in der Schrift *Hsin-hsin-ming* (jap. *Shinjinmei* [Meisselschrift vom Glauben an den Geist])[39] zusammengefaßt. Der Text besteht aus knappen Aphorismen im Stile des taoistischen Meisters Lao-tzu und bringt prägnant den Charakter des Ch'an zur Sprache. Außerdem soll er, neben anderen Schriften, das *Laṇkāvatāra-Sūtra* kommentiert haben. Während die frühen Ch'an-Mönche Wanderasketen waren, konsolidierte sich die Bewegung im 7./8. Jahrhundert dadurch, daß Klöster gegründet wurden, an denen Ch'an-Meister ansässig blieben. Im ausgehenden 7. und frühen 8. Jahrhundert kam es zu einer Transformation des Ch'an, als dieses nämlich in der Hauptstadt Ch'ang-an (mit etwa 1 Million Einwohnern die damals größte Stadt der Welt) und auch in der zweiten Hauptstadt Luo-yang zur Mode wurde. Ch'an-Meister wie der taoistisch und konfuzianisch gebildete Shen-hsiu (um 605-706) erfreuten sich großer Popularität, sie zogen Pilgerströme, Spendengelder und kaiserliche Protektion an.[40] Die Mönche hatten den Haushalt zu führen, die Felder des Klosters zu bestellen und das Vermögen zu verwalten, und so entwickelte sich allmählich der Geist der ›Übung im Alltag‹. Die Einheit von schweigender Sitz-Meditation und konzentrierter körperlicher Arbeit ist für Ch'an charakteristisch geworden. Die Klöster bildeten allmählich je eigene Sukzessionslinien heraus, und dies war die Grundlage für die späteren Schulen.

Um den sechsten Patriarchen Hui-neng (638-713) ranken sich zahllose Legenden. Auf seine Rivalität mit Shen-hsiu soll

39 Seng-ts'an, *Die Meisselschrift vom Glauben an den Geist. Das geistige Vermächtnis des dritten Patriarchen des Zen in China.* Mit Erläuterungen von Soko Morinaga Rōshi. Aus dem Chinesischen und dem Japanischen übersetzt von Ursula Jarand, Bern, München und Wien 1991.

40 Dazu J. McRae, *Seeing through Zen* (S. 338, Anm. 33), S. 51 f., der dafür verläßliche Quellen zitiert.

die Spaltung in »Nördliche« und »Südliche« Schule zurückgehen, wobei Hui-neng die südliche Richtung vertrat. Shen-hsiu war Nachfolger des fünften Patriarchen Hung-jen (601-674), dem er 656 begegnet war und der nach einem Leben in Zurückgezogenheit in der Provinz Hu-pei schließlich eine große Schülerschaft um sich versammeln konnte, darunter Shen-hui (670-762). Im Jahr 732 soll jedoch jener Shen-hui, der als Schüler Hui-nengs firmiert, eine Versammlung von Mönchen einberufen haben, auf der die ›nördlichen‹ Lehren Shen-hsius als unauthentisch gebrandmarkt und Hui-neng als wahrer Dharma-Nachfolger des fünften Patriarchen proklamiert wurden. Die Ereignisse sind unklar, und in der heutigen Forschung ist die traditionelle Lesart der Geschichte umstritten, zumal überhaupt nur die »Südliche Schule« (Hui-neng) von einem Schisma spricht. Ch'an tritt, so urteilen heute die meisten Gelehrten, erst im 8. Jahrhundert als eigene Schule mit deutlichen Sukzessionslinien in die Geschichte ein. Die Linie der Meister ist erst in der Mitte des 10. Jahrhunderts (952) endgültig festgelegt worden, das heißt, die frühe ›Geschichte des Ch'an‹ ist, wie schon bemerkt, fromme Fiktion, wobei die Legenden in vielen Fällen durchaus historische Hintergründe haben. Wie auch immer, an der berühmten Kontroverse zwischen Nord und Süd ist ein Unterschied in der Beurteilung der Praxis festgemacht, der das gesamte Ch'an durchzieht: die Differenz von *allmählicher* Reifung auf dem Weg zur Befreiung (Norden) und *plötzlicher* Erleuchtung (Süden), in der es keine Stufen und Grade gibt. Nur die Position der plötzlichen Erleuchtung galt nun als orthodox, und dies wird in einem Text dargelegt, der als *Hochsitz-Sūtra* des sechsten Patriarchen (chinesischer Titel: *Liu-tsu t'an-ching*) hohe Autorität gewinnen sollte und von der Tradition dem Hui-neng zugeschrieben wurde. Der Text ist in unterschiedlichen Versionen überliefert. Als älteste gilt der Tun-huang-Text, der zwischen 830 und 860 datiert wird.[41] Er beruht auf

41 Philip B. Yampolsky, *The Platform Sutra of the Sixth Patriarch. The Text of the Tun-Huan Manuscript with Translation, Introduction, and Notes*, New York 1967.

den indischen Traditionen der *Prajñāpāramitā*-Literatur und des *Nirvāṇa-Sūtra*, prägt aber das indische Verständnis des Bewußtseins in typisch chinesischer Weise um, wobei die Tendenz des Textes das Interesse der sogenannten Ochsenkopf-Schule[42] widerspiegelt, einen Kompromiß zwischen den als »Südschule« und »Nordschule« firmierenden Extrempositionen zu erzielen.[43] Danach ist die Vollkommenheit des Bewußtseins nicht die oberste Stufe einer Pyramide, sondern die Ganzheit im Geflecht aller Erscheinungen, die in jedem Augenblick spontan realisiert werden kann. Der Unterschied wird deutlich an den Versen, die Shen-hsiu und Hui-neng in den Mund gelegt werden.[44] Der Anlaß zu diesen Dichtungen war, daß jeder Mönch in der Nachfolge des fünften Patriarchen seine Einsicht durch die Komposition eines Verses unter Beweis stellen sollte.

42 Eine der ältesten selbständig erscheinenden Ch'an-Linien, begründet von Fa-jung (594-657), der ein Schüler des vierten Patriarchen Tao-hsin (580-651) gewesen sein soll. Fa-jung war in der *śūnyatā*-Philosophie der *Prajnāpāramitā*-Literatur (chinesische San-lun-Schule) geschult. Sein Kloster errichtete er auf dem Berg Niu-t'ou Shan (Ochsenkopf-Berg), südlich von Nan-ching. Gegen Ende des 8. Jahrhunderts verliert sich das weitere Schicksal dieser Schule im dunkeln.

43 Merkwürdigerweise trägt der Text in weiten Teilen die Position der Südschule vor, die hier auf Hui-neng projiziert wird, ohne allerdings Shen-hui auch nur mit einem Wort zu erwähnen. Allerdings hat John McRae gezeigt, daß die traditionelle Interpretation, nach der Shen-hsius Vers die Position der Nordschule, Hui-nengs Vers aber die der Südschule repräsentiert, nicht haltbar ist (J. McRae, *Seeing through Zen* [S. 338, Anm. 33], S. 60-67).

44 Shen-hsiu und Hui-neng können einander nicht begegnet sein, denn Shen-hsiu, der bei dem fünften Patriarchen Hung-jen sechs Jahre studierte, verließ 661 dessen Gemeinschaft auf dem Tung Shan (Ostberg), nachdem er die Dharma-Nachfolge übertragen bekommen hatte, und zog sich in die Einsamkeit zurück. Hui-neng hingegen kam erst etwa zehn Jahre später auf dem Tung Shan an.

Shen-hsiu schrieb:

Der Leib ist der Bodhi-Baum,
der Geist ist wie ein klarer Spiegel.
Allezeit müssen wir trachten, ihn blank zu putzen.
Achtet, daß sich kein Staub absetzt!

Hui-neng hingegen dichtete:

Ursprünglich hat Bodhi nichts mit einem Baum zu tun,
der Spiegel (des Geistes) steht auf gar keinem Ständer.
Buddha-Natur ist immer klar und rein,
wo gäbe es etwas, da sich Staub absetzen könnte?[45]

Die berühmte Auseinandersetzung um die Nachfolge des fünften Patriarchen hat historisch so nie stattgefunden, sie ist vielmehr die Rückprojektion späterer Auseinandersetzungen um das Wesen des Ch'an, das in diesen Metaphern klar zutage tritt: Die Reinheit der Buddha-Natur ist in jedem Wesen ursprünglich gegeben. Das Erwachen ist kein allmählicher Reifungsprozeß, sondern die plötzliche Erkenntnis dessen, was ist (die Ausdrücke: Ursprüngliche Natur, Wahres Selbst, Buddha-Natur bedeuten dasselbe) – wie wenn Wolken, die die Sonne verdeckt hatten, plötzlich verschwinden und sich der Himmel aufklärt. Shen-hsius Vers beinhaltet allerdings nicht den graduellen Weg, sondern betont die *kontinuierliche* Praxis. Andererseits ist Hui-nengs Vers in der Komposition des *Hochsitz-Sūtra* ohne die Strophe des Shen-hsiu völlig unverständlich, das heißt, sie wird als die anderen Aussagen negierende Komplementarität aufzufassen sein. Daraus folgt, daß die beiden Verse gar nicht – wie seit Tsung-mi (780-841) Standardmeinung ist – die Differenz von ›graduellem‹ versus ›plötzlichem‹ Erwachen zum Inhalt haben, sondern es liegt ein Dreischritt zugrunde, der in der Rhetorik der Ochsenkopf-Schule auftritt: Position: »Reinigung des Bewußtseins als Übung« – Negation: »die Überwindung jeder Positionalität im Sinne der Philosophie der Leerheit (*śūnyatā*)« – Erkenntnis der Einheit beider als *vorläufiger* Beschreibung, um

45 *Hochsitz-Sūtra* 6 und 8; Ph. B. Yampolsky, *The Platform Sutra* (S. 347, Anm. 41), S. 130 und 132.

zu einer jede Position transzendierenden Erkenntnis zu erwachen.

Diese Kontroversen im chinesischen Ch'an werfen ein Licht auf den besonderen Charakter des chinesischen Buddhismus überhaupt, der – meist in bildhafter Sprachform – Polaritäten wahrnimmt, wo indische Traditionen Begriffsgegensätze konstruiert hatten. Das zeigt sich schon bei Shen-hui und Tsung-mi, mehr noch aber in den späteren Rezeptionen der Ch'an-Debatten des 7./8. Jahrhunderts in der Sung-Zeit. Demnach ereignet sich aus der Perspektive des Absoluten (chin. *li tse*), also von einem erleuchteten Bewußtsein her gesehen, das Erwachen in einem Augenblick (chin. *tun*). Mit diesem Erwachen werden alle Verunreinigungen und Projektionen des Bewußtseins, alle relativen Wertungen und Unterscheidungen auf einmal (chin. *ping hsiao*) ausgelöscht. Aber tatsächlich und in der Praxis (chin. *shih*) ist die Auslöschung nicht plötzlich, und man erlangt den Weg stufenweise (chin. *tz'u-ti*). Während in Indien meist das Bild von der spiegelgleichen Wasseroberfläche gebraucht wurde, die beruhigt werden müsse, damit das Bewußtsein zu seinem eigenen Grund durchblicken kann und somit ›erleuchtet‹ würde, war in China für denselben Vorgang das Bild des Spiegels beliebt, der rein ist oder auch nicht, der gereinigt werden soll oder auch nicht.

Die Rede von der Plötzlichkeit der Erleuchtung wurde zugespitzt zu der Formulierung, daß es gar keinen Staub auf dem Spiegel gebe, der beseitigt werden müsse, denn das Bewußtsein sei immer rein. Unreinheit sei ja gerade die verblendete Illusion. Der Zen-Meister Shen-hui wollte mit dieser Behauptung (und Polemik gegen die sogenannte Nordschule des Zen, vertreten durch Shen-hsiu) die Einheit der Gegensätze, die Einheit von Erleuchtung und Verblendung, die Einheit der Welt des Wandels und der erleuchteten Wirklichkeit des *nirvāṇa*, zum Ausdruck bringen: »Was wir plötzliche Erleuchtung nennen, ist zu wissen, daß der eigene Geist von Anfang an leer und ruhig ist.« Der Ausdruck »das eigene Bewußtsein« bedeutet aber keinen ichhaften Selbstbesitz, der auf einer narzißtischen Ego-Inflation beruhen würde, denn dieses Bewußtsein hat keinen Ort und ist schon gar nicht an die Vorstellung von einem Ich gebunden. Es ist vielmehr das reine leuchtende, alldurchdringende Geist-Kontinuum, vielleicht in etwa der absoluten göttlichen Präsenz vergleichbar, wobei in einer solchen Interpretation der Begriff ›Gott‹ alle räumlichen, zeitlichen und auch personalen Vorstellungsinhalte übersteigt und reine transpersonale Gegenwart ist.

Gegen diese Redeweise haben die Kontrahenten des Shen-hui eingewandt, daß dadurch weder die Macht und Bedeutung der Verblendung noch die Notwendigkeit des Erwachens deutlich würden, noch viel weniger sei es auf diese Weise möglich zu sagen, *wie* Erwachen erlangt würde. Dieser Kritik stellte sich Shen-hui, wenn er in seinen Gesprächen (*yü-lu*) meinte:

> *Frage:* Wenn die Buddha-Natur und die Verunreinigungen (skt. *kleśa*, chin. *fan-nao*) koexistieren, warum behauptest du dann, daß die Verunreinigungen nicht Teil der grundlegenden Wirklichkeit (chin. *pen*) sind?
>
> *Antwort:* Es ist wie Gold und Schlacke, wo beide zusammen als Erz existieren. Wenn man einen Goldschmied findet, der das Erz schmilzt, werden Gold und Schlacke getrennt. Wenn das Gold hundertmal geschmolzen wird, wird es hundertfach reiner, wenn man aber die Schlacke erneut schmelzen will, wird sie zu Sand und Asche 〈...〉. Alle Sūtras und Śāstras des Großen Fahrzeugs zeigen, daß die Verunreinigungen nur oberflächlicher Staub sind. Deshalb können sie nicht als Teil der grundlegenden Wirklichkeit angesehen werden.[46]

46 Hu Shih (Hg.), *Shen-hui ho-shang i-chi*, Shanghai 1930: Oriental Books, S. 105, zitiert nach: Luís O. Gómez, *Purifying Gold. The Metaphor of Effort and Intuition in Buddhist Thought and Practice*, in: P. N. Gregory (Hg.), *Sudden and Gradual. Approaches to Enlightenment in Chinese Thought*, Studies in East Asian Buddhism 5, Honolulu 1987, S. 67-165, hier S. 76. Vgl. auch: Jaques Gernet, *Entretiens du Maitre Dhyana Chen-houei du Ho-tso*, Hanoi 1949; Hu Shih, *Ch'an Buddhism in China. Its History and Method*, in: Philosophy East and West 3 (1953), S. 3-24; Wing-Tsit Chan, *Hu Shin and Chinese Philos-*

Man sieht auch hier, wie sich die ›bildlose‹ Tradition identifikatorischer Bilder bedient, um geistige Prozesse zur Sprache zu bringen und damit nachvollziehbar zu machen.

Im übrigen ist die Metapher, die Shen-hui gebraucht, dualistisch. Unmittelbarkeit oder Plötzlichkeit bedeutet bei ihm also nicht die Identität der beiden Seiten, und offenbar braucht die plötzliche Erfahrung nicht eine plötzliche Überwindung der Verunreinigungen, denn, so heißt es, Gold kann immer weiter gereinigt werden. Damit ist der spirituelle Reifungsprozeß nach der ersten Erfahrung von Erwachen gemeint. Diese ›Allmählichkeit‹ widerspricht vielen Aussagen, die Shen-hui sonst macht, vor allem aber den zentralen Aussagen des so berühmten *Hochsitz-Sūtra* des Sechsten Patriarchen Hui-neng, der – als Protagonist der Plötzlichkeit und Einmaligkeit des Erwachens – von Shen-hui zum alleinigen Inhaber der wahren Zen-Tradition stilisiert worden war. Deshalb geht der Dialog weiter:

> *Frage:* Warum sagst du dann, daß man in das *nirvāṇa* eintritt, ohne die Verunreinigungen mit der Wurzel zu beseitigen, und daß dieselben in sich selbst niemals entwurzelt werden?
>
> *Antwort:* Würde man sagen, daß die Verunreinigungen identisch mit *nirvāṇa* sind, würde man Lebewesen nicht ermutigen, die Fünf Vollkommenheiten zu kultivieren, das heißt, alles Übel auszureißen und alles Gute zu kultivieren.

Es ist ein Dilemma: Wenn das Erwachen Resultat einer Anstrengung wäre, dann wäre es bedingt, abhängig vom Willen und gerade nicht die Wirklichkeit, die jenseits der Dualität von Gut und Böse, jenseits auch von Aktivität und Passivität, von Willen und Nicht-Willen, von Letzter Wirklichkeit (*nirvāṇa*) und diesseitiger Welterfahrung (*saṃsāra*) ist. Ist es aber immer und überall gegeben, also identisch mit der Wirklichkeit, wie sie ist, warum soll man dann nach Erwachen stre-

---

ophy, in: Philosophy East and West 6 (1956), S. 11-31, hier bes. S. 11-12; R. B. Zeuschner, *The Hsie Tsung Chi (An Early Ch'an [Zen] Buddhist Text)*, in: Journal of Chinese Philosophy 3 (1976), S. 253-268.

ben? Shen-hui beeilt sich denn auch, alle Mißverständnisse abzuwehren, indem er der dualistischen Aussage eine nichtdualistische zur Seite stellt, denn das Erwachen läßt sich nur im Paradox formulieren. Er zitiert das *Nirvāṇa-Sūtra*, wo es heißt:

> Alle Lebewesen besitzen von Anfang an (chin. *pen-lai*) und in sich selbst (chin. *pen-tzu*) das *nirvāṇa*, sie haben eine unverstellte Weisheitsnatur. Es ist wie Holz und Feuer, welche beide zusammen erscheinen in einem Paar Feuerhölzer. Wenn dann ein Kundiger Feuer aus den Hölzern reibt, werden Holz und Feuer getrennt.

Shen-hui läßt keinen Zweifel, daß das Problem logisch nicht auflösbar ist. Eine gewisse Synthese der gegensätzlichen Positionen hat der Zen-Meister Tsung-mi vorgeschlagen, der von *graduellem Weg und plötzlicher Erleuchtung* spricht. Er führt das Beispiel vom Schmelzen des Goldes aus dem Erz weiter aus: Auch wenn das Erz aus der Schlacke ein für allemal ausgeschmolzen sei, so könne doch das Gold nach dieser Schmelze immer noch weiter gereinigt werden. Die Einmaligkeit und Plötzlichkeit ist somit der Eintritt in einen Weg der weiteren Vervollkommnung. Ein anderes Bild, das die Ch'an(Zen)-Meister gern gebrauchten, ist dies: Wie die Geburt eines Kindes, so ist auch die Erleuchtung/das Erwachen etwas Einmaliges, ein für allemal und plötzlich geschehen, aber so wie die Erziehung des Kindes brauche auch das Erwachen allmähliche Entwicklung und Kultivierung. Das Erwachen selbst ist kein Ergebnis von eigener Aktivität, sondern das spontane Erwachen zu der Wirklichkeit, die jedem menschlichen Bemühen und Erfahren vorausliegt, denn es ist die Wurzel jeder Aktivität, auch jeder Bemühung und Erfahrung. Aus diesem Grunde warnt Shen-hui in seinen Schriften immer wieder, daß man das Erwachen/die Erleuchtung nicht erzwingen und nicht durch eigene Willensanstrengung bzw. als Frucht eigener Bemühungen erwarten kann.

Ein zentraler Text lautet so:

> Wenn jemand in Meditation sitzt und den Geist einfriert

> (*ning*), um sich zu konzentrieren, das Bewußtsein fixiert (*chu*), um Reinheit zu kontemplieren (*k'an ching*), das Bewußtsein antreibt (*ch'i*), um nach außen zu leuchten (*wai chao*), und es zurückhält (*she*), um sich nach innen (*nei cheng*) zu erfahren, der verhindert die Erleuchtung. Solange man der Erleuchtung nicht harmonisch (*hsing-ying*) entspricht, wie will man da Erleuchtung erlangen? Nicht, indem man weiter sitzt (*tsai tso*). Wenn Sitzen die angemessene Übung wäre, würde Vimalakīrti den Śāriputra nicht getadelt haben, als dieser schweigend im Wald saß. Da sagte er (Vimalakīrti): »Wahres schweigendes Sitzen bedeutet, den eigenen Geist und Körper in keinem der drei Bereiche nicht zu sehen.« Körperliche Formen nicht sehen (*shen hsiang*) ist korrekte Konzentration (*cheng ting*) nur dann, wenn man Nicht-Geist (*chien wu-nien*) allzeit sieht. Ähnlich gilt: Mentale Formen (*hsin-hsiang*) nicht zu sehen ist die rechte Weisheit (*cheng hui*).[47]

Der Hinweis auf den Laien-Bodhisattva Vimalakīrti spielt an auf eine berühmte Kontroverse zwischen dem (als eingebildet und letztlich unwissend dargestellten) Mönch Śāriputra und dem weisen Laien Vimalakīrti, der in Ostasien als Prototyp und Verkörperung des Zen-Geistes gilt. Auf nichts fixiert zu sein, das Bewußtsein völlig zu entleeren, nicht eine bestimmte Technik zu verfolgen, sondern sich der völlig geeinten Bewußtheit am Grunde aller Oberflächenbewegungen des Bewußtseins gewahr zu werden, das ist Erwachen bzw. Erleuchtung. Dies ist ein nicht-dualistischer Zustand, über den man nicht sprechen kann, denn Sprache ist an Dualitäten gebunden. Also muß man schweigen.

Hinter all den rhetorischen Finessen der alten Auseinandersetzung im chinesischen Ch'an, hinter den Paradoxen, die der Zen-Buddhismus liebt, um das Unsagbare der Erleuchtung anzudeuten, zeigt sich die Schwierigkeit, die entsteht, wenn in dualistischen Sprachmustern auf eine nicht-

---

47 Hu Shih, a. a. O., S. 133-134; *Hochsitz-Sūtra* Nr. 17-18 (Ph. B. Yampolsky, *The Platform Sutra* [S. 347, Anm. 41]).

dualistische Konzeption der Wirklichkeit hingewiesen wird, was weder bildhaft noch begrifflich möglich ist.

Ob also die »Nördliche Schule« tatsächlich ein ganz anderes Verständnis der Dinge hatte, wissen wir nicht, denn die Polemik des Shen-hui trifft vielleicht gar nicht eine wirklich andere Position, sondern will womöglich nur dem Sukzessionsanspruch der eigenen Linie Nachdruck verleihen. Das südliche Verständnis des Ch'an verdrängte jedenfalls die »Nördliche Schule« vollständig.

Im 8./9. Jahrhundert verzweigte sich Ch'an in zahlreiche Sukzessionslinien und erreichte seinen Höhepunkt: Herausragende Namen sind Ma-tsu Tao-i (709-788),[48] der die Kōan-Praxis meisterhaft handhabte, sowie Pai-chang Huai-hai (720-814), der die disziplinierte Übungspraxis des Ch'an in einem Regelwerk festlegte, das bis heute die Zen-Übungen in Japan wie im Westen fast unverändert prägt. Außerdem verdient Tsung-mi besondere Beachtung, denn er kombinierte Ch'an und Hua-yen. Ch'an konnte die schweren Verfolgungen des Buddhismus im Jahre 845 besser überstehen als andere Schulen, weil dessen Organisation dezentralisiert war, die Klöster eher abseits lagen und sich die Ch'an-Mönche im allgemeinen weniger in die politischen Ereignisse der Städte und bei Hofe verstricken ließen. Von den vielen Ch'an-Klöstern und ihren Überlieferungslinien brachten es einige zu großem Ansehen, und ihr Ruhm verbreitete sich in ganz China. Zu erwähnen sind besonders die »Fünf Häuser« des Ch'an, die Ende des 9. und im 10. Jahrhundert blühten. Am wichtigsten von ihnen ist wiederum die Tradition des Meisters Lin-chi (jap. Rinzai, gest. 866), die während der Sung-Periode (960-1279) tonangebend wurde. Daneben entwickelte sich seit der Mitte des 9. Jahrhunderts auch das »Haus« Ts'ao-tung (jap. Sōtō, benannt nach den beiden Begründern *Ts'ao*-shan Pen-chi und *Tung*-shan Liang-chieh), und alle fünf Traditio-

48 Ma-Tsu, *The recorded sayings of Ma-Tsu.* Translated from the Dutch by Julian F. Pas, Studies in Asian Thought and Religion 6, Lewiston (N. Y.) 1987.

nen (»Häuser«) bildeten in Stil, Meditationspraxis und Metaphysik je charakteristische Wege heraus. Während Lin-chi (Rinzai) durch rigoroses Sitzen und die Erzeugung psychischer Spannung (mittels systematischer Praxis des Kōan) einen dramatischen Durchbruch des Bewußtseins durch dessen gewohnheitsmäßige Trägheit erzielt und damit ein plötzliches Erwachen zur Nicht-Dualität stimuliert, betont Ts'aotung (Sōtō) die vollkommene Durchdringung des erwachten Bewußtseins und des Alltäglichen, das heißt: Die schweigende Sitzübung *ist* die gesammelte Wahrnehmung des Gewöhnlichen.

Ch'an hat nur vereinzelt auf philosophische Abstraktionen zurückgegriffen und gedankliche Systeme entworfen. Dabei ist es frühbuddhistischem Empfinden treu geblieben: Die Unfreiheit des Menschen beruht nach buddhistischer Analyse gerade darauf, daß der Mensch an Gedankenkonstruktionen (*prapañca*) anhaftet und diese für die Wirklichkeit hält. Der große Philosoph Nāgārjuna (2./3. Jh. n. Chr.) war es gewesen, der diese Einsicht zum Eckpfeiler seiner Epistemologie gemacht hatte und folgerichtig zu zeigen versuchte, daß jede philosophische Position widerlegbar sei. Zen pflichtet dem voll und ganz bei. Allerdings wird nun im Zen, wie wir sahen, auch der Bildhaftigkeit in der Meditation eine Absage erteilt, denn Visualisationstechniken, wie sie der Tibetische Buddhismus pflegt, sind im Zen deshalb verdächtig, weil man fürchtet, daß auf diese Weise emotionale Anhaftungen den Menschen in noch größere Abhängigkeit stürzen könnten. Alle Bilder müssen transzendiert werden, und zwar solche, die im Meditationsprozeß spontan auftauchen, wie auch solche, die sich standardisierten Ikonographien in der buddhistischen Tradition verdanken. Darum der ikonoklastische Zug, der die gesamte Geschichte des Zen durchzieht – »Wenn du den Buddha triffst, töte ihn«, heißt es in der bekannten Radikal-Rhetorik vieler Zen-Meister. Gemeint ist dabei, die mentalen wie ikonischen Bilder des Buddha zu überwinden, so daß die innere Präsenz des Buddha – unabhängig von Vor-Urteilen und Vor-Bildern – erscheinen kann. Dennoch, oder vielleicht gerade deshalb, hat das Ch'an in der Kunst nicht geringe Spuren hinterlassen und großartige Zeugnisse von ikonischer Gestaltungskraft hervorgebracht, in der Poesie, der Gartenkunst, in der Kalligraphie und Tuschmalerei. Warum? Weil das unaussprechliche Erwachen/die Erleuchtung eben nicht in abstrakten mentalen Kategorien gefaßt werden kann und soll, sondern das unaussprechliche Ganze in jedem Teil des Universums konkret angeschaut wird – in jedem Staubkorn, jeder Fliege, jedem fallenden Blütenblatt usw. Gerade deshalb drückt Ch'an seine höchste Erfahrung in sinnlich konkreter Metaphorik aus. Aber auch der Ch'an-Weg wird anschaulich beschrieben und sinnlich gemalt.

Bereits in China wurde die Kalligraphie zu vollendeter Form gebracht und dann in Japan weiter gepflegt. Wie auch die Tuschmalerei transzendiert sie die Vielheit der Farben und ist doch in der Lage, jede Farbnuancierung auszudrükken. Der Kalligraph setzt in höchster Konzentration den Pinsel an und wirft spontan den Strich auf das Blatt – jeder Strich muß ›sitzen‹, denn Retusche ist nicht möglich. Der Ausdruck reicht vom kraftvollen Bogen bis zur hauchdünnen Verflüchtigung. In den Schriftzeichen und ihrer Gestalt erweist sich die augenblickliche Gegenwartskraft des Künstlers, und die Tiefe des Bildes hängt ab von der Zuordnung der Gegensätze in der Gesamtkomposition. Oft verbinden sich Tuschmalerei und Kalligraphie, denn die Bilder werden mit Kurzgedichten erläutert und umgekehrt.

Die Tuschmalereien der Zehn Ochsenbilder waren von besonders großer Wirkung. Sie stellen den Zen-Weg bildhaft dar, sind Mitte des 11. Jahrhunderts in China entstanden und erfreuten sich in Japan besonders im 14. und 15. Jahrhundert besonderer Beliebtheit. Der Ochse versinnbildlicht das reine Bewußtsein bzw. Tiefen-Selbst, während der Hirt den suchenden Menschen symbolisiert. Im ersten Bild hat der Hirt den Ochsen verloren, dessen Spur er im zweiten Bild entdeckt. Er findet den Ochsen im dritten Bild und vermag ihn noch nicht zu fassen, so beginnt er, ihn zu zähmen. Dies ist Inhalt des vierten Bildes. Das fünfte Bild zeigt, wie der Hirt allmäh-

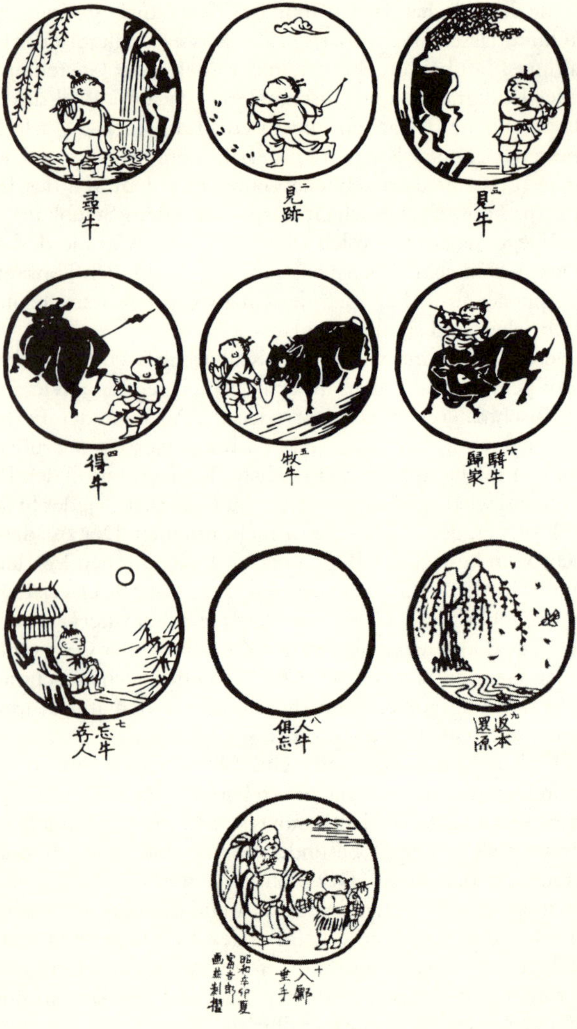

Ochsenbilder 1-10

lich mit dem Ochsen vertraut wird. Der Hirt vermag nun den Ochsen zu reiten und sitzt, die Flöte spielend, vergnügt auf seinem Rücken, wie das sechste Bild darstellt. Der Hirt ist in selbstvergessener Freiheit angelangt und bedarf nun des Ochsen nicht mehr, das heißt, er ist im siebenten Bild allein. Im achten Bild verschwindet auch der Hirt im Kreis des Nichts. Im neunten Bild erscheinen die Dinge des Alltags in ihrer je eigenen Natürlichkeit, und der Hirt geht auf den Marktplatz, um die Menschen zu beschenken, wie das zehnte Bild zeigt. Das Entdecken der Spur im zweiten Bild ist der erste Kontakt mit dem Weg durch die Begegnung mit einem Meister, aber auch durch das Studium der Schriften. Das dritte Bild verdeutlicht, daß es oft einer Initialerfahrung bedarf, um die Zähmung des Bewußtseins und die völlige Loslösung von Projektionen und Verhaftungen, wie sie im vierten und fünften Bild auftauchen, zu bewältigen. Die Bilder 4 und 5 meinen die eigentliche Übung des Ch'an (Zen) im Zazen (Sitz-Versenkung). Die Freude der Ch'an-Praxis beruht auf der Freiheit von den inneren Fesseln, Denk- und Gefühlsgewohnheiten, Freiheit von den reaktiven Mustern, denen der nichterleuchtete Mensch nicht glaubt entgehen zu können. Im sechsten und siebenten Bild aber ist der Mensch zur Freiheit erwacht, er ist wunschlos und bedarf weder der Übung noch der Nicht-Übung. Das eigentliche, tiefste Erwachen drückt der Zen-Buddhismus mit der Metapher der ›Fülle des Nichts‹ aus, wie es im achten Bild als leerer Kreis anschaulich wird. Der Kreis ist aber nicht ›nichts‹, sondern eine vom kraftvollen Pinselstrich einmalig vollendete Bewegung, hier fallen die Gegensätze von Sein und Nichts, von Einheit und Vielheit zusammen im reinen Augenblick der Gestaltung. Die Dinge der Welt werden von einem erleuchteten Menschen nicht mißachtet, sondern so, wie sie sind, wahrgenommen, d. h. ohne egozentrisches Begehren oder vom Ich projizierte Ablehnung, wie das neunte Bild veranschaulicht. Im Ch'an/Zen ist nun allerdings das zehnte Bild entscheidend: die »Rückkehr zum Marktplatz«, die als ein Kriterium für die Echtheit der Erleuchtung gilt. Ein befreiter Mensch zieht sich nicht zurück, sondern wirkt in der Welt.

In dieser Bilderfolge kommt der narrative Charakterzug des Ch'an zum Tragen. Nicht gelehrte Diskurse und philosophische Begriffsbildung, sondern das Erzählen von Anekdoten der Meister, von Buddha Śākyamuni bis zu den Meistern (jap. *rōshi* [»alter Meister«]) aus jüngster Vergangenheit, bildet Tradition. Aus diesem Grunde konnte Ch'an zu einem wichtigen Träger der ästhetischen Entwicklung in der Sung-Zeit werden, vor allem durch die Qualität der literarischen Formen, der Tuschmalerei (Landschaft und Porträt) und der Architektur.

SPÄTERE ENTWICKLUNGEN, VERFALL UND ANSÄTZE ZU EINEM NEUERWACHEN DES BUDDHISMUS IN CHINA

In der Sung-Zeit blühte der Buddhismus in eigenen, sich konsolidierenden Schulbildungen und ging in Auseinandersetzungen mit dem konfuzianischen Gelehrtenstaat Kompromisse ein, die ihn nachhaltig prägten. Widerstand dagegen regte sich bei einigen Ch'an-Meistern aus der Lin-chi-Schule, die gegen das ›schweigende Sitzen‹ polemisierten, das in Verbindung mit literarischer Bildung eine gepflegte Intellektualität repräsentierte, aber den existentiellen Druck der *kung-an*-Praxis, die zum spontanen Erwachen führen sollte, vermied. Allen voran ist hier Ta-hui Tsung-kao (1089-1163) zu nennen, der die gesamte Ts'ao-tung-Schule des 12. Jahrhunderts dieser Nachlässigkeit zieh, ganz besonders aber wohl gegen Chen-hsieh Ch'ing-liao (1088-1151) zu Felde zog.[49] Dies war auch ein Politikum, weil es die Ch'an-Bewegungen verstanden hatten, sich in der Sung-Zeit als einheitliche Richtung zu präsentieren, was ihnen das Wohlwollen der Regie-

49 Morten Schlutter, *Silent Illumination, Kung-an Introspection, and the Competition for Lay Patronage in Sung Dynasty Ch'an*, in: P. N. Gregory, D. A. Getz (Hg.), *Buddhism in the Sung* (S. 312, Anm. 3), S. 109-147, hier bes. S. 109-116.

rung eintrug und Ch'an zu einem stabilisierenden Faktor in der Gesellschaft der Sung gemacht hatte.

Interessant aber sind in dieser Zeit vor allem die vom Reinen-Land-Buddhismus inspirierten Laienbewegungen, die, von einem eschatologischen Messianismus durchtränkt, eine neue Gesellschaft errichten wollten. Sie werden unter dem Begriff Weiße-Lotos-Sekte (*pai-lien tsung*) zusammengefaßt, unterscheiden sich aber im einzelnen nicht unerheblich voneinander.[50] Als Begründer der Weißen-Lotos-Sekte gilt der buddhistische Mönch Mao Tzu-yüan (1086-1166). Auf dem Hintergrund von T'ien-t'ai will er Ch'an-Meditation und die *nien-fo*-Praxis (Anrufung des Namens Amitābhas) des Buddhismus des Reinen Landes zusammenführen. Das Reine Land sei ein innerer Zustand im Geist jedes Menschen, und darum lehnt er die Hierarchie von Mönchen und Laien ab. Er und seine zahlreichen Laienanhänger erwarteten die Ankunft des künftigen Buddha-Maitreya (der Maitreya-Buddhismus ist in China als unabhängige, laienorientierte Bewegung seit dem 5. Jahrhundert nachweisbar), der eine erneuerte Gesellschaft und ein neues Staatswesen schaffen werde. Sie sind aber auch von frühen taoistischen Protestbewegungen beeinflußt. Einige dieser Gruppen predigten militärischen Widerstand gegen das korrupte Herrschaftssystem und bereiteten mit der Waffe in der Hand Maitreyas Ankunft vor, andere kämpften mit Gewaltlosigkeit für eine neue Welt. Viele waren (auch als Laien) strikte Vegetarier und hingen einem eschatologischen Dualismus an (das metaphysische Gute kämpft gegen das Reich des Bösen), der vom Manichäismus inspiriert war. Man kann folgenden historischen Zusammenhang vermuten: Nach dem Untergang des zentralasiatischen Uighuren-Reichs im Jahr 843 (wo der Manichäismus Staatsreligion gewesen war) wurden die Manichäer in China

50 Daniel L. Overmyer, *Folk Buddhist Religion. Dissenting Sects in Late Traditional China*, Harvard East Asian Studies 83, Cambridge (Mass.) 1976; Barend J. ter Haar, *The White Lotus Teachings in Chinese Religious History*, Sinica Leidensia 26, Leiden 1992.

brutal verfolgt. Zahlreiche Manichäer könnten in den Untergrund gegangen sein und einen direkten Einfluß auf die Laienbewegungen genommen haben, die sich später als Sekten des Weißen Lotos, der Weißen Wolke usw. formierten und dem chinesischen Buddhismus zuzurechnen sind. Es waren marginalisierte Laiengruppen, von denen sich die herrschenden Schichten distanzierten: Die Konfuzianer gingen zu den ›Banditengruppen‹ (als die sie denunziert und verfolgt wurden) ebenso auf Abstand wie der etablierte buddhistische *saṃgha*, der nicht in den Geruch der politischen Komplizenschaft kommen wollte und der herrschenden Aristokratie nahestand. Aber auch die einzelnen Lotos-Bewegungen beschuldigten sich untereinander des Irrglaubens und bekämpften einander, so daß ihr Einfluß immer lokal begrenzt war und die erwartete große Revolution ausblieb. Doch im Untergrund blieben diese Sekten für Jahrhunderte aktiv: Im Jahr 1622 kam es zu dem berühmten Aufstand von Shan-tung, der von der Weißen-Lotos-Sekte inspiriert war, und noch die über mehrere Provinzen ausgedehnte politische Rebellion von 1796-1804 war (zumindest anfangs) von einem militanten Maitreyanismus getragen. Ja, auch einige Gruppen des sogenannten »Boxer-Aufstandes« von 1898-1900 verbanden religiöse Konspiration, messianische Erwartungen sowie magische Techniken miteinander und beriefen sich ausdrücklich auf das Erbe der Weißen-Lotos-Lehren.[51] Doch die Erwartung des kommenden Buddhas Maitreya beschränkt sich nicht auf die Weiße-Lotos-Sekten, sondern prägt auch weite Kreise des Buddhismus des Reinen Landes. Der Einfluß dieser buddhistischen Laienbewegungen, die von der Frömmigkeit des Reinen Landes und einem politischen Maitreyanismus inspiriert waren, darf nicht unterschätzt werden.

In der Ming-Zeit (1368-1644) verlor der chinesische Buddhismus seine prägende Kraft und überließ das Feld dem Neo-Konfuzianismus, der allerdings buddhistische Anschauungen integrierte. Die Theorie der »Einheit der drei Leh-

51 B. J. ter Haar, a. a. O., S. 247ff.

ren« (*san-chiao*), nämlich Konfuzianismus, Buddhismus und Taoismus, sowie die politischen und kulturellen Instabilitäten führten zu einer Einebnung der Identität des Buddhismus gegenüber Konfuzianismus und Taoismus, aber auch die Charakteristika der buddhistischen Schulen untereinander verloren an Prägnanz. Eine bedeutende Rolle spielte der Mönch (Yün-ch'i) Chu-hung (1535-1615),[52] der ursprünglich aus der Ch'an-Schule kam, dann aber als achter Patriarch der Schule des Reinen Landes eine Erneuerung des Buddhismus in der Ming-Zeit maßgeblich anstieß. Er war nicht nur ein glühender Reformer, was z. B. die kompromißlose Praxis des Vegetarismus für Buddhisten betraf, sondern stand auch im literarischen polemischen Austausch mit dem Jesuiten-Missionar Matteo Ricci (1552-1610). Chu-hung gelang es, die intellektuell und ästhetisch anspruchsvolle Form des Ch'an-Buddhismus mit den volkstümlichen Lehren und Praktiken des Buddhismus des Reinen Landes (*ching-t'u*) zu verknüpfen, woraufhin es zu einer auf breite Bevölkerungsschichten ausgedehnten Renaissance des Buddhismus kam, deren synthetischer Charakter den Buddhismus in China bis heute prägt. So wurde zum Beispiel auch in Ch'an-Klöstern die Anrufung des Namens Amitābhas (*na-mo o-mi-t'o fo*) populär. Mehr und mehr aber wurde der Buddhismus zu einem devotionalen Tempelkult, von dem in der Ch'ing-Periode (1644-1912) nicht viel mehr übriggeblieben war als die Anrufung des Buddha als eines übernatürlichen Helfers in der Not, dem man Räucherwerk vor prunkvollen Standbildern opferte. Dies um so mehr, da der Buddhismus des Reinen Landes als Laienkult zwar verbreitet blieb, ohne daß von ihm aber noch bemerkenswerte intellektuelle oder ästhetische Impulse ausgegangen wären. Alle großen psychologischen und erkenntnistheoretischen Systeme des Buddhismus aus der T'ang-Zeit gerieten

52 Den Hinweis auf Chu-hung verdanke ich Karl-Heinz Pohl, Universität Trier. Vgl. auch Chün-fang Yu, *The Renewal of Buddhism in China. Chu-hung and the Late Ming Synthesis*, Irvington (N. Y.) 1981.

in Vergessenheit, und nur Ch'an konnte sich als Übungspraxis in kleineren Zirkeln halten.

Im 19. Jahrhundert kam es jedoch zu Versuchen der Erneuerung des Buddhismus, die allerdings steckenblieben, zumal China unter dem Angriff der westlichen Kolonialmächte zerrissen wurde.[53] Hinzu kam, daß die T'ai-p'ing Revolte (1850-64)[54] buddhistische Klöster und Bibliotheken zerstört hatte, die nun wiederaufgebaut werden sollten. Bei dem Neuanfang standen auch die westliche Buddhismusforschung und Impulse aus der christlichen Theologie des 19. Jahrhunderts Pate: Westliche Wissenschaft, Demokratie und ein kritisches Geschichtsverständnis sollten mit einem erneuerten Buddhismus Hand in Hand gehen. So erstellte und verbreitete der Laien-Buddhist Yang Wen-hui (1837-1911) Neuausgaben der Texte des buddhistischen Kanons, und er arbeitete dabei auch zeitweilig mit dem baptistischen China-Missionar Timothy Richard (1845-1919) zusammen. Yang war von dem deutschen Indologen F. Max Müller (1823-1900), den er in London getroffen hatte, ebenso inspiriert wie von dem Singhalesen Anagarika Dharmapala (1864-1933), der auf der Rückkehr vom Weltparlament der Religionen in Chicago 1893 durch China reiste.

Eine andere bedeutende Gestalt für die Erneuerung des geistigen und politischen Lebens war K'ang Yu-wei (1858-1927), der Inspirator der politisch-konfuzianischen Reformkräfte von 1898. Er war auch von buddhistischen Idealen beeinflußt und hatte aufgrund seiner Ch'an-Übungen eine tiefe geistige Erfahrung durchlebt, die er bald buddhistisch, bald in konfuzianischen Begriffen interpretierte. Im Geiste des

53 Zu den folgenden Ausführungen detaillierter: M. v. Brück, Wh. Lai, *Buddhismus und Christentum* (S. 17, Anm. 3), S. 115 ff.

54 Diese Bewegung war ein von Intellektuellen gesteuerter Bauernaufstand mit buddhistischen, taoistischen, christlichen und europäisch-aufklärerischen Einflüssen. Es ging um Abschaffung des Privateigentums, Gleichstellung der Frau, Zerstörung der repressiven politischen und religiösen Institutionen und die Errichtung eines utopischen Idealstaates.

Hua-yen-Buddhismus proklamierte er eine politische Erneuerung Chinas und der Welt: Wenn die Welt ein in sich vernetztes Ganzes sei, müßten auch alle nationalen und internationalen Grenzen beseitigt werden. Die Gruppe um K'ang wollte Tradition und Moderne, Religion und Wissenschaft, geistiges Erwachen und Demokratie miteinander verbinden und auf dieser Grundlage ein neues China aufbauen. Der buddhistische Mönch T'ai-hsü (1890-1949), ein Anhänger Yang Wenhuis, versuchte, aus der Kraft der Visionen seines Lehrers und durch eine Neubelebung der buddhistischen Bewußtseinsphilosophie (*Fa-hsiang*)[55] den *saṃgha* nach der bürgerlichen Revolution von 1912 zu erneuern, aber er fand wenig Gehör, weil die Mehrzahl der Mönche konservativ blieb und sich nicht auf die Herausforderungen der Moderne einstellen wollte. Als die Kaiserin Tz'u-hsi die Reformversuche von 1898 bereits nach 100 Tagen gewaltsam beenden ließ, waren alle Hoffnungen auf eine geistige und politische Erneuerung Chinas zunichte geworden. Das nun einsetzende Vakuum und politische Chaos setzte Entwicklungen in Gang, die sich schließlich in der maoistischen Revolution von 1949 entluden. Der Buddhismus wurde nun, wie alle anderen Religionen in China auch, unter staatliche Aufsicht gestellt und unterdrückt. In den letzten Jahren ist allerdings deutlich ein neues Interesse am Buddhismus (und anderen Religionen) in China auszumachen. Tempel werden restauriert und neu eröffnet, Klöster, denen es nicht an Novizen mangelt, werden renoviert und neu ausgestattet (wie zum Beispiel die Anlagen auf dem Wu-t'-Tai Shan), die Ch'an-Praxis wird in Laienkreisen neu belebt, die Universitäten (Shanghai, Peking, Wuhan, Hong Kong u. a.) gründen neue »Departments of Religious Studies«, die sich meist aus den Abteilungen für Philosophie entwickeln und historische wie philosophische Buddhismus-Studien auf hohem Niveau betreiben.

In Taiwan hat es seit den neunziger Jahren des 20. Jahrhunderts eine regelrechte Welle von Klostergründungen ge-

55 *Fa-hsiang* ist die chinesische Form der indischen Yogācāra-Schule.

geben. Tausende von jungen Männern, vor allem aber Frauen, haben sich entschieden, die buddhistischen monastischen Gelübde abzulegen. Meister (und Meisterinnen) mit charismatischer Ausstrahlung gründen buddhistische Bewegungen, die sich über das gesamte Land ausbreiten und von Laien zahlenmäßig wie finanziell getragen werden. Dabei spielt neben synkretistischem Ritual und Studium der Philosophie durchaus auch die Meditation eine große Rolle. Eine neue buddhistische ›Volksfrömmigkeit‹ bricht sich Bahn, die in Verbindung mit alten autochthonen taiwanesischen Religionsformen bewußte Abgrenzung zum Konfuzianismus sucht, der mit der Identität der Volksrepublik China verbunden wird, obwohl auch Taiwan außerordentlich stark konfuzianisch geprägt ist. Eine liberale und religionstolerante Grundstimmung in Taiwan kommt der Neuformierung des Buddhismus in der Mittelklasse und den unteren Bevölkerungsschichten ebenso entgegen wie einer Tendenz der Oberschichten, im Zuge der Anlehnung an westliche Lebensformen (und in Identitätssuche gegenüber der Volksrepublik China) dem Christentum zuzuneigen.

Der Buddhismus war in China einer höchst wechselvollen Geschichte unterworfen. Neben Zeiten der Blüte stehen lange Perioden des Verfalls und Identitätsverlustes. In jüngster Zeit ist ein neues Interesse erwacht, von dem noch nicht abzusehen ist, ob es zu einer nachhaltig wirksamen Renaissance des Buddhismus in China führen wird.

10
BUDDHISMUS IN JAPAN

In der Mitte des 6. Jahrhunderts n. Chr. wurde der Buddhismus chinesischer Prägung in einem ›Gesamtkorb von Kultur‹ nach Japan eingeführt, zunächst vermittelt durch buddhistische Missionare und politische Gesandte aus Korea[1] und seit Ende des 6. Jahrhunderts auch durch umfassenden kulturellen Austausch zwischen China und Japan. Daraus folgt für die gesamte Geschichte des Buddhismus in Japan eine spezifische Stellung: Obwohl der Buddhismus aus dem Ausland kam und gegenüber der einheimischen Shintō-Religion fremd war, wurde er doch so stark als Teil des gesamten zivilisatorischen Schubs von China her empfunden (Schrift, Kleidung, wirtschaftliche Produktionsgüter wie Porzellan, Kunst, Nahrungsmittel wie Tee, konfuzianische Gesellschaftsformen), daß der Buddhismus von vornherein adaptiert bzw. japanisiert werden konnte und, anders als in China, nie massiven Verfolgungen ausgesetzt war.[2] Das heißt freilich nicht, daß nicht auch in Japan die politische Geschichte des Buddhismus in bestimmten Epochen Schwankungen unterlag – der Staat pendelte zwischen Förderung und Ablehnung. Die Einführung des Buddhismus war ein Aspekt des Kulturtransfers von China, der auch eine politische Dimension besaß: Japan wurde seit dem 6./7. Jahrhundert zu einem zentralistisch regierten Staat, in dem die zuvor rivalisierenden Clans unter eine einheitliche politische Herrschaft gestellt wurden. Der folgende politisch-religiöse Zusammenhang ist im einzelnen zwar schwer beweisbar, aber auch nicht leicht von der Hand

1 Zum koreanischen Buddhismus siehe S. 312, Anm. 4.

2 Eine gewisse Ausnahme stellt die Meiji-Zeit (zweite Hälfte des 19. Jahrhunderts) dar, wie unten S. 416f. erläutert wird.

zu weisen: Besonders die einheitliche Schrift, die konfuzianische Ethik und die institutionalisierte Religion des Buddhismus dienten der Zentralisierung, und in dem Maße, in dem später wieder zentrifugale politische Kräfte wirksam wurden, geriet auch der Buddhismus in Bedrängnis. Als jedenfalls der Buddhismus eingeführt wurde, stärkte er die Zentralmacht der kaiserlichen Familie, und entsprechend wurde er aus diesen Kreisen unterstützt (Prinz Shōtoku [574-622]). Shōtoku förderte einen toleranten Buddhismus auf der Grundlage des *Lotos-Sūtra*, der abweichende Lehren (Konfuzianismus, Shintō) als *upāya* (»geschickte Mittel«) verstehen und achten konnte und mittels der Lotos-Lehre des Einen Fahrzeugs (*ekayāna*) Einheit in Verschiedenheit hinsichtlich der Religion wie der Politik legitimierte.[3] Die späteren Versuche der konfuzianischen Bürokratie, im Japan der Nara-Zeit (710-785) eine rein konfuzianische Staatsform durchzusetzen, mußten mißlingen, weil die in Japan eingeführte konfuzianische Kultur bereits erheblich von buddhistischen Elementen geprägt war. Im Verlauf der Geschichte wurde einerseits der Buddhismus japanisiert, andererseits Japan auch durch den Buddhismus umgestaltet. Dabei ist zu beachten, daß sich die Vielgestaltigkeit des chinesischen Buddhismus in ihrer Mischung aus Elementen des frühen (Theravāda-)Buddhismus, des Mahāyāna und des Tantrayāna auch in Japan zeigt und der Buddhismus alles andere als eine einheitliche geistige bzw. soziale Bewegung war und ist.

Der vom Staat geförderte Buddhismus verbreitete sich, soziologisch gesehen, von oben nach unten: In der Nara- (710-785) und Heian-Zeit (794-1185) war der Buddhismus vor allem eine Angelegenheit der Oberschichten, und erst während der

3 Masaharu Anesaki, *History of Japanese Religion*, Tokyo 1963, S. 62ff. Vgl. auch Joseph M. Kitagawa, *Religion in Japanese History*, New York 1966; Daigan Lee Matsunaga, Alicia Matsunaga, *Foundation of Japanese Buddhism*, 2 Bde., Los Angeles und Tokyo 1974-76; Yūsen Kashiwahara, Kōyū Sonoda (Hg.), *Shapers of Japanese Buddhism*, Tokyo 1994.

Kamakura-Periode (1185-1333) und der Muromachi-Zeit (1338-1573) erreichte er die Landbevölkerung und die städtischen Unterschichten. Dabei unterlag er einem charakteristischen Gestaltwandel: So wurden beispielsweise Totenrituale eingeführt, durch die der Einfluß der toten Seelen auf die Lebenden im Ahnenkult gelenkt werden konnte – eine ursprünglich ganz und gar nicht-buddhistische Interpretation der Welt. Die Japanisierung des Buddhismus vollzog sich allmählich, und einzelne Traditionen entwickelten dabei unterschiedliche Modelle. Die Sozialisation in Japan vollzog sich vornehmlich über die Familie (*ie*), zu der auch die Toten gehörten, und der Buddhismus – mit seiner Betonung der Verantwortung des einzelnen in der Entscheidung, den *dharma* zu praktizieren – mußte sich diesen Umständen anpassen. Daran hat sich (mit einigen Ausnahmen) bis heute nicht viel geändert. Die Entwicklung der Schulen (*shū*) des japanischen Buddhismus hat daher teils soziale, teils lehrmäßige, teils bereits durch die Unterschiede im chinesischen Ursprung begründete Wurzeln.

DIE SCHULEN DER NARA-PERIODE (710-785)

Kaiser Shōmu ließ ab 741 in allen Gegenden des Reiches Tempel errichten, die vom Staat subventioniert wurden (*kokubunji*). Dadurch wurde ganz Japan ein heiliger geographischer Raum, dessen Zentrum ein gigantischer Vairocana-Buddha[4] aus Bronze war, um den herum der große Tempel (Tōdai-ji) von Nara gebaut wurde. Eine solche mythisch-buddhistische Tempelgeographie entsprach chinesischem Vorbild und diente auch der religiösen Legitimation zentralisierter politischer Macht. Der 752 geweihte Tōdai-ji war Zentrum des (buddhi-

4 Die gigantische Vairocana-Statue von Nara war bereits 749 gegossen worden, um drei Jahre später geweiht zu werden. Der sonnengleiche Meditationsbuddha Vairocana lieferte – etwa zeitgleich – auch in China und Tibet die zentrale Herrschaftssymbolik der Könige bzw. Kaiser. Zu Tibet vgl. unten S. 440.

stisch interpretierten) Kosmos und des Staates. Sechs Schu
len oder Disziplinen des Buddhismus kennzeichnen diese Pe
riode, und sie bezeichnen genau jene Aspekte der buddhisti
schen Praxis, die im China der T'ang-Zeit (618-907) gepfleg
und nach 625 in Japan eingeführt wurden:

1. *Jōjitsu* (chin. *Ch'eng-shih-lun*), die auf den Sanskrit-Text *Sa*
tyasiddhi (Vollkommenheit der Erkenntnis vom wahren Sein
des Harivarman (4. Jh.) zurückgeht und vornehmlich herme
neutisch argumentiert, wobei die *śūnyatā*-Lehre mit Lehrinha
ten der frühbuddhistischen Sautrāntika-Schule verbunder
wird.

2. *Sanron* (chin. *San-lun*), die Mādhyamika-Schule auf de
Grundlage von drei Texten (*Mādhyāmaka-Kārikā* und *Dvādaśa*
nikāya-Śāstra des Nāgārjuna; *Śata-Śāstra* des Āryadeva), wel
che alle Ansichten widerlegt und damit die Grenzen des be
grifflichen Denkens aufzeigt.

3. *Hossō* (chin. *Fa-hsiang*), die *dharma*-Merkmale unterschie
und die Yogācāra-Tradition im chinesischen und japanischer
Kontext fortsetzt.

4. *Kusha* (chin. *Chü-she*), die Abhidharma-Schule, die auf de
Basis von Vasubandhus *Abhidharmakośa* die analytische Klas
sifizierung der *dharmas* in der Tradition der Sarvāstivāda-Phi
losophie betrieb und sehr bald von der Hossō-Schule aufge
sogen wurde.

5. *Kegon* (chin. *Hua-yen*), die Mitte des 8. Jahrhunderts vor
dem koreanischen Mönch Shinjō eingeführte Philosophie de
Totalität, aus der die Einheit des kosmisch-politischen Uni
versums abgeleitet und von Kaiser Shōmu, wie erwähnt, ir
der Gestalt des sonnengleichen Buddha Vairocana dargestell
wurde. Diese Schule war von bleibender Bedeutung für die
Weiterentwicklung des japanischen Buddhismus.

6. *Ritsu* (chin. *Lü*), die *vinaya*-Schule, die sich um die rechte
Interpretation der Mönchsdiziplin kümmerte. In China unc
in Japan konnte allerdings der *saṃgha* nie eine so große Rechts
autonomie gewinnen, derer er sich in Indien (und Sri Lanka
weitgehend erfreut hatte. (In China und Japan unterstand de
saṃgha viel unmittelbarer als in Südasien staatlicher Kontrolle
wodurch das politische System gestützt werden sollte.)

Kegon vor allem sorgte für eine staatstragende Weltanschauung. Wie durch die totalistische Philosophie bereits in China die T'ang-Dynastie gestützt wurde, so identifizierte sich nun auch Kaiser Shōmu in Japan mit dem Buddha Mahāvairocana als Zentrum des Universums und des japanischen Staates.[5] Bis zur Kamakura-Zeit (1185-1333) kannten die japanischen Buddhisten weitgehend keinen weltentsagenden, sondern nur einen staatstragenden *dharma*, das heißt, der Buddhismus war in Japan (meistens) politisch angepaßt. Interessant ist, daß in der *Hossō*-Schule aus der Einsicht in die Einheit des Bewußtseins und damit aller Lebewesen praktische Konsequenzen gezogen wurden: Dōshō (629-700), der in China bei Hsüan-tsang studiert und dort auch Frühformen der Ch'an-Schule kennengelernt hatte, und sein Schüler Gyōgi (668-749) riefen Projekte zur Schaffung einer Infrastruktur (Brücken-, Straßen- und Brunnenbau) sowie soziale Hilfsprogramme (Obdachlosenheime und Speisung von Hungernden) ins Leben und begründeten diese Aktivitäten mit einer buddhistischen Sozialethik.[6] In der Nara-Zeit war der Buddhismus noch weitgehend eine Fremdreligion, die – weil man alles Chinesische verehrte – allenfalls für die Oberschicht interessant war, aber die philosophischen Ansprüche des Buddhismus wurden auch in diesen Kreisen kaum verstanden. Die breiteren Schichten der Bevölkerung waren vom Buddhismus ohnehin kaum berührt. Dennoch war der Grundstein für die Entwicklung des Buddhismus gelegt, wichtige Werke wurden übersetzt, und mit dem Buddhismus war die chinesische Kultur in allen Aspekten (einschließlich des Bildungssystems) nach Japan gebracht worden.

---

5 D. L. und A. Matsunaga, *Foundation of Japanese Buddhism* (S. 368, Anm. 3), Bd. 1, S. 98.

6 Volker Zotz, *Geschichte der buddhistischen Philosophie*, Hamburg 1996, S. 205.

ENTWICKLUNGEN IN DER HEIAN-PERIODE (794-1185): TENDAI UND SHINGON

Während der Heian-Periode dominierte das totalistische Paradigma von Kegon, zumal im Jahr 805 der Mönch Saichō (767-822) das *Tendai*-System (chin. *T'ien-t'ai*) einführte und im Jahr 806 *Shingon* (chin. *Chen-yen*, tantrisches Mantrayāna) durch Kūkai (774-835) in Japan etabliert wurde.[7] Beide Schulen vertraten eine sakramental-totalistische Weltsicht und zelebrierten diese in hochästhetisierten Ritualen. Sie etablierten sich als Gegengewicht zur Orthodoxie der sechs Schulen der Nara-Zeit und gründeten ihre Zentren auf zwei berühmt gewordenen Bergen außerhalb der Städte (Hiei, Kōya). Beiden gelang es, eine umfassende Deutung der Welt zu geben, bei der vorbuddhistische japanische Kulturmuster in breitem Umfang integriert wurden. Namentlich Saichōs Tendai war eine Reformbewegung, die – im Gegensatz zu ihrem chinesischen Vorbild – politische Konsequenzen hatte: Die Reform richtete sich gegen Korruption in den alten Schulen, die das staatliche System gestützt und umgekehrt von der kaiserlichen Gunst profitiert hatten.[8] In der zweiten Hälfte der Heian-Zeit erodierte die kaiserliche Macht, und Partikularinteressen – besonders der mächtigen und finanzkräftigen Fujiwara-Familie – drohten die Einheit des Reiches zu gefährden. Die buddhistischen Klosterschulen gewannen dabei teilweise mehr Autonomie von der kaiserlichen Macht, büßten diese aber sehr schnell durch aufgezwungene (und teils auch gesuchte) Allianzen mit den lokalen Fürsten wieder ein: Die buddhistischen Klöster wurden zu strategischen Zentren. Als gegen Ende des 9. Jahrhunderts der Austausch mit China aus politischen Gründen (Abschottungspolitik) zum Erliegen kam, beflügelte dies die Japanisierung des Buddhismus.

7 Zum Folgenden vgl. auch S. 325-335.

8 D. L. und A. Matsunaga, *Foundation of Japanese Buddhism* (S. 368, Anm. 3), Bd. 1, S. 143.

Saichō stammte aus einer chinesischen Familie und hatte bei Gyōhyō (724-797) vor allem die Philosophie der Mādhyamika- und Yogācāra-Schulen studiert.[9] Mehr noch: Der *vinaya*-Meister Tao-hsüan (jap. Dōsen) hatte auch die Ch'an-Praxis an seinen japanischen Schüler Gyōhyō weitergegeben, und möglicherweise ist dieser Umstand der Grund dafür, daß auch in der Tendai-Schule eine dem *zazen* ähnliche Meditationspraxis gepflegt wird.[10] Saichō genoß die Protektion durch Kaiser Kammu, der allerdings bereits im Jahr nach Saichōs Rückkehr nach Japan (805) starb, so daß Saichō zunächst die kaiserliche Unterstützung verlor.

Tendai bot als Philosophie und Kultpraxis die Möglichkeit, die Eigenarten verschiedener Schulrichtungen zu verbinden: Meditation in Stil des Ch'an (Zen), Philosophie und tantrische Kultpraxis wurden in einem buddhistischen ›Ökumenismus‹ vereint, der wiederum die Basis für die großen Schulen der Kamakura-Zeit (1185-1333) abgab: Zen, Jōdo-shū (Reines Land), Nichiren-shū. Saichōs Tendai-Philosophie insistierte auf der Befreiungsmöglichkeit aller, weil ja alle Wesen die Buddha-Natur hätten und daher vom Ursprung her zumindest potentiell erwacht seien (*hongaku*), während seine Widersacher in den traditionellen Schulen den bereits in China von Tao-sheng zurückgewiesenen Standpunkt vertraten, daß bestimmte Menschen, die nur ihren Begierden folgen (skt. *icchantikas*), prädestiniert seien, nicht zur Befreiung zu gelangen. Philosophisch[11] fußt Tendai auf Nāgārjunas Mādhyamika-Schule, mit dem Unterschied, daß hier alle *drei* Ebenen des Denkens, nämlich Leerheit (*śūnyatā*), Entstehen in gegenseitiger Abhängigkeit (*pratītyasamutpāda*) und das Mittlere, die

9 Paul Groner, *Saichō. The Establishment of the Japanese Tendai School*, Berkeley Buddhist Studies Series 7, Berkeley 1984 (= Honolulu 2000).

10 D. L. und A. Matsunaga, *Foundation of Japanese Buddhism* (S. 368, Anm. 3), Bd. 1, S. 112.

11 Dazu: Minoru Kiyota, *Shingon Buddhism. Theory and Practice*, Los Angeles und Tokyo 1978, S. 50-56.

ganze Wahrheit offenbaren. Denn Entstehen in gegenseitiger Abhängigkeit und Leerheit bedingen einander. Die wechselseitige Beziehung zwischen beiden ist das Mittlere. Die drei Aspekte der Wahrheit können in *jeder* Erscheinung und auf *jeder* der drei Ebenen erkannt werden, und dies nennt Tendai die Meditation des Drei-in-Einem (*isshin sangan*), häufiger noch aber ist die Rede von den »dreitausend Welten, implizit in einem Gedankenaugenblick« (*ichinen sanzen*). Die dreitausend Welten gelten als Attribute der ›Soheit‹ (*tathātā*), d. h. der Wirklichkeit, die Tendai unter drei hierarchisch angelegten Kategorienreihen analysiert: 1. den zehn Zuständen der Lebewesen, nämlich die sechs Daseinsbereiche sowie die vier Stufen zur Buddhaschaft, von denen die ersten beiden Hīnayāna, die letzten beiden Mahāyāna repräsentieren: *śrāvaka* (»Hörer«), *pratyakabuddha* (»Allein-Erwachende« ohne Abhängigkeit von der Lehre eines Buddha), *bodhisattva* (»Erwachenswesen«), Buddha. Jeder Zustand impliziert jeden anderen, so daß sich 10 × 10, also 100 Zustände ergeben. Diese wiederum werden mit den zehn Aspekten der *tathatā* multipliziert, die alle in allen Zuständen präsent sind, nämlich äußere Erscheinung, innere Qualität und die Kombination beider als Wesentlichkeit, die latenten Eigenschaften (Potential), die Manifestation derselben als Funktion, die Primärursache, die Begleitumstände (sekundäre Ursachen), Wirkung, die Wirkung der Wirkung und schließlich die Summe dieser neun Aspekte in ihrer gegenseitigen Wirksamkeit. So ergeben sich 1000 Wirklichkeitskomplexe. Diese nun sind repräsentiert in allen drei grundsätzlichen Wirklichkeitsbereichen 1. der fühlenden Wesen, 2. der materiellen Grundlagen, derer die fühlenden Wesen bedürfen, 3. der *skandhas*, deren Kombination die Welt aller fühlenden Wesen konditioniert und die als die Faktoren gelten, die *karman* erzeugen. Dies ergibt »3000 Welten«, die aber nicht getrennt vom Bewußtsein existieren, sondern die vielmehr in jedem Bewußtseinsmoment zugegen sind. Dies bedeutet auch, daß es kein Lebewesen gibt, das nicht die Buddha-Natur hätte, aber ebenso auch die Höllen-Natur in sich trägt. Weil alle Erscheinungen miteinander zusammenhängen, gibt es keine unabhängige Individualität. Wenn es keine unabhängige Individualität gibt, kann es auch keine endgültige Befreiung ohne die Befreiung aller anderen Wesen geben.

Shingon integrierte die Tendai-Philosophie als Vorstufe des eigenen Systems und entwickelte eine ästhetische Sicht der Wirklichkeit und Kultformen, die den esoterischen Tantrismus als Ästhetisierung der alltäglichen Erscheinungen wirksam werden ließen, was wiederum dem japanischen Lebensstil entsprach und diesen tief umgestaltete, insofern die Schönheit des kleinsten Staubkorns der Erscheinungswelt als Inbegriff des Buddha-Bewußtseins gelten konnte. Shintō-Gottheiten wurden integriert als Manifestationen geistiger Qualitäten (Buddhas und Bodhisattvas) in materieller Form. Kūkai (774-835),[12] der bei Hofe verkehrte und ein enger Vertrauter des Kaisers Saga war, hatte in China mehrere tantrische Traditionen kennengelernt. Er systematisierte dieses Wissen und schuf ein konsistentes System der mantrischen Meditationspraxis und Klangharmonie (Klänge der Silben entsprechen makrokosmischen Gegebenheiten und Entwicklungsstufen des Bewußtseins). Kūkais Shingon integrierte auch das Yogācāra-System und verband es mit Mādhyāmika zu einer Gesamtschau, die den Dharmakāya Mahāvairocana als allumfassenden Körper der Wirklichkeit und damit als wahren Körper des Buddha begriff. Die Theorie basiert auf der Theorie der drei Körper des Buddha (*trikāya*), die wir schon kennengelernt hatten und die besonders in der Yogācāra-Schule systematisiert worden war, indem das Bewußtsein nicht als statische Größe bzw. ›Ding‹, sondern als Prozeß betrachtet wird, der sich selbst konditioniert durch die Eindrücke, die in ihm gespeichert sind. Die Art dieser Prägungen entscheidet über die Art der Wahrnehmung und des Denkens. Durch Meditation[13] kann demzufolge ein verwirrtes Be-

12 Yoshito S. Hakeda, *Kūkai. Major Works. With an account of his life and a study of his thought*, New York 1972.

13 Shingon spricht davon, daß die »drei Geheimnisse« (skt. *tri-guhya*,

wußtsein zum Zustand der Klarheit transformiert werden. Alle »drei Körper des Buddha« (der materielle, der feinstoffliche und der Wahrheitskörper) symbolisieren diese Transformationskraft. Der Wahrheitskörper (*dharmakāya*) ist Inbegriff der vollkommenen Einheit. Dieser ist symbolisiert im allumfassenden Buchstaben A, der als Meditationsbuchstabe (*A-ji*) bzw. als *bīja* (»Same«) des Dharmakāya Mahāvairocana Gegenstand der Betrachtung im Shingon wird. Man sieht hier die typische tantrische Entsprechungslogik, die an und in der sinnlichen Erfahrung die Integration bzw. Nicht-Zweiheit von Bewußtseinsmoment und Wahrnehmungsgegenstand vollziehen will. Wahrnehmungsgegenstand ist *jede* Erscheinung in der Welt, und die Shingon-Praxis demonstriert dies durch kultischen und meditativen Umgang mit unendlich vielen Mandalas, in denen die Entsprechungen bzw. Analogien von Buddha-Körpern, Elementen, Farben, Klängen, Himmelsrichtungen, Zeitmodi, Bewußtseinsaspekten usw. inszeniert werden.

Kūkai war Saichō zunächst sehr verbunden, und beide ar-

---

jap. *san-mitsu*), die durch den physischen Körper (*kāya*), die Sprache bzw. den Klang (*vāc*) und das Bewußtsein (*manas*) des Dharmakāya Mahāvairocana zutage treten, eine Dynamik im absoluten Buddha-Bewußtsein ausmachen, die vom Menschen, dessen Bewußtsein durch die *kleśa* (»Verunreinigungen«, nämlich Unwissenheit, Gier und Haß) verdunkelt sind, erst noch durch Übung auf den drei Ebenen von Körper, Sprache und Bewußtsein (*tri-karma*) realisiert werden muß. Das Verschmelzen von *tri-guhya* und *tri-karma* geschieht durch *adhiṣṭhāna*, womit die heilende Hinwendungskraft (*karuṇā*) des absoluten Buddha Mahāvairocana gemeint ist, die hier mit dem Streben des Menschen konvergiert. *Adhiṣṭhāna* umfaßt drei Arten der Integration von Mensch und Buddha, nämlich *mudrā*, wodurch die materiellen Leibebenen verschmolzen werden, *dhāraṇi* (die »mantrische Silbe«), wodurch die Sprache/Klänge beider integriert werden, und *yoga* (»Bewußtseinskonzentration«), wodurch die Bewußtseinskräfte beider verschmelzen (vgl. dazu M. Kiyota, *Shingon Buddhism* [S. 373, Anm. 11], S. 65-74).

beiteten Hand in Hand. Anders als Saichō glaubte Kūkai aber nicht, daß Tendai und Shingon letztlich ganz ähnliche Ziele verfolgten – Kūkais Shingon konnte zwar alle anderen Schulen gelten lassen und politische Kompromisse schließen, doch war für ihn Tendai ein System, das in China bereits im Abstieg begriffen und darum überholt war. Im Jahr 813 kam es zu einem bitteren Streit und 816 zum offenen Bruch zwischen Kūkai und Saichō, der persönliche Gründe hatte (Saichōs engster Schüler Taihan war zu Kūkai abgewandert), aber auch Differenzen in ihren Lehranschauungen offenlegte. Im 10. Jahrhundert wurden die Rituale, die beide Traditionen entwickelt hatten, weiter elaboriert. Ein Beispiel ist der Tendai-Mönch Ryōgen (912-985), der mit der mächtigen Fujiwara-Familie assoziiert war, die Töchter brauchten, um die Kaiser mit Frauen zu versorgen, und Söhne, die selbst zu Herrschern aufsteigen konnten, beides, um politischen Einfluß zu gewinnen und die Macht des Familienclans zu stabilisieren. Mönche verrichteten die Rituale, um die gewünschte Fertilität und jeweils gewollte Geschlechtsbestimmung der Nachkommen zu garantieren. Dazu diente die *goma*-Zeremonie, die in Grundzügen dem altindisch-vedischen *homa*-Opferritual nachgestaltet war, und Ryōgen entwickelte solche Rituale, die einerseits ihre Legitimation daher gewinnen mußten, daß sie alt waren und zumindest schon auf eine Erfolgsgeschichte in China verweisen konnten, andererseits innovative Züge trugen, um in der Konkurrenz mit anderen Mönchen und Ritualen – etwa aus der Shingon-Tradition – bestehen zu können.[14]

Gegen Ende der Heian-Zeit wurden die politischen Verhältnisse in Japan immer instabiler. Rivalisierende Feudalherren lagen miteinander in blutiger Fehde, und da die Großklöster meist mit den adligen Familien wirtschaftlich und personell verflochten waren, wurden sie häufig in die Auseinandersetzungen verwickelt. Nicht selten bewaffneten sich

14 Paul Groner, *Ryōgen and Mount Hiei. Japanese Tendai in the Tenth Century*, Studies in East Asian Buddhism 15, Honolulu 2002, S. 72-77.

die buddhistischen Mönche solcher Klöster und griffen aktiv in die Kämpfe ein. Von buddhistischer Gewaltfreiheit konnte keine Rede mehr sein, und die Korruption nahm überhand. Die alte indische Theorie der Weltzeitalter bot einen Deutungsrahmen, der den eigenen Erfahrungen entsprach: Man lebte in einer völlig korrupten Endzeit (*mappō*),[15] in der auch

15 Der Glaube, in einer dekadenten »Endzeit« (jap. *mappō*) zu leben, hat vor allem die Schulen des Reinen Landes und die Nichiren-Schulen geprägt. Die Geschichtskonstruktion immer dekadenterer Weltzeitalter geht auf den frühen indischen Buddhismus zurück und findet sich ausgeprägt im *Abhidharmakośa* Vasubandhus (etwa 420-500). Sie hat eine Parallele in der brahmanisch-hinduistischen *yuga*-Theorie (einander folgende Weltzeitalter, die immer weniger Lebenskraft [verkürzte Lebenserwartung] und zunehmende Gesetzlosigkeit aufweisen). Erst in China aber wurde unter dem Eindruck der Verfolgungen des Buddhismus im 6. Jahrhundert diese allgemeine Lehre systematisiert und als konkrete Deutung der Zeit verstanden, wobei besonders Hsin-hsing (540-594) aus der Schule San chieh-chiao, außerdem Tao-ch'o sowie Shan-tao (613-681), beide bedeutende Vertreter der Schule des Reinen Landes, diese Dekadenztheorie vertraten. In Japan nimmt bereits Shōtoku Taishi in seiner Schrift *Sangyōgisho* (einem Kommentar zum Sūtra der Königin Śrīmālā, dem *Vimalakīrti-Sūtra* und dem *Lotos-Sūtra*) auf diese Theorie Bezug, die offensichtlich das Zufällige (Kontingenz) in der Geschichte, das dem Menschen besonders in Katastrophen unverständlich bleibt, in einen sinnvollen Deutungsrahmen zu stellen versucht. In Japan wurde das chinesische Modell aufgegriffen und aktualisiert: Man berechnete das Datum des Eintritts von *mappō* nach dem Tod des historischen Buddha und der Länge der ersten Periode des reinen *dharma* und der zweiten des verfälschten *dharma*. Da aber sowohl die Datierung des Buddha als auch die Dauer der ersten beiden Perioden strittig waren, kam man zu unterschiedlichen Berechnungen des Eintritts der dekadenten dritten Periode (*mappō*). Auf jeden Fall suchte man nach einer Praxis, die die Zeitknappheit und die Unfähigkeit der Menschen zu ausdauernder Übung (der Bewußtseinsschulung) kompensieren konnte, und fand sie in der Rezitation des Namens Amidas bzw. des Titels des *Lotos-Sūtra*. Details zur Entwicklung dieser Theorie in Japan im Zusam-

die Reinheit des buddhistischen *dharma* nicht mehr aufrechterhalten werden konnte. Die gesamte Kultur und mit ihr der Buddhismus geriet in eine Krise. Die politische Krise wurde auch deshalb als Krise des Buddhismus akut, weil der buddhokratisch-konfuzianische Beamtenstaat der Heian-Zeit zusammenbrach und die Staatsämter wieder erblich wurden. Lokale Beamte eigneten sich Lehensgüter an, die ihnen ökonomische wie politische Unabhängigkeit sicherten, was die zentralstaatliche Ordnung vollends zusammenbrechen ließ. Vor allem das Eintreiben von Steuern wurde immer chaotischer, und es entbrannte ein blutiger Streit um Steuervorteile, der diese Periode wie ein roter Faden durchzog. Die Fehden und kriegerischen Auseinandersetzungen zwischen den buddhistischen Klöstern drehten sich um diese Probleme und nicht um Lehrdifferenzen, die jedoch für die Durchsetzung von Machtinteressen instrumentalisiert wurden. Infolgedessen wurde der Ruf nach Reformen immer lauter, und einzelne Mönche, die sich der Erneuerung des Buddhismus annahmen, stießen auf breites Echo. Zahlreiche Mönche reisten nach China, um dort aus den Quellen zu schöpfen und einen gereinigten Buddhismus nach Japan zu bringen: Zen-shū und Jōdo-shū. Diese buddhistischen Krisenbewegungen der Kamakura-Periode nahmen auf diesem Hintergrund schärfere Konturen an als ihre Vorbilder in China, Ch'an und Reines Land. Außerdem kam in Japan noch die Nichiren-Schule hinzu, die in China kein Vorbild hatte.[16]

---

menhang mit dem Verständnis der Einheit des *dharma* als Buddha-*dharma* und *dharma* (»Gesetz«) der kaiserlichen Macht, die bereits im 8. Jahrhundert von freien, teils selbst-ordinierten umherwandernden Volkspredigern (*hijiri*) wie Gyōgi (668-749) in Frage gestellt wurde, präsentiert Michele Marra, *The Development of Mappō Thought in Japan (I.II)*, in: Japanese Journal of Religious Studies 15 (1988), H. 1, S. 25-54 (bes. S. 30ff.) und H. 4, S. 287-305.

16 Vgl. Yoshinori Takeuchi, *Der neue Buddhismus der Kamakurazeit*, in: Hans Waldenfels, Thomas Immoos (Hg.), *Fernöstliche Weisheit und christlicher Glaube*, Mainz 1985, S. 221-233.

REFORM-BUDDHISMUS DER KAMAKURA-ZEIT (1185-1333): JŌDO, NICHIREN, ZEN

Alle drei ›Schulen‹ bzw. Bewegungen, die kulturell-kultische Zentren bildeten,[17] haben ihre Wurzeln im Tendai-Buddhismus, sie betonen aber jeweils unterschiedliche Aspekte der Praxis, die im Tendai vereint waren: Zen basiert *allein* auf Meditation, Reines Land *allein* auf dem Vertrauen in das Gelübde Amidas, Nichiren *allein* auf der Praxis, die sich aus dem *Lotos-Sūtra* ergibt. Gemeinsam ist diesen Bewegungen, daß die kultische Verehrung des Gründers in einem eigens für diesen Zweck errichteten Gründertempel (*mieidō*) wichtig wird, wodurch Pilgerschaften und neue Ausprägungen von Loyalitäten entstanden, die es in dieser Form bisher nicht gegeben hatte. Reliquien sorgten für eine lebendige Präsenz des Meisters, die kultisch inszeniert wurde. Wenngleich die Zen-Schulen gegen diese ›Bilderverehrung‹ polemisierten, konnte sich auch Zen dem allgemeinen Trend nicht entziehen: Hier erfüllten Porträtmalereien (*chinzō*) des Gründers den gleichen Zweck – sie wurden nicht nur kultisch verehrt, sondern dienten als Signatur der Weitergabe der geistigen Kraft vom Meister auf den Schüler.[18] Diese Entwicklungen waren zwar

17 Es handelt sich weniger um neue ›Schulen‹ als um kultische Zentren, die auf das wirtschaftliche und kulturelle Leben einer Region ausstrahlen und dasselbe auch politisch und juristisch organisieren, denn die hohe Flexibilität und Durchlässigkeit dieser Zentren für Einflüsse und Umformungen aller Art ist für Japan in dieser Zeit charakteristisch, während erst in der Tokugawa-Zeit unter dem administrativen Druck zentralistischer politischer Interessen des Shōgunats, also im 17. und 18. Jahrhundert organisatorisch straffe und klar definierte sowie unabhängige ›Schulen‹ entstanden. (Dazu: James C. Dobbins, *Envisioning Kamakura Buddhism*, in: Richard Karl Payne [Hg.], *Re-Visioning »Kamakura« Buddhism*, Studies in East Asian Buddhism 11, Honolulu 1998, S. 24-42, bes. S. 28-32.)

18 J. C. Dobbins, a. a. O., S. 33.

n der späten Heian-Periode vorbereitet worden, und Einzelheiten der Praxis (wie die Rezitation des *daimoku*, des Titels des *Lotos-Sūtra*[19]) waren schon bekannt, aber der gegenseitige Exklusivismus war neu im Buddhismus, und man muß ihn wohl als Antwort auf das dramatisch verschärfte Krisenbewußtsein interpretieren.[20] Alle drei Schulen galten zu ihrer Zeit als ›häretisch‹, wurden aber in der späteren Geschichte zu den mit Abstand bedeutendsten Schulen des japanischen Buddhismus, und zwar hinsichtlich der Zahl der Anhänger wie bezüglich ihrer Kreativität. Im 13. Jahrhundert waren diese Schulen noch wenig bekannt, die Tendai-Quellen erwähnen sie gar nicht. Das (in der westlichen Forschung) häufige Urteil, die traditionellen Schulen – vor allem Shingon auf dem Kōyasan und Tendai auf dem Hiei-san – hätten in der Kamakura-Zeit an Bedeutung verloren, muß revidiert werden, zumindest was den Einfluß auf die Oberschichten betrifft: Die großen Tempelkomplexe konnten durch Spenden, Landschenkungen und Zukäufe ihr politisches und ökonomisches Gewicht noch vermehren, außerdem betätigten sich die lose mit den Tempeln verbundenen Wandermönche (*hijiri*, deren Aktivität bereits im 10. Jahrhundert nachgewiesen werden kann), die auch über die Dörfer zogen, als Spendensamm-

19 Jacqueline I. Stone hat nachgewiesen, daß bereits in der Heian-Zeit diese ›leichte‹ Praxis Sterbenden empfohlen wurde, denn wer mit dieser Rezitation auf den Lippen stürbe, würde unmittelbar die Befreiung erlangen. Außerdem seien hier bereits Amida-Buddhismus und die Verehrung des *Lotos-Sūtra* verschmolzen worden, wobei die Rezitation von Texten des Sūtra (oder eben auch nur des Titels) magischen Zielen wie dem Schutz von Reisenden, der Beeinflussung des Wetters oder auch der Herbeiführung medizinischer Wunder dienten (J. I. Stone, *Chanting the August Title of the Lotus Sutra. Daimoku Practices in Classical and Medieval Japan*, in: R. K. Payne [Hg.], *Re-Visioning »Kamakura« Buddhism* [Anm. 17], S. 116-166).

20 Das Krisenbewußtsein hängt zusammen mit Naturkatastrophen, Epidemien und vor allem der drohenden Mongoleninvasion Japans.

ler für die Großzentren. Dies wäre nicht möglich gewesen hätte nicht die kultische Ausstrahlungskraft dieser Zentren für die Alltagsriten der Bevölkerung und die Herrschaftsriten der Oberschichten nach wie vor Maßstäbe gesetzt.[21] Der immer stärkere Zulauf von Menschen an diese Schulen ist auch soziologisch zu erklären, denn die Wirtschaft veränderte sich Die Bauernschaft konnte sich aus der bittersten Armut be freien und buddhistische Institutionen unterstützen, was stä keren Einfluß und wechselseitige engere Bindung zur Folg hatte. In dieser Zeit ständiger Verschiebung der Macht zw schen den politischen Zentren Kyōto und Kamakura sowi zwischen der »Triarchie«[22] von Adelsgeschlechtern am ka serlichen Hof, den Samurai und den buddhistischen Priestern die in hierarchisch organisierten Tempelzentren (*jike*) einer seits die Allianzen wechselten, andererseits auch eine gewiss Stabilität gewährleisteten, wuchs das Bedürfnis nach Bin dungen an lokale Tempel, die Identität und Schutz gewäh ren konnten, und genau dies boten die neuen Schulen an.[2 Außerdem hatten sie auf die Krisen jener Zeit plausible un nachvollziehbare Antworten. Doch damit ist die Kraft di ser Bewegungen noch nicht erschöpfend gedeutet. Vielmeh radikalisierten diese neuen Schulen wesentliche Aspekte de buddhistischen Grundeinsicht in die Nicht-Dualität der Wirk lichkeit auf je besondere Weise, und damit erneuerten si den Buddhismus aus seinen Ursprüngen, was ein kraftvolle Echo fand.

21 George J. Tanabe, *Kōyasan in the Countryside. The Rise of Shingon i the Kamakura Period*, in: R. K. Payne (Hg.), *Re-Visioning »Kama kura« Buddhism* (S. 380, Anm. 17), S. 43-54.

22 Kenneth Kraft, *Eloquent Zen. Daitō and Early Japanese Zen*, Hono lulu 1992, S. 21. Nachdem die Hauptstadt 1336 nach Kyōto verleg wurde, kam es häufiger zu Vermischungen zwischen den dre Gruppen durch Ämterkombination, Funktionsüberlappunge (Kaiser wurden Mönche, Mönche trugen Waffen [*sōhei*]), Eh schließungen usw.

23 Richard Karl Payne, *Introduction*, in: R. K. Payne (Hg.), *Re-Visio ing »Kamakura« Buddhism* (S. 380, Anm. 17), S. 4-9.

Der Buddhismus der Kamakura-Zeit wurde noch mehr als die bereits in der Nara-Zeit etablierten Schulen japanisiert. Bereits seit der Heian-Zeit waren vorbuddhistische japanische Shintō-Gottheiten bzw. geistige Wesen (*kami*), die spezifische Orte bevölkerten und lokale Clan-Ahnen (der Aristokratie) repräsentierten, mit lokalen buddhistischen Tempeln verbunden und mit Buddhas und Bodhisattvas identifiziert worden. Den sechs buddhistischen Vollkommenheiten (*pāramitās*) wurden einzelne *kami* zugeordnet,[24] die sich wiederum in bestimmten Schreinen manifestierten, so daß eine buddhistisch gedeutete Japan-Geographie entstand, die durch die alten *kami*-Ordnungen strukturiert war, wobei man nicht von einem ›System‹, sondern von einer Vielfalt lokaler Traditionen sprechen muß, die sich mehr oder minder lose aneinanderfügten. Die meisten buddhistischen Tempelkomplexe enthielten Kultstätten für jene *kami*. Diese Verbindung wurde im Kamakura-Buddhismus zu einer scheinbar unauflöslichen Einheit, die bis zur Meiji-Epoche anhielt (Mitte 19. Jh.), als aus politisch-nationalistischen Gründen ein unabhängiger Shintō-

24 Die erste Vollkommenheit »Geben« (skt. *dāna*, jap. *fuse*) korrespondierte dem Schrein-Komplex von Inari sowie von Itsukushima und Chikubushima, die zweite »Tugend« (skt. *śīla*, jap. *jikai*) dem Hachiman-Schrein in Kyōto (dessen *kami* niemals betrügen und Ehrlichkeit fördern) und dem Kitano-Schrein, die »gelassene Ausdauer« (skt. *kṣānti*, jap. *ninniku*) korrespondiert den Schreinen von Kamo und Hirano, deren *kami* verkörperte Geduld sind, »Stärke« (skt. *vīrya*, jap. *shōjin*) ist im Kumano-Schrein angesiedelt, die fünfte Vollkommenheit »Versenkung« (skt. *dhyāna*, jap. *zenjō*) korrespondiert der Sonnengöttin Amaterasu, *kami* der kaiserlichen Ahnen im Ise-Schrein, und die sechste Vollkommenheit, »Weisheit« (skt. *prajñā*, jap. *hannya*), ist im Kasuga-Schrein sowie im Sannō-Schrein manifestiert. (So der Text *Keiranshūyōshū*, entstanden 1348 auf dem Hiei-Berg, zitiert und übersetzt von Allan G. Grapard, *Keiranshūyōshū. A Different Perspective on Mt. Hiei in the Medieval Period*, in: R. K. Payne [Hg.], *Re-Visioning »Kamakura« Buddhism* [S. 380, Anm. 17], S. 55-69, bes. S. 63. Zu den sechs Vollkommenheiten siehe auch S. 414, Anm. 53.

Kult konstruiert und in die Vergangenheit rückprojiziert wurde.[25] Die ›Japanisierung‹ des Buddhismus zeigt sich in der Kamakura-Zeit aber auch in der zunehmenden Durchdringung mit japanischen ästhetischen Gestaltungsformen und Werten, wobei der Buddhismus auch umgekehrt dem Lebensgefühl und den Künsten, in denen er sich ausdrückte, neue Impulse gab. Dies trifft namentlich auf die Kalligraphie (*shodō*), die Malerei (besonders Tuschmalerei, *suibokuga*), die Architektur, die Musik und das Schauspiel (*nō*) zu, aber auch auf die Kunst der Gartengestaltung, die Teezeremonie (*chanoyu*), das Bogenschießen (*kyūdō*), die Schwertkunst (*kendō*) usw. Diese Ästhetik konzentriert sich in drei Werten, die für die klassische japanische Lebensgestaltung der sozialen Oberschichten maßgeblich sind und die auch heute im industriellen Zeitalter – oft nicht auf den ersten Blick sichtbar, aber durchaus wirksam – nicht verschwunden sind: *wabi*, *sabi* und *yugen*. *Wabi* ist die Suche nach Anmut im Einfachen, die Lust am Mangel und das Schmachten nach Erfüllung (so die Bedeutung der Sprachwurzel *wabu*). Durch Aussparung wird der Blick auf das Wesentliche gelenkt. Auch das Dekorative wird in die schlichte Form materieller Sparsamkeit einbezogen, wobei den (ungeraden) Proportionen und Asymmetrien der Gestaltgebung höchste Aufmerksamkeit zuteil wird. Der Übergang von Natur zu menschlicher Gestaltung ist fließend und soll nicht bemerkbar sein. Das Schöne ist das Einfache, das sich in dem unwiederholbaren jetzigen Augenblick zeigt, und jede Bewegung des Körpers, des Pinsels oder der Gedanken soll sich diesem Gesetz unterwerfen. Ganz besonders im Zen wird das Ideal formuliert, diese Haltung im Alltag auszugestalten. *Sabi* ist die Rückkehr zum Ursprünglichen, und zwar im Sinne des Ursprungs, der für die konzentrierte Wahrnehmung immer und nicht bloß am zeitlichen Anfang gegenwärtig ist. Das Ursprüngliche ist die Schönheit, die sich in der Zeit entfaltet und schließlich in der Bewegung vom Ur-

25 Allan G. Grapard, *The Protocol of the Gods. A Study of the Kasuga Cult in Japanese History*, Berkeley und Los Angeles 1992.

sprung weg ihre Kraft verliert und degeneriert. *Sabi* wird somit nicht als Fortschritt, sondern als Degeneration wahrgenommen, deren Bewußtwerdung das Vergängliche einprägt und einen Kraftverlust bedeutet, dessen Wehmut allem Tiefe verleiht. *Yugen* ist die Wahrnehmung der Einheit des Ganzen in der entfalteten Form. Die Tiefe des Schönen ist demnach in der Stille und Natürlichkeit jeder vergänglichen Gestalt wahrnehmbar, und genau diese Grundhaltung ist ein kulturelles Muster, das sich zwar schon in der Heian-Zeit ankündigte, nun aber unter dem Einfluß des Buddhismus immer prägender wird. Diese Ästhetik hat sich mit Sicherheit am stärksten im Zen-Buddhismus artikuliert, ist aber auch im Shingon und Tendai spürbar und, weniger markant, in den Massenbewegungen des Nichiren- und Jōdo-Buddhismus.

Jōdo-shū

Frühe Formen der Amida-Verehrung und der Frömmigkeit des Reinen Landes gab es bereits im Japan der Asuka-Periode (500-710), denn ein erster Bezug auf das *Große Sūtra vom Reinen Land* (*Sukhāvatī-vyūha-Sūtra*) erscheint in einigen der Schriften, die Prinz Shōtoku zugeschrieben werden. Auch die Anhänger der Sanron-, Kegon- und Hossō-Schule studierten das Reine-Land-Sūtra. Genaueres war aber nicht bekannt, und es kam zu Verwechslungen des Reines-Land-Amidas mit dem *tuṣita*-Himmel des künftigen Buddha Maitreya.[26] In der späten Heian-Zeit wurde der Amida-Kult zunächst innerhalb der Tendai-Schule (andauernde Rezitationsmeditation, *jōgyō sammai*) immer geläufiger, blieb aber zunächst aristokratisch und auf die Klöster beschränkt. Doch bereits im 10. Jahrhundert griff diese Frömmigkeit auf die Laien über. Der Mönch Kūya (903-972) soll als einer der ersten eine Massenbewegung ausgelöst haben. Aber eine eigenständige japanische Schule

26 D. L. und A. Matsunaga, *Foundation of Japanese Buddhism* (S. 368, Anm. 3), S. 113.

des Buddhismus des Reinen Landes (*jōdo*) wurde erst von Hōnen (1133-1212) begründet, als dieser 1175, enttäuscht vom korrupten Establishment des Mönchtums auf dem Hiei-Berg, mit Tendai brach.[27] Die Korruption in den Klöstern war nicht nur moralisch bedingt, sondern auch im System begründet: Seit der Nara-Zeit und verstärkt in der Heian-Periode hatten die Klöster durch das Patronat der herrschenden Schichten (der Kaiser, der Fujiwara-Familie) immer mehr Landbesitz (*shōen*) angehäuft. Um die Felder zu bestellen, wurden »arbeitende Priester« (*dōsō*) angestellt, die mit den »gelehrten Mönchen« (*gakusō*) so gut wie nichts gemein hatten. Vornehmlich aus deren Reihen kamen auch die »kämpfenden Mönche« (*sōhei*), die in die militärischen Auseinandersetzungen der feudalen Kleinkriege eingriffen. Es kam in und um die Klöster zu erheblichen Spannungen, zu Kämpfen um Macht und Besitz. Außerdem waren, wie in China, nicht wenige zweifelhafte Gestalten Mönche geworden, um der Steuer und dem Militärdienst zu entgehen. Wie dokumentierte Beschwerden aus dem Jahr 914 belegen, gab es regelrechte ›Banditen-Mönchsgruppen‹.[28]

Hōnen jedenfalls war zunächst Tendai-Mönch gewesen und hatte sich nun fluchtartig in die Berge zurückgezogen, um das Leben eines heiligen Mannes (*hijiri*) – relativ unabhängig vom klösterlichen Establishment, umherwandernd und predigend – zu führen. Statt aber nach seiner Rückkehr das reguläre Leben eines Tendai-Mönches wiederaufzunehmen, zog es Hōnen vor, sich allein auf das Gelübde Amidas (skt. Amitābha) zu verlassen. Der Tendai-Orden reagierte entsprechend: Hōnen wurde verklagt, illegal eine neue Schule ge-

27 Harper Havelock Coates, Ishizuka Ryugaku, *Hōnen, the Buddhist Saint. His life and teaching.* Translation, historical introduction and critical notes, Kyoto ^{2}1949 (zuerst 1925); Christoph Kleine, *Hōnens Buddhismus des Reinen Landes. Reform, Reformation oder Häresie?*, Frankfurt/Main u. a. 1996.

28 D. L. und A. Matsunaga, *Foundation of Japanese Buddhism* (S. 368, Anm. 3), S. 253 f.

gründet, d. h. Mönche außerhalb des etablierten Nara-Nikāya bzw. der Tendai-Schule ordiniert zu haben. In einer ›buddhokratischen‹ Gesellschaft bedeutete dies Aufruhr gegen den Staat, was Hōnens Verbannung zur Folge hatte. Doch der Versuch, seine Bewegung zu unterdrücken, mißlang. So konnte er schließlich in die Hauptstadt zurückkehren. Danach faßte Hōnens Bewegung sehr schnell Fuß, vor allem in den unteren Schichten der Bevölkerung: Durch die einfache Praxis der hingebungsvollen Anrufung Amidas wurden die wenig gebildeten Unterschichten und Laien aufgewertet, die aufgrund ihrer Lebensumstände die Ideale der buddhistischen Ethik ohnehin nicht strikt befolgen konnten.

An dieser Stelle ist ein Wort zur Stellung der Frauen im japanischen Buddhismus angebracht.[29] Bis in die Heian-Zeit durften Frauen die inneren Bereiche der großen Tempel auf dem Hiei-Berg oder dem Kōyasan nicht einmal betreten, geschweige denn die betreffenden Philosophien studieren oder sich Meditationsübungen widmen. In Indien dagegen hatte der Buddhismus noch einen weiblichen Zweig des *saṃgha* gekannt. Obgleich fast alle Texte des indischen Buddhismus die Heilsfähigkeit der Frauen bezweifeln, weil sie – im weiblichen Körper – dem Grundübel der Begierde bzw. dem Anhaften kaum entkommen könnten und daher, bewirkt durch *dharma*-Praxis, zunächst als Männer wiedergeboren werden müßten, so gab es doch auch Ausnahmen wie etwa das *Vimalakīrti-Sūtra*, das sich über entsprechende misogyne Einstellungen lustig macht. Für die Laien galt die Regel, daß Ehemann und Ehefrau gleichwertig einander die Einhaltung der fünf Grundgebote schuldeten. In China gab es zwar den Mönchen untergeordnete Gruppen von Nonnen, aber die Frauen im Laienstand hatten gegenüber ihren Männern mehr als doppelt so viele Verpflichtungen als umgekehrt. Der chinesische Buddhismus (mit Ausnahme der Laienbewegungen in den Weißen-Lotos-Sekten, wo es weibliche Führungsgestalten gab) spiegelte damit die allgemeine Haltung zum Verhält-

29 D. L. und A. Matsunaga, a. a. O., S. 208f.

nis der Geschlechter in China wider – er diskriminierte die Frauen in dem Maße, in dem dies in der Gesellschaft allgemein üblich war. Nicht anders waren die Verhältnisse in Japan bis zur späten Heian-Zeit. Mit dem Erstarken des Buddhismus des Reinen Landes und seiner Blüte in der Kamakura-Periode änderte sich dies allerdings erheblich: Hier konnten die Frauen eine aktive, fast gleichberechtigte Rolle übernehmen. Gemeinsam mit ihren Ehemännern, die als Priester fungierten, konnten Frauen in den Jōdo-Schulen zumindest die lokalen Tempel leiten, meist allerdings in Abhängigkeit von den Männern. In den Nichiren-Schulen kommt den Frauen im Prinzip eine gleichberechtigte, de facto aber untergeordnete Stellung zu, und das ist im Zen ähnlich.[30]

Die sozialen Hierarchien, die religiös legitimiert waren, gerieten durch die Reines-Land-Bewegung ins Wanken (was Hōnen persönlich vermutlich wenig bewußt war), das heißt, das Konzept einer religiösen Demokratisierung (alle haben die gleichen Chancen zur Befreiung) hatte direkte politische Konsequenzen. Hōnen predigte, daß allein Amidas Gelübde den Menschen zur Befreiung führen könne, und eine (von Hōnen unbeabsichtigte) Folge dieser Lehre wurde bald offenkundig: Wanderprediger (*hijiri*) zogen im Namen Hōnens umher und verkündeten, daß die Ausübung guter Werke nicht nur nutzlos, sondern sogar schädlich sei. So konnte sich eine Gesetzlosigkeit (Antinomismus) verbreiten, die mit Hōnens Idealen freilich wenig zu tun hatte, nichtsdestoweniger aber die Zustände noch verschlimmerte und politische Maßnahmen gegen die Bewegung provozierte.

Hōnen unterschied zwei Typen religiöser Wege: *jiriki*, die durch »eigene Kraft« erlangte Befreiung, und *tariki*, die durch »andere Kraft«, durch das Vertrauen auf das Gelübde Amidas zuteil werdende Befreiung. Dabei knüpfte Hōnen an frü-

30 Simone Heidegger, *Buddhismus, Geschlechterverhältnis und Diskriminierung. Die gegenwärtige Diskussion im Shin-Buddhismus Japans*, Religiöse Gegenwart Asiens/Studies in Modern Asian Religions 4, Berlin 2006.

here Entwicklungen im Tendai an: Der Begriff der »anderen Kraft« war bereits von T'an-luan (wohl 488-554) in China geprägt worden. Er hatte sich damit auf das altindische Bodhisattva-Ideal bezogen, wonach die Vollkommenheit darin besteht, gleichzeitig sich selbst und anderen zu nützen, d. h. die Subjekt-Objekt-Spaltung überhaupt zu überwinden. Amidas Gelübde und die Zuflucht zu ihm ist Ausdruck dieser Nicht-Dualität: Das ›Andere‹ und das ›Eigene‹, die Welt um mich und die Welt in mir, sind nur zwei Seiten ein und derselben Sache. Im übrigen gab es bereits im frühen Tendai eine Form der Buddha-Vergegenwärtigung, die als kontemplative Methode dem verwandt war, was Hōnen als *nembutsu*, die Anrufung des Namens Amidas, zur alleinigen Praxis machte.[31] Die Praxis selbst war auch im Tendai und Shingon bekannt, und es kam zu komplexen Deutungen in tantrischer Lesart, nach denen z. B. Shingon als das Reine Land interpretiert wurde und der Körper des Übenden als der Körper Amidas, das heißt, durch die Shingon-Praxis des *nembutsu* (bei der das regelmäßige achtsame Atmen als *nembutsu* interpretiert wurde) sollte diese reale Welt real transformiert werden.[32] Hōnen jedoch ging in seiner Interpretation der Tradition einen wesentlichen Schritt weiter: Nicht der Mensch entscheide sich für Amida, sondern Amida habe in seinem Gelübde bereits die Wahl vorausbestimmt. Diese Form von Prädestination, die ja ein dualistisches Weltbild impliziert, hatte es im Buddhismus bislang noch nicht gegeben. Sie wurde nach Hōnens Tod durch Shinran (1173-1262)[33] zurückgenommen, der wie-

31 Ch. Kleine, *Hōnens Buddhismus* (S. 386, Anm. 27), S. 95 ff.

32 Diese Verbindungen zwischen Shingon und der Tradition des Reinen Landes finden sich z. B. bei Jōhen (1165-1223) und Dōhan (1178-1252), dessen Schriften zu seiner Zeit außerordentlich einflußreich waren (G. J. Tanabe, *Kōyasan in the Countryside* [S. 382, Anm. 21], bes. S. 50 f.).

33 *The Collected Works of Shinran.* Translated from the Japanese with introductions, glossaries, and reading aids by Dennis Hirota u. a., 2 Bde., Kyōto 1997; *Letters of Shinran. A Translation of Mattōshō*, hg. v. Yoshifomi Ueda, Kyōto 1978; Yoshifomi Ueda, Den-

derum zur Lehre von der universalen Buddha-Natur aller Wesen (*hongaku*)[34] zurückkehrte und damit die Heilsgewißheit für alle Wesen (*futaiten*) bekräftigte.

Shinran war bereits mit acht Jahren Mönch geworden und hatte sich zwanzig Jahre lang den strengen Tendai-Übungen unterzogen, nur um zu erkennen, daß der Zwang zum Vollkommensein im Kloster die egoistischen Antriebe eher gestärkt als überwunden hatte. So erkannte er, daß der in seinem Kloster gelebte Buddhismus von der buddhistischen Grunderfahrung und ihrer Praxis im alltäglichen Leben weit entfernt war. Enttäuscht verließ er das Kloster und begegnete 1201 Hōnen in dessen Einsiedelei in Yoshimizu bei Kyōto. Sieben Jahre lang blieb er als Schüler bei ihm, um danach eigene Wege zu gehen und Amidas Barmherzigkeit als Richtschnur für eigene Lebensentscheidungen zu nutzen. Die Lehre vom alleinigen Vertrauen in die Gnade Amidas untergrub die Autorität und Privilegien der buddhistischen Hierarchien in den Großklöstern. Da jedoch die meisten Äbte mit der politischen Aristokratie verschwägert waren und die Massenbewegung Hōnens und Shinrans so viele Laien erfaßt hatte, daß sie der politischen Ordnung gefährlich werden konnte, wurden beide in entlegene Gegenden des Reiches verbannt, man streute verleumderische Gerüchte über ihren Lebenswandel und soll sogar Mord erwogen haben. Shinrans Ablehnung des Ritualismus (besonders der für die Priesterschaft einträglichen Totenrituale) war ein weiterer Grund für die Feindschaft, die ihm aus dem buddhistischen Establishment entgegenschlug. Shinran betonte, daß das Befreiungshandeln Amidas *bereits geschehen* sei und daher die Rezitation des Na-

---

nis Hirota, *Shinran. An Introduction to his Thought.* With selections from the Shin Buddhism translation series, Kyōto 1989; Takamichi Takahatake, *Young Man Shinran. A Reappraisal of Shinran's Life*, Waterloo 1987.

34 Dazu: Jacqueline I. Stone, *Original Enlightenment and the Transformation of Medieval Japanese Buddhism*, Studies in East Asian Buddhism 12, Honolulu 1999.

mens Amidas nicht als Gnade wirkendes ›Verdienst‹, sondern als dankbare *Antwort* auf die Tat Amidas verstanden werden müsse. Für Shinran ist das Erwachen des Bewußtseins (*shinjin*) die Entfaltung von Amidas Wirkkraft im Bewußtsein des Menschen, jetzt und in diesem Augenblick, ohne jede Vorbedingung, und diese Wirkkraft ist Weisheit und heilende Liebe zugleich. Die Kraft von Amidas Gelübde, das dieser vor langer Zeit abgelegt hat, ist der Einbruch einer überzeitlichen Realität in den von Anhaften, Begierde und Illusionen geplagten Kreislauf der Geburten. Wenn Anhaften und Begierde, auch in der subtilen Form geistigen Strebens, nach der Analyse des Buddha die Ursache aller leidvollen Verstrikkungen des Menschen seien, könne sich der Mensch nicht durch eigenes Streben, durch »Eigenkraft« (*jiriki*) vervollkommnen, sondern könne nur aller Eitelkeit und Selbstbehauptung entsagen, indem er auf die »andere Kraft« (*tariki*), nämlich Amidas Barmherzigkeit, bedingungslos vertraue. Die negativen Bewußtseinsimpulse (Wut, Haß, Ichsucht) werden dann paradoxerweise zu einer spirituellen Hilfe, denn gerade in seiner Schwäche erkennt der Mensch, daß er von Amida vollkommen abhängig ist. So kann Shinran formulieren, daß ein Übeltäter Amida viel näher sein könne als ein selbstgerechter Mönch, der sich äußerlich an die Regeln hält. Damit werden alle monastischen Bestrebungen und Lebensformen irrelevant. Konsequent versuchte er, den Unterschied von ›weltlichem‹ und ›religiösem‹ Lebensbereich zu überwinden. Er zog die persönliche Konsequenz und kehrte in den Laienstand zurück. Shinrans Bewegung trug nun den Namen Jōdo-Shin-shū, die sich von der Jōdo-shū nicht nur organisatorisch, sondern auch spirituell unterscheidet.[35] In seinem

35 Aus den regionalen Zentren und hervorgerufen durch Rivalitäten von Führungspersönlichkeiten hat sich die Jōdo-Shin-shū in mehreren Zweige (*ha*) entwickelt, die organisatorisch unabhängige Einheiten bilden. Kakushin-ni, die Tochter Shinrans, vermachte 1277 der Bewegung ein Stück Land und ließ auf dem Grab Shinrans in Ōtani (im Osten der Stadt Kyōto gelegen) ein

Hauptwerk *Kyōgyōshinshō*, dessen Niederschrift er bereits 1201 bei Hōnen begonnen hatte, faßte er seine Lehre in eindrucksvoller Weise zusammen. Danach ist die Erfahrung des Vertrauens auf Amida im täglichen Leben nicht-verschieden (*soku*) von der Wiedergeburt im Reinen Land bzw. dem *nirvāṇa*. Er selbst wollte aller Eitelkeit entsagen, denn er hatte die Gefahr des spirituellen Hochmutes im Kloster nur zu gut kennengelernt: In der Vorrede des *Kyōgyōshinshō* bezeichnet er sich als Narr (*gotoku*). Seine Bewegung blühte auf, und doch blieben ihm schwere Prüfungen nicht erspart: Er starb in bitterer Armut, enttäuscht von Spaltungen in der Bewegung, die sein eigener Sohn Zenran 1256 mit verursacht hatte. Und doch soll sein Sterben von heiterer Gelassenheit und Geistesfrieden erfüllt gewesen sein.

Ein Anhänger und Freund Shinrans namens Yuiembo schrieb nach Shinrans Tod das Buch *Tannishō*, das im japanischen Buddhismus des Reinen Landes große Popularität erlangen konnte. Darin wird eine Spiritualität der *Dankbarkeit* entwickelt: Alle Übung und religiöse Praxis soll aus einem dankbaren Herzen und in Freude darüber erwachsen, daß Amida-Buddha alle Wesen bereits befreit *hat*. ›Glaube‹ ist danach der wahrhaftige Geist Amidas selbst, der in den Gläubigen Gestalt gewinnt und manifest wird. So *wird* der Mensch Buddha, weil er dank der Barmherzigkeit Amida-Buddhas prinzipiell schon Buddha *ist*.

Hōnens und Shinrans gläubiges Vertrauen auf die Kraft des Befreiungsgelübdes Amidas war die Antwort auf den Geist der Krise im 13. Jahrhundert, wonach das Zeitalter des völlig

---

Mausoleum errichten, das nach ihrem Testament in der Obhut ihrer Nachkommen bleiben sollte. Ihr Enkel Kakunyo (1270-1351) baute den Ort zu einem Tempel aus, dem Honganji (»Tempel des ursprünglichen Gelübdes«), der zunächst nur einer von vielen Tempeln der Bewegung war, durch Rennyo (1415-1499) aber eine dominierende Stellung erlangen konnte. Die Bewegung spaltete sich auf Grund von Machtkämpfen um die Führung 1602 endgültig in einen westlichen (Nishi-Honganji) und östlichen (Higashi-Honganji) Zweig.

kraftlos gewordenen *dharma* und damit die Endzeit angebrochen sei. Politische Unruhen und Naturkatastrophen schienen zu bestätigen, daß sich die auf alter Prophezeiung beruhende Meinung, das letzte Zeitalter hätte bereits im Jahre 1052 n. Chr. begonnen, bewahrheiten könnte.

Von anderen Schulen des Buddhismus wurden die Bewegungen des Reinen Landes nicht selten mit Herablassung, ja offener Feindschaft gestraft. Während Tendai und Zen sich als kultiviert, differenziert und als Weg für Gebildete und starke Naturen empfahlen, schürten sie die Polemik gegen Shinrans Lehre, die für die »Törichten und Unwissenden« sei, wie z. B. der einflußreiche Dichter Shinkei (1406-1475) bemerkte. Dieser polemische Ton war aber schon zu Shinrans Lebzeiten ein beliebtes Mittel, mit der Konkurrenz umzugehen, die nicht nur bei der Landbevölkerung immer erfolgreicher wurde. Bis ins 20. Jahrhundert hinein und bis hin zur Buddhismus-Rezeption im Westen treten ähnliche stereotype Wahrnehmungen auf: Der Buddhismus als Elite-Religion sei mit dem anspruchsvollen Zen verbunden, während dem ›Volksbuddhismus‹ des Reinen Landes Abweichung, wenn nicht gar Verrat am Buddhismus vorgeworfen wird.[36]

Nichiren-shū

Nichiren (1222-1282)[37] stammte aus einer armen Fischerfamilie, und dieser Hintergrund dürfte eine Rolle spielen bei seiner späteren kompromißlosen Suche nach einer Interpretation des Buddhismus, die politisch-soziale Folgen hat. Nichiren war der einzige der buddhistischen Reformer und Schulgründer in der Kamakura-Zeit, der nicht aus der Aristokratie bzw. dem Establishment der Hauptstädte stammte. In seiner Ju-

36 Trent Collier, *Time and Self. Religious Awakening in Dōgen and Shinran*, in: The Eastern Buddhist 32 (2000), H. 1, S. 56-84.

37 Philip B. Yampolsky (Hg.), *Selected Writings of Nichiren*, New York 1990; Ph. Yampolsky (Hg.), *Letters of Nichiren*, New York 1996.

gend wurde er zunächst in einem Tendai-Tempel erzogen, wo er neben der Rezitation des *Lotos-Sūtra* auch die *nembutsu*-Praxis, die Anrufung des Namens Amida-Buddhas, kennenlernte. Möglicherweise lernte er auch hier schon die Übung, allein den Titel des *Lotos-Sūtra* als Quelle mantrischer Kraftentfaltung und meditativer Konzentration zu rezitieren, denn diese Praxis ist seit der späten Heian-Zeit insbesondere im Zusammenhang mit Sterberiten belegt. Sodann studierte er die Lehren und Praxis des Reinen Landes und des Zen, um sich 1242 auf den Hiei-Berg zu begeben und sich dort dem Studium des Tendai, aber auch des Kegon und Shingon, zu unterziehen. Wir wissen, daß er – als Mann aus den Unterschichten, der einen ländlichen Dialekt sprach – Diskriminierungen ausgesetzt war. Die Vielfalt der Schulen, die Widersprüche der Auslegungen des *dharma*, die Eifersucht zwischen den unterschiedlichen buddhistischen Gruppierungen verwirrten und bedrückten ihn. Wie Hōnen und Shinran (und auch Zen-Meister Dōgen) wandte auch er sich von dem scholastischen und formalisierten Buddhismus ab und zog nach zehn Jahren in seine Heimat zurück. Er wollte zur letztgültigen Lehre des Buddha zurückkehren, die das *ekayāna* als das *eine* Fahrzeug lehrte, d. h. allein das *Lotos-Sūtra* in der von ihm wesentlich radikalisierten Deutung gelten lassen, die sich auf Saichō (767-822) berief, während er alle anderen Formen des Buddhismus nicht nur als unvollständige oder hinführende Übungen (*upāya*), sondern als falsch betrachtete. Alle Wahrheit bzw. Śākyamuni Buddha selbst ist für ihn im *daimoku* (»großer Titel«) verkörpert, dem Titel des *Lotos-Sūtra*, und nirgends sonst. Alsbald führte er die Verehrung des Titels des *Lotos-Sūtra* ein, die durch mantrische Rezitation »namu myōhō renge kyō« (»Verehrung dem Sūtra des Lotos des wunderbaren Dharma«) praktiziert werden sollte. Nichiren hatte diese Praxis übernommen, sie hatte sich bereits im 11. Jahrhundert als Übung der Massen etabliert. Aber er gab der Praxis eine systematische Begründung und stilisierte sie zum universalen und schließlich allein gültigen Mittel, um das buddhistische Heilsziel, die Befreiung, zu erlangen. Zunächst alerdings verstand Nichiren das *daimoku* als eine Form der Meditation, erst im Exil in Sado (1271-74) deutet er es als Praxis, die anstelle der Meditation treten solle, um das »Formlose Selbst« bzw. die Befreiung zu erlangen, das heißt, er grenzt sich von anderen Formen der Praxis ab. Er entwirft seinen Weg als Möglichkeit, daß »Unwissende« in der üblen Endzeit (*mappō*) dennoch mit Gewißheit das Heil erlangen können, wobei auch der Begriff »Unwissende« bei ihm eine zunehmend verschärfte Deutung erfährt, die mit der wachsenden Kritik an seiner Zeit zusammenhängt: Waren anfangs damit nur die Analphabeten gemeint, so wurden später alle, die keine Kraft zur strengen Meditation aufbringen konnten, auf diese Weise bezeichnet, schließlich alle Laien, dann überhaupt alle Wesen in dieser Endzeit. Nichiren, der immer vom Shingon und Tendai geprägt blieb, verband die Rezitationspraxis des *daimoku* mit dem Zeichnen des großen Mandala (*daimandara*) bzw. *gohonzon*, das die Buddhaweisheit in allen Erscheinungen der Wirklichkeit repräsentieren sollte, womit die alte Tendai-Lehre des »einen Gedankenaugenblicks, der alle dreitausend Weltbereiche in diesem Moment manifestiert« (*ji no ichinen sanzen*), in tantrischer Entsprechungssymbolik zum Ausdruck gebracht wird. Die Rezitation des *daimoku* wurde mit Glauben vor dem Mandala, das er für seine Schüler immer wieder eigenhändig anfertigte, vollzogen, wodurch der Gläubige an der Realität des im Mandala repräsentierten Buddha (wie er im *Lotos-Sūtra* erscheint) teilhaftig werden sollte.[38]

Nichiren war ein charismatischer Visionär, der die Einheit des Landes durch die Einheit des Buddhismus auf der Grundlage des *Lotos-Sūtra* erzwingen wollte. Alles Übel im Lande wie Hungersnöte, Seuchen oder Bürgerkriege führte er darauf zurück, daß nicht die Lotos-Lehre, sondern irrige Formen des Buddhismus praktiziert würden. Und so griff er alle anderen Schulen des Buddhismus der Kamakura-Zeit scharf an (*shakubuku*), weil sie die Befreiung nur individualistisch ge-

38 J. I. Stone, *Chanting the August Title* (S. 381, Anm. 19), S. 149-151.

deutet und sich der Verantwortung für das Wohl der Gesellschaft entzogen hätten. Nichiren wollte die anderen Schulen nicht tolerieren und predigte mit Eifer für eine Umgestaltung des ›Buddha-Landes Japan‹. Dieser Exklusivismus war eine unerhörte und noch nie dagewesene Provokation. Mit seiner Schrift *Risshō ankoku ron* (»Abhandlung zur Etablierung der Rechtschaffenheit zum Schutz der Nation«) wandte er sich 1260 an den Shōgun Hōjō Tokiyori, der zur Erneuerung des Zen chinesische Meister zu Tempelgründungen nach Kamakura eingeladen und dieselben finanziert hatte. Der Regent wies ihn zurück und ließ ihn als politisch gefährlich verfolgen. Seine flammenden Reden, die mit dem buddhistischen Ideal der sanften Rede bewußt brachen, sollten die anderen zum Zorn reizen, damit sie ihre Maske fallenließen und den Irrtum ihrer religiösen Praxis erkennen würden. Sein Exklusivismus war also religiös und politisch motiviert. Er mußte deshalb zweimal in die Verbannung gehen und entging nur knapp einer Hinrichtung, was dazu führte, daß er ein Märtyrer-Ideal entwickelte: Wer wegen der politisch-religiösen Deutung des *Lotos-Sūtra* Verfolgung erdulden mußte, war bereits im Buddha-Land angelangt – so eine Voraussage in diesem Sūtra für die Endzeit (*mappō*), in der er sich wähnte. Während seiner Verbannung kam Nichiren zu der Erkenntnis, daß er selbst eine Inkarnation des Bodhisattva Jōgyō (»Hervorragender Lebenswandel«, skt. Viśiṣṭacāritra) sei, dem Buddha Śākyamuni das *Lotos-Sūtra* offenbart hatte und der als Beschützer dieses Textes gilt.

Nichirens Botschaft kann als prophetische Warnung in der Endzeit (*mappō*) verstanden werden, die den Menschen nur noch kurze Zeit zur Umkehr im Denken und Lebensstil lasse. Er verkündete, daß Erdbeben, Epidemien und Taifune dadurch verhindert werden könnten, daß Japan zum reinen Glauben an das *Lotos-Sūtra* zurückkehre. Der Regierung empfahl er, daß die ab 1268 drohende Invasion der mongolischen Armeen abgewendet werden könnte, wenn sich Japan in seinem Sinne bekehre. Als diese Invasion ausblieb, mußte er im Jahre 1271 für drei Jahre in die Verbannung auf die Insel Sado gehen, wo er eine schöpferische Zeit erlebte und zahlreiche Schriften verfaßte, in denen er mit dem Tendai-System abrechnete und sich selbst als Inkarnation eines Bodhisattva für Japan sah. Hier entwickelte er auch das bereits erwähnte *daimandara* (»großes Maṇḍala«), eine Weltkarte, die den gesamten Kosmos umfassen sollte, der von den Worten des *daimoku* durchdrungen war, die der Erde entsprangen und diese mit den himmlischen Sphären verbinden, flankiert von den Buddhas Śākyamuni und Prabhūtaratna sowie vier Bodhisattvas, denen im *Lotos-Sūtra* eine wichtige Rolle zukommt. Als die Mongoleninvasion nun doch unmittelbar erwartet wurde, holte man Nichiren 1274 aus dem Exil zurück, er wurde berühmt und fand viele Anhänger. Die Streitigkeiten mit anderen Schulen nahmen aber nicht ab. Als sein Einfluß zu schwinden drohte, weil einer anderen Gruppierung der Shingon-Schule größerer Erfolg bei der rituellen Beeinflussung des Wetters (Regenmachen) und der Erzeugung des Taifuns, der die mongolische Flotte 1281 vor der Bucht von Hakata vernichtet hatte, zugeschrieben wurde, zog er sich enttäuscht auf den unzugänglichen Berg Minobu in der Provinz Kai zurück. Er verlegte nun seine Energien auf die Bekehrung einzelner, die als ›Kerngemeinde‹ für einen erneuerten Buddhismus in Japan wirken sollten und die Hokke-shū (»Lotos-Schule«) bildeten.

Rivalitäten zwischen den sechs Hauptschülern Nichirens führten nach dessen Tod zu Spaltungen und Herausbildung von Untergruppen. Wirkungsgeschichtlich am erfolgreichsten war die von Byakuren Ajari Nikkō (1246-1332) gegründete Fuji-Schule, die wiederum seit dem 16. Jahrhundert in zwei Strömungen mit unterschiedlichen Haupttempeln zerfiel, den Taisekiji am Berg Fuji (gegründet 1290 von Nikkō) und den Yōhōji in Kyōto. Alle auf Nichiren zurückgehenden Schulen systematisierten ihre Lehre während der Tokugawa-Zeit mittels der mittelalterlichen Tendai-Scholastik in unterschiedlicher Weise, sie differierten aber auch in der Frage des Maßes an Verehrung gegenüber Nichiren, bis zum Extrem der Ersetzung der »drei Juwelen« (*Buddha*, *dharma*, *saṃgha*) durch

»Nichiren, die drei großen geheimen Gesetze (*daigohonzon daimoku*, *kaidan*[39]) und die Führungsrolle Nikkōs in der Taise kiji-Tradition, das heißt, Nichiren wird hier nicht nur als in karnierter Bodhisattva Jōgyō verehrt, sondern als Verkörpe rung des ewigen Buddha in der Endzeit. Die Taisekiji-Linie betont die Einheit von Staat und Nichiren-Buddhismus, de die Welt von Japan aus erneuern solle. Während sich die Tai sekiji-Linie als die allein rechtmäßige Tradition in der Linie Nichirens stilisierte, wurde sie von anderen Zweigen, die sich aus der Hokke-shū gebildet hatten, als häretisch geächtet. Als die Regierung 1872 alle Nichiren-Gruppen vereinen wollte widersetzte sich die Taisekiji-Linie und nannte sich ab 190 offiziell Fuji-shū, ab 1912 Nichiren-shōshū. Im 20. Jahrhun dert ging aus ihr die Laienbewegung Sōka Gakkai hervor durch deren wirtschaftliches und politisches Gewicht die Ni chiren-shōshū erheblich an Einfluß gewinnen konnte, bis zum Bruch zwischen Sōka Gakkai und Nichiren-shōshū im Jahr 1991.

Zusammenfassend halten wir fest: Der politische Buddhis mus Nichirens, der keinen komplexen Stufenweg zur Realisie rung der »ursprünglichen Erleuchtung« (*hongaku*) beim Erwa chen zur Buddhaschaft (*bodhi*), sondern eine einfache Praxis

39 Nichirens »drei Juwelen« ersetzen die klassischen buddhistischen indem auch Tugend (*śīla*), Meditation (*samādhi*) und Weishei (*prajñā*) nicht mehr als die drei distinkten Säulen der buddhisti schen Praxis erscheinen, sondern vereinfacht zusammengefaß werden, insofern *daimoku* (Rezitation des Titels des *Lotos-Sūtra* vor dem *gohonzon* (Mandala des kalligraphierten Titels des *Lotos Sūtra*) am Ort *kaidan* (»Ordinationshochplatz«) praktiziert wird *Kaidan* ist dabei wohl als die staatlich anerkannte und geförderte Praxis des Lotos-Kultes zu verstehen, analog zur klassischen staatlich kontrollierten Praxis der Mönchsordination. Nichirens Verständnis von *kaidan* zielt also auf gleichberechtigte Anerken nung seiner neuen Form des Buddhismus, die alte Ordinations ketten ersetzt und ebenso wie diese mit staatlicher Legitimierung ausgestattet sein soll. (Dazu: J. I. Stone, *Original Enlightenmen* [S. 390, Anm. 34], S. 288-290.)

(die Verehrung des Titels des *Lotos-Sūtra*) für die einfachen Gläubigen empfiehlt, prägte die weitere Geschichte Japans während der Tokugawa-Zeit und in der Moderne seit dem Ende des 19. Jahrhunderts, im 20. Jahrhundert und bis heute besonders durch die Massenbewegungen Reiyūkai, Risshō Kōseikai und Sōka Gakkai, auf die wir im nächsten Abschnitt noch eingehen werden.

Zen-shū[40]

Das Zen wurde von japanischen Mönchen, die unabhängig voneinander nach China gereist waren, in mehreren ›Schüben‹ nach Japan gebracht.[41] Bereits der Mönch Gyōhyō (722-797) war nach China gereist, um dort von Tao-hsüan (702-760) in die Meditationspraxis der Ch'an-Schule eingeführt zu werden. Wie oben berichtet, hatte er sein Wissen an Saichō weitergegeben. Gegen Ende des 12. Jahrhunderts setzte eine neue Welle des Austauschs mit China ein, und nicht wenige Mönche kamen auch mit Ch'an in Berührung und brachten ihre Kenntnisse zurück nach Japan. Aber erst der Tendai-Mönch Eisai (1141-1214) begründete eine eigenständige Zen-Tradition in Japan. Er reiste zweimal nach China, lernte dort die Ch'an-Tradition des Lin-chi (jap. Rinzai) kennen und brachte sie als Rinzai-Zen nach Japan. Diese Form des Zen hat drei Merkmale:

– packende Unmittelbarkeit der Erfahrung ohne jede systematische Philosophie,

---

40 Die ausführliche Darstellung des japanischen Zen-Buddhismus entspricht nicht seinem zahlenmäßigen Gewicht im Vergleich zu den anderen Schulen, sondern seiner Bedeutung hinsichtlich des europäischen und amerikanischen Interesses.

41 Auf Details der Entwicklungen des Zen in Japan, besonders auch, was die Auswirkungen auf die Künste, den literarischen Stil und die Lebenskultur insgesamt anlangt, kann hier verzichtet werden. Ich verweise auf: M. v. Brück, *Zen. Geschichte und Praxis* (S. 336, Anm. 29), bes. S. 57-93.

– unerbittliches Fordern des Schülers (berühmt der Schrei *katsu*), und doch:

– tiefe menschliche Wärme hinter einer strengen *zazen* Praxis.

1198 schrieb *Eisai* sein Hauptwerk *Kōzen Genkokuron* (»Abhandlung über die Verbreitung des Zen zum Wohl des Landes«), eine Schrift, in der er darlegt, daß Zen auch politisch von Nutzen sei. Damit reihte er sich (anders als Hōnen) in das Erbe des klassischen Staatsbuddhismus ein. Er geht in diesem Buch auch auf die Vorwürfe ein, die ihm als einem ›Neuerer‹ vom Tendai-Establishment auf dem Hiei-Berg gemacht worden waren:

a) daß Zen an Leerheit festhalte bzw. behaupte, man könne ohne Schriftstudium zur Befreiung gelangen,

b) daß Zen für das degenerierte Zeitalter der Gegenwart (*mappō*) zu anspruchsvoll und daher ungeeignet sei,

c) daß Japan Zen nicht brauche,

d) daß er, Eisai, der Qualifikation und des sozialen Status ermangele, um Zen zu verbreiten.

Er widerlegte alle Argumente, denn gerade in Zeiten der geistigen Not sei eine klare Übungspraxis hilfreich, um den Menschen Orientierung dadurch zu geben, daß sie ihre eigenen Qualitäten entwickelten. Der letzte Vorwurf freilich war persönlicher Art, und Eisai war von ihm offensichtlich besonders betroffen. Er gründete bedeutende Tempel, von denen zwei bis heute berühmt sind: 1200 den berühmten Jufukuji in Kamakura und 1202 den Kenninji in Kyōto. Er erhielt dabei Unterstützung von der Samurai-Klasse, die im Zen eine vorzügliche Charakterschulung erblickte, welche ihrer eigenen geistigen und sozialen Stärke zugute kommen würde. Durch die Verbindung zu den Samurai wurde die unabhängige Entwicklung der Zen-Schule begünstigt. Das Zen Eisais war allerdings durchaus noch vermischt mit Elementen aus der Tendai-Schule und einigen magischen Praktiken aus dem Shingon, doch zeigt sich bei ihm schon klar der kompromißlose Zen-Weg als Praxis, die Befreiung bzw. das Erwachen hier und jetzt zu erlangen trachtet. Der eifersüchtige Widerstand der alten Schulen gegen die neue Zen-Bewegung nahm teilweise massive Gestalt an, und es dauerte Jahrzehnte, bis sich das Zen (zunächst als Praxis gemischt mit Tendai und Shingon, später als ›reines‹ Zen) etablieren konnte. Eisai entwickelte auch die Kultur des Teetrinkens und verband sie mit dem Zen. Einer der bedeutendsten Schüler Eisais war Myōzen (1184-1225), der mit Dōgen 1223 nach China reiste.

Dōgen (1200-1253),[42] über dessen Hintergrund und Kindheit wenig Verläßliches bekannt ist, hatte bereits in früher Kindheit Vater und Mutter verloren. Ein früher Tod der Eltern wird von vielen bedeutenden buddhistischen Mönchen berichtet – das Leiden an der Vergänglichkeit klingt hier als Thema an, durch das sich der künftige Meister vom oberflächlichen Schauspiel des Lebens abwendet. Auch Dōgen war zunächst auf dem Hiei-Berg im Tendai ordiniert und geschult worden. Er war verletzt, daß man ihn auch im Kloster spüren ließ, daß er aufgrund seines sozialen Status kaum Karrierechancen hatte, und empörte sich darüber, daß die Klosterhierarchen nicht weniger korrupt waren als die weltliche Aristokratie. Er litt unter der Krise des Buddhismus, die auch er dadurch zu spüren bekam, daß die meisten Mönche fatalistisch resigniert hatten, da die Katastrophen der Endzeit (*mappō*) ohnehin unausweichlich wären. Dōgen hielt dagegen, daß es von jedem einzelnen abhinge, die Wahrheit zu erkennen und das Leben dementsprechend zu gestalten. Allerdings war es ein philosophisches Problem, das ihn umtrieb und nicht wieder losließ, da er von keinem der Lehrer, die er befragte, eine zufriedenstellende Antwort erhalten hatte: »Wenn alle Wesen die Buddha-Natur haben bzw. ursprünglich

42 Heinrich Dumoulin, *Geschichte des Zen-Buddhismus*, Bd. 2: *Japan*, Bern und München 1986, S. 41-114; Takashi James Kodera, *Dogen's Formative Years in China. An Historical Study and Annotated Translation of the ›Hōkyō-ki‹*, London u. a. 1980; Hee-Jin Kim, *Dōgen Kigen – Mystical Realist*, Tucson 1975 (^{2}1987) und, teils die alten Ansichten revidierend, William M. Bodiford, *Sōtō Zen in Medieval Japan*, Studies in East Asian Buddhism 8, Honolulu 1993, S. 22ff.

erleuchtet sind (*hongaku*), warum ist dann überhaupt *dharma*
Praxis notwendig?« Als Dōgen 1223 nach China reiste, wa
er fest entschlossen, zu den Quellen der Wahrheit zu pilgern
um jene Frage zu beantworten und dann auch den japani
schen Buddhismus erneuern zu können.

Eine Anekdote aus dieser Zeit wirft ein bezeichnendes
Licht nicht nur auf Dōgens Charakter, sondern auf das Wesen
des Zen überhaupt: Als sich Dōgen auf dem Schiff in einem
chinesischen Hafen aufhielt, kam ein chinesischer Mönch
vom A-yü-wang-Berg an Bord, um Pilze zu kaufen, denn e
war verantwortlich für die Küche des Klosters. Als Dōgen
ihn zum Gespräch bat, lehnte er ab, um seine Pflichten im
Kloster nicht zu versäumen. Dōgen erfuhr, daß für diesen
Mönch (und das Zen überhaupt) die Übung in der Genauig
keit bei der Wahrnehmung des Alltäglichen besteht!

Aber auch in China war der Buddhismus im Verfall begrif
fen. Enttäuscht zog Dōgen von Meister zu Meister, um doch
nur leere Gelehrsamkeit, nicht aber lebendige Erfahrung
zu finden. Schließlich gelangte er zum Ching-te-ssu-Kloster
wo bereits Eisai studiert hatte und 1224 Ju-ching Abt ge
worden war. Wohl im Frühjahr 1225 gelangte Dōgen dort un
ter Anleitung des Meisters T'ien-t'ung Ju-ching (1164-1228)
zum vollkommenen Erwachen. Er kommentierte diese Erfah
rung: »Körper und Geist sind abgestreift.« Geprägt von die
ser Erfahrung und mit zahlreichen Schriften im Gepäck
kehrte Dōgen 1227 mit der offiziellen Anerkennung der Nach
folge seines Meisters (*inka*) in die Heimat zurück und brachte
damit das Ts'ao-tung (Sōtō)-Zen nach Japan. Zunächst ging
er nach Kyōto, dann nach Fukakusa, um schließlich in de
westjapanischen Provinz Echizen die letzten zehn Jahre sei
nes Lebens zu verbringen. Diese ›Flucht‹ in ein selbstgewähl
tes Exil hängt möglicherweise auch damit zusammen, daß
er von der Tendai-Hierarchie und Kaiser Gosaga beschuldigt
worden war, eine neue Lehre und Praxis, nämlich einen ver
wässerten Buddhismus ohne philosophisches Studium, zu
verbreiten. Aber der Gang in die Einsamkeit der Berge kam
auch einem langgehegten und bereits 1231 in seiner Schrif

Bendōwa geäußerten Wunsch entgegen, Zen in der Stille zu praktizieren. 1245 hielt Dōgen in seiner neuen Heimat die ersten Zen-Übungen (*sesshin*) ab und baute ein prächtiges Kloster, das er 1246 Eiheiji (»Tempel des ewigen Friedens«) nannte. Er entwickelte für sein Kloster eine strikte Mönchsdisziplin, legte Wert auf die genaue Durchführung der alten chinesischen Rituale (deren Wirkung er psychologisch interpretierte) und widmete sich auch philosophischen Arbeiten. Anders als die staatlich unterstützten und durch eigenen Landbesitz wohlhabenden Großklöster in Kyōto hatte er andere finanzielle Quellen erschließen müssen, und so war er in Abhängigkeit von der lokalen Aristokratie und Kriegerklasse geraten, namentlich von den Familien Yoshishige und Kakunen.

Dōgen ist einer der wenigen Zen-Meister, die systematische philosophische Schriften hinterlassen haben. Sein Hauptwerk *Shōbōgenzō* (»Schatzkammer des wahren Dharma-Auges«; ursprünglich einzelne Vorträge für die Mönche) reflektiert in 95 Abschnitten über Sein-Zeit, die Bedeutung des Sitzens in Meditation (*zazen*), die rechte Disziplin, das Wesen des Menschen usw. Für ihn waren Übung (*zazen*) und Ziel (Erwachen) identisch, und dies war zugleich die Antwort auf die Frage nach der Übung trotz oder angesichts der ursprünglichen Erleuchtung. Gedanken- und absichtsfreies Sitzen (*shikantaza*) und konzentrierte Achtsamkeit im alltäglichen Handeln wurden von ihm so miteinander verknüpft, daß die Kōan-Praxis[43] an Bedeutung verlor (wenngleich Dōgen auch mit Kōans gearbeitet hat). Der Weg sei nicht eine Vorübung, die zum Ziel führt, sondern ›der Weg *ist* das Ziel‹, das Sitzen und vollkommen achtsame Handeln *ist* die Erleuchtung. Dabei gilt eine vollkommene Nicht-Dualität, die sich in der Neuformulierung eines alten Satzes niederschlägt: »Alle Wesen *sind* (nicht: *haben*) Buddha-Natur.« Gemeint ist hier nicht eine überzeitliche ›Wesensnatur‹ hinter den Erscheinungen, die zum Inbegriff des Erwachens gemacht würde, sondern es geht um

43 Vgl. S. 342-345.

die Zeitlichkeit aller Erscheinungen, ja, Sein *ist* Zeit (*uji*), das heißt, Zeit ist nicht eine Eigenschaft, die Erscheinungen der Welt haben würden (oder auch nicht), sondern die Zeit *ist* das Wesen der Erscheinungen, und zwar in jedem Augenblick neu, weshalb jeder Augenblick einmalig, unverwechselbar und kostbar ist. Das bedeutet, daß das jeweils Besondere nicht einer Abstraktion (einem allgemeinen Begriff oder Werturteil) geopfert werden darf, sondern jeder Grashalm ist in diesem Augenblick einmalig, weil er im nächsten schon ein anderer ist. Und dies ist natürlich eine Aussage, die ganz besonders den Menschen betrifft, der ebendiese vollkommene Zeitlichkeit erkennt. Dōgen formulierte die Quintessenz seiner Einsicht in den berühmten Strophen des Kapitels »Genjōkōan«, das sein Werk *Shōbōgenzō* einleitet:

Den Weg studieren heißt, das Selbst studieren.
Das Selbst studieren heißt, das Selbst vergessen.
Das Selbst vergessen heißt,
durch die zehntausend seienden Dinge bezeugt werden.
Durch alle Dinge bezeugt werden heißt,
Körper und Geist von sich selbst und von anderen abfallen lassen.

Das einzelne Wesen bestimmt sich also durch alle anderen und nichts ist getrennt voneinander. *Dieses* jeweilige Sein aber ist der Augenblick, eine Singularität, die sich aus ihrer eigenen Geschichte herausbildet und im Verbund mit allen anderen Erscheinungen der Welt konstituiert und spiegelt. »Alle Wesen *sind* Buddha-Natur« – der jüngere Dōgen zog daraus Konsequenzen für den Status von Mönchen und Laien, die der alternde Dōgen aus Gründen, die wir nicht genau kennen, wieder zurücknahm: Hatte er zunächst verkündet, daß der Unterschied von Mönchen und Laien angesichts der Praxis des achtsamen Geistestrainings zweitrangig sei, ja, daß auch Frauen sich der Zen-Praxis ungehindert unterziehen könnten, so behauptet der späte Dōgen, daß selbst ein in die Irre geratener Mönch weit höher zu schätzen sei als ein Laie. An den Ritualen im Eiheiji konnten allerdings auch Laien, einschließlich Frauen, teilnehmen. Dōgens geistige Haltung spiegelt sich in einem Gedicht, das er kurz vor seinem Tod als Vermächtnis schrieb, insofern daran deutlich wird, daß Zen nicht das permanente Wesen hinter den Erscheinungen der Wirklichkeit sucht, sondern die Schönheit *im* vergänglichen Augenblick erkennt. Damit hat, wie gesagt, Zen die japanische Ästhetik wesentlich geprägt: von der Gedichtform des Haiku über die sparsame Tuschmalerei bis zum gehauchten Spiel der Shakuhachi-Flöte oder der ästhetischen Gegenwärtigkeit der Tee-Zeremonie.

Auf Blatt und Gräsern,
harrend der Morgensonne,
rasch der Tau hinschmilzt.
Eile nicht so, du Herbstwind,
der auf dem Feld sich erhebt.
Wem vergleiche ich wohl
Welt und des Menschen Leben?
Dem Mondesschatten,
wenn er im Tautropf berührt
des Wasservogels Schnabel.[44]

In seinem *Shōbōgenzō* heißt es:

Es gibt einen leichten Weg, Buddha zu werden:
Nichts Böses wirken, an Leben und Tod nicht haften.
Mit allen Lebewesen tiefes Mitleid hegen,
das Oben ehren, mit dem Unten Erbarmen haben,
nichts hassen,
nichts verlangen,
nichts im Herzen bedenken,
um nichts Leid tragen, –
Dies nenne ich Buddha.
Suche sonst nichts.[45]

Trotz dieser geistigen Offenheit hielt Dōgen feste Regeln für unabdingbar und schloß solche Mönche aus der Gemeinschaft aus, die auf der Grundlage der Nicht-Dualität aller

44 Zitiert nach H. Dumoulin, *Geschichte des Zen-Buddhismus*, Bd. 2 (S. 281, Anm. 84), S. 51.

45 H. Dumoulin, a. a. O., S. 58 f.

Dinge meinten, daß *alle* Aktivität von der Buddha-Natur geprägt und daher auch der Unterschied von Gut und Übel relativ sei. In der zweiten Generation nach Dōgen kam es zu Spaltungen, an denen die Mönchsgemeinschaft vom Eiheiji zerbrach.

Das japanische Zen entwickelte sich weiter, wenngleich die wesentlichen Grundlagen im 12./13. Jahrhundert gelegt wurden. Neben Rinzai und Sōtō blühten weitere Schulen (z. B. Fuke-shū), die teilweise mit den beiden großen Schulen verbunden, teilweise selbständig waren und eigene Traditionen ausbildeten. Die Fuke-Schule (im 13. Jahrhundert aus China in Japan eingeführt) zeichnete sich dadurch aus, daß ihre Anhänger in kleinen Gruppen, um Almosen bittend, durch das Land zogen und die Shakuhachi-Flöte bliesen (Atemkontrolle und Klang als Meditation). Weil diese Mönche ›das Ohr am Volk‹ hatten, wurden sie für die Herrschenden suspekt und interessant zugleich, zumal sich immer mehr heimatlos gewordene und am Feudalsystem gescheiterte Samurai (*rōnin*) der Fuke-Bewegung anschlossen, die erst in der Tokugawa-Periode eine ›Schule‹ herausbildete. Die umherziehenden Mönche sollen einerseits Spitzeldienste für die Regierung geleistet haben, andererseits fürchtete die Tokugawa-Regierung die Fuke-Schule als Sammelbecken von Unzufriedenen und verfügte 1847, daß die Bewegung unter die Aufsicht der Rinzai-Schule gestellt werde. 1871 wurde die Bewegung von der Meiji-Regierung ganz verboten.

In der Muromachi-Zeit (1336-1573), benannt nach einem kleinen Dorf in der Nähe von Kyōto, kam der Einfluß des Zen auf die Künste zur Blüte, zumal Zen von der Ashikaga-Regierung nachhaltige Förderung erfuhr. Musō Soseki (1275-1351) beispielsweise, der begabte Gartenarchitekt, gestaltete den Tempelgarten des Tenryūji bei Kyōto. Für die Zen-Architektur ist besonders Daitō Kokushi (1283-1337) zu erwähnen, der in der Nähe des Kaiserpalastes eine Klause baute, die er Daitoku (»große Tugend«) nannte. Das Anwesen wurde 1227 erweitert zu einem Kloster (Daitokuji), das zum größten Zen-Kloster überhaupt avancierte, in Zentral-Kyōto gelegen ist und Zeugnis von der Zen-Kunst der Gebäude- und Gartengestaltung ablegt. Es ist der Ort, an dem einige der bedeutendsten Zen-Kalligraphien entstanden sind und bis heute aufbewahrt werden. Auch die Literatur wurde vom Zen beeinflußt, wie die Dichtkunst des Ikkyū Sōjun (1394-1481) zeigt, dessen Gedichte um das Thema der Vergänglichkeit kreisen und die weibliche Schönheit (sowie deren Zerbrechlichkeit) besingen. Als ihm sein Zen-Meister das geistige Erwachen (»Erleuchtung«) im Jahr 1420 rituell bestätigen wollte, soll er das Zertifikat verbrannt haben, weil er allem Institutionellen abhold war. Auch brach er bewußt die Mönchsregeln, um auf die Freiheit des Geistes zu verweisen. Am Ende seines Lebens wurde er Abt des schon erwähnten Daitokuji. Als eine besondere Form der Kunst, die im Zen verwurzelt ist, kann die Teezeremonie gelten, die von Sen no Rikyū (1521-1591) zur Vollendung gebracht wurde. Das konzentrierte Schweigen bei der Zubereitung des Tees, die Anmut der genau bemessenen Bewegungen, das Summen des Wasserkessels – alles soll dazu dienen, im Ritus der gemeinschaftlichen Tee-Übung einen harmonischen Mikrokosmos zu gestalten, wobei Harmonie, Ehrerbietung gegenüber den Dingen, Reinheit und stille Anmut ineinandergreifen. Die Teezeremonie war ein letzter großer Ausdruck der Synthese des taoistischen Geistes der Harmonie von Himmel und Erde und der buddhistischen Konzentration des Bewußtseins in der Wahrnehmung dieser Harmonie hier und jetzt. Es geht in der Teezeremonie – wie im Zen überhaupt – nicht um eine Metaphysik hinter den Erscheinungen, sondern um die vereinte Bewußtheit *in* aller Erscheinung. Wie Rikyū sagte: »Das Wesen der Teezeremonie ist Wasser kochen, Tee bereiten und ihn trinken. Nichts sonst.«

Zusammenfassend wollen wir festhalten: Die Entwicklungen im Buddhismus der Kamakura-Zeit bedeuteten einerseits das Ende der strikten Aufsicht des Staates über den *saṃgha*, andererseits eine weitere Pluralisierung des Buddhismus durch die wachsende Bedeutung des Rinzai-Zen, das sich der Förderung durch die Feudalregierung in Kamakura erfreute, während sich das Sōtō-Zen mit Berufung auf Meister Dōgens Abkehr von der politischen Macht aus der neuen Hauptstadt zurückzog. Nichiren hingegen brachte seinen politischen Protest dadurch zum Ausdruck, daß er zur Einheit aller Buddhisten unter der Parole der Alleingültigkeit des *Lotos-Sūtra* aufrief und den Herrschenden vorwarf, ihre jeweiligen partikularen Interessen durch sektenhafte Interpretationen einzelner buddhistischer Lehren und Schulen zu rechtfertigen.[46]

Den Unterschied von Zen- und Shin-Buddhismus kann man besonders deutlich an der Kunst beider Schulen studieren: Zen ist spontan, lebt in Schwarz-, Weiß- und Grautönen, es bricht alle Regeln und findet seine Form in der Nicht-Form, es atmet die Freiheit des Augenblicks, in dem nur die spontane Erfahrung dieses ›Jetzt‹ zählt. In der Shin-shū-Tradition ist alles minutiös festgelegt, die Bilder und Altäre glänzen in Gold, Rot und Schwarz, die ikonographischen Details werden peinlich genau überliefert und eingehalten.

Die unterschiedlichen Schulen der Kamakura-Zeit (Reines Land, Nichiren, Zen) haben jedoch einige wichtige Gemeinsamkeiten: Sie waren Reformbewegungen in der Krise,

– verbunden mit einer Erwartung des Endes der gegenwärtigen Welt und

– eingeschworen auf einen einzigen Pfad, der mit Ausschließlichkeit verkündet wurde, sowie

– getragen von einer intensiven persönlichen Verantwortung für die *dharma*-Praxis, die den hochritualisierten Buddhismus der Vergangenheit ersetzte.

Die Geschichte dieser Schulen zeigt, wie eng die Entwicklung buddhistischer Schulen in Ostasien mit den politischen Entwicklungen und der sich verändernden Stellung des Buddhismus in der Gesellschaft verknüpft war. Dabei konnte der Buddhismus Reformkräfte freisetzen, die es vermochten, angesichts der Ängste und Frustrationen in der Bevölkerung neue Hoffnungen und Gewißheiten wachzurufen.

---

46 H. Dumoulin, *Geschichte des Zen-Buddhismus*, Bd. 2 (S. 281, Anm. 84).

STAGNATION DES BUDDHISMUS UND NEUERWACHEN DES ZEN IN DER TOKUGAWA-ZEIT (1603-1868)

Während der Tokugawa-Zeit nahm die polizeistaatliche Kontrolle der Regierung über die Religionen ständig zu, verbunden mit einer Abschließung des Landes nach außen, die nur noch spärliche Handelskontakte nach China und mit den Niederlanden zuließ. Der Shogunatsregierung erschien dies als das probate Mittel, der Kolonisierung durch europäische Mächte zu entgehen, wobei im Inneren das Christentum als Ideologie der Kolonisatoren empfunden wurde, die den Staat destabilisierte. Dem sollte ein organisatorisch starker und intellektuell polemischer Buddhismus dienen, der gleichsam als Speerspitze gegen das Christentum bzw. den westlichen Einfluß überhaupt in Stellung gebracht wurde. Der Buddhismus erhielt dadurch eine staatstragende und zivilrechtliche Rolle, die ihn institutionell stark machte, gleichzeitig aber der strikten Kontrolle durch den Staat unterwarf. Der Buddhismus war zwar während der ersten Jahrzehnte dieser Epoche dadurch gefördert worden, daß sich jede japanische Familie – vorwiegend aus politischen Gründen der Abgrenzung gegenüber Fremdeinflüssen sowie der Verwaltungs- und Überwachungstechnik – einem buddhistischen Tempel zugehörig erklären mußte (*danka seido*).[47] Dieses Gesetz wurde mit drakonischen Strafmaßnahmen – bis hin zur Todesstrafe – durchgesetzt. Dennoch war dies nicht unbedingt ein Gewinn: Die Furcht dürfte die Liebe zum Buddhismus nicht gefördert haben. Zwar erhielt der japanische Buddhismus mit der Neugründung der Ōbaku-Schule noch einmal einen wichtigen Impuls, aber die hermetische Abriegelung Japans nach außen und die kleinliche Kontrolle nach innen erstickten kreative

47 *Danka seido* wurde zwar 1871 formal abgeschafft, seine Nachwirkungen sind aber bis heute zu spüren in der Einheit von Familie und buddhistischem Tempel, wo alle Totenrituale abgehalten werden.

Entwicklungen. Die Ōbaku-Schule geht auf den chinesischen Meister Yin-yüan (jap. Ingen Ryūki [1592-1673]) zurück, der 1654 in Uji bei Kyōto das Kloster Mampukuji gründete. Die Schule hat ihren Namen von Yin-yüans ursprünglicher Residenz Huang-po (jap. Ōbaku) und spiegelt die Ch'an-Entwicklungen der Ming-Zeit wider: Ōbaku enthielt viele Elemente der chinesischen tantrischen Traditionen (Gebrauch von *dhāraṇī*[48] und mantrischen Silben zur geistigen Konzentration) und war chinesisch in ihrer Ritualistik. Als Untergruppe des Rinzai-Zen wurde Ōbaku überhaupt erst 1876 als selbständige Schule anerkannt und ist heute kaum noch unterscheidbar von der Rinzai-Tradition.

Kurz, während der Tokugawa-Zeit entsprach der äußerlichen Stärke des Buddhismus kaum ein innerer Aufbruch, wenngleich die Schulen stabile Ritualsysteme entwickelten und auch ihr philosophisches Erbe in Kommentierungen pflegten, deren Bedeutung nicht unterschätzt werden sollte. Es gab in allen Schulen auch mehr oder weniger versteckte Auseinandersetzungen mit dem repressiven politischen System, die mit Argumenten aus der politischen Tradition des Buddhismus genährt wurden.[49] Mitten in der Tokugawa-Zeit kam es auch zu einer beispiellosen Neubelebung des Rinzai-Zen durch Hakuin Ekaku (1686-1768 [oder 1769]).[50] Er stammte aus einer einfachen Familie und begann bereits in der Jugend, die klassische chinesische Zen-Literatur zu studieren.

48 Dies sind Silben, die (kürzer als *mantras*) Bewußtseinszustände oder Wirklichkeitsaspekte repräsentieren und bei ihrer Aussprache aktualisieren.

49 Peter Kleinen, *Buddhismus und Nationalismus. Anmerkungen zur historiographischen Relevanz der Auseinandersetzung mit dem nationalistischen Diskurs des Bakumatsu-Buddhismus*, in: Japanstudien. Jahrbuch des Deutschen Instituts für Japanstudien der Philipp-Franz-von-Siebold-Stiftung, Bd. 6 (München 1994), S. 387-427.

50 Philip B. Yampolsky (Übersetzer), *The Zen Master Hakuin. Selected Writings*, New York 1971; Norman Waddell, *The Essential Teachings of Zen Master Hakuin*, Boston 1994; deutsch: *Authentisches Zen*, übersetzt von Dietrich Roloff, Frankfurt/Main 1997.

Im Alter von 24 Jahren wurde er Schüler des Zen-Meisters Shōju Rōjin (1643-1721). Nach Reisen und Begegnungen mit Meistern verschiedener Traditionen kehrte er 1718 in sein Heimatdorf Hara (am Fuji-Berg) zurück, lehrte dort in dem kleinen Kloster Shōinji und predigte auch den Laien auf zahlreichen Reisen, die er zu Fuß unternahm. Hakuin erneuerte die in Formalien erstarrte Kōan-Praxis, pflegte die Tuschmalerei und gab dem Zen durch seine charismatische Persönlichkeit ein ganz eigenes Gepräge, das die Strenge der Übung mit Humor verbindet und dabei von tiefer Mitmenschlichkeit erfüllt ist. Hakuin hat zahlreiche Schriften und einen ausgedehnten Briefwechsel hinterlassen. Außerdem brachte er die verschiedenen Kōan-Sammlungen in eine Reihenfolge, so daß der Schüler seinen Fortschritt in der Übung dadurch dokumentieren mußte, daß er ein Kōan nach dem anderen löste.

Es geht bei der Kōan-Praxis nicht darum, eine diskursive Antwort auf eine Frage bzw. auf das im Kōan gestellte (unsinnige bzw. paradoxe) Problem zu geben, sondern vielmehr um *ein spontanes Verhalten* des Schülers angesichts der Kōan-Situation. Das Rinzai-Zen erweist sich diesbezüglich als außerordentlich kreativ, und einmal gefundene ›Antworten‹ sind nicht richtig oder falsch, sondern einmalig angemessen oder nicht. Der qualifizierte Lehrer kann am Verhalten des Schülers angesichts der Kōan-Situation erkennen, ob der Schüler einen spontanen Geist der Freiheit auf der Grundlage der existentiellen Einsicht in die Nicht-Dualität der Wirklichkeit erlangt hat oder nicht. Nur darauf kommt es an. Hakuins »Lied des Zazen« (*zazen wasan*)[51] wird auch heute noch in allen Rinzai-Klöstern rezitiert und erlaubt einen klaren Einblick in den Charakter des Zen, so daß wir es hier exemplarisch etwas ausführlicher darstellen wollen:

51 In Yampolskys Katalog der Schriften aufgelistet als Nr. 32, vgl. Ph. B. Yampolsky, *The Zen Master Hakuin* (Anm. 50), S. 232.

Alle Lebewesen sind von Natur Buddha,
so wie Eis von Natur Wasser ist.
Getrennt von Wasser ist kein Eis,
getrennt von Wesen ist kein Buddha.

Sie wissen nicht, wie nahe Er ist,
vergeblich suchen sie in der Ferne!
Wie jemand inmitten von Wasser durstig schreit;
wie ein Kind aus wohlhabendem Hause unter Armen wandelt.

Verloren auf den dunklen Wegen der Unwissenheit
wandern sie durch die sechs Welten,
von dunklem Pfad zu dunklem Pfad –
wann endlich werden sie frei sein von Geburt und Tod?

Das Zazen im Mahāyāna kann mit Worten nicht gepriesen werden.
Geben, Tugend, die anderen Vollkommenheiten,
Anrufung des Buddha, Reue und Übung,
die unendlich vielen guten Taten –
sie alle gründen im Zazen.

Wer Zazen nur einmal übt,
wischt hinweg Übles von Anfang an.
Wo sind dann all die dunklen Wege?
Das Reine Land selbst ist nah.

Wer diese Wahrheit auch nur einmal hört
und ihr dankbaren Herzens lauscht,
sie hochschätzt und zutiefst verehrt,
empfängt den Segen grenzenlos.

Mehr noch die, die umkehren, eintreten
und die eigene wahre Natur bezeugen:
Selbst-Natur, die Nicht-Natur ist.
Sie haben alle Worte hinter sich gelassen.

Das Tor der Einheit von Ursache und Wirkung öffnet sich,
der Pfad der Nicht-Zweiheit und Nicht-Dreiheit liegt offen.
Formlose Form wird zur Form.
Gehend und zurückkehrend nirgendwohin gehen,
das Denken des Nicht-Denkens zum Denken machend,
wird Gesang und Tanz sogar zur Stimme des Dharma.

Wie endlos und frei ist der Samadhi-Himmel!
Wie klar ist der Vollmond der Weisheit!
Wahrhaftig, was fehlt nun noch?
Nirvāṇa ist hier, vor unseren Augen.
Dieser Ort ist das Lotos-Land.
Dieser Körper ist der Buddha-Körper.

Hakuin drückt hier aus, daß der Mensch nicht der ist, für den er sich gewöhnlich hält. Er ist in Wahrheit Buddha-Natur, und diese Qualität teilt er mit allen Lebewesen, zu denen Tiere, Wesen in der Hölle, Geister und himmlische Hierarchien gehören. Was aber ist Buddha-Natur? Das Nächstliegende, das, was in der Tiefe des Bewußtseins schon immer gegenwärtig ist, allerdings im Zustand des Potentiellen oder schlafend. Darum wird der Mensch, der diese Tiefe des Geistes erfährt und sich damit identifiziert, als der Erwachte (*buddha*) bezeichnet. Im gewöhnlichen Bewußtseinszustand jedoch irren die meisten Lebewesen im Kreislauf der Geburten umher im Bereich der sechs Welten,[52] d. h. der Menschenwelt, der Tierwelt, der »Dämonenwelt« (*asura*), der Welt höherer geistiger Wesen (*deva*), die mit Engelwelten vergleichbar sind, der Welt der Hungergeister (*preta*) und schließlich der Höllenwesen. Jeder dieser Bereiche ist nicht so sehr ein kosmologisch zu ortender Raum, sondern ein Bewußtseinszustand, der geprägt und definiert wird durch die Selbstkonditionierungen des Bewußtseins, durch das *karman*. Kurz gesagt bedeutet dies: Was einer denkt – das ist er, so wird er. *Karman* ist das Gesetz der Kausalität, das auch im mentalen

52 Vgl. S. 136-138.

und psychischen Bereich gültig ist, es ist die Rückwirkung der eigenen Gedanken, Worte und Taten auf den Täter. *Zazen* ist nun die Methode des achtsamen Loslassens aller Anhaftungen und Identifikationen mit den gewöhnlichen Körperempfindungen, Emotionen und Gedanken. Die Existenz als Mensch ist deshalb so kostbar, weil nur auf dieser Existenzstufe bzw. in diesem Bewußtseinszustand die freie Entscheidung zur spirituellen Praxis möglich ist. Der Mensch ist zwar durch sein *karman* konditioniert, nicht aber determiniert. Er kann die eigenen Verstrickungen jederzeit durch die Praxis der Meditation durchbrechen. Darin gründen, so Hakuin, alle »Vollkommenheiten« (*pāramitās*),[53] denn der Mensch agiert nun so, daß er sich in jeden und jedes ›hineinversetzen‹ kann, und daraus erwächst die Spontaneität bzw. die vollkommen sichere und angemessene Denk- und Handlungsweise in jeder Situation. Das im Amida-Buddhismus verheißene Reine Land, meint Hakuin, in dem alle Hindernisse für die Erlangung des *nirvāṇa* beseitigt sind, sei dann unmittelbar gegeben. Die letzten Verse des Liedes beschreiben in paradoxer Redeweise den Weg in die Nicht-Dualität des Bewußtseins, die vornehmlich durch die Nicht-Dualität von Subjekt und Objekt gekennzeichnet ist. Paradox muß die Rede deshalb sein, weil sich das Denken nur in dualistischen Strukturen vollziehen kann. Jeder Begriff oder jedes vorgestellte Bild ist an die Dreidimensionalität gebunden, während die Wirklichkeit selbst aber sozusagen n-dimensional ist, wobei alle Dimensionen von Zeit und Raum in einem einzigen Punkt zusammenfallen. Nicht das Gegenteil zu dieser Welt der Wahrnehmung ist das Wirkliche, nicht ein abstrahiertes Transzendentes, sondern das, was den Gegensatz von Transzendenz und Immanenz, von Nicht-Denken und Denken aufhebt und dadurch integriert. So ist auch das ganz und gar Weltliche, das lustvoll Alltägliche, Gesang und Tanz, eine Erscheinungsform des Ab-

53 Die sechs klassischen *pāramitās* des Mahāyāna sind: *dāna* (»Geben«), *śīla* (»Tugend«), *kṣānti* (»Geduld«), *vīrya* (»Tatkraft«), *dhyāna* (»Meditation«), *prajñā* (»Weisheit«).

soluten. Das bedeutet: Das Wesen des Menschen ist nicht getrennt vom Wesen dieses Körpers, sondern dieser Körper *ist* der Buddha-Körper, dieser Ort *ist* das Buddha-Land. Es ist eine Frage der Transformation des Bewußtseins, der Intensität der Wahrnehmung, mit der das Bewußtsein sich selbst wahrnimmt.

JAPANISCHE MODERNE (SEIT 1868)

Durch die Reformen des Kaisers Meiji (Regierungszeit 1868-1912) vollzog Japan eine radikale Kehrtwendung in seiner politischen Ausrichtung, um dem westlichen Kolonialismus die Stirn zu bieten. Hatten die Regierungen der Tokugawa-Zeit auf systematische Abschottung nach außen gesetzt, wurde Japan nun für europäische und amerikanische Wissenschaft und Kultur geöffnet, das heißt, man wollte den (potentiellen) Gegner mit seinen eigenen Waffen schlagen, und das hieß vor allem Technisierung und Industrialisierung. Dadurch wurde auch der Buddhismus nachhaltig beeinflußt.[54] Gerade indem diese Öffnung als Voraussetzung für die nationale Stärkung Japans, d. h. als politisches Mittel gegen eine drohende Kolonialisierung durch die europäischen Mächte und Amerika, gesehen wurde, mußte sie durch eine nationalistische Kulturpolitik nach innen aufgefangen werden. Dies erreichte man dadurch, daß der Mythos eines shintō-gestützten Kulturimperialismus gegen Fremdeinflüsse konstruiert wurde, wodurch der Buddhismus in Bedrohung geriet. Der japanische Buddhismus sah sich darüber hinaus im späten 19. Jahrhundert vor vier neue Herausforderungen gestellt:

– Reaktion auf die Verhältnisse in einer sich urbanisierenden und industrialisierenden Gesellschaft,
– Abwehr der christlichen Konkurrenz,
– Antwort auf die mit der westlichen Wissenschaft einzie-

---

54 Vgl. M. v. Brück, Wh. Lai, *Buddhismus und Christentum* (S. 17, Anm. 3), S. 153 ff.

hende historisch-kritische Forschung in bezug auf die eigene Geschichte,

– Auseinandersetzung mit dem westlichen Atheismus und Nihilismus.

Wie schon erwähnt, war die Zahl buddhistischer Tempel in der Tokugawa-Zeit durch die von der Regierung erlassene Anordnung, daß jede Familie einem buddhistischen Tempel anzugehören habe, beträchtlich angewachsen. Dies war die materielle Lebensgrundlage des buddhistischen ›Klerus‹, der vor allem für die Totenrituale zuständig war.[55] Mit dem Neuanfang der Meiji-Reformen wurde nach 1868 der Shintō zur Staatsreligion erklärt. Die jahrhundertelange Identifizierung von Shintō-Gottheiten mit buddhistischen Heiligen und Bodhisattvas, die Verknüpfung der Riten auf gemeinsamem Tempelgrund und die ineinander verschmolzenen Heilsziele wurden aufgehoben – ein neuer Shintō wurde konstruiert und staatlich verordnet, um den zentralistischen Kaiserkult zu legitimieren und einen japanischen Nationalismus zu zementieren, der sich als geeignet erweisen sollte, den westlichen Kolonialmächten ein eigenes kulturelles Selbstbewußtsein entgegenzusetzen, das sich vor allem in wirtschaftlicher Macht, politischer Eigenständigkeit und militärischer Aufrüstung äußern sollte. Der Buddhismus, das staatstragende System des Tokugawa-Shogunats, wurde zur ›Fremdreligion‹ erklärt. Dies bedeutete nicht nur eine Entmachtung, sondern um 1870/71 auch eine gewaltsame Unterdrückung des Buddhismus (*haibutsu-kishaku*: »Buddha vernichten und Śākyamuni beseitigen«): Zehntausende Mönche und Nonnen wurden zwangsweise laisiert und etwa vierzigtausend Tempel zerstört, vor allem aber wurde durch Konfiskation des Grundbesitzes der Tempel dem Buddhismus die wirtschaftliche Basis entzogen.[56] Der Buddhismus wurde somit Opfer einer nationa-

---

55 Matthias Eder, *Geschichte der japanischen Religion*, Bd. 2: *Japan mit und unter dem Buddhismus*, Nagoya 1978, S. 161 f.

56 James Edward Ketelaar, *Of Heretics and Martyrs in Meiji Japan. Buddhism and its Persecution*, Princeton 1990, S. 7; Monika Schrimpf,

istischen Politik, die sich auf ›einheimisch-japanische‹ shin-
oistische Lebens- und Wertemuster gründen wollte. Zu einer
nachhaltigen Verfolgung des Buddhismus über die genannten Einschränkungen hinaus ist es aber nicht gekommen. Die buddhistischen Traditionen wandelten sich aufgrund der staatlichen Maßnahmen und Neuordnungen in der Meiji-Zeit erheblich. Als die Regierung 1872 anordnete, daß buddhistische Tempelpriester aller Schulen heiraten sollten, wurde die Rolle des buddhistischen Mönchtums langfristig neu definiert: Die Priester waren fortan in Familien gebunden, was die Kohärenz des *saṃgha* untergrub und den Austausch von Mönchen erschwerte, die zuvor auf Pilgerschaften von Kloster zu Kloster gezogen waren. Der monastische *saṃgha* – welcher über zweieinhalb Jahrtausende hinweg eigentlicher Träger der buddhistischen Tradition gewesen war – büßte diese führende Rolle nun ein, wodurch im Gegenzug das Laienelement gestärkt wurde. Auch durch Konversionen zum Christentum, die eine Folge des Einflusses europäischer Kultur überhaupt waren,[57] wurden die wirtschaftliche Basis und die kulturelle Bedeutung des buddhistischen Priestertums untergraben. All dies trug dazu bei, daß zahlreiche Buddhisten sich ihrer Geschichte erneut vergewissern und den Buddhismus neu formulieren wollten, indem sie Universitäten gründeten und den Mönchen bzw. Laienpriestern eine gründlichere Ausbildung zuteil werden ließen. Die damit verbundene antichristliche Polemik setzte im Buddhismus neue intellektuelle Kräfte der Identitätsbestimmung frei.[58] Außerdem dürfte

Zur Begegnung des japanischen Buddhismus mit dem Christentum in der Meiji-Zeit. 1868-1912, Wiesbaden 2000, S. 34-42.

57 M. v. Brück, Wh. Lai, *Buddhismus und Christentum* (S. 17, Anm. 3), S. 156 ff.

58 Zwei wichtige Gestalten der Neuorientierung, ja Neuerweckung des Buddhismus in der Meiji-Zeit waren Inoue Enryō und Murakami Senshō. Dazu: Kathleen Marie Staggs, *In Defense of Japanese Buddhism. Essays from the Meiji Period by Inoue Enryo and Murakami Sensho*, Ph. D. Dissertation Princeton University 1979 (Mikrofiche: Ann Arbor [Mich.] 1980); Monika Schrimpf, *Buddhism meets*

die Strategie der Jōdo-shin-Schule, unter der Führung de: Haupttempel ›antichristliche Allianzen‹ in den Dörfern zu bil den, die alle Dorfbewohner bei Strafe der Ächtung zu schrift lichen antichristlichen Erklärungen zwangen, nicht nur da: Christentum eingedämmt, sondern auch ein buddhistische: Solidaritätsgefühl erzeugt haben.[59] Dieser Prozeß der Um orientierung und Stärkung des Buddhismus durch Anpassun an die Moderne dauert bis heute an. Wie stark aber der Bud dhismus im heutigen Japan ist, läßt sich durch Zahlen kaum ermitteln. Wenn sich nämlich laut Statistik etwa 80 % der Ja paner als zum Buddhismus zugehörig erklären, ist dies keir Glaubensbekenntnis, sondern Nachwirkung der Verbindun von einem Buddhismus der Totenrituale und den Familien traditionen: Japaner bezeichnen sich nicht selten als areligiö: und gleichzeitig dem Buddhismus zugehörig.[60]

Die Konfrontation mit dem historisch-kritischen Denker der europäischen Moderne bedeutete für den japanischer Buddhismus aber auch eine erhebliche Herausforderung fü die Selbstwahrnehmung. Daß der Mahāyāna-Buddhismu: nicht vom Buddha selbst begründet worden sein konnte, hatt zwar bereits Tominaga Nakamoto (1715-1746) in der Mitt des 18. Jahrhunderts zu behaupten gewagt.[61] Aber erst di

---

Christianity. Inoue Enryō's View on Christianity in Shinri kinshin, in Japanese Religions 24 (1999), H. 1, S. 51-72.

59 M. Schrimpf, *Zur Begegnung* (S. 416, Anm. 56), S. 45-50.

60 Ian Reader, *Buddhism as a Religion of the Family*, in: Mark R. Mullins Susumu Shimazono, Paul L. Swanson (Hg.), *Religion and Society i Modern Japan. Selected Readings*, Nanzan Studies in Asian Religion 5, Berkeley 1993, S. 139-156, hier S. 143. Reader teilt mit, daß nach Untersuchungen der Sōtō-Schule von 1985 1,49 Millionen Haus halte (über 6 Millionen Individuen) dem Sōtō-Zen zugerechne wurden, von denen aber nur 287 135 als aktive Gläubige und Tem pelbesucher bezeichnet werden konnten.

61 Vgl. Kogen Mizuno, *Looking at the Sutras*, in: Dharma World 8 (Fe bruar 1981), S. 40-42; Nakamoto Tominaga, *Emerging from Medita tion* [*Shutsujo kōgo*, 1745], übersetzt und eingeleitet von Michae Pye, Honolulu 1990; zum Folgenden vgl. M. v. Brück, Wh. La

neue, westliche Weltanschauung bedeutete einen wirklichen Angriff auf die Authentizität des Mahāyāna, denn sie trat mit der Autorität der empirischen Wissenschaft auf. Christliche Missionare setzten das historische Argument gegen die Glaubwürdigkeit der buddhistischen Geschichte ein, indem sie beispielsweise geographiewissenschaftlich nachweisen wollten, daß Amidas Reines Land nicht im Westen liegen könne. Die Buddhisten jedoch drehten schnell den Spieß um und benutzten das Argument wissenschaftlicher Rationalität gegen das Christentum, indem etwa der Widerspruch zwischen dem kopernikanischen und dem geozentrischen Weltbild der Bibel polemisierend verwertet wurde.[62] Bald breitete sich ein aufgeklärter buddhistischer Modernismus aus, der religiöse Authentizität durch Rückfrage nach dem historischen Buddha begründen und gleichzeitig die Gültigkeit des Mahāyāna neu rechtfertigen wollte. Das heißt, man legte die Grundlagen für eine akademische Buddhologie, die in Japan im 20. Jahrhundert zur Blüte kam. Die Modernisten benutzten die historische Kritik im Streit zwischen den buddhistischen Schulen wie auch als Argument gegen das Christentum. Im allgemeinen achteten und akzeptierten sie die jesuanische Ethik, lehnten aber das missionierende Kirchenchristentum ab, wobei sie sich auf gleichgesinnte christliche Gruppen (Unitarier und andere christliche Liberale) berufen konnten.

Nach 1890 und besonders im Gefolge der Konflikte nach dem chinesisch-japanischen Krieg 1894-95 gewann in Japan eine politische Strömung an Einfluß, die zwar die technologisch-industrielle Entwicklung vorantreiben, die kulturell-soziale Überfremdung aber durch konservative Rückbesinnung

---

Buddhismus und Christentum (S. 17, Anm. 3), S. 153-163, und M. Schrimpf, *Zur Begegnung* (S. 416, Anm. 56).

62 Diese Umkehr der Polemik, die nun ›die Wissenschaft‹ gegen das Christentum einsetzt, das mit rationalen Argumenten versucht hatte, den einheimischen Buddhismus zu bekämpfen, ist Ende des 19. Jahrhunderts überall in Asien zu beobachten, besonders in Sri Lanka.

auf ›japanische Werte‹ eindämmen wollte. Auch die buddhistischen Reformer gerieten dabei unter Druck.[63] Auf Anregung des Zen-Meisters Shaku Sōen kam es im Geist des Weltparlaments der Religionen von Chicago 1893 zu einer buddhistisch-christlichen Konferenz, auf der die Gemeinsamkeit in der Identität von christlicher Liebe und buddhistischer Barmherzigkeit gesucht werden sollte: Während die Leistungen des Christentums auf sozialem Gebiet anerkannt wurden, habe der Buddhismus in Philosophie und Psychologie Wesentliches geleistet. Man solle nun zusammenarbeiten, um die drängenden sozialen Fragen (Massenelend in den Städten, Entwurzelung, drohender japanischer Nationalismus und Militarismus) zu lösen. Gemeinsam müsse man dem modernen Atheismus und Materialismus entgegentreten. Diese Neuausrichtung des buddhistischen Engagements schlug sich in intellektuellen Zirkeln bis hin zur Philosophie der Kyōto-Schule[64] (Nishida Kitarō [1870-1945], Tanabe Hajime [1885-1962], Nishitani Keiji [1900-1990] u. a.) wie auch in buddhistischen Laienbewegungen nieder. Während des Zweiten Weltkrieges gab es jedoch auch nicht wenige Buddhisten, die das japanische Militärregime unterstützten. Soldaten wurden für einige Tage zur Disziplinierung des Denkens und der Emotionen in Zen-Klöster geschickt, bevor sie an die Front gingen. Zen-Meister propagierten öffentlich die militärische Unterordnung als Aufgabe des Selbst im spirituellen Sinn und das Töten im Krieg als hilfreiches Mittel, Anhaften an Bewußtseinsprojektionen zu überwinden. Nicht wenige buddhistische Funktionsträger gingen völlig in die Irre.[65] Es gab allerdings durchaus Zen-Meister, die sich diesem Mißbrauch des Zen widersetzten, zum Beispiel Suzuki Shunryu Rōshi.[66]

---

63 Notto R. Thelle, *Buddhism and Christianity in Japan. From Conflict to Dialogue, 1854-1899*, Honolulu 1987.

64 Ryôsuke Ohashi (Hg.), *Die Philosophie der Kyôto-Schule. Texte und Einführung*, Freiburg/Breisgau und München 1990.

65 Dazu B. A. Victoria, *Zen, Nationalismus und Krieg* (S. 300, Anm. 121).

66 Rick Fields, *How the Swans Came to the Lake. A Narrative History of Buddhism in America*, Boulder 1981, S. 228.

Charakteristisch für diese Neuorientierung des Buddhismus und gesellschaftlich bis heute außerordentlich wirksam sind die im Nichiren-Buddhismus verwurzelten Laienbewegungen.[67] Viele von ihnen sind im Zusammenhang mit den gesellschaftlichen Prozessen in den zwanziger und dreißiger Jahren des 20. Jahrhunderts entstanden, als die nationalistische Politik das Land und auch die Buddhisten spaltete: Einige unterstützten den staatlich gelenkten militanten Nationalismus, andere widersetzten sich dieser Politisierung der Religion. Der tiefe Riß durch die Gesellschaft wurde angesichts der japanischen Aggression gegen China (1931 Besetzung der Mandschurei) offenkundig. Nur einige dieser Bewegungen seien hier erwähnt: Bereits 1857 entstand die *Butsuryūkō* (»von Buddha begründete Gesellschaft«), als der Mönch Nagamatsu Seifū, unzufrieden mit der Mönchsorganisation und der Integrität der buddhistischen Priesterschaft, eine Laienbewegung ins Leben rief. Die *Reiyūkai*, gegründet 1925 als Gruppe, die auch Shintō-Praktiken integrierte, war die Wurzel für mehrere Gründungen nach dem Zweiten Weltkrieg. Einer ihrer Ableger ist die höchst dynamische *Risshō-Kōseikai* (»Gesellschaft zur Schaffung von Gerechtigkeit und Harmonie«),[68] gegründet 1938 von Niwano Nikkyō. Die Bewegung zählt heute über zwei Millionen Mitglieder, organisiert gemeindeartige Basisstrukturen mit gruppentherapeutischen Elementen (*hōza*) und legt das Schwergewicht auf einen praktischen, sozial-engagierten Buddhismus. Sie ist zudem eine der wichtigsten Triebkräfte innerhalb der Weltkonferenz der Religionen für den Frieden (WCRP). Noch größer und politisch wie wirtschaftlich außerordentlich erfolgreich ist die

67 Inoue Nobutaka u. a., *Neureligionen. Stand ihrer Erforschung in Japan. Ein Handbuch*, übersetzt und hg. v. Johannes Laube, Studies in Oriental Religions 31, Wiesbaden 1995.

68 Andreas Nehring, *Rissho Kosei-kai. Eine neubuddhistische Religion in Japan*, Erlanger Monographien aus Mission und Ökumene 16, Erlangen 1992; Kenneth J. Dale, *Circle of Harmony. A Case Study in Popular Japanese Buddhism*, South Pasadena (Calif.) und Tokyo 1975.

Sōka Gakkai[69] (»Gesellschaft zur Schaffung von Werten«),[70] die von dem Lehrer Makiguchi Tsunesaburō (1871-1944) im Jahr 1930 zunächst als Gesellschaft zur Erneuerung pädagogischer Werte (auf der Basis der Lehren Nichirens) begründet wurde. Als sich Makiguchi weigerte, an den staatlich verordneten nationalistisch-shintoistischen Riten teilzunehmen, wurde er inhaftiert und starb 1944 im Gefängnis. Danach stellte sein Schüler Toda Jōsei (1900-1958) die Bewegung auf eine feste organisatorische Basis. Seit dieser Zeit ist sie in der Öffentlichkeit und nicht zuletzt bei anderen buddhistischen Gruppen höchst umstritten, vor allem wegen ihrer aggressiven Bekehrungstechnik (*shakubuku*), die allerdings schon zur Zeit Nichirens üblich war. Unter der Führung (seit 1960) des dritten Präsidenten, Ikeda Daisaku (geb. 1928), der international operiert und durch zahllose Publikationen und die Gründung von Basisorganisationen hervorgetreten ist, soll die Zahl der Mitglieder in den achtziger Jahren auf über 10 Millionen Familien angewachsen sein. Sōka Gakkai strebt mittels der Lehren und Praxis Nichirens eine innere Transformation des Menschen an, die letztlich zu einer friedvollen Welt und dem Glück der ganzen Menschheit führen soll. Sie unterhält eine eigene Universität, Krankenhäuser und Schulen und ist eng verflochten mit einer politischen Partei (*Kōmeitō*), die als drittstärkste politische Kraft im Land gilt. Auch in den USA, Südamerika, Europa und Afrika ist die Sōka Gakkai aktiv.

Nach dem Zweiten Weltkrieg gerieten viele buddhistische Tempel in Bedrängnis, weil sie erstens wegen der Landreformen ihre wirtschaftliche Grundlage verloren und zweitens aufgrund der verfassungsmäßig erstmals garantierten Religionsfreiheit die enge Bindung der Familien an den bud-

69 Daniel A. Metraux, *The History and Theology of Soka Gakkai. A Japanese New Religion*, Studies in Asian Thought and Religion 9, Lewiston (N. Y.) 1988.

70 Werner Kohler, *Die Lotus-Lehre und die modernen Religionen in Japan*, Zürich 1962.

dhistischen Tempel verlorenging.[71] Buddhistische Priester wanderten auf der Suche nach Einkommen scharenweise in säkulare Berufe ab, zahlreiche Dorftempel verwaisten, andere hingegen eröffneten (nach christlichem Vorbild) Kindergärten und Schulen, um Geld zu verdienen und gleichzeitig die Jugend an sich zu binden. Eingriffe der Regierung in die Strukturen der klassischen buddhistischen Schulen (wie Zwangszusammenschlüsse) und finanzieller Druck verursachten weitere Spannungen und Spaltungen. Gleichzeitig aber erwuchs aus den buddhistischen Schulen selbst, vor allem aus Laienkreisen und in der Jugend, eine Bewegung zur institutionellen und geistigen Erneuerung (*Zaike Bukkyō Kyōkai* [»Gesellschaft der Laien-Buddhisten«]), die durch Demokratisierung der Verwaltung und Bildung des Volkes in buddhistischer Lehre und Praxis anhaltende Wirkung ausübt. Vor allem wird der Graben von Priestern bzw. Mönchen und Laien zunehmend überbrückt, und es gibt vorsichtige Tendenzen in Richtung auf eine innerbuddhistische Ökumene zwischen den einzelnen Schulrichtungen.[72] Im heutigen Japan verwalten der Jōdo-Buddhismus (besonders die Tradition des Nishi-Honganji, einer Untergruppe der Jōdo-Shinshū) und das Sōtō-Zen die meisten Tempel, wobei die Praxis derer, die diesen Tempeln zugehören, kaum im Studium der Schriften Hōnens oder Shinrans oder gar in *zazen*-Übung besteht, sondern hauptsächlich von der Pietät der Totenrituale geprägt ist, die den Tempeln bisher das wirtschaftliche Überleben ermöglichen. Durch die immer noch anhaltende Urbanisierung und Konzentration der Bevölkerung in bestimmten Gegenden des Landes verringert sich zwangsläufig die Zahl der Dorftempel, hingegen erfreuen sich berühmte Stadttempel eines wachsenden Besucherstroms. Die Fluktuation in der Gesellschaft zwingt die buddhistischen Institutionen aller traditionellen Schulen zur Anpassung.[73] Trotz all dieser Pro-

71 J. M. Kitagawa, *Religion in Japanese History* (S. 368, Anm. 3), S. 290ff.
72 J. M. Kitagawa, a. a. O., S. 293.
73 Ian Reader, *Religion in Contemporary Japan*, Basingstoke u. a. 1991.

bleme hat der Buddhismus nach wie vor eine bedeutende soziale Funktion in der modernen japanischen Gesellschaft, vor allem im Bereich der Familie. Alles dreht sich dabei um Riten und Feste und weniger um Philosophie oder Meditation (nur etwa 30 von den insgesamt 15 000 Tempeln der Sōtō-Zen-Schule bauen auf einem klösterlichen Leben auf und pflegen die strikte *zazen*-Übung).[74] Das Priestertum wird normalerweise vom Vater auf den Sohn vererbt, womit keineswegs in allen Fällen eine innere Berufung verbunden ist. Die meisten buddhistischen Priester sind seit der Meiji-Zeit verheiratet. Wie bereits erwähnt, spielen alle buddhistischen Schulen (einschließlich des Zen) bei den Totenritualen und der Verehrung der Ahnen eine wichtige Rolle. Allerdings übernehmen mehr und mehr multimedial arbeitende kommerzielle Firmen (»Funeral Homes«) die Zeremonien zum Totengedenken, und da auch Friedhöfe zur Bestattung der Urnen kommerziell betrieben werden (die Tempelfriedhöfe sind längst überfüllt), verlieren auch hier die buddhistischen Institutionen allmählich an Einfluß. Diese Tendenz bringt ein erheblich verändertes Verständnis des Todes mit sich: Innerhalb des buddhistischen Rituals wurde die Wiedergeburt des Toten im Reinen Land Amida-Buddhas verkündet, im kommerziellen Umfeld hingegen besteht das Totengedenken in der Regel darin, an die weltlichen guten Taten der verstorbenen Person zu erinnern.[75]

Der Buddhismus in Japan ist in einer schwierigen Lage, weil er »in ein soziales System zementiert, aber in hohem Grade religiös steril«[76] geworden ist. Dieses Urteil muß eingeschränkt werden, weil die großen buddhistischen Schulen

---

74 I. Reader, *Buddhism as a Religion of the Family* (S. 418, Anm. 60), S. 139.

75 Mündliche Mitteilung von Prof. George J. Tanabe, University of Hawaii (September 1997). Dazu auch: M. Row, *Stickers for Nails. The Ongoing Transformation of Roles, Rites and Symbols in Japanese Funerals*, in: Japanese Journal of Religious Studies 27 (2000), H. 3-4, S. 353-378.

76 I. Reader, a. a. O., S. 144.

seit Jahrzehnten bemüht sind, das Laienelement zu stärken, und somit auch buddhistische Bildung verbreiten wollen. In diesem Sinne ist auch die organisatorisch-kultische Trennung der Sōka Gakkai von der Nichiren-Schule ein bemerkenswerter Vorgang der Neugestaltung des Buddhismus in Japan.

Zusammenfassend kann festgehalten werden: Während die klassischen Schulen (Tendai, Shingon) das Erbe würdig, aber gelegentlich eher museal verwalten, der Jōdo-Buddhismus sowie die volkstümlichen Zen-Schulen nach wie vor viele Anhänger zählen, aber in konservativem Gestus kaum mehr als die traditionellen Werte predigen (die Einheit der Familie mit den Ahnen durch häufiges Gebet im Tempel und vor dem Buddha-Schrein im Haushalt [*butsudan*] zu erhalten[77]), und die eher elitären philosophisch und meditativ ausgerichteten Zen-Kreise durch das Interesse im Westen zwar Auftrieb erfahren, die religiöse Szene in Japan aber nur marginal beeinflussen, verfügen hingegen die neuen buddhistischen Laienbewegungen über politischen Einfluß und ökonomische Kraft. Ob sie auch bleibende geistige Impulse setzen können, die dem Buddhismus als religiösem Erbe im modernen Japan Prägekraft verleihen, kann sich erst in der Zukunft erweisen.

---

77 Dabei wird gelegentlich die Gemeinschaft in der Sōtō-Tradition selbst als Familie gedacht, mit den Ahnen Dōgen und Keizan als ›Vater‹ und ›Mutter‹, wobei der Buddha selbst der Urvater aller ist (Keizan Jōkin [1268-1325], vierter Patriarch des Sōtō-Zen in Japan, Gründer des Sōjiji, des nach dem Eiheiji bedeutendsten Klosters dieser Schule). Vgl. I. Reader, a. a. O., S. 150f.

11
BUDDHISMUS IN TIBET[1]

BESONDERHEITEN DES TIBETISCHEN BUDDHISMUS

Im 7. und 8. Jahrhundert, also etwa zur gleichen Zeit, als der Buddhismus in Japan eingeführt wurde, gelangte er auch nach Tibet, in beiden Fällen gefördert vom königlichen Hof, weil man sich von der neuen Religion eine zivilisierende Dynamik versprach, die den Interessen einer zentralistischen Politik entgegenkam. Hier wie dort war der Buddhismus Teil eines umfassenderen Kulturtransfers (Schrift, Literatur, Überset-

1 Rolf A. Stein, *Die Kultur Tibets*, übersetzt von Helge Uebach, Berlin 1993 (franz. Original: Paris 1962); Hugh E. Richardson, *Tibet and its History*, Boulder ²1984 (zuerst 1962); Giuseppe Tucci, Walther Heissig, *Die Religionen Tibets und der Mongolei*, Die Religionen der Menschheit 20, Stuttgart und Berlin 1970; Helmut Hoffmann *Die Religionen Tibets. Bon und Lamaismus in ihrer geschichtlichen Entwicklung*, Freiburg/Breisgau und München 1956; Anagarika Govinda, *Grundlagen tibetischer Mystik. Nach den esoterischen Lehren des Großen Mantra Om Mani Padme Hûm*, Weilheim ⁸1991 (zuerst Zürich 1957); Detlef-Ingo Lauf, *Das Erbe Tibets*, Bern 1972; Geshe Lhündup Söpa, Jeffrey Hopkins, *Der tibetische Buddhismus*, übersetzt von Burkhard Quessel, Diederichs gelbe Reihe 13, Köln 1977: Diederichs.; M. v. Brück, *Religion und Politik im Tibetischen Buddhismus* (S. 295, Anm. 108); Matthew T. Kapstein, *The Tibetan Assimilation of Buddhism. Conversion, Contestation and Memory*, Oxford 2000; Alex McKay (Hg.), *The History of Tibet*, 3 Bde., London 2003; Ronald M Davidson, *Tibetan Renaissance. Tantric Buddhism in the Rebirth of Tibetan Culture*, New York 2005; Wulf Köpke, Bernd Schmelz (Hg.), *Die Welt des tibetischen Buddhismus*, Hamburg 2005; Martin Brauen (Hg.), *Die Dalai Lamas. Tibets Reinkarnationen des Bodhisattva Avalokiteśvara*, Stuttgart 2005; K. Kollmar-Paulenz, *Kleine Geschichte Tibets* (S. 294, Anm. 107).

zungskunst, Verwaltungsapparat), der alle Lebensbereiche erfassen und nachhaltig verändern sollte. In Japan aber diente als einziges Vorbild die Kultur Chinas, und so hat der japanische Buddhismus ganz und gar chinesische Wurzeln. In Tibet hingegen standen zwei sehr unterschiedliche Formen des Buddhismus als Vorbild zur Verfügung: die indische und die chinesische. Beide Traditionen verwurzelten sich in Tibet, und wenn auch die Entwicklungen im 8. Jahrhundert schließlich dazu führten, daß in Tibet der indische Buddhismus der Mönchsdisziplin, der hierarchischen Klosterorganisation, des Schriftstudiums und des Stufenwegs zum Erwachen die Oberhand gewann, so ist doch der chinesische Weg des spontanen Erwachens, wie er vor allem von den Ch'an-Schulen gepflegt wurde, auch in Tibet nie völlig verschwunden.[2] Ja, man kann sagen, daß die Spannung zwischen den indischen und chinesischen Ausprägungen des Buddhismus die tibetische Geschichte wesentlich geprägt und zu kreativen Neubildungen geführt hat.

Als der Buddhismus nach Tibet gelangte, lag bereits eine fast tausendjährige Geschichte hinter ihm. Das *Lotos-Sūtra* hatte verkündet, daß der Buddha unterschiedliche »geschickte Mittel« (*upāya*) angewendet habe, um die notwendige Läuterung des Bewußtseins und der Motivationen der Menschen schnell zu bewirken. Alles, was dem Ziel der Bewußtseinsschulung diente, konnte nun auf diesem Hintergrund neu gedeutet und in die buddhistische Praxis integriert werden. Eine Folge dieser Entwicklung war die Entstehung des *tantrischen Buddhismus*, der eine Parallele im hinduistischen Tantrismus hat. Im Tantrismus kann die gesamte Wirklichkeit als *Verdich-*

2 Es handelt sich allerdings nicht einfach um einen Gegensatz zwischen indischem und chinesischem Buddhismus – Tibet ist von beiden Kulturen stark beeinflußt –, weil es auch innerhalb des chinesischen Buddhismus eine jahrhundertelange Debatte darum gab, ob ein plötzliches Erwachen dem Stufenweg bzw. der graduellen Verwirklichung der Buddhaschaft vorzuziehen sei oder nicht. Vgl. dazu P. N. Gregory (Hg.), *Sudden and Gradual* (S. 351, Anm. 46).

tung bzw. Ausdifferenzierung des *einen* geistigen Kontinuums gelten, das immer war und immer sein wird. Die mentale, psychische und materielle Wirklichkeit, wie wir sie kennen, ist eine mehr oder weniger subtile Manifestation dieses einen Geistesgrundes. Eine Konsequenz dieser Anschauung ist, daß die gesamte Wirklichkeit *sakramental* ist, das heißt, nichts wird als prinzipiell unrein betrachtet, sondern alles kann zum Mittel der Reinigung und Befreiung werden. So wurden bestimmte Übungen des frühen asketischen Buddhismus umgeformt, bei denen bisher Verbotenes (Fleischgenuß, Geschlechtsverkehr, berauschende Getränke) meist in der Vorstellung, gelegentlich aber auch in der kultischen Handlung, integriert und mit der geistigen Kraft des integrierenden Bewußtseins gereinigt wurde. Götter (*devas*) und Dämonen (*asuras*), die das innere geistige und das äußere kosmische Universum bevölkerten, wurden nun als geistige und psychische Kräfte des Bewußtseins interpretiert, denen sich der Übende aussetzen und die er vor sein inneres Auge stellen muß, um sie zu beherrschen und zu integrieren. Alle Energien von Körper, Rede und Geist, so heißt es im Tantra, müssen in die Energieform des Erleuchtungsbewußtseins eines Buddha umgeformt werden.

– In bezug auf die Energien des *Körpers* geschieht dies vor allem durch Niederwerfungen, Opfergaben, Gehmeditation und Yogaübungen;

– in bezug auf die Energien der *Rede* durch die Rezitation von Meditationssilben, Mantras und Liturgien;

– in bezug auf die Energien des *Geistes* durch Visualisationen, in denen die normale dualistische Wahrnehmung (das ›Ich‹ als Subjekt nimmt ein ›Anderes‹ als Objekt wahr) durch die geistige Manifestation einer »göttlichen Wesenheit« (skt. *devatā*, tib. *lha*) überwunden wird, mit der sich der Übende in Visualisation identifiziert, bis er ganz und gar mit ihren vollkommenen Eigenschaften verschmilzt.[3]

3 Die Praxis der Visualisation ist für alle Schulen des Tibetischen Buddhismus charakteristisch. Dabei wird ein höheres geistiges

Diese bereits in Indien (vor allem in Bengalen) entwickelte tantrische Tradition wurde in Tibet eingeführt und verband sich mit den dort einheimischen schamanischen Praktiken und Kulten der vorbuddhistischen Religion (von der wir wenig wissen),[4] die vor allem um die Erhaltung eines sakralen Königtums, die Bannung böser Geister und die Ahnenverehrung mittels magischer Kulte und Reinigungsriten, z. B. durch Tieropfer, kreiste. In der Philosophie folgen alle tibetischen Schulen dem indischen Mahāyāna bzw. in den Ordensregeln (*vinaya*) einer Hīnayāna-Schule. Das Besondere des Tibetischen Buddhismus kann in der Einbindung der tantrischen Praxis gesehen werden. Dies kann man verdeutlichen an den drei Arten von Gelübden, die Mönche oder Nonnen ablegen, die sich auf den Pfad zur Buddhaschaft begeben haben: die *Vinaya*-Gelübde, die *Bodhisattva*-Gelübde und die *tantrischen* Gelübde.[5] Die ersten beiden Formen hatten wir im indischen Buddhismus bereits kennengelernt, insofern *vinaya* die monasti-

---

Wesen durch konzentrierte Visualisierung ›geschaffen‹, und zwar in allen ikonographischen Details zuerst im eigenen Körper des Übenden, dann unabhängig als äußeres Bild bzw. subtile feinstoffliche Erscheinung, um schließlich in die Leerheit aufgelöst zu werden. Bei dieser Übung werden geistige Energien frei, die der Übende für immer subtilere Visualisationen nutzt, um schließlich eine direkte Erfahrung der Leerheit und somit das Erwachen zur Buddhaschaft zu erlangen. Die Visualisationen werden durch die Errichtung von *maṇḍalas* (als Wohnorten der Gottheit bzw. Repräsentationen des Universums), durch Handgesten (*mudrā*), Klänge und rhythmische Bewegungen unterstützt.

4 Die systematisierte Bön-Religion, die gut bekannt ist, hat sich parallel zum Tibetischen Buddhismus erst seit dem 10./11. Jahrhundert entwickelt, beide haben einander wechselseitig beeinflußt. Meist wird die vorbuddhistische Religion Tibets ebenfalls als Bön bezeichnet, muß aber von jenen späteren Entwicklungen klar unterschieden werden.

5 Vgl. ausführlich: Jan-Ulrich Sobisch, *Three-Vow Theories in Tibetan Buddhism. A Comparative Study of Major Traditions from the Twelfth through Nineteenth Centuries*, Contributions to Tibetan Studies 1, Wiesbaden 2002.

sche Disziplin ist, die alle buddhistischen Schulen praktizieren, während die Bodhisattva-Gelübde im Mahāyāna hinzukommen und besagen, daß jede spirituelle Praxis ›um aller anderen Lebewesen willen‹ geübt wird. Die tantrischen Gelübde sind eine Eigenart des Tibetischen Buddhismus,[6] und sie werden von hohen Lamas[7] im Zusammenhang mit besonderen Initiationszeremonien (skt. *abhiṣeka*, tib. *dbang*) an solche Schüler weitergegeben, die für reif befunden wurden. ›Gelübde‹ bedeutet hier die Einweihung in die Visualisationspraxis einer höheren »Gottheit« (skt. *deva*, tib. *lha*), wobei der Schüler (oder die Schülerin) sein/ihr gesamtes Leben (Körper, Rede und Bewußtsein) in die Hände der geistigen Macht legt, die visualisiert wird und durch den Lama repräsentiert ist. Weil Tantra bedeutet, daß das ganze Leben und jeder Aspekt des physischen, subtil-feinstofflichen und spirituellen Universums als ›heilig‹ bzw. als Teil der Buddha-Wirklichkeit betrachtet wird, ist in der tantrischen Praxis *jeder* Aspekt des Lebens ein Teil der Übung. Das tantrische Gelübde knüpft zwischen Lehrer und Schüler eine unauflösliche Verbindung, und dies bedeutet seitens des Schülers unbedingten Gehorsam, besonders wenn man sowohl die mündliche Überlieferung der Texte als auch die Einführung in die Kommentarwerke und die tantrische Initiation in die (Visualisations-)Praxis einer Gottheit von ein und demselben Lama empfangen hat.[8]

Diese Visualisationspraxis ist eines der wichtigsten Charakteristika des Tibetischen Buddhismus, obwohl sie sich nicht auf diesen beschränkt, sondern auch andere (vornehmlich tantrische) Entwicklungen des Buddhismus in Ostasien (z. B. Shingon in Japan) geprägt hat. Sie konnte sich auf dem Hinter-

6 Der indische tantrische Buddhismus ist im 12./13. Jahrhundert ausgestorben.

7 Lamas sind spirituelle Lehrer, die entweder Mönche sind oder tantrische Charismatiker, die nicht nach den Mönchsgelübden leben. Es gibt auch Frauen als Lamas, deren Zahl aber gegenüber der männlichen Gruppe gering war und ist.

8 In diesem Falle heißt der Lama »Wurzel-Lama« (*rtsa ba'i bla ma*).

grund der Mahāyāna-Philosophien entwickeln und verbindet diese mit der ›Pan-Sakramentalität‹ des Tantra, wie wir oben angedeutet haben. Dabei geht es um die Wirkung, die eine konkrete Gestalt, Farbe oder Anschauung auf das Bewußtsein hat. Das Bewußtsein, das sich von seinen Projektionen befreien muß, um zur nirvanischen Weisheit zu erwachen, darf an nichts anhaften, natürlich auch nicht an dem Nichts. Im Mahāyāna hat man deshalb die Konzeption der Leere oder des buddhistischen Nichts entworfen, das nicht die Negation, also das Gegenteil von Etwas, bedeutet, sondern den Gegensatz von Sein und Nichtsein übersteigt, d. h. nicht nur die völlige Bildlosigkeit, sondern auch die Begriffslosigkeit eines gereinigten Bewußtseins symbolisiert.

Dennoch hat der Mahāyāna-Buddhismus bereits relativ früh Buddhabilder zu meditativen Zwecken geschaffen, damit der Meditierende durch Visualisation die Qualitäten eines Buddha erreicht. Denn Visualisation ist eine durch das Bild vermittelte partielle Identifikation. Durch die Identifikation mit dem Abgebildeten wird das Bewußtsein so konditioniert, daß es die Eigenschaften (des Buddha, einer Meditationsgottheit usw.) in sich entwickelt. Dieser erhöhte Bewußtseinszustand ist sodann die intensivierte Bewußtseinsplattform, von der aus der Meditierende die Leerheit aller Erscheinungen meditieren, d. h. direkt erkennen soll. Dies ist, in Kürze, der Sinn der Bilder im Buddhismus. Natürlich gibt es auch noch andere ikonographische Strömungen, in denen z. B. das Buddhaleben oder die Vita bedeutender Heiliger dargestellt werden, um das Gedächtnis zu stützen und als Vorbild dem Gläubigen moralische Erbauung zu gewähren.

Visualisation im eben genannten Sinne wurzelt in der Voraussetzung, daß abstrakte Vorstellungen und willentliche Vorsätze allein nicht genügen, um das Bewußtsein zu verwandeln, sondern daß konkrete Bilder vorgestellt und die betreffenden Gefühlszustände im Kult geradezu dramatisch erzeugt werden müssen, um die Transformation des Geistes zu erzielen. Positive, d. h. ohne karmische Belastung wirkende Bewußtseinszustände wie Liebe, Freude, entspannte Ruhe und Gelassenheit kann man nicht direkt erzeugen und durch den Willen herbeiführen, so wie man auch nicht durch eine Willensanstrengung den Schlaf erzwingen kann. Vielmehr wird das Gegenteil – Haß, Sorge, Unruhe, Angst – genau angeschaut, analysiert und im genannten Sinne visualisiert, wodurch diese Zustände sich von allein auflösen und das Gegenteil, also Liebe, Freude usw., zum Vorschein tritt, weil dies der wahren Natur des nicht-projizierenden bzw. anhaftenden Bewußtseins entspricht. Die Visualisation eines höheren geistigen Wesens (skt. *deva*, tib. *lha*) bzw. einer Emanation eines Buddha oder eines Geistaspektes des Buddha dient der Identifikation des Übenden, das heißt, die Visualisation transformiert den Visualisierenden in dieses Wesen, er nimmt dessen Eigenschaften an und kann nun, von dem neuerworbenen höheren Bewußtseinsniveau her, die eigentliche buddhistische Meditation der Leerheit (*śūnyatā*) ungleich kraftvoller üben. Als Beispiel für diese identifikatorische Praxis soll ein Text aus der Kālacakra-Visualisationspraxis (etwa 10./11. Jh.) dienen, in dem die Entsprechungshierarchien kosmologischer, anthropologischer, mantrischer und anderer Aspekte des Visualisationsmandalas deutlich zur Sprache kommen:

Im Zentrum sind die Silben Hum und Hi, Wind und Geist. Diese verbinden sich zur Silbe Ham. Durch ihre Umwandlung erscheine ich als Kālacakra, im Glanz des Saphir und mit voller Pracht leuchtend. Vier Gesichter besitze ich und vierundzwanzig Hände. Die ersten beiden halten Vajra und Glocke, welche die höchste, unveränderliche große Glückseligkeit und die Wirklichkeit der Leerheit symbolisieren. Die Natur, welche frei von den (begrifflichen) Ausarbeitungen ist, diese haltend umarme ich die Mutter ⟨...⟩. Die übrigen rechten und linken Lotos-Hände sind mit Handsymbolen, Schwert, Schutzschild usw. geschmückt.

Mein ausgestrecktes rotfarbiges rechtes Bein und das gebeugte, weiße linke Bein spielen im Tanz auf Māra und Rudra.

Mit Hunderten solcher Eigenheiten beeindrucke ich. Mein Körper trägt mannigfaltigen wunderbaren Schmuck, so verweile ich inmitten von fünf reinen Lichtern, leuchtend wie die Weite des durch Gestirne (am Firmament) verschönerten Raumes.

Viśvamatā, zum überweltlichen Sieger hingewendet, hat die Farbe des Safran, vier Gesichter und acht Hände, welche die verschiedenen Handsymbole wie Messer, Schädelschale usw. halten. Das linke Bein ausgestreckt, umarmt sie den überweltlichen Sieger.[9]

Es ist hier nicht möglich, die einzelnen Symbole und mythischen Gestalten zu diskutieren, aber es sollte deutlich sein, daß die Visualisation äußerst detailliert praktiziert wird und das kulturgeschichtliche Erbe Indiens und Tibets repräsentiert.

Die fünf Tathāgatas

An einem weiteren Beispiel, nämlich den *fünf Tathāgatas* (skt. *pañcatathāgata*, tib. *rgyal ba rigs lnga*) soll die Visualisationspraxis angesichts der Korrespondenz-Systematik von Farben, Formen, Mantras und Attributen kosmologischer wie anthropologischer Art verdeutlicht werden.[10] Ihre systematische Festlegung geht auf das 4./5. Jahrhundert in Indien zurück. Sie repräsentieren verschiedene Aspekte des Buddha, der Welt (die fünf Himmelsrichtungen und Elemente) und des Menschen (die fünf *skandhas*).[11] Sie werden in ihren Zuordnungen von Farben und Eigenschaften nicht gleich behan-

9 Tenzin Gyatso, *Kālacakra. Initiation Schweiz. Der Guru Yoga in Verbindung mit den sechs Sitzungen in einer äußerst leicht zugänglichen Form*, Rikon 1985.

10 Dazu Giuseppe Tucci, *Indo-Tibetica*, Bd. 3: *I templi del Tibet occidentale e il loro simbolismo artistico*, Teil 1: *Spiti e Kunavar*, Rom 1935: Reale Accademia d'Italia, und Detlef-Ingo Lauf, *Geheimlehren Tibetischer Totenbücher. Jenseitswelten und Wandlung nach dem Tode. Ein west-östlicher Vergleich mit psychologischem Kommentar*, Braunschweig ^{4}1994 (zuerst 1975), S. 123-132.

11 Zur Theorie der *skandhas* siehe S. 130-133.

delt; wir folgen hier der Systematik des *Guhyasamāja-Tantra.*[1 Die fünf Tathāgatas sind zeitlos, daher stets gegenwärtig und gleichzeitig transzendent, sie werden auch *jīnas* (»Überwinder«) genannt. Sie werden in Maṇḍalas[13] angeordnet und haben dabei jeweils

– eine eigene ›personale‹ Gestalt (*saṃbhogakāya*),
– verwalten ein ›Reines Land‹ (Zwischenreich) und
– sind tantrische ›Kondensationen‹ von Energie.

Akṣobhya: der Unerschütterliche, im Osten (skt. *pūrva* [»vorn«]), berührt oft mit der rechten Hand die Erde und symbolisiert damit das Feste und Solide, was dadurch unterstrichen wird, daß sein Erkennungssymbol ein *vajra* (»Diamantszepter«) ist. Er hat die Farbe blau, und sein Reittier (*vāhana*) ist der Elefant. Er ist mit dem *Wasser*element verbunden. Sein Zwischenreich im Osten trägt den Namen *Abhirati* (»Freude«); als Herr dieses Zwischenreiches hält er in der rechten Hand die Almosenschale, was ihn als Ordensoberhaupt dieses Bereiches ausweist. Er steht für Bewußtsein (*vijñāna skandha*) und insofern das individuelle Bewußtsein die Abgrenzung von anderen bedeutet, für den Haß, der überwunden werden muß und von dem er das Bewußtsein reinigt. Sein Mantra lautet *Vajradhṛk* (»*vajra*-tragend«), das heißt, das vorerst noch individuelle und unvollkommene Bewußtsein ist die Voraussetzung dafür, daß sich der Mensch seines unzerstörbaren *vajra*, der Buddha-Natur, bewußt werden kann. Das Erwachen zur Buddha-Natur kommt einer Verschmelzung der Gegensätze im Urgrund gleich, und dies wird durch die sexuelle Vereinigung der männlichen und der weiblichen Gestalt dieses Tathāgata

12 Peter Gäng (Hg.), *Das Tantra der Verborgenen Vereinigung. Guhyasamāja-Tantra*, München 1988; für andere Formen dieser Praxis vgl. Richard O. Meisezahl, *Akṣobhya-Mañjuvajra. Ikonographie und Ikonologie des Ekonaviṃśadātmakamañjuvajramaṇḍala*, in: Oriens 25 (1976), S. 190-274.

13 Martin Brauen, *Das Mandala. Der Heilige Kreis im tantrischen Buddhismus*, Köln 1992.

symbolisiert (skt. *yuganaddha*, tib. *yab-yum*). Die Partnerin *Locanā* sitzt ihm zugewandt auf seinem Schoß und umfaßt ihn mit beiden Beinen und Armen, wobei er hinter ihrem Rücken Diamantszepter (*vajra*) und Glocke (*ghaṇṭā*) in den Händen gekreuzt hält (Vereinigung), während sie Schädelschale (*kapāla*) und *vajra* trägt.

Vairocana: der Sonnengleiche, befindet sich im Zentrum, ist weiß und somit völlig transzendent. Im Zentrum sitzend vereinigt er die Qualitäten der anderen in sich, er gilt daher als Urgrund (Vater) der anderen. Er hat vier Gesichter, mit denen er allwissend (*sarvavid*) in alle Richtungen blickt und sie verbindet, und hält meist das Rad der Sonnenscheibe in den Händen, denn er ist der Quell aller Energien und repräsentiert das feinstoffliche *Raumelement* (Äther). Seine Weisheit wird dargestellt, indem sich seine Hände zum Gestus der höchsten Erleuchtung (*bodhyaṅgīmudrā*) formen, das heißt, der Zeigefinger der rechten (männlichen) Hand wird von den Fingern der linken (weiblichen) Hand umschlossen, wie das Eine von der Vielfalt des *saṃsāra* umhüllt und das Zentrum (*Vairocana*) von den vier anderen Richtungen umgeben wird. Diese Geste symbolisiert das Durchschauen der Trennungen und Spaltungen des *saṃsāra* und damit die Vereinigung der Gegensätze, was wiederum *auch* sexuell gedeutet wird. Daß es sich aber hier primär um eine Darstellung menschlicher Geschlechtlichkeit handeln würde, wäre eine ganz abwegige Annahme, denn es geht um den Eros, der die Einheit des Kosmos darstellt, also um Befreiung durch Weisheit. In der Nähe von Vairocanas Thron wird meist die ruhende Sonnenkugel, flankiert von Löwen, dargestellt, denn der Löwe ist sein Reittier. Vairocana sitzt im Zentrum des Maṇḍala der fünf Tathāgatas und symbolisiert schon dadurch den Ursprung von allem. Er ist die Vollendung, und darum gebietet er auch nicht über ein (vorläufiges) Zwischenreich. Seine Partnerin (*prajñā* [»Weisheit«]) ist *Ākāśadhātvīśvarī* (die Herrin über das Äther-Element), die in geschlechtlicher Vereinigung auf ihm sitzt und die Schädelschale (*kapāla*) sowie das Hackmesser (*kartṛ*) in

Händen hält, während er Rad (*cakra*) und Glocke (*ghaṇṭā*) trägt.[14] Im *Guhyasamāja-Tantra* steht er (als Sonne) auch für das Sichtbar-Machende, d. h. für die gestaltete Form (*rūpa-skandha*) oder die Körperlichkeit, da ohne Körper bewußte Existenz und damit Erwachen nicht möglich wäre. Identifikation mit dem Körper würde aber Verblendung bedeuten, da ja die erlebte körperliche Identität und Kontinuität die Illusion eines dauerhaften Ich unterstützt. Alle Waffen der Gottheiten und Göttinnen wie Hackmesser, Schlinge, Wurfgeschosse, Keule usw. symbolisieren im Tantra die Mittel zur Überwindung des Dämons des Ich-Wahns. Vairocana ist Inbegriff des Sieges über die egozentrische Verblendung, sein Glanz steht für das Ende dieser Verblendung, und sein Mantra lautet darum: *Jinajik* (»siegreich-siegend«).

Ratnasaṃbhava: der mit dem Wunschjuwel (*ratna*) Geborene, sitzt im Süden, d. h. rechts von Osten (*dakṣina*), mit einem Juwel in der Linken, der als flammenartiger Stein bzw. »Denkjuwel« (*cintāmaṇi*) dargestellt wird. Dieser Stein erfüllt jeden Wunsch, der im Denken auftaucht, daher formt seine rechte Hand die Gewährungsgeste (*varadamudrā*). Seine Farbe ist gelb, und er ist mit dem *Erdelement* verbunden. Er ist Herrscher des südlichen Zwischenreiches. In dieser Funktion wird sein Wunschjuwel durch drei Edelsteine (*triratna*) ersetzt, die den *Buddha*, die Lehre (*dharma*) und die Gemeinschaft der Übenden (*saṃgha*) symbolisieren, außerdem hält er hier in der Linken die Almosenschale. Sein Reittier ist meist ein weißes Pferd, gelegentlich auch ein Löwe. Die zu ihm gehörige Prajñā heißt *Māmakī*. Er hält Glocke und Juwel in den Hän-

14 Die ikonographischen Details der Waffen (Hackmesser, Dolch, Diskus-Rad usw.) gehen auf alte (zum Teil vedische) Überlieferungen in Indien zurück. Mit diesen Waffen bekämpfen die *devas* (»Götter«) und die *asuras* (»Dämonen«) einander; in der psychologischen Deutung der buddhistischen Bewußtseinsphilosophie stehen sie für die geistigen Waffen, mit denen der Mensch seine Verblendungen und Illusionen, vor allem den Ich-Wahn, bekämpfen muß.

den, sie (verdeckt) Schädelschale und Hackmesser. Er steht für den *skandha*-Bereich der Empfindungen (*vedanā*), wobei der Edelstein nicht nur als Kostbarkeit zu deuten ist, sondern auch die Wechselhaftigkeit der Empfindungen symbolisch darstellt, denn er kann, wie der alchemistische Stein der Weisen, jede Qualität annehmen, da er selbst keine eigene hat. Er läutert den Stolz und die Ichhaftigkeit und gewährt die Weisheit der Gleichheit. Das Mantra lautet *Ratnadhṛk* (»juwel-tragend«).

Amitābha: Der Tathāgata, dessen Glanz alles überstrahlt, gilt als Herr der Welt (*lokeśvara*). Seine Lebenszeit ist unermeßlich, und in diesem Aspekt heißt er auch *Amitāyus.* Er residiert im Westen, d. h. im Maṇḍala hinten (*paścima*). Seine Farbe ist rot wie die im Westen untergehende Sonne. Darum ist er mit dem *Feuer* verbunden. Er hält die Hände in Meditationshaltung (*dhyānamudra*) im Schoß übereinandergelegt, wie der historische Buddha Śākyamuni. Sein Symbol ist ein Lotos. Er ist der Herr des westlichen Zwischenreiches, das reine Glückseligkeit für seine Einwohner bedeutet (*sukhāvatī*), und als solcher hält er die Almosenschale, aus der Früchte zur Freude (*sukha*) hervorquellen, in den Händen, die in Meditationshaltung ineinandergelegt sind. Am Fuß seines Thrones sind weitere Attribute für diese Lebensfülle und Fruchtbarkeit zu sehen: der Lotos (*padmā*), der Reinheit und Schönheit symbolisiert, und der Pfau (*mayūra*) als Reittier. Der Pfau steht für die Erhabenheit über alle Gefahren, denn in Indien ist der Glaube verbreitet, daß der Pfau gegen Gift gefeit ist. Seine Prajñā ist *Pāṇḍarā*, die Schädelschale und Hackmesser in den Händen hat, während er Glocke und Almosenschale hält. Amitābha ist eine Ausnahme unter den Tathāgatas, denn er ist nicht überzeitlich, sondern hat sich – in mythischer Zeit – seine Stellung karmisch erarbeitet: Als Bodhisattva Dharmākara hat er das Gelübde (*praṇidhāna*) geschworen, für diejenigen, die ihm vollkommen vertrauen, kraft seiner Verdienste ein Buddhaland (*kśetra*) zu erschaffen, in dem sie ohne Behinderung den *dharma* praktizieren und so ohne Verzögerung ins *nirvāṇa* eingehen können. Amitābha steht für den *skandha* der unterscheidenden Wahrnehmung (*saṃjnā*), durch die mentale Bilder und gegensätzliche Vorstellungen entstehen, die der Mensch auf die Wirklichkeit projiziert. Weil jede Wahrnehmung Verlangen und die Möglichkeit zu Annäherung und Kontakten in sich trägt, steht er für die lustvolle Begierde, die durch ihn mittels der »Klarheitsweisheit« überwunden wird. Sein Mantra ist *Ārolik*, was unübersetzbar ist, oft aber als »zum vollkommenen Erkennen gelangt« gedeutet wird.

Amoghasiddhi: Der Tathāgata, der über den Erfolg der Unverblendeten verfügt bzw. Erfolg bringt, sitzt im Norden, d. h. links (*uttara*). Seine Farbe ist grün; die rechte Hand hält er in der Geste der Furchtlosigkeit (*abhayamudrā*), während die Linke im Schoß liegt, gelegentlich aber einen Doppelvajra oder ein Schwert hält. Seine Prajṇā ist *Tārā*. Sie hält eine Schädelschale und den Doppelvajra (*viśvavajra*) in Händen. Amoghasiddhi ist mit dem Element der *Luft* verbunden, und sein Begleittier ist der mythische Vogel Garuḍa, der mit dem Wasser assoziiert wird, weshalb dieser Tathāgata auch mit den Nāgas (Schlangenwesen) dargestellt wird, die im unteren Zwischenbereich zwischen dem Wasser und der Erde residieren. Sein nördliches Zwischenreich spielt allerdings weder im Kult noch in den Visualisationen eine große Rolle. Er steht für die karmischen Bildekräfte, d. h. für die Charakterprägungen (*saṃskāra skandha*), die sich aus Willensimpulsen ergeben. Er verbindet, denn erst im praktischen Verhalten wird die Gemeinsamkeit mit anderen hergestellt. Sein Mantra lautet *Prajñādhṛk* (»Weisheit tragend«), da auch das spontane Erkennen nicht einfach passiv, sondern Resultat praktischer Bemühung ist.

Die Meditation mit diesem Maṇḍala, das in seiner vielfältigen Symbolik die Einheit und Vielgestaltigkeit der Welt und des Menschen symbolisiert, soll das Bewußtsein von seinen Verblendungen reinigen und die Erfahrung der Nicht-Dualität ermöglichen.

DIE ERSTE VERBREITUNG DES BUDDHISMUS IM 7./8. JAHRHUNDERT

Die erste Verbreitung des Buddhismus fällt mit dem Aufstieg Tibets zu überregionaler politischer Macht zusammen, der mit König Namri Löntsen (*gNam-ri slon-mtshan* [gest. 620]) begann, unter dessen Sohn, König Söngtsen Gampo (*Srong-btsan sgam-po*, Regierungszeit um 617-649/50 n. Chr.), bedeutende Fortschritte machte und einen Höhepunkt in der Einnahme der chinesischen Hauptstadt der T'ang-Dynastie, Ch'ang-an (heute Xian), im Jahre 763 unter König Trisong Detsen (*Khri-srong lde-btsan* [etwa 742-797]) erreichte. Söngtsen Gampo hat Tibet geeint und durch die Eroberung des nördlichen Birma und Nepals im Jahre 640 zur regionalen Großmacht erhoben. Ihm schreibt die spätere Tradition (seit dem 12. Jahrhundert) auch die Einführung des Buddhismus in Tibet zu und erklärt ihn zu einer Inkarnation Avalokiteśvaras, des Bodhisattvas der Barmherzigkeit. Söngtsen Gampo soll seinen Minister Thönmi Sambhota nach Indien gesandt haben, um die indische Schrift (eine von der indischen Brahmī- und Gupta-Schrift abgeleitete Vorform der Devanāgarī, die seit etwa 350 n. Chr. in Gebrauch war) zu studieren, sie dem tibetischen Lautstand anzupassen und in Tibet einzuführen. Damit entwickelte sich in Tibet eine Schriftkultur in Anlehnung an und in engem Austausch mit Indien. Die Einführung der Schrift war die Voraussetzung für die kulturelle und politische Einigung Tibets sowie für die Übersetzung der indischen buddhistischen Schriften, also für die Einführung des Buddhismus überhaupt. Söngtsen Gampo habe, so erzählt die Tradition, die nepalesische Prinzessin Bhṛkutī Devī (genannt Belsa, »die nepalesische Frau«) geheiratet, um im Jahre 641 zusätzlich noch die chinesische Prinzessin Wen-ch'eng (genannt Gyasa, »die chinesische Frau«) zu ehelichen, die beide den Buddhismus mit nach Tibet gebracht hätten, und zwar in der indisch-nepalesischen und in der chinesischen Gestalt. Analog zur Inkarnation Avalokiteśvaras im König selbst wurden seine beiden Gemahlinnen später als Inkarnationen der grünen (dunklen)[15] und der weißen Tārā[16] verehrt. Die Spannung zwischen beiden Formen des Buddhismus ist, wie schon erwähnt, ein Grund für die außerordentliche geistige Fruchtbarkeit des Tibetischen Buddhismus: Während die indische Form den Stufenweg zur Vollkommenheit betont, für den ein allmähliches Wachsen an Erkenntnis, Moralität und Disziplinierung des Geistes charakteristisch ist, zeichnet sich die chinesische Form (zumindest in der Gestalt des Ch'an-Buddhismus) durch plötzliches Erwachen, Spontaneität und radikale Lösungen aus.

Historisch greifbarer als die Legende um Söngtsen Gampo ist die Rolle des folgenden Königs, Trisong Detsen (Regierungszeit 755-797). Er lud den indischen Gelehrten Śāntarakṣita (etwa 705-788) aus der indischen Klosteruniversität Vikramaśīla nach Tibet ein, um den Buddhismus zu verbreiten. Śāntarakṣita war kein Tantriker, sondern Logiker und Meister der klassischen buddhistischen Philosophie. Er initiierte auf Geheiß des Königs 779 die Gründung des ersten Klosters in Samye (*bSam-yas*, südöstlich von Lhasa), in dem nicht zufällig der Kult des Buddha Vairocana im Mittelpunkt stand; denn diese mit der solaren Ordnung verbundene Gestalt repräsentiert eine aus einem Zentrum ausstrahlende kosmisch-politische Machtsymbolik, derer sich die buddhistischen Herrscher auch in China und Japan bedienten.[17] Śāntarakṣita ordinierte zahlreiche tibetische Mönche und konnte doch den massiven Widerstand der Priesterschaft der vorbuddhistischen Religion gegen den Buddhismus nicht brechen und mußte zeitweilig vor Verfolgungen der alten Priesterschaft und Adelskreise fliehen. Denn das vorbuddhistische Tibet war geprägt vom Kult

15 Beziehungsweise als Bhṛkutī Devī, die mit der »grünen Tārā« identifiziert wurde.

16 Die Göttin Tārā galt schon in Indien als die weibliche Entsprechung Avalokiteśvaras.

17 So wurde z. B. im Tōdai-ji (geweiht 752) in Nara in der Mitte des 8. Jahrhunderts eine gigantische Vairocana-Statue gegossen, die jene zentrale Herrschaftssymbolik sinnfällig repräsentiert, vgl. S. 369f.

unzähliger lokaler Gottheiten und Geister,[18] deren Einfluß vom Buddhismus zurückgedrängt werden mußte, wenn eine zentrale Macht (der König) die lokalen Herrscherclane, die mit den jeweiligen Geistwesen verbunden und dadurch legitimiert waren, zurückdrängen oder zumindest einbinden sollte. Dies gelang etwa um 786 dem indischen Tantriker Padmasambhava (»Guru Rinpoche«),[19] der ebenfalls auf Einladung des Königs Trisong Detsen nach Tibet gekommen war. Er stand in der Siddha-Tradition der Tantras und hatte sich als Bezwinger von unheilsamen geistigen Kräften und Naturgeistern einen Namen gemacht. Auch in Tibet konnte er die alten, vorbuddhistischen Gottheiten und kosmischen Kräfte in die buddhistische Sicht des geistigen Kontinuums einbinden.[20] Fast alle Nachrichten über ihn und seine Wunderkräfte (*siddhi* wie Bilokationen, Präkognition, Fliegen durch die Luft usw.) sind allerdings spätere Legenden. Padmasambhava wird in der Schule, die auf sein Wirken zurückgeht (Nyingmapa), in den letzten Jahrzehnten auch darüber hinaus, als ein zweiter Buddha verehrt. Nicht zufällig war es der tantrische Buddhis-

---

18 Die neuere Forschung hat nachgewiesen, daß es sich dabei nicht um die Bön-Religion handelt, die erst nach dem 11. Jahrhundert in enger Verbindung mit dem (und legitimatorischer Abgrenzung zum) Buddhismus greifbar ist. Daß viele Elemente, die im Bön zu finden sind und auch dem Tibetischen Buddhismus seine Eigenprägung geben, aus vorbuddhistischer Zeit stammen, ist sehr wahrscheinlich.

19 Herbert V. Guenther, *The Teachings of Padmasambhava*, Brill's Indological Library 12, Leiden 1996.

20 Ein berühmter religionsgeographischer Mythos, der in dem Werk *Mani Kambum* (12. Jh.) erzählt wird, symbolisiert Tibet durch eine Dämonin, die ausgebreitet am Boden liegt und deren Kräfte durch die Gründungen buddhistischer Klöster gebannt werden, und zwar an all den Punkten ihres Körpers, von denen spezifische Energien ausgehen; der Herzpunkt markiert den wichtigsten Tempel in Tibet, den Jokhang in Lhasa, der die älteste Buddha-Statue (*Jowo*) beherbergt, welche die chinesische Frau Söngtsen Gampos mit nach Tibet gebracht haben soll.

mus, dem in Tibet Erfolg beschieden war, denn er konnte die geistigen Mächte der vorbuddhistischen Kulte integrieren und dem buddhistischen *dharma* nutzbar machen. Padmasambhava war an der bereits erwähnten Gründung und Einweihung des Klosters Samye wesentlich beteiligt und hat dem Buddhismus in Tibet zu einem ersten Durchbruch verholfen. Fortan begünstigte der königliche Hof die Gründung von zahlreichen weiteren Klöstern, die sehr rasch durch königliche Landschenkungen wirtschaftliche Unabhängigkeit und politischen Einfluß gewinnen konnten.

Anläßlich einer legendären Versammlung (792-794),[21] die Trisong Detsen im Kloster Samye (das von Śāntarakṣita mit einer vorzüglichen Sanskrit-Schule ausgestattet worden war) einberief, soll nach einer Debatte zwischen dem Chinesen Ho shang Mo-ho-yen, der wahrscheinlich ein Anhänger des Ch'an war, und dem Schüler Śāntarakṣitas, dem Inder Kamalaśīla, vom König zugunsten der *indischen* Form des Buddhismus entschieden worden sein. Das bedeutet, daß Tibet aus Indien vor allem zweierlei übernahm:

– die strikt hierarchisch gegliederten klösterlichen Institutionen und

– die buddhistischen Schriften (*sūtras*) sowie die zugehörige philosophische Kommentarliteratur (*śāstras*),

das heißt, es entwickelte sich nach indischem Vorbild eine in den Klöstern beheimatete Gelehrsamkeit.

Chinesische Quellen stellen den Verlauf der Debatte von Samye und ihren Ausgang anders dar als die tibetischen bzw. indischen, nämlich als Sieg der chinesischen Lehrform.[22] Wie auch immer – das Ergebnis dürfte auch von den politi-

21 Paul Demiéville, *Le Concile de Lhasa. Une controverse sur le quiétisme entre bouddhistes de l'Inde et de la Chine au VIIIe siècle de l'ère chrétienne*, Paris 1952; vgl. Sven Bretfeld, *The ›Great Debate‹ of bSam yas. Construction and Deconstruction of a Tibetan Buddhist Myth*, in: Asiatische Studien/Études Asiatiques 58 (2004), H. 1, S. 15-56.

22 P. Demiéville, a. a. O., S. 333ff. Indische Zeugnisse sind nur in Fragmenten erhalten.

schen Interessen des Königs beeinflußt worden sein: Um 750 gab es militärische Allianzen zwischen Tibet und Siam gegen China, und im Jahre 763 setzte Trisong Detsen eine starke Armee gegen Zentralchina in Marsch, die Ch'ang-an eroberte, so daß der chinesische Kaiser fliehen mußte. Die tibetische Armee setzte einen tributpflichtigen Kaiser ein und zog sich zurück. In diesen Auseinandersetzungen war der kulturelle und religiöse Kontakt mit Indien auch politisch vorrangig.[23] Als im Jahre 815 König Ralpachen (*Ral-pa-can*, der dritte *dharmarāja* [»Religionskönig«] nach Söngtsen Gampo und Trisong Detsen, die später als Inkarnationen Avalokiteśvaras verehrt wurden) in Tibet die Herrschaft übernahm, wurden die Kontakte nach Indien noch enger. Er lud drei indische buddhistische Meister ein (Śīlendrabodhi, Dānaśīla und Jinamitra), die gemeinsam mit den tibetischen Gelehrten Kawa Paltsek und Chogro Lui Gyaltsen – staatlich kontrolliert – das erste Sanskrit-Tibetische Wörterbuch verfaßten, das Standardübersetzungen für buddhistische Fachbegriffe festlegte. Waren zuvor buddhistische Schriften aus dem Chinesischen und dem Sanskrit übersetzt worden, so galt nun nur noch das Sanskrit als Quellensprache für den Buddhismus. Bereits um 800 muß es eine regelrechte ›Übersetzungsbürokratie‹ gegeben haben, die mittels standardisierter Vorgaben und unter Kontrolle der politischen Autoritäten zahlreiche indische Texte auf Grund von genehmigten Lexika und mit geprüfter Terminologie ins Tibetische übersetzte.[24] Kataloge der übersetzten Werke aus späterer Zeit signalisieren die enorme Übersetzungsleistung, die in einer relativ kurzen Zeitspanne in Kooperation zwischen indischen und tibetischen Gelehrten vollbracht wur-

23 Zu Details der wechselvollen militärischen, politischen und kulturellen Allianzen und Abhängigkeiten in dieser Zeit siehe K. Kollmar-Paulenz, *Kleine Geschichte Tibets* (S. 294, Anm. 107), bes. S. 37ff.

24 Cristina A. Scherrer-Schaub, *Enacting Words. A Diplomatic Analysis of the Imperial Decrees and Their Application in the Sgra sbyor bam po gnis pa Tradition*, in: Journal of the International Association of Buddhist Studies 25 (2002), H. 1-2, S. 263-340, hier S. 288.

de.[25] Unter Ralpachens Regierung wuchs die Macht der Klöster, die (wie in Indien und China) von Steuern und dem Militärdienst befreit waren, vom König finanziert wurden und politische Funktionen wahrnahmen. So wurden die Verhandlungen zum tibetisch-chinesischen Friedensvertrag von 821/22 (eingraviert in eine Säule in Lhasa) auf beiden Seiten von Mönchen geführt.[26] Ralpachen soll hohe Mönche protokollarisch auf die gleiche Stufe mit dem König gestellt haben und – nach einer späten, idealisierenden Überlieferung – schließlich selbst Mönch geworden sein.

Aber die Einführung des Buddhismus traf auch auf erhebliche Widerstände. Der tibetische Adel und die lokalen Fürsten wehrten sich gegen die königlichen Versuche, die Zentralmacht zu stärken. Auch die Bön-Priesterschaft nahm ihre Entmachtung durch die buddhistischen Mönche nicht hin. König Ralpachen wurde von seinem älteren Bruder Darma, der bei der Thronfolge übergangen worden war, mit Hilfe der Gegner des Buddhismus im Jahre 838 ermordet. Der neue König »Lang« (»der Bulle«) Darma (Regierungszeit 838-842) soll den Buddhismus verfolgt haben – die Mönche wurden zur Heirat gezwungen und zum Kriegsdienst verpflichtet, die klösterlichen Besitzungen wurden eingezogen und buddhistische Bücher vernichtet. Die Verfolgung des Buddhismus hatte – wie übrigens gleichzeitig in China – vor allem ökonomische Gründe: Der Staat sah die wachsende wirtschaftliche Macht und die Privilegien der Klöster (Befreiung

25 Dazu: G. T. Halkias, *Tibetan Buddhism Registered* (S. 61, Anm. 24).

26 Dieses Dokument ist aufschlußreich. Der Text wurde in Chinesisch und Tibetisch auf drei Säulen veröffentlicht – in Lhasa, in der chinesischen Hauptstadt Ch'ang-an und an der Grenze. Zu Zeugen werden neben den »Drei Juwelen« (Buddha, Dharma, Saṃgha) auch Sonne, Mond, Planeten und Sterne angerufen, und das Abkommen wird mit Tieropfern besiegelt. Buddhistische und nicht-buddhistische Elemente gehen ineinander über. (Der Text ist abgedruckt bei H. E. Richardson, *A Corpus of Early Tibetan Inscriptions*, Hertford 1985, S. 125-127; zitiert bei K. Kollmar-Paulenz, *Kleine Geschichte Tibets* [S. 294, Anm. 107], S. 51.)

von Steuer und Militärdienst) mit Sorge, zumal sich das Schwergewicht der Macht von den traditionellen Adels- und Grundbesitzerfamilien auf die Klöster und deren Äbte verlagert hatte. Als die Verfolgungen immer härter wurden, erschoß im Jahr 842 ein buddhistischer Mönch den König vor dem Jokhang-Tempel in Lhasa mit Pfeil und Bogen. Mit dieser massiven Verfolgung war die *erste Verbreitung der Lehre* beendet. Ob allerdings Lang Darma tatsächlich den Buddhismus als Religion so nachhaltig verfolgt hat, wie die spätere tibetische Geschichtsschreibung urteilt, ist in der neueren Forschung umstritten; denn bei den Maßnahmen, die er anordnete, ging es (ähnlich wie in China) vornehmlich um die Staatsräson, d. h. um die Eindämmung der ökonomischen und politischen Privilegien der mit Adelsfamilien verbundenen Klöster, deren wachsender Einfluß die wirtschaftlichen Grundlagen sowie die militärische und verwaltungstechnische Macht der Zentralregierung gefährdete.[27] Möglicherweise hat die tibetische Geschichtskonstruktion um die Ermordung Lang Darmas einen ganz anderen Grund: Gewaltausübung (bis hin zum Mord), die dem ›Interesse des *dharma*‹ dient, zu rechtfertigen, das heißt eine Praxis der Konfliktlösung durch Gewalt rückblickend zu legitimieren, die aus der späteren tibetischen Geschichte wohlbekannt ist.[28]

DIE ZWEITE VERBREITUNG DES BUDDHISMUS AB DEM 10. JAHRHUNDERT

Im verborgenen, insbesondere in den Grenzprovinzen Tibets, lebte das buddhistische Gedankengut weiter. Interessant ist, daß seit Ende des 8. Jahrhunderts und dann besonders im 9. Jahrhundert griechische, nestorianisch-christliche und manichäische Einflüsse in Tibet deutlich wahrnehmbar sind; ihr

27 K. Kollmar-Paulenz, a. a. O., S. 52-54. Allerdings sind in Tibet, zumindest in dieser Zeit, ›Religion‹ und ›Politik‹ nicht zu trennen.
28 J. Schlieter, *Compassionate Killing* (S. 286, Anm. 91).

Einfluß auf die weitere Ausprägung der späteren tantrischen Systeme (besonders des Kālacakra-Tantra) ist noch wenig erforscht.[29] Im 10. Jahrhundert setzte vom Königreich Guge (Westtibet) aus die Wiederbelebung des Buddhismus ein, die sogenannte *zweite Verbreitung der Lehre.* Während dieser Zeit entstanden die neuen Schulen oder Orden (Kadampa, Sakyapa, Kagyüpa, Gelugpa), die das Leben Tibets über Jahrhunderte hinweg bestimmt haben und bis heute prägen. In ihren Klosterschulen wurden die großen philosophisch-psychologischen Systeme der Geistesschulung geschaffen, die für den Tibetischen Buddhismus charakteristisch sind. Die zweite Verbreitung war abgeschlossen, als, unter maßgeblicher Beteiligung des tibetischen Gelehrten Butön (*Bu-ston* [1290-1364]), die gewaltige Masse von über 4500 übersetzten Texten zu einem zweiteiligen Schriftenkanon zusammengefaßt wurde: Kanjur (*bka'-'gyur,* 108 Bände Vinaya-, Sūtra und Tantra-Texte) und Tanjur (*bstan-'gyur,* 225 Bände Kommentarliteratur).[30] Allerdings gab es von Anfang an mehrere – in den aufgenommenen Texten und der Textanordnung voneinander abweichende – Kanonsammlungen. Im Jahre 1322 schrieb Butön seine einflußreiche Geschichte des Tibetischen Buddhismus, die nach wie vor eine der Hauptquellen für unsere Kenntnis der Entwicklungen bis zum 14. Jahrhundert ist.[31]

29 Dazu: Géza Uray, *Tibet's Connections with Nestorianism and Manichaeism in the 8th-10th Centuries,* in: Ernst Steinkellner, Helmut Tauscher (Hg.), *Contributions on Tibetan Language, History and Culture,* Bd. 1, Neu Delhi 1995 (zuerst Wien 1983), S. 399-429, hier S. 400-404.

30 Man fertigte zunächst verschiedene Ausgaben des Kanjur und Tanjur von Hand; eine erste Tanjur-Ausgabe wurde 1334 im Kloster Zha-lu (Südtibet) untergebracht. 1411 erfolgte der erste Druck des Kanjur in Peking, der Tanjur wurde erst 1724 in Peking gedruckt. Übersetzungen ins Mongolische wurden sofort begonnen, aber erst im 18. Jahrhundert abgeschlossen.

31 Textausgabe (in tibetisch): János Szerb (Hg.), *Bu ston's History of Buddhism in Tibet.* Critically edited with a comprehensive index,

Der Mönch Rinchen Sangpo (*Rin-chen bzang-po* [958-1055]) aus Guge wurde in den siebziger Jahren des 10. Jahrhunderts vom westtibetischen König Tsenpo Khore, dem Erbauer des Klosters Tholing, nach Kashmir entsandt, um sich in die Lehre und Schriften des Buddhismus zu vertiefen sowie buddhistische Gelehrte und Künstler nach Tibet einzuladen. Später dankte der König ab und wurde unter dem Namen Yeshe Ö (*Ye-shes 'od*) Mönch. Ihm lag daran, die Mönchsdisziplin gemäß den Regeln im *vinaya* wiederherzustellen, d. h. vor allem, das Verbot von Tieropfern und den Zölibat für die Mönche durchzusetzen. Rinchen Sangpo, der insgesamt 17 Jahre in Indien verbrachte und dort die Mönchsdisziplin und die Mahāyāna-Philosophie genau studierte, gilt als einer der bedeutendsten Übersetzer (Lotsawa [*lo-tsa ba*]) buddhistischer Schriften und gründete darüber hinaus zahlreiche Klöster im Süden Tibets.[32] Im Jahre 1042 traf der berühmte Gelehrte Atīśa (982-1054) aus Bengalen in Tibet ein, um bei der Neuverbreitung und Reform des Buddhismus mitzuwirken. Unter seiner Anleitung wurden mehr als einhundert buddhistische Schriften aus dem Sanskrit ins Tibetische übersetzt und bereits vorhandene Übersetzungen revidiert. Atīśa entfernte aus dem vorgefundenen Buddhismus nicht-buddhistische Praktiken (Tieropfer, Magie) und hob die Bedeutung von monastischer Disziplin und philosophischen Studien hervor. Er traf mit Rinchen Sangpo zusammen und initiierte ihn wie auch seinen Schüler Dromtön (*'Brom-ston* [1008-1064]) in verschiedene Tantras. Diese Verbindung von Schriftstudium der Mahāyāna-Philosophie (Mādhyamika und Yogācāra) und Tantra (Identifikation mit ›Gottheiten‹ durch Visualisationen derselben, wodurch die entsprechenden Potentiale im eigenen Bewußtsein

---

Wien 1990 (Übersetzung in Auszügen: Eugène Obermiller, *The History of Buddhism in India and Tibet. Chos-ḥbyung by Buston*, Delhi 1986 [zuerst 2 Bde., Heidelberg 1931-32]).

32 Dazu neuerdings der Bildband: Peter van Ham, Aglaja Stirn, *Vergessene Götter Tibets. Wiederentdeckung buddhistischer Klosterkunst im Westhimalaya*, Stuttgart und Zürich 1997.

aktiviert werden) ist für den späteren Tibetischen Buddhismus prägend geblieben. Atīśa verstarb 1054 in Tibet. Tibetischen Quellen zufolge geht auch die Einführung des Kālacakra-Tantra, des letzten großen tantrischen Systems, auf Atīśa zurück, das er von *Nāropa*, dem bedeutenden Abt der indischen buddhistischen Universität Nālandā, empfangen haben soll. Durch sein Wirken wurde 1057 das Kloster Reting (*rva sgreng*) gegründet, das zum Zentrum der auf Atīśas Reformen zurückgehenden Schule der Kadampas (*bka'-gdams pa*) wurde. Als sich Tsongkhapa (1357-1419) aus der nördlichen Provinz Amdo Ende des 14. Jahrhunderts in Reting niedergelassen hatte, gingen von diesem Kloster die Reformen aus, die zur Gründung der Gelug-Schule führten.

DIE VIER GROSSEN SCHULRICHTUNGEN: NYINGMAPA, SAKYAPA, KAGYÜPA, GELUGPA

Im 11. und 12. Jahrhundert wurden die großen neuen Schulen begründet, die im Grunde Überlieferungsketten von Meister-Schüler-Linien sind. Schon im 11. Jahrhundert war die wirtschaftliche und politische Macht immer mehr auf die Klöster übergegangen, die durch Landbesitz und die personelle Verknüpfung mit Adelsfamilien über die Mittel verfügten, einander Konkurrenz zu machen, die sich oft in erbitterten Auseinandersetzungen und offenen Kämpfen entlud. In dieser Zeit entsteht mit der Schriftensammlung Mani Kambum (*Ma-ni bka'-'bum*)[33] ein identitätsstiftender Geschichtsmythos über die frühe buddhistische Königszeit (Yarlung-Dynastie) und deren Legitimation durch die Identifikation der Könige (Söngtsen Gampo u. a.) mit dem Bodhisattva Avalokiteśvara, die den auseinanderdriftenden Interessen zumindest den Mythos eines ideal geeinten Tibet entgegenstellen. Philosophisch

33 M. T. Kapstein, *Remarks on the Mani bka'-'bum and the Cult of Avalokiteśvara in Tibet*, in: S. Goodman, R. Davidson (Hg.), *Tibetan Buddhism. Reason and Revelation*, Albany 1992: SUNY Press, S. 79-93.

setzen diese Schulen die Traditionen des indischen Mahāyāna (Mādhyamika und Yogācāra) detailgenau fort und unterscheiden sich diesbezüglich kaum voneinander, allenfalls durch verschiedene Gewichtung einzelner Lehrinhalte. Hinsichtlich ihrer Meditationspraxis sowie in ihrer politischen Geschichte treten die Unterschiede aber deutlich zutage. Ist also in den philosophischen Inhalten der Tibetische Buddhismus vom indischen Mahāyāna nur geringfügig unterschieden, so hat der Tibetische Buddhismus doch eine Besonderheit herausgebildet: die Institution reinkarnierter Lamas. Diese prägt die Art der Überlieferung und die soziologische Struktur des Tibetischen Buddhismus ganz entscheidend. Der spirituelle Meister (skt. *guru*, tib. Lama, *bla-ma*) vermittelt nicht nur Wissen, sondern spirituelle Kraft. Nach tibetisch-buddhistischer Tradition kann er durch seine direkte Gegenwart und die von ihm gespendete Initiation das Bewußtsein des Schülers unmittelbar transformieren und so den Prozeß des spirituellen Wachstums beschleunigen. Der Lama ist meistens ein Mönch, muß es aber nicht sein. Für seinen Status ist allein die spirituelle Kompetenz und Kraft ausschlaggebend, wenngleich besonders in der Gelug-Schule diese Kompetenz durch ein intensives Schrift- und Sprachstudium sowie entsprechende Examina geschult und überprüft wird. Dem Lama kommt darum höchste Autorität zu. Die Überlieferung der Tradition vollzieht sich infolgedessen vornehmlich durch Initiationsketten vom Lama zu seinem Schüler, zu dessen Schüler usw. Dabei gelten herausragende Lama-Linien (besonders die Äbte bedeutender Klöster) als reinkarnierte Lamas bzw. Tulkus (tib. *sprul sku*) des Vorgängers, wie wir später noch näher erläutern werden. Aus diesen Überlieferungsketten entwickelten sich eigene Schulrichtungen, von denen vier zu bleibender Bedeutung gelangten.[34]

34 Innerhalb der großen Schulen gibt es wiederum einzelne Überlieferungsketten, die an Orte (Klöster) und/oder Personen und ihre Reinkarnationen gebunden sind und vor allem bei den Kagyüpas eine gewisse Selbständigkeit erlangten (z. B. die Karmapas, die

Die *Nyingma*-Schule hielt an den tantrischen Praktiken der Visualisierung und Beschwörung von geistigen Energien fest und entwickelte dabei auch magische Praktiken. In Abgrenzung von den anderen Schulen bildete sie im Verlaufe des 14. Jahrhunderts auch einen eigenen Schriftenkanon heraus, das »Kompendium der alten Tantras« (*rnying-ma'i rgyud 'bum*). Demgegenüber legten die *Kadampas*, die auf die Reformen Rinchen Sangpos und Atīśas zurückgehen und später in der von Tsongkhapa begründeten *Gelug*-Schule aufgingen, auf peinlich genaues Studium der Schriften sowie auf die Einhaltung der moralischen Regeln aus den Mönchsgelübden größten Wert. Die *Sakya*-Schule ist verbunden mit dem tibetischen Gelehrten Drogmi (*'Brog-mi* [992-1072]). Der Orden der *Kagyüpas* geht auf die großen Mystiker des Tibetischen Buddhismus zurück, auf Marpa (1012-1096) und Milarepa (1040-1123). Marpas Guru war der indische Meister Nāropa (1016-1100), der wiederum ein Schüler des Inders Tilopa (988-1069) war.

Nyingmapa

Während der Zeit der ersten Verbreitung wurden von dem legendären Padmasambhava, von Śāntarakṣita und anderen zahlreiche Dorfklöster gegründet, die in entlegenen Gebieten die Zeit der Verfolgung überdauern konnten. Die meisten Lamas und charismatischen Traditionsträger lebten nicht als Mönche im Zölibat, sondern pflegten eine Praxis des tantrischen Yoga und der Meditation; sie übten sich in der Beherrschung kosmischer und geistiger Kräfte.[35] Als seit dem 10.

Drukpas [*'brug pa*, Staatsreligion in Bhutan], die Drigungpas [*'bri-khung pa*]).

35 Das Verhältnis von monastischem Buddhismus und den frei umherwandernden Tantrikern, die nicht an strikte Gelübde gebunden waren, hat immer wieder zu Spannungen geführt, aber auch zu kreativen Neugestaltungen buddhistischer Überlieferung und

Jahrhundert Reformer auftraten, nannten sich nun diese Gruppen Nyingmapa (*rnying ma pa*), die »Schule der Alten«.[36] Die Schule kennt zwei Säulen der Überlieferung: Kahma (*bka'ma*), die mündliche Überlieferung von Initiationen und Anleitungen zur Meditationspraxis, die seit Jahrhunderten von Meister zu Schüler weitergegeben wird, und Terma (*gter ma*), die unmittelbare Überlieferung von »Schatztexten«, die von Padmasambhava und seiner spirituell-tantrischen Gefährtin Yeshe Tsögyal im 8. Jahrhundert in schwer zugänglichen Höhlen versteckt und in späteren Zeiten, als die Verfolgungen des Bud-

---

Praxis. Schon seit dem 8. Jahrhundert, verstärkt aber nach dem 12. Jahrhundert kommt es zu einer Ausdifferenzierung unterschiedlicher religiöser Funktionsträger: Mönche (*trapa*) und Nonnen (*ani*), die in Klöstern nach der Regel der Gelübde leben, die verheirateten Dorflamas (*ngagpa*), die Alltagsrituale, Divinationen und auch astrologische Berechnungen durchführen, Einsiedler, die fern von Städten und Dörfern in den Bergen die Meditation pflegen (*gomchen*), außerdem Tantriker (*siddhas*, tib. *drubthob*), die bewußt gegen den allgemeinen Moralkodex verstoßen sowie magische Rituale (zur Wetterbeeinflussung, zur Heilung von Krankheiten, zur Verhinderung [oder Verhängung] von Unglück usw.) vollziehen, um sogar als Narren (*nyönpa*) die Relativität und Vergänglichkeit aller Lebensanschauungen und -formen zu demonstrieren. Außerdem gibt es noch Schamanen (Laien wie Mönche), die heilen und durch Orakel als Medium (Kuten, tib. *sku rten*) eines höheren geistigen Wesens Rat geben und die Zukunft deuten. (Dazu: Regina und Michael von Brück, *Die Welt des tibetischen Buddhismus. Eine Begegnung*, München 1996 [Kap. 3: »Medien und Trancen«, S. 115-153].)

36 Dudjom Rinpoche u. a., *The Nyingma School of Tibetan Buddhism. Its Fundamentals and History*, 2 Bde., Boston 1991; Jigme Lingpa, *The Dzog-chen. Preliminary Practice of the Innermost Essence. The Long-chen Nying-thig Ngon-dro with original Tibetan text, compiled by the knowledge-bearer Jig-me Ling-pa*, übersetzt und kommentiert von Tulku Thondup, hg. v. Brian C. Beresford, Dharamsala 1982; Patrul Rinpoche, *The Words of My Perfect Teacher. Kunzang Lama'i Shelung*, Boston 1998.

dhismus überwunden und die Zeit reif war (nach dem 10. Jahrhundert), wiederentdeckt worden sein sollen.[37]

Das wichtigste Meditationssystem, das in dieser Zeit auf dem Hintergrund der Nyingma-Schule entwickelt wurde, ist Dzogchen (*rdzog chen*), die »Große Vollkommenheit«. Ein bedeutender Systematiker dieses Systems ist Longchenpa (*Klong chen Rab 'byams-pa* [1308-1363]). Im Dzogchen sind Elemente der klassischen tantrischen Praxis (vorbereitende Übungen, Visualisationen) verbunden mit der Philosophie der Leerheit, wie wir sie von Nāgārjuna kennen. Außerdem machen sich Einflüsse aus dem chinesischen Ch'an geltend. Es geht darum, die ursprüngliche Reinheit des Geistes, die Buddha-Natur, die durch geistige Verunreinigungen nur verdeckt ist, offenzulegen. Das heißt, daß das Wesen des Geistes gleichzeitig als essentiell rein (tib. *ka dag*) und vollkommen spontan (tib. *lhung grub*) betrachtet wird. Dzogchen ist somit der Zustand absoluter Leere, die ursprungslos ist und keinerlei gesonderte Gestalten (auch keine visualisierten Buddhas) enthält. Sie entfaltet sich als reine Bewußtheit (tib. *rig pa*), denn in der Reinheit, der vollkommenen Leere, sind alle positiven Attribute des Geistes spontan wirksam. Leerheit ist also nichts Negatives, sondern ein vollkommenes Durchdrungensein aller Aspekte der Wirklichkeit in ihrem Wechselspiel, ein unendlicher Prozeß, der doch nichts anderes ist als die immerseiende Einheit. Wer dies in der eigenen Erfahrung erkennt, transformiert sämtliche alltäglichen Erfahrungen in diese einheitliche transzendente Bewußtheit (tib. *ye shes chen po*). Es geht nicht um einen langen Stufenweg, sondern um die direkte und plötzliche Realisierung dieses Geisteszustandes im jetzigen Augenblick, wo Leerheit (*śūnyatā*) und Barmherzigkeit (*karuṇā*) vollkommen eins sind. Der Irrtum des Menschen besteht allerdings darin, diesen Geist nicht zu er-

37 Tulku Thondup Rinpoche, *Hidden Teachings of Tibet. An explanation of the terma tradition of the Nyingma School of Buddhism*, London 1986.

kennen, sondern an den Spiegelungen der sich selbst strukturierenden Bewußtseinsbewegungen anzuhaften. Das bedeutet: Man hängt sich an Einzelaspekte des Lebens sowie an die wertenden Unterscheidungen, woraus wiederum karmische Verknüpfungen entstehen, die zu zahllosen Wiedergeburten führen. Die Einheit aber ist unveränderlich, und ihr Symbol ist das Diamantszepter (skt. *vajra*). Die Dzogchen-Übung soll nun ein spontanes, unmittelbares Erwachen bewirken, und damit ist sie durchaus etwas anderes als der graduelle Stufenweg, wie wir ihn in anderen tibetisch-buddhistischen Meditationssystemen finden. Dennoch gibt es auch bei Dzogchen vorbereitende Übungen wie beispielsweise die Meditation über die Unbeständigkeit des Lebens, die vertrauensvolle Hinwendung zu einem Lehrer, das Durchschneiden der Fesseln des Anhaftens (tib. *gCod*), Visualisierungen der Meditationsgottheiten (z. B. die Vajrayoginī) sowie des Lama usw. Besonders eindrucksvoll ist die Chö-Übung (*gCod*), die weitverbreitet ist und keineswegs nur im Zusammenhang mit der vollständigen Dzogchen-Praxis geübt wird:[38] Die Übung ist ein imaginiertes Opfer des eigenen Körpers, das dazu dient, alles Anhaften an körperlichen Prozessen und Empfindungen aufzugeben. Denn die sinnlichen Eindrücke, die durch die körperlichen Prozesse vermittelt werden, zerteilen die Wahrnehmung des Einen. Bei der Übung wird darum ein Lichttropfen oberhalb des Nabelzentrums visualisiert, auf dem die schwarze Göttin in Gestalt der Vajrayoginī steht. Sie trägt ein Hackmesser in der Hand, das alle Knoten des Anhaftens zerstört. In der Imagination vereint man sich mit der Göttin und läßt ihre Kraft durch die Fontanelle in den Raum strahlen. Dabei werden die drei Grundsilben Oṃ – Aḥ – Huṃ rezitiert, die in mantrischer Qualität die Fülle des Uni-

38 Der Ursprung dieser Praxis wird mit der Tantra-Meisterin Machig Labdrönma (1055-1149) in Verbindung gebracht (Karénina Kollmar-Paulenz, *Ma gcig lab sgron ma – The Life of a Tibetan Woman Mystic between Adaptation and Rebellion*, in: The Tibet Journal 23 [1998], H. 2, S. 11-32).

versums symbolisieren. Verbunden mit diesem Klang zertrennt die Göttin die Schädelschale und zerstört damit die drei Unreinheiten oder Grundgifte Gier, Haß und Unwissenheit, die verhindern, daß Menschen klar sehen können. Man kann sagen, daß das individuelle Ich, das sich durch Gier, Haß und Unwissenheit selbst behauptet, in der Visualisation getötet bzw. ›geopfert‹ wird, damit die Entgrenzung des Bewußtseins möglich wird. Der Ritus ist ein visualisierter ›Exorzismus‹, doch wird hier nicht ein externer böser Geist ausgetrieben, sondern das aus den drei Unreinheiten des Geistes geformte Ego. Die Übung entspricht im Prinzip auch sonstigen Vorstellungen des Mahāyāna, aber im Tibetischen Buddhismus kommt hinzu, daß die einzelnen geistigen Qualitäten und Impulse gestalthaft *visualisiert* und durch Klänge sowie Handgesten (*mudrā*) sinnlich wahrnehmbar gemacht werden.

Sakyapa

Im Jahre 1073 kam es im Geiste der Reformen Atīśas zur Gründung des Sakya-Klosters (*sa-skya*) westlich von Shigatse durch Khon Könchok Gyalpo (1034-1102), einen Schüler des berühmten Gelehrten Drogmi (992-1072) aus der Tradition der Kadampas. Diese Gründung veranlaßte die Bildung der Sakyapa.[39] Sie unterschied sich in der Lehre und Praxis nicht wesentlich von den Kadampas, bildete aber ihre eigenen Traditionslinien und gelangte später zu großer Machtentfaltung, als die Sakya-Lamas von den mongolischen Groß-Khanen de facto als Herrscher über Tibet eingesetzt wurden, denen mongolische Beamte zur Seite standen. Die eigentümliche Beziehung Tibets zu den Mongolen muß besonders hervorgeho-

---

39 C. W. Cassinelli, Robert B. Ekvall, *A Tibetan Principality. The Political System of Sa sKya*, Ithaca (N. Y.) 1969; Chogai Trichen, *The History of the Sakya Tradition. A feast for the minds of the fortunate*, übersetzt von Jennifer Stott, Bristol 1983.

ben werden, denn sie hat die Geschichte wesentlich geprägt: Als sich Dschingis Khan anschickte, Tibet zu erobern, wurde 1207 eine tibetische Delegation an den Hof des Khans geschickt, um über freundschaftliche Beziehungen zu verhandeln und eine Eroberung Tibets abzuwenden. Tibet hatte Tribut zu zahlen. Als Dschingis Khan 1227 starb, stellte Tibet die Zahlungen ein, woraufhin Dschingis Khans Enkel Godan einige Jahre später bis Lhasa vorrückte. Er schrieb allerdings 1244 an das Oberhaupt der Sakya-Schule, den Sakya Paṇḍita Kunga Gyaltsen (1182-1251),[40] einen Brief mit der Aufforderung, die tibetischen Buddhisten möchten einen Lama schikken, um das mongolische Volk religiös und moralisch zu erziehen. Um – im Geiste des Buddha – Gewaltanwendung zu vermeiden, bat der Khan, daß Kunga Gyaltsen freiwillig kommen und selbst diese Aufgabe übernehmen möge. Der Sakya Paṇḍita folgte diesem Ultimatum und reiste noch im Jahre 1244 an den Hof Godan Khans. Dies ist der Beginn der besonderen Beziehung der tibetischen Lamas als spiritueller Lehrmeister (seit 1270 »kaiserliche Lehrmeister«, *Dishi* [tib./chin. *ti shri*]) und den mongolischen Khanen als militärischen Schutzpatronen, die auch die nächsten Khane, vor allem Khubilai Khan, pflegten.[41] Khubilai Khan lud Phagpa (*'Pags pa*),

40 Sakya Pandita, *Illuminations. A Guide to Essential Buddhist Practices*, übersetzt von Geshe Wangyal und Brian Cutillo, Novato (Calif.) 1988.

41 Diese *yön-chö*-Beziehung zwischen einem Fürsten, der Gaben spendet, und dem Mönch, der Belehrung oder Initiation gibt, wurzelt im alten buddhistischen Verhältnis zwischen den Laien und dem *saṃgha*. Die Tibeter übertrugen das Modell auf ihr Verhältnis zu den Mongolen, und sie nutzten deren militärische Überlegenheit geschickt aus, um ihre kulturell-religiöse Stellung selbstbewußt und gleichberechtigt, wenn nicht gar im Status der Überlegenheit, zu präsentieren. Die Schwierigkeiten lagen vor allem darin, daß rivalisierende tibetische Gruppen (Mönchsschulen im Verbund mit Adelsclanen) versuchten, die mongolischen Militärkräfte (die auch in unterschiedlichen Loyalitäten gebunden waren) jeweils für ihre Interessen auszunutzen, ins Land

den Neffen, Schüler und Nachfolger des Sakya Paṇḍita, ein und festigte die Beziehung. Die Machtverhältnisse lassen sich am Hofprotokoll genau ablesen: In Staatsangelegenheiten nahm der Khan den höheren Sitz ein, der aber andererseits in religiösen Fragen die Autorität des Lama zu achten gelobte. Khubilai Khan sandte Phagpa im Jahr 1254 ein Bestätigungsschreiben, das uns einen Einblick in die Geistesart des Buddhismus gewährt, den der Mongolenkhan in Sakya-Interpretation kennengelernt hatte (Bedeutung des philosophischen Studiums als Voraussetzung für die Meditationspraxis), und zugleich werden diesbezügliche Auseinandersetzungen im Tibetischen Buddhismus jener Zeit deutlich. In dem Brief heißt es:

> Als wahrer Gläubiger an den Verehrungswürdigen Buddha, den erbarmungsvollen und unbesiegbaren Herrscher der Welt, dessen Gegenwart wie die Sonne jeden dunklen Ort erleuchtet, habe ich den Klöstern und Mönchen deines Landes stets besondere Gunst erwiesen ⟨...⟩. Dieser Brief ist mein Geschenk. Er gewährt dir Autorität über ganz Tibet, damit du in die Lage versetzt wirst, die religiösen Institutionen und den Glauben deines Volkes zu schützen und die Lehre des Verehrungswürdigen Buddha zu verbreiten ⟨...⟩. Mönche sollen nicht untereinander streiten und keinerlei Gewalt ausüben. Sie sollen friedlich und glücklich zusammenleben. Diejenigen, die die Lehren des Verehrungswürdigen Buddha kennen, sollen keine Mühe scheuen, sie zu verbreiten. Die sie aber nicht kennen, sollen sich bemühen, sie zu lernen. Jedermann soll lesen, schreiben und meditieren, zum Verehrungswürdigen Buddha beten und auch für mich beten. Einige Leute meinen, es sei möglich zu meditieren, ohne den *dharma* zu studieren, aber das ist

---

zu rufen und gegen tibetische Rivalen auszuspielen. Außerdem war die *yön-chö*-Beziehung in hohem Grade personalisiert, das heißt, sie konnte, mußte aber nicht auf Nachfolger übertragen werden. Im übrigen kam seit dem 18. Jahrhundert den Chinesen wiederholt eine ähnliche Funktion zu.

falsch. Erst müssen wir verstehen, nur dann können wir meditieren.[42]

Da die Mongolen aber bis zum Tode Khubilai Khans im Jahre 1331 ausschließlich die Lamas der Sakyapas protegierten und diese Sonderstellung die wirtschaftliche und politische Macht in Tibet einseitig zugunsten der Sakyapas verschoben hatte, kam es im 14. Jahrhundert zu blutigen Machtkämpfen innerhalb Tibets. Provinzgouverneure führten Privatkriege, und zahlreiche Großklöster waren darin zutiefst verstrickt. Es kam zu Intrigen, Folter und Mord, auch unter Mönchen, bis schließlich im Jahr 1358 Changchub Gyaltsen an die Macht kam, der durch Verwaltungsreformen (Aufteilung des Staates in Distrikte, *dzong*), Landreformen und eine Strafrechtsreform (bisher waren Kriminelle ohne Anhörung hingerichtet worden, jetzt wurden nach einem ordentlichen Verfahren unterschiedlich schwere Strafen bis hin zur Todesstrafe verhängt) wesentlich dazu beitrug, das Land zu befrieden. Changchub sorgte auch für verstärkte Anstrengungen in der Ausbildung der Lamas. Seither zeichnen sich die Sakyapas durch eine hohe Gelehrsamkeit aus. Die Bibliothek des Sakya-Klosters war bis zur Besetzung Tibets durch die Chinesen im Jahre 1950 eine der größten des Landes und barg Tausende kostbarer Manuskripte und Blockdrucke aller buddhistischen Traditionen, die teilweise noch aus dem indischen Kloster Nālandā gerettet worden waren, das muslimische Invasoren im 12. Jahrhundert zerstört hatten. Nur ein kleiner Teil der Bibliothek konnte nach 1959 durch die Flucht der Mönche aus Sakya nach Nordindien in Sicherheit gebracht werden.

Kagyüpa

Im 11./12. Jahrhundert erblühte eine ›mystische‹ Meditationstradition, die Kagyüpa (*bka'brgyud-pa*, oft »Rotmützen« ge-

42 Tsepon W. D. Shakabpa, *Tibet. A Political History*, New York 1984 (zuerst 1967), S. 65 f.

nannt). Dieser Orden gelangte sehr bald zu geistigem und politischem Einfluß und entwickelte eine beispiellose geistige Kreativität. Die Schule geht, wie wir sahen, auf Marpa, den Übersetzer, zurück. Er hatte bei Nāropa (1016-1100), dem Abt der berühmten Klosteruniversität Nālandā in Indien, studiert und dadurch sowohl spezifische Traditionen der Meditation als auch philosophische Kommentarwerke kennengelernt. Nāropa wiederum hatte die Weisheitslehre von dem bengalischen Mystiker Tilopa (988-1069) empfangen, der sie in einer Vision des *Vajradhāra*, einer Manifestation des transzendenten Buddha, diktiert bekommen haben soll. Diese Traditionslinie ist charakterisiert durch die indische Siddha-Tradition, in der durch bestimmte Meditationstechniken parapsychische Kräfte erzeugt und für das geistige Erwachen nutzbar gemacht werden sollen.[43] Für die spätere Entwicklung in Tibet wurden besonders dies »sechs Yoga-Praktiken des Nāropa« bedeutsam, nämlich:[44]

1. psychisch erzeugte Hitze (tib. *gtum mo*), die durch Haṭha-Yoga, Visualisationen und Reinigung der psychosomatisch aktivierten Energiekanäle im Körper des Übenden anzeigt, daß eine Intensivierung der Bewußtseinsaktivität stattfindet.

2. Die Erfahrung des eigenen Körpers als Trugbild (tib. *sgyu lus*), wobei die karmisch entstandenen körperlichen und psychischen Formen des Körpers visualisiert und imaginativ in feinstoffliche Prozesse aufgelöst werden, damit eine direkte

43 Daß diese Kräfte (*siddhi*) auch vom Ziel des geistigen Erwachens ablenken können, ist eine beständige Gefahr, der durch die Kompetenz eines erwachten Lehrers und durch das Schriftstudium sowie die Einhaltung der Mönchsdisziplin begegnet werden muß.

44 H. V. Guenther, *The Life and Teaching of Nāropa* (S. 61, Anm. 23); William Yeeling Evans-Wentz, *Tibetan Yoga and Secret Doctrines. Or seven books of wisdom of the Great Path, according to the late Lāma Kazi Dawa-Samdup's English rendering.* Arranged and edited with introduction and annotations to serve as a comment, London [2]1958 (zuerst 1935), S. 155-252; deutsch: *Yoga und Geheimlehren Tibets. Yoga und der Pfad des Mahayana-Buddhismus*, übersetzt von Ursula von Mangoldt, München 1997 (zuerst Basel 1987).

Erfahrung der Wandelbarkeit und Vergänglichkeit dessen entsteht, was wir für unser ›Ich‹ halten.

3. Traum-Yoga (tib. *rmi lam*), in dem die Bilder der Träume nutzbar gemacht werden für den geistigen Reifungsprozeß, und zwar so, daß durch luzides Träumen das Bewußtsein in immer deutlicherer Feinheit und größerer Reinheit erscheint und entsprechend geformt wird. Durch spezifische Übungen wird das Träumen bewußt gestaltet, wodurch sich allmählich auch das Tagesbewußtsein verändert und dem Übenden deutlich werden soll, daß alle Erscheinungen des Lebens traumartig-unreal sind gegenüber der Erfahrung des Bewußtseinsgrundes, d. h. des »Klaren Lichtes«.

4. Klares Licht (tib. *'od gsal*) ist die Bewußtseinsenergie, die sich auf kein äußeres Objekt richtet, sondern in ihrer eigenen Klarheit vollkommen ruht. In diesem Zustand gibt es keine Dualität von Beobachter und beobachtetem Objekt, sondern »strahlende Leerheit«, und alles, was das Bewußtsein im Traum oder im Wachzustand erfährt, wird als Projektion aus dieser Leerheit betrachtet. Dieses Licht soll von Menschen im Prozeß des Sterbens spontan erfahren werden; aber weil das ungeübte Bewußtsein dies nicht erkennt, sondern angstvoll zurückschreckt, muß der Zustand in der Meditation wieder und wieder geübt werden.

5. Bewußtseinsübertragung in andere Existenzformen (tib. *'pho ba*) ist eine meditative Übung, bei der das Bewußtsein im Augenblick des Todes in ein Buddha-Land (wie beispielsweise das Reine Land Amitābhas) übertragen wird. Dies gelingt aber nur, wenn dies im Leben intensiv geübt wurde. Es geht dabei vor allem um eine Praxis der *Identifikation* mit dem »göttlichen Guru« Dorje Chang (*rdo rje 'chang*) in Gestalt des eigenen Lama, in einer *saṃbhogakāya*-Gestalt, oder mit dem *dharmakāya* bzw. dem Klaren Licht. Die Unterscheidungen der *trikāya*-Lehre[45] finden hier eine konkrete Anwendung in der Visualisationsübung.

6. Praxis der Zwischenzustände (tib. *bar do*), wie sie vor

45 Zur Lehre von den drei Körpern (*trikāya*) vgl. S. 234-239.

allem anhand des *Tibetischen Totenbuches* geübt werden. Dabei kommt es darauf an, graduell (in der Meditation wie im Sterben) das Bewußtsein mit immer subtileren geistigen Ebenen zu identifizieren, um schließlich in der Erfahrung des Klaren Lichtes verweilen zu können.

An dieser Stelle ist es angebracht, einige Bemerkungen zum *Tibetischen Totenbuch* (Bardo Thödol, tib. *bar do thos grol*) zu machen, einem Text und einer Übungspraxis, die keineswegs auf die Kagyüpa beschränkt sind, sondern im gesamten Tibetischen Buddhismus gepflegt werden.[46] Es ist ein Buch für die Lebenden, die damit den Prozeß des Sterbens systematisch üben und für die spirituelle Reifung nutzbar machen. Wir können hier nicht auf die Details eingehen,[47] sondern nur knapp die sechs *Bardos* (»Zwischenzustände«) beschreiben, die als Phasen der Bewußtseinsentwicklung verstanden werden:

1. *Bardo zwischen Geburt und Tod* (*Sheshi*, tib. *skye shi'i*), in dem das normale Tagesbewußtsein denkt, sich an bestimmte Bewußtseinseindrücke erinnern kann, meditiert, visualisiert usw.,

2. *Bardo des Traumes* (*Milam*, tib. *rmi lam*), in dem Projektionen auftreten, deren Inhalte aus dem Tagesbewußtsein stammen, deren Zuordnung aber nach strukturellen Gesetzen ge-

46 Der Text gilt als Terma-Text, der von Padmasambhava verfaßt, versteckt und später wiederaufgefunden wurde. Der Kern der Überlieferung geht möglicherweise auf diese Zeit zurück, die heutige Gestalt des Textes datiert aber vermutlich aus dem 14. Jahrhundert. Vgl. Eva K. Dargyay, Gesche L. Dargyay (Hg.), *Das tibetische Buch der Toten*, Frankfurt/Main 2004 (zuerst 1977).

47 Detaillierte Hinweise zur Theorie und Praxis des Sterbens finden sich in: Sogyal Rinpoche, *Das tibetische Buch vom Leben und vom Sterben. Ein Schlüssel zum tieferen Verständnis von Leben und Tod*, übersetzt von Thomas Geist und Karin Behrendt, Bern [3]2004 (zuerst 1993), und R. und M. von Brück, *Die Welt des tibetischen Buddhismus* (S. 451, Anm. 35), S. 82ff.; M. v. Brück, *Ewiges Leben oder Wiedergeburt? Sterben, Tod und Jenseitshoffnung in europäischen und asiatischen Kulturen*, Freiburg 2007: Herder.

schieht, die aus den Tiefenschichten des Bewußtseins stammen – auch im Traum kann das Bewußtsein willentlich gelenkt werden, und diese Übung heißt Traum-Yoga (vgl. oben S. 459 unter 3.),

3. *Bardo der tieferen Meditation* (*Samten*, tib. *bsam gtan*), in dem das Bewußtsein ohne Anhaften meditative Stabilität und Durchlässigkeit aufweist, die ihm zu intensiverer Wahrnehmung als im Sheshi-Bardo verhilft,

4. *Bardo des Sterbens und des Todes* (*Chönyi*, tib. *chos nyid*),

5. *Bardo des Wiedererwachens im Zwischenzustand* (*Sipa*, tib. *srid pa*),

6. *Bardo der Wiedergeburt* (*Shene*, tib. *skye gnas*).

Für das *Totenbuch* sind die letzten drei Bardos besonders wichtig. Im *Bardo des Sterbens und des Todes*, der meist drei oder dreieinhalb Tage dauert, wird das Bewußtsein allmählich von den körperlichen Funktionen abgelöst. Dies ist der Prozeß des Sterbens, dessen acht Phasen wir unten noch ausführlicher darstellen werden. Allgemein ist zu sagen, daß bei diesem Prozeß das Bewußtsein unwillkürlich in die tieferen Schichten seiner eigenen Natur sinkt. Dabei treten Farbvisionen auf, wobei – wie immer im tantrischen Buddhismus – eine Analogie von makrokosmischen Elementen/Formen und mikrokosmischen bzw. bewußtseinsmäßigen Wahrnehmungen hergestellt wird: Blaue Farben entsprechen dem Raum, rote dem Feuer, gelbe der Erde, grüne dem Wind und weiße dem Wasser. Wenn man bedenkt, daß Farben Schwingungen sind und auch die unterschiedlichen Strukturen des Materiellen durch verschiedene Ordnungsprinzipien (Dichte, Geschwindigkeit der Teilchen usw.) aus prinzipiell denselben substantiellen Grundlagen entstehen, ist diese Analogie nicht unverständlich. Die einzelnen Elemente des Materiellen bzw. die Farbvisionen entsprechen folgerichtig spezifischen Potentialen des Bewußtseins:

– Der Raum (blau) entspricht der Grenzenlosigkeit des Bewußtseinskontinuums, weil das Bewußtsein nicht räumlich begrenzt und in sich selbst *leer* ist, insofern es alles in sich aufnehmen kann und erst dadurch ›strukturiert‹ wird.

– Das Feuer (rot) entspricht dem Potential des Bewußtseins, alles *wahrnehmen* und in sich nach eigenen Ordnungsprinzipien umformen zu können.

– Die Erde (gelb) entspricht der Fähigkeit, *Erfahrungen* zu erzeugen, die bedingt sind durch karmisch gesteuerte Eindrücke, wobei es heißt, daß Erfahrungen im Bewußtsein verwurzelt sind wie die Pflanzen in der Erde.

– Der Wind (grün) entspricht der Eigenschaft des Bewußtseins, ständig in Bewegung und dynamisch zu sein, denn keine Erfahrung hat Dauer.

– Das Wasser (weiß) entspricht dem Charakter des Bewußtseins, sich an jede Form, Erscheinung und Objekte anpassen zu können. Wie das fließende Wasser die Gestalt des Flußbetts annimmt, so ist das Bewußtsein biegsam und erhält, da es selbst leer ist, seine Gestalt erst durch die Bewußtseinsinhalte.

Im Verlauf des vierten Bardo, des Bardo des Sterbens, gelangt das Bewußtsein an einen Scheidepunkt, der von Menschen (die während ihres Lebens mit dem *Totenbuch* geübt haben oder nicht) verschieden erlebt wird:

Ein durch *Unwissenheit* verunreinigtes Bewußtsein fällt, verursacht durch das Trauma des Todes, in eine Bewußtlosigkeit, die länger anhält, während ein Wissender nach kurzer Bewußtlosigkeit in ruhiger Bewußtheit verharren kann und erstmals ein ›Aufschimmern‹ der grundlegenderen Bewußtseinsebenen wahrnimmt. Damit ist aber schon der Übergang zum fünften *Bardo des Wiedererwachens* markiert. Er tritt gewöhnlich 49 Tage nach dem Tod ein, wobei es während dieser Zeit nach jeweils sieben Tagen zu einem ›kleinen‹ Sterben und Tod (tib. *ḥchi chos* oder *chos nyid kyi bar do*) kommt. Das Wiedererwachen kommt dadurch zustande, daß sich die diffusen Bewußtseinsenergien zu Lichtbündeln (tib. *thig le*) sammeln und zu Wahrnehmungen verdichten, die nach dem Ordnungsprinzip der formativen Kraft karmischer Eindrücke gestaltet werden. Die Qualität dieser Energiekonzentrationen entspricht dem Charakter der *cakras* (»Energiekonzentrationen«) entlang der Wirbelsäule, die man bereits während des Lebens in der Me-

ditation oder gelegentlich auch spontan wahrnehmen kann.
Man hat also in diesem Stadium dualistische Erfahrungen
der eigenen Bewußtseinspotentiale, und diese können fried-
voll und hell wie das Sonnenlicht, aber auch dunkel, zornvoll
und bedrohlich sein. Im ersten Fall hat man Visionen der
friedvollen, im zweiten Fall der zornvollen Gottheiten. Diese
Visionen lösen erneut Bewußtseinsreaktionen aus, die in dualistischer Weise von Annahme oder Abwehr bestimmt sind,
das heißt, das Bewußtsein verstrickt sich erneut in die Unterscheidung von ›Ich‹ und ›Dinge‹, ›angenehm‹ und ›unangenehm‹. Dabei wird es entsprechend seinen karmischen Prädispositionen von materiellen Strahlungen aus niedrigeren
Bereichen angezogen, so daß es nun im sechsten *Bardo der
Wiedergeburt* wiedergeboren wird. Dies bedeutet, daß sich aufgrund der karmischen Prädispositionen ein Körper entwikkelt. Der (wiedergeborene) Körper ist also eine (scheinbar)
feste, konkrete Projektion des Bewußtseins. Die Art der Wiedergeburt entspricht den karmischen Dispositionen, das heißt,
sie erfolgt in einem der sechs Daseinsbereiche, die das buddhistische Lebensrad (*bhavacakra*) anschaulich schildert:[48] Bereich der göttlichen Wesen (*devas*), Bereich der Dämonen (*asuras*), Bereich der Menschen, Bereich der Tiere, Bereich der
Hungergeister (*pretas*), Bereich der Höllenwesen. Das Bewußtsein ›sucht‹ sich den Bereich, in dem es seine unerfüllten karmischen Potentiale ausleben kann – dabei ist der Bereich der
devas durch zeitlich begrenzten Genuß gekennzeichnet, der
Bereich der *asuras* durch Neid auf die ›Götter‹, der Bereich
der Tiere durch Unfreiheit, der Bereich der *pretas* durch unstillbare Gier, der Bereich der Höllenwesen durch Qualen, die
von Haß und Gewalt gegenüber anderen Lebewesen ausgelöst worden sind. Der Bereich der Menschen ist ambivalent:
Einerseits ist er durch Verblendung (*avidyā*, *moha*) gekennzeichnet, andererseits besteht aber hier, und nur hier, die *Freiheit*, alle Verstrickungen zu überwinden und zur Erkenntnis
bzw. Weisheit (*prajñā*) und damit zur unbedingten Befreiung
im *nirvāṇa* zu gelangen.

48 Vgl. S. 136-138.

Wenn aber während des Sterbeprozesses ein *wissendes Be wußtsein* erkennt, daß alle Erscheinungen nur Projektionen des fundamentalen Bewußtseinskontinuums sind, verbleib es in der vollkommenen Einheit von Erkennendem und Er kanntem, es verstrickt sich nicht in erneute dualistische Reak tionen und kann letztendlich den Geist des Klaren Lichtes (tib. *'od gsal*) und das Wesen der Wirklichkeit (skt. *dharmatā*) schauen, also in die letztgültige Vollendung eingehen.

Als Quelle der Kenntnis des Sterbeprozesses dienen einer seits Berichte derer, die dem Tode nahe waren und zum nor malen Tagesbewußtsein zurückgekehrt sind, oder auch Be richte derer, von denen man glaubt, daß sie sich aufgrund eines besonders hochentwickelten Bewußtseins an frühere Inkarnationen und die Zwischenzustände zwischen Leben Sterben und Wiedergeborenwerden erinnern können. Ande rerseits gilt als hilfreich die genaue Beobachtung der Bewußt seinszustände während des Meditierens, bei dem die gleichen Prozesse ablaufen wie beim Sterben, nämlich eine allmähliche Ablösung des subtilen ›Körpers‹ vom materiellen. Am Schluß bleiben ein höchst feiner Bewußtseinsstrom und seine »Trä gerenergie« (skt. *prāṇa*, tib. *rlung*) übrig. Wer in der Meditation die einzelnen Stadien und die mit ihnen verbundenen Phäno mene kennengelernt hat, kann den gesamten Sterbevorgang mit bewußter Klarheit vorweg erleben und lenken. Dadurch schwindet die Angst. Und dies ist die Voraussetzung für ein gelöst-heiteres Bewußtsein, das sich dem Klaren Licht öffnen kann.

In der tibetisch-buddhistischen Meditation wie in der Übung des Sterbens kommt es darauf an, das Bewußtsein durch unablässige Übung zu schulen, eine direkte meditative Wahrnehmung der Leerheit zu erreichen. Dies geschieht bei den Kagyüpa vor allem durch das Mahāmudrā-System (»Gro ßes Siegel«, tib. *phyag rgya chen po*).[49] Mahāmudrā ist eine Wei

49 Takpo Tashi Namgyal, *Mahāmudrā. The Quintessence of Mind and Me ditation.* Translated and annotated by Lobsang P. Lhalungpa, Bo ston 1986; Khenpo Rinpochay Könchog Gyaltsen, *The Garland*

terführung des alten Dzogchen-Systems der Nyingmapa im Rahmen der Kagyü-Tradition. Im einzelnen sind die Übungen komplex und auf die jeweiligen Voraussetzungen des Schülers sowie die Initiationstradition des Lehrers zugeschnitten, dem gegenüber der Übende hohe Verehrung entwickelt. Der Lama ist Inbegriff und Repräsentant aller Weisheit und Güte. Der Meditierende visualisiert, er habe den Leib, die Rede und das Bewußtsein einer ›Gottheit‹, d. h. einer subtilen Formgestalt (skt. *saṃbhogakāya*) des Buddha-Bewußtseins. Dies ist eine meditative Selbstkonditionierung zu höherem Bewußtsein. So besteht eine Übung darin, das Bewußtsein bzw. die Aktivität der Bewußtheit zu betrachten und zu fragen: »Wo ist ihr Ursprung?«, und zwar nicht nur abstrakt-gedanklich, sondern in der meditativen Suche nach dem Grund der Bewußtseinsaktivität. Man arbeitet dabei zunächst an einer Beruhigung der Bewußtseinsbewegungen (tib. *shi nay*), um dann zu einer nicht-dualistischen Wahrnehmung des eigenen Bewußtseinsgrundes und aller Erscheinungen zu kommen (tib. *lhag mthong*), d. h. die substantielle Leerheit der Welt direkt wahrzunehmen: Nichts existiert aus und durch sich selbst, sondern in Abhängigkeit vom (projizierenden) Bewußtsein und in gegenseitiger Abhängigkeit aller Impulse und Erscheinungen des fundamentalen Geistes. In dieser Bewußtseinsintensität nimmt nun der Meditierende die Leerheit (skt. *śūnyatā*, tib. *stong pa nyid*) als vollkommene Glückseligkeit (skt. *mahāsukha*, tib. *bde ba*) wahr. Während zunächst die Leerheit noch in einer subtilen, gestalthaften Wahrnehmung erscheint, wird sie später völlig bildlos erfahren. Leerheit bedeutet ja, daß das Bewußtsein reine wahrnehmende Bewußtheit ist, völlig ungetrübt, selbstleuchtend und kraftvoll. Die reine Bewußtheit hat keine Attribute, keine Begrenzungen, keine Einengung durch Raum und Zeit. Alle Lebewesen verfügen über solch ein ungehindertes reines Bewußtsein – das ist ihre Buddha-Natur (skt.

---

of Mahamudra Practices. A Translation of Kunga Richen's Clarifying the jewel rosary of the profound fivefold path. Translated and introduced, Ithaca 1986.

tathāgatagarbha), und die Mahāmudrā-Praxis dient dazu, die selbsterzeugten Blockaden, die diese Reinheit verdunkeln, zu beseitigen. Wie in allen tibetischen Systemen wird auch hier unterschieden zwischen der Sūtra- und der Tantra-Interpretation. Im allgemeinen Sūtra-Rahmen stehen die fünf ›vorbereitenden Übungen‹, ohne die kein Lehrer in die höhere tantrische Mahāmudrā-Praxis einführt:

1. die Praxis der hunderttausend Niederwerfungen (wobei der Körper in bestimmter Weise unter einer genau festgelegten Atemtechnik und begleitet von Visualisationen der Länge nach auf den Boden gestreckt wird), eine psychosomatische Übung der dankbaren Hingabe und Reinigung,

2. die Rezitation des Vajrasattva-Mantras (meist 21mal), um das Bewußtsein von negativen Eindrücken (tib. *sdig pa*) zu befreien,

3. die Zufluchtnahme zu *Buddha*, *dharma* und *saṃgha*, wodurch Vertrauen in die Wahrhaftigkeit des Weges des Buddha entwickelt und seine Hilfe erbeten werden soll,

4. eine Maṇḍala-Meditation, bei der die gesamte Welt als ein Maṇḍala visualisiert und (mit entsprechenden Handgesten [*mudrā*] und Rezitationen [*mantra*]) mit Liebe durchströmt und dem Buddha dargebracht wird: Anfangs geschieht dies äußerlich, indem man die Objekte der Welt visualisiert und gelegentlich auch gestalthaft repräsentiert, später wird diese ›Objektivität‹ aufgelöst und rein gedanklich die Leerheit aller Erscheinungen realisiert,

5. die Verehrung des Lama, wobei eine dem Buddha ebenbürtige Schutzgottheit (tib. *yidam*) visualisiert und der Lama mit dieser identifiziert wird: Auf diese Weise wird das unbedingte Vertrauen in die Übung, die der Lama lehrt, gesteigert.

Dies sind Vorbereitungen. Letztlich zielt die Übung darauf, beim Verweilen des Geistes in vollkommener innerer Ruhe gleichzeitig zu erkennen, daß die Erscheinungen (einschließlich der imaginierten göttlichen Wesenheiten) leer von inhärenter Existenz sind. Die Visualisation ist ein Mittel (*upāya*) zur Steigerung der Bewußtseinsintensität, aber dann muß sie auch wieder losgelassen werden. Denn die ›Götter‹ existieren als Vorstellungen im Geist, nirgends sonst.

Wir kehren zurück zur Geschichte der Überlieferung dieser und anderer Lehren, die von Indien nach Tibet kamen und dann in Tibet charakteristisch umgeformt wurden: Die außerordentliche Verehrung des Lama war neu, ebenso die höchst detaillierte Visualisation von Aspekten des Bewußtseins in subtiler Gestalt, wobei die Gestalten aus dem tibetischen vorbuddhistischen Pantheon kamen. Nāropa und Marpa waren hierbei nicht die einzigen bedeutenden Gestalten. Vor allem muß Marpas Schüler erwähnt werden, Milarepa (*Mi-la ras-pa* [1040-1123]).[50] Er ist als bedeutendster Mystiker und Dichter in die Annalen Tibets eingegangen. Die Geschichten aus seiner Biographie, die davon erzählen, wie der Schüler des strengen Marpa durch Qualen aller Art, Zweifel und Verfehlungen, Resignation und neue Hoffnung allmählich zu einem Heiligen heranwächst, haben Generationen von Tibetern zu glühender Frömmigkeit inspiriert. Seine »Einhunderttausend Gesänge«[51] künden von dem Ideal eines gereinigten Herzens, und sie werden von Tibetern aller Schulrichtungen und Traditionslinien auswendig gelernt und bis heute gesungen. Seine (legendäre) Biographie gibt einen ausgezeichneten Einblick in die geistige Welt Tibets zu jener Zeit, wir wollen daher knapp einige Episoden anführen:

Milarepa und seiner geliebten Mutter war nach dem Tod des Vaters von einem grausamen Onkel unvorstellbares Unrecht widerfahren. Um sich zu rächen, erlernte Milarepa auf Wunsch der Mutter die schwarze Magie. Durch Zaubersprüche konnte er Hagelstürme senden, die ganze Ernten vernichteten. Als Milarepa zu Marpa kommt, erkennt er sein Unrecht, beichtet und bittet um Unterweisung. Zuerst lernt er Demut

---

50 William Yeeling Evans-Wentz, *Tibet's Great Yogi Milarepa. A Biography from the Tibetan. Being the Jetsün-Kahbum or biographical history of Jetsün-Milarepa according to the late Lāma Kazi Dawa-Samdup's English rendering.* Edited with introduction and annotations, New York 2000 (zuerst 1928); deutsch: *Milarepa. Tibets großer Yogi*, Weilheim 1971.

51 G. C. C. Chang, *The Hundred Thousand Songs of Milarepa*, 2 Bde. (S. 283, Anm. 87).

und völlige Hingabe: Milarepa muß Türme aus Steinquadern bauen, die er unter Qualen selbst herbeischleppt. Kaum ist der Turm fertig, befiehlt Marpa den Abriß und den Neubau an anderer Stelle. Milarepa flieht, doch fordert der unbeugsame Marpa den Schüler zurück, zumal er in einem Traum vor dessen Ankunft die Größe des zukünftigen Yogi erkannt hat. Als Milarepa schließlich geläutert und reif ist, erteilt ihm Marpa die Einweihungen in geheime Praktiken: Er soll, so heißt es, ein Licht sein, das viele erleuchten wird. Milarepa zieht sich in die Berge zurück und meditiert elf Monate lang ohne Unterbrechung – Marpa war ihm die Brücke gewesen, jetzt mußte er den Meister in sich selbst finden. Jahrelang unterzieht er sich strengster Askese und ernährt sich nur von Nesseln. Als Diebe seine Höhle aufsuchen, weil sie dort Gold vermuten, lädt er sie mit Freundlichkeit ein. Als einige junge Frauen ihn wegen seiner ausgezehrten Gestalt bemitleiden, antwortet er in einem seiner Lieder:

> Unglückliche Mädchen, ihr hängt nur am Vergänglichen.
> Wie Feuer brennen Selbstruhm und Torheit in euch.
> Ich habe Mitleid mit so unreifen Wesen ⟨...⟩.
>
> Euch törichten Schwätzerinnen
> antwortet Milarepa mit Buddhas Weisheit.
> Er gibt Wein für Wasser,
> tauscht Gutes für Böses ein.[52]

Als Milarepas Schwester wegen der Nacktheit des Bruders Scham empfindet, antwortet er, daß angesichts der Natur Scham unangebracht sei und man zur natürlichen Reinheit des Geistes zurückzukehren habe, denn:

> Gier, Haß und böse Taten,
> Diebstahl, Betrug und Lüge,
> auch Verrat der Freunde –

52 W. Y. Evans-Wentz, *Tibet's Great Yogi Milarepa* (S. 467, Anm. 50), S. 217 f.

all dies sind Folgen falscher Erkenntnis
und wahrhaft Grund zur Scham.
Doch wenige vermeiden solche Laster.[53]

Selbst die Gegner können sich Milarepas geistiger Ausstrahlung nicht entziehen, doch will ihn ein eifersüchtiger Gelehrter beseitigen. Die Gedanken des Mörders erkennend, trinkt er voll Mitleid mit ihm schweigend das Gift. Der sterbende Milarepa vergibt dem Bösewicht und umarmt ihn sogar. Milarepa singt:

In Meditation über meinen Lama
vergaß ich die Einflußreichen und Mächtigen.
In Meditation über geheime Weisheitslehren
vergaß ich Bücher, die nur den Verstand nähren.
In Meditation über Leben und zukünftiges Sein
vergaß ich die Furcht vor Geburt und Tod.[54]

Als sein Leichnam verbrannt wird, sehen die Schüler einen feinstofflichen Leib gen Himmel fahren, aus dem eine Stimme ertönt, daß er lebendig sei und man ihn nicht bei den Toten suchen und vor allem nicht in Zwietracht um die Reliquien streiten solle. Reminiszenzen an die Buddha-Legende sind dabei offenkundig. Ob auch die christliche Himmelfahrtserzählung über Zentralasien in Tibet bekannt war und auf die Milarepa-Legende eingewirkt hat, ist ungewiß.

Milarepas wichtigster Schüler war Gampopa (*sGam po pa* [1079-1153]), der zunächst als Arzt wirkte und im Alter von 26 Jahren seinen Beruf aufgab, um sich ganz der Meditation zu widmen. Der frühe Tod seiner Frau hat ihn die Vergänglichkeit des menschlichen Daseins erfahren lassen und den Wunsch nach spiritueller Erkenntnis geweckt. Er verband die Übungen des Stufenweges (tib. *Lam rim*) aus der Kadampa-Tradition mit den tantrischen Lehren des Mahāmudrā, wie sie in der Kagyü-Schule üblich wurden. Sein Hauptwerk, *Juwelenschmuck der geistigen Befreiung*,[55] ist ein Grundtext

53 W. Y. Evans-Wentz, a. a. O., S. 226.
54 W. Y. Evans-Wentz, a. a. O., S. 245 ff.
55 Gampopa, *Juwelenschmuck der geistigen Befreiung. Das Buch des tibeti-*

für die Kagyü-Tradition geworden, und sein knapper ›Katechismus‹ *Kostbarer Rosenkranz für den höchsten Weg*[56] ordnet in 28 Kapiteln mit meist in Zehnergruppen angeordneten Merksätzen die buddhistische Lehre und Praxis in leicht nachvollziehbarer Form an. Darin heißt es zum Beispiel im achten Abschnitt über die Dinge, in denen man sich eifrig üben soll:

> Ein Anfänger sollte sich eifrig im Kennenlernen der Weisheitslehren und im sie verarbeitenden Denken üben ⟨...⟩.
>
> Bei sehr großer geistiger Zerstreuung und Gedankenflatterhaftigkeit sollte man sich eifrig bemühen, seinen Geist unter seine Herrschaft zu bringen.
>
> Sind das dösende Absinken in der Meditation und die geistige Mattheit sehr groß, sollte man sich darin üben, den Geist freier zu halten und zu öffnen.
>
> Ist der Geist ohne innere Beständigkeit, sollte man sich beharrlich darin üben, ihn in Meditation gleichmäßig gesammelt zu halten ⟨...⟩.
>
> Stellen sich zahlreiche widersächliche hemmende Umstände ein, sollte man sich beharrlich in den drei Arten der Geduld üben.

Zunächst wird also das philosophische Studium empfohlen, bevor man in die meditative Praxis eintreten kann. Letztere besteht in Einübung der Gleichförmigkeit (*śamatha*) des Geistes, der weder schläfrig noch erregt sein darf. Fällt er in das eine oder andere Extrem, muß das jeweilige Gegenmittel angewendet werden. Bei inneren oder äußeren Widerständen ist Geduld (*kśānti*) zu üben, und zwar in dreifachem Sinn: Böses darf nicht mit Bösem vergolten, sondern muß mit Gutem überwunden werden; Schwierigkeiten sollen nicht ver-

---

schen Buddhismus. Aus dem Tibetischen übertragen und mit einem Glossar schwieriger Begriffe versehen von Herbert Guenther, München 1989; *Gampopas kostbares Ornament, genannt Juwelenschmuck der geistigen Befreiung.* In der Übertragung aus dem Tibetischen von Albrecht Frasch, Horst 1999.

56 Michael A. Colsman, *»Der kostbare Rosenkranz für den höchsten Weg«. Ratschläge des Meisters Gampopa*, hg., übersetzt und mit Anmerkungen versehen, Opuscula Tibetana 17, Rikon ²1995 (zuerst 1986).

drängt, sondern angenommen werden; dem einmal gefaßten Entschluß zur Praxis soll man treu bleiben und ständig neu beginnen.

Aus den Kagyüpas gingen als Untergruppe mit der Gründung des bedeutenden Klosters Tsurpu (*mtshur pu*) 1185 die Karmapas hervor.[57] Sie bilden die älteste Linie von reinkarnierten Lamas in Tibet und gelten (neben den Dalai Lamas und den Panchen Lamas der Gelug-Schule) als eine der einflußreichsten Tulku-Linien des Tibetischen Buddhismus. Seit dem 15. Jahrhundert gelten die Karmapas (wie die Dalai Lamas) als Manifestationen des Bodhisattvas der Barmherzigkeit Avalokiteśvara. Der erste Karmapa war Düsum Khyenpa (*Dus-gsum mkhyen-pa* [1110-1193]), der als Schüler Gampopas die ersten drei Hauptklöster, darunter Tsurpu, gründete. Der zweite Karmapa war Karma Pakshi (1204-1283), der den Einfluß der Kagyü-Schule auf die Mongolen ausdehnte und von Khubilai Khan eingeladen wurde, um später der Lehrer des Mongka Khan zu werden. Die nächsten Karmapas waren bedeutende Meditationsmeister und hinterließen wichtige Kommentarwerke. Der 16. Karmapa war Rangjung Rigpe Dorje (1923-1981), der den Buddhismus der Kagyü-Schule in Europa und Amerika verbreitet hat und zahlreiche Zentren gründete. Um seine Reinkarnation gab es Auseinandersetzungen zwischen verschiedenen Gruppierungen, weil, wie nicht selten in der tibetischen Geschichte, mehrere Anwärter geltend gemacht und von zwei verschiedenen einflußreichen Lamas der Karma-Kagyü-Schule unterstützt wurden: Trinley Thagye Dorje, geboren 1983 in Tibet, seit 1994 Ausbildung im indischen Exil, von Sharma Rinpoche unterstützt; Urgyen Trinley Dorje, geboren 1985 in Tibet, seit 1999 Ausbildung im indischen Exil, von Tai Situ Rinpoche unterstützt. Der vom Dalai Lama anerkannte Urgyen Trinley Dorje wurde

57 Nik Douglas, Meryl White, *Karmapa. The Black Hat Lama of Tibet*, London 1976; deutsch: *Karmapa. König der Verwirklicher*, Wuppertal 2005; Karma Thinley, *The History of the Sixteen Karmapas of Tibet.* Edited, with an essay by David Stott, Boulder 1980.

1992 von Tai Situ Rinpoche inthronisiert und darauf vorbereitet, als 17. Karmapa die Leitung des Ordens zu übernehmen, während Trinley Thagye Dorje ebenfalls eine beträchtliche Anhängerschaft hat, die seine Regentschaft anerkennt.

An dieser Stelle ist es sinnvoll, noch einige Worte zu dem System von reinkarnierten Lamas zu sagen: Grundsätzlich gilt für den gesamten Mahāyāna-Buddhismus, daß geistig hochentwickelte Meister sich entsprechend ihrem Bodhisattva-Gelübde verpflichten, allen Wesen auf dem Wege zur Befreiung helfend beizustehen, das heißt, sie können sich in Freiheit (nicht unter karmischer Notwendigkeit) dort wieder inkarnieren, wo sie sinnvoll wirken können. Sie gelten dann als ein Formkörper des Buddha-Bewußtseins (skt. *nirmāṇakāya*, tib. *sprul sku* [Tulku]). In diesem Sinne wurden bereits die drei alten *dharmarājas* (»Religionskönige«) Söngtsen Gampo, Trisong Detsen und Ralpachen als Inkarnationen Avalokiteśvaras, des Bodhisattvas der Barmherzigkeit, angesehen. Bei den Sakyapas galten bedeutende Lamas als Inkarnationen berühmter Lamas der Vergangenheit, und diese Praxis wurde von anderen Schulen übernommen. Solche Inkarnationen wurden zu Linien, d. h. regelmäßig und unmittelbar aufeinanderfolgenden Inkarnationsketten, die als Oberhäupter von Schulen und Klöstern die geistliche (und nicht selten auch weltliche) Macht ausübten. Diese politische Bedeutung der Tulkus findet sich erstmals bei den Karmapas in der Kagyüpa-Tradition, als die Nachfolge für den ersten Karmapa durch das Reinkarnationsprinzip geregelt wurde. Um eine Reinkarnation schon im Kindesalter zu finden, machte der sterbende Tulku meist Vorhersagen, hinterlegte einen Abschiedsbrief mit Hinweisen, erschien seinen engsten Schülern in Trancen oder im Traum. Weiterhin werden sodann Suchtrupps ausgesandt, um mögliche Kandidaten rigorosen Prüfungen zu unterziehen. Sie müssen zum Beispiel aus einer Anzahl von ähnlich aussehenden Gegenständen den richtigen wählen, der tatsächlich der vorigen Inkarnation gehört hat. Dieser Test wird mehrfach wiederholt. Außerdem spielt die Intelligenz des betreffenden Knaben eine Rolle. Die anderen Schulen übernahmen dieses

Prinzip, und am bekanntesten (und politisch bedeutsamsten) sollten die Reinkarnationen der Dalai Lamas werden. Auf eine genaue Beschreibung kann hier verzichtet werden, denn das Ritual ist aus der Geschichte der Dalai Lamas gut bekannt;[58] es trifft analog (mit geringen Abweichungen) auch für die anderen wichtigen Tulku-Linien zu.

Gelugpa

Die Kadampa-Tradition wurde durch die Reformen des Meisters Tsongkhapa (*Tsong kha pa* [1357-1419]) weiterentwickelt und ging schließlich in der von ihm begründeten Gelug-Schule (*dge lugs pa*, oft »Gelbmützen« genannt) auf. Tsongkhapa, der als einer der bedeutendsten buddhistischen Meister Tibets überhaupt gelten kann, gründete im Jahre 1409 das Großkloster Ganden (*dga' ldan*), 1416 folgte Drepung (*'bras spungs*) und 1419 Sera, alle in unmittelbarer Nähe der Hauptstadt Lhasa gelegen. Diese Klöster, die bis zur Annexion Tibets durch die Chinesen insgesamt fast 15 000 Mitglieder beherbergten,[59] entwickelten sich zu Zentren der buddhistischen Gelehrsamkeit, aber auch der politischen Macht. Dies um so mehr, als die Dalai Lamas aus dieser Schule stammen: Als der Neffe und Schüler Tsongkhapas, Gendün Drub (*dGe 'dun grub* [1391-1475]), Oberhaupt der Gelugpas wurde, setzte sich nach seinem Tode das Reinkarnationsprinzip der Nach-

58 Dalai Lama XIV., *Das Buch der Freiheit. Die Autobiographie des Friedensnobelpreisträgers*, Bergisch-Gladbach 1990, S. 18 ff.

59 Daß nicht alle Bewohner der Klöster Mönche (mit dem Gelübde des Zölibats) sind und auch zwischen diesen eine durch gestaffelte Gelübde und Funktionen sowie durch soziale Herkunft bedingte Hierarchie existiert, beschreibt übersichtlich und mit Detailbeobachtungen (nicht nur für das 19. Jahrhundert): Karénina Kollmar-Paulenz, *Klösterliches Leben in Tibet und der Mongolei im 19. Jahrhundert. Zwischen sozialer Anpassung und religiöser Norm*, in: P. Schalk, M. Deeg (Hg.), *Im Dickicht der Gebote* (S. 30, Anm. 1), S. 309-351.

folge durch. Sein Vorgänger, er selbst und alle seine Nachfolger galten fortan als reinkarnierte Lamas einer Linie. Das dritte Oberhaupt der Gelugpa, Sönam Gyatso (*bSod-nams rgya-mtsho* [1543-1588]), begab sich 1578 an den Hof des mongolischen Herrschers Altan Khan und bekam von diesem den mongolisch-tibetischen Titel *Dalai Lama* (»ozeangleicher spiritueller Meister«) verliehen, den seine beiden Vorgänger posthum ebenfalls erhielten.[60] Der fünfte Dalai Lama, Ngawang Losang Gyatso (*Ngag-dbang blo-bzang rgya-mtsho* [1617-1682]), der »Große Fünfte«, wurde vom mongolischen Herrscher Gushri Khan als höchste geistliche und weltliche Autorität des Landes eingesetzt, regierte vierzig Jahre und etablierte endgültig die weltliche Macht der Dalai Lamas bzw. der Gelugpas in Tibet. Er verlieh seinem Lehrer, dem Abt des Klosters Tashilhünpo (*bkra shis lhun po*), das von Gendün Drub gegründet worden war, den Titel »Panchen Lama« (»großer Gelehrter«). Außerdem ließ er den Potala in Lhasa erbauen, schrieb bedeutende Kommentarwerke und förderte ein medizinisches Versorgungssystem in Tibet. Um einem häufigen Mißverständnis zu begegnen, müssen wir klarstellen: Die Dalai Lamas werden als Inkarnationen Avalokiteśvaras betrachtet, der auch als Schutzpatron Tibets gilt. Für buddhistisches Verständnis ist dieser Bodhisattva *nicht* ein ›Gott‹, sondern die Verkörperung der *barmherzigen Bewußtseinskraft* des einen universalen Buddha-Bewußtseins. Der fünfte Dalai Lama begründete zwar die politische Herrschaft der Gelugpas in Tibet, betrachtete aber die anderen Schulen – vor allem auch die von manchen Gelugpa- und Kagyüpa-Anhängern verächtlich gemachten Nyingmapas – als gleichberechtigt und versuchte, diese anderen Schulen zu integrieren, indem er die philosophische Einheit des Tibetischen Buddhismus betonte. Dies führte zu Kontroversen innerhalb der Gelugpa, die bis in den inneren Zirkel um den Dalai Lama ausgetragen wurden.[61]

60 Zur Geschichte der Dalai Lamas vgl. M. Brauen (Hg.), *Die Dalai Lamas* (S. 426, Anm. 1).

61 Auch der Mord an dem Rivalen des fünften Dalai Lama, Tulku

Philosophisch und in der rituellen Praxis war die Entwicklung des Tibetischen Buddhismus mit dem fünften Dalai Lama im wesentlichen abgeschlossen, und es gab in den folgenden Jahrhunderten kaum noch nennenswerte Einflüsse aus Indien oder China, die durch Neuübersetzungen oder -interpretationen die geistige Landkarte Tibets verändert hätten. Die Gelehrsamkeit in den Klöstern bezog sich auf immer neue Wiederholung und verfeinerte Systematisierung der Überlieferung. Die weitere Entwicklung des Tibetischen Buddhismus ist deshalb vorwiegend politisch zu sehen. Wir hatten dargelegt, daß bereits im 13./14. Jahrhundert mehrere mongolische Khane durch die Sakyapas, nun im 16. Jahrhundert auch Altan Khan von den Gelugpas zum Buddhismus konvertiert worden waren – es war Altan Khan, der 1578 mit Sönam Gyatso zusammengetroffen war und ihm den Titel »Dalai Lama« verliehen hatte. Der ›zivilisierende Einfluß‹ des Buddhismus auf die Mongolen hat nachweislich die Kriegsführung der Mongolen beeinflußt und dazu geführt, daß Blutopfer (weitgehend) abgeschafft wurden. Außerdem nahmen die Mongolen unter dem Einfluß von Gelugpa-Lehrern das Tibetische als Kultsprache an. Im Gegenzug konnten die Gelugpas, gestützt auf die militärische Macht der Mongolen und dank der geschickten Politik des fünften Dalai Lama, im 17. Jahrhundert das alte Modell der Beziehung zwischen der geistlichen Macht der Mönche und der politischen Oberhoheit der Mongolen aus dem 13./14. Jahrhundert wiederaufleben lassen. Damals profitierten hauptsächlich die Sakyapas von dieser Allianz, nun aber wurde auf diese Weise die Vormachtstellung der Gelugpas zementiert. Dies führte besonders im 17. und 18. Jahrhundert zu Spannungen mit den Großklöstern anderer Schulen (vor allem den Kagyüpas) – militärische Expeditionen enteigneten die Klöster der jeweiligen Gegner, eroberte Gebiete wurden als Pfründe von der einen auf die andere Schule

---

Drakpa Gyaltsen, im 17. Jahrhunder und die seit dem 19. Jahrhundert schwelende Kontroverse um die ›Gottheit‹ Shugden stehen in diesem Zusammenhang. Vgl. S. 295-300.

übertragen usw.[62] Obwohl es in Tibet *im Namen des Buddhismus* nie zu Gewalt kam, haben doch Machtkämpfe zwischen den einflußreichen Großklöstern nicht selten zu erbitterten und gewaltsam ausgetragenen Konflikten geführt.

In ihrer geistig-philosophischen Ausrichtung brachte die Gelug-Schule[63] ein höchst geschlossenes System von Meditations- und Lebenspraxis hervor, das bis ins Detail in philosophischen Erwägungen begründet wurde. Dabei knüpften die Gelugpas von Anbeginn an alle vorigen Traditionen an, legten aber besonderes Gewicht auf das intellektuelle Studium der Schriften, bevor kontemplatives Nachsinnen oder eine direkte meditative Erfahrung angestrebt werden durften. Demzufolge legen die Gelugpas Wert auf die Schulung in Logik, der Analytik des Prāsaṇgika-Mādhyamika-Systems im Gefolge Nāgārjunas und Candrakīrtis, wie auch auf eine systematische klösterliche Schulung überhaupt. Die Anknüpfung erfolgt vor allem an die Kadampa-Tradition, die von Atīśa im 11. Jahrhundert begründet worden war. Ein Text, der sich bei den Gelugpas großer Beliebtheit erfreut, sind die *Acht Strophen über das Geistestraining* von Langritangpa (*gLang ri thang pa* [1054-1123]).[64] Die Strophen sind nicht nur ein Ausdruck altruistischer Ethik, sondern Niederschlag der Erkenntnis, daß

62 Die Klöster erhielten beträchtliche staatliche Subventionen in Form von Naturalien (Getreide) je nach Anzahl der Insassen, weshalb es auch aus wirtschaftlichen Gründen lukrativ war, quantitative Stärke zu erlangen.

63 Zu den Spezifika der Gelugpas vgl. Jeffrey Hopkins (Hg.), *Tantra in Tibet. Das Geheime Mantra des Tsong-ka-pa*, übersetzt von Burkhard Quessel, Diederichs gelbe Reihe 29, München [5]1994 (zuerst 1980). Jeffrey Hopkins, *Meditation on Emptiness*, London 1983; Lati Rinpoche, Jeffrey Hopkins, *Stufen zur Unsterblichkeit. Tod, Zwischenzustand und Wiedergeburt im tibetischen Buddhismus*, Diederichs gelbe Reihe 41, München [4]1994.

64 XIV. Dalai Lama, *Logik der Liebe. Aus den Lehren des Tibetanischen Buddhismus für den Westen.* Aus dem Englischen übertragen und eingeleitet von Michael von Brück, München 1989, S. 140ff. Einen guten Überblick über die wesentliche Praxis, vor allem der Gelug-

alle Wesen in dem einen Kontinuum des Bewußtseins zutiefst verbunden, ja, eins sind. Im Kreislauf der Geburten sind alle Wesen miteinander verwandt und, wie es bereits in frühen Texten des indischen Buddhismus heißt, einander Mütter und Väter gewesen. Deshalb wird die Übung gepflegt, in jedem (auch dem gegenwärtigen Gegner) die eigene Mutter zu erblicken und dieses innere Bild durch Meditation zu stabilisieren. In den *Acht Strophen* heißt es:

Fest entschlossen, das höchste
Wohl für alle lebenden Wesen zu erlangen,
die großartiger sind als selbst ein wunscherfüllender Edelstein,
möchte ich lernen, sie zutiefst zu lieben.

In der Gemeinschaft mit anderen werde ich lernen,
von mir als dem niedrigsten von allen zu denken
und die anderen achtungsvoll hochzuschätzen
aus der Tiefe meines Herzens.

⟨...⟩

Behandeln mich andere aus Eifersucht schlecht, mit Beschimpfung,
Verleumdung und noch mehr, will ich lernen,
den Verlust zu ertragen
und ihnen den Sieg anzubieten.

Wenn jemand, dem ich mit großer Hoffnung
Wohltaten erwiesen habe,
mich grundlos verletzt, so will ich lernen,
diesen Menschen als vortrefflichen geistigen Führer zu betrachten.

---

pas, gibt: Robert A. F. Thurman, *Essential Tibetan Buddhism*, San Francisco 1995.

Die bis heute wohl am meisten verbreitete Übungsmethode ist der Stufenweg (*lam rim*) Tsongkhapas, der wiederum auf einem Text und Übungssystem Atīśas aufbaut (*lam sgrom*, zu datieren um 1050). Die Ordnung der Praxis als Stufenweg erlaubte es Tsongkhapa, verschiedene klassische Traditionen miteinander zu verbinden. Auch hier beginnt der Weg mit einer Zufluchtnahme zu *Buddha*, *dharma* und *saṃgha*. Wichtig ist sodann die Meditation über die Tatsache, daß es ein kostbares und seltenes Geschenk ist, als Mensch wiedergeboren zu sein, man müsse also die Gelegenheit zu intensiver Praxis nützen. Vor allem aber wird *bodhicitta* (tib. *byang chub kyi sems* [»Geist des Erwachens«]) entwickelt, nämlich die Motivation, so schnell als möglich selbst zur Befreiung (*nirvāṇa*) zu gelangen, um anderen Lebewesen effektiv auf ihrem Weg zur Befreiung beistehen zu können. Dies geschieht über den Weg zur direkten Erkenntnis der Leerheit mit unterschiedlichen Methoden der analytischen Philosophie (*sūtra*) und der tantrisch-identifikatorischen Visualisations- und Meditationspraxis. Diese Leerheit ist eine reine Negation (tib. *med dgag*) und wird von den Gelugpas – anders als in der Nyingma-Schule – nicht als die eigentlich immer gegebene ursprüngliche Buddha-*Natur* des Geistes verstanden, sondern als *Objekt* eines nicht-dualistisch operierenden Bewußtseins, das allmählich von einem begrifflichen Denken zur direkten (völlig bild- und konzeptfreien) Erfahrung der Dinge, wie sie sind, aufgestiegen ist. Das wahrnehmende Bewußtsein bleibt dabei an seine Konditioniertheit, d. h. an seine Impermanenz gebunden, insofern jede Wahrnehmung und jeder Denkvorgang entsteht und augenblicklich wieder vergeht.

Zusammenfassend wollen wir festhalten: Anders als die Schulen des indischen oder chinesischen Buddhismus unterscheiden sich die Schulen des Tibetischen Buddhismus kaum hinsichtlich der Schriften, die sie als verbindlich betrachten (mit einer geringfügigen Differenz bei den Nyingmapa) und ebenso kaum in der Philosophie. Ihre Unterschiede liegen in der Betonung bestimmter Aspekte der Praxis und in der Geschichte der Reinkarnationslinien sowie der politischen

Machtstellung, die einzelne Klöster oder Gruppen von Klöstern in einer äußerst wechselvollen und von häufiger Gewaltanwendung geprägten Geschichte erlangten.

NEUERE GESCHICHTE

Innere Machtkämpfe zwischen Adelsfamilien und den Klöstern, die vom Adel patronisiert wurden, schwächten Tibet außenpolitisch. 1720 wurde Lhasa von den Chinesen besetzt. Seitdem regierten die Dalai Lamas mehr oder weniger unter chinesischem Protektorat, was zu der nun beginnenden außenpolitischen Isolierung Tibets beitrug, während sich das Land aber innenpolitisch weitgehend Autonomie bewahren konnte. Nach Widerstand und Aufständen der Tibeter gegen die zeitweilige chinesische Besatzung im Jahre 1751 erkannte der chinesische Kaiser Ch'ien-lung den Dalai Lama als Oberhaupt Tibets an, verlegte aber die faktische Ausübung der politischen Macht auf das Beratungsgremium Kashag (*bKa'-shag*), das mehr oder minder effektiv von zwei chinesischen Gesandten (*Ambane*) überwacht wurde.

Im 19. Jahrhundert geriet Tibet wegen seiner geographischen Lage (zwischen der britischen Einflußsphäre im Süden und den russischen Interessen in Zentralasien) ins Fadenkreuz europäischer Expansionspolitik. 1876 kam es zwischen England und Rußland wegen der Sicherung direkter Kontakte mit Tibet zum diplomatischen Konflikt, der mit der Beseitigung von Sonderrechten der einen oder der anderen Macht endete. Tibet versuchte, nicht zwischen die Fronten zu geraten, und wies 1904 den Versuch von Lord Curzon ab, eine britische Handelsmission in Lhasa einzurichten. Als daraufhin das britische Militär unter General Younghusband gewaltsam nach Lhasa vordrang, floh der 13. Dalai Lama, Thübten Gyatso (*Thub-bstan rgya-mtsho* [1876-1933]), in die Mongolei und kehrte erst 1909 nach Lhasa zurück. Der britische Einfluß schwand (Abkommen von Petersburg 1907), wodurch sich China im Jahre 1910 ermutigt fühlte, in Tibet zu intervenieren.

Der 13. Dalai Lama floh erneut, diesmal in die Hände der Engländer nach Indien. Als 1911/12 in China die bürgerliche Revolution unter Sun Yat-Sen siegte, floh der letzte Manchu-Kaiser, und China wurde Republik. Tibet und die Mongolei erlangten ihre Selbständigkeit zurück. Ab 1912 regierte der Dalai Lama in voller Souveränität ohne jede chinesische Einmischung. Die Simla-Konferenz von 1913/14 mit britischen, tibetischen und chinesischen Zeichnungsbevollmächtigten schrieb Tibet den Status eines unabhängigen Staates zu, das Abkommen wurde aber von der chinesischen Delegation nicht unterschrieben.[65] Der 13. Dalai Lama war ein weitsichtiger Politiker und versuchte, die tibetische Gesellschaft – gegen den Widerstand einflußreicher Kreise des Adels und der Klöster – vorsichtig zu demokratisieren und mit westlicher Bildung vertraut zu machen. Dabei konnte er an die *Rime*-Bewegung anknüpfen, die im 19. Jahrhundert einen unparteiischen, gleichberechtigten Austausch der verschiedenen Schul- und Lehrtraditionen anstrebte, die wiederum Vorbilder im Chö des 11. Jahrhunderts und bei der Religionspraxis des (späten) fünften Dalai Lama hatte. Diese Bewegung war bei Laien und Tantrikern, d. h. außerhalb der Großklöster durchaus erfolgreich, die religiösen Institutionen freilich wehrten sich gegen Neuerungen, weil sie Machtverlust befürchteten. Das bekannteste und tragische Beispiel für diese Resistenz gegenüber Reformen ist das Schicksal des ›rebellischen Mönches‹ Gendün Chöphel (1903-1951),[66] der, als kritischer Geist und angeregt durch seine Lebensjahre in Indien, den Tibetischen Buddhismus für modernes Wissen, einschließlich einer kritischen Geschichtsschreibung, öffnen und die Praxis rationalisieren wollte. Er scheiterte an der Macht der konser-

65 Melvyn C. Goldstein, *A History of Modern Tibet, 1913-1951. The Demise of the Lamaist State*, Berkeley 1989.

66 Elke Hessel, *Die Welt hat mich trunken gemacht. Die Lebensgeschichte des Amdo Gendün Chöpel*, Berlin 2000: Theseus; knapp dazu auch K. Kollmar-Paulenz, *Klösterliches Leben in Tibet und der Mongolei im 19. Jahrhundert* (S. 473, Anm. 59), S. 155-158.

rativen Kreise in Klöstern und politischer Verwaltung. Kurz vor seinem Tode im Jahr 1933 sah der Dalai Lama angesichts der Machtübernahme der Kommunisten in der Mongolei und der Unterdrückung des Buddhismus ein düsteres Schicksal für Tibet voraus. Am 6. Juli 1935 wurde der 14. Dalai Lama, Tenzin Gyatso (*bsTan-'dzin rgya-mtsho*), in Takster (Provinz Amdo) geboren.

Ende 1949, unmittelbar nach der kommunistischen Machtübernahme in China, näherten sich bereits chinesische Truppen dem östlichen Teil Tibets. An Neujahr 1950 kündigte Radio Peking die ›friedliche Befreiung‹ Tibets an. Am 7. Oktober desselben Jahres brach die Invasion los. Dem erst fünfzehnjährigen Dalai Lama wurde unter dem Druck der Ereignisse am 17. November 1950 die volle Staatsgewalt übertragen. Im September 1951 marschierte die ›Volksbefreiungsarmee‹ in Lhasa ein. Als der Dalai Lama 1954 nach Peking reiste, um mit Mao Tse-tung ein Abkommen für Tibet auszuhandeln, gab es zunächst Hoffnung für die kulturelle und religiöse Autonomie Tibets. Doch China entwickelte in Tibet eine beispiellose Unterdrückungspolitik. Die Repressionen (Enteignungen, Zwangslaisierung von Nonnen und Mönchen, Folter, Morde) nahmen so große Ausmaße an, daß es am 10. März 1959 zum Aufstand in Lhasa und ganz Tibet kam. Der Dalai Lama und mit ihm etwa 80 000 Tibeter flohen ins indische Exil. In Tibet wurden die meisten noch bestehenden Klöster zerstört. Unzählige Mönche, Nonnen und Laien verloren in chinesischen Arbeitslagern ihr Leben. Während der »Kulturrevolution« in China (1966-76) wurden erneut Zehntausende Tibeter ermordet. Seither ist die tibetisch-buddhistische Kultur in Tibet fast vollständig zerstört, und die religiösen Institutionen sind nahezu ausgelöscht worden. Der siebte Panchen Lama, Lobsang Thinle Lhudup Chökyi Gyaltsen (1938-1989), hatte sich bei der Invasion durch die chinesische Armee zunächst neutral verhalten und wurde von der Militärverwaltung mit Sondervollmachten ausgestattet. Als er die chinesische Politik kritisierte, wurde er ins Gefängnis geworfen und kam erst 1978 wieder frei. Er starb 1989. Der 14. Dalai

Lama erkannte seine Wiedergeburt in einem Knaben au Nordwest-Tibet an. Dieser achte Panchen Lama, den die chi nesische Regierung nicht anerkennt, verschwand nach seine Inthronisation spurlos.

Hoffnungen auf eine Liberalisierung der chinesischen Ti bet-Politik in den achtziger Jahren haben sich nur teilweis erfüllt. Perioden der vorsichtigen Öffnung und erneuter Re pression wechseln einander ab. In abgelegeneren Gegende Tibets, besonders unter den Nomaden, wird die Religion mi traditioneller Intensität praktiziert, aber auch in den (zum Te mehrheitlich von Chinesen bewohnten) Städten ist die Fröm migkeit der Bevölkerung nach wie vor stark ausgeprägt. Pe king weist bisher alle Gesprächs- und Kompromißangebot des Dalai Lama und der tibetischen Exilregierung beharrlic zurück, während der Buddhismus in China selbst allmählic wieder an Boden gewinnt und auch der Tibetische Buddhis mus in Peking durchaus praktiziert werden kann. China sieh in der Tibetischen Exilregierung ›Kräfte der Spaltung‹ am Werk, die den Zusammenhalt der in der Volksrepublik Chin lebenden Völker gefährden. Mit finanziellen Anreizen werde immer mehr Chinesen in Tibet angesiedelt, während Tibete in Tibet wirtschaftlich, kulturell und politisch marginalisier werden.

Der 14. Dalai Lama, der für den gewaltfreien Befreiungs kampf des tibetischen Volkes und für sein weltweites Enga gement um interreligiöse Verständigung 1989 den Friedens nobelpreis erhielt, lebt mit etwa hunderttausend Tibetern im indischen Exil, während in Europa, Nordamerika und Au stralien neugegründete tibetische Zentren und Klöster eine ständig wachsende Anziehungskraft ausüben. Der Tibetische Buddhismus, in Tibet weiterhin unterdrückt, breitet sich welt weit aus.

12
BUDDHISMUS IM WESTEN

Abgesehen von spärlichen Kenntnissen des Buddhismus in der hellenistischen Kultur, die sich in wenigen Erwähnungen des Buddhismus bei einigen griechischen und römischen Schriftstellern niederschlugen,[1] ist der Buddhismus erst durch die Berichte Marco Polos (1254-1324) aus Zentralasien und China seit dem 14. Jahrhundert in das Interessenfeld europäischer Gelehrter getreten. Der Buddhismus, namentlich auch Tibet, wurde zur Projektionsfläche europäischer Neugier und Ängste.[2] Jesuitische Missionare um Matteo Ricci (1552-1610) schrieben begeisterte Berichte über die chinesische Zivilisation und Religionskultur nach Rom.[3] In der Aufklärung war es vor allem Gottfried Wilhelm Leibniz (1646-1716), der von Chinas Kultur der religiösen Toleranz, rationalen Kultiviertheit und wissenschaftlichen Neugier fasziniert war, wobei hier die Synthese aus Konfuzianismus und Buddhismus eine ideale Welt suggerierte, die europäische Gebil-

---

1 Seit den Eroberungen Alexanders des Großen bis in das Indus-Gebiet (326 v. Chr.) hat es historisch verbürgte Kontakte zwischen Griechenland und Indien gegeben (vgl. die Berichte des Megasthenes, der als Gesandter am Hofe Candraguptas [um 300 v. Chr.] lebte), die wohl auch die Stoa beeinflußt haben. Dazu: W. Halbfass, *Indien und Europa* (S. 20, Anm. 5); M. v. Brück, Wh. Lai, *Buddhismus und Christentum* (S. 17, Anm. 3), S. 44-47.

2 Thierry Dodin, Heinz Räther (Hg.), *Mythos Tibet. Wahrnehmungen, Projektionen, Phantasien*, Köln 1997: DuMont; M. v. Brück, *Religion und Politik im Tibetischen Buddhismus* (S. 295, Anm. 108), S. 11-30. Die Ängste waren ausgelöst durch die Kriege und Eroberungen der Mongolen.

3 M. v. Brück, Wh. Lai, *Buddhismus und Christentum* (S. 17, Anm. 3), S. 108-115.

dete nach den konfessionellen Verwüstungen des Dreißigjährigen Krieges mit Sehnsucht erfüllte.[4] Aber erst im 19. Jahrhundert wurden Quellentexte des Buddhismus in Europa bekannt, und er übte (oft noch nicht von der brahmanischen Tradition unterschieden) sogleich auf maßgebliche Intellektuelle in Europa (Schopenhauer, Nietzsche, Wagner, Rhys Davids) und Amerika (die Transzendentalisten Ralph Waldo Emerson und Henry David Thoreau) eine erhebliche Anziehungskraft aus – als Alternative zu einer christlichen Religion und bürgerlichen Gesellschaft, derer man überdrüssig geworden war. Eugène Burnoufs Pāli-Grammatik, die 1826 in Paris erschien, und seine Übersetzung des *Lotos-Sūtra* von 1844 waren Anfänge einer Erschließung der Texte, die erst mit der Gründung der »Pali Text Society« 1881 in London durch Thomas Rhys Davids (1843-1922) und seine Frau Caroline im großen Stil in Gang kam. Sowohl die naive Begeisterung für ›den Osten‹ (man denke an Madame Blavatskys »Theosophische Gesellschaft«) als auch das Überlegenheitsgefühl Europas und Amerikas haben in dieser Zeit das Verstehen der buddhistischen Kulturen Asiens geprägt und erschwert. Der Zusammenbruch der bürgerlich-christlichen Werte im Ersten Weltkrieg führte westliche Intellektuelle wie den Schriftsteller Romain Rolland (1866-1944) oder den Maler Joan Miró (1893-1983) ins geistige Exil nach Asien, wohin sie ihre Hoffnungen projizierten. Hugo von Hofmannsthal (1874-1929), Karl Jaspers (1883-1969), Jean Gebser (1905-1973) – um nur einige Namen zu nennen – ließen sich nach dem Ersten Weltkrieg vom Buddhismus anregen, die europäische Kultur neu, teilweise grundsätzlich neu, zu durchdenken. Auch der katholische Religionsphilosoph Romano Guardini (1885-1968) war von der Figur des Buddha wie von der buddhistischen Philosophie

4 Gottfried Wilhelm Leibniz, *Das Neueste von China (1697). Novissima Sinica*, hg., übersetzt und erläutert von Heinz-Günther Nesselrath und Hermann Reinbothe, Köln 1979: Deutsche China-Gesellschaft.

des Nichts zutiefst beeindruckt.[5] Hermann Hesses *Siddharta* von 1922 prägte mindestens zwei Generationen von Lesern, und der Psychologe Carl Gustav Jung (1875-1961) meinte, in Indien eine archetypische Ganzheitlichkeit zu finden, die der Westen mit seinem einseitigen Rationalismus und Individualismus verloren hätte – die gravierenden Unterschiede zwischen dem Buddhismus und anderen indischen Traditionen wurden allerdings meistens entweder noch nicht erkannt oder vernachlässigt.

Diese Voreingenommenheit spiegelt sich auch in der europäischen Buddhismus-Forschung wider. Einer der ersten ›Feldforscher‹ war der Ungar Csoma de Körös (1784-1842), der in Göttingen studiert hatte. 1819 reist er nach Asien, um bei den Mongolen den Ursprung des ungarischen Volkes zu suchen. 1823/24 lebte er in einem tibetischen Kloster, um die Sprache zu erlernen, tibetisch-buddhistische Schriften zu studieren und schließlich 1834 eine Grammatik und ein Wörterbuch des Tibetischen zu veröffentlichen. Er war ein Pionier, der deshalb in Japan als erster westlicher Bodhisattva verehrt werden konnte.[6] Der britische protestantische Missionar L. A. Waddell schrieb 1895 sein vielgelesenes Buch *The Buddhism of Tibet or Lamaism*, in dem er allerdings den tibetischen Ritualismus und die Ikonographie als Degeneration des Buddhismus bezeichnete, zumal er die Praxis der Tibeter – bewußt oder unbewußt – am Maßstab protestantischer Fröm-

5 »Ein Einziger hat ernsthaft versucht, Hand ans Sein selbst zu legen: Buddha. Er hat mehr gewollt, als nur besser zu werden oder, von der Welt ausgehend, den Frieden zu finden. Er hat das Unfaßliche unternommen, im Dasein stehend das Dasein als solches aus den Angeln zu heben. Was er mit dem Nirvana gemeint hat 〈...〉, hat christlich wohl noch keiner verstanden und beurteilt. Der das wollte, müsste in der Liebe Christi vollkommen frei geworden, aber zugleich jenem Geheimnisvollen im sechsten Jahrhundert vor der Geburt des Herrn mit tiefer Ehrfurcht verbunden sein.« (R. Guardini, *Der Herr. Betrachtungen über die Person und das Leben Jesu Christi*, Würzburg [13]1964 [zuerst 1937], S. 361.)

6 R. Fields, *How the Swans Came to the Lake* (S. 420, Anm. 66), S. 285.

migkeit maß. Französische Gelehrte studierten sowohl die Abhidhamma-Literatur in Pāli (Louis de La Vallée Poussin [1869-1938]) wie auch Mahāyāna-Texte des Yogācāra (Sylvain Lévi [1863-1935]). Die *deutsche Forschung* konzentrierte sich zunächst, wie einleitend bereits erwähnt, auf die Texte des Pāli-Buddhismus.

Bedingt durch die Unterschiede im religiösen Hintergrund der einzelnen Länder des Westens und durch politische Umstände (England als Kolonialmacht in Südasien, Amerika als aufkommende pazifische Macht im 20. Jahrhundert mit zahlreichen Immigranten aus China und Japan seit Ende des 19. Jahrhunderts) vollzog sich die Entwicklung des Buddhismus im Westen jeweils unterschiedlich. Gemeinsam ist allen Ländern, daß ein zunächst intellektuell-akademisches Interesse am Buddhismus abgelöst wurde von einer existentiell-meditativen Suche nach neuen Lebensformen, die durch die lebendige Begegnung mit japanischen Zen-Meistern und tibetischen Lamas unterstützt wurde. Nicht zu unterschätzen ist die Auswirkung der ›Pilgerschaft‹ Zehntausender Jugendlicher in den sechziger Jahren des 20. Jahrhunderts nach Süd- und Südostasien, wo man Bewußtseinserweiterung und die Begegnung mit ›Meistern‹ suchte. Nicht wenige von ihnen kehrten als sprachkundige Gelehrte zurück, die in Amerika Lehrstühle für »Buddhist Studies« besetzten, andere gründeten buddhistische Zentren, die sich mit Hingabe dem Studium der Schriften sowie der buddhistischen Meditation und der Einbürgerung des Buddhismus in den europäischen bzw. amerikanischen (auch australischen) Kulturraum widmen. Dabei ist der Buddhismus der westlichen Konvertiten im Sinne der klassischen Unterscheidung auf Laienbasis gegründet,[7] auch wenn eine gewisse Zahl von Männern und Frauen (meist auf Zeit) monastische Gelübde ablegen und praktizieren. Gleichwohl ist ihre Praxis die der Mönche, nämlich Studium und Meditation; nur wenige üben sich, wie in asiatischen Ländern für die Laien üblich, in der Ansammlung von ›Verdiensten‹

7 O. Freiberger, *The Buddhist Canon* (S. 30, Anm. 1), S. 281.

durch Spenden für den *saṃgha*, das Errichten von Stūpas usw. Mit Ausnahme der von Japan ausgehenden Sōka-Gakkai-Bewegung vermischen sich die westlichen Konvertiten mit den Immigranten aus Asien nur in den seltensten Fällen, so daß in den USA, in Kanada, Großbritannien und – in geringem Maße – Deutschland asiatische Buddhisten neben amerikanisch-europäischen Buddhisten zwei Gemeinschaften bilden, die soziologisch, kultisch, auch in der Praxis deutlich unterschieden sind. Als Beispiel seien nur einige markante Entwicklungen des Buddhismus in den Vereinigten Staaten von Amerika und in Deutschland angeführt.[8]

BUDDHISMUS IN DEN VEREINIGTEN STAATEN VON AMERIKA

Seit Mitte des 19. Jahrhunderts erlebte Amerika eine beispiellose wirtschaftliche Expansion. Der kalifornische Goldrausch brachte eine rasante Industrialisierung der Westküste und die Öffnung Amerikas in den pazifischen Raum (besonders nach Japan) mit sich. Unter amerikanischen Intellektuellen kam es zu Reaktionen gegen Urbanisierung und Industrialisierung in Gestalt einer Naturromantik, die das Ideal eines nicht-zivilisierten Lebensstils pries. In diesem Zusammenhang kamen die ursprünglich amerikanischen Kulturen, aber auch die Religionen Asiens in den Blick. Der Dichter Ralph Waldo Emerson (1803-1882) und Henry David Thoreau (1817-1862) sind herausragende Gestalten dieser sogenannten Neu-England-Transzendentalisten. Sie lernten hinduistische, buddhistische und taoistische Texte in Übersetzung kennen,[9] aber sie waren auch inspiriert von der deutschen Romantik.

Im allgemeinen wußte man in Amerika Mitte des 19. Jahr-

8 Ausführlicher dazu: M. v. Brück, Wh. Lai, *Buddhismus und Christentum* (S. 17, Anm. 3).

9 Vgl. Holmes Welch, *Taoism. The Parting of the Way*, Boston ^{2}1966 (zuerst 1957).

hunderts wenig vom Buddhismus. Selbst Emerson hielt noch 1845 die (hinduistische) *Bhagavad Gītā* für ein »sehr bekanntes Buch des Buddhismus«.[10] Thoreau hatte zwar Passagen aus Eugène Burnoufs (1801-1852) französischer Übersetzung des *Lotos-Sūtra* ins Englische übertragen, aber erst um 1860 rückte der Buddhismus stärker ins Blickfeld der Öffentlichkeit. Man interpretierte das buddhistische *nirvāṇa* als absolute Negation und wandte sich mit Schaudern von dieser »passiven und weltverneinenden Lebensphilosophie«[11] ab. Andere Interpreten sahen den Buddha als Moralisten und sozialen Reformer des korrupten Kastensystems in Indien an und spendeten ihm dafür höchstes Lob:[12] Sie unterschieden beim Buddha eine negative Philosophie und eine bewundernswürdige Moral, ja, der Buddhismus wurde zum ›Protestantismus Indiens‹ erklärt.

Das Bild verändert sich um 1870. Der Sozialreformer und Freireligiöse Thomas W. Higginson (1823-1911) pries 1872 in einer Rede den Buddha für seine Toleranz. Er war berührt von der »Schönheit und tiefen Einsicht« des klassischen buddhistischen *Dhammapada*, das er in der Übersetzung F. Max Müllers kennengelernt hatte.[13] Das *nirvāṇa* wurde nun als Zustand der Seligkeit interpretiert.[14] Ein Buch aber war es, das besondere Aufmerksamkeit erregte und in seiner Zeit acht Auflagen (mit fast 1 Million verkauften Exemplaren in Amerika) erlebte, für die damalige Zeit eine Sensation sondergleichen: Sir Edwin Arnolds *The Light of Asia* von 1878. Der Erfolg hatte gewiß mit der positiven Interpretation des *nirvāṇa* zu tun, wohl aber auch damit, daß »es Arnold gelang, die Geschichte des Buddha so nachzuerzählen, daß sie viktorianischem Geschmack entsprach«[15].

---

10 Thomas A. Tweed, *The Seeming Anomaly of Buddhist Negation. American Encounters with Buddhist Distinctiveness 1858-1877*, in: Harvard Theological Review 83 (1990), H. 1, S. 65-92, hier S. 66.

11 Th. A. Tweed, a. a. O., S. 68.

12 Th. A. Tweed, a. a. O., S. 71 und 81.

13 Th. A. Tweed, a. a. O., S. 87.

14 Th. A. Tweed, a. a. O., S. 89.

15 R. Fields, *How the Swans Came to the Lake* (S. 420, Anm. 66), S. 68.

Dies ist der Hintergrund für *das* Ereignis, das dem Buddhismus in Amerika zum Durchbruch verhalf: das »Weltparlament der Religionen« 1893 in Chicago, das anläßlich der Weltausstellung zum Kolumbus-Jubiläum zusammentrat.[16] Die Buddhisten waren zahlreich vertreten, und ihre Hauptsprecher waren zwei herausragende – und ganz gegensätzliche – Persönlichkeiten: der Zen-Meister Shaku Sōen (1859-1919) aus Japan und der Laie Anagarika Dharmapala (1864-1933) aus Sri Lanka (Ceylon). Außerdem war auch ein Vertreter des Reines-Land-Buddhismus zugegen. Das ›Parlament‹ fand in der Presse Chicagos große Aufmerksamkeit, knüpfte andauernde Verbindungen zwischen Intellektuellen überall in Amerika und löste eine religiöse Diskussion aus, die ganz Nordamerika erfaßte. Anagarika Dharmapala, Shaku Sōen und andere reisten im Anschluß an das Parlament durch die USA, initiierten Amerikaner in den Buddhismus und gründeten erste buddhistische Gemeinschaften.[17] Edwin C. Hegeler, ein wichtiger Verleger, lud Suzuki Daisetsu (1870-1966) ein, der jahrelang Vorlesungsreisen unternahm und den Zen-Buddhismus in Amerika populär machte.

Shaku Sōen, der dem Geist der Meiji-Zeit entsprechend (Japan nach 1868) und als Reaktion auf die Modernisierung Ja-

16 John H. Barrows, *Words of Welcome*, in: Richard Hughes Seager (Hg.), *The Dawn of Religious Pluralism. Voices from the World's Parliament of Religions 1893*, La Salle (Ill.) 1993, S. 23-29.

17 Charles S. Prebish, *American Buddhism*, North Scituate (Mass.) 1979; R. Fields, *How the Swans Came to the Lake* (S. 420, Anm. 66). Thomas A. Tweed, *The American Encounter with Buddhism, 1844-1912. Victorian Culture and the Limits of Dissent*, Bloomington 1992. Zur Geschichte des Zen in den USA: Samu Sunim, *A Brief History of Zen Buddhism in North America*, in: *Zen Buddhism in North America. A History and Directory*, Toronto 1986, S. 5-35. Zum intellektuellen Einfluß des Buddhismus in Amerika: Kenneth K. Inada, Nolan P. Jacobson (Hg.), *Buddhism and American Thinkers*, Albany 1984, und Charles H. Lippy, Peter W. Williams (Hg.), *The Encyclopedia of American Religious Experience. Studies of Traditions and Movements*, 3 Bde., New York 1988: Scribner.

pans den Buddhismus bereits lange vor Suzuki als *universalen* Glauben interpretiert hatte, war 1905-1906 erneut in die USA eingeladen worden, und zwar zunächst nach San Francisco, wo er im Anschluß an das Weltparlament 1893 die ersten Zen-Gemeinschaften Amerikas gegründet hatte, die inzwischen gewachsen waren. Ihm folgten drei seiner japanischen Schüler nach Amerika, um den Zen-Buddhismus an der Westküste weiter zu festigen. Neben Suzuki waren dies Senzaki Nyōgen (1876-1958), dessen Schüler Robert Aitken (geb. 1917), der den »Diamond Sangha« in Hawaii gründete, und Shaku Shokatsu, dessen Schüler Sasaki Sōkei-an (1882-1945) war. Sasakis amerikanische Frau, Ruth Fuller-Sasaki, nahm großen Einfluß auf die Entwicklung des amerikanischen Buddhismus. Ihr Haus in Japan wurde nach dem Krieg zum Treffpunkt der großen Wissenschaftlergeneration, die den Zen-Buddhismus erforschte – so unter anderen Yanagida Seizan, Heinrich Dumoulin und Philip B. Yampolsky. Diese Gelehrten prägten jahrzehntelang und teilweise noch heute die akademischen Zen-Studien in Amerika.

Der Buddhismus in Amerika ist aus wenigstens drei Gründen einer spürbaren ›Amerikanisierung‹ ausgesetzt: erstens wegen der Verbindung zu den Protestbewegungen der sechziger Jahre, zweitens wegen der Entwicklung an den Universitäten und drittens wegen der verstärkten Einwanderung von Buddhisten aus Asien.

1. Im Zusammenhang der Protestbewegung in den sechziger Jahren war Alan Watts (1915-1973) ein wichtiger Vermittler des Buddhismus, der Suzukis Philosophie popularisierte und als alternativen Lebensstil pries. Watts war Engländer und lebte zunächst in New York, um dann als Studentenpfarrer an einem College im Mittleren Westen zu arbeiten, wo er das Zen in seine Arbeit einbeziehen wollte. Das trug ihm die Mißbilligung seiner Vorgesetzten ein, woraufhin er seinen kirchlichen Dienst quittierte und schließlich nach San Francisco kam. In Radiosendungen propagierte er die Weisheit des Zen. Die ›Beat-Generation‹ des Protestes gegen den amerikanischen Wohlstandstraum in den sechziger Jahren nahm

diese Inspiration auf, allen voran die Dichter Allen Ginsberg (1926-1997), Jack Kerouac (1922-1969) und Gary Snyder (geb. 1930). Snyder ging selbst nach Japan, um Zen zu studieren, und viele Jugendliche eiferten ihm nach; Ginsberg wurde in späteren Jahren Schüler des tibetischen Lehrers Chögyam Trungpa (1940-1987). Diese Dichter repräsentierten eine intellektuelle Bewegung, welche die ästhetische Inspiration im Alltäglichen und Allerweltlichen suchte, so wie es das Zen lehrt. Die ›Beat-Zen‹-Generation protestierte gegen die materialistische Kultur, die Konformität der Mittelklasse und ihre puritanische Arbeitsethik, die als ›anständig‹ galt, politisch aber völlig wirkungslos blieb. Erst die sechziger Jahre erzeugten im Zusammenhang mit dem Protest gegen den Vietnamkrieg eine neue sozio-politische Dynamik – die Gegenkultur wurde zu einer politischen Gegenbewegung. Die buddhistischen Werte (oder das, was man dafür hielt) erschienen vielen als Alternative. Dies hatte jedoch mit den ursprünglichen Sozialisationsformen des Zen in Asien nichts zu tun, und dementsprechend wandelte sich das Zen.

2. Die Amerikanisierung des Zen wurde auch durch die Entwicklung an den Universitäten gefördert. Vor allem aufgrund der kritischen Erforschung der Geschichte und Quellen des Zen durch Yanagida Seizan, Heinrich Dumoulin und Philip B. Yampolsky wurde Zen in den USA zum akademischen Forschungsgegenstand, was es in Japan so nie war. Zur Initialzündung der Zen-Studien in Amerika wurde die akademische Auseinandersetzung zwischen dem chinesischen Philosophen und Historiker Hu Shih (1891-1962) und Suzuki Daisetsu in einem der frühen Hefte der Zeitschrift ›Philosophy East and West‹.[18] Hu Shih behauptete, daß objektive historische Studien sowie Textphilologie die Wahrheit der Texte hinter den Fakten erschließen könnten; Suzuki bezweifelte, daß man den tieferen Sinn eines religiösen Textes nur durch textkritische Methoden und ohne innere Sympathie mit dem Inhalt der Texte verstehen könnte. Das erste umfassende Bud-

18 Philosophy East and West 3 (1953).

dhismus-Programm, das sich auf alle Originalsprachen stütz wurde 1981 an der Universität von Wisconsin in Madison mi Schwergewicht auf dem Mahāyāna-Buddhismus aufgebau Inzwischen haben alle großen (und viele kleinere) amerika nischen Universitäten »Buddhist Studies« eingerichtet, un Hunderte von Gelehrten (von denen nicht wenige Buddhi sten geworden sind) arbeiten an Textausgaben, historische Rekonstruktionen, Vergleichen, ethnologischen Feldstudier einer feministischen Buddhologie usw. Dabei spielen auch ti betische Gelehrte und tibetische Lehrmethoden eine erheb liche Rolle: Spirituelle Lehrer (Lamas) arbeiten an Universitä ten und leiten neben ihrer akademischen Arbeit spirituell Zentren, die Ausstrahlungskraft weit über den akademische Raum hinaus haben.

3. Liberalisierte Einwanderungsgesetze nach dem Zweite Weltkrieg hatten einen Zustrom von Immigranten aus Asie zur Folge. Chinesische und japanische (später auch südostasia tische und koreanische) Einwanderer an der Westküste un auf Hawaii verpflanzten ihre buddhistischen Tempeltraditio nen nach Amerika – als Ort der sozialen Gemeinschaftsbil dung und der Identitätspflege (allein in Honolulu gibt es mehr als 50 buddhistische Zentren, die asiatischen Immigran ten – oft schon in der dritten oder vierten Generation – Iden tität geben). Durch den Vietnamkrieg (1959-75) kam Amerika mit dem vietnamesischen Buddhismus in Kontakt. Zu nenne ist hier insbesondere Thich Nhat Hanh (geb. 1926), der viet namesische Zen-Mönch und Friedensdichter, der viele Jahre in den USA gewirkt hat. Die vietnamesischen Einwandere werden in der Regel von Mönchen aus ihrer Heimat religiös betreut, und die meisten von ihnen halten sich an ihre heimi sche buddhistische Volksreligion.

Folglich ist heute das Bild des Buddhismus außerordentlich vielschichtig: Alle auf Shaku Sōen zurückgehenden Zen-Zen tren sind der japanischen Rinzai-Schule des Zen verpflichtet. Das Sōtō-Zen (teilweise kombiniert mit Rinzai) kam erst nach dem Zweiten Weltkrieg nach Amerika, und zwar durch drei Studenten des berühmten Zen-Meisters Harada Sōgaku (1870-

961): Maezumi Taizan (geb. 1931), Yasutani Hakuun (1885-973) und Philip Kapleau (1912-2004). Die reine Sōtō-Tradiion wurde in Amerika durch Suzuki Shunryu (1904-1971) erneuert, der im Jahr 1959 in San Francisco eintraf und die bereits 1934 von Hosen Isobe gegründete Sokoji-Zen-Gemeinschaft als Zen-Meister übernahm (die meisten japanischen Mitglieder waren während des Krieges interniert oder zerstreut worden).[19] Eine neue Form der Zen-Tradition hielt Einzug am Mt. Shasta in Kalifornien mit der Äbtissin Jiyu Kennett Roshi (1924-1996), die vorher Organistin in der Anglikanischen Kirche gewesen war. Das Rinzai-Zen erblühte unter der Leitung von Sasaki Jōshu (geb. 1907) am Mt. Baldy in Kalifornien.[20] Alle diese japanischen Zen-Linien haben nach dem Zweiten Weltkrieg und vor allem seit den achtziger Jahren zahlreiche Zentren in ganz Nordamerika gegründet und seither auch amerikanische Zen-Meister ausgebildet. Die Zahl der Zentren und Subzentren in den USA ist kaum übersehbar (gegenwärtig werden über 300 größere institutionalisierte Zen-Zentren aufgelistet), zumal neben diesen japanischen Linien viele koreanische existieren.[21]

Der Tibetische Buddhismus ist neben dem Zen die zweite große buddhistische Tradition, die sich in Amerika institutionalisieren und über das ganze Land verbreiten konnte. Geshe Wangyal, ein kalmükischer Mongole der Gelug-Schule, kam bereits 1955 nach New Jersey. Er gründete mit Unterstützung des 14. Dalai Lama das erste tibetisch-buddhistische Kloster in Amerika, das auch Amerikanern offensteht, das »Lamaist Buddhist Monastery of America«. Robert Thurman (der erste vom Dalai Lama ordinierte Amerikaner) und Jeffrey Hopkins

19 R. Fields, *How the Swans Came to the Lake* (S. 420, Anm. 66), S. 226.

20 Der Rōshi (jap. »alter Meister«), der im April 2007 seinen hundertsten Geburtstag in Los Angeles feierte, ist noch immer als Lehrer tätig. Er hat zahlreiche Zen-Meister ausgebildet und auch Zentren in Österreich (Scheibbs und Subzentren) gegründet.

21 Vgl. Don Morreale (Hg.), *Buddhist America. Centers, Retreats, Practices*, Santa Fe 1988.

studierten hier. Beide wurden zu bahnbrechenden Überse zern und bedeutenden Tibetologen in Amerika. Als der Dala Lama 1959 vor den chinesischen Invasionstruppen ins ind sche Exil floh, folgten ihm viele buddhistische Meister, vo denen nicht wenige nach Amerika gingen.[22] Einer von ihne war Chögyam Trungpa Rinpoche aus der Karma-Kagyü Schule, der 1963 zunächst nach England reiste und gemein sam mit Akong Rinpoche das Kloster Samye-Ling in Schott land aufbaute, im Jahr 1970 aber nach Amerika kam, un schließlich 1974 das Naropa-Institut in Boulder (Colorado zu gründen. Durch diese staatlich anerkannte Hochschule die neben Buddhismusstudien (aller Traditionen) auch Gra duiertenkurse in verschiedenen Künsten anbietet, sowi durch zahlreiche Publikationen konnte Chögyam Trungp einen großen Schülerkreis aufbauen. 1973 entstand unter Chö gyam Trungpas Leitung »Vajradhatu«, ein Netzwerk, das all buddhistischen Karma-Kagyü-Zentren in Amerika koordi niert und anleitet. Auch die Nyingmapa konnte mit Tarthan Tulku in Amerika Fuß fassen. Er gründete nach 1969 Medita tionsgruppen in Berkeley und San Francisco, und 1973 wurde das Nyingma-Institut in Berkeley eröffnet, das mit seinen Kursen tibetische Meditation für westliche psychotherapeuti sche Praxis fruchtbar machen will. Dies sind nur einige Na men und Gründungen. Inzwischen gehen die Gruppen und Zentren, die von tibetischen Lamas aller Schulrichtungen in itiiert wurden und geleitet werden, in die Hunderte.

Auch der Theravāda-Buddhismus ist in Amerika vertreten wenngleich längst nicht so stark wie Zen und Tibetischer Bud dhismus. Das bekannteste Zentrum für Vipassana-Medita tion ist das 1976 gegründete »Insight Meditation Centre« in Barre (Massachussetts). Dort lehren Joseph Goldstein (geb 1944) und Jack Kornfield (geb. 1945). Goldstein ist Schüle von Anagarika Munindra (1914-2003), der in der burmesi schen Tradition ausgebildet wurde, während Kornfield in

22 Die folgenden Angaben entnehme ich R. Fields, *How the Swan Came to the Lake* (S. 420, Anm. 66), S. 304ff.

Thailand bei Achaan Chah (1918-1992) studiert hat. Schüler dieser Tradition bringen buddhistische Meditation in amerikanische Krankenhäuser, und die buddhistischen Achtsamkeitsübungen werden in eigens angepaßter Gestalt von dem populären Arzt und Buchautor Jon Kabat-Zinn (geb. 1944) überall in den USA in therapeutische Programme integriert.

Von noch nicht abzusehender Bedeutung, weil stark im Wachstum begriffen, sind Japans buddhistische Laienbewegungen wie z. B. die Sōka Gakkai und Risshō-Kōseikai. Sie sind in den USA gut organisiert und waren zunächst auf Amerikaner mit japanischer Abstammung beschränkt, missionieren aber inzwischen erfolgreich auch unter anderen Bevölkerungsschichten. Sōkai Gakkai betreibt in Japan und den USA eigene Universitäten und Schulen. Sie ist eine der wenigen buddhistischen Organisationen, die ethnisch-asiatische Gruppen und Individuen sowie Amerikaner europäischen Ursprungs zu integrieren vermag. Sōka Gakkai verfügt über einen Tempel und eine Rundfunkstation in Los Angeles und konnte viele Afro-Amerikaner aus Südkalifornien für sich gewinnen.

Der Buddhismus in den Vereinigten Staaten setzt sich aus zwei sehr unterschiedlichen Gruppen zusammen:

– den ›ethnischen Buddhisten‹, die Einwanderer aus Asien sind und nach wie vor meist unter sich bleiben,

– den zum Buddhismus konvertierten, ehemals christlichen Amerikanern, die eine amerikanisch-buddhistische Identität suchen und dabei den Buddhismus von seinen asiatischen kulturellen Wurzeln behutsam ablösen wollen.

Unter den Konvertiten findet über das Problem der amerikanisch-buddhistischen Identität ein lebhafter Meinungsstreit statt. Ein wichtiger Faktor in diesem Streit ist die buddhistische feministische Bewegung. Sie entwickelt eine bemerkenswerte geistige Unabhängigkeit gegenüber buddhistischen (männlich dominierten) Institutionen. Viele amerikanische Buddhistinnen und Buddhisten waren und sind nicht willens, die traditionelle patriarchale Struktur des buddhistischen *saṃgha* zu akzeptieren. Dies bedeutet auch eine Demokratisierung der hierarchischen Strukturen überhaupt und eine Integration der Laien.[23] Erstmals in der Geschichte des Buddhismus nehmen Frauen in großer Zahl Führungspositionen im *saṃgha* ein.

Freilich wirft die Amerikanisierung des Buddhismus und die Sprachlosigkeit zwischen buddhistischen weißen Amerikanern und ethnisch-buddhistischen Einwanderern aus Asien einige grundsätzliche Probleme auf: Handelt es sich um eine ›Amerikanisierung des Buddhismus‹ oder nicht viel eher um eine ›Orientalisierung des Westernismus‹, wobei amerikanische Wertemuster, Persönlichkeits- und Sozialvorstellungen mit einer buddhistisch klingenden Terminologie übertüncht und therapeutisch aufbereitet werden, so daß gerade eine Veränderung der Beziehung von Individuum und Gesellschaft verhindert wird?[24] Die ›westliche unabhängige, egozentrierte Persönlichkeit‹ stehe einem ›östlichen korporativen Selbst‹ diametral gegenüber, und daran ändere sich auch in den buddhistischen *dharma*-Gruppen nicht viel. Das Problem werde durch die Rassenthematik noch verschärft: Afro-Amerikaner seien bezeichnenderweise kaum im neuen amerikanischen Buddhismus zu finden, und wenn doch, dann in den Reihen des Nichiren-Buddhismus (Sōka Gakkai), der seit seinen Ursprüngen in Japan politisch orientiert war, von vielen am Zen und Tibetischen Buddhismus orientierten Amerikanern aber mit kaum zu verhehlender und hochmütiger Skepsis als ›nicht ganz buddhistisch‹ abgelehnt wird.[25] Der Buddhismus ist im Westen auch weiterhin gravierenden Wandlungen unterworfen, die unvermeidlich sind, weil die sozialen und sozialpsychologisch beschreibbaren Formen der Vergemeinschaftung, der Hierarchien zwischen Lehrern und Schülern, der

23 Jack Kornfield, *Is Buddhism Changing in North America?*, in: D. Morreale (Hg.), *Buddhist America* (S. 493, Anm. 21), S. XI-XXVIII.

24 Victor Sogen Hori, *sweet-and-sour buddhism*, in: trycycle. The Buddhist Review (Fall 1994), S. 52.

25 Addie Foye, *buddhists in america. a short, biased view*, in: trycycle. The Buddhist Review (Fall 1994), S. 57.

Geschlechterrollen usw. in westlichen Gesellschaften völlig anders sind als die aus Asien übertragenen Rollenverständnisse. Die Konflikte können bis an die Substanz gehen, wie zahlreiche Studien belegen.[26]

Das Resultat dieser Entwicklungen ist ein puzzleartiges Netz von buddhistischen Zentren unterschiedlichster Traditionen, mit oder ohne Anbindung an traditionelle asiatisch-buddhistische Linien, das ganz Nordamerika überzieht, und neben diesem Netz existieren die asiatisch-buddhistischen Tempel der chinesischen, koreanischen, japanischen und vietnamesischen Immigranten, für die ihre buddhistische Beheimatung eine sozial-kulturelle Identitätsbestimmung ist. Neben Akademikern, die sich intensiv mit Texten und der Geschichte des Buddhismus befassen, gibt es Menschen, die in der Zurückgezogenheit der Berge in kleinen buddhistischen Gemeinschaften ein alternatives Leben führen. Buddhistische Gruppen haben Land erworben und betätigen sich als Farmer. Und in allen größeren Städten sind buddhistische Zentren entstanden, in denen sich Konvertiten oder Außenseiter, die offiziell (noch) Christen sind, für Stunden, Tage oder Wochen in die Meditation zurückziehen.

BUDDHISMUS IN DEUTSCHLAND

Eine knappe Skizze der Entwicklung des Buddhismus in Deutschland,[27] die sich auf wesentliche Tendenzen konzen-

26 James William Coleman, *The New Buddhism. The Western Transformation of an Ancient Tradition*, Oxford 2001.

27 Dazu vor allem: Hellmuth Hecker, *Chronik des Buddhismus in Deutschland*, Plochingen ^{3}1985 (zuerst 1973); W. Halbfass, *Indien und Europa* (S. 20, Anm. 5); Klaus-Josef Notz, *Der Buddhismus in Deutschland in seinen Selbstdarstellungen. Eine religionswissenschaftliche Untersuchung zur religiösen Akkulturationsproblematik*, Europäische Hochschulschriften, Reihe 23: Theologie, Bd. 223, Frankfurt/Main, Bern und New York 1984; Martin Baumann, *Deutsche Buddhisten* (S. 36, Anm. 3); Eva S. Saalfrank, *Geistige Heimat im Buddhis-*

triert, soll hier genügen. Man kann diese Entwicklung in dre Phasen einteilen: erstens die Auseinandersetzung mit de buddhistischen Quellentexten, zweitens die Meditationsbe wegung, drittens die Einkleidung des Buddhismus in eine eu ropäische Form.[28]

1. Sowohl das frühe Interesse, buddhistische (Pāli-)Schri ten ins Deutsche zu übersetzen, als auch die Begeisterun einiger Intellektueller, in Asien buddhistischen Mönchsorde beizutreten, geht im wesentlichen auf Arthur Schopenhaue (1788-1860) und die Lektüre seiner Schriften zurück.[29] Scho penhauer glaubte, in der radikalen Weltverneinung und de pessimistischen Anthropologie eine Ähnlichkeit des Buddhis mus mit seinen eigenen atheistisch-pessimistischen Vorste lungen erkennen zu können, wobei ihm der Buddhismus di realistische Antwort auf die Frage nach dem Leiden und sei ner Überwindung zu geben schien. Immanuel Kant (1724 1804) hatte mit seiner Kritik der Erkenntnis den Grundstei für eine Philosophie gelegt, die sich der ontologisch argumen tierenden Metaphysik zu enthalten hatte; denn alles, was wi erkennen, so wies Kant nach, ist durch den menschlichen Er kenntnisapparat gefiltert, das heißt, es gibt keine Erkenntni der Welt, wie sie ist (das ›Ding an sich‹). Schopenhauer radika lisierte Kants These und meinte, die Realität der Welt sei ih Vorstellung-Sein, sie sei von innen durch einen blinden, ziello sen Trieb (Wille) gekennzeichnet, der sich in immer neuer Formen auslebe, die leidvoll einander verdrängen, gleichzei tig aber in Verbundenheit aller Lebensformen (Pflanzen, Tie re, Menschen) existieren. Diese Verbundenheit wurde für ihr schließlich zu einer mystischen Verknüpfung allen Seins, die

---

mus aus Tibet. Eine empirische Studie am Beispiel der Kagyüpas i Deutschland, Ulm 1997; Volker Zotz, *Auf den glückseligen Inseln. Bud dhismus in der deutschen Kultur*, Berlin 2000; J. Offermanns, *De lange Weg des Zen-Buddhismus nach Deutschland* (S. 22, Anm. 7).

28 Max Glashoff, *Nachwort zur zweiten Auflage*, in: H. Hecker, *Chro nik des Buddhismus* (S. 497, Anm. 27), ²1978, S. 119f.

29 H. Hecker, *Chronik des Buddhismus* (S. 497, Anm. 27), S. 12 und 17 W. Halbfass, *Indien und Europa* (S. 20, Anm. 5), S. 122-136.

r in der indischen *ātman*-Lehre wiederzufinden glaubte und die Basis seiner nicht-theologisch begründeten Ethik des Mitleids abgibt.[30] Friedrich Nietzsche (1844-1900) übernahm die nihilistische Lesart des Buddhismus, die Schopenhauer initiiert hatte, um dann aber im Gegensatz zu Schopenhauer nicht nur das Christentum, sondern auch den Buddhismus anzugreifen, weil beide Religionen den Willen zur Selbstbejahung des Menschen unterdrücken würden, der Buddhismus allerdings in einer reiferen und kultivierten Form, die Freiheit ermögliche, während ihm das Christentum inkonsequent, voller Ressentiment, vulgär und sklavisch erschien.[31] Wie auch immer, das Verdikt des Pessimismus und der Weltverneinung blieb am Buddhismus haften und verstellt teilweise bis heute den Blick.[32] Nietzsche glaubte aber, daß der Buddhismus ein ›opiatisch‹ gewordenes Christentum ersetzen werde, und schrieb: »ein europäischer Buddhismus könnte vielleicht nicht zu entbehren sein«[33]. Richard Wagner (1813-1883) plante, in

30 Schopenhauer konnte noch nicht die subtilen Argumente von buddhistischer Verneinung des *ātman* und brahmanischer Substantialisierung desselben erkennen.

31 W. Halbfass, *Indien und Europa* (S. 20, Anm. 5), S. 143.

32 Als Beispiel für diese Haltung sei hier, neben Max Weber (siehe S. 266), Albert Schweitzer genannt, dessen Urteil großen Einfluß auf den deutschen Protestantismus hatte: Er bewundert zwar die reformerische menschliche Leistung des Buddha (Parallele zu Luther!) sowie seine ethisch hochstehende Persönlichkeit, glaubt aber, im ursprünglichen Buddhismus nichts als Weltverneinung erkennen zu können, weshalb spätere Entwicklungen im japanischen Mahāyāna (besonders bei Shinran) prinzipielle Umdeutungen seien, da man den Atheismus und Pessimismus des Buddha nicht mehr habe ertragen können. Vgl. A. Schweitzer, *Die Weltanschauung der indischen Denker. Mystik und Ethik* (1935), zitiert nach der Ausgabe: *Ausgewählte Werke in fünf Bänden*, Berlin 1971: Union, Bd. 2, S. 508ff.

33 F. Nietzsche, *Aus dem Nachlaß der Achtzigerjahre*, in: F. Nietzsche, *Werke in drei Bänden*, hg. v. Karl Schlechta, Bd. 3, München 1956: Hanser (Sonderausgabe: *Werke in sechs Bänden*, Bd. 6, 1980), S. 488 und Zitat S. 450, zitiert bei W. Halbfass, *Indien und Europa* (S. 20, Anm. 5), S. 143.

Kenntnis der Übersetzungen E. Burnoufs und unter Inspira-tion von Schopenhauers Philosophie, der er sich zutiefst ver-bunden fühlte, eine Buddha-Oper (»Die Sieger«), bevor e sich von diesem Sujet wieder ab- und statt dessen dem »Pars fal« zuwandte, um allerdings gegen Ende seines Lebens de Neigungen zum Buddhismus wieder nachzugehen.[34]

Der Wiener Gelehrte Karl Eugen Neumann (1865-1915) sc wie Paul Carus (1852-1919) gelangten durch Schopenhauer i den achtziger Jahren des 19. Jahrhunderts zum Buddhismu Neumann, der aus jüdischer Tradition stammte, gab 1892 ein erste Anthologie der Reden des Buddha in deutscher Überse zung heraus. Er erwarb sich durch eine Indien- und Ceylor reise 1894 direkte Kenntnisse des Buddhismus. Kurz zuvo hatte im Jahr 1888 der vom Judentum zum Buddhismus kor vertierte Mathematiker und Ingenieur Friedrich Zimme mann (1851-1917) bereits einen *Buddhistischen Katechismus* verö fentlicht, der eine breite, akademisch gebildete Mittelschich in Deutschland beeindruckte.[35] 1903 gründete der Arzt Kar Seidenstücker (1876-1936) in Leipzig den »Buddhistische Missionsverein in Deutschland« und hielt von Oktober 190 bis März 1904 eine öffentliche Vorlesungsreihe über Buddhis mus, in der er den Buddhismus als ›transzendentalen Idealis mus‹ vorstellte und gegen das Mißverständnis als ›Nihilismus durch christliche Kritiker verteidigte. Der Name des Verein war Programm, das nicht unumstritten blieb, denn es ga zahlreiche Buddhisten, die gerade nicht mit christlichen ›Mis sionsstrategien‹ in Verbindung gebracht werden wollten. Sc erfolgte 1906 eine Umbenennung in »Buddhistische Gesel schaft für Deutschland«. 1905 gab man die erste Zeitschrif heraus, die ihren Namen häufig wechselte (›Der Buddhist ›Buddhistische Warte‹, ›Mahabodhiblätter‹).[36] Der Verein löst

34 W. Halbfass, a. a. O., S. 140.

35 Martin Baumann, *Buddhismusrezeption in Deutschland – Kontinuitä und Wandel*, in: Buddhistische Monatsblätter 37 (1991), H. 2, S. 55 f

36 H. Hecker, *Chronik des Buddhismus* (S. 497, Anm. 27), S. 41. Eine Bi bliographie der buddhistischen Zeitschriften in Deutschland, di

ich 1911 auf. Im gleichen Jahr konnte allerdings Seidenstük-ker seine Anthologie mit Texten aus der Kürzeren Sammlung der Lehrreden des Buddha unter dem Titel *Pali-Buddhismus in Übersetzungen* herausgeben, deren zweite Auflage (1923) weite Verbreitung fand. 1909 war die »Deutsche Pali-Gesellschaft« von dem Berliner Arzt Paul Dahlke (1865-1928), Seidenstük-ker, Walter Markgraf (gest. 1914/15) und anderen gegründet worden. Bald kam es zu erheblichen Spannungen zwischen einer monastischen und theravāda-orientierten Strömung (Markgraf) und einem auf Mahāyāna-Idealen aufbauenden Buddhismus für Laien (Seidenstücker). Daran zerbrach die Gesellschaft 1913.[37] 1921 gründeten der Jurist Georg Grimm (1868-1945) und Karl Seidenstücker in München die »Buddhistische Gemeinde für Deutschland«. Grimms Hauptwerk, *Die Lehre des Buddho, die Religion der Vernunft* (1915), erschien in vielen Auflagen. Grimms Verständnis des Buddhismus vertiefte sich im Laufe der Jahre, und so kam er zu einem »religiös-gemütsmäßigen« Erfassen des Buddhismus,[38] weshalb er der 15. Auflage seines Buches von 1957 den Untertitel *Die Religion der Vernunft und der Meditation* gab: Die Betonung der Meditation entsprach dem Zeitgeist. Demgegenüber vertrat Paul Dahlke weiterhin die empirisch-rationalistische Richtung innerhalb des deutschen Buddhismus, und zwischen beiden Tendenzen ist es immer wieder zu Spannungen gekommen.[39] Dahlke hatte 1924 das »Buddhistische Haus« in Berlin-Frohnau gegründet, Texte aus dem Pāli-Kanon übersetzt und ein Buddhismus-Buch aus der Sicht europäisch-analytischen Denkens ge-

---

regional zersplittert erschienen sind und oft schnell wieder eingingen, hat H. Hecker zusammengestellt in: H. Bechert, *Buddhismus, Staat und Gesellschaft* (S. 206, Anm. 19), Bd. 3, S. 325-332.

37 H. Hecker, *Chronik des Buddhismus* (S. 497, Anm. 27), S. 41 f.

38 H. Hecker, a. a. O., S. 52.

39 Die ältere Kontroverse zwischen den ›Altbuddhisten‹ um Grimm und einem ›Neubuddhismus‹ um Dahlke betraf das Verständnis der *anattā*-Lehre. Vgl. M. Baumann, *Buddhismusrezeption in Deutschland* (S. 500, Anm. 35), S. 56.

schrieben. Die Nationalsozialisten verboten 1942 die buddhistischen Zusammenkünfte in Frohnau (wie auch sonst in Deutschland), und 1957 ging das Haus in sri-lankische Hand über. Es ist in den siebziger und achtziger Jahren wieder verstärkt Zentrum der wachsenden Zahl von Buddhisten in Berlin geworden und öffnete sich auch für Mahāyāna-Buddhisten.

Nach 1945 kam es in Deutschland zu zahlreiche Neugründungen von buddhistischen Basisgruppen und Zentren, die sich 1955 zur »Deutschen Buddhistischen Gesellschaft« (1958 umbenannt in »Deutsche Buddhistische Union« [DBU]) als »Dachverband«[40] der vielen einzelnen Gruppen zusammenschlossen, der den regionalen Zentren größte Selbständigkeit läßt, gleichzeitig aber auch die Zusammenarbeit, vor allem aber auch die Anerkennung als Religionsgemeinschaft mit dem Status der Körperschaft öffentlichen Rechts durch den Staat,[41] fördern will. Die einzelnen Lehrtraditionen wurden nicht angetastet. 1985 konstituierte sich in Hamburg die »Buddhistische Religionsgemeinschaft in Deutschland« (BRG) mit eigenem Bekenntnis,[42] die sich aber wegen der Unterschiede zwischen deutschen Buddhisten und Migranten aus Asien, deren Identitätsinteresse ein anderes ist als das der deutschen Konvertiten, aber auch wegen der den christlichen Kirchen entsprechenden, dem Buddhismus aber eher fremden Rechtsform, nicht halten konnte. Eine Fachkonferenz der Kultusministerien wies wegen mangelnder ›Bewährungszeit‹ und des noch ausstehenden Nachweises einer ›ausreichenden Mitgliederzahl‹, d. h. aus formalen Gründen, den Antrag auf Zuerkennung des öffentlich-rechtlichen Status zurück. 1989 wurden die beiden Organisationen BRG und DBU zusammengeführt, der Verband heißt »Deutsche Buddhistische Union e. V. Buddhistische Religionsgemeinschaft«. Seit 1987 gibt

40 H. Hecker, *Chronik des Buddhismus* (S. 497, Anm. 27), S. 45.

41 In Österreich genießt der Buddhismus seit 1983 die volle Anerkennung des Staates.

42 Abgedruckt bei M. Baumann, *Deutsche Buddhisten* (S. 36, Anm. 3), S. 444.

die DBU eine Zeitschrift heraus (›Lotusblätter‹, seit 2003 umbenannt in ›Buddhismus aktuell‹).[43]

Die große Vielfalt und organisatorische Aufsplitterung der buddhistischen Bewegung in Deutschland (wie auch in anderen westlichen Ländern) hat mehrere Gründe:

– *Erstens* waren die Zentren von Anfang an auf die Initiative einzelner Gründer angewiesen, deren Wirkungsmöglichkeit regional begrenzt war.

– *Zweitens* verstand man den Buddhismus als Alternative zum organisierten Kirchenchristentum, also vor allem als Persönlichkeits- und Geistesschulung des einzelnen, weshalb jede Institutionalisierung mit Mißtrauen betrachtet wurde.

– *Drittens* hatten die Gründer den Buddhismus auf verschiedene Weise kennengelernt. Sie folgten verschiedenen Traditionen oder Lehrmeistern – der offensichtliche Unterschied von Theravāda und Mahāyāna ist dabei nur die allgemeinste Differenz.

– *Viertens* projizierte man auch (individuell sehr verschiedene) Erwartungen auf den Buddhismus, die sich vor allem aus der Suche nach einer rational begründeten Religion und der Ablehnung des Christentums nährten.

2. Für die frühe Phase der Meditationsbewegung bis etwa 1960 stehen vor allem die drei Namen der gebürtigen Deutschen Nyanatiloka, Nyanaponika und Lama Anagarika Govinda. Alle drei sind Meditationsmeister und Gelehrte in einem gewesen, und sie üben deshalb weit über die buddhistischen Kreise hinweg, bis mitten hinein in die christlichen Kirchen, keinen geringen Einfluß aus.

Nyanatiloka[44] (Anton Gueth [1878-1957]) war 1903 in Colombo mit dem Buddhismus in Berührung gekommen. Er gab sein bürgerliches Leben auf, ging nach Birma und wurde 1904 zum buddhistischen Mönch (*bhikkhu*) geweiht. Bereits 1905 erschienen erste Übersetzungen aus seiner Feder. 1911 gründete er im Süden Ceylons die »Island Hermitage«. Wäh-

43 M. Baumann, a. a. O., S. 193-202.

44 H. Hecker, *Chronik des Buddhismus* (S. 497, Anm. 27), S. 17ff.

rend des Zweiten Weltkrieges war er in Dehra Dun (Indien) interniert, wo er mit Nyanaponika, Lama Govinda, Heinrich Harrer und anderen zusammentraf. Nyanatiloka starb 1957 als Bürger Sri Lankas, nachdem er am 6. Buddhistischen Konzil in Rangun (1954-56) teilgenommen hatte. Neben seinen Textausgaben[45] hat Nyanatiloka vor allem europäische Mönche ordiniert und in Meditation unterwiesen.

Nyanaponika (Siegmund Feniger [1901-1994]) stammte aus jüdischem Elternhaus und gelangte durch das intellektuelle Studium klassischer buddhistischer Texte zum Buddhismus. Nach seiner Konversion engagierte er sich, buddhistisch motiviert, von 1933 bis 1936 im »Zentralausschuß der Juden für Aufbau und Hilfe« in Berlin. Nach der Auswanderung lebte er als Schüler seit seinem Noviziat 1936 (Weihe zum *Bhikkhu* 1937) bei Nyanatiloka, bis er 1952 seine eigene Waldeinsiedelei bei Kandy in den Bergen Sri Lankas eröffnete. Seit 1968 kam er zeitweise wieder nach Deutschland, um Meditationskurse zu leiten. Neben Textausgaben (vor allem eine Neuausgabe des *Aṅguttara-Nikāya* von Nyanatiloka, Freiburg 1984: Aurum) ist hauptsächlich seine Schrift über die Achtsamkeit bekannt geworden.[46]

---

45 Nur einige der wichtigsten Textausgaben seien genannt: *Anguttara-nikaya. Die Reden des Buddha aus der »Angereihten Sammlung«*, Leipzig 1907 (Neuausgabe Braunschweig [4]1984); *Buddhaghosa. Visuddhi-magga oder der Weg zur Reinheit*, Konstanz [6]1993: Christiani (zuerst 1927); *Milinda-Panha. Die Fragen des Milinda. Ein historischer Roman*, Breslau 1914 (Neuausgabe: *Die Fragen des Königs Milinda. Zwiegespräche zwischen einem Griechenkönig und einem buddhistischen Mönch.* Aus dem Pali übersetzt von Nyanatiloka, hg. und teilweise neu übersetzt von Nyanaponika, Interlaken 1985); *Tripitaka. Das Wort des Buddha*, München 1921; *Tripitaka, Suttapitaka. Der Weg zur Erlösung. In den Worten der buddhistischen Urschriften*, Konstanz 1956: Christiani; *Dhammapada, des Buddhas Weg zur Weisheit, und Kommentar. Palitext, wörtliche metrische Übersetzung und Kommentar zu der ältesten buddhistischen Spruchsammlung*, bearbeitet von Gerolf T'Hooft und Erich Kaniok, Uttenbühl 1992.

46 Nyanaponika, *Geistestraining durch Achtsamkeit. Die buddhistische Satipaṭṭāna-Methode*, Stammbach [8]2000 (zuerst 1950).

Lama Anagarika Govinda[47] (Ernst Lothar Hoffmann [1898-1985]) veröffentlichte nach dem Studium der Philosophie, Kunstgeschichte und Archäologie 1920 sein erstes Buch über den Buddhismus und trat verschiedenen buddhistischen Vereinen bei. 1928 ging er nach Ceylon/Sri Lanka, um in der Einsiedelei Nyanatilokas zu leben. 1931 reiste er zu einer buddhistischen Konferenz ins nordindische Darjeeling, wo er im alten Kloster in Ghoom mit dem Tibetischen Buddhismus bekannt und in die tibetische Kagyüpa-Tradition initiiert wurde. 1933 gründete Anagarika Govinda auf der »Allindischen Buddhistischen Konferenz« in Darjeeling den von seinem tibetischen Lehrer Geshe Tomo Rinpoche inspirierten Orden »Arya Maitreya Mandala«, der sich nach dem Zweiten Weltkrieg über die ganze Welt (seit 1952 auch in Deutschland) ausbreiten sollte. Er verkündete und lebte darin einen Buddhismus, der die Schulunterschiede transzendierte und an den Problemen der modernen Welt orientiert war. 1957 erschien Govindas berühmtes Buch *Grundlagen tibetischer Mystik*, das eine weltweite Leserschaft mit der Geisteswelt des Tibetischen Buddhismus hinreichend bekannt machte und den Anfang des Siegeszuges des Tibetischen Buddhismus im Westen bedeutete. Govinda hatte als Generalsekretär der »International Buddhist University Association« bereits in den zwanziger Jahren eine Schrift *Warum ich Buddhist bin* verfaßt, die dann von der Mahabodhi-Gesellschaft verbreitet wurde (2. Auflage 1958).[48] Darin verteidigt er die Konversion zum Buddhismus als den vernünftigen Schritt eines rational denkenden Europäers, der die übernatürlichen Glaubenssätze des Christentums nicht mehr akzeptieren konnte: Der Buddha habe nie behauptet, übermenschlich zu sein. Er habe nichts gelehrt, was nicht den Naturgesetzen entspreche, und lade zur rationalen Kritik auch der buddhistischen Aussagen ein. Jede philosophische Interpretation sei im Buddhismus relativ, was

47 H. Hecker, *Chronik des Buddhismus* (S. 497, Anm. 27), S. 93 ff.

48 Anagarika Govinda, *Why I am a Buddhist*, Sarnath 1958; deutsch: *Warum ich Buddhist bin ... Mit einer Kurzbiographie*, Stuttgart 1987.

von Intoleranz und Engstirnigkeit befreie. Die buddhistische Ethik habe zwar Ähnlichkeiten mit dem Christentum, sie begnüge sich aber nicht mit der Mitmenschlichkeit, sondern beziehe *alle* Lebewesen ein, was eine notwendige Ergänzung für die westliche Weltsicht sei.

Der Zen-Buddhismus war in Deutschland bereits 1923 durch den Theologen und Religionswissenschaftler Rudolf Otto (1869-1937) bekannt geworden, erlebte seinen Durchbruch aber erst mit dem Buch des Philosophen Eugen Herrigel *Zen in der Kunst des Bogenschießens* (1948). Es gilt als meistverbreitete Schrift über den Buddhismus im deutschen Sprachraum. Inzwischen sind Erfahrungsberichte und philosophische Studien, Meditationsbücher und buddhistische Alltagsratgeber durch beinahe jeden Taschenbuch-Verlag unter der Rubrik von Religion und Esoterik zu Hunderttausenden vertrieben worden. Viele Menschen sind dadurch zu eigener Zen-Praxis angeregt worden. Vor allem aber der Jesuitenpater Hugo Makibi Enomiya-Lassalle (1898-1990) hat das Zen in Deutschland bekanntgemacht, Zen-Kreise inspiriert und Zen-Zentren mitbegründet, ist dabei aber immer Christ geblieben. Viele christliche Klöster, Zentren und Zirkel praktizieren inzwischen Zen. Dabei gibt es nicht nur von christlicher, sondern auch von buddhistischer Seite Einspruch gegen solche Tendenzen: Man befürchtet christliche Vereinnahmung und eine Verwässerung der buddhistischen Identität sowie der Reinheit des Zen.[49] Zen hat sich auch durch Karlfried Graf Dürckheim (1896-1988) und seine Existentialpsychologische Bildungs- und Begegnungsstätte Todtmoos-Rütte (Schwarzwald) verbreitet. Dürckheim war, wie Lassalle, angesichts des Elends der beiden Weltkriege zu der Überzeugung gelangt, daß die europäische Kultur zu ihren spirituellen Wurzeln zurückkehren müsse und daß dafür die Entwicklung eines meditativen Bewußtseins, wie man es im Buddhismus lernen könne, notwendig sei.

Durch die Exil-Tibeter wurden seit den siebziger Jahren

49 R. Meyer, *Christen und buddhistische Praktiken*, in: Lotusblätter 3 (1994), S. 67f.

zahlreiche buddhistische Zentren in Deutschland (wie auch in der Schweiz und in Österreich) aufgebaut. Das klösterliche »Tibet Institut« in Rikon (Schweiz) machte 1968 den Anfang, es folgte 1977 das »Tibetische Zentrum Hamburg« unter der Leitung des Gelugpa-Lamas Geshe Thubten Ngawang. Inzwischen bietet dieses Zentrum ein Fernstudium des Buddhismus an. 1996 wurde das Meditationshaus »Semkye Ling« in der Lüneburger Heide eröffnet. Das »Aryatara Institut« in Jägerndorf (Bayern) wurde 1980 gegründet, und als der 16. Karmapa, Rangjung Rigpe Dorje (1923-1981), das Oberhaupt des tibetischen Karma-Kagyü-Ordens, 1974 und 1977 Deutschland besuchte, häuften sich die Neugründungen von Kagyü-Zentren in Deutschland (hier ist das »Kamalashila-Institut« in Wachendorf bei Bonn zu erwähnen). Die Gründung von Tibet-Häusern in Frankfurt am Main und zuletzt Freiburg im Breisgau (2007) reiht sich in diese Entwicklung ein.

Auch Theravāda hat in Anknüpfung an das Erbe Nyanaponikas in Deutschland eine Heimat gefunden: Die Berliner Jüdin Ayya Khema (1923-1997) hat seit 1979 Studien bei Nyanaponika in Sri Lanka getrieben, dort eine Einsiedelei für Nonnen eingerichtet und im Allgäu das »Buddha-Haus« gegründet, das 1994 durch ein Stadtzentrum in München und 1995 durch ein Kloster im Allgäu ergänzt wurde.

Insgesamt gab es zu Beginn des neuen Jahrtausends in Deutschland ca. 250 000 Buddhisten in etwa 600 buddhistischen Gruppen und Gemeinschaften, um die sich ungleich mehr Interessierte in loser Anbindung scharen.[50]

3. Seit Ende der siebziger Jahre gibt es Bestrebungen, die buddhistische Bewegung den europäischen Gegebenheiten anzupassen. Das fünfzigjährige Bestehen der »Deutschen Buddhistischen Union« wurde 2005 von den nunmehr 56 unterschiedlichen buddhistischen Traditionslinien, die hier zusammengefaßt sind, unter ebendiesem Thema begangen. Das bedeutet vor allem:[51]

50 Die Zahlen sind (mit Berufung aus Auskunft durch die DBU) genannt in der Wochenzeitschrift Die Zeit, Nr. 12, 2007, S. 13.

51 Vgl. den Bericht in: Publik Forum, 21. Jg., Nr. 21, 6. 11. 1992, S. 26.

– die gleichwertige Bedeutung von Laien und Mönchen (Nonnen),

– die Gleichberechtigung der Frauen,

– die Rückbesinnung auf die ursprüngliche Lehre Śākyamuni Buddhas jenseits von kulturellen Besonderheiten, die der Buddhismus in verschiedenen asiatischen Ländern angenommen hat,

– verstärktes soziales, politisches und ökologisches Engagement im Sinne des Bodhisattva-Ideals.

Bereits 2004 war das Buddhistische Bekenntnis von 1985 leicht überarbeitet worden. Man wollte die ›Essenz‹ des Buddhismus über die kulturellen und schulbildenden Unterschiede hinweg noch deutlicher zur Sprache bringen, um die gemeinsame Basis der buddhistischen Kulturen, die sich in Asien in räumlicher Distanz zueinander entwickelt hatten, nun aber im Westen auf engstem Raum nebeneinander existierten, hervorzuheben. Neben sprachlichen Verbesserungen, die mehr Mut zum deutschen Sprachstil erkennen lassen als die Formulierungen von 1985, also eine Akkulturation signalisieren, sind im Text von 2004 einige Formulierungen zur Lehre des Buddha hinzugekommen, die im früheren Text ausgespart waren, nämlich zu *anātman* (»ohne eigenständiges Selbst«) und *nirvāṇa*, das als »Frieden« definiert wird. Hatte man das strittige Verständnis von Nicht-Selbst (*anattā/anātman*) und Leerheit (*śūnyatā*) 1985 noch ausgeklammert, zeigt sich im Text von 2004 der deutlich erhöhte Grad an Verstehen und Konsens in schwierigen Fragen. Dies kann auch im Zusammenhang gesehen werden mit dem Problem, daß der Buddhismus als ›Modereligion‹ und Teil der Wellness-Kultur sich seit den späten neunziger Jahren zunehmend zwar allgemeiner Akzeptanz in der Gesellschaft erfreut, damit aber auch seinen Charakter zu verlieren droht und der ›technisierten Gierökonomie des Westens‹ nun auch noch zur Selbstberuhigung

Dazu den Rückblick von Karl Schmied, *Die Deutsche Buddhistische Union im Aufbruch. Notizen aus fünf ereignisreichen Jahren 1984 bis 1988*, in: Buddhismus aktuell 2005, H. 2, S. 34-36.

eine ›spirituelle Metaphysik‹, die leistungssteigernd wirkt, hinzufügt.[52] Es komme darauf an, so schreibt der in der Öffentlichkeit mehrfach hervorgetretene und ökologisch engagierte Buddhist Franz-Johannes Litsch, den Buddhismus weder als ›asiatisch-exotischen Religionsimport‹ zu pflegen noch in der Vermarktung zu Zwecken der Steigerung des westlichen konsumorientierten Ego, die ihn letztlich als ›harmlos, naiv und weltfremd‹ erscheinen ließe, zu verleugnen, sondern die Praxis der buddhistischen Bewußtseinsschulung zu einer grundsätzlichen Infragestellung der Ziele des Menschen, die sich aus dem europäischen Egozentrismus ergäben, zu gestalten.[53] Genau diese Erwägungen und Erfahrungen bündeln sich in einer weltweiten buddhistischen Bewegung, die es jetzt zu beschreiben gilt, im »Engagierten Buddhismus«.

NEUE SYNTHESE: »ENGAGIERTER BUDDHISMUS« IN ASIEN, AMERIKA UND EUROPA[54]

Im Zuge der sozialen Probleme angesichts der Urbanisierung und Industrialisierung entwickelten Laien und Mönche in Japan bereits zu Beginn dieses Jahrhunderts unter dem Stichwort eines »buddhistischen Sozialismus«[55] und in Thailand etwa seit 1935 ein soziales Engagement, das, von buddhistischer Ethik getragen, auf die sozialen Verwerfungen der Modernisierung antworten sollte. Bekannt geworden sind die ›Entwicklungsmönche‹ in Thailand, die Vorläufer des Mönchs Buddhadasa (1906-1993) und des Laien Sulak Sivaraksa (geb. 1933) bei der Suche nach alternativen Entwicklungsmodellen für buddhistische Gesellschaften waren, wobei Buddhadasa

52 Franz-Johannes Litsch, *Westlicher Buddhismus – nein danke?*, in: Buddhismus aktuell 2005, H. 2, S. 47-51, hier S. 50.

53 F.-J. Litsch, a. a. O., S. 49 und 51.

54 Ausführlich dazu M. v. Brück, Wh. Lai, *Buddhismus und Christentum* (S. 17, Anm. 3), S. 556-578.

55 M. v. Brück, Wh. Lai, a. a. O., S. 162 ff.

und sein Schüler Phra Rajavaramuni sowie vor allem der Mönch Bodhiraksa eine neue buddhistische Arbeitsethik formulierten und den *saṃgha* entsprechend umgestalten wollten.[56] Nicht wenige dieser Aktivisten in Thailand oder auch Sri Lanka waren auf christlichen Missionsschulen erzogen worden oder zumindest in der einen oder anderen Form mit dem britischen Bildungssystem in Berührung gekommen (der Inder B. R. Ambedkar in den USA und England, A. T. Ariyaratne aus Sri Lanka auf den Philippinen, Sulak Sivaraksa in England, Thich Nhat Hanh in den USA).[57] Außerdem spielte das Vorbild Mahatma Gandhis eine Rolle, besonders bei der »Sarvodaya-Shramadana«-Bewegung, die A. T. Ariyaratne (geb. 1931) Ende der fünfziger Jahre in Sri Lanka ins Leben rief. Bezeichnenderweise ist der Name Programm, und Ariyaratne deutet »Sarvodaya« nicht wie Gandhi als »Wohlstand für alle«, sondern – philologisch fragwürdig, aber buddhistisch uminterpretiert – als »Erwachen aller« durch gegenseitige Teilhabe an Zeit, Denken und Lebensressourcen.[58] Es geht hierbei um Bildung, wirtschaftliche Entwicklung in ländlichen Gebieten und das Erwachen der Armen zu Persönlichkeiten im buddhistischen Sinn sowie um nationale Integration der Singhalesen und Tamilen. Ariyaratnes Bewegung konnte an buddhistische Reformprogramme und soziale Entwicklungen in Ceylon/Sri Lanka anknüpfen, die mit dem Namen Anagarika Dharmapala (1864-1933) verbunden sind und bis in die letzten Jahrzehnte des 19. Jahrhunderts zurückreichen.[59]

Die heutige Bewegung »Engagierter Buddhismus« hat Wurzeln in den eben genannten Entwicklungen, der Anstoß für

56 M. v. Brück, Wh. Lai, a. a. O., S. 403 ff., 568 ff.

57 M. Perkounigg, *Engagierter Buddhismus. Eine buddhistische Antwort auf die Krisen unserer Zeit*, Magisterschrift Universität Würzburg 1997 (unveröffentlicht), S. 40f.

58 R. Gombrich, G. Obeyesekere, *Buddhism Transformed* (S. 211, Anm. 20), S. 245.

59 M. v. Brück, Wh. Lai, *Buddhismus und Christentum* (S. 17, Anm. 3), S. 84 ff.

eine weltweite Vernetzung derartiger buddhistischer Initiativen kam aber im wesentlichen von der Friedensbewegung vietnamesischer buddhistischer Mönche und amerikanischer Aktivisten gegen den Vietnamkrieg seit den sechziger Jahren. Einer der Initiatoren ist der 1926 in Vietnam geborene Zen-Mönch Thich Nhat Hanh, der auch von der Philosophie der Gewaltfreiheit Gandhis und der afro-amerikanischen Bürgerrechtsbewegung um Martin Luther King inspiriert ist. Im Jahr 1964 konnte er mit Freunden die verstreuten buddhistischen Widerstandsgruppen und Erneuerungsbewegungen gegen den Vietnamkrieg in der »Unified Buddhist Church of Vietnam« sammeln und 1965 die »School of Youth for Social Service« gründen. Die von Thich Nhat Hanh maßgeblich geprägte »Fellowship of Reconciliation« organisierte 1966 eine Vortragsreise ihres buddhistischen Friedensaktivisten durch die USA und Europa, wo es zu Begegnungen mit Martin Luther King, US-Verteidigungsminister Robert McNamara und Papst Paul VI. kam. Martin Luther King schlug Thich Nhat Hanh 1966 für den Friedensnobelpreis vor.

Das soziale Engagement wird von Thich Nhat Hanh, Ariyaratne und anderen Aktivisten mit je nach Kontext variierenden Argumenten buddhistisch wie folgt begründet:[60]

– mit der Leidensanalyse, nach der Unwissenheit, Gier und Haß die grundlegenden Übel sind, die überwunden werden müssen;

– mit den fünf grundlegenden Tugenden (*pañcaśīla*), bei denen Enthaltung von Töten, von Diebstahl usw. gefordert wird;

– mit der Lehre von der wechselseitigen Abhängigkeit aller Wesen (*pratītyasamutpāda*);

– mit der Lehre von der Nicht-Dualität, nach der man selbst und jedes andere Wesen nicht-zwei (*advaita*) ist, weshalb Sorge um sich selbst und Fürsorge für andere zwei Seiten einer Sache sind;

60 M. Perkounigg, *Engagierter Buddhismus* (Anm. 57), S. 70ff.; M. H. Petrich, *Vietnamese Buddhism Towards Change and Development of Society*, München 1995 (Manuskript des Autors), S. 19.

– mit der Lehre von der Nicht-Form (*arūpa*), nach der alle Dinge substanzlos sind und in gegenseitiger Durchdringung entstehen und vergehen;

– mit den buddhistischen Tugenden der Barmherzigkeit (*karuṇā*) und liebenden Güte (*maitrī*).

Im Jahre 1978 wurde in Berkeley (Kalifornien) unter maßgeblicher Beteiligung Thich Nhat Hanhs die »Buddhist Peace Fellowship« gegründet, ein weltweites Netz von Individuen und lokalen Zentren, die sich der Friedensarbeit sowie ökologischen Themen auf der Basis buddhistischer Spiritualität verpflichtet wissen. Thich Nhat Hanh gründete des weiteren in Südfrankreich das Zentrum »Plum Village«, das als »spirituelles Heim für Sozialarbeiter«[61] gedacht war, inzwischen aber auf der Grundlage der buddhistischen Achtsamkeitsmeditation ein Zusammenleben von Erwachsenen, Jugendlichen und Kindern aus aller Welt im Geist auch der Ideen Gandhis und E. F. Schumachers (Autor des Buches *Small is beautiful*, 1973) ermöglichen soll, auf keine Ideologie festgelegt ist und im Geist der achtsamen Solidarität füreinander Buddhisten und Menschen aus allen Religionen sowie Religionslose zusammenführt. Dabei spielt die Entwicklung einer buddhistischen Begründung der Menschenrechte eine besondere Rolle. Wegen der gleichen Würde und der »universalen Geschwisterschaft« aller Wesen müsse der Buddhismus »wieder zum Weg des Friedens und der Gewaltlosigkeit« werden, und zwar »nicht nur im individuellen Verhalten, sondern auch in der kollektiven Praxis und Theorie«.[62]

In vielen Ländern hat sich der von Thich Nhat Hanh bereits 1964 in Vietnam gegründete »Tiep-Hien-Orden« (»in ständigem Kontakt sein – hier und jetzt verwirklichen«) verbreitet. Ziel der Gemeinschaft ist es, »den Buddhismus zu

61 Thich Nhat Hanh, *Das Wunder wach zu sein. Ein Meditationshandbuch*, Hamburg 1982: Buddhistische Gesellschaft, S. 21 (engl. Kandy 1976).

62 Aufruf des INEB zum Vesakh-Fest 2542/1998 vom 5. Mai 1998, Internet: BuddhaNetz, INEB Bangkok E-mail: ineb@loxinfo.co.th

studieren, zu experimentieren und in intelligenter und wirksamer Weise auf das moderne individuelle wie soziale Leben anzuwenden«[63]. Die Herausbildung eines ›westlichen Buddhismus‹ könne nur durch den Dialog mit den geistigen Grundlagen Europas und Amerikas, also auch des Christentums, möglich werden.[64] Der Orden steht Menschen aller Religionen offen und unterhält neben zahlreichen Gruppen in ganz Deutschland ein größeres Zentrum im Bayerischen Wald.

Der Laien-Buddhist Sulak Sivaraksa (geb. 1933) aus Thailand fordert eine totale Veränderung der modernen Wirtschafts- und Lebensmuster auf der Basis der Lebensphilosophie Gandhis und im Geist des Buddhismus. Wegen seines Widerstandes gegen verschiedene Militärdiktaturen in Thailand wurde er mehrmals wegen »Majestätsbeleidigung« zu Gefängnisstrafen verurteilt und lebte mehrere Jahre im Exil. 1973 gründete er mit Hilfe der christlichen Organisation Sodepax das »Asian Cultural Forum on Development« mit Sitz in Bangkok, das Konferenzen organisierte und buddhistische Mönche aus Thailand zum Studium sozialer Theorien und Praxis nach Sri Lanka schickte, um von den Erfahrungen der Sarvodaya-Bewegung Ariyaratnes zu lernen. Seit 1980 bietet die »Thailändische Interreligiöse Kommission für Entwicklung« Gelegenheit zum Austausch für sozial engagierte religiöse Menschen, allen voran Buddhisten und Christen. Sulak Sivaraksa sucht einen Mittelweg zwischen der mit der Industrialisierung sich unaufhaltsam ausbreitenden westlichen Kultur und den traditionellen südostasiatischen buddhistischen Kulturen, wobei auch ein asiatisches und partiell buddhistisches Land wie Japan nicht nur an der ausbeuterischen Wirtschaftsordnung partizipiere, sondern dieses Modell auch

63 Thich Nhat Hanh, *Das Wunder wach zu sein* (S. 512, Anm. 61), S. 16.

64 Thich Nhat Hanh, *Being Peace*, hg. v. Arnold Kotler, Berkeley 1987: Parallax, S. 83 ff.; deutsch: *Innerer Friede, äußerer Friede*, übersetzt von Heidrun Gerwens-Henke, Berlin ^{3}2001: Theseus (zuerst 1987).

in andere asiatische Länder exportiere.[65] Dem westlichen, japanischen und generell kapitalistischen unkontrollierten Konsumdenken müsse Einhalt geboten werden. In buddhistischer Analyse sei diese Fehlhaltung des Menschen ein Resultat der drei Gifte (Gier, Haß, Verblendung), wie es in traditioneller buddhistischer Sprache heißt. Sulak Sivaraksa fordert zudem den traditionellen Buddhismus heraus, wenn er beklagt, daß die ›buddhistischen Gesellschaften‹ durch einen Mangel an Umsetzung buddhistischer Werte in den Alltag gekennzeichnet seien. So habe sich zum Beispiel in Sri Lanka ein auf rassistischen Prämissen beruhender Nationalismus durchgesetzt, der den buddhistischen Tugenden von Barmherzigkeit und Gewaltlosigkeit direkt widerspreche.[66]

1987 gründeten buddhistische Nonnen in Bodh Gaya (Indien) die »Sakyadhita-Bewegung« (»Töchter des Buddha«). Sie hat sich zu einem internationalen Zusammenschluß buddhistischer Frauen aus über 26 Ländern entwickelt. Es geht der Bewegung vornehmlich darum, das buddhistische Engagement für Frieden und Gerechtigkeit mit dem Bewußtsein für die Gleichberechtigung der Frauen zu verbinden, d. h. patriarchale Strukturen auch in den buddhistischen Institutionen zu überwinden. Dem diente ein internationaler Kongreß, den die Universität Hamburg in Verbindung mit dem Tibetischen Zentrum Hamburg unter der Schirmherrschaft des Dalai Lama im Juli 2007 durchführte, und zwar zur Rolle der Frauen im Buddhismus und mit dem Ziel der Wiedereinführung der vollen Nonnen-Ordination.[67] Interessanterweise

65 Sulak Sivaraksa, *Suche nach neuem Lebensstil – geeignete Technologie für eine gerechte und lebenserhaltende sozial-ökonomische Ordnung*, in: M. v. Brück (Hg.), *Dialog der Religionen. Bewußtseinswandel der Menschheit*, München 1987: Goldmann, S. 112-121.

66 Sulak Sivaraksa, *Religion and Development*, Bangkok [3]1987: Thai Inter-Religious Commission for Development (zuerst 1981), S. 16ff.

67 Seit Jahrhunderten ist die Mūlasarvāstivāda-Ordinationslinie für Nonnen (der Vinaya dieser Schule ist die prägende Tradition in Tibet) im Tibetischen Buddhismus unterbrochen, und es existiert

beteiligte sich die Evangelisch-lutherische Bischöfin von Hamburg, Maria Jepsen, an dem Projekt.[68]

Das Thema einer buddhistisch begründeten *Tiefenökologie* wird von dem »Internationalen Netzwerk Engagierter Buddhisten« (INEB) vorangetrieben, das 1989 von Laien, Mönchen und Nonnen aus elf Ländern gegründet wurde. Bis 1992 waren über 250 Gruppen und Einzelmitglieder aus 33 Ländern dem Netzwerk angeschlossen.[69] Das Netzwerk organisiert Hilfs- und Entwicklungsprogramme, wobei sich die meisten Gruppen auf ›spirituelle und informelle‹ Unterstützung der Bewußtseinsbildung in den Ländern Asiens konzentrieren, ökologische Seminare in den Dörfern organisieren und eine Reform des *saṃgha* anstreben, der zu einem Modell für die gesamte Gesellschaft werden solle. Einige amerikanische Buddhisten um die ökologische Publizistin Joanna Macy knüpfen an die Gaia-Hypothese von Jim Lovelock an (die Vorstellung vom ›Organismus Erde‹) und vereinen damit die Buddhisten unterschiedlichster Schulrichtungen unter einer aktualisierten Deutung der buddhistischen Theorie des Entstehens in gegenseitiger Abhängigkeit (*pratītyasamutpāda*), wodurch die ›Umwelt‹ nicht als anderes, sondern als ein Aspekt des eigenen Lebens, d. h. als Mitwelt erscheint. Diese spirituelle Begründung ökologischer Verantwortung wird als Tiefenökologie verstanden.

Die Synthese von buddhistischer Spiritualität und verantwortungsethischem Engagement sowie von buddhistischer Philosophie und europäisch-amerikanischer Sozialethik hat dem Buddhismus im Westen ein spezifisches Gepräge gegeben, das sich in der Suche nach alternativen Lebens-, Wirtschafts- und Politikparadigmen artikuliert. Dabei hat sich das

---

nur die Dharmaguptaka-Linie in China, Taiwan, Korea und Vietnam.

68 Ankündigung in: Buddhismus aktuell 21 (2007), H. 1, S. 95.

69 Vgl. Society for Buddhist-Christian Studies Newsletter No. 4 (Herbst 1989), S. 4f.; Gaia-Sangha-Forum Nr. 1, Berlin (Sept. 1992), S. 20.

soziale Gewicht von der traditionellen Dominanz der Mönche auf die Laien, immer mehr auch auf die Frauen, verlagert. Neben Bewußtseinsschulung durch Meditation und Studium der Lehrinhalte sind soziale Aufgaben getreten, die Buddhisten in verschiedenen Ländern das Verhältnis zur Ökonomie und Politik in neuer Weise bestimmen lassen. Der Buddhismus ist damit weltweit in eine neue Phase seiner Entwicklung eingetreten.

FASZINATION DES BUDDHISMUS

Der Buddhismus wurde, wie wir sahen, spätestens seit dem 18. Jahrhundert in Europa und seit dem 19. Jahrhundert in Amerika als Alternative nicht nur zu einem als wundergläubig, irrational und dogmatisch empfundenen sowie in Macht und Gewalt verstrickten Christentum gesehen, sondern als Gegenmodell zum kapitalistischen, rationalen und auf Ausbeutung der Natur angelegten Gesellschaftssystem. Dabei wurden Idealbilder auf den Buddhismus projiziert, ohne daß die pluriforme Geschichte dieser Religion in ihrer historischen Realität in den Blick genommen worden wäre, und umgekehrt wurde die Geschichte der europäischen Kultur wegen ihrer problematischen Folgen des Wissenschafts- und Techniksystems kritisiert, ohne zu fragen, warum die westliche Technik-Kultur gerade auf die buddhistischen Länder Ost- und Südostasiens eine so hohe Anziehungskraft ausübt. Die Begegnung mit dem Buddhismus hat weit über die sozial demarkierten buddhistischen Gemeinschaften in Europa und Amerika hinaus, die zahlenmäßig klein sind, die europäisch-amerikanischen Religions- und Kulturstile beeinflußt. Die Renaissance der christlichen Mystik ist nur eines dieser Resultate, daneben steht die Wiederentdeckung der nicht-dualistischen Denkformen in der europäischen Tradition, vom Neuplatonismus über Nikolaus von Kues bis hin zur amerikanischen Prozeßphilosophie und Ludwig Wittgensteins Analytik. Auch Literatur, Malerei und Musik (von den Romantikern über den Jugendstil bis zur Postmoderne) sind von der Faszination für Asien angeregt worden, chinesische, japanische, aber auch südasiatische Kunstformen im Kontext der europäischen Suche nach ›Sinn‹ neu zu interpretieren. Es sind vor allem drei Aspekte westlicher Kultur und Bildung, die dem Buddhismus, im Sinne Nietzsches, eine europäische Prägung geben, wobei der Buddhismus in seinen Neuformulierungen auf entsprechende Nachfrage reagiert: Wissenschaftsmuster, Religion der Selbstverantwortung und die Sehnsucht nach Leitbildern.

1. Im Kontrast zu den erbitterten Auseinandersetzungen um Glaube und Wissen in der Geschichte der europäischen Neuzeit bietet sich der Buddhismus als Alternative eines rationalen Sinnsystems an, dessen ›religiöse Einkleidung‹ als unwesentlich betrachtet wurde und wird. Dadurch wird der Buddhismus *kompatibel mit dem Weltbild der Naturwissenschaften*. Zuerst waren es namhafte Physiker (Wolfgang Pauli, Werner Heisenberg, David Bohm),[70] dann Evolutionsbiologen (Francisco Varela, Humberto Maturana[71]) und heute Hirnforscher

70 Einen Überblick gibt: Gary Zukav, *The Dancing Wu Li Masters. An Overview of the New Physics*, New York 1979: Morrow; deutsch: *Die tanzenden Wu-li-Meister. Der östliche Pfad zum Verständnis der modernen Physik. Vom Quantensprung zum Schwarzen Loch*, übersetzt von Fritz Lahmann, Reinbek 1985: Rowohlt (mit Zitaten und Stellenangaben, über das Register erschließbar, z. B. Werner Heisenberg, *Wandlungen in den Grundlagen der Naturwissenschaft*, Stuttgart ^{9}1959: Hirzel [zuerst 1935]; zu Heisenberg: Michael Talbot, *Mysticism and the New Physics*, New York 1981: Bantam, 1. Kapitel]); David Bohm, *Wholeness and the implicate order*, London 1980: Routledge (deutsch: *Die implizite Ordnung. Grundlagen eines dynamischen Holismus*, übersetzt von Johannes Wilhelm, München 1985: Dianus-Trikont-Buchverlag). Auch die Publikationen von Fritjof Capra sind hier zu erwähnen. Weiter: Carl Friedrich von Weizsäker, *Zeit und Wissen*, München 1992: Hanser, Registereinträge unter »Buddha«.

71 Dazu deren Veröffentlichungen (im Internet abrufbar); Varela war häufig Gast bei den Wissenschaftlergesprächen mit dem 14. Dalai Lama.

(in Deutschland Wolf Singer, Ernst Pöppel,[72] in den USA Vilaynur S. Ramachandran, Richard Davidson u. a.[73]), die vom Buddhismus fasziniert waren und sind. Dies hat zwei Gründe: Zum einen geht die experimentelle Orientierung des Buddhismus auf den Buddha selbst zurück, der seine Anhänger ermutigte, die Lehre nicht kritiklos zu übernehmen, sondern selbst zu prüfen, ob sie sich in der Praxis bewähre. Zum anderen verzichtet der Buddhismus weitgehend auf Metaphysik und kennt (zumindest auf den ersten Blick) keinen Dualismus von Geist und Materie. Er beschreibt die Wirklichkeit vielmehr als ein Kontinuum von Prozessen unterschiedlicher Subtilität. Der Buddhismus lehrt die Entstehung aller Phänomene in gegenseitiger Abhängigkeit und lehnt deshalb die Idee eines Schöpfergottes als überflüssig ab. Auch diese Anschauung wird nicht als Glaubenssatz postuliert, sondern als Wahrheit, die jedem Menschen, der sich einer meditativen Schulung unterzieht, im Prinzip durch Erfahrung zugänglich sei. Der Buddhismus empfiehlt sich als Weg zur integrierten Reifung des Menschen, und aus diesem Grunde sind zahlreiche Psychologen (von Erich Fromm über die Humanistische Psychologie bis zur Transpersonalen Psychologie mit ihrem Vordenker Ken Wilber) vom Buddhismus fasziniert worden.

2. Der Buddhismus lehrt die *Autonomie des Individuums*, das heißt, der Mensch kann seine psychischen Strukturen und mentalen Muster durch eigenverantwortetes Bewußtseinstraining verändern. Damit wird – jedenfalls in der modernen buddhistischen Deutung – ein optimistisches Menschenbild gepflegt, das im Kontrast zum christlichen Sündenbewußtsein steht. Das Elend des Menschen beruht auf einer Fehlhal-

72 Ernst Pöppel, *Der Rahmen*, München 2007: Hanser (Register), Wolf Singer in der Diskussion zur Vorlesung »Iconic Turn«, Burda-Stiftung für das 2. Jahrtausend, Universität München (2005).

73 Davidson leitet ein entsprechendes Forschungsprojekt, im Internet abrufbar.

tung, die erkennbar ist und durch Einsicht korrigiert werden kann.

Diese Korrektur wird aber nicht im Alleingang, sondern in einer Gemeinschaft der Praktizierenden angestrebt, dem *saṃgha*, zu dem Mönche, Nonnen, Laien und Laienanhängerinnen gehören. Der *saṃgha*, wie er sich in westlichen Ländern ganz anders formiert als in den traditionellen asiatischen Gesellschaften, bietet ein Maß an Vergemeinschaftung, das Menschen des Westens entgegenzukommen scheint, und zwar von den USA über Europa bis Australien, von den Großstädten Lateinamerikas und Afrikas bis nach Tel Aviv: Es gibt genug Verbindlichkeit, um Freundschaften zu schließen und die Praxis gemeinsam zu gestalten, aber die Gemeinschaft ist offen genug, um sie jederzeit verlassen oder zumindest das Maß an Bindung nach den eigenen Wünschen regulieren zu können.

3. Buddhistische Lehrer übernehmen *Leitbildfunktionen*, an denen in modernen westlichen Gesellschaften offensichtlich Bedarf besteht. Beispiele sind der 14. Dalai Lama, der auch im Westen von vielen als weisester Mann angesehen wird und in den Medien präsent ist, sowie der vietnamesische Zen-Meister Thich Nhat Hanh, dessen Gedichtbände und Bücher zu Lebensfragen Massenauflagen erreichen und weit über buddhistische Kreise hinaus einflußreich sind. Diese und andere Meditationslehrer gelten als Charismatiker mit Ausstrahlung und pragmatischer Tatkraft. Sie entstammen lokalen Traditionen, verkünden aber eine globale Botschaft. Der historische Hintergrund der buddhistischen Traditionen, ihre kontroverse Entstehungsgeschichte und die ambivalenten Verknüpfungen des Buddhismus mit den politischen Kulturen, in denen er sich etablierte, wird aber kaum wahrgenommen. In den Ländern des Westens führt der Buddhismus seine Auseinandersetzungen (meist) leise, mit Argumenten, seltener mit Parolen. Auch das fasziniert als Gegenmodell zur Religionspolemik, die aus der europäischen Religionsgeschichte bekannt ist. Der Buddhismus erweist sich als lernfähig und paßt sich westlichen Erwartungen und sozialen For-

men an. Dabei treten westlicher und asiatischer Buddhismus in wechselseitige Lern- und Transformationsprozesse ein.[74]

74 Dazu M. v. Brück, Wh. Lai, *Buddhismus und Christentum* (S. 17, Anm. 3), bes. S. 556ff. (dort Quellenangaben).

SCHLUSSBEMERKUNG

Die historische und geographisch gegliederte Darstellung der sozialen und philosophischen Entwicklungen des Buddhismus hat gezeigt, daß es ›den‹ Buddhismus nur in einer großen Fülle unterschiedlicher Erscheinungsformen gibt. Dabei haben wir bei weitem nicht alle Schulen und Entwicklungen berücksichtigen können. Historische und geographische, sprachliche und mentalitätsgeschichtliche Unterschiede sind oft so groß, daß man fragen kann, ob eine vereinheitlichende Klammer gerechtfertigt ist. Immerhin umschließt der Buddhismus sprachliche und kulturelle Gegensätze, wie sie kontrastreicher kaum vorstellbar sind: Allein die Übertragung des Buddhismus aus der indischen Geisteswelt nach China ist eine Neugestaltung gewesen, die einander völlig fremde Sprachen, Gesellschaftsformen und ästhetische Traditionen überbrückt hat. Die Kunst, die der Buddhismus in unerschöpflichen Variationen hervorgebracht hat, ist so vielgestaltig, daß wir sie kaum überblicken, geschweige denn in einem beschränkten Rahmen darstellen können. Man sollte also nicht meinen, man habe ›den‹ Buddhismus verstanden, wenn einige historische und geistige Zusammenhänge erfaßt sind.

Was uns als ›Buddhismus‹ erscheint, ist auch abhängig davon, was wir als Buddhismus betrachten wollen, und solche Sichtweisen ändern sich im Laufe der Geschichte. Der Buddhismus ist in seinem Kern Geistesschulung, aber die Methoden für die Übungspraxis sind jeweils wieder neu gefunden und verändert worden, ohne daß der Buddhismus dabei seine unverwechselbare Grundhaltung verloren hätte. Immer noch (und wohl auch in diesem Buch) überwiegt das Augenmerk auf die Texte und kognitiven Elemente sowie auf die meditativen Übungsformen des Buddhismus. Der Buddhismus ist über Jahrhunderte hinweg aber auch zu Volkstraditionen ge-

wachsen, die einfachen Menschen auf den Dörfern kulturell
Identität gegeben haben. Dabei hat der Buddhismus Ele
mente in sich aufgenommen, die zunächst keineswegs mi
buddhistischen ›Prinzipien‹ in Übereinstimmung stander
und nicht selten sind dabei auch Widersprüche stehengeblie
ben. Der Buddhismus als Religion ist nicht nur ein rationa
entworfenes System, sondern eine komplexe Lebenswelt, in
die seit alters und auch heute noch Menschen hineinwachsen
wobei ihr jeweiliges Lebensgefühl mit den traditionellen Wer
ten konfrontiert und damit der Buddhismus neu gestalte
wird. Dieser Volksbuddhismus des Dorfes und der nicht-ver
schriftlichten Überlieferungen wird zwar zunehmend studier
und beschrieben, aber es gibt bisher kaum zusammenhän
gende sozialwissenschaftliche Darstellungen, die solche Ent
wicklungen über den lokalen Zusammenhang hinaus für eine
grundsätzliche Deutung des Buddhismus fruchtbar macher
würden.

Während in der Vergangenheit die Mönche und Nonnen im
Zentrum buddhistischen Selbstverständnisses standen und
bei der Überlieferung von Lehre und Praxis die Verantwor
tung trugen, hat bereits mit der Entstehung des Mahāyāna
eine Veränderung eingesetzt, die heute weltweit den Buddhis
mus in eine neue Phase seiner Geschichte eintreten läßt: Män
ner und Frauen, die in der alltäglichen Lebens- und Arbeits
welt stehen, gehen den buddhistischen Weg der Achtsamkeit
in allen seinen Aspekten von Ethik, Erkenntnis und Medi
tation, und sie werden dabei zu Trägern der Überlieferung
die das Bodhisattva-Ideal der barmherzigen Hinwendung
zu allen Lebewesen in der modernen Kultur verwirklichen
wollen.

Auch unsere Übersetzungen sind historisch bedingt, wie in
der Einführung hervorgehoben (siehe S. 14-18) und mittels
der Geschichte der Buddhismusrezeption in der europäisch
amerikanischen Religionswissenschaft belegt wurde. So wie
die Geschichte des Buddhismus ist auch die Wahrnehmung
und Interpretation des Buddhismus (wie jeder Religion) eine
offene Suchbewegung, bei der sich das Subjekt und das Ob

ekt der Interpretation verändern. Folglich kann es nicht die ein für allemal gültige Deutung ›des‹ Buddhismus geben, denn Wissen ist historisch, und alles Historische unterliegt der Veränderung in gegenseitiger Abhängigkeit von Text, Kontext und interpretierendem Bewußtsein.

SCHAUTAFELN

ENTWICKLUNGEN IN INDIEN

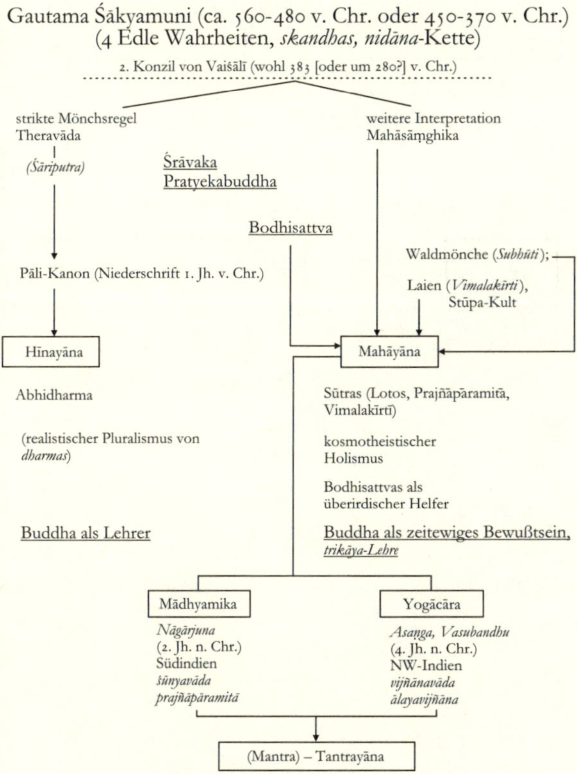

Gautama Śākyamuni (ca. 560-480 v. Chr. oder 450-370 v. Chr.)
(4 Edle Wahrheiten, *skandhas, nidāna*-Kette)
2. Konzil von Vaiśālī (wohl 383 [oder um 280?] v. Chr.)
strikte Mönchsregel
Theravāda
(Śāriputra)
Śrāvaka
Pratyekabuddha
weitere Interpretation
Mahāsāṃghika
Bodhisattva
Waldmönche (*Subhūti*);
Pāli-Kanon (Niederschrift 1. Jh. v. Chr.)
Laien (*Vimalakīrti*),
Stūpa-Kult
Hīnayāna
Mahāyāna
Abhidharma
Sūtras (Lotos, Prajñāpāramitā, Vimalakīrtī)
(realistischer Pluralismus von *dharmas*)
kosmotheistischer Holismus
Bodhisattvas als überirdischer Helfer
Buddha als Lehrer
Buddha als zeitewiges Bewußtsein, *trikāya-Lehre*
Mādhyamika
Yogācāra
Nāgārjuna
(2. Jh. n. Chr.)
Südindien
śūnyavāda
prajñāpāramitā
Asanga, Vasubandhu
(4. Jh. n. Chr.)
NW-Indien
vijñānavāda
ālayavijñāna
(Mantra) – Tantrayāna

Schema 1[1]

Schulen des Nikāya-Buddhismus nach den Theravāda-Quellen

Mahāsāṃghika-Schulen

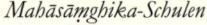

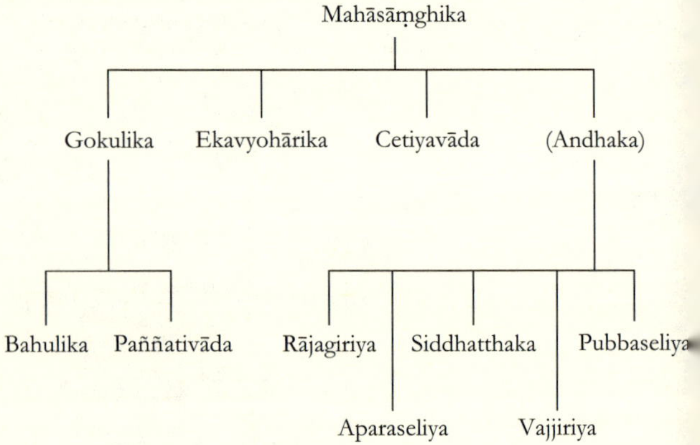

1 Schemata S. 526-529 nach A. Hirakawa, *A History of Indian Buddhism* (S. 66, Anm. 2), S. 112.

Theravāda-Schulen

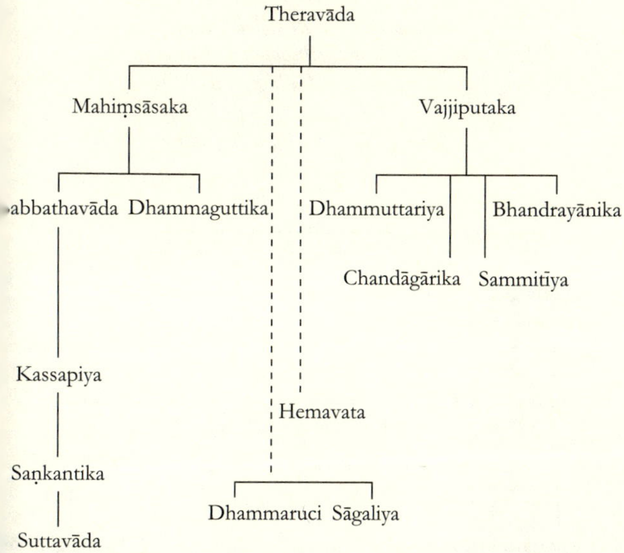
Theravāda
Mahiṃsāsaka
Vajjiputaka
abbathavāda
Dhammaguttika
Dhammuttariya
Bhandrayānika
Chandāgārika
Sammitīya
Kassapiya
Hemavata
Saṇkantika
Dhammaruci
Sāgaliya
Suttavāda

Schema 2

Schulen des Nikāya-Buddhismus nach dem Samayabhedoparacanacakra (nördlicher Buddhismus)

Sthavira-Schulen (sieben Schismen)

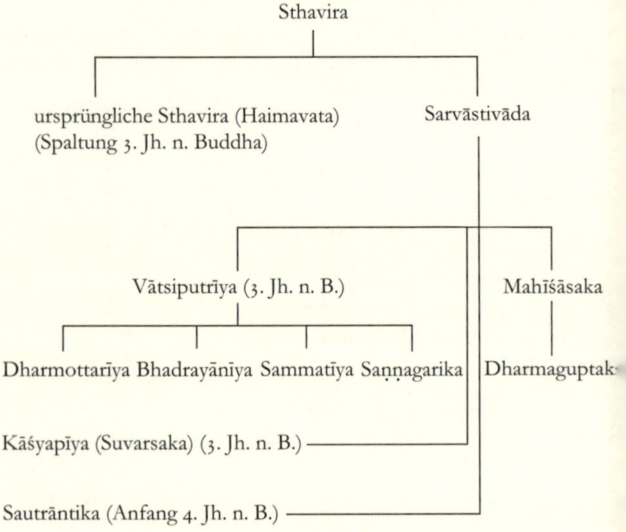

Mahāsāṃghika-Schulen (vier Schismen)

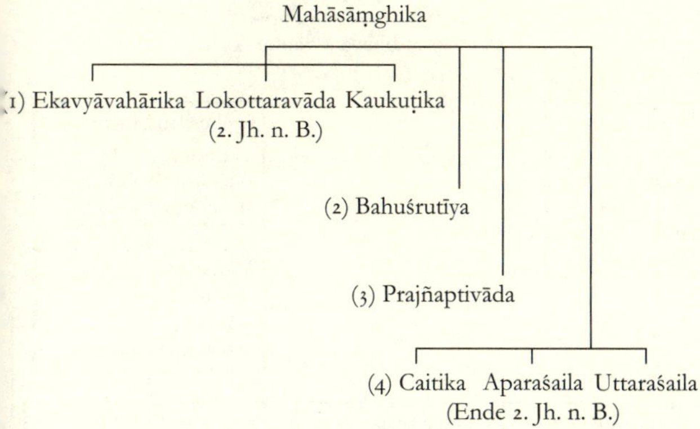

Tibetischer Buddhismus

eingeführt durch: Söngtsen Gampo (7. Jh. n. Chr.)
Padmasambhava / Śāntarakṣita

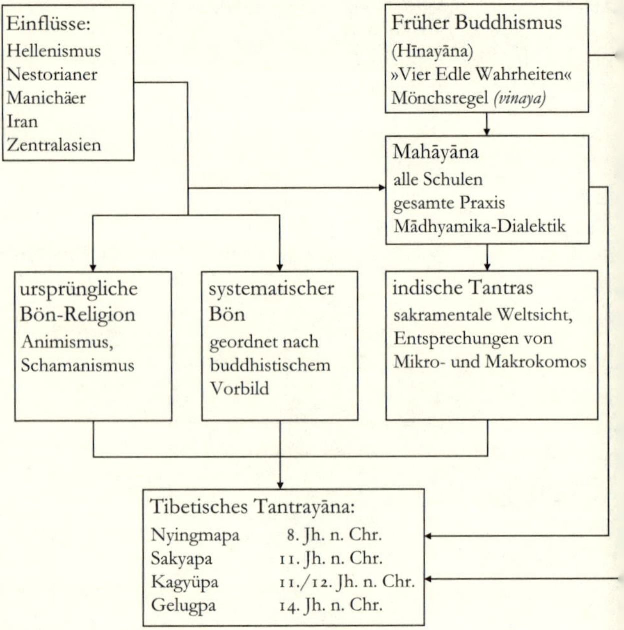

Entwicklung des Buddhismus in China

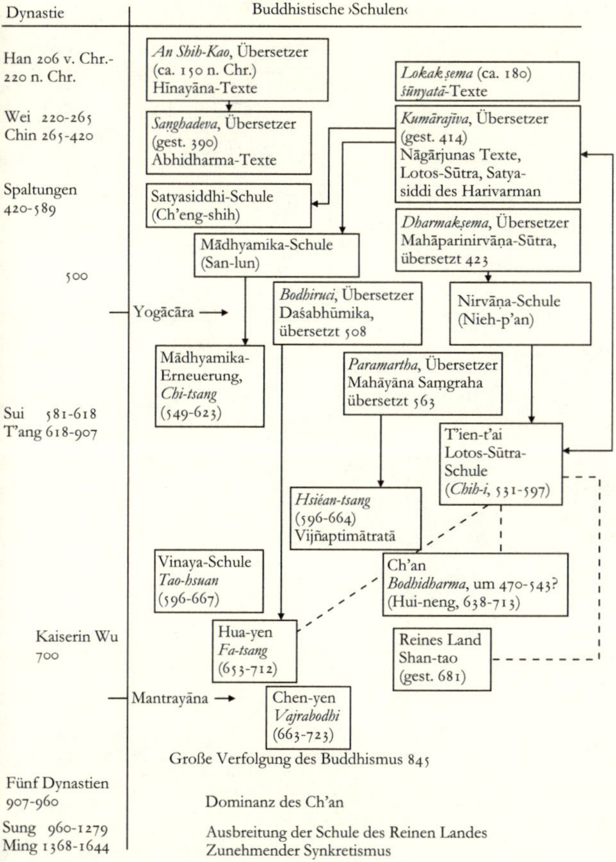
Dynastie
Buddhistische ›Schulen‹
Han 206 v. Chr.-220 n. Chr.
Wei 220-265
Chin 265-420
Spaltungen 420-589
500
Sui 581-618
T'ang 618-907
Kaiserin Wu 700
Fünf Dynastien 907-960
Sung 960-1279
Ming 1368-1644
An Shih-Kao, Übersetzer (ca. 150 n. Chr.) Hīnayāna-Texte
Lokakṣema (ca. 180) śūnyatā-Texte
Sanghadeva, Übersetzer (gest. 390) Abhidharma-Texte
Kumārajīva, Übersetzer (gest. 414) Nāgārjunas Texte, Lotos-Sūtra, Satya-siddi des Harivarman
Satyasiddhi-Schule (Ch'eng-shih)
Mādhyamika-Schule (San-lun)
Dharmakṣema, Übersetzer Mahāparinirvāṇa-Sūtra, übersetzt 423
Yogācāra
Bodhiruci, Übersetzer Daśabhūmika, übersetzt 508
Nirvāṇa-Schule (Nieh-p'an)
Mādhyamika-Erneuerung, Chi-tsang (549-623)
Paramartha, Übersetzer Mahāyāna Saṃgraha übersetzt 563
T'ien-t'ai Lotos-Sūtra-Schule (Chih-i, 531-597)
Hsiéan-tsang (596-664) Vijñaptimātratā
Vinaya-Schule Tao-hsuan (596-667)
Ch'an Bodhidharma, um 470-543? (Hui-neng, 638-713)
Hua-yen Fa-tsang (653-712)
Reines Land Shan-tao (gest. 681)
Mantrayāna
Chen-yen Vajrabodhi (663-723)
Große Verfolgung des Buddhismus 845
Dominanz des Ch'an
Ausbreitung der Schule des Reinen Landes
Zunehmender Synkretismus

Entwicklung des Buddhismus in Japan

Periode		Buddhistische ›Schulen‹	
Asuka (500-710)		538 Koreanisch-buddhistische Delegation in Japan 604 Prinz Shōtoku: Buddhismus und Konfuzianismus als Grundlage des Staates	
	— Ekan →	625 Jōjitsu (Satyasiddhi)	6 klassische Schulen von Nara
		Sanron (Mādhyamika)	
	(Hsuan-tsang) — Dōshō →	661 Hossō (Yogācāra)	
		Kusha (Abhidharma)	
Nara (710-785)			
	— chinesische/koreanische Mönche →	736/40 Kegon (Hua-yen) (Tōdai-ji, nationales Netz von Tempeln)	
	— Ganjin →	754 Ritsu (Vinaya), Kontrolle aller Ordinationen	
Heian (794-1160)	— Saichō →	805 Tendai (T'ien-t'ai)	
	— Kūkai →	806 Shingon (Chen-yen, tantrisch)	
Taira (1160-1185)		1175 Hōnen bricht mit Tendai (Berg Hiei), gründet Jōdo (Reines Land)-Schule	
Kamakura (1185-1333)			
	— Eisai →	1191 führt aus China Rinzai-Zen ein (Lin-chi)	
		1224 Shinran gründet Jōdo Shin-shū	
	— Dōgen →	1227 führt aus China Sōtō-Zen ein (Ts'ao-t'ung)	
		1253 Nichiren erneuert Tendai (Lotos-Sūtra), gründet Nichiren-shū	
Muromachi (1336-1573)		1549 Christentum eingeführt durch Jesuiten (Franz Xavier)	
Tokugawa (1603-1868)		Parochialsystem, alte (Tendai, Shingon) und reformierte (Rinzai/Sōtō-Zen, Jōdo/Jōdo-shin, Nichiren) Schulen	
Moderne (seit 1868) (Meiji, 1868-1912)		1869/71 anti-buddhistische Gesetze Laienbewegungen in der Nichiren-shū (1930 Sōka Gakkai, 1938 Risshō Kōseikai)	

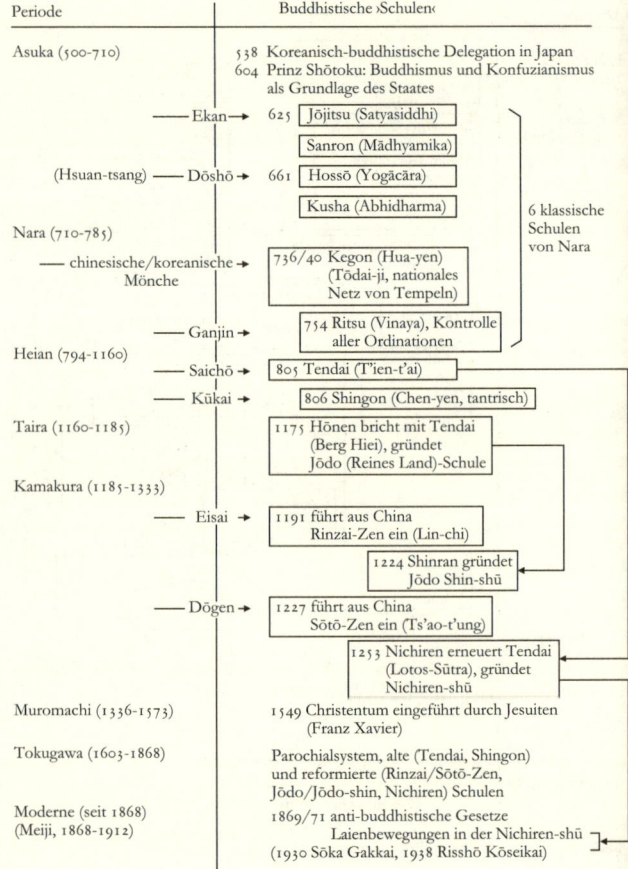

GLOSSAR

Für die Einträge aus indischen Sprachen steht die Sanskrit-Form; wo nötig, erscheint die Pāli-Form in Klammern.

abhidharma (*abhidhamma*) buddhistische Lehren, in systematischer Weise dargestellt; »dritter Korb« des Pāli-Kanon (neben *sutta* und *vinaya*)

abhijñā höhere oder übernatürliche Kräfte

ācārya Lehrer von (buddhistischer) Theorie und Praxis; auch respektvoller Titel für ältere Mönche

acintya unbegreiflich

adhiṣṭhāna »Fundament«; Gnade, die Kraft, mit der Buddhas den Bodhisattvas bei dem Bemühen beistehen, alle Lebewesen zur Befreiung zu führen; im tantrischen Buddhismus die mystische Macht des Dharmakāya Mahāvairocana als Quelle der universalen Befreiung bzw. Erleuchtung

ādibuddha Ur-Buddha; Symbol für die letztgültige Wirklichkeit im Mahāyāna und besonders im tantrischen Buddhismus

advaita Nicht-Dualität

Āgamas Sammlungen der (mahayanistischen) Texte; auch Lebensgeschichten der früheren Buddhas

Ājivikas rigorose indische Asketen im 6. Jahrhundert v. Chr.

ākāśa »Raum, Äther«; das fünfte Element

Akṣobhya Buddha der Unerschütterlichkeit des Gelübdes, einer der fünf → Tathāgatas

ālaya-vijñāna »Speicherbewußtsein«; im → Yogācāra die achte Ebene des Bewußtseins, in der die Eindrücke aus den Wahrnehmungen und Wahrnehmungsverarbeitungen in der Vergangenheit als Verunreinigungen des reinen Geistes ›aufbewahrt‹ werden und alle Bewußtseinsaktivitäten der Ebenen 1-8 prägen; auf Grund dieser Prägungen entsteht die irrtümliche Annahme eines permanenten Ich. Durch

Transformation (*parāvṛtti*) dieser Eindrücke entsteht das nach Erwachen drängende Bewußtsein (*bodhicitta*), wodurch die bereits potentiell wirksame Buddha-Natur manifestiert wird.

Amida — Japanischer Name für Buddha Amitābha, einer der fünf → Tathāgatas (*pancatathāgata*); Haupt-Buddha der Verehrung im Buddhismus des Reinen Landes

Amitābha (jap. Amida) — Buddha unendlichen Lichtes und des Reinen Landes, einer der fünf → Tathāgatas im tantrischen Buddhismus

Amoghasiddhi — Buddha, der sein Ziel furchtlos und unbeirrt verwirklicht, einer der fünf → Tathāgatas

amṛta (*amata*) — das Todlose, Synonym für → *nirvāṇa*

anātman (*anattā*) — Nicht-Selbst

anuttarayoga — die höchste Klasse von Texten und Praxis im tantrischen Buddhismus

arhat (*arahant*) — höchste Stufe der Vollkommenheit im frühen Buddhismus

artha — »Reichtum, materieller Vorteil«; eines der vier Ziele (*caturvarga*) im Leben nach der Lebensanschauung der vedisch-brahmanischen Tradition

arūpa — formlos

arūpaloka — »formloser Bereich«; eine der drei Welten der buddhistischen Kosmologie (vgl. → *triloka*)

Asaṇga — um 350 n. Chr.; systematisierte die → Prajnāpāramitā-Texte; bedeutender Meditationsmeister und Mitbegründer der → Vijnānavāda-(Nur-Bewußtseins-)Schule

āśraya-parāvṛtti — Transformation oder »Umkehr der Grundlage«, Bezeichnung für die Befreiung in der → Yogācāra-Schule

aṣṭāṇgika-mārga — der »Achtfache Pfad« der buddhistischen Praxis: ganzheitliche Anschauung (*samyag-dṛṣṭi*), ungeteilter Entschluß (*samyak-saṃkalpa*), untadelige Rede (*samyag-vāc*), vollkommenes Handeln (*samyak-karmānta*), ganzheitliche Lebensführung (*samyag-ājīva*), gleichgewichtige Anstrengung (*samyag-vyāyāma*), unablässige Achtsamkeit (*samyak-smṛti*), ganzheitliche Einswerdung (*samyak-samādhi*)

asura — Wesen, die auf Ebenen zwischen Göttern und Menschen angesiedelt sind, Halbgötter, Dämonen oder Titanen

ātman	»Selbst«; in den → Upaniṣaden Bezeichnung für das Absolute (*brahman*) in jedem Menschen
Avalokiteśvara	Bodhisattva, Inkarnation der barmherzigen Bewußtseinskraft des universalen Buddha-Bewußtseins
Avataṃsaka-Sūtra	indisches Mahāyāna-Sūtra; grundlegender Text der chinesischen → Hua-yen-Schule (jap. Kegon)
avidyā	Unwissenheit
bhavacakra	Rad des Werdenskreislaufs (→ *saṃsāra*)
bhikṣu (*bhikkhu*)	buddhistischer Bettelmönch, der die vollständigen Ordinationsgelübde abgelegt hat
bhikṣuṇi (*bhikkhuni*)	buddhistische voll ordinierte Nonne
bhūmi	»Stufe, Ebene«; die Zehn Stufen der Bodhisattvaschaft: Ebene der Freude (*pramuditā*), der Reinheit (*vimalā*), des Leuchtens (*prabhākārī*), des Strahlens (*arcismatī*), der Unüberwindbarkeit (*sudurjayā*), des Widerstehens (*abhimukhī*), des Weitreichens (*dūraṃgamā*), der Unerschütterlichkeit (*acalā*), der heilsamen Intelligenz (*sādhumatī*) und der Dharmawolke (*dharmameghā*)
Bodh Gayā	Ort des Erwachens Gautama Śākyamunis, im heutigen nordindischen Bundesstaat Bihar
bodhi	»Erwachen«; der Begriff steht auch für Weisheit (*prajñā*) und → *nirvāṇa*.
bodhicitta	altruistisch motiviertes Trachten nach Erwachen
bodhisattva	Wesen auf dem Weg zum Erwachen; erwachtes Wesen, das anderen auf dem Weg beisteht und darum auf den Eingang ins endgültige → *nirvāṇa* zeitweilig verzichtet (höchstes Ideal im Mahāyāna)
bodhisattvayāna	das »Bodhisattva-Fahrzeug«, andere Bezeichnung für Mahāyāna
Brahmā	eine der wichtigsten indischen Gottheiten, Schöpfergott
brahman	in den → Upaniṣaden Begriff für die letztgültige, absolute Wirklichkeit
brāhmaṇa	Brahmane, Mitglied der Priesterkaste
Buddha	der Erwachte
buddhagotra	Buddhalinie oder ›-familie‹
cakravartin	ein Weltenherrscher in der indischen Kosmologie (»dessen Rad ungehindert überallhin rollen kann«)
Cārvākas	frühe indische Schule der Materialisten

Ch'an (jap. Zen)	Meditationsschule des chinesischen Buddhismus (etwa seit dem 6./7. Jh.), von dort nach Korea, Japan und Vietnam übertragen, seit dem 19. Jahrhundert in Amerika und Europa erfolgreich
citta	Geist, Bewußtseinskontinuum
Dalai Lama	»Ozean der Weisheit-Lehrer«; mongolisch-tibetischer Titel für eine der wichtigsten Reinkarnationslinien (Tulkus) der → Gelugpa
deva	göttliches Wesen, das aber noch im Bereich des Kreislaufs der Geburten angesiedelt ist; auch Symbol für bestimmte Aspekte des Bewußtseinskontinuums
devī	Göttin
dhāraṇī	kurzer Spruch, oft nur eine Silbe, die den spirituellen Gehalt kondensiert ausdrückt, auch für magische Zwecke gebraucht
dharma	Weltgesetz, Einsicht in das Wesen der Wirklichkeit, allgemein auch: buddhistische Lehre und Praxis, auch (im → Abhidharma-System): Daseinselement
dharmadhātu	die Realität der Einen Wirklichkeit und ihre Repräsentation in Gestalt der fühlenden Wesen oder des Universums
Dharmaguptaka	eine der frühbuddhistischen Schulen vor Entstehung des Mahāyāna
dharma-kāya	transzendenter Geist-Körper, absoluter Wahrheitskörper (des Buddha)
Dharmakīrti	buddhistischer Logiker (600-660 n. Chr.)
dhātu	Element, Bereich
dhūta	Einsiedler, Asket
dhyāna	Meditation, Versenkungsmethode
dṛṣṭi	Anschauung, philosophische Lehrmeinung
duḥkha (*dukkha*)	Frustration daran, daß die ichhaften Projektionen unwirklich sind; Leiden
dveṣa	Haß
ekayāna	das »eine Fahrzeug«
gāthā	Vers, Gesang
gati	hierarchisch geordnete Bereiche des Begierde-Bereiches (*kāmaloka*) des → *saṃsāra*, in denen die fühlenden Wesen in Entsprechung zu ihrem *karman* geboren werden: Hölle, Hungergeister, Tiere, Menschen, Dämonen, Gottheiten

Gelugpa (tib.) reformierte Schule, die systematisches Studium der Schriften, Logik und ethische Disziplin betont, von Tsongkhapa (14./15. Jh.) begründet; aus ihr gehen die → Dalai Lamas hervor

guru Lehrer, spiritueller Meister

hetu Ursache

Hīnayāna kleines Fahrzeug

Hua-yen (jap. Kegon) chinesische Schule, die auf dem → Avataṃsaka-Sūtra basiert und einen kosmotheistischen Totalismus lehrt

icchantika Mensch, der allein seinen Begierden lebt und jedes Potentials für die Befreiung zu ermangeln scheint

Indra eine der vedischen Hauptgottheiten, König der Götter

indriya Sinnesfähigkeit

jambudvīpa die irdische Welt

Jātaka insgesamt 547 Geburtsgeschichten, die von den früheren Leben des Buddha erzählen; Teil des Khuddaka-Nikāya

jñāna Erkenntnis

jiriki (jap.) aus eigener Kraft und Anstrengung zur Befreiung gelangen (im Gegensatz zu *tariki* [die »andere Kraft«])

Jōdo-shū (jap.) Buddhismus des Reinen Landes, in China seit dem 7. Jahrhundert, in Japan durch Hōnen und Shinran (Jōdo-shin-shū) zu Massenbewegungen entfaltet; beruht auf Vertrauen in das gnadenhafte Gelübde → Amidas, alle Gläubigen zur Wiedergeburt im Reinen Land zu führen, von wo aus der Eingang ins → *nirvāṇa* problemlos möglich ist

Kagyüpa (tib.) Schule, die von Marpa im 11. Jahrhundert von Indien nach Tibet gebracht wurde, mit dem Asketen-Sänger Milarepa verbunden ist und die Mahāmudrā-Überlieferung (ein Meditationssystem) pflegt

kalpa Weltzeitalter, in dem ein Universum entsteht und vergeht

kāma Liebe, Begierde

kāraṇa Ursache

karman »Tat«; ursprünglich die Opferhandlung, dann umfassender und reziproker Zusammenhang von Ursache und Wirkung, schließt moralische Taten und

	Gedanken ein; im Buddhismus die Wirkung des Denkens, Sprechens und Tuns, das sich als formierende Wirkung in das Bewußtseinskontinuum einprägt und die Art der Wiedergeburt bestimmt
karuṇā	heilende Hinwendung zu allen Wesen
kleśa	»Verunreinigung« (des Bewußtseins); vor allem die ›drei Gifte‹ *moha* (»Unwissenheit«), *rāga* (»Begierde«) und *dveṣa* (»Haß«)
kōan (jap.)	paradoxes Problem, zu dem sich der Schüler spontan verhalten muß, um dadurch eine Einsicht in die Nicht-Dualität der Wirklichkeit zu erlangen und dieselbe dem Lehrer zu demonstrieren; in Sammlungen (*Pi-yen-lu* [jap. *Hekiganroku*], *Wu-men-kuan* [jap. *Mumonkan*] u. a.) überliefert
kṣatriya	Mitglied der Kriegerkaste
Kuśinagara	Ort, an dem der Buddha starb (ins *parinirvāṇa* einging)
lakṣanā	Merkmal, Zeichen
lama (tib.)	skt. *guru*, (spiritueller) Lehrer
Lotos-Sūtra	siehe *Saddharmapuṇḍarīka-Sūtra*
Mādhyamika	eine der wichtigsten Schulen des Mahāyāna, begründet von → Nāgārjuna, basiert auf der Lehre des Mittleren Weges (*mādyamaka*) in Erkenntnistheorie und Ethik
mahākaruṇā	große heilende Hinwendung zu allen Wesen
mahāmudrā	das »große Siegel«, System der Praxis im tantrischen Buddhismus zur Einsicht in die Nicht-Dualität aller Erscheinungen
Mahāsāṃghika	eine der beiden Schulrichtungen, in die sich der *saṃgha* wohl bereits beim 2. buddhistischen Konzil von Vaiśālī (383 oder um 270 v. Chr.) spaltete; den Umständen angepaßte Auslegung der Mönchsregel
Mahāyāna	großes Fahrzeug
Maitreya	Boddhisattva, der im *tuṣita*-(»Zufriedenheits-«) Himmel darauf wartet, als zukünftiger Buddha wiederzukommen
maitrī	Liebe
maṇḍala	zwei- oder dreidimensionale Anordnung von Symbolen für Bewußtseinskräfte, die auf diese Weise visualisiert werden

Mañjuśri	Bodhisattva der Weisheit
mantra	Klänge oder rezitierte Strophen, die Bewußtseinskräfte symbolisieren und aktivieren
Māra	Personifikation des Bösen und der Hindernisse (auf dem buddhistischen Pfad)
mārga	Weg
māyā	Illusion, die die Welt der Erscheinungen für die ›Soheit‹ der Wirklichkeit hält; auch schöpferische Kraft
mikkyō (jap.)	»Geheimlehre«, Interpretation buddhistischer Texte in tantrischer Deutung
Milindapañha	fiktives Gespräch zwischen dem griechischen König Menandros (Milinda) und dem buddhistischen Mönch Nāgasena; einflußreicher vor-mahayanistischer Text aus Nordwest-Indien
moha	Unwissenheit
mokṣa	Befreiung, Eintritt ins → *nirvāṇa*
mudrā	Siegel, Zeichen, meist symbolische Handgeste, der psycho-physische Wirkungen zugeschrieben werden
muni	schweigender Asket
Nāgārjuna	bedeutender buddhistischer Mahāyāna-Philosoph in Indien (2. Jh. n. Chr.), Begründer der → Mādhyamika-Schule und der → *śūnyatā*-Lehre
nāgas	Schlangengottheiten
nairātmyā	ohne Selbst, d. h. ohne inhärente Existenz
nembutsu (jap.)	Rezitation des Namens Amida-Buddhas, Praxis im Jōdo-Buddhismus
nidāna	die zwölf Glieder des Entstehens in gegenseitiger Abhängigkeit: Unwissenheit (*avidyā*), karmische Bildungen (*saṃskāra*), Bewußtsein (*vijñāna*), Name-Form (*nāmarūpa*), sechs Sinneskräfte (*ṣadāyatana*), Berührung (*sparśa*), Empfindung (*vedanā*), Anhaften (*tṛṣṇā*), begierdehaftes Greifen (*upādāna*), Existenz (*bhava*), Geburt (*jāti*), Alter und Tod (*jarāmaraṇa*)
nirguṇa	ohne Eigenschaften
nirmāṇa-kāya	körperliche Manifestation oder Inkarnation
nirodha	Aufhören, das Zur-Ruhe-Bringen
nirvāṇa	Verlöschen des Ich-Wahns, letztgültiger Zustand des Friedens

Nyingmapa — tibetische »Schule der Alten«, der Legende nach begründet von Padmasaṃbhava (Guru Rinpoche)

Pāli-Kanon — kanonische Schriftensammlung der Theravādins, seit dem 1. Jahrhundert v. Chr. verschriftlicht, abgeschlossen in »drei Körben« (*tipiṭaka*) im 5. Jahrhundert n. Chr., nämlich das Vinaya-piṭaka (Ordensregeln), das Sutta-piṭaka (Lehrreden des Buddha), das Abhidhamma-piṭaka (systematisierte philosophische Abhandlungen)

pañcaśīla — die fünf ›Grundgebote‹ des Buddhismus für Mönche wie Laien, nämlich sich zu enthalten von: Töten, Stehlen, sexuellem Fehlverhalten, Lügen, Genuß von Rauschmitteln

pañcatathāgata — die fünf im ›feinstofflichen Bereich‹ erscheinenden Buddhas, die als mikro-makrokosmische Symbole in den Visualisationen des tantrischen Buddhismus als *saṃbhogakāya* geschaut werden: → Vairocana, → Akṣobhya, → Ratnasaṃbhava, → Amitābha, → Amoghasiddhi

paramārtha — letztgültige, absolute Wahrheit

pāramitā — »Vollkommenheit«; die Sechs Vollkommenheiten des Mahāyāna sind: selbstloses Geben (*dāna*), tugendhaftes Verhalten (*śīla*), Geduld (*kṣānti*), Tatkraft (*vīrya*), Versenkung (*dhyāna*), Weisheit (*prajñā*)

pariṇāma — »Entwicklung«; Übertragung von *puṇya* (positive karmische Bewußtseinsformungen bzw. ›Verdienst‹) auf andere

parinirvāṇa — endgültiger Eintritt ins → *nirvāṇa* jenseits der Körperlichkeit; Tod

prajñā — Weisheit, Erkenntnis der Leere

Prajñāpāramitā-Sūtras — Sūtras der Vollkommenheit der Weisheit; wichtige Sūtras für die Herausbildung des Mahāyāna

prapañca — Pluralität, Ausdifferenzierung, konzeptuelle Konstruktionen im Bewußtsein, das damit seine Wahrnehmungs- und mentalen Verarbeitungsmuster netzartig über die Wirklichkeit legt und dieselbe verfälscht

prātimokṣa — Rezitationsformel für die monastischen Gelübde

pratītyasamutpāda (*paticcasamuppāda*) — Entstehen in gegenseitiger Abhängigkeit *pratyekabuddha* einer, der für sich allein den *dharma* verwirklicht, ohne in der *saṃgha*-Tradition zu stehen und sein Erwachen anderen vermitteln zu können (im Unterschied zum *samyaksaṃbuddha*, dem vollkommen Erwachten)

preta Hungergeist

pudgala Person, Ich-Zentrum

puṇya positive Bewußtseinsformung (oft mißverständlich mit »Verdienst« übersetzt), die dadurch zustande kommt, daß heilsame Gedanken und Taten Eindrücke im Bewußtseinskontinuum hinterlassen, die dieses fortan prägen und reifen lassen

puruṣa Mensch, Person, ursprüngliches personales Wesen; im Sāṃkhya das unbewegte Geistprinzip, das als reiner Beobachter (*sākṣin*) den veränderlichen Prozessen der *prakṛtī* gegenübersteht

putra Sohn

rāga Begierde, Neid

Ratnasaṃbhava der im Juwel geborene transzendente Buddha, einer der fünf → Tathāgatas, der Wünsche gewährt

Reines Land eine der wichtigsten und zahlenmäßig stärksten Formen des ostasiatischen Buddhismus, die auf Amitābha-(Amida-)Buddha und sein Reines Land (*sukhāvatī*) ausgerichtet ist

Rinpoche (tib.) »Kostbarer«; Ehrentitel für spirituelle Lehrer

rūpa Form, Gestalt

rūpaloka Bereich der Form, eine der drei Welten der buddhistischen Kosmologie (→ *triloka*)

Saddharmapuṇḍarīka-Sūtra *Lotos-Sūtra*, einer der wichtigsten Texte des frühen Mahāyāna (wohl 1. Jh. n. Chr.), der die Einheit der Lehren (*ekayāna*) als *Buddhayāna* betont und die unterschiedlichen Formen, Anschauungen und Praktiken des Buddhismus als »geschickte Mittel« (*upāya*) interpretiert

sādhana rituell-spirituelle (Meditations-)Praxis im Buddhismus

saguṇa mit Eigenschaften

Śākyamuni der »schweigende Weise« (*muni*) aus dem Geschlecht der Śākya; anderer Name für Siddhārtha Gautama

Sakyapa (tib.) Schule, die nach dem Kloster Sakya in Tibet benannt ist, das im Geiste der Reformen des Atīś 1073 gegründet wurde; erheblicher politischer Einfluß besonders im 13./14. Jahrhundert durch exklusive Verbindung zu den mongolischen Herrschern

samādhi — meditative Stabilisierung und Equilibrium der Bewußtseinskräfte, Versenkungszustand

Samantabhadra — »der allumfassend Gute«; bedeutender Bodhisattva, Schützer derer, die den *dharma* lehren; verkörpert die Nicht-Dualität von Gleichheit und Verschiedenheit; im tantrischen Buddhismus identifiziert mit dem Ursprungsbuddha, der den *dharma-kāya* symbolisiert

śamatha — Ruhen des Geistes auf einem Punkt

saṃbhoga-kāya — Seligkeitskörper im feinstofflichen Bereich

saṃgha — vierfache Gemeinschaft all derer, die den *dharma* praktizieren (Mönche, Nonnen, Laienanhänger und Laienanhängerinnen), oft auch nur den Mönchsorden (oder Mönche und Nonnen) bezeichnend

saṃsāra — Kreislauf der Wiedergeburten

saṃvṛti — konventionelle, relative Wahrheit

śānti — Frieden

Śāriputra — einer der Hauptschüler des Buddha, wegen seiner intellektuellen Begabung berühmt

sarva — alle

satya-dvaya — zwei Wahrheitsebenen: die konventionelle (relative) und die absolute Wahrheit

sesshin (jap.) — »Begegnung mit der (oder in der) Bewußtseinstiefe«; strenge Übungsperiode im Ch'an-(Zen-)Buddhismus

Shingon (jap.) — japanische Schule des buddhistischen Tantrismus, im Jahre 806 in Japan eingeführt von Kūkai (774-835)

Shintō (jap.) — »Weg der göttlichen Wesen«; japanische Verehrung von in der Natur verkörperten Geistern, Ahnen und Mächten

siddha — einer, der → *siddhi* vollkommen beherrscht

Siddhārtha Gautama (Siddhattha Gotama) — lebte etwa 560-480 oder (wahrscheinlicher) 450-370 v. Chr.; als er zur Wahrheit gefunden hatte, »Buddha« (»der Erwachte«) genannt, Gründer des Buddhismus

siddhi	übernatürliche bzw. parapsychische Fähigkeit, auch vollkommene Kontrolle über die physischen und psychischen Kräfte
śīla (*sīla*)	rechtes Verhalten, Ethik
skandha (*khandha*)	Daseinsaggregat oder -gruppe: Form, Körper (*rūpa*), Gefühl (*yedanā*), unterscheidende Wahrnehmung (*saṃjñā*), Willensimpuls (*saṃskāra*), Bewußtsein (*vijñāna*)
smṛti (*sati*)	Gedächtnis, Achtsamkeit
Sōtō	japanische Zen-Schule, die auf die chinesische Ts'ao-tung-Schule zurückgeht und von Dōgen 1227 in Japan eingeführt wurde
śraddhā	Glaube, Vertrauen (in die Wahrhaftigkeit des Buddha bzw. der Lehre und des Meisters)
śramaṇa (*samanna*)	Wanderasket, buddhistischer Bettelmönch
śrāvaka	»Hörer«; Schüler des Buddha im frühen Buddhismus
Sthaviravāda	Vorläufer der Theravāda-Schule
stūpa	symbolischer Maṇḍala-Bau als Grab und Behälter von Reliquien bzw. Texten; Ort für rituelle Verehrung des Buddha, in Ostasien architektonisch zur Pagode umgeformt
Subhūti	bedeutender Schüler des Buddha, in den Prajñāpāramitā-Sūtras Hauptvertreter der → *śūnyatā*-Lehre; vertritt vielleicht die Waldeinsiedler-Tradition, die eine der Wurzeln für die Entstehung des Mahāyāna ist
sukha	Glück, Seligkeit
sukhāvatī	»Land des Glücks«; Name des Reinen Landes, das → Amitābha-(Amida-)Buddha für die geschaffen hat, die ihn gläubig anrufen
śūnyatā	»Leerheit« in bezug auf inhärente Existenz
sūtra (*sutta*)	»Faden«; aneinandergereihte Texte, Textsammlung mit Lehrreden des Buddha
Sūtrayāna	Buddhismus, der sich auf die Sūtras beruft
svabhāva	Wesen, Natur, inhärente Existenz
Tantra	eine Hauptströmung der indischen Religionen, die etwa ab dem 5. Jahrhundert n. Chr. Hinduismus und Buddhismus durchdrungen hat und sich durch eine sakramentale Sicht der gesamten Wirklichkeit auszeichnet, das heißt, alles kann zum Symbol für das Heilige werden.

Tantrayāna	Buddhismus, der die tantrische Praxis als zusätzliche Methode zu den Sūtras lehrt
Tārā	»Retterin«; die weibliche Entsprechung zu Avalokiteśvara, dem Bodhisattva der Barmherzigkeit
tariki (jap.)	»aus anderer Kraft« (nämlich der Gnade Amidas) zur Befreiung gelangen (im Gegensatz zu *jiriki*)
tathāgata	der »So-Gegangene« (oder So-Gekommene), der in die Wahrheit oder vollkommene Erleuchtung Eingegangene; Titel der Buddhas
tathāgatagarbha	»Embryo« oder »Schoß« des Tathāgata, die Buddha-Natur, die in allen fühlenden Wesen angelegt ist
tathātā	›Soheit‹, das wahre Wesen der Wirklichkeit
tattva	›Dasheit‹, Wirklichkeit, Wahrheit, wirklich existierendes Element
Theravāda	eine der Schulen des frühen Buddhismus, die zur Gruppe der Sthaviras (»die Ältesten«) gehört, heute die Form des Buddhismus in Sri Lanka und Südostasien
Theravādin	Anhänger des Theravāda
T'ien-t'ai (jap. Tendai)	chinesische Schule, die auf dem *Lotos-Sūtra* basiert, die Lehren des Buddha chronologisch ordnet und umfassend systematisiert; in China begründet von Chih-i (538-597), im Jahr 805 nach Japan eingeführt von Saichō (767-822)
trikāya	die »drei Körper« des Buddha in der Mahāyāna-Buddhologie: *nirmāṇa-kāya*, *saṃbhoga-kāya*, *dharmakāya*
trilakṣana	»drei Merkmale« alles bedingt Existierenden: vergänglich (*anitya*), Frustration und Leid erzeugend (*duḥkha*), ohne permanentes Ich (*anātman*)
triloka	die »drei Welten« innerhalb des → *saṃsāra*: 1. *kāmaloka*, die Welt der Begierde (Höllenbereich, → *pretas*, Tiere, Menschen, → *asuras*, → *devas*); 2. *rūpaloka*, Welt der begierdelosen Körperlichkeit, die von verschiedenen Klassen von Göttern bevölkert wird; 3. *arūpaloka*, die Welt der Körperlosigkeit, das heißt, die Wesen sind reine Bewußtseinskontinua.
trisvabhā	drei »Aspekte« oder ›Art und Weisen‹, zentrale Idee in der → Yogācāra-Schule, die die Art und

Weise der mentalen Repräsentation der Wirklichkeit differenziert bezeichnet

ṛṣṇā (*taṇhā*) Durst nach Dasein, Begierde

ulku (tib.) Formkörper (skt. *nimāṇa-kāya*) des Buddhabewußtseins; Bezeichnung für Lamas, die als Reinkarnationen spezifizierter Vorgänger gelten

uṣita Himmel der »stillen Zufriedenheit«, in dem Wesen wohnen, die nur noch einmal wiedergeboren werden (müssen); hier hält sich der zukünftige Buddha Maitreya gegenwärtig auf.

Udāna Teil des Khuddaka-Nikāya, »erhebende Verse«; Aussprüche des Buddha

Upaniṣaden Texte der brahmanische Tradition am Ende des Veda (Vedānta), entstanden zwischen 600 und ca. 200 v. Chr., philosophisch-spekulativ, wobei vor allem die Identität von → *brahman* und → *ātman* gelehrt wird

upāsaka Laienanhänger des Buddha

upāsikā Laienanhängerin des Buddha

upāya geschicktes Mittel

Vairocana in einigen Tantras höchster der transzendenten Buddhas, dem absoluten *dharma-kāya* gleich

vajra Diamant oder »Donnerkeil«; vielschichtiges Symbol für die Unzerstörbarkeit der Wahrheit bzw. des *dharma* oder der letztgültigen Realität; Ritualinstrument im tantrischen Buddhismus, das vor allem »Methode« (*upāya*) symbolisiert

Vajrayāna »Fahrzeug des Diamantszepters«

veda »Wissen«; diese Sammlungen der normativen Texte der brahmanischen Tradition gelten als »gehört« (*śruti*), d. h. den Sehern (*ṛṣi*) der Vergangenheit offenbart; zunächst mündlich, dann schriftlich tradiert; die ältesten Teile dürften etwa zwischen 1500 und 1000 v. Chr. entstanden sein.

Vijñānavāda »Nur-Bewußtseinsschule«, siehe Yogācāra

vikalpa Unterscheidung

vinaya Sammlung der monastischen Regeln für Mönche und Nonnen, deren Einhaltung in Gelübden verbindlich erklärt wird

vipaśyanā (*vipassanā*) tiefe Einsicht in das Wesen der Wirklichkeit, besonders in deren Leere

Visuddhimagga	Kompendium der Theravāda-Schule, verfaßt vor Buddhaghosa (5. Jh. n. Chr.)
Yama	in der buddhistischen (und brahmanischen) Mythologie der Gott der Toten
yantra	geometrische Repräsentation kosmologischer Strukturen und Entsprechungen von Wirklichkeiten, gebraucht als Hilfsmittel zur Meditation und in tantrischen Ritualen
Yogācāra	Schule des Mahāyāna (»Nur-Bewußtseinsschule«), begründet von Maitreya, Vasubandhu und → Asaṇga (4. Jh. n. Chr.); lehrt, daß die Wirklichkeit nur in Wahrnehmungen, d. h. in Bewußtseinsvorgängen erscheint; analysiert das Bewußtsein und seine Funktionsweisen
zazen (jap.)	Sitz-Meditation im → Ch'an bzw. Zen
Zen	japanische Form der chinesischen Ch'an-Schule

SIGLENVERZEICHNIS

AN	Aṅguttara-Nikāya
BA	*Bodhicaryāvatāra*
DN	Dīgha-Nikāya
KN	Khuddaka-Nikāya
MMK	*Mūlamādhyamakakārikā*
MN	Majjhima-Nikāya
Mv	*Mahāvastu*
SN	Saṃyutta-Nikāya
Sn	*Sutta-Nipāta*
Vin.	Vinaya

LITERATURVERZEICHNIS

Im folgenden – wie auch bei Literaturangaben im Text und in den Fußnoten – werden auch bei japanischen und chinesischen Namen die Vornamen vorangestellt.

GESCHICHTE, PHILOSOPHIE UND PRAXIS DES BUDDHISMUS (ALLGEMEIN)

Takao Aoyama (Hg.), *Das große Lexikon des Buddhismus* [deutsche Übersetzung des *Sōgō bukkyō daijiten*, Kyōto], Redaktion Gregor Paul, München 2006: Iudicium-Verlag.

Ursula Baatz, *Buddhismus*, Kreuzlingen und München 2002: Hugendubel.

Greg M. Bailey, Ian W. Mabbett, *The Sociology of Early Buddhism*, Cambridge 2003: Cambridge University Press.

Tessa J. Bartholomeusz, *In Defense of Dharma. Just-War Ideology in Buddhist Sri Lanka*, London u. a. 2002: Routledge Curzon.

Heinz Bechert, *Die Lebenszeit des Buddha – das älteste feststehende Datum der indischen Geschichte?*, in: Nachrichten der Akademie der Wissenschaften in Göttingen. I. Philologisch-historische Klasse 1986/4, S. 129-184.

Heinz Bechert (Hg.), *The Dating of the Historical Buddha. Die Datierung des historischen Buddha*, Symposium zur Buddhismusforschung IV, 3 Bde., Göttingen 1991, 1992, 1997: Vandenhoeck & Ruprecht.

Heinz Bechert, Richard Gombrich (Hg.), *The World of Buddhism. Buddhist Monks and Nuns in Society and Culture*, London 1984: Thames and Hudson; deutsch: *Der Buddhismus. Geschichte und Gegenwart*, München ^{2}2002: C. H. Beck (zuerst 1984).

Gustavo Benavides, *Economy*, in: Donald S. Lopez (Hg.), *Critical Terms for the Study of Buddhism*, Chicago 2005: The University of Chicago Press, S. 77-102.

Oliver Bottini, *Das große O.-W.-Barth-Buch des Buddhismus*. Frankfurt/Main 2004: Barth.

Pia Brancaccio, Kurt Behrendt (Hg.), *Gandhāran Buddhism. Archaeology, Art, Texts*, Vancouver 2006: UBC Press.

Michael von Brück, *Religionswissenschaft als Kulturwissenschaft*, in: *Watchtower Religionswissenschaft. Standortbestimmungen im wissenschaftlichen Feld*, hg. v. Anne Koch, Marburg 2007: diagonal, S. 73-93.

David Burton, *Buddhism, Knowledge and Liberation. A Philosophical Study*, Aldershot 2004: Ashgate.

Robert E. Buswell, *Encyclopedia of Buddhism*, 2 Bde., New York 2004: Macmillan.

José I. Cabezón, *Buddhism and Language. A Study of Indo-Tibetan Scholasticism*, Albany 1994: SUNY Press.

David W. Chappell (Hg.), *Buddhist Peacework. Creating Cultures of Peace*, Somerville (Mass.) 1999: Wisdom Publications.

G. C. Chauley, *Early Buddhist Art in India. 300 B. C. to 300 A. D.*, Neu Delhi 1998: Sundeep Prakashan.

Edward Conze, *Der Buddhismus. Wesen und Entwicklung*, Urban-Bücher 5, Stuttgart [10]1995: Kohlhammer (zuerst 1953); engl. Original: *Buddhism. Its Essence and Development*, Oxford 1951: Bruno Cassirer.

Edward Conze, *Buddhist Scriptures.* Selected and Translated, Harmondsworth 1959: Penguin Books.

Edward Conze, *Buddhist Thought in India. Three Phases of Buddhist Philosophy*, London 1962: Allen & Unwin; deutsch: *Buddhistisches Denken. Drei Phasen buddhistischer Philosophie in Indien*, übersetzt von Ursula Richter, Insel-Taschenbuch 3251, Frankfurt/Main 2007: Insel-Verlag.

Edward Conze (Hg.), *Buddhist Texts Through the Ages. Newly Translated from the Original Pali, Sanskrit, Chinese, Tibetan, Japanese and Apabhramsa.* In Collaboration with Isaline B. Horner, David Snellgrove and Arthur Waley, Oxford 2000: Oneworld (zuerst Oxford 1954: Cassirer); deutsch: *Im Zeichen Buddhas. Buddhistische Texte*, Frankfurt/Main und Hamburg 1957: Fischer.

Paul Dahlke, *Buddha. Die Lehre des Erhabenen.* Aus dem Palikanon ausgewählt und übertragen, München 1986: Goldmann (zuerst 1920).

Nalinaksha Dutt, *Mahāyāna Buddhism*, Delhi 1977: Motilal Banarsidass (zuerst 1930).

Ronald B. Epstein, *Buddhist Text Translation Society's Buddhism A to Z*, Burlingame (Calif.) 2003: Buddhist Text Translation Society.

Erich Frauwallner, *Die Philosophie des Buddhismus*, Philosophische Studientexte 2, Berlin 1956 ([4]1994): Akademie-Verlag.

Louis Frédéric, *Les dieux du Bouddhisme. Guide iconographique*, Paris 1992: Flammarion; deutsch: *Buddhismus. Götter, Bilder und Skulpturen*, Paris 2003: Flammarion.

Oliver Freiberger, *The Buddhist Canon and the Canon of Buddhist Studies*, in: Journal of the International Association of Buddhist Studies 27 (2004), H. 2, S. 261-283.

Rupert Gethin, *The Foundations of Buddhism*, Oxford 1998: Oxford University Press.

Balkrishna Govind Gokhale, *Buddhism and Asoka*, Baroda 1948: Padmaja.

Christopher W. Gowans, *Philosophy of the Buddha*, London und New York 2003: Routledge.

Śrīrāma Goyala, *Buddhism in Indian history and culture. Upto the Ambedkar movement*, Jodhpur 2004: Kusumanjali Book World.

Śrīrāma Goyala, *Indian Buddhism after the Buddha*, Jodhpur 2003: Kusumanjali Book World.

Ursula Gräfe, *Buddha [Leben, Werk, Wirkung]*, Suhrkamp-BasisBiographie 5, Frankfurt/Main 2005: Suhrkamp.

Paul J. Griffiths, *On Being Mindless. Buddhist Meditation and the Mind-Body Problem*, LaSalle (Ill.) 1986: Open Court.

Paul J. Griffiths, *On Being Buddha. The Classical Doctrine of Buddhahood*, Albany 1994: SUNY Press.

Rita M. Gross, *Buddhism after Patriarchy. A Feminist History, Analysis, and Reconstruction of Buddhism*, Albany 1993: SUNY Press.

Steve Hagen, *Buddhismus kurz und bündig. Prinzipien und Praxis*, übersetzt von Ursula Gail, München 2000: Goldmann.

Wilhelm Halbfass, *Indien und Europa. Perspektiven ihrer geistigen Begegnung*, Basel und Stuttgart 1981: Schwabe.

Wilhelm Halbfass, *Karma und Wiedergeburt im indischen Denken*, Diederichs gelbe Reihe 161, Kreuzlingen und München 2000: Diederichs.

Peter Harvey, *An Introduction to Buddhism. Teachings, History and Practices*, Cambridge 1990: Cambridge University Press.

Peter Harvey, *An Introduction to Buddhist Ethics. Foundations, Values, Issues*, Cambridge 2000: Cambridge University Press.

Kanai Lal Hazra, *The Rise and Decline of Buddhism in India*, Neu Delhi 1995: Munshiram Manoharlal.

Hellmuth Hecker, *Great Disciples of the Buddha. Their Lives, their Works, their Legacy*, hg. und eingeleitet von Bhikku Bodhi, Boston 1998: Wisdom Publications; deutsch: *Die Jünger Buddhas. Leben, Werk und Vermächtnis der vierundzwanzig bedeutendsten Schüler und Schülerinnen des Erwachten*, übersetzt von Marcus Würmli, Bern u. a. 2000: Barth.

Friedrich Heiler, *Die buddhistische Versenkung. Eine religionsgeschichtliche Untersuchung*, München 1918 (^{2}1922): Reinhardt.

Adelheid Herrmann-Pfandt, *Verdienstübertragung im Hīnayāna und Mahāyāna*, in: Michael Hahn, Jens-Uwe Hartmann, Roland Steiner (Hg.), *Suhṛllekhāḥ. Festgabe für Helmut Eimer*, Swisttal-Odendorf 1996: Indica et Tibetica Verlag, S. 79-98.

Akira Hirakawa, *A History of Indian Buddhism. From Śākyamuni to Early Mahāyāna*, übersetzt und hg. v. Paul Groner, Honolulu 1990: University of Hawaii Press.

Clair W. Huntington, *The Emptiness of Emptiness. An Introduction to Early Indian Mādhyamika*, Honolulu 1989: University of Hawaii Press.

Gioi B. Huong, *Bodhisattva and Śūnyata. In the Early and Developed Buddhist Traditions*, Delhi 2004: Eastern Book Linkers.

Daisaku Ikeda, *Buddhismus. Das erste Jahrtausend*, München ²2003: Nymphenburger (zuerst 1986).

Roger R. Jackson, John J. Makransky (Hg.), *Buddhist Theology. Critical Reflections by Contemporary Buddhist Scholars*, Richmond 2000: Curzon.

Khobaragade Jamanadas, *Decline and Fall of Buddhism. A tragedy in ancient India*, Neu Delhi 2004: Blumoon Books.

Ken H. Jones, *The Social Face of Buddhism. An Approach to Political and Social Activism*, London 1989: Wisdom Publications.

Jan Willem de Jong, *A Brief History of Buddhist Studies in Europe and America*, Bibliotheca Indo-Buddhica 33, Delhi ²1987: Satguru Publ. (zuerst 1976).

Lal Mani Joshi, *Studies in the Buddhistic Culture of India. During the 7th and 8th centuries A. D.*, Delhi ²1977: Motilal Banarsidass (zuerst 1967).

David J. Kalupahana, *Causality. The Central Philosophy of Buddhism*, Honolulu 1975: University of Hawaii Press.

Bla-ma Karta, *Buddhismus. Eine Einführung in die Lehre Buddhas*, übersetzt von Angela Sophia Neumann und Albrecht Barthel, Bern, München und Wien 1999: Barth (niederl. Original 1994).

Leslie S. Kawamura (Hg.), *The Bodhisattva Doctrine in Buddhism*, Waterloo (Ontario) 1981: Wilfrid Laurier University Press.

Damien Keown, *The Nature of Buddhist Ethics*, New York 2001: Palgrave (zuerst 1992).

Damien Keown, *Buddhism & Bioethics*, New York 1995: St. Martin's Press.

Damien Keown, *A Dictionary of Buddhism*, Oxford 2003: Oxford University Press; deutsch: *Lexikon des Buddhismus*, übersetzt und bearbeitet von Karl-Heinz Golzio, Düsseldorf 2005: Patmos.

Damien Keown (Hg.), *Contemporary Buddhist Ethics*, Richmond 2005: Curzon.

Damien V. Keown, Charles S. Prebish, Wayne R. Husted (Hg.), *Buddhism and Human Rights*, Richmond 1998: Curzon.

Fritz Kern, *Aśoka, Kaiser und Missionar*, hg. v. Willibald Kirfel, Bern 1956: Francke.

Richard King, *Indian Philosophy. An Introduction to Hindu and Buddhist Thought*, Edinburgh 1999: Edinburgh University Press.

Christoph Kleine, Xuetao Li, Michael Pye, *A Multilingual Dictionary of Chinese Buddhism*, München 1999: Iudicium-Verlag.

Hans-Joachim Klimkeit, *Der Buddha. Leben und Lehre*, Kohlhammer-Taschenbücher 438, Stuttgart u. a. 1990: Kohlhammer.

Whalen Lai, *The Three Jewels in China*, in: Yoshinori Takeuchi, *Buddhist Spirituality*, Bd. 1: *Indian, Southeast Asian, Tibetan, and Early Chinese*, World Spirituality 8, New York 1993: Crossroad, S. 275-342.

Trevor Ling, *Buddhism, Imperialism and War. Burma and Thailand in Modern History*, London 1979: Allen & Unwin.

Ramesh Chandra Majumdar, *History and Culture of the Indian People*, Bd. 2-5, London 1951-57: Allen & Unwin.

John J. Makransky, *Buddhahood Embodied. Sources of Controversy in India and Tibet*, Albany 1997: SUNY Press.

Bruce Matthews, *Craving and Salvation. A Study in Buddhist Soteriology*, Bibliotheca Indo-Buddhica Series 135, Delhi 1994: Sri Satguru Publications (zuerst 1983).

Klaus Mylius, *Geschichte der altindischen Literatur. Die 3000jährige Entwicklung der religiös-philosophischen, belletristischen und wissenschaftlichen Literatur Indiens von den Veden bis zur Etablierung des Islam*, Bern, München und Wien 1988: Scherz; 2., überarbeitete Auflage Wiesbaden 2003: Harrassowitz.

Hajime Nakamura, *Die Grundlehren des Buddhismus, ihre Wurzeln in Geschichte und Tradition*, in: Heinrich Dumoulin (Hg.), *Buddhismus der Gegenwart*, Freiburg 1970: Herder, S. 9-34.

Klaus-Josef Notz (Hg.), *Das Lexikon des Buddhismus. Grundbegriffe, Traditionen, Praxis*, 2 Bde., Freiburg/Breisgau, Basel und Wien 1998: Herder.

Thera Nyanaponika, *The Heart of Buddhist Meditation. Satipaṭṭhāna. A handbook of mental training based on the Buddha's way of mindfulness. With an anthology of relevant texts translated from the Pali and Sanskrit*, Boston 1996: Samuel Weiser (zuerst 1953).

Nyanatiloka, *Buddhistisches Wörterbuch. Kurzgegefaßtes Handbuch der buddhistischen Lehren und Begriffe in alphabetischer Anordnung*, Stammbach ^{5}1999: Beyerlein & Steinschulte (zuerst 1954, ^{2}1976).

Gananath Obeyesekere, *Religious Symbolism and Political Change in Ceylon*, in: G. Obeyesekere, F. Reynolds, B. L. Smith (Hg.), *The Two Wheels of Dhamma* (siehe unten), S. 55-78.

Gananath Obeyesekere, Frank Reynolds, Bardwell L. Smith (Hg.), *The Two Wheels of Dhamma. Essays on the Theravada Tradition in India and Ceylon*, AAR Studies in Religion, Chambersburg (Pa.) 1972: American Academy of Religion.

Diana Y. Paul, *Women in Buddhism. Images of the Feminine in Mahāyāna Tradition*, Berkeley ²1985: University of California Press (zuerst 1979).

Seri Phongphit, *Religion in a Changing Society. Buddhism, Reform and the Role of Monks in Community Development in Thailand*, Hongkong 1988: Arena Press.

Peter Pfandt, *Mahāyāna Texts Translated into Western Languages. A Bibliographical Guide*, Köln ²1986: Brill (zuerst 1983).

Chandra Pratap, *Metaphysics of Perpetual Change. The Concept of Self in Early Buddhism*, Bombay und Neu Delhi 1978: Somaiya.

Michael Pye, *Skilful Means. A Concept in Mahayana Buddhism*, London 2003: Routledge (zuerst 1978).

Michael Pye, *The Buddha*, London 1979: Duckworth.

Sangharakshita, *A Survey of Buddhism. Its Doctrines and Methods through the Ages*, Boulder ⁵1980: Shambhala (zuerst 1957).

Emanuel Sarkisyanz, *Buddhist Backgrounds of the Burmese Revolution*, Den Haag 1965: Nijhoff.

Peter Schalk, Max Deeg (Hg.), *Im Dickicht der Gebote. Studien zur Dialektik von Norm und Praxis in der Buddhismusgeschichte Asiens*, Uppsala 2005: Universitet Uppsala.

Jens Schlieter, *Buddhismus zur Einführung*, Hamburg ²2001: Junius (zuerst 1997).

Dieter Schlingloff, *Die Religion des Buddhismus*, Bd. 1: *Der Heilsweg des Mönchtums*; Bd. 2: *Der Heilsweg für die Welt*, Sammlung Göschen 174 und 770, Berlin 1962-63: de Gruyter.

Dieter Schlingloff, *Die Bedeutung der Symbole in der altbuddhistischen Kunst*, in: Harry Falk (Hg.), *Hinduismus und Buddhismus. Festschrift für Ulrich Schneider*, Freiburg 1987: Falk, S. 309-328.

Dieter Schlingloff, *Die Meditation unter dem Jambu-Baum*, in: Wiener Zeitschrift für die Kunde Südasiens 31 (1987), S. 111-130.

Perry Schmidt-Leukel, *War and Peace in Buddhism*, in: P. Schmidt-Leukel (Hg.), *War and Peace in World Religions. The Gerald Weisfeld Lectures 2003*, London 2004: SCM Press, S. 33-56.

Perry Schmidt-Leukel (Hg.), *Buddhism, Christianity and the Question of Creation. Karmic or Divine?*, Aldershot 2006: Ashgate.

Perry Schmidt-Leukel, *Understanding Buddhism*, Edinburgh 2006: Dunedin Academic Press.

Lambert Schmithausen, *Buddhismus und Natur*, in: Raimundo Panikkar, Walter Strolz (Hg.), *Die Verantwortung des Menschen für eine bewohnbare Welt im Christentum, Hinduismus und Buddhismus*, Freiburg 1985: Herder, S. 100-133.

Lambert Schmithausen, *Buddhism and Nature. The Lecture delivered on the Occasion of the EXPO 1990.* An Enlarged Version with Notes, Studia Philologica Buddhica. Occasional Paper Series 7, Tokyo 1991 The International Institute for Buddhist Studies.

Lambert Schmithausen, *Buddhismus und Glaubenskriege*, in: Peter Herrmann (Hg.), *Glaubenskriege in Vergangenheit und Gegenwart*, Göttingen 1996: Vandenhoeck & Ruprecht, S. 63-92.

Lambert Schmithausen, *The Early Buddhist Tradition and Ecological Ethics*, in: Journal of Buddhist Ethics 4 (1997), S. 1-74.

Lambert Schmithausen, *Aspects of the Buddhist Attitude Towards War*, in Jan E. M. Houben, Karel R. Van Kooij (Hg.), *Violence Denied. Violence, Non-Violence and the Rationalization of Violence in South Asian Cultural History*, Leiden 1999: Brill, S. 45-67.

Lambert Schmithausen, *Buddhism and the Ethics of Nature – Some Remarks*, in: The Eastern Buddhist. New Series 32 (2000), H. 2 S. 26-78.

Lambert Schmithausen, *Zum Problem der Gewalt im Buddhismus*, in Adel Theodor Khoury (Hg.), *Krieg und Gewalt in den Weltreligionen. Fakten und Hintergründe*, Freiburg/Breisgau, Basel und Wien 2003 Herder, S. 83-98.

Gregory Schopen, *Two Problems in the History of Indian Buddhism. The Layman/Monk Distinction and the Doctrines of the Transference of Merit*, in: Studien zur Indologie und Iranistik 10 (1985), S. 9-47.

Gregory Schopen, *Burial »ad sanctos« and the Physical Presence of the Buddha in Early Indian Buddhism. A Study in the Archeology of Religions*, in Religion 17 (1987), S. 193-225.

Gregory Schopen, *Archeology and Protestant Presuppositions in the Study of Indian Buddhism*, in: History of Religions 31 (1991-92), S. 1-23.

Hans Wolfgang Schumann, *Buddhismus. Stifter, Schulen und Systeme*, Olten und Freiburg ²1978: Walter (zuerst 1976).

Hans Wolfgang Schumann, *Der historische Buddha. Leben und Lehre des Gotama*, Diederichs gelbe Reihe 73, München 1988: Diederichs (zuerst 1982).

Gabriele Seitz, *Die Bildsprache des Buddhismus*, Düsseldorf 2006: Patmos.

Ramesh Chandra Sharma (Hg.), *Buddhism and Gandhāra Art*, Neu Delhi 2004: Aryan Books International.

Russell F. Sizemore, Donald K. Swearer (Hg.), *Ethics, Wealth, and Salvation. A Study in Buddhist Social Ethics*, Columbia 1990: University of South Carolina Press.

Andrew Skilton, *A Concise History of Buddhism*, Birmingham ^{2}1997: Windhorse Publications (zuerst 1994).

The Soka Gakkai Dictionary of Buddhism, Tokyo 2002: Sōka Gakkai.

Theodor (Fedor Ippolitovich) Stcherbatsky, *The Central Conception of Buddhism and the Meaning of the Word »Dharma«*, Delhi 2005: Motilal Banarsidass (zuerst 1922).

John S. Strong, *The Legend and Cult of Upagupta. Sanskrit Buddhism in North India and Southeast Asia.* Princeton 1992: Princeton University Press.

Yasuhiro Sueki, *Bibliographical sources for Buddhist studies. From the viewpoint of Buddhist philology*, 4 Bde., Tokio 1998-2001: International Institute for Buddhist Studies of the International College for Advanced Buddhist Studies.

Somboon Suksamran, *Buddhism and Politics in Thailand. A study of sociopolitical change and political activism of the Thai Sangha*, Singapur 1982: Institute of Southeast Asian Studies.

Daisetz Teitaro Suzuki, *Studies in the Lankavatara Sutra. One of the most important texts of Mahayana Buddhism ⟨...⟩, including the teaching of Zen*, London 1930: Routledge.

Yoshinori Takeuchi, *Buddhist Spirituality*, Bd. 1: *Indian, Southeast Asian, Tibetan, and Early Chinese*; Bd. 2: *Later China, Korea, Japan, and the Modern World*, World Spirituality 8-9, New York 1993-99: Crossroad.

Stanley Jeyaraja Tambiah, *World Conqueror and World Renouncer. A Study of Buddhism and Polity in Thailand against a Historical Background*, Cambridge Studies in Social Anthropology 15, Cambridge 1976: Cambridge University Press.

Stanley Jeyaraja Tambiah, *Buddhism Betrayed? Religion, Politics and Violence in Sri Lanka*, Chicago und London 1992: The Chicago University Press.

Edward J. Thomas, *The Life of Buddha as Legend and History*, Neu Delhi 1993: Munshiram Manoharlal Publishers (Nachdruck der 3. Auflage London 1949; zuerst 1927).

Karma Lekshe Tsomo (Hg.), *Innovative Buddhist Women. Swimming Against the Stream*, Richmond 2000: Curzon.

Ernst Waldschmidt, *Die Legende vom Leben des Buddha. In Auszügen aus den heiligen Texten. Aus dem Sanskrit, Pali und Chinesischen übersetz und eingeführt*, Graz 1982 (zuerst 1929).

Ernst Waldschmidt, *Von Ceylon bis Turfan. Schriften zur Geschichte, Lit-ratur, Religion und Kunst des indischen Kulturraumes. Festgabe zum 7(Geburtstag am 15. Juli 1967*, Göttingen 1967: Vandenhoeck & Ru-precht.

Joseph Walser, *Nāgārjuna in Context. Mahāyāna Buddhism and Earl Indian Culture*, New York 2005: Columbia University Press.

Anthony Kennedy Warder, *Indian Buddhism*, Delhi ²1980: Motilal Ba-narsidass (zuerst 1970).

Max Weber, *Gesammelte Aufsätze zur Religionssoziologie*, Bd. 2: *Hinduis-mus und Buddhismus*, Tübingen ⁶1978: J. C. B. Mohr (Paul Siebeck) (zuerst 1921).

Paul Williams, Anthony Tribe, *Buddhist Thought. A Complete Introduc-tion to the Indian Tradition*, London 2000: Routledge.

Stefan Winter, *Zen. Bibliographie nach Sachgebieten*, Schriften zur Meditation und Meditationsforschung 6, Frankfurt/Main u. a. 2003 Lang.

Erich Wolff, *Zur Lehre vom Bewusstsein (Vijñānavāda) bei den späteren Buddhisten. Unter besonderer Berücksichtigung des Laṇkāvatārasūtra* Heidelberg 1930: Winter.

Xingyun, *Buddha – der Lotus im Fluß. Eine Einführung in die Grundlagen des Mahayana-Buddhismus*, übersetzt von Sonja Bredow, Darmstadt 2003: Schirner.

Volker Zotz, *Buddha. Mit Selbstzeugnissen und Bilddokumenten dargestellt*, Rowohlts Monographien 477, Reinbek b. Hamburg 1991: Rowohlt

Volker Zotz, *Geschichte der buddhistischen Philosophie*, Rowohlts Enzyklopädie 537, Reinbek b. Hamburg 2003: Rowohlt.

QUELLENWERKE DES FRÜHEN BUDDHISMUS

Überblick

Kenneth R. Norman, *Pāli Literature. Including the Canonical Literature in Prakrit and Sanskrit of all the Hīnayāna Schools of Buddhism*, A History of Indian Literature (hg. v. J. Gonda) 7/2, Wiesbaden 1983: Harrassowitz.

Textausgaben in Pāli

Vinaya-Piṭaka

The Vinaya Piṭakaṃ. One of the Principal Buddhist Holy Scriptures in the Pâli language, hg. v. Hermann Oldenberg, 5 Bde., London und Edinburgh 1879-83: Williams & Norgate.

Sutta-Piṭaka

The Dīgha-nikāya, hg. v. Thomas William Rhys Davids, Joseph Estlin Carpenter, 2 Bde., London 1960-67: Pali Text Society (zuerst London 1890-1903: Frowde).

The Majjhima Nikāya, 3 Bde., Bd. 1 hg. v. V. Trenckner, Bd. 2-3 hg. v. Robert Chalmers, London 1977-79: Pali Text Society (zuerst 1888-99).

Saṃyutta Nikāya, 5 Bde., hg. v. Leon Feer, London 1960: Pali Text Society (zuerst 1884-98).

Aṅguttara Nikāya, hg. v. Richard Morris, bearbeitet von Edmund Hardy u. a., 6 Bde., Pali Text Society, London 1955-61 (zuerst 1885-1910).

Khuddaka Nikāya, hg. v. Jagadīsa Kashyap, 7 Bde., Nālanda 1959-60: Pāli Publication Board.

Einzeleditionen wichtiger Texte

Dhammapada, hg. v. Thera Sūriyagoḍa Sumangala, Pali Text Society, London 1914: Milford.

Udāna, hg. v. Paul Steinthal, London 1948: Oxford University Press (zuerst 1885).

Itivuttaka, hg. v. Ernst Windisch, Pali Text Society, London 1948: Oxford University Press (zuerst 1889).

Sutta-Nipāta, hg. v. Dines Andersen, Helmer Smith, Pali Text Society, London 1948: Oxford University Press (zuerst 1913).

The Thera- and Therīgāthā. Stanzas ascribed to elders of the Buddhist order of recluses, hg. v. Hermann Oldenberg und Richard Pischel, London [2]1966: Pali Text Society (zuerst London 1883: Frowde).

The Jātaka. Together with its commentary, being tales of the anterior births of

Gotama Buddha. For the first time edited in original Pāli by Michae Viggo Fausbøll, 6 Bde., London 1962-64: Luzac (zuerst Londo 1877-96: Trübner).

The Buddhavaṃsa and the Cariyā-piṭaka, Pt. 1: *Text*, hg. v. Richard Mor ris, Pali Text Society, London 1882: Frowde.

Abhidhamma-Piṭaka (Einzeleditionen wichtiger Texte)

The Dhammasaṅgaṇī, hg. v. Edward Müller, Pali Text Society, Londo 1885: Frowde.

Kathāvatthu, hg. v. Arnold C. Taylor, 2 Bde., Oxford 1999: Pali Tex Society (zuerst London 1894-97).

Paṭṭhāna: insgesamt 4 Bde., hg. v. Caroline Rhys Davids, Pali Tex Society, London 1906-23: Routledge & Kegan Paul.

Übersetzungen

Vinaya-Piṭaka

The book of the discipline [Vinaya Piṭaka], übersetzt von Isaline B. Hor ner, 6 Bde. (Bd. 1-3: *Suttavibhaṅga*; Bd. 4: *Mahāvagga*; Bd. 5: *Culla vagga*; Bd. 6: *Parivāra*), Sacred Books of the Buddhists 10, 11, 13 14, 20, 25, London 1938-66: Oxford University Press (Nachdruck 1992-2004).

Dīgha-Nikāya

Dīghanikāya. Das Buch der langen Texte des buddhistischen Kanons. In Aus wahl übersetzt von Otto Franke, Quellen der Religions-Ge schichte 4, Göttingen 1913: Vandenhoeck & Ruprecht.

Maurice Walshe, *The Long Discourses of the Buddha. A Translation of th Dīgha Nikāya*, Boston und London 1995: Wisdom Publications (zuerst 1987).

Majjhima-Nikāya

Bhikkhu Ñāṇamoli, Bhikkhu Bodhi, *The Middle Length Discourses of the Buddha. A Translation of the Majjhima Nikāya*, Oxford ^{2}2001: Pali Text Society (zuerst 1995).

Kay Zumwinkel, *Die Lehrreden des Buddha aus der Mittleren Sammlung. Majjhima Nikāya.* Übersetzt aus dem Englischen und dem Pāli, 3 Bde., Uttenbühl 2001: Jhana Verlag.

Saṃyutta-Nikāya

Wilhelm Geiger, Nyāṇapoṇika, *Saṃyutta-Nikāya. Die in Gruppen geordnete Sammlung aus dem Pāli-Kanon der Buddhisten.* Zum 1. Mal ins Deutsche übertragen von Wilhelm Geiger, fortgeführt von Nyāṇapoṇika, Herrnschrot, Stammbach 1997 = 2003: Beyerlein & Steinschulte (teilweise revidierte Neuausgabe, zuerst 3 Bde., 1925-30).

Bhikkhu Bodhi, *The Connected Discourses of the Buddha. A new translation of the Saṃyutta Nikāya*, Boston 2000: Wisdom Publications.

Aṅguttara-Nikāya

Die Lehrreden des Buddha aus der Angereihten Sammlung (Aṅguttara-Nikāya). Aus dem Pali übersetzt von Nyanatiloka. Überarbeitet und hg. v. Nyanaponika, 5 Bde., Braunschweig ^{4}1984: Aurum (zuerst Leipzig 1907: Max Altmann); überarbeitete Fassung in Englisch: Thera Nyanaponika, Bhikku Bodhi, *Numerical Discourses of the Buddha. An Anthology of Suttas from the Aṅguttara Nikāya*, Walnut Creek 1999: Alta Mira Press.

Die Lehrreden des Buddha aus der Angereihten Sammlung. Neu übersetzt, geordnet und kommentiert von Hellmuth Hecker, *Einer-Buch und Zweier-Buch*, Stammbach 2006: Beyerlein & Steinschulte.

Einzelne kanonische und semi-kanonische Schriften

The Dhammapada. A New English Translation with the Pāli Text and the First English Translation of the Commentary's Explanation of the Verses.

With notes translated from Sinhala sources and critical textua[l] comments by John Ross Carter and Mahinda Palihawadana[.] New York und Oxford 1987: Oxford University Press.

Nyanatiloka, *Dhammapada, des Buddhas Weg zur Weisheit, und Kommentar. Palitext, wörtliche metrische Übersetzung und Kommentar zu der ältesten buddhistischen Spruchsammlung*, bearbeitet von Gerolf T'Hooft und Erich Kaniok, Uttenbühl 1992: Jhana.

Dhammapada – die Weisheitslehren des Buddha. Aus dem Pali ins Deutsche neu übertragen und kommentiert von Munish B. Schiekel[,] Herder-Spektrum 5601, Freiburg/Breisgau, Basel und Wien 2005: Herder (zuerst 1998).

Wisdom of the Buddha. The Unabridged Dhammapada, übersetzt und hg. v. F. Max Müller, Mineola (N. Y.) 2000: Dover Publications (zuerst 1881).

Sutta-Nipāta. Früh-buddhistische Lehr-Dichtungen aus dem Pali-Kanon. Mit Auszügen aus den alten Kommentaren, übersetzt, eingeleitet und erläutert von Nyanaponika, Stammbach ³1996: Beyerlein & Steinschulte (zuerst Konstanz 1955: Christiani).

The Sutta-Nipāta, übersetzt von Hammalava Saddhatissa, London 1985: Curzon Press.

The Udāna. The Itivuttaka, übersetzt von John D. Ireland, Kandy 1997: Buddhist Publication Society.

The Itivuttaka, übersetzt von Peter Masefield, Sacred Books of the Buddhists 48, Oxford 2000: Pali Text Society.

Milindapañha: Die Fragen des Königs Milinda. Zwiegespräche zwischen einem Griechenkönig und einem buddhistischen Mönch. Aus dem Pali übersetzt von Nyanatiloka, hg. und teilweise neu übersetzt von Nyanaponika, Interlaken 1985: Ansata.

Milindapañha, in: Johannes Mehlig (Hg.), *Weisheit des Alten Indien.* Bd. 2: *Buddhistische Texte*, Leipzig 1987: Kiepenheuer, S. 336-439.

Sattipaṭṭhāna-Sutta: Nyanaponika, *Geistestraining durch Achtsamkeit. Die buddhistische Satipaṭṭāna-Methode*, Stammbach ⁸2000: Beyerlein & Steinschulte (zuerst 1950).

Theragāthā und Therīgāthā: Psalms of the Early Buddhists, übersetzt und hg. v. Caroline Augusta Foley Rhys Davids, 2 Bde., Bd. 1: *Psalms of the Sisters*, Bd. 2: *Psalms of the Brethren*, London 1909-13: Henry Frowde (Nachdruck in einem Band: Oxford 2000: Pali Text Society).

Theragāthā und Therīgāthā: Die Lieder der Mönche und Nonnen Gotamo Buddho's. Aus den Theragāthā und Therīgāthā zum ersten Mal übersetzt von Karl Eugen Neumann, München ²1923: Piper (zuerst Berlin 1899: Hofmann).

Vinaya Texts, übersetzt von Thomas William Rhys Davids, Hermann Oldenberg, Bd. 1: *The Pātimokkha; the Māhavagga, I-IV*, Sacred Books of the East 13, Oxford 1881: Clarendon Press (Nachdruck Delhi 1974).

Buddhaghosa: Nyanatiloka, *Visuddhi-magga oder der Weg zur Reinheit. Die grösste und älteste systematische Darstellung des Buddhismus.* Zum ersten Male aus dem Pali übersetzt, Konstanz [6]1993: Christiani (zuerst 1927).

Buddhaghosa: Bhikku Ñāṇamoli, *The Path of Purification (Visuddhimagga).* Translated from the Pali, Seattle 1999: BPS Pariyatti Editions (zuerst Colombo 1956).

Eugen Hultzsch (Hg. und Übersetzer), *Inscriptions of Asoka*, Corpus Inscriptionum Indicarum 1, Oxford 1925: Clarendon Press.

The Edicts of Asoka. Edited and translated by Narayanrao Apparao Nikam, Richard P. McKeon, Philosophy and World Community 2, Chicago 1959: The University of Chicago Press.

John S. Strong, *The Legend of King Aśoka. A study and translation of the Aśokāvadāna*, Princeton 1983: Princeton University Press.

Wilhelm Geiger, *The Mahāvaṃsa, or the Great Chronicle of Ceylon.* Translated into English, Pali Text Society, London 1912: Frowde (Nachdruck Colombo 1950).

Klaus Mylius, *Die Vier Edlen Wahrheiten. Texte des ursprünglichen Buddhismus*, München [5]1994: dtv (zuerst Leipzig 1983: Reclam).

Claudia Weber, *Buddhistische Sutras. Das Leben des Buddha in Quellentexten*, Diederichs gelbe Reihe 156, Kreuzlingen und München 1999: Diederichs.

QUELLENWERKE DES MAHĀYĀNA-BUDDHISMUS

Cecil Bendall, William H. D. Rouse, *Śikṣā-Samuccaya. A Compendium of Buddhist Doctrine. Compiled by Śāntideva*, Delhi 1971: Motilal Banarsidass (zuerst London 1921).

Vidhushekhara Bhattacarya, *The Catuḥśataka of Āryadeva. Sanskrit and Tibetan texts with copious extracts from the Commentary of Candrakīrti.* Reconstructed and edited, Allahabad 1928: The Indian Press.

Margareta von Borsig, *Lotos-Sūtra. Das große Erleuchtungsbuch des Buddhismus. Vollständige Ausgabe.* Nach dem chinesischen Text von Kumārajīva ins Deutsche übersetzt und eingeleitet, Herder-Spektrum 5372, Freiburg/Breisgau, Basel und Wien [2]2003: Herder (zuerst Gerlingen 1992: Lambrecht Schneider).

Michael von Brück, *Weisheit der Leere. Sūtra-Texte des indischen Mahāyāna-Buddhismus.* Ausgewählt, eingeleitet und kommentiert, München 2000: Kösel (zuerst Zürich 1989: Benziger).

Candrakīrti, *Analysis of going and coming. The second chapter of Candrakīrti's Clear Words. A Commentary on Nāgārjunas Treatise on the Middle Way.* Translated by Jeffrey Hopkins, Dharamsala 1976: Library of Tibetan Works and Archives.

Thomas Cleary, *The Flower Ornament Scripture. A translation of the Avatamsaka Sutra*, 3 Bde., Boulder und London 1984-87: Shambhala.

Edward Conze (Hg.), *Vajracchedikā Prajñāpāramitā.* Edited and translated with introduction and glossary, Serie orientale Roma 13, Rom ²1974: Is. M. E. O. (zuerst 1957).

Edward Conze (Übersetzer), *The Perfection of Wisdom in Eight Thousand Lines & Its Verse Summary*, San Francisco 1995: Four Seasons Foundation (zuerst 1973).

Edward Conze (Hg. und Übersetzer), *The Large Sūtra on Perfect Wisdom. With the Divisions of the Abhisamayālankāra*, Berkeley 1975: University of California Press.

Max Deeg (Übersetzer), *Das Lotos-Sūtra.* Mit einer Einleitung von Max Deeg und Helwig Schmidt-Glintzer, Darmstadt 2007: Primus.

Torakazu Doi, *Das Kegon Sutra. Das Buch vom Eintreten in den Kosmos der Wahrheit.* Im Auftrag des Tempels Tōdaiji aus dem chinesischen Text übersetzt und mit einer Einführung versehen, 4 Bde., Tokyo 1978-83: Doitsubun-Kegonkyō-Kankōkai.

Ronald E. Emmerick (Übersetzer), *The Sūtra of Golden Light. Being a translation of the Suvarṇabhāsottamasūtra*, Sacred Books of the Buddhists 27, London 1970: Luzac.

Walter Yeeling Evans-Wentz, *The Tibetan Book of the Great Liberation. Or the Method of realizing Nirvāna through knowing the mind.* Introduction, annotations and editing by W. Y. Evans-Yentz. With psychological commentary by C. G. Jung, Oxford 1954: Oxford University Press; deutsch: *Der geheime Pfad der großen Befreiung*, Weilheim ³1972: Barth (zuerst München 1955).

Rosemarie Fuchs (Übersetzerin), *Buddha Nature. The Mahāyāna Uttaratantra Shastra by Arya Maitreya. Written down by Arya Asanga. Commentary by Jamgön Kongtrül Lodrö Thayé*, Ithaca (N. Y.) 2000: Snow Lion.

Swati Ganguly, *Treatise in Thirty Verses on Mere-consciousness. A Critical English Translation of Hsüan-tsang's Chinese Version of the Vijñaptimātratātriṃśikā with notes from Dharmapāla's commentary in Chinese*, Delhi 1992: Motilal Banarsidass.

Christopher S. George, *The Caṇḍamahāroṣaṇa Tantra. Chapters I-VIII. A Critical Edition and English Translation*, American Oriental Series 56, New Haven 1974: American Oriental Society.

Karl-Heinz Golzio, *Die makellose Wahrheit erschauen. Die Lehre von der höchsten Bewußtheit und absoluten Erkenntnis. Das Lankavatara-Sutra*, Bern, München und Wien 1996: O.W. Barth.

William H. Grosnick, *The Tathāgatagarbha Sūtra*, in: Donald S. Lopez (Hg.), *Buddhism in Practice*, Princeton 1995: Princeton University Press, S. 92-112.

Albert Grünwedel, *Die Geschichten der Vierundachtzig Zauberer (Mahāsiddhas)*. Aus dem Tibetischen übersetzt, in: Baessler Archiv V (Leipzig und Berlin 1916), H. 4/5 und VI (1917), H. 3.

Herbert V. Guenther, *The Life and Teaching of Nāropa*. Translated from the original Tibetan with a philosophical commentary based on the oral transmission, Oxford 1963: Clarendon Press (Nachdruck Boston 1986: Shambhala).

Megumu Honda (revised by Johannes Rahder), *Annotated translation of the Daśabhūmika-sūtra*, in: *Studies in South, East and Central Asia. Presented as a Memorial Volume to Ragi Vira*, hg. v. Denis Sinor, Neu Delhi 1968, S. 115-276.

Leon Hurvitz, *Scripture of the Lotus Blossom of the Fine Dharma*. Translated from the Chinese of Kumārajīva, New York 1976: Columbia University Press.

Kenneth K. Inada, *Nāgārjuna. A Translation of his Mūlamadhyamakakārikā. With an Introductory Essay*, Tokyo 1970: Hokuseido Press.

Hisao Inagaki (Übersetzer), *The Three Pure Land Sutras* [*The Larger Sutra on Amitāyus*; *The Sutra on Contemplation of Amitāyus*; *The Smaller Sutra on Amitāyus*], BDK English Tripiṭaka 12-II, III, IV, Berkeley ^{2}2003: Numata Center for Buddhist Translation and Research (zuerst 1995).

David J. Kalupahana, *Nāgārjuna. The Philosophy of the Middle Way. Introduction, Sanskrit text, English translation and annotation*, Albany 1986: SUNY Press.

John P. Keenan, *The Summary of the Great Vehicle by Bodhisattva Asaṅga*. Translated from the Chinese of Paramārtha (Taishō, Volume 31, number 1593), BDK English Tripiṭaka 46-III, Berkeley 1992: Numata Center for Buddhist Translation and Research.

Thomas Augustine Kochumuttom, *A Buddhist Doctrine of Experience. A New Translation and Interpretation of the Works of Vasubandhu the Yogācārin*, Delhi 1989: Motilal Banarsidass (zuerst 1982).

Étienne Lamotte, *L'Enseignement de Vimalakīrti*. Traduit et annotée,

Publications de l'Institut Orientaliste de Louvain 35, Louvain-la Neuve 1987: Université Catholique de Louvain, Institut Orientaliste (zuerst 1962).
F. Max Müller (Übersetzer), *Sukhāvatīvyūhasūtra*, in: *Buddhist Mahāyāna Texts*, Pt. 2, The Sacred Books of the East 49, Delhi 1990 Motilal Banarsidass (zuerst Oxford 1894).
John Powers, *Wisdom of Buddha. The Saṁdhinirmocana Sūtra*, Tibetan Translation Series 16, Berkeley 1995: Dharma Publishing.
Charles S. Prebish, *Buddhist Monastic Discipline. The Sanskrit Prātimokṣa Sūtras of the Mahāsāṃghikas and Mūlasarvāstivādins*, Delhi 1996: Motilal Banarsidass (zuerst London 1975).
David Seyfort Ruegg, *The Literature of the Madhyamaka School of Philosophy in India*, A History of Indian Literature 7/1, Wiesbaden 1981 Harassowitz.
David L. Snellgrove, *The Hevajra Tantra. A Critical Study*. Part 1: *Introduction and Translation*, London 1971: Oxford University Press (zuerst 1959).
Ernst Steinkellner, *Śāntideva. Eintritt in das Leben zur Erleuchtung (Bodhicaryāvatāra)*. Aus dem Sanskrit übersetzt, Diederichs gelbe Reihe 34, Düsseldorf und Köln [3]1997: Diederichs (zuerst 1981).
Frederick J. Streng, *Emptiness. A Study in Religious Meaning*, Nashville 1967: Abingdon Press.
Daisetz Teitaro Suzuki, *The Lankavatara Sūtra. A Mahāyāna Text*. Translated for the first time from the original Sanskrit, London 1978: Routledge and Kegan Paul (zuerst 1932).
Mark Tatz (Übersetzer), *The Skill in Means (Upāyakauśalya) Sūtra*, Delhi 1994: Motilal Banarsidass.
Helmut Tauscher, *Candrakīrti. Mādhyamakāvataraḥ und Mādhyamakāvatarabhāṣyam (Kap. VI, V. 166-226). Übersetzt und kommentiert*, Wiener Studien zur Tibetologie und Buddhismuskunde 5, Wien 1981: Universität, Arbeitskreis für Tibetische und Buddhistische Studien.
Robert A. F. Thurman, *The Holy Teaching of Vimalakīrti. A Mahāyāna Scripture*, übersetzt aus dem Tibetischen, University Park (Pa.) 1976: Pennsylvania State University Press.
Nishu Utsuki, *Buddhabhāṣita-Amitāyuḥ-Sūtra (The Smaller Sukhāvatī-Vyūha)*. Translated from the Chinese Version of Kumārajīva, Kyōto [2]1929: Educational Dept. of the West Hongwanji (zuerst 1924).
Max Walleser, *Prajñāpāramitā. Die Vollkommenheit der Erkenntnis. Nach indischen, tibetischen und chinesischen Quellen*, Göttingen 1914: Vandenhoeck & Ruprecht.
Alex Wayman, *Yoga of the Guhyasamājatantra. The arcane lore of 40 verses.*

A Buddhist Tantra commentary, Buddhist Traditions 17, Delhi 1991: Motilal Banarsidass (zuerst 1977).
Joe B. Wilson, *Chandrakīrti's Sevenfold Reasoning. Meditation on the Selflessness of Persons*, Dharamsala 1980: Tibetan Works and Archives.
Isshi Yamada (Hg.), *Karuṇāpuṇḍarīka*. Edited with introduction and notes, Bd. 1, London 1968: School of Oriental and African Studies/University of London.
Kosho Yamamoto, *The Mahāyāna Mahāparinirvāṇasūtra*. Translated from the Classical Chinese and Japanese, 3 Bde., Ube 1973-75: Karinbunko.

GESCHICHTE UND GEGENWART DES THERAVĀDA

Harvey B. Aronson, *Love and Sympathy in Theravāda Buddhism*, Delhi 1980: Motilal Banarsidass.
Heinz Bechert, *Buddhismus, Staat und Gesellschaft in den Ländern des Theravāda-Buddhismus*, 3 Bde., Schriften des Instituts für Asienkunde in Hamburg XVII/1-3, Frankfurt/Main und Berlin 1966, 1967, 1973: Metzner.
Bhikkhu Buddhadāsa, *Christianity and Buddhism*, Sinclaire Thompson Memorial Lecture 5, Bangkok 1967.
Bhikkhu Buddhadāsa, *Me and Mine. Selected Essays*, hg. v. Donald K. Swearer, Albany 1989: SUNY Press.
Chinda Chandrkaew, *Nibbāna. The Ultimate Truth of Buddhism*, Bangkok 1982: Mahachula Buddhist University.
Steven Collins, *Selfless Persons. Imagery and Thought in Theravāda Buddhism*, Cambridge 1982: Cambridge University Press.
Steven Collins, *Nirvana and Other Buddhist Felicities. Utopias of the Pali imaginaire*, Cambridge 1998: Cambridge University Press.
Gunapala Dharmasiri, *Fundamentals of Buddhist Ethics*, Antioch (Calif.) 1989: Golden Leaves (zuerst Singapur 1986).
Jotiya Dhirasekera, *Buddhist Monastic Discipline. A Study of its Origin and Development in relation to the Sutta and Vinaya Pitakas*, Colombo 1982: Ministry of Higher Education Research Publication Series.
Oliver Freiberger, *Der Orden in der Lehre. Zur religiösen Deutung des Saṅgha im frühen Buddhismus*, Studies in Oriental Religions 47, Wiesbaden 2000: Harrassowitz.
Richard F. Gombrich, *Theravāda Buddhism. A Social History from Ancient Benares to Modern Colombo*, London 1988: Routledge & Kegan; deutsch: *Der Theravada-Buddhismus. Vom alten Indien bis zum moder-*

nen Sri Lanka, übersetzt von Friedrich Wilhelm, Stuttgart 1997: Kohlhammer.

Richard F. Gombrich, Gananath Obeyesekere, *Buddhism Transformed. Religious Change in Sri Lanka*, Princeton 1988: Princeton University Press.

Elizabeth J. Harris, *Detachment and Compassion in Early Buddhism*, Bodhi Leaves 141, Kandy 1997: Buddhist Publication Society.

Peter Harvey, *The Selfless Mind. Personality, Consciousness and Nirvāṇa in Early Buddhism*, London und New York 2004: Routledge Curzon (zuerst 1995).

Moti Lal Pandit, *Nirvāṇa as the Unconditioned*, in: M. L. Pandit, *Being as Becoming. Studies in Early Buddhism*, Neu Delhi 1993: Intercultural Publications, S. 312-339.

Joaquín Pérez-Remón, *Self and Non-Self in Early Buddhism*, Religion and Reason 22, Den Haag 1980: Mouton.

Urmila Phadnis, *Religion and Politics in Sri Lanka*, London 1976: Hurst.

Hans Wolfgang Schumann, *Siebzig Schlüsselbegriffe des Pāli-Buddhismus. Definiert und kommentiert – mit Seitenblicken auf ihre Sanskrit-Entsprechungen im Mahāyāna-Buddhismus*, Heidelberg 2006: Kristkeitz.

Walter Skrobanek, *Buddhistische Politik in Thailand. Mit besonderer Berücksichtigung des heterodoxen Messianismus*, Beiträge zur Südasienforschung 23, Wiesbaden 1976: Steiner.

Bardwell L. Smith (Hg.), *Religion and Legitimation of Power in Sri Lanka*, Chambersburg (Pa.) 1978: Anima Books.

Donald E. Smith, *Religion and Politics in Burma*, Princeton 1965: Princeton University Press.

Melford E. Spiro, *Buddhism and Society. A Great Tradition and its Burmese Vicissitudes*, Berkeley ²1982: University of California Press (zuerst London 1971).

Tilmann E. Vetter, *The Ideas and Meditative Practices of Early Buddhism*, Leiden 1988: Brill.

Mohan Wijayaratna, *Buddhist Monastic Life. According to the Texts of the Theravāda Tradition*, übersetzt von Claude Grangier und Steven Collins, Cambridge 1990: Cambridge University Press.

GESCHICHTE UND GEGENWART DES MAHĀYĀNA

Heinz Bechert, *Zur Frühgeschichte des Mahāyāna-Buddhismus*, in: Zeitschrift der Deutschen Morgenländischen Gesellschaft 113 (1963), S. 530-535.

Brian E. Brown, *The Buddha Nature. A Study of the Tathāgatagarbha and Ālayavijñāna*, Delhi 1994: Motilal Banarsidass (zuerst 1991).

Edward Conze, *A Short History of Buddhism*, London 1980: Allen & Unwin (zuerst 1960); deutsch: *Eine kurze Geschichte des Buddhismus.* Übersetzt, hg. und mit einem Nachwort versehen von Friedrich Wilhelm, Insel-Taschenbuch 3090, Frankfurt/Main 2005: Insel-Verlag.

Har Dayal, *The Bodhisattva Doctrine in Buddhist Sanskrit Literature*, Neu Delhi 1999: Motilal Banarsidass (zuerst London 1932).

James H. Foard, Michael Solomon, Richard K. Payne (Hg.), *The Pure Land Tradition. History and Development*, Berkeley Buddhist Studies Series 3, Berkeley 1996: Asian Humanities Press.

Luís O. Gómez, *The Land of Bliss. The Paradise of the Buddha of Measureless Light. Sanskrit and Chinese versions of the Sukhāvatīvyūha sutras.* Introduction and English translation, Honolulu 1996: University of Hawaii Press.

S. K. Hookham, *The Buddha Within. Tathagatagarbha Doctrine According to the Shentong Interpretation of the Ratnagotravibhaga*, Albany 1991: SUNY Press.

Sallie B. King, *Buddha Nature*, Albany 1991: SUNY Press.

Christian Lindtner, *Nagarjuniana. Studies in the Writings and Philosophy of Nāgārjuna. Collected Essays*, Kopenhagen 1982: Academisk Forlag.

Ram Adhar Mall, *Nagarjunas Philosophie interkulturell gelesen*, Interkulturelle Bibliothek 57, Nordhausen 2006: Bautz.

Gadjin Masato Nagao, *Mādhyamika and Yogācāra. A Study of Mahāyāna Philosophies*, hg. v. Leslie S. Kawamura, Albany 1991: SUNY Press.

David Seyfort Ruegg, *La théorie du Tathāgatagarbha et du Gotra. Études sur la sotériologie et la gnoséologie du bouddhisme*, Publications de l'École Française d'Extrême-Orient 70, Paris 1969: École française d'Extrême-Orient, Maisonneuve.

Gregory Schopen, *Mahāyāna in Indian Inscriptions*, in: Indo-Iranian Journal 21 (1979), S. 1-19.

Masumi Shimizu, *Das »Selbst« im Mahāyāna-Buddhismus in japanischer Sicht und die »Person« im Christentum im Licht des Neuen Testaments*, Leiden 1981: Brill.

Frederick J. Streng, *Emptiness. A Study in Religious Meaning*, Nashville 1967: Abingdon Press.

Alexander Studholme, *The Origins of Oṃ Maṇi padme Hūṃ. A Study of the Kāraṇḍavyūha Sūtra*, Albany 2002: SUNY Press.

Paul Williams, *Mahāyāna Buddhism. The Doctrinal Foundations*, London und New York 1989: Routledge.

Michael Zimmermann, *A Mahāyānist Criticism of Arthaśāstra. The Chapter on Royal Ethics in the Bodhisattva-gocaropāya-viṇaya-vikurvaṇa-nirdeśa-sūtra*, in: Annual Report of the International Research Institute for Advanced Buddhology at Soka University for the Academic Year 1999 [ARIAB 3], Tokyo 2000: Soka University, S. 177-211.

BUDDHISMUS IN CHINA: QUELLEN UND STUDIEN

John Blofeld (Übersetzer), *The Zen Teaching of Hui Hai on Sudden Illumination. Being the Teaching of the Zen master Hui hai, known as the Great Pearl. A Complete Translation of the Tun Wu Ju Tao Yao Mên Lun and of the previously unpublished Tsung Ching Record*, London 1962: Rider & Company.

Michael von Brück, *Zen. Geschichte und Praxis*, München ^{2}2007: C. H. Beck (zuerst 2004).

Robert E. Buswell, jr. (Hg.), *Currents and Countercurrents. Korean Influences on the Buddhist Traditions of East Asia*, Honolulu 2005: University of Hawaii Press.

Garma C. C. Chang, *The Buddhist Teaching of Totality. The Philosophy of Hwa Yen Buddhism*, London 1972: Allen & Unwin; deutsch: *Die buddhistische Lehre von der Ganzheit des Seins. Das holistische Weltbild der buddhistischen Philosophie*, übersetzt von Ernst Schönwiese, München 1989: Barth.

Kenneth Kuan Sheng Ch'en, *Buddhism in China. A Historical Survey*, Princeton 1964: Princeton University Press.

Thomas Cleary, *Entry into the Inconceivable. An Introduction to Hua-yen Buddhism*, Honolulu 1983: University of Hawaii Press.

Thomas Cleary, *The Sutra of Hui-Neng, Grand Master of Zen. With Huineng's Commentary on the Diamond Sutra*, Boston 1998: Shambhala.

Francis H. Cook, *Hua-yen Buddhism. The Jewel Net of Indra*, University Park (Pa.) und London 1977: Pennsylvania State University Press.

Paul Demiéville, *Le bouddhisme chinois*, in: Henri-Charles Puech (Hg.), *Les religions antiques, la formation des religions universelles et les religions de salut en Inde et en Extrême-Orient*, Histoire des Religions 1, Paris 1970: Gallimard, S. 1249-1319.

Heinrich Dumoulin, *Bodhidharma und die Anfänge des Ch'an Buddhismus*, in: Monumenta Nipponica 7 (1951), H. 1, S. 67-83.

Heinrich Dumoulin, *Mumonkan. Die Schranke ohne Tor. Meister Wu-mens Sammlung der 48 Kōan*. Aus dem Chinesischen übersetzt und erläutert, Mainz 1975: Grünewald.

Heinrich Dumoulin, *Zen Buddhism. A History*, Bd. 1: *India and China*, New York und London 1988: Macmillan (überarbeitete Fassung der deutschen Ausgabe: *Geschichte des Zen-Buddhismus*, Bd. 1: *Indien und China*, Bern und München 1985: Francke).

Wolfram Eberhard, *Das Toba-Reich Nordchinas. Eine soziologische Untersuchung*, Leiden 1949: Brill.

Werner Eichhorn, *Die Religionen Chinas*, Die Religionen der Menschheit 21, Stuttgart 1973: Kohlhammer.

Rolf Elberfeld, Michael Leibold, Mathias Obert, *Denkansätze zur buddhistischen Philosophie in China. Seng Zhao – Jizang – Fazang. Zwischen Übersetzung und Interpretation*, Köln 2000: edition chōra.

Antonino Forte, *Political Propaganda and Ideology in China at the End of the Seventh Century. Inquiry into the nature, authors and function of the Tunhuang document S. 6502, followed by an annotated translation*, Neapel 1976: Istituto Universitario Orientale.

Yu-Lan Fung, *A Short History of Chinese Philosophy*, New York 1997: The Free Press (zuerst 1948).

Marcel Granet, *Die chinesische Zivilisation. Familie, Gesellschaft, Herrschaft. Von den Anfängen bis zur Kaiserzeit*, übersetzt und eingeleitet von Claudius C. Müller, Frankfurt/Main 1985: Insel (zuerst München 1976).

Peter N. Gregory (Hg.), *Sudden and Gradual. Approaches to Enlightenment in Chinese Thought*, Honolulu 1987: University of Hawaii Press.

Peter N. Gregory, Daniel A. Getz (Hg.), *Buddhism in the Sung*, Studies in East Asian Buddhism 13, Honolulu 1999: University of Hawaii Press.

Wilhelm Gundert, *Bi-yän-lu. Meister Yüan-wu's Niederschrift von der Smaragdenen Felswand*, 2 Bde., München 1960-67: Hanser (Nachdruck in einem Band Wiesbaden 2005: Marix).

Yoshito S. Hakeda, *The Awakening of Faith. Attributed to Aśvaghosha.* Translated, with commentary, New York 1967: Columbia University Press.

Steven Heine, Dale S. Wright, *Zen Classics. Formative Texts in the History of Zen Buddhism*, Oxford 2006: Oxford University Press.

Leon Hurvitz, *Chih-i (538-597). An Introduction to the Life and Ideas of a Chinese Buddhist Monk*, Brüssel 1962: Institut Belge des Hautes Études Chinoises.

John Kieschnick, *The Impact of Buddhism on Chinese Material Culture*, Princeton 2003: Princeton University Press.

Myong-Hee Kim, *»Versöhnung der Gegensätze« (Hwajeng) im »Ein-Herz« (Ilshim). Wonhyos Beitrag zu einer Hermeneutik der religiösen Pluralität*,

Dissertation Universität München 2007 (erscheint bei Harrassowitz, Wiesbaden).

Whalen Lai, *The Awakening of Faith in Mahayana (Ta-ch'eng ch'i-hsin lun). A Study of the Unfolding of Sinitic Mahayana Motifs*, Ph. D. Dissertation Harvard University 1975.

Whalen Lai, *Tao-sheng's Theory of Sudden Enlightenment Re-examined*, in: Peter N. Gregory (Hg.), *Sudden and Gradual. Approaches to Enlightenment in Chinese Thought*, Honolulu 1987: University of Hawaii Press, S. 169-200.

Zehou Li, *Der Weg des Schönen. Wesen und Geschichte der chinesischen Kultur und Ästhetik*. Aus dem Chinesischen übersetzt von einer Projektgruppe des Seminars für Sinologie der Universität Tübingen, hg. v. Karl-Heinz Pohl und Gudrun Wacker, Herder-Spektrum 4114, Freiburg/Breisgau, Basel und Wien 1992: Herder.

Walter Liebenthal, *A Biography of Chu Tao-sheng*, in: Monumenta Nipponica 11 (1955), S. 284-316.

Walter Liebenthal, *The World Conception of Chu Tao-sheng*, in Monumenta Nipponica 12 (1956/57), S. 65-103, 241-268.

Yung-hsi Li (Übersetzer), *The Life of Hsüan-tsang. The Tripitaka-master of the Great Tzu En Monastery*, Peking 1959: Chinese Buddhist Association.

Alexander Leonhard Mayer, *Xuanzang. Heiliger und Übersetzer*, Teil 1 von: A. L. Mayer, Klaus Röhrborn (Hg.), *Xuanzangs Leben und Werk*, Veröffentlichungen der Societas Uralo-Altaica 34/1, Wiesbaden 1995: Harrassowitz.

Ma-Tsu, *The recorded Sayings of Ma-Tsu*. Translated from the Dutch by Julian F. Pas, Studies in Asian Thought and Religion 6, Lewiston (N. Y.) 1987: Edwin Mellen Press.

John R. McRae, *The Northern School and the Formation of Early Ch'an Buddhism*, Honolulu 1986: University of Hawaii Press.

John R. McRae, *Seeing through Zen. Encounter, Transformation, and Genealogy in Chinese Chan Buddhism*, Berkeley 2003: University of California Press.

Charles D. Orzech, *Politics and Transcendent Wisdom. The Scripture for Humane Kings in the Creation of Chinese Buddhism*, University Park (Pa.) 1998: Pennsylvania State University Press.

Daniel L. Overmyer, *Folk Buddhist Religion. Dissenting Sects in Late Traditional China*, Harvard East Asian Studies 83, Cambridge (Mass.) 1976: Harvard University Press.

Martin Palmer, Jay Ramsay, Man-Ho Wok, *Kuan Yin. Myths and Revelations of the Chinese Goddess of Compassion*, London 1995: Thorsons.

Nin Quiang, *Art, Religion, and Politics in Medieval China. The Dunhuang Cave of the Zhai Family*, Honolulu 2004: University of Hawaii Press.
Marylin M. Rhie, *Early Buddhist Art of China and Central Asia*, 3 Bde., Leiden 1999-2002: Brill.
Isabelle Robinet, *Taoist Meditation. The Mao Shan Tradition of Great Purity*, Albany (N. Y.) 1993: SUNY Press (franz. Original: Paris 1979).
Seng-ts'an, *Die Meisselschrift vom Glauben an den Geist. Das geistige Vermächtnis des dritten Patriarchen des Zen in China.* Mit Erläuterungen von Soko Morinaga Rōshi. Aus dem Chinesischen und dem Japanischen übersetzt von Ursula Jarand, Bern, München und Wien 1991: O. W. Barth.
Meir Shahar, Robert P. Weller (Hg.), *Unruly Gods. Divinity and Society in China*, Honolulu 1996: University of Hawaii Press.
Paul L. Swanson, *Foundations of T'ien-t'ai Philosophy. The Flowering of the Two Truths Theory in Chinese Buddhism*, Berkeley 1989: Asian Humanities Press.
Barend J. ter Haar, *The White Lotus Teachings in Chinese Religious History*, Sinica Leidensia 26, Leiden 1992: Brill.
Zenryū Tsukamoto, *A History of Early Chinese Buddhism. From its Introduction to the Death of Hui-yüan*, übersetzt von Leon Hurvitz, 2 Bde., Tokyo 1985: Kodansha.
Dirck Vorenkamp, *An English translation of Fa-Tsang's Commentary on the Awakening of Faith*, Studies in Asian Thought and Religion 28, Lewiston (N. Y.) 2004: Edwin Mellen Press.
Eugene Yuejin Wang, *Shaping the Lotus Sutra. Buddhist visual culture in medieval China*, Seattle 2005: University of Washington Press.
Stanley Weinstein, *Buddhism under the T'ang*, Cambridge 1987: Cambridge University Press.
Holmes Welch, *Taoism. The Parting of the Way*, Boston 1957 (^{2}1966): Beacon.
Philip B. Yampolsky, *The Platform Sutra of the Sixth Patriarch. The Text of the Tun-Huan Manuscript with Translation, Introduction, and Notes*, New York 1967: Columbia University Press.
Seizan Yanagida, *Daruma (Boddhidharma)*, Tokyo 1981: Kondansha.
Chün-fang Yu, *The Renewal of Buddhism in China. Chu-hung and the Late Ming Synthesis*, Irvington (N. Y.) 1981: Columbia University Press.
Erik Zürcher, *The Buddhist Conquest of China. The Spread and adaptation of Buddhism in early medieval China*, 2 Bde., Sinica Leidensia 11, Leiden ^{3}2007: Brill (zuerst 1959, ^{2}1972).

BUDDHISMUS IN JAPAN: QUELLEN UND STUDIEN

Masaharu Anesaki, *Nichiren, the Buddhist Prophet*, Cambridge und London 1916: Harvard University Press.

Masaharu Anesaki, *History of Japanese Religion. With special reference to the social and moral life of the nation*, Tokyo 1963: Charles E. Tuttle (zuerst London 1930).

William M. Bodiford, *Sōtō Zen in Medieval Japan*, Studies in East Asian Buddhism 8, Honolulu 1993: University of Hawaii Press.

Michael von Brück, *Zen. Geschichte und Praxis*, München ²2007: C. H. Beck (zuerst 2004).

Robert E. Buswell, jr. (Hg.), *Currents and Countercurrents. Korean Influences on the Buddhist Traditions of East Asia*, Honolulu 2005: University of Hawaii Press.

Harper Havelock Coates, Ishizuka Ryugaku, *Hōnen, the Buddhist Saint. His life and teaching*. Translation, historical introduction and critical notes, Kyoto ²1949: Society for the Publication of Sacred Books of the World (zuerst 1925).

Kenneth J. Dale, *Circle of Harmony. A Case Study in Popular Japanese Buddhism, with Implications für Christian Mission*, South Pasadena (Calif.) 1975: William Carey Library (= Tokyo 1975: Seibunsha).

Heinrich Dumoulin, *Zen Buddhism. A History*, Bd. 2: *Japan*, Nanzan Studies in Religion and Culture, New York und London 1990: Macmillan (überarbeitete Fassung der deutschen Ausgabe: *Geschichte des Zen-Buddhismus*, Bd. 2: *Japan*, Bern und München 1986: Francke).

Matthias Eder, *Geschichte der japanischen Religion*, Bd. 2: *Japan mit und unter dem Buddhismus*, Asian folklore studies. Monograph 7/2, Nagoya 1978: Japan Publ. Trading.

Allan G. Grapard, *The Protocol of the Gods. A Study of the Kasuga Cult in Japanese History*, Berkeley und Los Angeles 1992: University of California Press.

Paul Groner, *Saichō. The Establishment of the Japanese Tendai School*, Buddhist Studies Series 7, Berkeley (Calif.) 1984: Institute of Buddhist Studies (= Honolulu 2000: University of Hawaii Press).

Paul Groner, *Ryōgen and Mount Hiei. Japanese Tendai in the Tenth Century*, Studies in East Asian Buddhism 15, Honolulu 2002: University of Hawaii Press.

Yoshito S. Hakeda, *Kūkai. Major Works. With an account of his life and a study of his thought*, New York 1972: Columbia University Press.

Simone Heidegger, *Buddhismus, Geschlechterverhältnis und Diskriminierung. Die gegenwärtige Diskussion im Shin-Buddhismus Japans*, Religiöse Gegenwart Asiens/Studies in Modern Asian Religions 4, Berlin 2006: LIT Verlag.

Steven Heine, *Dōgen and the Kōan Tradition. A tale of two Shōbōgenzō texts*, Albany (N. Y.) 1994: SUNY Press.

Steven Heine, Dale S. Wright (Hg.), *The Kōan. Texts and Contexts in Zen Buddhism*, Oxford 2000: Oxford University Press.

Simon P. James, *Zen Buddhism and Environmental Ethics*, Aldershot 2004: Ashgate.

Marius B. Jansen, Gilbert Rozman (Hg.), *Japan in Transition. From Tokugawa to Meiji*, Princeton 1986: Princeton University Press.

Philip Kapleau, *The Three Pillars of Zen. Teaching, Practice and Enlightenment*, London 1980: Rider and Co. (zuerst 1965, überarbeitete Fassung); deutsch: *Die drei Pfeiler des Zen. Lehre, Übung, Erleuchtung*, übersetzt von Brigitte D'Ortschy, München [14]2004: Barth (zuerst Zürich u. a. 1969: Rascher).

Yūsen Kashiwahara, Kōyū Sonoda (Hg.), *Shapers of Japanese Buddhism*, Tokyo 1994: Kōsei Publ.

Hee-Sung Keel, *Understanding Shinran. A Dialogical Approach*, Nanzan Studies in Asian Religions 6, Fremont (Calif.) 1995: Asian Humanities Press.

James Edward Ketelaar, *Of Heretics and Martyrs in Meiji Japan. Buddhism and its Persecution*, Princeton 1990: Princeton University Press.

Joseph M. Kitagawa, *Religion in Japanese History*, New York 1966: Columbia University Press.

Hee-Jin Kim, *Dōgen Kigen – Mystical Realist*, Tuscon 1975 ([2]1987): The University of Arizona Press.

Thomas Yōhū Kirchner, *Entangling Vines. Zen Koans of the Shūmon Kattōshū*. Translated and annotated, Kyōto 2004: Tenryu-ji Institute for Philosophy and Religion.

Minoru Kiyota, *Shingon Buddhism. Theory and Practice*, Los Angeles und Tokyo 1978: Buddhist Books International.

Christoph Kleine, *Hōnens Buddhismus des Reinen Landes. Reform, Reformation oder Häresie?*, Frankfurt/Main u. a. 1996: Lang.

Christoph Kleine, *Üble Mönche oder wohltätige Bodhisattvas? Über Formen, Gründe und Begründungen organisierter Gewalt im japanischen Buddhismus*, in: Zeitschrift für Religionswissenschaft 11 (2003), S. 235-258.

Peter Kleinen, *Buddhismus und Nationalismus. Anmerkungen zur historiographischen Relevanz der Auseinandersetzung mit dem nationalistischen*

Diskurs des Bakumatsu-Buddhismus, in: Japanstudien. Jahrbuch des Deutschen Instituts für Japanstudien der Philipp-Franz-von-Siebold-Stiftung 6, München 1994, S. 387-427.

Takashi James Kodera, *Dogen's Formative Years in China. An Historical Study and Annotated Translation of the ›Hōkyō-ki‹*, London u. a. 1980: Routledge & Kegan.

Werner Kohler, *Die Lotus-Lehre und die modernen Religionen in Japan*, Zürich 1962: Atlantis.

Kenneth Kraft, *Eloquent Zen. Daitō and Early Japanese Zen*, Honolulu 1992: University of Hawaii Press.

Daigan Lee Matsunaga, Alicia Matsunaga, *Foundation of Japanese Buddhism*, 2 Bde., Los Angeles und Tokyo 1974-76: Buddhist Books International.

Daniel A. Metraux, *The History and Theology of Soka Gakkai. A Japanese New Religion*, Studies in Asian Thought and Religion 9, Lewiston (N. Y.) 1988: The Edwin Mellen Press.

Andreas Nehring, *Rissho Kosei-kai. Eine neubuddhistische Religion in Japan*, Erlanger Monographien aus Mission und Ökumene 16, Erlangen 1992: Verlag der Ev.-Luth. Mission.

Nichiren: *The Writings of Nichiren Daishonin*, hg. und übersetzt von The Gosho Translation Committee, Tokyo 2003: Soka Gakkai.

Nichiren: *Selected Writings of Nichiren.* Edited with an introduction by Philip B. Yampolsky, New York 1990: Columbia University Press.

Nichiren: *Letters of Nichiren.* Translated by Burton Watson and others, hg. v. Philip B. Yampolsky, New York 1996: Columbia University Press.

Keiji Nishitani, *Religion and Nothingness*, aus dem Japanischen übersetzt von Jan van Bragt, Nanzan Studies in Religion and Culture 2, Berkeley 1982: University of California Press.

Inoue Nobutaka u. a., *Neureligionen. Stand ihrer Erforschung in Japan. Ein Handbuch*, übersetzt und hg. v. Johannes Laube, Studies in Oriental Religions 31, Wiesbaden 1995: Harrassowitz.

Ryôsuke Ohashi (Hg.), *Die Philosophie der Kyôto-Schule. Texte und Einführung*, Freiburg/Breisgau und München 1990: Alber.

Shohaku Okumura (Übersetzer), *Shōbōgenzō-zuimonki. Sayings of Eihei Dōgen Zenji recorded by Koun Ejo*, Kyōto 1987: Sōtō-Zen Centre.

Richard Karl Payne (Hg.), *Re-visioning »Kamakura« Buddhism*, Studies in East Asian Buddhism 11, Honolulu 1998: University of Hawaii Press.

Ian Reader, *Religion in Contemporary Japan*, Basingstoke u. a. 1991: MacMillan.

Ian Reader, *Buddhism as a Religion of the Family*, in: Mark R. Mullins, Susumu Shimazono, Paul L. Swanson (Hg.), *Religion and Society in Modern Japan. Selected Readings*, Nanzan Studies in Asian Religions 5, Berkeley 1993: Asian Humanities Press, S. 139-156.

Monika Schrimpf, *Buddhism meets Christianity. Inoue Enryō's View on Christianity in Shinri kinshin*, in: Japanese Religions 24 (1999), H. 1, S. 51-72.

Monika Schrimpf, *Zur Begegnung des japanischen Buddhismus mit dem Christentum in der Meiji-Zeit. 1868-1912*, Studies in Oriental Religions 48, Wiesbaden 2000: Harrassowitz.

Shinran: *The Collected Works of Shinran*. Translated from the Japanese with introductions, glossaries, and reading aids by Dennis Hirota u. a., Bd. 1: *The Writings*; Bd. 2: *Introduction, Glossaries and Reading Aids*, Kyōto 1997: Jōdo Shinshū Hongwanji-ha.

Shinran: *Letters of Shinran. A Translation of Mattōshō*, hg. v. Yoshifomi Ueda, Kyōto 1978: Hongwanji International Center.

Kathleen Marie Staggs, *In Defense of Japanese Buddhism. Essays from the Meiji Period by Inoue Enryo and Murakami Sensho*, Ph. D. Dissertation Princeton University 1979 (Mikrofiche: Ann Arbor [Mich.] 1980: UMI).

Jacqueline I. Stone, *Original Enlightenment and the Transformation of Medieval Japanese Buddhism*, Studies in East Asian Buddhism 12, Honolulu 1999: University of Hawaii Press.

Jacqueline I. Stone, Ruben L. F. Habito, *Editor's Introduction*, in: *Revisiting Nichiren*. Themenheft des Japanese Journal of Religious Studies 26 (1999), H. 3-4, S. 223-238.

Christian Steineck (Hg.), *Quellentexte des japanischen Amida-Buddhismus*, Studies in Oriental Religions 39, Wiesbaden 1997: Harrassowitz.

Takamichi Takahatake, *Young Man Shinran. A Reappraisal of Shinran's Life*, Waterloo 1987: Wilfrid Laurier University Press.

Yoshinori Takeuchi, *Der neue Buddhismus der Kamakurazeit*, in: Hans Waldenfels, Thomas Immoos (Hg.), *Fernöstliche Weisheit und christlicher Glaube. Festgabe für Heinrich Dumoulin SJ zur Vollendung des 80. Lebensjahres*, Mainz 1985: Grünewald, S. 221-233.

George J. Tanabe, *Myōe the Dreamkeeper. Fantasy and Knowledge in Early Kamakura Buddhism*, Harvard East Asian Monographs 156, Cambridge (Mass.) 1992: Harvard University Press.

Kazuaki Tanahashi (Hg.), *Enlightenment Unfolds. The Essential Teachings of Zen Master Dōgen*, Boston 2000: Shambhala.

Notto R. Thelle, *Buddhism and Christianity in Japan. From Conflict to Dialogue, 1854-1899*, Honolulu 1987: University of Hawaii Press.

Nakamoto Tominaga, *Emerging from Meditation* [*Shutsojo kogo*, 1745], übersetzt und eingeleitet von Michael Pye, Honolulu 1990: University of Hawaii Press.

Yoshifomi Ueda, Dennis Hirota, *Shinran. An Introduction to his Thought*. With selections from the Shin Buddhism translation series, Kyōto 1989: Hongwanji International Center.

Brian A. Victoria, *Zen, Nationalismus und Krieg. Eine unheimliche Allianz*, Berlin 1999: Theseus (engl. Original: *Zen at War*, New York u. a. 1997: Weatherhill).

Norman Waddell, *The Unborn. The Life and Teaching of Zen Master Bankei, 1622-1693*, übersetzt und eingeleitet von N. Waddell, San Francisco 2000: North Point Press (zuerst 1984).

Norman Waddell, *The Essential Teachings of Zen Master Hakuin. A translation of the Sokkō-roku Kaien-fusetsu*, Boston 1994: Shambhala; deutsch: Meister Hakuin, *Authentisches Zen*, hg. v. Norman Waddell, übersetzt von Dietrich Roloff, Frankfurt/Main 1997: Fischer.

Philip B. Yampolsky (Übersetzer), *The Zen Master Hakuin. Selected Writings*, New York 1971: Columbia University Press.

John S. Yokota, *Understanding Amida Buddha and the Pure Land. A Process Approach*, in: Dennis Hirota (Hg.), *Toward a Contemporary Understanding of Pure Land Buddhism. Creating a Shin Buddhist Theology in a Religiously Plural World*, Albany 2000: SUNY Press, S. 73-100.

BUDDHISMUS IN TIBET: QUELLEN UND STUDIEN

Robert Beer, *Die Symbole des tibetischen Buddhismus*, übersetzt von Dagmar Ahrens-Thiele, Kreuzlingen und München 2003: Hugendubel.

Agehananda Bharati, *Tantric Traditions*. Revised and enlarged edition of *The Tantric Tradition* [1965], Delhi 1993: Hindustan Publishing Corporation.

Martin Brauen, *Das Mandala. Der Heilige Kreis im tantrischen Buddhismus*, Köln 1992: Du Mont.

Martin Brauen (Hg.), *Die Dalai Lamas. Tibets Reinkarnationen des Bodhisattva Avalokiteśvara*, Stuttgart 2005: Arnold.

Regina und Michael von Brück, *Die Welt des tibetischen Buddhismus. Eine Begegnung*, München 1996: Kösel.

Michael von Brück, *Religion und Politik im Tibetischen Buddhismus*, München 1999: Kösel.

C. W. Cassinelli, Robert B. Ekvall, *A Tibetan Principality. The Political System of Sa sKya*, Ithaca (N. Y.) 1969: Cornell University Press.

Garma C. C. Chang (Übersetzer), *The Hundred Thousand Songs of Milarepa. The life-story and teaching of the greatest poet-saint ever to appear in the history of Buddhism.* Translated and annotated, 2 Bde., Boulder und London 1977: Shambhala.

Michael A. Colsman, *»Der kostbare Rosenkranz für den höchsten Weg«. Ratschläge des Meisters Gampopa*, hg., übersetzt und mit Anmerkungen versehen, Opuscula Tibetana 17, Rikon [2]1995: Tibet-Institut (zuerst 1986).

Dalai Lama XIV., *Logik der Liebe. Aus den Lehren des Tibetanischen Buddhismus für den Westen.* Aus dem Englischen übertragen und eingeleitet von Michael von Brück, München 1989: Goldmann.

Dalai Lama XIV., *Das Buch der Freiheit. Die Autobiographie des Friedensnobelpreisträgers*, Bergisch-Gladbach 1990: Lübbe.

Eva K. Dargyay, Gesche Lobsang Dargyay (Hg.), *Das tibetische Buch der Toten*, Frankfurt/Main 2004: Barth (zuerst Bern, München und Wien 1977: Scherz).

Ronald M. Davidson, *Tibetan Renaissance. Tantric Buddhism in the Rebirth of Tibetan Culture*, New York 2005: Columbia University Press.

Paul Demiéville, *Le Concile de Lhasa. Une controverse sur le quiétisme entre bouddhistes de l'Inde et de la Chine au VIIIe siècle de l'ère chrétienne*, Paris 1952: Presses Universitaires de France.

Nik Douglas, Meryl White, *Karmapa. The Black Hat Lama of Tibet*, London 1976: Luzac; deutsch: *Karmapa. König der Verwirklicher*, Wuppertal 2005: Buddhistischer Verlag.

Keith Dowman, *Masters of Mahāmudrā. Songs and Histories of the Eighty-Four Buddhist Siddhas*, übersetzt und kommentiert, Albany 1985: SUNY Press.

Georges Dreyfus, *The Shuk-den Affair. History and Nature of a Quarrel*, in: Journal of the International Association of Buddhist Studies 21 (1999), H. 2, S. 227-270.

William Yeeling Evans-Wentz, *Tibet's Great Yogi Milarepa. A Biography from the Tibetan. Being the Jetsün-Kahbum or biographical history of Jetsün-Milarepa according to the late Lāma Kazi Dawa-Samdup's English rendering.* Edited with introduction and annotations, New York 2000: Oxford University Press (zuerst 1928); deutsch: *Milarepa. Tibets großer Yogi*, Weilheim 1971: O. W. Barth.

Walter Yeeling Evans-Wentz, *The Tibetan Book of the Great Liberation. Or the Method of realizing Nirvāna through knowing the mind.* Introduction, annotations and editing by W. Y. Evans-Yentz. With psychological commentary by C. G. Jung, Oxford 1954: Oxford University Press; deutsch: *Der geheime Pfad der großen Befreiung*, Weilheim [3]1972: Barth (zuerst München 1955).

William Yeeling Evans-Wentz, *Tibetan Yoga and Secret Doctrines. Or seven books of wisdom of the Great Path, according to the late Lāma Kazi Dawa-Samdup's English rendering.* Arranged and edited with introduction and annotations to serve as a comment, London ²1958: Oxford University Press (zuerst 1935); deutsch: *Yoga und Geheimlehren Tibets. Yoga und der Pfad des Mahayana-Buddhismus*, übersetzt von Ursula von Mangoldt, München 1997: Heyne (zuerst Basel 1987: Sphinx Medien Verlag).

Gampopa, *Juwelenschmuck der geistigen Befreiung. Das Buch des tibetischen Buddhismus.* Aus dem Tibetischen übertragen und mit einem Glossar schwieriger Begriffe versehen von Herbert Guenther, München 1989: Diederichs.

Gampopas kostbares Ornament, genannt Juwelenschmuck der geistigen Befreiung. In der Übertragung aus dem Tibetischen von Albrecht Frasch, Horst 1999: Tashi-Verlag für Buddhistische Literatur.

Peter Gäng (Hg.), *Das Tantra der Verborgenen Vereinigung. Guhyasamāja-Tantra*, München 1988: Diederichs.

Melvyn C. Goldstein, *A History of Modern Tibet, 1913-1951. The Demise of the Lamaist State*, Berkeley 1989: University of California Press.

Melvyn C. Goldstein, Matthew T. Kapstein (Hg.), *Buddhism in Contemporary Tibet. Religious Revival and Cultural Identity*, Berkeley 1998: University of California Press.

Anagarika Govinda, *Grundlagen tibetischer Mystik. Nach den esoterischen Lehren des Großen Mantra Om Mani Padme Hûm*, Weilheim ⁸1991: O.W. Barth (zuerst Zürich 1957).

Herbert V. Guenther, *The Life and Teaching of Nāropa.* Translated from the original Tibetan with a philosophical commentary based on the oral transmission, Oxford 1963: Clarendon Press (Nachdruck Boston 1986: Shambhala).

Herbert V. Guenther, *The Teachings of Padmasambhava*, Brill's Indological Library 12, Leiden 1996: Brill.

Khenpo Rinpochay Könchog Gyaltsen, *The Garland of Mahamudra Practices. A Translation of Kunga Richen's Clarifying the jewel rosary of the profound fivefold path.* Translated and introduced, Ithaca 1986: Snow Lion.

Georgios T. Halkias, *Tibetan Buddhism Registered. A Catalogue from the Imperial Court of 'Phang Thang*, in: The Eastern Buddhist 36 (2004), H. 1-2, S. 46-105.

Peter van Ham, Aglaja Stirn, *Vergessene Götter Tibets. Wiederentdeckung buddhistischer Klosterkunst im Westhimalaya*, Stuttgart und Zürich 1997: Belser.

James W. Heisig, John C. Maraldo (Hg.), *Rude Awakenings. Zen, the Kyoto School, & the questions of Nationalism*, Honolulu 1995: University of Hawaii Press.

Helmut Hoffmann, *Die Religionen Tibets. Bon und Lamaismus in ihrer geschichtlichen Entwicklung*, Freiburg/Breisgau und München 1956: Alber.

Jeffrey Hopkins (Hg.), *Tantra in Tibet. Das Geheime Mantra des Tsongka-pa*, übersetzt von Burkhard Quessel, Diederichs gelbe Reihe 29, München [5]1994: Diederichs (zuerst 1980).

Jeffrey Hopkins, *Meditation on Emptiness*, London 1983: Wisdom Publ.

Ladrang Kalsang, *The Guardian Deities of Tibet*, Dharamsala 1996: Little Lhasa Publications (Nachdruck Delhi 2003).

Matthew T. Kapstein, *The Tibetan Assimilation of Buddhism. Conversion, Contestation and Memory*, Oxford 2000: Oxford University Press.

Karénina Kollmar-Paulenz, *Der Buddhismus als Garant von ›Frieden und Ruhe‹. Zu religiösen Legitimationsstrategien von Gewalt am Beispiel der tibetisch-buddhistischen Missionierung der Mongolei im späten 16. Jahrhundert*, in: Zeitschrift für Religionswissenschaft 11 (2003), S. 185-207.

Karénina Kollmar-Paulenz, *Klösterliches Leben in Tibet und der Mongolei im 19. Jahrhundert. Zwischen sozialer Anpassung und religiöser Norm*, in: Peter Schalk, Max Deeg (Hg.), *Im Dickicht der Gebote. Studien zur Dialektik von Norm und Praxis in der Buddhismusgeschichte Asiens*, Uppsala 2005: Universitet Uppsala, S. 309-352.

Karénina Kollmar-Paulenz, *Kleine Geschichte Tibets*, München 2006: C. H. Beck.

Wulf Köpke, Bernd Schmelz (Hg.), *Die Welt des tibetischen Buddhismus*, Hamburg 2005: Museum für Völkerkunde.

Lati Rinpoche, Jeffrey Hopkins (Hg.), *Stufen zur Unsterblichkeit. Tod, Zwischenzustand und Wiedergeburt im tibetischen Buddhismus*, Diederichs gelbe Reihe 41, München [4]1994: Diederichs (zuerst Köln 1983).

Detlef-Ingo Lauf, *Das Erbe Tibets*, Bern 1972: Kümmerly & Frey.

Detlef-Ingo Lauf, *Geheimlehren Tibetischer Totenbücher. Jenseitswelten und Wandlung nach dem Tode. Ein west-östlicher Vergleich mit psychologischem Kommentar*, Braunschweig [4]1994: Aurum (zuerst 1975).

Jigme Lingpa, *The Dzog-chen. Preliminary Practice of the Innermost Essence. The Long-chen Nying-thig Ngon-dro with original Tibetan text, compiled by the knowledge-bearer Jig-me Ling-pa*, übersetzt und kommentiert von Tulku Thondup, hg. v. Brian C. Beresford, Dharamsala 1982: Library of Tibetan Works and Archives.

Alex McKay (Hg.), *The History of Tibet*, 3 Bde., London 2003: Routledge & Kegan.

Richard O. Meisezahl, *Akṣobhya-Mañjuvajra. Ikonographie und Ikonologie des Ekonaviṃśadātmakamañjuvajramaṇḍala*, in: Oriens 25 (1976), S. 190-274.

René de Nebesky-Wojkowitz, *Oracles and Demons of Tibet. The Cult and Iconography of the Tibetan Protective Deities*, Neu Delhi 1998: Paljor (zuerst London 1956: Oxford University Press).

Eva K. Neumaier-Dargyay, *The Sovereign All-Creating Mind – the Motherly Buddha. A Translation of the Kun byed rgyal po 'i mdo*, Albany 1992: SUNY Press.

John Newman, *Eschatology in the Wheel of Time Tantra*, in: Donald S. Lopez (Hg.), *Buddhism in Practice*, Princeton 1995: Princeton University Press, S. 284-289.

Eugène Obermiller, *The History of Buddhism in India and Tibet. Chos-ḥbyung by Buston*, Delhi 1986: Sri Satguru Publ. (zuerst 2 Bde., Heidelberg 1931-32).

Hugh E. Richardson, *Tibet and its History*, Boulder ²1984: Shambhala (zuerst 1962).

Dudjom Rinpoche, Jikdrel Yeshe Dorje, *The Nyingma School of Tibetan Buddhism. Its Fundamentals and History*, 2 Bde., Boston 1991: Wisdom Publ.

Patrul Rinpoche, *The Words of My Perfect Teacher. Kunzang Lama'i Shelung*, Boston 1998: Shambhala (zuerst 1994).

Sogyal Rinpoche, *Das tibetische Buch vom Leben und vom Sterben. Ein Schlüssel zum tieferen Verständnis von Leben und Tod*, übersetzt von Thomas Geist und Karin Behrendt, Bern ³2004: Scherz (zuerst 1993).

Sakya Pandita, *Illuminations. A Guide to Essential Buddhist Practices*, übersetzt von Geshe Wangyal und Brian Cutillo, Novato (Calif.) 1988: Lotsawa.

Jens Schlieter, *Compassionate Killing or Conflict Resolution? The Murder of King Langdarma according to Tibetan Buddhist Sources*, in: Michael Zimmermann (Hg.), *Buddhism and Violence*, Wiesbaden 2007: Reichert (zuerst Lumbini 2006), S. 129-155 (frühere deutsche Fassung: *Tyrannenmord als Konfliktlösungsmodell? Zur Rechtfertigung der Ermordung des ›antibuddhistischen‹ Königs Langdarma in tibetisch-buddhistischen Quellen*, in: Zeitschrift für Religionswissenschaft 11 [2003], H. 2, S. 167-183).

Tsepon W. D. Shakabpa, *Tibet. A Political History*, New York 1984: Potala Publ. (zuerst 1967).

Miranda Shaw, *Passionate Enlightenment. Women in Tantric Buddhism*, Princeton ⁴1995: Princeton University Press (zuerst 1994); deutsch:

Erleuchtung durch Ekstase. Frauen im tantrischen Buddhismus, übersetzt von Thomas Geist und Heike Münnich, Frankfurt/Main 1997: Krüger; Neuausgabe unter dem Titel: *Frauen, Tantra und Buddhismus*, Frankfurt/Main 2000: Fischer.

Nagendra Kumar Singh, *Buddhist Tāntricism*, Delhi 2004: Global Vision Publishing House.

David L. Snellgrove, *Indo-Tibetan Buddhism. Indian Buddhists and their Tibetan Successors*, London 1987: Serindia Publ.

Jan-Ulrich Sobisch, *Three-Vow Theories in Tibetan Buddhism. A Comparative Study of Major Traditions from the Twelfth through Nineteenth Centuries*, Contributions to Tibetan Studies 1, Wiesbaden 2002: Reichert.

Geshe Lhündup Söpa, Jeffrey Hopkins, *Der tibetische Buddhismus*, übersetzt von Burkhard Quessel, Diederichs gelbe Reihe 13, Köln 1977: Diederichs.

Rolf A. Stein, *Die Kultur Tibets*, übersetzt von Helge Uebach, Berlin 1993: Weber (franz. Original: Paris 1962: Dunod).

János Szerb (Hg.), *Bu ston's History of Buddhism in Tibet.* Critically edited with a comprehensive index, Wien 1990: Verlag der Österreichischen Akademie der Wissenschaften.

Takpo Tashi Namgyal, *Mahāmudrā. The Quintessence of Mind and Meditation.* Translated and annotated by Lobsang P. Lhalungpa, Boston 1986: Shambhala.

Karma Thinley, *The History of the Sixteen Karmapas of Tibet.* Edited, with an essay by David Stott, Boulder 1980: Prajna.

Tulku Thondup Rinpoche, *Hidden Teachings of Tibet. An explanation of the terma tradition of the Nyingma School of Buddhism*, London 1986: Wisdom Publ.

Geshe Thubten Ngawang, *Mit allem verbunden. Geistesumwandlung im Mahāyāna-Buddhismus*, hg. v. Birgit Stratmann, übersetzt aus dem Tibetischen von Christof Spitz, München 2005: Diamant.

Robert A. F. Thurman, *Essential Tibetan Buddhism*, San Francisco 1995: Harper.

Chogai Trichen, *The History of the Sakya Tradition. A feast for the minds of the fortunate.* Translated from Tibetan into French by Phende Rinpoche and Jamyang Khandro, translated from French into English by Jennifer Stott. Introduced and annotated by David Stott, Bristol 1983: Ganesha Press.

Giuseppe Tucci, Walther Heissig, *Die Religionen Tibets und der Mongolei*, Die Religionen der Menschheit 20, Stuttgart und Berlin 1970: Kohlhammer.

David Gordon White (Hg.), *Tantra in Practice*, Princeton 2000: Princeton University Press.

Serinity Young, *Courtesans and Tantric Consorts. Sexualities in Buddhist Narrative, Iconography, and Ritual*, New York und London 2004: Routledge.

BUDDHISMUS IM WESTEN: QUELLEN UND STUDIEN

John Henry Barrows, *Words of Welcome*, in: Richard Hughes Seager (Hg.), *The Dawn of Religious Pluralism. Voices from the World's Parliament of Religions, 1893*, LaSalle (Ill.) 1993: Open Court, S. 23-29.

Martin Baumann, *Deutsche Buddhisten. Geschichte und Gemeinschaften*, Religionswissenschaftliche Reihe 5, Marburg ^{2}1995: diagonal (zuerst 1993).

James William Coleman, *The New Buddhism. The Western Transformation of an Ancient Tradition*, Oxford 2001: Oxford University Press.

Rick Fields, *How the Swans Came to the Lake. A Narrative History of Buddhism in America*, Boulder 1981: Shambhala.

Anagarika Govinda, *Why I am a Buddhist*, Sarnath ^{2}1958: Mahabodhi Society; *Warum ich Buddhist bin ... Mit einer Kurzbiographie*, Stuttgart 1987: Ārya Maitreya Maṇḍala.

Wilhelm Halbfass, *Indien und Europa. Perspektiven ihrer geistigen Begegnung*, Basel und Stuttgart 1981: Schwabe.

Hellmuth Hecker, *Chronik des Buddhismus in Deutschland*, Plochingen ^{3}1985: Deutsche Buddhistische Union (zuerst 1973).

Kenneth K. Inada, Nolan P. Jacobson (Hg.), *Buddhism and American Thinkers*, Albany 1984: SUNY Press.

Jack Kornfield, *Is Buddhism Changing in North America?*, in: Don Morreale (Hg.), *Buddhist America. Centers, Retreats, Practices*, Santa Fe 1988: John Muir Publ., S. XI-XXVIII.

David R. Loy, *A Buddhist History of the West. Studies in Lack*, Albany 2002: SUNY Press.

Ludger Lütkehaus (Hg.), *Nirwana in Deutschland. Von Leibniz bis Schopenhauer*, München 2004: dtv.

Klaus-Josef Notz, *Der Buddhismus in Deutschland in seinen Selbstdarstellungen. Eine religionswissenschaftliche Untersuchung zur religiösen Akkulturationsproblematik*, Europäische Hochschulschriften, Reihe 23: Theologie, Bd. 223, Frankfurt/Main, Bern und New York 1984: Lang.

Jürgen Offermanns, *Der lange Weg des Zen-Buddhismus nach Deutschland.*

Vom 16. Jahrhundert bis Rudolf Otto, Lund Studies in History of Religions 16, Stockholm 2002: Almqvist & Wiksell.
Charles S. Prebish, *American Buddhism*, North Scituate (Mass.) 1979: Duxbury Press.
Charles S. Prebish (Hg.), *The Faces of Buddhism in America*, Berkeley 1998: University of California Press.
Eva S. Saalfrank, *Geistige Heimat im Buddhismus in Tibet. Eine empirische Studie am Beispiel der Kagyüpas in Deutschland*, Ulm 1997: Fabri.
Samu Sunim, *A Brief History of Zen Buddhism in North America*, in: *Zen Buddhism in North America. A History and Directory*, Toronto 1986: The Zen Society, S. 5-35.
Richard Hughes Seager, *Buddhism in America*, New York 1999: Columbia University Press.
Thomas A. Tweed, *The Seeming Anomaly of Buddhist Negation. American Encounters with Buddhist Distinctiveness, 1858-1877*, in: Harvard Theological Review 83 (1990), H. 1, S. 65-92.
Thomas A. Tweed, *The American Encounter with Buddhism, 1844-1912. Victorian Culture and the Limits of Dissent*, Bloomington 1992: Indiana University Press.
Volker Zotz, *Auf den glückseligen Inseln. Buddhismus in der deutschen Kultur*, Berlin 2000: Theseus.

BUDDHISMUS UND CHRISTENTUM: VERGLEICHENDE UND DIALOGISCHE STUDIEN

Michael von Brück, Whalen Lai, *Buddhismus und Christentum. Geschichte, Konfrontation, Dialog*, München ²2000: C. H. Beck (zuerst 1997).
John B. Cobb, *Beyond Dialogue. Toward a Mutual Transformation of Christianity and Buddhism*, Philadelphia 1982: Fortress.
John B. Cobb, Christopher Ives (Hg.), *The Emptying God. A Buddhist Jewish-Christian Conversation*, Maryknoll (N. Y.) 1990: Orbis.
Roger Corless, Paul F. Knitter (Hg.), *Buddhist Emptiness and Christian Trinity. Essays and Explorations*, New York 1990: Paulist Press.
Ulrich Everding (Hg.), *Buddhism and Christianity. Interactions between East and West*, Colombo 1995: Goethe Institut.
Patrick G. Henry, Donald K. Swearer (Hg.), *For the Sake of the World. The Spirit of Buddhist and Christian Monasticism*, Minneapolis 1989: Fortress.
John P. Keenan, *The Meaning of Christ. A Mahayana Theology*, Maryknoll 1989: Orbis.

Hans Küng u. a., *Christentum und Weltreligionen. Hinführung zum Dialog mit Islam, Hinduismus und Buddhismus*, München 1984: Piper.

Donald S. Lopez, Steven C. Rockefeller (Hg.), *The Christ and the Bodhisattva*, Albany 1987: SUNY Press.

John D'Arcy May (Hg.), *Converging Ways? Conversion and Belonging in Buddhism and Christianity*, St. Ottilien 2007: EOS.

Gustav Mensching, *Buddha und Christus. Ein Vergleich*, Stuttgart 1978: Deutsche Verlags-Anstalt.

Aloysius Pieris, *Feuer und Wasser. Frau, Gesellschaft, Spiritualität in Buddhismus und Christentum*, Theologie der Dritten Welt 19, Freiburg 1994: Herder.

Perry Schmidt-Leukel, *»Den Löwen brüllen hören«. Zur Hermeneutik eines christlichen Verständnisses der buddhistischen Heilsbotschaft*, Beiträge zur ökumenischen Theologie 23, Paderborn u. a. 1992: Schöningh.

Perry Schmidt-Leukel (Hg.), *Buddhism and Christianity in Dialogue. The Gerald Weisfeld-Lectures 2004*, London 2004: SCM Press.

Perry Schmidt-Leukel (Hg.), *Buddhism, Christianity and the Question of Creation. Karmic or Divine?*, Aldershot 2006: Ashgate.

Perry Schmidt-Leukel, Gerhard Köberlin, Thomas Josef Götz (Hg.), *Buddhist Perceptions of Jesus. Papers of the third Conference of the European Network of Buddhist-Christian Studies (St. Ottilien 1999)*, St. Ottilien 2001: EOS.

Notto R. Thelle, *Buddhism and Christianity in Japan. From Conflict to Dialogue, 1854-1899*, Honolulu 1987: University of Hawaii Press.

Thich Nhat Hanh, *Lebendiger Buddha, lebendiger Christus. Verbindende Elemente der christlichen und buddhistischen Lehren.* Aus dem Englischen von Clemens Wilhelm, München 1995: Goldmann (engl. Original: London 1995).

Zacharias P. Thundy, *Buddha and Christ. Nativity Stories and Indian Traditions*, Studies in the History of Religions 60, Leiden 1993: E. J. Brill.

Hans Waldenfels, *Faszination des Buddhismus. Zum christlich-buddhistischen Dialog*, Mainz 1982: Grünewald.

Seiichi Yagi, Leonard Swidler, *A Bridge to Buddhist-Christian Dialogue*, New York 1990: Paulist Press.

REGISTER

Das Register ist vorrangig ein Personenregister. Darüber hinaus werden aber auch bedeutende Orte der religiösen Geographie (Klöster, Tempel usw.) sowie religiöse Gruppierungen, Bewegungen und Organisationen aufgeführt. Für Sachbegriffe ist das Glossar heranzuziehen.

ZUR TRANSLITERATION, AUSSPRACHE UND WIEDERGABE VON NAMEN

Die indischen Begriffe werden in Sanskrit und/oder Pāli wiedergegeben, je nach dem Umfeld, in dem sie zitiert werden. Beide Versionen werden dann angegeben, wenn der Ausdruck sowohl für den frühen als auch für den Mahāyāna-Buddhismus im gleichen Sinne bedeutend ist. Sanskrit-Begriffe werden nach der üblichen wissenschaftlichen Transliteration wiedergegeben.

Die Vokale a, i und u sind stets kurz auszusprechen, wie in »hat«, »ist« und »Hund«.

Der Längenstrich (Makron) über den Vokalen ā, ī, ō und ū bezeichnet die entsprechenden Langvokale wie in »saß«, »sieht«, »so« und »sucht«. Das e ist stets lang auszusprechen.

Die Diphthonge ai und au entsprechen dem Deutschen.

Die Vokale ṛ und ḷ sind wie im Serbokroatischen bzw. Tschechischen silbisch auszusprechen. Man vergleiche etwa serbokroatisch »Krk« (Name einer Insel) oder tschechisch *vlk* »Wolf«. Es schadet aber nicht, wenn man die beiden Halbvokale mit einem leichten i-Nachklang realisiert.

Die Konsonanten k, t und p sollten ohne jede Behauchung (Aspiration) ausgesprochen werden, wie in Süddeutschland oder Österreich. Folgt ihnen ein h, dann sind sie mit einer starken Aspiration auszusprechen. Beispiel: kh wie in dem schnell gesprochenen Wort »Eckhaus«.

Die Konsonanten g, d und b werden stimmhaft wie im Deutschen ausgesprochen. Auch zu ihnen gibt es jeweils eine aspirierte Variante: gh, dh und bh.

Das c entspricht dem italienischen c vor e und i bzw. dem deutschen tsch. Es gibt wieder die aspirierte Variante ch und die beiden stimmhaften Laute j (wie englisch »judge«) und jh.

Der Punkt unter dem ṭ weist auf die retroflexe (»zurückgebogene«) Artikulation: Die Zungenspitze berührt das Gaumendach. In dieser Weise werden auch die drei weiteren Verschlußlaute ṭh, ḍ und ṇ realisiert.

Das ñ wird nj (wie spanisch »señor«) gesprochen. Beim cerebralen muß die Zungenspitze wieder das Gaumendach berühren. Gutturales n erscheint nur als n.

Die vier sogenannten Halbvokale y, r, l und v entsprechen dem deutschen j, r, l und w.

Die drei sogenannten Sibilanten ś, ṣ und s werden wie ch (in »ich«), sch (mit leicht gehobener Zungenspitze) und (scharfes) ss realisiert.

Das h entspricht dem deutschen h.

Die tibetischen Begriffe werden in wissenschaftlicher Transkription in Klammern angegeben, außer wenn sie bereits eingedeutscht sind und deshalb nicht der tibetische Lautstand, sondern die deutsche Aussprache im Schriftbild erscheint. Chinesische Begriffe werden nach dem Wade-Giles-System wiedergegeben.

Im Japanischen und im Chinesischen werden üblicherweise die Nachnamen vorangestellt. Bei Literaturangaben aber ist in Angleichung an bibliographische Gepflogenheiten die Reihenfolge Vorname – Nachname.

DANKSAGUNG

Ich danke Karl-Heinz Pohl (Trier), Jens Schlieter (Bern), Monika Schrimpf (Bayreuth) für die Unterstützung und Mitarbeit an diesem Buch und Claus-Jürgen Thornton (Berlin) für die Hilfe bei den Korrekturarbeiten.

Michael von Brück

INHALTSVERZEICHNIS

Die Publikationen des Verlags der Weltreligionen werden gefördert durch die

UDO KELLER STIFTUNG
FORUM HUMANUM

In einer Zeit des zunehmenden Zugriffs von Technik und Ökonomie auf das Humanum möchte die Stiftung an die Bedeutung des geistigen und religiösen Erbes der Weltkulturen erinnern. Sie geht davon aus, daß die weitere Entwicklung des Menschen entscheidend davon abhängen wird, ob und wie es gelingt, die reichhaltigen Potentiale dieser Traditionen für die Zukunft fruchtbar zu machen. In diesem Sinne versteht die Stiftung ihr Engagement im Verlag der Weltreligionen.